TOURISM

DESTINATION MANAGEMENT

旅游
目的地管理

（第三版）

主　编◎程金龙

副主编◎王淑曼

中国旅游出版社

编审委员会名单
（排名不分先后）

第三版前言

《旅游目的地管理》自2021年再版以来,在我国高校旅游管理类专业得到广泛使用,得到了很多师生的认可。许多使用本书的学校和任课教师,对本书提出了很多意见和建议,这些意见和建议是我们这次修订的重要依据之一。

《旅游目的地管理》再版后得到了有关部门肯定:2023年5月,旅游目的地管理课程获评国家级一流本科课程;2022年12月,本教材编写团队获评文旅文创融合发展河南省课程思政教学团队;本教材主编程金龙教授,2022年12月获评河南省教科文卫体系统工匠人才,2023年2月入选中原英才计划(育才系列)中原教育教学领军人才,2024年1月获评2023"感动中原"年度教育人物,2024年2月获评河南省高层次人才。

旅游目的地管理课程是国家级线上线下混合式一流课程、河南省高等学校精品在线开放课程,课程实验教学环节"景区规划与开发""智慧旅游大数据智能分析"是河南省虚拟仿真实验教学项目、河南省一流本科课程。本课程已在学习通和爱课程教学平台建立起13条课程公告、47条教学视频、47节讲稿、12章课件、100道习题、22条案例、190条评价、255条讨论回复等形式的立体化教学资源。教师可以在线向学生推荐扩充性学习材料(包括学术论文、理论前沿、行业热点、管理实例、书籍等),为学生自主学习创造条件。本课程在爱课程平台上的开课网址为https://www.icourse163.org/course/LYNC-1462103167?from=searchPage,欢迎大家登录学习。

本次修订根据旅游管理学科和行业的发展,及时补充新知识、新技术和新成果,引导读者系统认识旅游目的地管理的内容。教材配套课程教学资源丰富,不但有电子课件,而且有教案、教学大纲、学习题库以及网络课程,为教师的"教"和学生的"学"提供了极大方便。同时注重"培根铸魂 启智润心",将党的二十大精神、习近平文化思想、旅游强国写进了教材。

《旅游目的地管理(第三版)》主编为洛阳师范学院程金龙教授,副主编为王淑曼博士。此次修订由程金龙教授筹划、主持并统稿,具体分工如下:绪论由程金龙、王淑曼撰写，第一章、第二章由程金龙、李双撰写；第三章、第四章由程金龙、吴营香撰写；第五章由王淑曼、张炜撰写；第六章由王淑曼、姬菡阳撰写；第七章、第八章由王淑曼、孙冰杰撰写；第九章由孙子文、杨哲撰写；第十章、第十一章由王淑曼、邵亚萍撰写；第十二章由程金龙、艾鹏辉撰写。

本书在编写过程中得到了行业、企业及院校专家的大力支持与指导，特别感谢河南省文化和旅游厅党组成员、副厅长、一级巡视员李延庆，河南省文化旅游投资集团有限公司总经理、党委副书记、副董事长李大伟，厦门大学管理学院教授、博士生导师魏敏，中南财经政法大学工商管理学院教授、博士生导师邓爱民，青岛大学旅游与地理科学学院教授、博士生导师马波，四川大学旅游学院教授、博士生导师杨振之，华南师范大学旅游管理学院教授刘俊，陕西师范大学地理科学与旅游学院教授、博士生导师白凯，浙江大学管理学院教授、博士生导师周玲强，云南大学工商管理与旅游管理学院教授、博士生导师赵书虹及洛阳龙门旅游集团有限公司总经理李浩对本书进行的审核与建议。中国旅游出版社段向民主任、张芸艳编辑也付出了辛苦劳动，在此深表谢意。同时，作者参考了大量的相关著作与文献，也吸收了众多学者的观点和研究成果，在此一并表示感谢。

编者
2024 年 2 月

第二版前言

《旅游目的地管理》自 2019 年出版以来，因其内容充实、体例新颖、结构严谨、编写规范受到了国内众多旅游院校广大师生和研究者的欢迎，先后被国内多所高等院校旅游管理专业作为本科专业教材，另有不少院校将其列为旅游管理专业研究生参考教材。

《旅游目的地管理》出版后受到了政府有关部门的肯定：2020 年 12 月，本教材入选为河南省"十四五"普通高等教育规划教材；2021 年 1 月，旅游目的地管理课程获河南省高等学校精品在线开放课程立项；2021 年 7 月，本教材主编程金龙教授被评为河南省高等学校教学名师。

自《旅游目的地管理》出版以来，随着作者教学经验的不断累积和对教材使用过程中发现问题的反思，特别是在收到众多师生的宝贵意见和建议之后，本教材的各位编者认为有必要对第一版教材进行修订，以使教材内容的编写和体例更趋完善与合理，并适应旅游管理类专业本科教学的需要。

本次修订主要做了如下改动：一是对正文的部分内容进行了修订，修订内容结合了中国旅游目的地管理发展的现状与趋势，使教材内容体现前沿成果；同时对文字进行了精简，使定义更加准确、表述更加简洁、观点更加鲜明。二是对全书的数据和案例进行了更新，使本教材使用的数据更加与时俱进。三是体例更加新颖。本教材各章节均设置了教学要点、导入案例、本章小结、关键术语、复习思考题。四是教学资源更加齐全。本教材配有 PPT 等教学资源，教师易教、学生易学。

《旅游目的地管理（第二版）》主编为洛阳师范学院程金龙教授，副主编为王淑曼博士。此次修订由程金龙教授筹划、主持并统稿，具体分工如下：第 1 章、第 7 章由陈效萱、程金龙撰写；第 2 章、第 5 章、第 8 章、第 12 章由王淑曼撰写；第 3 章、第 9 章、第 10 章由王瑞娟撰写；第 4 章、第 11 章由秦一迪、程金龙撰写；第 6 章由樊纪洁、李婉星撰写。

本书修订过程中，中国旅游出版社段向民主任、张芸艳编辑付出了辛苦劳动，在此深表谢意。同时，作者参考了大量的相关著作与文献，也吸收了众多学者的观点和研究成果，在此一并表示感谢。

本书可作为各级旅游管理部门和旅游目的地管理人员的参考用书，也可作为高等院校旅游管理类本科专业的教材。由于时间仓促，加之水平有限，本书的修订尚存在不少缺点和疏漏之处，恳请广大读者批评指正。对此，我们将不胜感激！

编者
2021 年 7 月

前　言

2018年，中国国内旅游市场高速增长，入出境市场平稳发展，供给侧结构性改革成效明显；国内旅游人数55.39亿人次，同比增长10.8%；入出境旅游总人数2.91亿人次，同比增长7.8%；全年实现旅游总收入5.40万亿元，增长15.1%。经测算，2018年全年全国旅游业对GDP的综合贡献为9.94万亿元，占GDP总量的11.04%。旅游业直接就业人员2826万，旅游业直接和间接就业人员7991万，占全国就业总人口的10.29%。这一系列数据显示，中国大众旅游蓬勃发展，旅游业综合效益越来越显著。当前国内的旅游业发展已经进入品质全面升级、空间全域拓展的阶段，休闲度假正当其时，优质旅游迫在眉睫，文旅融合众望所归，全域旅游前景广阔。与此同时，旅游市场的散客化、个性化、自助化趋势越来越明显，人们出游方式更加自由方便，信息技术广泛应用于旅游业发展。在这样的时代背景下，传统的分散式旅游管理已不能满足行业发展和旅游市场需求，对旅游目的地进行系统和专业化管理成为必然。

旅游目的地是旅游者旅游活动的主要发生地，是旅游要素的集聚地，是地方旅游业的承载地。作为一个整体，旅游目的地的开发建设、运营管理影响旅游者的旅游体验，以及旅游目的地的可持续发展。相应地，旅游相关的研究也逐渐从旅游要素研究转向集合了各种旅游要素的旅游目的地研究。

本书共分为12章，对旅游目的地管理的概念、内容、方法、体系等进行系统架构，并围绕资源管理、规划管理、产品管理、服务管理、运营管理、营销管理、产业管理、品牌管理、信息管理、安全管理等旅游目的地管理的重点内容展开阐述。最后对新时代下旅游目的地的管理理念、策略和趋势进行展望。本书每一章设有本章小结，对本章主要内容进行提炼，并列出中英文关键词及参考文献，以便读者参考和借鉴。第1章和第7章由陈效萱、程金龙撰写，第2章和第5章由杨桂银、程金龙撰写，第3章由杨俊博、王淑曼撰写，第4章由秦一迪、程金龙撰写，第6章由韩学伟、程金龙撰写，第8章由张忠良、王淑曼撰写，第9章和第10章由王瑞娟、程金龙撰写，第11章由秦一迪、王淑曼撰写，第 12 章由张孟梦、王淑曼撰写。

此外，在本书的编写过程中，洛阳市文化广电和旅游局孙小峰副局长为本书写作提供了大量案例、知识等素材，同时参编人员在写作过程中引用了大量国内外学者的相关研究成果，在此表示深深谢意；对于遗漏者，表示深深歉意。

本书可作为各级旅游管理部门和旅游地开发与管理人员的参考书，也可作为高等院校旅游管理等相关专业的教材。由于作者水平有限，书中的疏漏和不妥之处在所难免，恳请读者批评指正，以便于本书的进一步修订和完善。

编者

2019 年 4 月

目　录

绪　论

第一节　深入学习贯彻党的二十大精神

党的二十大是在全党全国各族人民迈上全面建设社会主义现代化国家新征程、向第二个百年奋斗目标进军的关键时刻召开的一次十分重要的大会，是一次高举旗帜、凝聚力量、团结奋进的大会。党的二十大在政治上、理论上、实践上取得了一系列重大成果，就新时代新征程党和国家事业发展制定了大政方针和战略部署，是我们党团结带领人民全面建设社会主义现代化国家、全面推进中华民族伟大复兴的政治宣言和行动纲领，对于全党全国各族人民更加紧密团结在以习近平同志为核心的党中央周围，万众一心、接续奋斗，在新时代新征程夺取中国特色社会主义新的伟大胜利，具有极其重大而深远的意义。学习贯彻党的二十大精神，习近平总书记强调的"五个牢牢把握"是最精准的解读、最权威的辅导。要从战略和全局高度完整、准确、全面理解把握党的二十大精神，增强学习贯彻的政治自觉、思想自觉、行动自觉，为实现党的二十大确定的目标任务不懈奋斗

一、深刻认识党的二十大胜利召开的伟大意义，提升新时代大学生政治站位

党的二十大担负起全党的重托和人民的期待，从战略全局深刻阐述了新时代坚持和发展中国特色社会主义的一系列重大理论和实践问题，科学谋划了未来一个时期党和国家事业发展的目标任务和大政方针，在党和国家历史上具有重大而深远的意义。

（一）这是中国共产党在百年辉煌成就和十年伟大变革的高起点上创造新时代更大荣光的大会

中国共产党在百年历程中共召开了十九次全国代表大会。党的二十大是我们党在建党百年后召开的首次全国代表大会，也是在新时代十年伟大变革的时间坐标上召开的全国代表大会，具有特别的里程碑意义。

（二）这是推进实践基础上的理论创新、开辟马克思主义中国化时代化新境界的大会

马克思主义中国化时代化既是马克思主义的自身要求，又是中国共产党坚持和发展马克思主义的必然路径。中国共产党为什么能，中国特色社会主义为什么好，归根结底是马克思主义行，是中国化时代化的马克思主义行。党的二十大深刻阐述了习近平新时代中国特色社会主义思想的科学内涵和精神实质，深入阐释了开辟马克思主义中国化时代化新境界的重大命题并提出了明确要求，具有重大理论意义。

（三）这是谋划全面建设社会主义现代化国家、以中国式现代化全面推进中华民族伟大复兴的大会

现代化是各国人民的共同期待和目标。百年来，我们党团结带领人民进行的一切奋斗、一切牺牲、一切创造，就是为了把我国建设成为现代化强国，实现中华民族伟大复兴。在新中国成立特别是改革开放以来的长期探索和实践基础上，经过党的十八大以来在理论和实践上的创新突破，我们党成功推进和拓展了中国式现代化，创造了人类文明新形态。党的二十大明确提出以中国式现代化全面推进中华民族伟大复兴的使命任务，精辟论述了中国式现代化的中国特色、本质要求和重大原则，深刻阐释了中国式现代化的历史渊源、理论逻辑、实践特征和战略部署，大大深化了我们党关于中国式现代化的理论和实践。

（四）这是致力于推动构建人类命运共同体、携手开创人类更加美好未来的大会

当前，世界之变、时代之变、历史之变正以前所未有的方式展开，人类社会面临前所未有的挑战。世界又一次站在历史的十字路口，何去何从取决于各国人民的抉择。党的二十大深刻把握世界大势和时代潮流，宣示中国在变局、乱局中促进世界和平与发展、推动构建人类命运共同体的政策主张和坚定决心，为共创人类更加美好的未来注入强大信心和力量。

（五）这是推动解决大党独有难题、以党的自我革命引领社会革命的大会

全面建设社会主义现代化国家、全面推进中华民族伟大复兴，关键在党。党的二十大明确提出：我们党作为世界上最大的马克思主义执政党，要始终赢得人民拥护、巩固长期执政地位，必须时刻保持解决大党独有难题的清醒和坚定。

二、深刻把握党的二十大主题，激发新时代大学生爱国热情

党的二十大的主题，正是我们党对这些事关党和国家事业继往开来、事关中国特色社会主义前途命运、事关中华民族伟大复兴战略性问题的明确宣示，是大会的灵魂。习近平总书记在党的二十大报告中，开宗明义指出大会的主题："高举中国特色社会主义伟大旗帜，全面贯彻新时代中国特色社会主义思想，弘扬伟大建党精神，自信自强、守正创新，踔厉奋发、勇毅前行，为全面建设社会主义现代化国家、全面推进中华民族伟大复兴而团结奋斗。"这一主题明确宣示了我们党在新征程上带领人民举什么旗、走什么路、以什么样的精神状态、朝着什么样的目标继续前进等重大问题。《中国共产党第二十次全国代表大会关于十九届中央委员会报告的决议》指出："报告阐明的大会主题是大会的灵魂，是党和国家事业发展的总纲。"学习领会党的二十大精神，必须把握这一"灵魂"，抓住这一"总纲"。大会主题中的六个关键词语值得我们高度重视。

（一）旗帜

新时代新征程党高举的旗帜就是"中国特色社会主义伟大旗帜"。大会主题写入这一根本要求，既体现了中国特色社会主义历史演进的连续性、继承性，又体现了新时代党坚持和发展中国特色社会主义的坚定性、恒久性。

（二）思想

大会主题所指示的"全面贯彻新时代中国特色社会主义思想"，就是要求在新时代新征程必须全面贯彻习近平新时代中国特色社会主义思想。党的二十大报告对此作出全面部署。

（三）精神

继在庆祝中国共产党成立100周年大会上习近平总书记提出并号召继承发扬伟大建党精神后，党的二十大主题写入了"弘扬伟大建党精神"的要求，新修改的党章载入了伟大建党精神"坚持真理、坚守理想，践行初心、担当使命，不怕牺牲、英勇斗争，对党忠诚、不负人民"的内涵，这是党在自己最高权力机关及最高章程上的庄严宣示，明确回答了党以什么样的精神状态走好新的赶考之路的重大问题，不仅是贯穿大会报告的重要红线，也是今后党的全部理论和实践的重要遵循。

（四）现代化

"现代化"即"全面建设社会主义现代化国家"。这一重要主题彰显了当前和今后一个时期党的中心任务。党的二十大庄严宣告："从现在起，中国共产党的中心任务就是团结带领全国各族人民全面建成社会主义现代化强国、实现第二个百年奋斗目标，以

中国式现代化全面推进中华民族伟大复兴。""中国式现代化"成为这次大会的重要标识。

（五）复兴

在党的二十大主题中，前后用了三个"全面"，即"全面贯彻新时代中国特色社会主义思想""全面建设社会主义现代化国家""全面推进中华民族伟大复兴"。第一个"全面"规定了新时代党的创新科学理论的指导地位，第二个"全面"规定了新时代新征程的中心任务，第三个"全面"规定了党在新时代新征程的奋斗目标。大会主题中的前两个"全面"，以及报告全文使用的其他一百多个"全面"，都是为了实现"全面推进中华民族伟大复兴"这一根本目标。

（六）团结奋斗

"团结奋斗"是党的二十大主题的鲜明特色。除了在主题中要求"为全面建设社会主义现代化国家、全面推进中华民族伟大复兴而团结奋斗"外，"团结奋斗"一词还体现在党的二十大报告的标题、导语、正文、结束语各个部分。报告全文共使用 7 次"团结奋斗"、27 次"团结"，突出表达了这次大会的主基调。

三、深入学习领悟过去五年工作和新时代十年伟大变革的重大意义，增强新时代大学生民族自豪感

过去五年和新时代以来的十年，在党和国家发展进程中极不寻常、极不平凡。习近平总书记在党的二十大报告中全面回顾总结了过去五年的工作和新时代十年的伟大变革，深刻指出新时代十年的伟大变革，在党史、新中国史、改革开放史、社会主义发展史、中华民族发展史上具有里程碑意义。学习宣传、贯彻落实党的二十大精神，必须深入学习领悟过去五年工作和新时代十年伟大变革的重大意义，坚定历史自信、增强历史主动，自觉在思想上政治上行动上同以习近平同志为核心的党中央保持高度一致。

党的二十大报告在总结党的十九大以来五年工作基础上，用"三件大事"、三个"历史性胜利"高度概括新时代十年走过的极不寻常、极不平凡的奋斗历程，从 16 个方面全面回顾党和国家事业发展取得的举世瞩目的重大成就，从 4 个方面总结提炼新时代十年伟大变革的里程碑意义。新时代十年的伟大变革，充分证明中国特色社会主义道路不仅走得对、走得通，而且走得稳、走得好。

四、深刻领会"两个结合"是推进马克思主义中国化时代化的根本途径，加强新时代大学生弘扬中华优秀传统文化教育

党的二十大报告提出，中国共产党为什么能，中国特色社会主义为什么好，归根到底是马克思主义行，是中国化时代化的马克思主义行。100 多年来，我们党洞察时代大

势，把握历史主动，进行艰辛探索，坚持解放思想和实事求是相统一、培元固本和守正创新相统一，把马克思主义基本原理同中国具体实际相结合、同中华优秀传统文化相结合，不断推进理论创新、进行理论创造，不断推进马克思主义中国化时代化，带领中国人民不懈奋斗，中华民族迎来了从站起来、富起来到强起来的伟大飞跃，实现中华民族伟大复兴进入了不可逆转的历史进程。

马克思主义理论不是教条，而是行动指南。习近平总书记在党的二十大报告中指出："我们坚持以马克思主义为指导，是要运用其科学的世界观和方法论解决中国的问题，而不是要背诵和重复其具体结论和词句，更不能把马克思主义当成一成不变的教条。"坚持和发展马克思主义，必须同中国具体实际相结合。100 多年来，我们党把坚持马克思主义和发展马克思主义统一起来，既始终坚持马克思主义基本原理不动摇，又根据中国革命、建设、改革实际，创造性地解决自己的问题，不断开辟马克思主义中国化时代化新境界。坚持和发展马克思主义，必须同中华优秀传统文化相结合。只有植根本国、本民族历史文化沃土，马克思主义真理之树才能根深叶茂。中华优秀传统文化源远流长、博大精深，是中华文明的智慧结晶，其中蕴含的天下为公、民为邦本、为政以德、革故鼎新、任人唯贤、天人合一、自强不息、厚德载物、讲信修睦、亲仁善邻等，是中国人民在长期生产生活中积累的宇宙观、天下观、社会观、道德观的重要体现，同科学社会主义核心价值观主张具有高度契合性。中国共产党之所以能够领导人民成功走出中国式现代化道路、创造人类文明新形态，很重要的一个原因就在于植根中华文化沃土，不断推进马克思主义中国化时代化，推动中华优秀传统文化创造性转化、创新性发展。

五、牢牢把握全面建设社会主义现代化国家开局起步的战略部署，指引新时代大学生守正创新促发展

党的二十大站在党和国家事业发展的制高点，科学谋划了未来五年乃至更长时期党和国家事业发展的目标任务和大政方针，发出了全面建设社会主义现代化国家、全面推进中华民族伟大复兴的动员令。

"全面建成社会主义现代化强国，总的战略安排是分两步走：从二〇二〇年到二〇三五年基本实现社会主义现代化；从二〇三五年到本世纪中叶把我国建成富强民主文明和谐美丽的社会主义现代化强国。"党的二十大对全面建成社会主义现代化强国两步走战略安排进行了宏观展望，又围绕统筹推进"五位一体"总体布局、协调推进"四个全面"战略布局，从 11 个方面对未来五年工作作出全面部署，全面构建了推进社会主义现代化建设的实践体系。特别是把教育科技人才、全面依法治国、维护国家安全和社会稳定单列部分进行具体安排，充分体现了抓关键、补短板、防风险的战略考量，是党中央基于新的战略机遇、新的战略任务、新的战略阶段、新的战略要求、新的战略环境做出的科学判断和战略安排，必将引领全党全国各族人民有效应对世界之变、时代之

变、历史之变，推动全面建设社会主义现代化国家开好局、起好步。

六、深入把握党的二十大关于文化和旅游工作的部署要求，推动文旅融合高质量发展

党的二十大作出推进文化自信自强、铸就社会主义文化新辉煌的重大战略部署，要准确把握社会主义文化建设的指导思想和原则目标、战略重点和主要任务以及中国立场和时代要求。

（一）要准确把握社会主义文化建设的指导思想和原则目标

报告指出："全面建设社会主义现代化国家，必须坚持中国特色社会主义文化发展道路，增强文化自信，围绕举旗帜、聚民心、育新人、兴文化、展形象建设社会主义文化强国，发展面向现代化、面向世界、面向未来的，民族的科学的大众的社会主义文化，激发全民族文化创新创造活力，增强实现中华民族伟大复兴的精神力量。"报告明确提出了社会主义文化建设的根本指导思想、基本原则和奋斗目标，坚持为人民服务、为社会主义服务，以社会主义核心价值观为引领，发展社会主义先进文化，弘扬革命文化，传承中华优秀传统文化，满足人民日益增长的精神文化需求，巩固全党全国各族人民团结奋斗的共同思想基础，不断提升国家文化软实力和中华文化影响力。

（二）要准确把握社会主义文化建设的战略重点和主要任务

党的二十大报告提出了建设具有强大凝聚力和引领力的社会主义意识形态、广泛践行社会主义核心价值观、提高全社会文明程度、繁荣发展文化事业和文化产业、增强中华文明传播力影响力五个方面的战略任务，准确把握、全面落实好这些战略重点和主要任务，对推进文化自信自强、铸就社会主义文化新辉煌具有重要基础支撑作用。

（三）要准确把握社会主义文化建设的中国立场和时代要求

党的二十大报告指出："中华优秀传统文化源远流长、博大精深，是中华文明的智慧结晶。"要把马克思主义基本原理与中华优秀传统文化相结合，不断推进马克思主义中国化，增强中华文明的传播力和影响力。

（四）以文塑旅、以旅彰文、推进文化和旅游深度融合发展

党的二十大报告明确提出："加大文物和文化遗产保护力度，加强城乡建设中历史文化保护传承，建好用好国家文化公园。坚持以文塑旅、以旅彰文，推进文化和旅游深度融合发展。"这些重要论述，为文旅行业把握新发展阶段，贯彻新发展理念，构建新发展格局，推动高质量发展点明了方向，指明了路径，是未来5年乃至更长一段时间内文旅行业融合发展实践的根本遵循和行动指南，对文旅行业实现理念重构和实践创新具

有非常重要的现实指导意义。

七、深刻把握团结奋斗的新时代要求，为文旅行业培养高素质人才

在党的二十大上，习近平总书记宣示新时代新征程党的使命任务，发出了全面建设社会主义现代化国家、全面推进中华民族伟大复兴的动员令。从现在起，中国共产党的中心任务就是团结带领全国各族人民全面建成社会主义现代化强国、实现第二个百年奋斗目标，以中国式现代化全面推进中华民族伟大复兴。

美好的蓝图需要埋头苦干、团结奋斗才能变为现实。习近平总书记的铿锵宣示充满信心和力量——"党用伟大奋斗创造了百年伟业，也一定能用新的伟大奋斗创造新的伟业"。让我们更加紧密地团结在以习近平同志为核心的党中央周围，全面贯彻习近平新时代中国特色社会主义思想，坚定信心、同心同德，埋头苦干、奋勇前进，深入贯彻落实党的二十大精神和党中央决策部署，为全面建设社会主义现代化国家、全面推进中华民族伟大复兴而团结奋斗，在新的赶考之路上向历史和人民交出新的优异答卷！

相关链接 1

关于党的二十大报告，必须知道的"关键词"

2022 年 10 月 16 日，中国共产党第二十次全国代表大会开幕，习近平代表第十九届中央委员会向大会作报告。一起学习报告里的这些"关键词"。

【大会的主题】

大会的主题是：高举中国特色社会主义伟大旗帜，全面贯彻新时代中国特色社会主义思想，弘扬伟大建党精神，自信自强、守正创新，踔厉奋发、勇毅前行，为全面建设社会主义现代化国家、全面推进中华民族伟大复兴而团结奋斗。

【三个"务必"】

中国共产党已走过百年奋斗历程。我们党立志于中华民族千秋伟业，致力于人类和平与发展崇高事业，责任无比重大，使命无上光荣。全党同志务必不忘初心、牢记使命，务必谦虚谨慎、艰苦奋斗，务必敢于斗争、善于斗争，坚定历史自信，增强历史主动，谱写新时代中国特色社会主义更加绚丽的华章。

【极不寻常、极不平凡的五年】

党的十九大以来的五年，是极不寻常、极不平凡的五年。党中央统筹中华民族伟大复兴战略全局和世界百年未有之大变局，就党和国家事业发展作出重大战略部署，团结带领全党全军全国各族人民有效应对严峻复杂的国际形势和接踵而至的巨大风险挑战，以奋发有为的精神把新时代中国特色社会主义不断推向前进。

【三件大事】

十年来，我们经历了对党和人民事业具有重大现实意义和深远历史意义的三件大事：一是迎来中国共产党成立一百周年；二是中国特色社会主义进入新时代；三是完成脱贫攻坚、全面建成小康社会的历史任务，实现第一个百年奋斗目标。

【新时代十年的伟大变革】

新时代十年的伟大变革，在党史、新中国史、改革开放史、社会主义发展史、中华民族发展史上具有里程碑意义。

【归根结底是两个"行"】

实践告诉我们，中国共产党为什么能，中国特色社会主义为什么好，归根到底是马克思主义行，是中国化时代化的马克思主义行。拥有马克思主义科学理论指导是我们党坚定信仰信念、把握历史主动的根本所在。

【中国共产党的中心任务】

从现在起，中国共产党的中心任务就是团结带领全国各族人民全面建成社会主义现代化强国、实现第二个百年奋斗目标，以中国式现代化全面推进中华民族伟大复兴。

【中国式现代化】

中国式现代化，是中国共产党领导的社会主义现代化，既有各国现代化的共同特征，更有基于自己国情的中国特色。

——中国式现代化是人口规模巨大的现代化。

——中国式现代化是全体人民共同富裕的现代化。

——中国式现代化是物质文明和精神文明相协调的现代化。

——中国式现代化是人与自然和谐共生的现代化。

——中国式现代化是走和平发展道路的现代化。

中国式现代化的本质要求是：坚持中国共产党领导，坚持中国特色社会主义，实现高质量发展，发展全过程人民民主，丰富人民精神世界，实现全体人民共同富裕，促进人与自然和谐共生，推动构建人类命运共同体，创造人类文明新形态。

【全面建设社会主义现代化国家开局起步的关键时期】

未来五年是全面建设社会主义现代化国家开局起步的关键时期。

【五个"坚持"】

我国发展进入战略机遇和风险挑战并存、不确定难预料因素增多的时期，各种"黑天鹅""灰犀牛"事件随时可能发生。我们必须增强忧患意识，坚持底线思维，做到居安思危、未雨绸缪，准备经受风高浪急甚至惊涛骇浪的重大考验。前进道路上，必须牢牢把握以下重大原则。

——坚持和加强党的全面领导。

——坚持中国特色社会主义道路。

——坚持以人民为中心的发展思想。

　　——坚持深化改革开放。

　　——坚持发扬斗争精神。

【加快构建新发展格局】

　　必须完整、准确、全面贯彻新发展理念，坚持社会主义市场经济改革方向，坚持高水平对外开放，加快构建以国内大循环为主体、国内国际双循环相互促进的新发展格局。

【发展经济着力点】

　　坚持把发展经济的着力点放在实体经济上，推进新型工业化，加快建设制造强国、质量强国、航天强国、交通强国、网络强国、数字中国。

【实施科教兴国战略】

　　必须坚持科技是第一生产力、人才是第一资源、创新是第一动力，深入实施科教兴国战略、人才强国战略、创新驱动发展战略，开辟发展新领域新赛道，不断塑造发展新动能新优势。

　　坚持创新在我国现代化建设全局中的核心地位。完善党中央对科技工作统一领导的体制，健全新型举国体制，强化国家战略科技力量，优化配置创新资源，提升国家创新体系整体效能。

【全过程人民民主】

　　全过程人民民主是社会主义民主政治的本质属性，是最广泛、最真实、最管用的民主。必须坚定不移走中国特色社会主义政治发展道路，坚持党的领导、人民当家做主、依法治国有机统一。

【全面依法治国】

　　全面依法治国是国家治理的一场深刻革命，关系党执政兴国，关系人民幸福安康，关系党和国家长治久安。必须更好发挥法治固根本、稳预期、利长远的保障作用，在法治轨道上全面建设社会主义现代化国家。

【文化自信自强】

　　全面建设社会主义现代化国家，必须坚持中国特色社会主义文化发展道路，增强文化自信，围绕举旗帜、聚民心、育新人、兴文化、展形象建设社会主义文化强国，发展面向现代化、面向世界、面向未来的，民族的科学的大众的社会主义文化，激发全民族文化创新创造活力，增强实现中华民族伟大复兴的精神力量。

【为民造福】

　　治国有常，利民为本。为民造福是立党为公、执政为民的本质要求。必须坚持在发展中保障和改善民生，鼓励共同奋斗创造美好生活，不断实现人民对美好生活的向往。

【完善分配制度】

　　坚持按劳分配为主体、多种分配方式并存，构建初次分配、再分配、第三次分配协调配套的制度体系。努力提高居民收入在国民收入分配中的比重，提高劳动报酬在初次

分配中的比重。坚持多劳多得，鼓励勤劳致富，促进机会公平，增加低收入者收入，扩大中等收入群体。规范收入分配秩序，规范财富积累机制，保护合法收入，调节过高收入，取缔非法收入。

【推动绿色发展】

大自然是人类赖以生存发展的基本条件。尊重自然、顺应自然、保护自然，是全面建设社会主义现代化国家的内在要求。必须牢固树立和践行绿水青山就是金山银山的理念，站在人与自然和谐共生的高度谋划发展。

【总体国家安全观】

国家安全是民族复兴的根基，社会稳定是国家强盛的前提。必须坚定不移贯彻总体国家安全观，把维护国家安全贯穿党和国家工作各方面全过程，确保国家安全和社会稳定。

【新安全格局】

我们要坚持以人民安全为宗旨、以政治安全为根本、以经济安全为基础、以军事科技文化社会安全为保障、以促进国际安全为依托，统筹外部安全和内部安全、国土安全和国民安全、传统安全和非传统安全、自身安全和共同安全，统筹维护和塑造国家安全，夯实国家安全和社会稳定基层基础，完善参与全球安全治理机制，建设更高水平的平安中国，以新安全格局保障新发展格局。

【开创国防和军队现代化新局面】

实现建军一百年奋斗目标，开创国防和军队现代化新局面。

如期实现建军一百年奋斗目标，加快把人民军队建成世界一流军队，是全面建设社会主义现代化国家的战略要求。必须贯彻新时代党的强军思想，贯彻新时代军事战略方针，坚持党对人民军队的绝对领导，坚持政治建军、改革强军、科技强军、人才强军、依法治军，坚持边斗争、边备战、边建设，坚持机械化信息化智能化融合发展，加快军事理论现代化、军队组织形态现代化、军事人员现代化、武器装备现代化，提高捍卫国家主权、安全、发展利益战略能力，有效履行新时代人民军队使命任务。

【坚持和完善"一国两制"，推进祖国统一】

"一国两制"是中国特色社会主义的伟大创举，是香港、澳门回归后保持长期繁荣稳定的最佳制度安排，必须长期坚持。

坚持贯彻新时代党解决台湾问题的总体方略，牢牢把握两岸关系主导权和主动权，坚定不移推进祖国统一大业。

解决台湾问题是中国人自己的事，要由中国人来决定。我们坚持以最大诚意、尽最大努力争取和平统一的前景，但决不承诺放弃使用武力，保留采取一切必要措施的选项，这针对的是外部势力干涉和极少数"台独"分裂分子及其分裂活动，绝非针对广大台湾同胞。国家统一、民族复兴的历史车轮滚滚向前，祖国完全统一一定要实现，也一定能够实现！

【人类命运共同体】

中国提出了全球发展倡议、全球安全倡议，愿同国际社会一道努力落实。我们真诚呼吁，世界各国弘扬和平、发展、公平、正义、民主、自由的全人类共同价值，促进各国人民相知相亲，尊重世界文明多样性，以文明交流超越文明隔阂、文明互鉴超越文明冲突、文明共存超越文明优越，共同应对各种全球性挑战。中国人民愿同世界人民携手开创人类更加美好的未来。

【新时代党的建设新的伟大工程】

全面建设社会主义现代化国家、全面推进中华民族伟大复兴，关键在党。我们党作为世界上最大的马克思主义执政党，要始终赢得人民拥护、巩固长期执政地位，必须时刻保持解决大党独有难题的清醒和坚定。全党必须牢记，全面从严治党永远在路上，党的自我革命永远在路上，决不能有松劲歇脚、疲劳厌战的情绪，必须持之以恒推进全面从严治党，深入推进新时代党的建设新的伟大工程，以党的自我革命引领社会革命。

【五个"必由之路"】

全党必须牢记，坚持党的全面领导是坚持和发展中国特色社会主义的必由之路，中国特色社会主义是实现中华民族伟大复兴的必由之路，团结奋斗是中国人民创造历史伟业的必由之路，贯彻新发展理念是新时代我国发展壮大的必由之路，全面从严治党是党永葆生机活力、走好新的赶考之路的必由之路。

【战略性工作】

青年强，则国家强。当代中国青年生逢其时，施展才干的舞台无比广阔，实现梦想的前景无比光明。全党要把青年工作作为战略性工作来抓，用党的科学理论武装青年，用党的初心使命感召青年，做青年朋友的知心人、青年工作的热心人、青年群众的引路人。

资料来源：人民网·中国共产党新闻网.

相关链接2

9个重要表述，带你理解高质量

习近平在党的二十大报告中提出，必须完整、准确、全面贯彻新发展理念，坚持社会主义市场经济改革方向，坚持高水平对外开放，加快构建以国内大循环为主体、国内国际双循环相互促进的新发展格局。

中国式现代化

📖 报告原文

在新中国成立特别是改革开放以来长期探索和实践基础上，经过十八大以来在理论和实践上的创新突破，我们党成功推进和拓展了中国式现代化。

中国式现代化，是中国共产党领导的社会主义现代化，既有各国现代化的共同特征，更有基于自己国情的中国特色。

高水平社会主义市场经济体制

📖 报告原文

构建高水平社会主义市场经济体制。坚持和完善社会主义基本经济制度，毫不动摇巩固和发展公有制经济，毫不动摇鼓励、支持、引导非公有制经济发展，充分发挥市场在资源配置中的决定性作用，更好发挥政府作用。

现代化产业体系

📖 报告原文

建设现代化产业体系。坚持把发展经济的着力点放在实体经济上，推进新型工业化，加快建设制造强国、质量强国、航天强国、交通强国、网络强国、数字中国。

乡村振兴

📖 报告原文

全面推进乡村振兴。坚持农业农村优先发展，坚持城乡融合发展，畅通城乡要素流动。扎实推动乡村产业、人才、文化、生态、组织振兴。全方位夯实粮食安全根基，牢牢守住十八亿亩耕地红线。深化农村土地制度改革，赋予农民更加充分的财产权益。保障进城落户农民合法土地权益，鼓励依法自愿有偿转让。

区域协调发展

📖 报告原文

促进区域协调发展。深入实施区域协调发展战略、区域重大战略、主体功能区战略、新型城镇化战略，优化重大生产力布局，构建优势互补、高质量发展的区域经济布局和国土空间体系。

高水平对外开放

📖 报告原文

推进高水平对外开放。稳步扩大规则、规制、管理、标准等制度型开放。加快建设贸易强国。营造市场化、法治化、国际化一流营商环境。推动共建"一带一路"高质量发展。有序推进人民币国际化。深度参与全球产业分工和合作，维护多元稳定的国际经济格局和经贸关系。

新领域新赛道

报告原文

必须坚持科技是第一生产力、人才是第一资源、创新是第一动力，深入实施科教兴国战略、人才强国战略、创新驱动发展战略，开辟发展新领域新赛道，不断塑造发展新动能新优势。

共同富裕

报告原文

我们要实现好、维护好、发展好最广大人民根本利益，紧紧抓住人民最关心最直接最现实的利益问题，坚持尽力而为、量力而行，深入群众、深入基层，采取更多惠民生、暖民心举措，着力解决好人民群众急难愁盼问题，健全基本公共服务体系，提高公共服务水平，增强均衡性和可及性，扎实推进共同富裕。

和谐共生

报告原文

大自然是人类赖以生存发展的基本条件。尊重自然、顺应自然、保护自然，是全面建设社会主义现代化国家的内在要求。必须牢固树立和践行绿水青山就是金山银山的理念，站在人与自然和谐共生的高度谋划发展。

资料来源：http://finance.people.com.cn/n1/2022/1018/c1004-32547280.html.

相关链接3

高举中国特色社会主义伟大旗帜
为全面建设社会主义现代化国家而团结奋斗
——在中国共产党第二十次全国代表大会上的报告（节选）

八、推进文化自信自强，铸就社会主义文化新辉煌

全面建设社会主义现代化国家，必须坚持中国特色社会主义文化发展道路，增强文化自信，围绕举旗帜、聚民心、育新人、兴文化、展形象建设社会主义文化强国，发展面向现代化、面向世界、面向未来的，民族的科学的大众的社会主义文化，激发全民族文化创新创造活力，增强实现中华民族伟大复兴的精神力量。

我们要坚持马克思主义在意识形态领域指导地位的根本制度，坚持为人民服务、为社会主义服务，坚持百花齐放、百家争鸣，坚持创造性转化、创新性发展，以社会主义核心价值观为引领，发展社会主义先进文化，弘扬革命文化，传承中华优秀传统文化，满足人民日益增长的精神文化需求，巩固全党全国各族人民团结奋斗的共同思想基础，不断提升国家文化软实力和中华文化影响力。

（一）建设具有强大凝聚力和引领力的社会主义意识形态

意识形态工作是为国家立心、为民族立魂的工作。牢牢掌握党对意识形态工作领导权，全面落实意识形态工作责任制，巩固壮大奋进新时代的主流思想舆论。健全用党的创新理论武装全党、教育人民、指导实践工作体系。加强全媒体传播体系建设，塑造主流舆论新格局。健全网络综合治理体系，推动形成良好网络生态。

（二）广泛践行社会主义核心价值观

社会主义核心价值观是凝聚人心、汇聚民力的强大力量。弘扬以伟大建党精神为源头的中国共产党人精神谱系，用好红色资源，深入开展社会主义核心价值观宣传教育，深化爱国主义、集体主义、社会主义教育，着力培养担当民族复兴大任的时代新人。推动理想信念教育常态化制度化，持续抓好党史、新中国史、改革开放史、社会主义发展史宣传教育，引导人民知史爱党、知史爱国，不断坚定中国特色社会主义共同理想。用社会主义核心价值观铸魂育人，完善思想政治工作体系，推进大中小学思想政治教育一体化建设。坚持依法治国和以德治国相结合，把社会主义核心价值观融入法治建设、融入社会发展、融入日常生活。

（三）提高全社会文明程度

实施公民道德建设工程，弘扬中华传统美德，加强家庭家教家风建设，加强和改进未成年人思想道德建设，推动明大德、守公德、严私德，提高人民道德水准和文明素养。统筹推动文明培育、文明实践、文明创建，推进城乡精神文明建设融合发展，在全社会弘扬劳动精神、奋斗精神、奉献精神、创造精神、勤俭节约精神，培育时代新风新貌。加强国家科普能力建设，深化全民阅读活动。完善志愿服务制度和工作体系。弘扬诚信文化，健全诚信建设长效机制。发挥党和国家功勋荣誉表彰的精神引领、典型示范作用，推动全社会见贤思齐、崇尚英雄、争做先锋。

（四）繁荣发展文化事业和文化产业

坚持以人民为中心的创作导向，推出更多增强人民精神力量的优秀作品，培育造就大批德艺双馨的文学艺术家和规模宏大的文化文艺人才队伍。坚持把社会效益放在首位、社会效益和经济效益相统一，深化文化体制改革，完善文化经济政策。实施国家文化数字化战略，健全现代公共文化服务体系，创新实施文化惠民工程。健全现代文化产业体系和市场体系，实施重大文化产业项目带动战略。加大文物和文化遗产保护力度，加强城乡建设中历史文化保护传承，建好用好国家文化公园。坚持以文塑旅、以旅彰文，推进文化和旅游深度融合发展。广泛开展全民健身活动，加强青少年体育工作，促进群众体育和竞技体育全面发展，加快建设体育强国。

（五）增强中华文明传播力影响力

坚守中华文化立场，提炼展示中华文明的精神标识和文化精髓，加快构建中国话语和中国叙事体系，讲好中国故事、传播好中国声音，展现可信、可爱、可敬的中国形象。加强国际传播能力建设，全面提升国际传播效能，形成同我国综合国力和国际地位相匹配的国际话语权。深化文明交流互鉴，推动中华文化更好走向世界。

资料来源：http://www.gov.cn/xinwen/2022-10/25/content_5721685.htm.

第二节 深入学习领会习近平文化思想

在全国宣传思想文化工作会议上，党中央正式提出并系统阐述了习近平文化思想。这是一个重大决策，在党的理论创新进程中具有重大意义，在党的宣传思想文化事业发展史上具有里程碑意义。

习近平文化思想，是新时代党领导文化建设实践经验的理论总结，是对马克思主义文化理论的丰富和发展，是习近平新时代中国特色社会主义思想的文化篇。

习近平文化思想的形成，标志着我们党对中国特色社会主义文化建设规律的认识达到了新高度，表明我们党的历史自信、文化自信达到了新高度。

习近平文化思想内涵丰富、思想深邃、博大精深，为我们在新时代新征程继续推动文化繁荣、建设文化强国、建设中华民族现代文明提供了强大思想武器和科学行动指南。

深入学习领会习近平文化思想，是全党尤其是全国宣传思想文化战线的一项重要政治任务。

一、深入学习领会关于坚持党的文化领导权的重要论述

坚持党的文化领导权是事关党和国家前途命运的大事。坚持党的文化领导权，是习近平总书记深刻总结党的历史经验、洞察时代发展大势提出来的，充分体现了对新时代文化地位作用的深刻认识，体现了对党的意识形态工作的科学把握。习近平总书记指出，意识形态关乎旗帜、关乎道路、关乎国家政治安全。"经济建设是党的中心工作，意识形态工作是党的一项极端重要的工作。面对改革发展稳定复杂局面和社会思想意识多元多样、媒体格局深刻变化，在集中精力进行经济建设的同时，一刻也不能放松和削弱意识形态工作，必须把意识形态工作的领导权、管理权、话语权牢牢掌握在手中，任何时候都不能旁落，否则就要犯无可挽回的历史性错误。"党管宣传、党管意识形态、党管媒体是坚持党的领导的重要方面，要"坚持政治家办报、办刊、办台、办新闻网站"。他强调："所有宣传思想部门和单位，所有宣传思想战线上的党员、干部，都要旗帜鲜明坚持党性原则。""坚持党性，核心就是坚持正确政治方向，站稳政治立场，

坚定宣传党的理论和路线方针政策，坚定宣传中央重大工作部署，坚定宣传中央关于形势的重大分析判断，坚决同党中央保持高度一致，坚决维护党中央权威。""做到爱党、护党、为党。"他要求，要全面落实意识形态工作责任制，"各级党委要负起政治责任和领导责任，把宣传思想工作摆在全局工作的重要位置，加强对宣传思想领域重大问题的分析研判和重大战略性任务的统筹指导""宣传思想战线的同志要履行好自己的神圣职责和光荣使命，以战斗的姿态、战士的担当，积极投身宣传思想领域斗争一线""要牢牢掌握意识形态工作领导权""建设具有强大凝聚力和引领力的社会主义意识形态"。习近平总书记的这些重要论述，深刻阐明了加强党对宣传思想文化工作领导的极端重要性，明确了做好宣传思想文化工作必须坚持的政治保证。

二、深入学习领会关于推动物质文明和精神文明协调发展的重要论述

推动物质文明和精神文明协调发展是坚持和发展中国特色社会主义的本质特征。立足中国特色社会主义事业发展全局，正确把握物质文明和精神文明的辩证关系，体现了对社会主义精神文明建设重要性和中国国情的深刻认识和全面把握。习近平总书记指出，实现中华民族伟大复兴的中国梦，物质财富要极大丰富，精神财富也要极大丰富。中国式现代化是物质文明和精神文明相协调的现代化。物质富足、精神富有是社会主义现代化的根本要求。物质贫困不是社会主义，精神贫乏也不是社会主义。他强调："人无精神则不立，国无精神则不强。精神是一个民族赖以长久生存的灵魂，唯有精神上达到一定的高度，这个民族才能在历史的洪流中屹立不倒、奋勇向前。""我们要继续锲而不舍、一以贯之抓好社会主义精神文明建设，为全国各族人民不断前进提供坚强的思想保证、强大的精神力量、丰润的道德滋养。"他指出，我们不断厚植现代化的物质基础，不断夯实人民幸福生活的物质条件，同时大力发展社会主义先进文化，加强理想信念教育，传承中华文明，促进物的全面丰富和人的全面发展。他要求，"加强思想道德建设，深入实施公民道德建设工程，加强和改进思想政治工作，推进新时代文明实践中心建设，不断提升人民思想觉悟、道德水准、文明素养和全社会文明程度""深入开展群众性精神文明创建活动""深化文明城市、文明村镇、文明单位、文明家庭、文明校园创建工作，推进诚信建设和志愿服务制度化，提高全社会道德水平""深入挖掘、继承、创新优秀传统乡土文化，弘扬新风正气，推进移风易俗，培育文明乡风、良好家风、淳朴民风，焕发乡村文明新气象"。习近平总书记的这些重要论述，站在经济建设和上层建筑关系的哲学高度，深刻阐释了社会运动规律，深刻阐明了精神文明的重要作用，具有极为重要的本体论和认识论意义，为新时代坚持和发展中国特色社会主义、推进中国式现代化提供了科学指引。

三、深入学习领会关于"两个结合"的根本要求的重要论述

"两个结合"的根本要求拓展了中国特色社会主义文化发展道路。创造性提出并阐述"两个结合",揭示了开辟和发展中国特色社会主义的必由之路,也揭示了党推动理论创新和文化繁荣的必由之路。习近平总书记指出,新的征程上,我们必须"坚持把马克思主义基本原理同中国具体实际相结合、同中华优秀传统文化相结合""中国共产党人深刻认识到,只有把马克思主义基本原理同中国具体实际相结合、同中华优秀传统文化相结合,坚持运用辩证唯物主义和历史唯物主义,才能正确回答时代和实践提出的重大问题,才能始终保持马克思主义的蓬勃生机和旺盛活力"。他指出,在五千多年中华文明深厚基础上开辟和发展中国特色社会主义,把马克思主义基本原理同中国具体实际、同中华优秀传统文化相结合是必由之路。"如果没有中华五千年文明,哪里有什么中国特色?如果不是中国特色,哪有我们今天这么成功的中国特色社会主义道路?"只有立足波澜壮阔的中华五千多年文明史,才能真正理解中国道路的历史必然、文化内涵与独特优势。他强调,历史正反两方面的经验表明,"两个结合"是我们取得成功的最大法宝。第一,"结合"的前提是彼此契合。马克思主义和中华优秀传统文化来源不同,但彼此存在高度的契合性。相互契合才能有机结合。正是在这个意义上,我们才说中国共产党既是马克思主义的坚定信仰者和践行者,又是中华优秀传统文化的忠实继承者和弘扬者。第二,"结合"的结果是互相成就。"结合"不是"拼盘",不是简单的"物理反应",而是深刻的"化学反应",造就了一个有机统一的新的文化生命体。"第二个结合"让马克思主义成为中国的,中华优秀传统文化成为现代的,让经由"结合"而形成的新文化成为中国式现代化的文化形态。第三,"结合"筑牢了道路根基。我们的社会主义为什么不一样?为什么能够生机勃勃、充满活力?关键就在于中国特色。中国特色的关键就在于"两个结合"。中国式现代化赋予中华文明以现代力量,中华文明赋予中国式现代化以深厚底蕴。第四,"结合"打开了创新空间。"结合"本身就是创新,同时又开启了广阔的理论和实践创新空间。"第二个结合"让我们掌握了思想和文化主动,并有力地作用于道路、理论和制度。"第二个结合"是又一次的思想解放,让我们能够在更广阔的文化空间中,充分运用中华优秀传统文化的宝贵资源,探索面向未来的理论和制度创新。第五,"结合"巩固了文化主体性。任何文化要立得住、行得远,要有引领力、凝聚力、塑造力、辐射力,就必须有自己的主体性。文化自信就来自我们的文化主体性。这一主体性是中国共产党带领中国人民在中国大地上建立起来的;是在创造性转化、创新性发展中华优秀传统文化,继承革命文化,发展社会主义先进文化的基础上,借鉴吸收人类一切优秀文明成果的基础上建立起来的;是通过把马克思主义基本原理同中国具体实际、同中华优秀传统文化相结合建立起来的。创立习近平新时代中国特色社会主义思想就是这一文化主体性的最有力体现。习近平总书记的这些重要论述,充分表明我们党对中国道路、中国理论、中国制度的认识进一步升华,拓展了中国特色社会主义道路的文化根基。

四、深入学习领会关于新的文化使命的重要论述

新的文化使命彰显了我们党促进中华文化繁荣、创造人类文明新形态的历史担当。在强国建设、民族复兴伟业深入推进的关键时刻，高瞻远瞩提出新的文化使命，具有强大感召力和引领力。习近平总书记指出，"做好新形势下宣传思想工作，必须自觉承担起举旗帜、聚民心、育新人、兴文化、展形象的使命任务""巩固马克思主义在意识形态领域的指导地位、巩固全党全国各族人民团结奋斗的共同思想基础""在新的起点上继续推动文化繁荣、建设文化强国、建设中华民族现代文明，是我们在新时代新的文化使命"。他强调，要坚持中国特色社会主义文化发展道路，发展社会主义先进文化，弘扬革命文化，传承中华优秀传统文化，激发全民族文化创新创造活力，增强实现中华民族伟大复兴的精神力量。他指出："中国特色社会主义文化，源自中华民族五千多年文明历史所孕育的中华优秀传统文化，熔铸于党领导人民在革命、建设、改革中创造的革命文化和社会主义先进文化，植根于中国特色社会主义伟大实践。发展中国特色社会主义文化，就是以马克思主义为指导，坚守中华文化立场，立足当代中国现实，结合当今时代条件，发展面向现代化、面向世界、面向未来的，民族的科学的大众的社会主义文化，推动社会主义精神文明和物质文明协调发展。要坚持为人民服务、为社会主义服务，坚持百花齐放、百家争鸣，坚持创造性转化、创新性发展，不断铸就中华文化新辉煌。"他强调："对历史最好的继承就是创造新的历史，对人类文明最大的礼敬就是创造人类文明新形态。"他要求，新时代的文化工作者必须以守正创新的正气和锐气，赓续历史文脉、谱写当代华章。习近平总书记的这些重要论述，强调了新的文化使命是新时代新征程党的使命任务对文化发展的必然要求，落脚点是铸就社会主义文化新辉煌、建设中华民族现代文明。

五、深入学习领会关于坚定文化自信的重要论述

坚定文化自信，是事关国运兴衰、事关文化安全、事关民族精神独立性的大问题。习近平总书记指出："一个国家、一个民族的强盛，总是以文化兴盛为支撑的，中华民族伟大复兴需要以中华文化发展繁荣为条件。""我们说要坚定中国特色社会主义道路自信、理论自信、制度自信，说到底是要坚定文化自信。""文化自信，是更基础、更广泛、更深厚的自信，是更基本、更深沉、更持久的力量。"他强调："中华文明历经数千年而绵延不绝、迭遭忧患而经久不衰，这是人类文明的奇迹，也是我们自信的底气。坚定文化自信，就是坚持走自己的路。坚定文化自信的首要任务，就是立足中华民族伟大历史实践和当代实践，用中国道理总结好中国经验，把中国经验提升为中国理论，既不盲从各种教条，也不照搬外国理论，实现精神上的独立自主。要把文化自信融入全民族的精神气质与文化品格中，养成昂扬向上的风貌和理性平和的心态。"习近平总书记的这些重要论述，深刻阐明了文化自信的特殊重要性，彰显了我们党高度的文化自觉和文

化担当，把我们党对文化地位和作用的认识提升到一个新高度。

六、深入学习领会关于培育和践行社会主义核心价值观的重要论述

培育和践行社会主义核心价值观是凝魂聚气、强基固本的基础工程。坚持以德树人、以文化人，是习近平总书记始终念兹在兹、谆谆教诲的一件大事。习近平总书记指出："人类社会发展的历史表明，对一个民族、一个国家来说，最持久、最深层的力量是全社会共同认可的核心价值观。核心价值观，承载着一个民族、一个国家的精神追求，体现着一个社会评判是非曲直的价值标准。""核心价值观是一个国家的重要稳定器，能否构建具有强大感召力的核心价值观，关系社会和谐稳定，关系国家长治久安。""如果没有共同的核心价值观，一个民族、一个国家就会魂无定所、行无依归。"他指出："我们提出要倡导富强、民主、文明、和谐，倡导自由、平等、公正、法治，倡导爱国、敬业、诚信、友善，积极培育和践行社会主义核心价值观。富强、民主、文明、和谐是国家层面的价值要求，自由、平等、公正、法治是社会层面的价值要求，爱国、敬业、诚信、友善是公民层面的价值要求。这个概括，实际上回答了我们要建设什么样的国家、建设什么样的社会、培育什么样的公民的重大问题。"他强调："核心价值观的养成绝非一日之功，要坚持由易到难、由近及远，努力把核心价值观的要求变成日常的行为准则，进而形成自觉奉行的信念理念。""要注意把社会主义核心价值观日常化、具体化、形象化、生活化，使每个人都能感知它、领悟它，内化为精神追求，外化为实际行动，做到明大德、守公德、严私德。"他要求，弘扬以伟大建党精神为源头的中国共产党人精神谱系，用好红色资源。"要以培养担当民族复兴大任的时代新人为着眼点，强化教育引导、实践养成、制度保障，发挥社会主义核心价值观对国民教育、精神文明创建、精神文化产品创作生产传播的引领作用，把社会主义核心价值观融入社会发展各方面，转化为人们的情感认同和行为习惯。坚持全民行动、干部带头，从家庭做起，从娃娃抓起。深入挖掘中华优秀传统文化蕴含的思想观念、人文精神、道德规范，结合时代要求继承创新，让中华文化展现出永久魅力和时代风采。"习近平总书记的这些重要论述，深刻阐明了中国特色社会主义文化建设的一项根本任务，明确了推进社会主义核心价值观建设的重点和着力点。

七、深入学习领会关于掌握信息化条件下舆论主导权、广泛凝聚社会共识的重要论述

掌握信息化条件下舆论主导权、广泛凝聚社会共识是巩固壮大主流思想文化的必然要求。习近平总书记站在时代和科技前沿，对如何做好信息化条件下宣传思想文化工作进行了深邃思考。习近平总书记指出，当今世界，一场新的全方位综合国力竞争正在全球展开。能不能适应和引领互联网发展，成为决定大国兴衰的一个关键。世界各大国均

把信息化作为国家战略重点和优先发展方向，围绕网络空间发展主导权、制网权的争夺日趋激烈，世界权力图谱因信息化而被重新绘制，互联网成为影响世界的重要力量。当今世界，谁掌握了互联网，谁就把握住了时代主动权；谁轻视互联网，谁就会被时代所抛弃。一定程度上可以说，得网络者得天下。他深刻指出："没有网络安全就没有国家安全，没有信息化就没有现代化，网络安全和信息化事关党的长期执政，事关国家长治久安，事关经济社会发展和人民群众福祉，过不了互联网这一关，就过不了长期执政这一关，要把网信工作摆在党和国家事业全局中来谋划，切实加强党的集中统一领导。"网络空间是亿万民众共同的精神家园。网络空间天朗气清、生态良好，符合人民利益。网络空间乌烟瘴气、生态恶化，不符合人民利益。互联网已经成为舆论斗争的主战场。在互联网这个战场上，我们能否顶得住、打得赢，直接关系我国意识形态安全和政权安全。他特别提出："管好用好互联网，是新形势下掌控新闻舆论阵地的关键，重点要解决好谁来管、怎么管的问题。"我们必须科学认识网络传播规律，准确把握网上舆情生成演化机理，不断推进工作理念、方法手段、载体渠道、制度机制创新，提高用网治网水平，使互联网这个最大变量变成事业发展的最大增量。"我们要本着对社会负责、对人民负责的态度，依法加强网络空间治理，加强网络内容建设，做强网上正面宣传，培育积极健康、向上向善的网络文化，用社会主义核心价值观和人类优秀文明成果滋养人心、滋养社会，做到正能量充沛、主旋律高昂，为广大网民特别是青少年营造一个风清气正的网络空间。""随着5G、大数据、云计算、物联网、人工智能等技术不断发展，移动媒体将进入加速发展新阶段。要坚持移动优先策略，建设好自己的移动传播平台，管好用好商业化、社会化的互联网平台，让主流媒体借助移动传播，牢牢占据舆论引导、思想引领、文化传承、服务人民的传播制高点。"习近平总书记的这些重要论述，是我们党对信息化时代新闻传播规律的深刻总结，明确了做好党的新闻舆论工作的原则要求和方法路径。

八、深入学习领会关于以人民为中心的工作导向的重要论述

以人民为中心的工作导向体现了我们党领导和推动文化建设的鲜明立场。新时代以来宣传思想文化改革发展历程，贯穿着以人民为中心的鲜明主线，充分展现了习近平总书记深厚的人民情怀。习近平总书记指出，"人民性是马克思主义的本质属性""人民立场是中国共产党的根本政治立场""中国共产党的根本宗旨是全心全意为人民服务"。宣传思想文化工作必须坚持以人民为中心的工作导向。他强调："文艺要反映好人民心声，就要坚持为人民服务、为社会主义服务这个根本方向。""以人民为中心，就是要把满足人民精神文化需求作为文艺和文艺工作的出发点和落脚点，把人民作为文艺表现的主体，把人民作为文艺审美的鉴赏家和评判者，把为人民服务作为文艺工作者的天职。"他强调，哲学社会科学研究要"坚持以马克思主义为指导，核心要解决好为什么人的问题。为什么人的问题是哲学社会科学研究的根本性、原则性问题。我国哲学社会科学为

谁著书、为谁立说，是为少数人服务还是为绝大多数人服务，是必须搞清楚的问题"。他指出："我们的党是全心全意为人民服务的党，我们的国家是人民当家作主的国家，党和国家一切工作的出发点和落脚点是实现好、维护好、发展好最广大人民根本利益。我国哲学社会科学要有所作为，就必须坚持以人民为中心的研究导向。脱离了人民，哲学社会科学就不会有吸引力、感染力、影响力、生命力。我国广大哲学社会科学工作者要坚持人民是历史创造者的观点，树立为人民做学问的理想，尊重人民主体地位，聚焦人民实践创造，自觉把个人学术追求同国家和民族发展紧紧联系在一起，努力多出经得起实践、人民、历史检验的研究成果。"习近平总书记的这些重要论述，深刻回答了文化为什么人的问题，彰显了党的性质宗旨和初心使命。

九、深入学习领会关于保护历史文化遗产的重要论述

保护历史文化遗产是推动文化传承发展的重要基础。历史文化遗产承载着中华民族的基因和血脉。习近平总书记对文化遗产保护高度重视，展现了强烈的文明担当、深沉的文化情怀。习近平总书记指出，中华文明探源工程等重大工程的研究成果，实证了我国百万年的人类史、一万年的文化史、五千多年的文明史。历史文化遗产"不仅属于我们这一代人，也属于子孙万代"。"革命文物承载党和人民英勇奋斗的光荣历史，记载中国革命的伟大历程和感人事迹，是党和国家的宝贵财富，是弘扬革命传统和革命文化、加强社会主义精神文明建设、激发爱国热情、振奋民族精神的生动教材。"中华文化是我们提高国家文化软实力最深厚的源泉，是我们提高国家文化软实力的重要途径。要使中华民族最基本的文化基因与当代文化相适应、与现代社会相协调，以人们喜闻乐见、具有广泛参与性的方式推广开来，把跨越时空、超越国度、富有永恒魅力、具有当代价值的文化精神弘扬起来，把继承传统优秀文化又弘扬时代精神、立足本国又面向世界的当代中国文化创新成果传播出去。要系统梳理传统文化资源，让收藏在禁宫里的文物、陈列在广阔大地上的遗产、书写在古籍里的文字都活起来。"要敬畏历史、敬畏文化、敬畏生态，全面保护好历史文化遗产，统筹好旅游发展、特色经营、古城保护，筑牢文物安全底线，守护好前人留给我们的宝贵财富。"他指出："不忘历史才能开辟未来，善于继承才能善于创新。优秀传统文化是一个国家、一个民族传承和发展的根本，如果丢掉了，就割断了精神命脉。我们要善于把弘扬优秀传统文化和发展现实文化有机统一起来，紧密结合起来，在继承中发展，在发展中继承。传统文化在其形成和发展过程中，不可避免会受到当时人们的认识水平、时代条件、社会制度的局限性的制约和影响，因而也不可避免会存在陈旧过时或已成为糟粕性的东西。这就要求人们在学习、研究、应用传统文化时坚持古为今用、推陈出新，结合新的实践和时代要求进行正确取舍，而不能一股脑儿都拿到今天来照套照用。"他强调，要坚持古为今用、以古鉴今，坚持有鉴别的对待、有扬弃的继承，而不能搞厚古薄今、以古非今，努力实现传统文化的创造性转化、创新性发展，使之与现实文化相融相通，共同服务以文化人的时代

任务，"为更好建设中华民族现代文明提供借鉴"。他要求："各级党委和政府要增强对历史文物的敬畏之心，树立保护文物也是政绩的科学理念，统筹好文物保护与经济社会发展，全面贯彻'保护为主、抢救第一、合理利用、加强管理'的工作方针，切实加大文物保护力度，推进文物合理适度利用，使文物保护成果更多惠及人民群众。各级文物部门要不辱使命，守土尽责，提高素质能力和依法管理水平，广泛动员社会力量参与，努力走出一条符合国情的文物保护利用之路，为实现'两个一百年'奋斗目标、实现中华民族伟大复兴的中国梦作出更大贡献。"习近平总书记的这些重要论述，体现了马克思主义历史观，宣示了我们党对待民族历史文化的基本态度。

十、深入学习领会关于构建中国话语和中国叙事体系的重要论述

构建中国话语和中国叙事体系体现了我们党提高国家文化软实力、占据国际道义制高点的战略谋划。习近平总书记提出增强我国国际话语权的重要任务并摆上突出位置，体现了宽广的世界眼光和高超的战略思维。习近平总书记指出，要"增强中华文明传播力影响力。坚守中华文化立场，提炼展示中华文明的精神标识和文化精髓，加快构建中国话语和中国叙事体系，讲好中国故事、传播好中国声音，展现可信、可爱、可敬的中国形象""要讲清楚中国是什么样的文明和什么样的国家，讲清楚中国人的宇宙观、天下观、社会观、道德观，展现中华文明的悠久历史和人文底蕴，促使世界读懂中国、读懂中国人民、读懂中国共产党、读懂中华民族"。他认为，讲故事，是国际传播的最佳方式。要讲好中国特色社会主义的故事，讲好中国梦的故事，讲好中国人的故事，讲好中华优秀文化的故事，讲好中国和平发展的故事。讲故事就是讲事实、讲形象、讲情感、讲道理，讲事实才能说服人，讲形象才能打动人，讲情感才能感染人，讲道理才能影响人。他要求，要组织各种精彩、精炼的故事载体，把中国道路、中国理论、中国制度、中国精神、中国力量寓于其中，使人想听爱听，听有所思，听有所得。要创新对外话语表达方式，研究国外不同受众的习惯和特点，采用融通中外的概念、范畴、表述，把我们想讲的和国外受众想听的结合起来，把"陈情"和"说理"结合起来，把"自己讲"和"别人讲"结合起来，使故事更多为国际社会和海外受众所认同。要加强国际传播能力建设，全面提升国际传播效能，形成同我国综合国力和国际地位相匹配的国际话语权。深化文明交流互鉴，推动中华文化更好走向世界。要完善人文交流机制，创新人文交流方式，发挥各地区各部门各方面作用，综合运用大众传播、群体传播、人际传播等多种方式展示中华文化魅力。习近平总书记的这些重要论述，既是思想理念又是工作方法，指明了提升国家文化软实力的关键点和着力点。

十一、深入学习领会关于促进文明交流互鉴的重要论述

促进文明交流互鉴彰显了中国共产党人开放包容的胸襟格局。习近平总书记提出弘

扬全人类共同价值、落实全球文明倡议等重要理念、重大主张，着眼的就是开放包容，为推动人类文明进步、应对全球共同挑战提供了战略指引。习近平总书记指出："文明没有高下、优劣之分，只有特色、地域之别。""每一种文明都扎根于自己的生存土壤，凝聚着一个国家、一个民族的非凡智慧和精神追求，都有自己存在的价值。""历史告诉我们，只有交流互鉴，一种文明才能充满生命力。""文明因交流而多彩，文明因互鉴而丰富。文明交流互鉴，是推动人类文明进步和世界和平发展的重要动力。"推动文明交流互鉴，可以丰富人类文明的色彩，让各国人民享受更富内涵的精神生活、开创更有选择的未来。他强调："我们应该推动不同文明相互尊重、和谐共处，让文明交流互鉴成为增进各国人民友谊的桥梁、推动人类社会进步的动力、维护世界和平的纽带。我们应该从不同文明中寻求智慧、汲取营养，为人们提供精神支撑和心灵慰藉，携手解决人类共同面临的各种挑战。"坚持美人之美、美美与共。担负起凝聚共识的责任，坚守和弘扬全人类共同价值。本着对人类前途命运高度负责的态度，做全人类共同价值的倡导者，以宽广胸怀理解不同文明对价值内涵的认识，尊重不同国家人民对价值实现路径的探索，把全人类共同价值具体地、现实地体现到实现本国人民利益的实践中去。他特别指出："在各国前途命运紧密相连的今天，不同文明包容共存、交流互鉴，在推动人类社会现代化进程、繁荣世界文明百花园中具有不可替代的作用。"为此，习近平总书记提出了全球文明倡议："共同倡导尊重世界文明多样性""共同倡导弘扬全人类共同价值""共同倡导重视文明传承和创新""共同倡导加强国际人文交流合作"。习近平总书记的这些重要论述，深刻揭示了人类文明发展的基本规律，体现了我们大党大国的天下情怀和责任担当。

习近平文化思想是一个不断展开的、开放式的思想体系，必将随着实践深入不断丰富发展。我们必须及时跟进，不断深入学习领会和贯彻落实①。

第三节　习近平对旅游工作作出的重要指示

一、着力完善现代旅游业体系加快建设旅游强国　推动旅游业高质量发展行稳致远

中共中央总书记、国家主席、中央军委主席习近平近日对旅游工作作出重要指示指出，改革开放特别是党的十八大以来，我国旅游发展步入快车道，形成全球最大国内旅游市场，成为国际旅游最大客源国和主要目的地，旅游业从小到大、由弱渐强，日益成为新兴的战略性支柱产业和具有显著时代特征的民生产业、幸福产业，成功走出了一条

---

① 资料来源：曲青山.深入学习领会习近平文化思想［N］.学习时报，2023-10-23（1）.

独具特色的中国旅游发展之路。

习近平强调，新时代新征程，旅游发展面临新机遇新挑战。要以新时代中国特色社会主义思想为指导，完整准确全面贯彻新发展理念，坚持守正创新、提质增效、融合发展，统筹政府与市场、供给与需求、保护与开发、国内与国际、发展与安全，着力完善现代旅游业体系，加快建设旅游强国，让旅游业更好服务美好生活、促进经济发展、构筑精神家园、展示中国形象、增进文明互鉴。各地区各部门要切实增强工作责任感使命感，分工协作、狠抓落实，推动旅游业高质量发展行稳致远。

全国旅游发展大会于 2024 年 5 月 17 日在京召开。中共中央政治局委员、中宣部部长李书磊在会上传达习近平重要指示并讲话，表示要深入学习贯彻习近平总书记重要指示和关于旅游发展的一系列重要论述，坚持以文塑旅、以旅彰文，走独具特色的中国旅游发展之路。要推动旅游业高质量发展、加快建设旅游强国，强化系统谋划和科学布局，保护文化遗产和生态资源，提升供给水平和服务质量，深化国际旅游交流合作，不断开创旅游发展新局面[①]。

二、加快建设旅游强国，总书记提出新要求

全国旅游发展大会是党中央首次以旅游发展为主题召开的重要会议，会上传达了习近平总书记对旅游工作作出的重要指示。

"新时代新征程，旅游发展面临新机遇新挑战。"在重要指示中，总书记既充分肯定改革开放特别是党的十八大以来旅游工作取得的显著成绩，又对加快建设旅游强国、推动旅游业高质量发展作出全面部署、提出明确要求。

（一）肯定一条道路

习近平总书记指出，改革开放特别是党的十八大以来，我国旅游发展步入快车道。

快车道，意味着发展速度快：2012 年到 2021 年，国内旅游收入年均增长约 10.6%；2012 年到 2019 年，国内出游人数实现翻番。我国已形成全球最大国内旅游市场，也是国际旅游最大客源国和主要目的地。

快车道，也意味着发展方式别具一格：在中国，旅游是人民群众提升获得感、幸福感的重要方式，是传承弘扬中华文化的重要载体，是践行"绿水青山就是金山银山"理念的重要领域，还是乡村振兴的重要抓手……

对此，习近平总书记曾作出深刻阐释：

在黑龙江漠河北极村，指出"坚持林下经济和旅游业两业并举，让北国边塞风光、冰雪资源为乡亲们带来源源不断的收入"；

在山西云冈石窟，强调"让旅游成为人们感悟中华文化、增强文化自信的过程"；

---

① 资料来源：《人民日报》2024 年 5 月 18 日第 01 版。

在河南新县的民宿店，赞许"依托丰富的红色文化资源和绿色生态资源发展乡村旅游，搞活了农村经济，是振兴乡村的好做法"……

从小到大、由弱渐强，特色突出、前景广阔。在重要指示中，总书记指出旅游业"日益成为新兴的战略性支柱产业和具有显著时代特征的民生产业、幸福产业""成功走出了一条独具特色的中国旅游发展之路"。

（二）坚持三个原则

习近平总书记对旅游发展有着深刻认识和丰富实践。在《之江新语》中，他就写过一篇《重视打造旅游精品》的文章，指出：随着经济发展和人民群众生活水平不断提高，以观光为主的旅游已不能满足人们的需求。"求新、求奇、求知、求乐"的旅游愿望，要求我们不断推出更多更好的旅游产品。

如何把握新机遇、迎接新挑战？此次，习近平总书记鲜明提出了旅游发展要坚持的三个原则：

（1）守正创新。守正，守的是"基本盘"。绿水青山、历史文化、优质服务……这些都是旅游发展的基础，必须始终守护。创新，则是旅游发展的驱动力。只有开动脑筋，大胆求变，才能实现传统旅游业态、产品和服务的全面升级。

（2）提质增效。鼓励创新，也要防止"一哄而上"。旅游创新的目的应始终围绕提高质量、提高效率。如何将有限的旅游资源合理开发，创造更多旅游精品、名品？如何进一步发挥旅游的带动作用，让更多人受益？关心旅游"发展了什么"，更要注重"有什么效果"。

（3）融合发展。2020年9月，习近平总书记在教育文化卫生体育领域专家代表座谈会上强调，要坚持以文塑旅、以旅彰文，推动文化和旅游融合发展。更多领域正与旅游相加相融、协同发展。科技、教育、交通、体育、工业……越多融合，越有助于延伸产业链、创造新价值、催生新业态。

（三）统筹五对关系

三个原则之外，总书记还强调统筹五对关系，体现了对旅游发展过程中若干重大关系的深刻把握。

统筹政府与市场。在旅游发展过程中，既充分发挥市场在旅游资源配置中的决定性作用，又发挥好政府在优化旅游规划布局、公共服务、营商环境等方面的重要作用。

统筹供给与需求。从"有没有"到"好不好"，人民的旅游需求呈现多样化、个性化、品质化趋势，这就要求旅游业继续推进供给侧结构性改革。

统筹保护与开发。开发是发展的客观要求，保护是开发的重要前提。只有科学合理的开发，才能促进旅游的快速发展。只有积极有效的保护，才能保证旅游的健康发展。

统筹国内与国际。做强做优做大国内旅游市场之外，提升中国旅游竞争力和影响力

要求坚定不移扩大开放，发展好入出境旅游。

统筹发展与安全。安全是发展的前提，发展是安全的保障。要将安全作为检验行业可持续发展的重要标尺，守住安全生产底线、生态安全底线、意识形态安全底线。

（四）明确五项任务

有党中央高度重视，有人民群众积极支持，有老祖宗和大自然留给我们的丰厚资源，我们完全有条件、有能力建设旅游强国。

在重要指示中，总书记还提出旅游业的五项使命任务：服务美好生活、促进经济发展、构筑精神家园、展示中国形象、增进文明互鉴。

从个体层面看，旅游是人民生活水平提高的一个重要指标。发展旅游，就是要让人们在领略自然之美中感悟文化之美、陶冶心灵之美，让生活更加美好。

从社会层面看，发展旅游业是推动高质量发展的重要着力点，旅游也是文化的重要载体。这就要求我们既关注旅游的经济作用，也关注其增强人民精神力量的作用。

从国家层面看，旅游是不同国家、不同文化交流互鉴的重要渠道。只有进一步发展旅游，才能更好展示新时代的中国形象，在"双向奔赴"中交流文化、增进友谊。

这五项使命任务，是总书记对于旅游业作用的深刻总结，也是总书记对旅游业未来的殷切期许[1]。

---

① 资料来源：https://news.cnr.cn/native/gd/sz/20240518/t20240518_526709689.shtml.

旅游目的地管理概述

知识要点	掌握程度	相关知识	思政主题
旅游目的地管理的概念与内容	理解	旅游目的地和旅游目的地系统的内涵	爱国主义 生态文明
	掌握	旅游目的地的类型，旅游目的地管理的概念和内容	
旅游目的地管理的原则与特点	理解	旅游目的地管理的特点	
	掌握	旅游目的地管理的原则	
旅游目的地管理的依据与手段	理解	旅游目的地管理的理论基础	
	掌握	旅游目的地管理的行政手段、经济手段、法律手段、文化手段和技术手段	
旅游目的地管理的要素与体系	理解	旅游目的地管理的要素	
	掌握	旅游目的地管理体系	

📖 导入案例

河南省印发《关于建设文化旅游强省的意见》

为深入贯彻落实党中央关于推动社会主义文化繁荣兴盛、黄河流域生态保护和高质量发展、深化文旅融合的战略部署，加快文化旅游强省建设，河南省印发《关于建设文化旅游强省的意见》（以下简称《意见》），《意见》提出以下内容。

（1）实现两个目标。到 2025 年，将河南打造成为全球探寻体验华夏历史文明的重要窗口、全球华人寻根拜祖圣地、具有国际影响力的旅游目的地、国家文化产业和旅游产业融合发展示范区。到 2035 年，文化旅游空间布局更加优化、综合效益进一步提升，形成一批有世界影响力的文化旅游品牌，综合实力位居全国前列。

（2）构建"一带一核三山五区"文化旅游发展格局。

"一带"：建设体现中华悠久文明的黄河文化旅游带。挖掘黄河文化蕴含的民族品格和时代价值，建设沿黄河旅游风景道，依托重要文化遗存打造具有鲜明黄河文化标识的项目，推动黄河文化活态传承，使黄河文化旅游带成为彰显中华民族文化自信的精神地标和情感纽带。

"一核"：建设全球知名的郑汴洛国际文化旅游核心板块。聚焦中华历史文化主题，以国家中心城市建设为龙头，以城际轨道交通为支撑，推动郑州、开封、洛阳文化旅游资源全面整合，以文旅小镇、主题公园、大型演艺为主要载体，把郑汴洛板块打造成为具有重要影响力的国际旅游目的地。

"三山"：建设主题鲜明的太行山、伏牛山、大别山自然生态和红色旅游景区。依托太行山独特地质地貌，开发徒步、攀岩、滑翔等现代旅游产品，打造国际化户外运动探险旅游区。依托伏牛山良好生态系统，做优中医养生、温泉疗养等康养品牌，打造国民休闲旅游度假地。依托大别山红色文化和绿色生态资源，做强红色研学、茶食品鉴等产品，建设全国知名的红色生态旅游目的地。

"五区"：建设以中原优秀传统文化为纽带，地理空间相互衔接、资源优势融合互补的五大特色文化旅游区。以嵩山历史建筑群、黄帝故里、二里头夏都遗址、双槐树遗址、龙门石窟、龙马负图寺、洛阳大谷关等为依托，建设以寻根拜祖为主题的天地之中河洛文化旅游区。以殷墟、中国文字博物馆、仓颉陵、濮阳"中华第一龙"、鹤壁辛村遗址等为依托，建设以甲骨文为主要内容的展示中华民族精神图腾的上古殷商文化旅游区。以太昊陵、老子故里、庄子故里等为依托，建设对话先贤圣哲、体现中华民族精神品格的老庄元典文化旅游区。以仰韶文化遗址群、函谷关、三门峡大坝、愚公故里等为依托，建设追寻先民奋斗精神，连陕通晋、承东启西的黄河金三角文化旅游区。以南阳武侯祠、渠首丹江口、花洲书院等为依托，建设体验家国情怀、体现汉风楚韵的丹江卧龙文化旅游区。

（3）建设六大标志性项目。建设黄河国家文化公园、建设沿黄生态廊道、实施古都古城风貌再现工程、打造大遗址文化旅游圈、建设大运河文化公园、建设中国功夫体验基地等重点项目，塑造一批享誉世界的标志性文旅品牌。

（4）优化产业产品体系。从推动景区度假区提档升级、建设特色文旅小镇、加快文化资源创新利用、大力发展红色旅游、促进文化旅游产业跨界融合等方面下功夫，全面优化产业产品体系。

（5）培育多元开放的文化旅游市场。壮大市场主体，强化品牌营销，加强交流合作，提振文化旅游消费。

（6）提升公共服务水平。实施旅游交通畅达工程、智慧旅游支撑工程、旅游设施提升工程等，加强公共服务体系建设，优化文化旅游强省的环境。

同时,《意见》明确提出,要通过创新管理体制、强化区域协作、加强市场监管,推动文化旅游综合治理体系现代化;通过健全领导机制、完善支持政策、加强考核奖励,完善工作机制和政策。

(资料来源:中国新闻网)

第一节 旅游目的地管理的概念与内容

21世纪以来,伴随全球化、信息化、网络化交互作用的深化发展,旅游资源要素的空间模式与空间关系发生了深刻变革。从供给侧来看,快速交通网络与移动通信技术形成的时空压缩效应,导致旅游要素高度动态化和关系化,旅游目的地的空间关联效应与空间组合关系日益显著。从需求侧来看,流动性作为现代社会的基本原则,重新定义了人类旅游活动,旅游活动的空间范围与空间选择不断拓宽。旅游目的地作为一定空间范围内旅游资源、基础配套设施、旅游专用设施以及其他相关条件的有机结合,是一个明确的地理区域,本质上是由各类旅游要素相互作用形成的综合性旅游产品。

一、旅游目的地概述

(一)旅游目的地的概念

"目的地"即"想要到达的地方",那么"旅游目的地"从字面意思理解,即"想要到达的进行旅游活动的地方"。由此可见,"旅游目的地"是一个从旅游者视角出发而来的概念,与旅游客源地共同构成旅游的供给侧和需求侧。在学术研究中,目前国内外学者对"旅游目的地"的概念见仁见智,尚未形成统一,但达成了一个共识,即旅游目的地一定是附着在一定地理空间上的。

国外学者霍洛韦指出具体的旅游胜地、一个城镇或整个国家或地球上一片更大的地方都可以成为旅游目的地。布哈利斯(2000)把旅游目的地的范围设定为一个特定的已知地理区域,在这个区域当中旅游消费者被看作一个政府框架,这个政府框架是独立的、完整的且有统一的旅游业管理和规划,即由统一的目的地管理机构来对这个区域进行管理。这个概念提出了旅游目的地的统一管理机构问题。

2004年,世界旅游组织(UNWTO)确切地将旅游目的地定义为物理空间,在这个空间内平均每个游客起码待一个晚上,这个空间包括旅游产品和服务,是具有地理区域和行政界线的,可以通过影响市场竞争力等方面要素来体现管理活动、形象和旅游者满意度。世界旅游组织把旅游目的地做了较为全面的定义和概括,在这个定义中明确规定了旅游目的地及旅游目的地利益相关者概念。

国内学者保继刚(1996)指出旅游目的地是旅游者停留活动的地方,是指附着在一定地理空间上的旅游资源并且将旅游目的地基础设施及相关设施统一联系在一起。崔凤军（2002）提出旅游目的地是一个拥有统一整体形象的旅游吸引物的开放系统；以空间尺度作为衡量标准旅游目的地可以划分为不同类型，其中，一个国家、一个地区、一个城市或一个具体的旅游景区（景点）都可以是旅游目的地；杨效忠等人（2023）提出旅游目的地是以旅游者、旅游经营者、旅游产品、旅游信息、旅游服务等各类要素主体的流动关系为根本，形成的沿特定方向关联互动的目的地组织共同体与空间连续体。旅游目的地作为旅游目的地时空关系交替演化的结果，既包括时间维度上组织结构线性整合的过程演化，又包括空间维度上各类要素主体集聚扩散的空间优化。从以上角度来看，旅游目的地是旅游资源供给与游客需求的互联产物，是二者在时间空间中相互作用的复杂网络。

综上所述，旅游目的地就是旅游者到达并逗留进行一系列旅游活动的地域空间，是旅游者进行旅游活动的空间载体。这个空间汇集了能够激发旅游者旅游动机的旅游资源和以旅游者为经营对象的产业部门，是一种兼具旅游功能的特殊社区，又是整个旅游系统的关键组成部分。

（二）旅游目的地的类型

（1）按地域范围分类。

①国家级旅游目的地。从世界旅游的角度看，一个独立的国家或地区都可以成为一个单独的旅游目的地。比如对于中国公民的出境旅游，国家层面的旅游目的地是一个常用的概念。对于国家级旅游目的地，尤其是范围较大的国家来说，目的地建设和营销往往伴随着国际合作，也容易出现主题不清和重复性建设等问题。

②省级旅游目的地。省级旅游目的地是一个相对中尺度的概念。目前国内出现了很多以省份为单位进行旅游体系建设和营销的区域，如"好客山东""老家河南""七彩云南"等；同时也成立了越来越多的省级旅游集团，在多元化业态、重资产投入、平台化转向、全产业链布局的道路上不断探索。

 知识链接

2023 年 12 月 11—12 日，2023 中国旅游集团化发展论坛在上海举办。论坛由中国旅游研究院、中国旅游协会主办，祥源控股集团承办。各大旅游集团、部分地区文化和旅游行政主管部门、金融资本和产业资本运营机构代表以及专家学者、媒体记者等参加了论坛。其间，发布了"2023 中国旅游集团 20 强"（排名不分先后）。

央企、华北、东北：中国旅游集团、华侨城集团、首旅集团、中青旅控股、海昌集团。

华东：锦江国际集团、携程集团、春秋集团、复星旅游文化集团、华住集团、同程旅行集团、浙旅投集团、杭州商旅运河集团、开元旅业集团、祥源控股集团、山东文旅集团。

华中、华南、西南、西北：湖北文化旅游集团、岭南集团、四川省旅游投资集团、明宇实业集团。

（资料来源：https://baijiahao.baidu.com/s?id=1785155782164656684&wfr=spider&for=pc）

③城市型旅游目的地。城市型旅游目的地是最常见的目的地类型之一，如国外的英国伦敦、法国巴黎、意大利威尼斯等，国内的北京、上海、杭州、丽江、青岛等。城市往往是旅游目的地建设中最重要的空间区域，从行政区划上既可能以市级为单位，也有可能是区县级别。2016年、2020年先后公布的两批国家全域旅游示范区，全国县域旅游研究课题组于2022年、2023年、2024年连续发布的全国县域旅游综合实力百强县等，均为城市型旅游目的地。

④功能型旅游目的地。功能型旅游目的地是一个偏小尺度的概念，一般由一个或多个旅游景点以及周边功能区域构成。

（2）按时间距离分类。随着高速高铁时代的发展，旅行的时间距离比空间距离更具有现实意义。按照旅游目的地距离客源地的时间距离，可以将其分为远程目的地、中程目的地和近程目的地。一般来说，除了特殊吸引要素，旅游目的地的吸引力会随着时间距离的增大而削减。近程旅游目的地一般被游客选择进行一日游或2~3日游，中远程目的地通常游览时间在3日以上。相应地，旅游目的地往往将近程客源地作为基础市场，将中程客源地作为拓展市场，将远程客源地作为潜力市场。其中，近中程市场为主要市场，远程市场存在着制约因素往往被作为远期开发市场。

（3）按吸引物类型分类。按照旅游目的地的主要吸引物类型，可以将目的地分为自然风光型旅游目的地、人文景观型旅游目的地、城市观光型旅游目的地、乡村民族型旅游目的地、美食购物型旅游目的地等。很多旅游目的地的吸引物类型可能不止一种，因此在建设和营销过程中需要综合设计，但同时要注意突出重点和主题。如大多数自然风光型、城市观光型旅游目的地同时拥有着丰富的人文历史资源。

（4）按目的地功能分类。根据旅游目的地能够满足游客的何种旅游需求，可以将目的地分为观光型旅游目的地、休闲度假型旅游目的地、商务型旅游目的地、专题型旅游目的地（如红色旅游、养生旅游、研学旅游）等。观光型旅游目的地是传统的目的地模式，它构成了旅游目的地的主体部分，而随着旅游业的发展和人们需求层次的提高，单纯的观光型旅游目的地已不能满足游客需求，在观光的基础上叠加其他类型的旅游功能成为旅游目的地可持续发展的趋势。

二、旅游目的地系统概述

（一）旅游目的地系统的概念

"系统"的概念不仅在科学界、工程技术界乃至哲学界被频繁使用，同时在生活中也广泛出现"自然系统""人工系统""生态系统""社会系统""文教系统"等。"系统"（System）的英文释义为"an organized set of ideas or theories or a particular way of doing something" or "a group of things，pieces of equipment，etc.，that are connected or work together"。一般系统论的首创者——L. 冯·贝塔朗菲对"系统"提出了三种定义：①系统也就是处于相互作用中的要素的复合体；②系统可以定义为处于自身相互关系中以及与环境的相互关系中的要素集合；③系统是一般性质的模型，即被观察到的实体的某些相当普遍的特性在概念上的类比。控制论创始人之一比尔（Beer）的系统定义为"系统是具有动力学联系的诸元素之内聚统一体"。控制论的另一位创始人 W. L. 艾什比的系统定义为"系统是变量的任何总和，观察者从实在'机器'固有的变量中选取这一总和"。再看 H. 弗里曼给系统下的定义，"系统是对动态现象模型的数学抽象"。同贝塔朗菲一起创立一般系统论的 A. 拉波波特的定义是"从数学角度看，系统就是世界的某一部分，赋予变数的某种集合以具体数值之后，它在任何时候都可以得到描述"。我国学者钱学森则将系统定义为"由相互制约的各个部分组成的具有一定功能的整体"。

综上所述，系统的定义有三个层次：①本体论定义，即把"系统"看作物质实体，认为系统是内部诸要素相互联系并相对于环境涌现出整体功能的某种实体；②认识论定义，即把"系统"看作观念模型，认为系统是我们在任意对象上发现了具有某种属性的关系之后为这种关系建立的概念模型；③数学方法论定义，即把"系统"看作数学同构性，认为系统是我们在对不同对象和不同过程的动力学所做的数学描述中发现的数学同构性，即异质同型性。从三个层面综合来看，系统的构成必然包含四项基本条件——要素、结构、功能和环境。系统由若干要素组成，要素是构成系统的最基本单位，也是系统存在的基础和载体。要素之间存在着一定的联系并相互作用，通过这种联系和作用在系统内部形成一定的结构或秩序。任何一个系统都是更大系统的组成部分，都是一定环境条件下的系统，对环境产生一定作用而具备特定功能，同时也会作为环境的要素出现。

旅游目的地系统是以旅游目的地所包含的旅游资源、服务设施，以及所涉及的所有利益群体、产业部门等为要素，并在其相互联系中形成的开放系统。旅游目的地系统的主要功能即满足游客在旅游地游览、食宿、娱乐等各种需求。旅游目的地系统受到外界环境的影响，并对外部系统产生经济、文化、生态等多方面效应。

（二）旅游目的地系统的构成

（1）旅游目的地系统要素。坎恩（Gunn，1972）和默菲（Murphy，1985）认为交通、吸引力、服务和信息的推广，是构成一个旅游目的地的四大要素。他们认为一个真正的旅游目的地应具备以下条件：拥有一定距离范围内的客源市场；具有发展的潜力和条件；对潜在市场具有合理的可进入性；当地社会经济基础能够达到支持旅游业发展的最低限度水平；有一定规模并包含多个社区等。库珀（Cooper）认为一个旅游目的地应具备"4A"要素：旅游吸引物（Attractions）；康乐设施（Amenities），如住宿设施、餐饮设施、娱乐设施等；进入设施（Access），如交通网络或基础设施；附属设施（Ancillary Services），如地方旅游组织等。布哈里斯（Buhalis，2000）在库珀"4A"的基础上增加了包价服务（Available Package）和活动（Activities），认为旅游目的地由六大要素构成（见表1-1）。

表1-1 布哈里斯的旅游目的地"6A"要素

构成要素	具体内容
旅游吸引物（Attractions）	自然风景、人造景观、主题公园、遗产、特殊事件等
康乐设施（Amenities）	住宿设施、餐饮设施、娱乐设施、零售业以及其他服务设施
进入设施（Access）	整个交通系统，包括交通网络及其相关设施
附属设施（Ancillary Services）	基础设施，包括银行、医院、邮政等
包价服务（Available Package）	由旅游中间商或相关人员安排好的旅游服务
活动（Activities）	所有游客在目的地进行的活动

国内学者魏小安和厉新建认为旅游目的地主要包括吸引要素、服务要素和环境要素三大要素（见表1-2）。邹统钎则认为旅游目的地的核心要素包括两点：一是具有旅游吸引物；二是人类聚落，有永久性或临时性的住宿设施，游客一般在此逗留一夜以上。

表1-2 魏小安和厉新建的旅游目的地三要素

构成要素	要素内容
吸引要素	各类旅游吸引物，是吸引旅游者从客源地到目的地的直接的基本吸引力，以此为基础形成的旅游景区（点）是"第一产品"
服务要素	各类旅游服务的综合，旅游目的地的其他设施及服务作为"第二产品"将会影响旅游者的整个旅游经历，与旅游吸引物共同构成旅游目的地的整体吸引力来源
环境要素	既构成了吸引要素的组成部分，同时又是服务要素的组成部分，形成了一个旅游目的地的发展条件，其中的供水系统、供电系统、排污系统、道路系统等公用设施，医院、银行、治安管理等机构以及当地居民的友好态度等将构成"附加产品"，并与旅游吸引物等共同构成旅游目的地的整体吸引力

基于以上学者的观点，兼顾旅游目的地硬条件和软环境，纳入利益群体要素，旅游目的地系统的基本要素主要包括旅游吸引物、旅游服务设施、旅游基础设施、利益相关群体、旅游目的地环境。其中，旅游吸引物是旅游资源经过一定程度的开发形成的，是对游客产生吸引的关键所在，一般包括自然型吸引物、人文型吸引物和人造型吸引物三类。旅游服务设施是主要用于旅游接待的设施，往往与旅游吸引物共同组合成旅游产

品，一般包括住宿设施、餐饮设施、康体娱乐设施和购物设施等。旅游基础设施是旅游目的地居民和旅游者共享的要素，是旅游者在旅游目的地逗留期间进行旅游活动的基本生活保障，一般包括给排水、供电、通信及部分社会设施等。利益相关群体主要包括四类群体——居民、游客、旅游企业和管理部门。旅游目的地环境主要指目的地所处的政治、经济、文化等环境。

（2）旅游目的地系统结构。旅游目的地系统是多个要素的集合体，各个要素之间具有关联性和层次性，形成了基本稳定的系统结构，如图1-1所示。旅游吸引物是旅游目的地形成和存在的核心。旅游服务设施是旅游目的地除吸引物外与旅游者联系最紧密的要素，是旅游产品的重要组成部分。旅游基础设施不是专为旅游者设置的，却是旅游者在旅游目的地开展旅游活动的必要保障。利益相关群体是贯穿于旅游目的地系统各个层次中的"人"的要素。旅游目的地所发生的所有旅游活动、经营活动、管理活动等都是在其政治、文化、经济等综合环境中进行的。

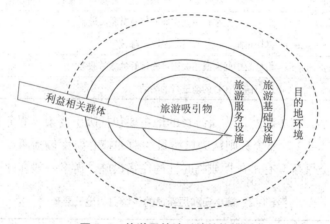

图1-1 旅游目的地系统结构模型

三、旅游目的地管理概述

（一）旅游目的地管理的概念

管理存在于人类的各种组织活动中。从传说黄帝时代的"百官以治，万民以察"中的掌管事务之意，到"科学管理之父"弗雷德里克·泰罗所定义的"管理就是确切地知道你要别人干什么，并使他用最好的方法去干"，管理已经是一个相对成熟的概念。亨利·法约尔（Henri Fayol）在其名著《工业管理与一般管理》中提出的"管理是所有的人类组织都有的一种活动，这种活动由五项要素组成：计划、组织、指挥、协调和控制"概念，颇受后人的推崇与肯定。

系统管理是运用系统科学的理论、范畴以及一般原理，全面分析组织管理活动的理论。约翰逊（Johnson）、卡斯特（Kast）和罗森茨韦克（Rosenzweig）于1963年共同撰写了《系统理论和管理》一书，比较全面地阐述了系统管理理论。1970 年，卡斯特和罗森茨韦克又合著了《组织与管理——系统方法与权变方法》一书，进一步充实了这一理论。系统管理的管理思想主要包括三方面的内容：一是企业系统，二是系统哲学、系统分析和系统管理，三是系统动力学。系统管理即管理者运用系统哲学观念、系统分析技术和系统管理方式对一个系统及其构成要素（在目标达成前）的安排，以实现一定的目标。

旅游系统可以概括为：一个通过向旅游者提供高质量的完整旅游经历，而使各组成要素相互联系、相互作用构成的统一体，它是一个由许多子系统组成的开放的、复杂的巨系统。相应地，所谓旅游系统管理，是指管理者运用系统哲学观念、系统分析技术和系统管理方式对旅游系统及其构成要素（在目标达成前）的安排，以实现一定的目标。

旅游目的地是一个复杂的系统，因此我们将系统管理引入旅游目的地管理的概念。旅游目的地管理即旅游目的地的管理者通过行政方法、经济方法和法律方法，将旅游目的地视为一个开放型的完整系统，通过合理配置人力、物力、财力，开发、利用和保护旅游资源，调控目的地的运行机制，组织各种丰富多彩的旅游项目活动，高效率实现既定旅游发展目标，创造显著的经济效益和社会效益的过程。旅游目的地管理目标即使目的地旅游产业高效有序，使目的地系统中的各要素得到合理布局及利用，使游客获得良好旅游体验，使目的地旅游品牌鲜明且具有吸引力，实现整个目的地经济效益、社会效益、环境效益的综合提升，实现旅游目的地的可持续发展。

（二）旅游目的地管理的内容

旅游目的地管理是对旅游目的地系统的综合性管理，根据管理内容的不同可以划分为众多管理模块，主要包括旅游目的地资源管理、规划管理、产品管理、服务管理、运营管理、营销管理、产业管理、品牌管理、信息管理、安全管理等。

资源管理。对旅游目的地的旅游资源进行摸查梳理、分类和评价，建立资源库，并跟随时代及时更新，通过资源整合进行科学开发，建立相关保护制度，确保旅游目的地旅游资源的有效利用和可持续发展。

规划管理。对旅游目的地的发展方向和远景发展战略以及战略实施进行总体把控。依据旅游目的地所处的地理位置和在区域旅游系统中的位置，综合旅游资源特点、游客需求、旅游环境等因素，确定目的地开发的主题定位、项目布局、设施配套以及与外界的协调关系等。

产品管理。旅游产品是旅游者花费一定的时间、精力和费用所获得的一次旅游经历；对于旅游目的地来说，旅游产品就是满足旅游者整个旅游活动所需的食、住、行、游、购、娱等需求的实物和服务的组合。旅游目的地的产品管理就是根据旅游市场需求对旅游项目、服务设施等进行组合与包装，一方面实现顾客满意，另一方面获取竞争优势。

服务管理。旅游目的地的服务是产品的重要组成部分，其本身也是体现目的地从业人员素质和管理水平高低的重要指标，影响着旅游目的地的形象和声誉，成为影响游客满意度的重要因素。旅游目的地的服务管理包括两项重要内容：一是从业人员的服务意识、技能等管理，二是目的地服务设施、服务用品、服务环境的管理。

运营管理。旅游目的地运营管理主要指目的地在产品推广、品牌打造和市场营销等过程中涉及的一系列管理活动，是对旅游目的地系统不断设计、运行、评价和改进的过程，如旅游产品升级、品牌营销推广、游客行为管理等。

营销管理。营销管理是指为实现经营目标，对建立、发展、完善与目标顾客的交换关系的营销方案进行的分析、设计、实施与控制。营销管理是规划和实施营销理念、制定市场营销组合，为满足目标顾客需求和利益而创造交换机会的动态、系统的管理过程。

产业管理。旅游目的地的产业管理主要包括旅游产业政策的制定、旅游产业规制、旅游产业布局、旅游产业发展管理等内容。旅游目的地产业管理的部门可能有两种：一是相关行业协会，二是政府部门。

品牌管理。品牌管理就是指建立、维护、巩固旅游品牌，维护旅游形象的全过程。通过品牌管理能够有效地监管控制品牌与旅游者之间的关系，最终形成竞争优势，使广大游客更认同品牌的核心价值与精神，从而使品牌保持持续竞争力。

信息管理。旅游目的地的信息管理主要包括两方面内容：一方面是旅游标识系统、旅游资讯设施、城市解说服务等建设管理；另一方面指旅游信息化的建设，即以旅游网站、旅游呼叫系统、数字化管理以及支持信息化的基础设施建设为主要表现形式，以信息技术为支撑，全面整合旅游资源，促进传统旅游业向现代旅游业转化的管理过程。

安全管理。安全管理是一门综合性的系统科学。安全管理的对象是系统中一切人、物、环境的状态管理与控制，是一种动态管理。安全管理主要是组织实施安全管理规划、指导、检查和决策，同时是保证系统处于最佳安全状态的根本环节。

第二节 旅游目的地管理的原则与特点

一、旅游目的地管理原则

（一）突出特色原则

突出主题特色是旅游目的地获得吸引力的核心，也是保持市场竞争力和长久生命力的根本保障。在旅游目的地的管理过程中，要凝聚目的地旅游特色，并在项目开发、产品设计、品牌营销等各个过程中不断保持和突出特色。旅游目的地的特色主要表现为地方性、民族性、原始性和现代性等方面。旅游目的地特色的凝练首先建立在当地文脉和资源特色分析的基础上，然后通过综合分析及与其他旅游目的地的比较分析，确立符合当地资源特色及与近距离旅游市场差异化的主题特色。

（二）综合效益原则

旅游目的地的建设与开发需要巨额资金支持，因此投资者追求经济效益，获得投资回报无可厚非。旅游目的地管理的基本目标之一，就是要持续增加其吸引能力和接待能力，取得源源不断的经济效益。经济效益的实现需要合理布局并充分发挥旅游项目的特色，通过保护、修缮或创新延长其"生命周期"。而旅游目的地是一个复杂的系统，与生态系统、社会系统相融合，因此旅游目的地管理的目标除了追求经济效益，还要追求与社会效益和环境效益的统一。

（三）因地制宜原则

旅游目的地管理要因地制宜。不仅包括旅游开发建设要根据当地特色进行，同时在品牌营销、服务管理、管理体制等多方面都要充分考虑当地的区位因素、政治因素、经济基础、社会文化因素等，不能完全套用其他旅游目的地成功管理的经验，要结合实际情况设置合理的管理目标，选择恰当的管理手段，实施因地制宜的管理模式。

（四）勇于创新原则

在当今旅游业持续高速发展和竞争加剧的时代，旅游目的地的管理也处在不断的动态变化中，不存在一套永久适用的管理模式。旅游目的地管理的创新体现在旅游目的地管理的各个环节，包括旅游目的地的开发建设、组织管理、营销推广等，因此管理机构或管理者必须勇于创新，增强创新意识和创新能力，以创新保持旅游目的地持续的生命力。

（五）持续发展原则

旅游目的地管理要遵循可持续发展原则，保障目的地系统的持续稳定发展。首先，对自然环境资源和文化资源要实施开发与保护相结合原则，避免对环境资源的破坏式开发和文化资源的过度商业化动作。其次，要不断提高旅游目的地的服务水平，提高游客满意度和重游率。最后，要不断推陈出新，用新的项目、新的产品组合持续增加旅游目的地的吸引力和知名度。旅游目的地的持续发展也是旅游目的地管理的最终目标。

（六）游客体验原则

旅游目的地管理应以游客体验为核心，提供优质的旅游服务，提高游客满意度。要充分考虑游客的需求和期望，合理安排旅游线路、住宿、餐饮等，提供个性化的旅游服务。同时，要加强旅游设施的建设，提高旅游安全和卫生标准。

（七）社区参与原则

旅游目的地管理应鼓励当地社区参与旅游业的发展，实现利益共享。要充分听取当地居民的意见和建议，保障其合法权益。同时，要为当地居民提供就业、培训等机会，促进其参与旅游业的发展。这样不仅可以提高当地居民的生活水平，还可以增强其对旅游业发展的认同感和归属感。

（八）合作协调原则

旅游目的地管理应加强合作与协调，以促进旅游业的发展。要与相关部门和企业，建立良好的合作关系，共同推动旅游业的发展。同时，要加强与其他目的地的合作与交流，实现互利共赢。在管理中遇到问题时，应及时协调解决，实现共同发展。

二、旅游目的地管理特点

（一）综合性

旅游目的地是一个复杂开放的系统。首先，它本身拥有众多部门、大量管理和服务人员以及各种旅游产品、设施设备和环境等；其次，它与社会有着广泛密切的联系，向社会、游客提供特定的产品及其使用价值，同时面对来自外部激烈的竞争和挑战，还担负着社会特定责任与义务。因此，旅游目的地管理是一项综合性的管理工程。具体来讲，旅游目的地管理的综合性体现在管理内容、管理目标、管理手段等多个层面。旅游目的地管理的内容涉及产品管理、服务管理、安全管理等众多内容，其中任何一项都需要专题研究和专项管理。同时，旅游目的地作为社会管理和经营活动的一个单元，它的管理目标是多层次和多方面的：保护旅游资源，培育资源生态与环境；开展健康有益的文化游览活动，丰富群众的精神文化生活；达到一定的经营目标，取得经济和社会效益等。这些目标的实现，不可能依靠某种单纯的管理手段，而要根据管理内容和具体目标选择经济、法律、文化或政策的综合手段来实现。

（二）科学性

为了使复杂的旅游目的地系统良性运转，旅游目的地需要科学管理。即在管理实践中发现、归纳出一系列反映管理活动过程中的客观规律的管理理论和管理方法，逐步建立系统化的管理理论体系，再把这些理论应用到管理实践中去，指导自己的管理实践，再以管理活动的效果来衡量管理过程所用的理论和方法是否行之有效、是否正确，从而使管理理论和方法得到不断丰富与发展。管理科学性是指在管理领域应用科学方法，综合抽象出管理过程的规律、原理所表现出来的性质。旅游目的地管理的科学性在于管理过程可以通过管理结果来衡量，同时表现为旅游目的地管理者可以运用科学的研究方法来分析解决问题，并预测管理结果。

（三）艺术性

旅游目的地管理是一门科学，更是一门艺术。旅游目的地的日常管理通常会遇到一些只能感知的问题，无法通过理论分析及逻辑推测进行解决，这就需要发挥管理人员的创造性，依据丰富的实践管理经验因地制宜地解决问题。旅游目的地管理的艺术性强调的是管理的实践性，管理者必须因地制宜地将管理知识与具体管理活动相结合，同时还要有灵活的技巧。旅游目的地管理的科学性与艺术性相互依存、相互补充。最富有成效的旅游目的地管理既需要管理者运用科学的方法进行量化，又需要管理者通过管理艺术进行评估。

（四）动态性

旅游目的地是一个开放的系统，其所处环境以及其内部要素都在不断变化之中，因此旅游目的地需要动态管理。与"动态管理"或"过程管理"相对应的，是"终末管理"，往往在实践运作过程中被简化为"事后管理"，这种经验性管理模式很难起到通过管理放大系统效益的作用。因此，旅游目的地更强调环节管理及要素管理，重视全过程管理。旅游目的地的管理者要把管理当作一个动态过程，对旅游目的地的总体发展、项目建设、人才培养、人员服务、游客行为等进行动态监控。这种动态管理的理念，将有利于旅游目的地管理者注重建立动态的管理指标和体系，有益于管理者及时调整、控制目标，有利于管理者将量变和质变两种变换模式有效结合，从而提高管理效率和质量。

（五）文化性

旅游目的地是一个以游客为服务对象，以满足游客需求为主体的空间，是集服务和管理于一体的复杂性、综合性运作系统。而旅游目的地本身也是当地居民生活的社区，因此建立旅游目的地与游客的和谐关系，就需要一种新的人文管理模式。文化是一种综合体，具有历史、宗教、语言、价值观等核心要素，文化要素的不同是文化差异的主要表现方面。就旅游目的地管理工作而言，文化性蕴含在管理实践过程中的方方面面。不同旅游目的地的管理理念、管理行为等的差异是其管理文化差异的体现，也是旅游目的地向游客灌输旅游目的地文化理念的过程，更是旅游目的地核心竞争力的体现。不同旅游目的地所处的地理环境差异明显，游客文化背景差异很大，因此文化因素在旅游目的地的管理中发挥着重要的作用，这就要求旅游目的地管理者在尊重文化差异的前提下进行人性化管理，主要体现在以下几个方面。首先，旅游目的地的管理理念要尊重和包容不同文化差异的存在；其次，管理者要进行柔性化管理和人性化服务，充分考虑当地居民和游客的个人情感；再次，旅游目的地的管理者要对不同文化求同存异，尊重文化个性；最后，要以游客为主体，关注游客的民主要求。

（六）创新性

旅游目的地管理对象的复杂性、内外部管理环境及服务人员、游客需求的变化，要求旅游目的地的管理理念及方式不断创新，以适应时代发展的步伐。旅游目的地管理的创新性意味着传统管理方式的转型和发展，要根据旅游目的地的资源和产品类型、文化氛围以及外部竞争等多方面因素因地制宜地形成独特而有价值的新的管理理念及方式。如果没有创新，旅游目的地管理将是死水一潭。旅游目的地管理者必须时刻保持灵敏的时代趋势和市场潮流感知能力及快速反应能力，有效整合旅游目的地各类要素，做到"人无我有，人有我精"，不断提高其市场竞争力。

（七）地域性

旅游目的地管理的地域性首先体现在地理位置的选择上。地理位置的选择，直接影响目的地的可进入性和吸引力。管理者需对目的地的地理位置进行全面评估，以便更好地满足游客的需求。空间布局优化是旅游目的地管理的重要环节。这涉及对目的地各类设施和资源的合理配置，以实现空间的高效利用。通过空间布局优化，可以提升目的地的整体形象，提供优质的旅游服务。区域协同发展是体现旅游目的地管理地域性的又一方面。在一定区域内，各旅游目的地之间应加强合作，实现资源共享和优势互补。通过区域协同发展，提升整个区域的旅游竞争力，促进区域旅游的可持续发展。

第三节　旅游目的地管理的依据与手段

旅游目的地系统内外部涉及要素繁多，要想保证其高效有序地运行，需要科学的管理依据和系统的管理手段。旅游目的地管理的依据主要包括与旅游目的地相关的理论，以及管理过程中涉及的其他重要旅游理论；管理手段则需要政策、法律、经济、文化等多种手段的有机结合。

一、旅游目的地管理依据

（一）旅游目的地生命周期理论

旅游目的地生命周期理论是描述旅游目的地演进过程的重要理论，是地理学对旅游研究的主要贡献之一。生命周期最早是生物学领域中的术语，用来描述某种生物从出现到灭亡的演化过程。后来，该词被许多学科用来描述相类似的变化过程，如在市场营销学中以技术差距存在为基础的产品生命周期，即一种产品从投入市场到被淘汰退出市场的过程。关于旅游目的地生命周期理论的起源，一般认为是 1963 年由克里斯托勒（Christaller）在研究欧洲的旅游发展时提出的。1973年，帕洛格（Plog）也提出了另一种获得普遍认可的生命周期模式。1978年，斯坦斯菲尔德（Stansfield）通过对美国大西洋城盛衰变迁的研究，也提出了类似的模式，他认为大西洋城的客源市场由精英向大众旅游者的转换伴随着它的衰落。1980年，巴特勒（Butler）对周期理论重新做了系统阐述。他将旅游目的地生命周期分为6个阶段：探索（Exploration）、参与（Involvement）、发展（Development）、稳固（Consolidation）、停滞（Stagnation）、衰退（Decline）或复苏（Rejuvenation）。并且引入了使用广泛的"S"形曲线来加以表述，如图1-2所示。

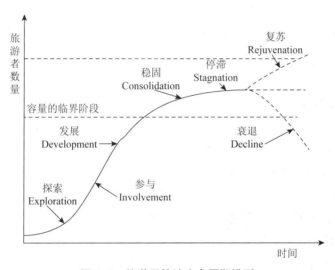

图1-2　旅游目的地生命周期模型

　　旅游目的地的生命周期始于一小部分具有冒险精神、不喜欢商业化旅游目的地的旅游者的"探索"。在"参与"阶段，由于当地人积极参与向消费者提供休闲设施以及随后的广告宣传，使旅游者数量进一步增加。在"发展"阶段，旅游者数量增加更快，而且对旅游经营实施控制的权力也大部分从当地人手中转到外来公司的手中。在"稳固"阶段，尽管旅游者总人数仍在增长，但增长的速度已经放慢。至于"停滞"阶段，旅游者人数已经达到高峰，旅游目的地本身也不再让旅游者感到是一个特别时髦的去处了。而到了"衰退"阶段，因旅游者被新的目的地所吸引，致使这一旅游目的地旅游者人数开始减少。

（二）旅游目的地竞争力理论

　　竞争力应用于旅游领域的研究始于20世纪90年代，学者们根据不同的尺度从不同的角度对竞争力在旅游领域进行研究，主要涉及国际旅游竞争力、区域旅游竞争力、城市旅游竞争力、旅游企业竞争力以及旅游景区竞争力等诸多层面以及旅游竞争力的影响因素、评价体系及方法、竞争力提升策略等。

旅游目的地竞争力（Tourism Destination Competitiveness，TDC）的主体是旅游目的地，即满足旅游者需求的服务和设施中心，其最直接的目标是满足旅游者的需求，为其提供满意的旅游经历，从而实现旅游目的地的经济目标。然而，旅游目的地不同于一般的制造性企业，经济目标并非其首要的、唯一的目标。正如《马尼拉世界旅游宣言》（*The Manila Declaration On World Tourism*）所指出的，旅游的根本目的是"提高生活质量并为所有的人创造更好的生活条件"，实现旅游目的地居民生活质量的提升才是旅游目的地发展旅游业的根本目标。所以，旅游目的地竞争力不仅仅是"经济意义"上的概念，它需要考虑环境的保护、资源的永续使用等内容，从而保障旅游目的地居民及其他利益相关者的长远利益，也就是说，旅游目的地竞争力包括为旅游者提供满意旅游经历、提高旅游目的地居民生活质量与旅游目的地其他利益相关者福利的能力。

（三）可持续发展理论

可持续发展理论由来已久，1993年，世界旅游组织出版了《旅游与环境》，书中指出可持续发展是在保护文化和生态环境的前提下满足人们对旅游活动过程中的需求，既能满足今天人们的需求，又能给后代提供同样的福利。近些年来，受可持续发展理论的影响和推动，旅游业也开始关注可持续发展问题。将可持续发展理论纳入旅游业发展研究的方向逐渐增多，主要有以下三个：一是对旅游资源的开发整合必须在生态环境的承受范围之内，在追求经济利润的同时也要遵守社会道德规范，保护生态环境；二是使旅游业在区域范围内形成长久吸引力，要注重区域之间的合作与共赢，避免旅游产品同质化、单一化问题；三是考虑利益相关者之间的利益均衡，避免旅游业发展的"飞地化"。

旅游目的地的可持续发展既可看作旅游目的地系统的持续性高效运转，也可看作旅游目的地旅游业的可持续发展。无论如何考虑，旅游目的地管理所追求的可持续应该包括生态可持续、文化可持续和产业可持续等多层次目标。

（四）利益相关者理论

利益相关者（Stakeholder）的概念最初来源于企业实践，首次提出这个概念的是斯坦福研究院（1963年）。20世纪80年代，美国经济学家弗里曼（Freeman）对利益相关者理论做了相对细致的研究，将利益相关者界定为"任何一个影响公司目标完成或受其影响的团体或个人，包括雇员、顾客、供应商、股东、银行、政府以及能够帮助或损害公司的其他团体"。这个定义正式将当地社区、政府部门、环境保护主义者等实体纳入利益相关者管理的研究范畴。20世纪90年代中期，美国经济学家布莱尔对利益相关者定义进一步演化：所有向企业贡献了专用性资产以及作为既成结果已经处于风险投资状况的人或集团。利益相关者理论在旅游领域的应用起源于索特（Sautter）和莱森（Leisen）两人基于弗里曼（Freeman）的利益相关者谱系图绘制旅游业利益相关者图的尝试。后来逐渐出现对旅游者与居民的相互影响、社区参与和目的地分流、发展模式等问题的关注。在西方国家，利益相关者理论在旅游中的应用是随着旅游业可持续发展思想的引入而日益受到关注的，并被认为是一条实现旅游可持续发展的有效途径。国内旅游界对利益相关者理论的研究主要是各利益相关者的角色定位、利益诉求、矛盾冲突、相互影响、关系探讨等，以此为角度对社区参与、游客与居民关系的研究也较多。

旅游目的地的利益相关者主要包括当地居民、旅游者、政府部门、旅游企业以及其他相关群体。根据利益相关者理论，旅游目的地管理需要综合考虑各利益相关群体的诉求及其之间的利益冲突，从整个目的地可持续发展的角度寻求管理的最佳平衡点。

（五）旅游本真性理论

"本真性"是源于西方哲学的一个概念，是我者与他者、这里与那里、变化与静止、世俗与神圣等二元概念的逻辑辩证。20世纪60年代以来，主要被应用于旅游研究中，并成为其中的一个核心概念。旅游中最初关注的是博物馆语境下的本真性，其标准往往是是否由当地人根据其习俗和传统来制造或表现，从这个意义上说，"本真性"意味着传统的文化及其起源，意味着一种纯真（Genuine）、真实（Real）与独特（Unique）。

后来关于旅游"本真性"的讨论集中在旅游客体与主体之间的博弈，即"是谁的本真性"，经历了由"客观主义—建构主义—后现代主义—存在主义—互动本真性"的发展历程。珀尔斯汀（1964）对"社会失真"的观点是旅游中"本真性"讨论的起源，他认为旅游者经历的是旅游业设计好的、失真的旅游体验，旅游变成了一个远离目的地社会本真现实的封闭的假象系统。由此引发的相关讨论即为客观主义本真性，强调旅游地原物真实性的认知和体验。而麦肯耐尔（1973，1976，1989）则认为旅游者产生寻找本真性的旅游动机，源于他们平常生活的现代化和异化环境；他认为在现代旅游中，旅游场景或旅游事件的舞台化的表演不可避免，由此引起的不真实的体验是"旅游发展的结构化后果"。因此建构主义学者本真性是社会建构的结果，游客寻求本真性更多在乎的是其符号和象征意义。后现代主义的观点中，旅游者不再关心原物（Original）的真实性，而是追求一种超真实（Hyper Reality）的"逼真"世界（Verisimilitude），这种"不真实性"是他们所认同的。王宁（1999，2007）在此基础上拓展了本真性的概念，建构了"存在的本真性"和"互动本真性"。存在的本真性对立于客观本真性，认为旅游者不关心旅游客体是否真实，只是借助其寻找本真的自我。互动的本真性打破单向本真性的局限性，是一种主客双方共同参与建构的本真性，旅游生命周期的可持续要求主客双方的真实。

本真性概念的发展从强调旅游客体的真实性到强调旅游主体真实体验，再到关注主客双方互动。事实上，不管是旅游客体的、经营者建构的，还是旅游主体体验到的本真性，都是旅游目的地发展中客观存在的、不可或缺的部分。因此在旅游目的地管理中，不妨换一种视角——多方互为补充而非相互对立，达到一种满足多方诉求的平衡状态，从而保证旅游目的地的可持续发展。

（六）旅游凝视理论

"旅游凝视"的概念由英国社会学家厄里在1990年提出，其认为凝视活动是一种系统化观察世界的方式，凝视的主体是游客，凝视的对象是各地的景观符号，通过旅游的视角来观察世界，为后续"旅游凝视"发展为旅游文化研究中重要的理论分析工具奠定了基础。随着学者们的深入研究，将旅游凝视从单一的游客凝视，拓展为观众凝视、人类学凝视、媒体化凝视、环境凝视以及家庭凝视。学者们对旅游凝视理论的内涵进行不断的修正与拓展，逐渐出现了"政府凝视""当地人凝视""反向凝视""东道主凝视""双向凝视"等。

同时，学者指出，旅游凝视并非只是单向的游客凝视，而是多个利益主体下的共同凝视。并有学者从不同凝视主体入手，开展相关研究，如冯玉忠从政府凝视、游客凝视、当地人凝视三个视角出发，探索了三者在王家峪旅游目的地建构过程中的作用力。研究结果表明，政府凝视、游客凝视与当地人凝视三者之间具有相互作用，且只有在三者凝视共同作用下，旅游目的地建构才能达到最理想的状态。卢晓、陆小聪从政府凝视、当地人凝视、游客凝视及媒体凝视等角度，研究了节庆活动与旅游形象的建构。同时指出，旅游凝视对旅游地具有生产性，对旅游地的发展具有重要的积极作用。

基于旅游凝视理论，学者们认为旅游者对旅游地形象的构建，是通过旅游体验与被凝视者间的相互作用形成的，进一步提出在旅游目的地形象与旅游凝视之间存在着相互影响的辩证关系，同时针对旅游目的地形象的投射与感知活动，也是一种双向交互的动态过程。

（七）社区参与理论

1985年，墨菲在著作《旅游：社区方法》中首次明确提出"社区参与"的概念，并将"社区参与"引入到旅游文化的研究中，引发了西方社区参与研究的热潮。但是，针对社区参与旅游的具体理论，学者们有不同的见解，并未形成较为权威统一的观点。有些学者认为社区参与旅游是指居民自发地参与到所在地的旅游决策中，以达到当地旅游业发展的效益最大化；也有一部分学者则认为，社区参与旅游是在达到一定满意度和具备一定可行性的基础上，并实现最大经济效益的同时，能够让居民参与到旅游相关活动中。

综上可以看出，社区居民作为目的地旅游业发展的主体之一，应该参与到涉及当地旅游发展的重大问题的决策和执行中，包括社区旅游规划的制定以及旅游开发的实施等。近年来，也有不少学者认为，社区参与是目的地旅游业可持续发展的重要因素之一，其中孙九霞认为"在社区进行旅游发展过程中，应当重视社区居民这一主体的意见，并有针对性地对这些意见加以融合，促进旅游发展决策的正确制定，保证旅游开发、规划和管理顺利进行，进而促进社区旅游和整个社区的可持续发展"。

二、旅游目的地管理手段

旅游目的地管理是一项多主体、多层次、多维度的复杂管理活动。从参与角色上，旅游目的地管理的主体包括政府（包括各级政府、各旅游相关管理部门）、市场（包括旅游企业等市场经济主体）和社会（包括社区、民间组织、媒体和学术机构等）。从管理层次上，旅游目的地管理包括国家级、省级、市级、县级等多个行政管理层次以及企业管理、景区管理、社区管理等其他管理层次。从时间维度上，旅游目的地管理包括前期规划与开发管理、中期运营与服务管理、后期品牌提升与更新管理等；从逻辑维度上，旅游目的地管理包括旅游资源分析、目标市场预测、旅游战略体系构建、旅游项目建设、旅游产品推广、旅游品牌营销等一系列活动。整个旅游目的地管理呈现出多主体、多层次、多结构、多形态、非线性的复杂特性，因此旅游目的地管理必须在行政、经济、法律、文化等多种手段的结合下开展。

（一）行政手段

行政手段是一种依靠行政组织的权威和行政岗位的权利，运用命令、指示、规定、条例等方式，以权威和服从为前提，直接指挥和协调管理对象的方法。行政手段具有一定的权威性、强制性、垂直性以及无偿性，行使行政手段对旅游目的地进行管理的一般是政府部门。

运用行政手段进行旅游目的地管理，首先可以实现目的地管理系统统一目标、统一意志、统一行动，有效贯彻目的地旅游发展的主题定位以及旅游品牌的营销推广等活动，防止各旅游景区/旅游企业各自为营、一盘散沙的发展困境。其次，行政手段具有快速、灵活、高效的优势，便于处理自然灾害、舆情危机等旅游目的地管理中的特殊或突发问题。最后，行政手段是旅游目的地管理的基本手段，是运用其他管理手段的基本保障。然而，如果过度依赖行政手段，将不利于下属单位或服务人员发挥积极性、主动性和创造性；也会受制于最高层级管理人员的专业素质和管理水平。

因此，在旅游目的地管理中，要科学、合理地使用行政手段。第一，突出目标导向，根据旅游目的地的管理目标，确定采取运用行政手段的方式和具体内容。第二，建立一套合理的管理组织，以管理任务为中心，设置管理机构，确定管理职务，选择组织人员，避免多头领导和政令分散。第三，权责一致，管理者必须明确自己的目标和责任，同时为了管理目标的实现享有相应的权利，权和责必须一致。第四，科学合理地使用行政手段，要适时、适情和适度，需要管理者树立服务意识，自觉提高自身管理水平和专业素质。

（二）经济手段

经济手段是一种通过调节各方面利益关系去刺激组织和个人行为动力的管理手段，

包括经济计划、财政政策和货币政策，具体形式有价格、税收、信贷、工资、奖金、罚款和福利等，其中价格、税收、信贷等属于宏观调控手段，奖金、罚款、福利等属于微观控制手段。经济手段遵循的是利益原则，将系统成员的物质利益与其工作成果联系起来，"利用"人们追求物质利益的动机，实现旅游目的地的管理目标。

经济手段具有调节性、灵活性和平等性。调节性主要体现在通过运用各种经济杠杆或经济手段来调节、制约旅游企业或组织成员的各种活动；灵活性主要体现在经济手段适用于不同部门、不同地区、不同时间的管理活动，同时针对不同的管理对象，经济手段可以灵活变通；平等性主要体现在被管理的组织和个人在获取经济利益方面的平等关系。

在旅游目的地管理中，通过经济手段的物质利益诱导机制可以把整个目的地系统的全员凝聚成一个利益共同体，从而形成强大的向心力。同时能够从根本上调动各方面的积极性和创造性，提高目的地系统的运转成效。而经济手段的缺点首先在于容易引致单纯追求财、物的思想，从而影响旅游目的地的文化建设；其次由于利益目标的分散和混乱，容易增加矛盾现象；最后由于经济手段以价值规律为基础，带有一定的盲目性和自发性。因此在运用经济手段时，一方面要与其他手段结合，尽量避免消极影响；另一方面要注意各种具体经济手段的协调配套，并得到法律政策的支持，有相应的经济立法和各种条例、规章制度的配合。

（三）法律手段

法律手段是一种运用法律规范和具有法律规范性质的各种行为规则进行管理的方法。在旅游目的地管理中"法律"不仅包括由国家制定和实施的法律，还包括各种组织团体的管理系统所制定和实施的类似法律性质的行为规范，是国家法律和组织内部纪律章程、行为规范的总称。法律手段具有强制性，对全体公民和组织成员均具有强制性的约束力；法律手段具有规范性，通过确定行为规范来管理；法律手段具有概括性，制约的对象是抽象的、一般的人或行为，而不是具体的、特定的人或行为；法律手段具有稳定性，法律不能随意改变；法律手段具有预测性，可以根据法律条文预见某种行为的结果。在旅游目的地管理中，要遵守所有相关法律法规制度，包括与旅游密切相关的《旅游行政许可办法》《旅游安全管理办法》《导游管理办法》及《中华人民共和国旅游法》（以下简称《旅游法》）等。

法律手段可以保证旅游目的地系统运行的必要秩序，能够调节管理因素之间的关系，同时将管理活动纳入规范化、制度化的轨道，是旅游目的地管理的必要手段。法律手段的优点是适用于处理一般的共性问题，使管理者从大量的日常管理事务中解脱出来，把精力放在非程序性例外事件的处理上；同时使得权利和义务明确，赏罚分明；还具有自动调节的功能。相应地，法律手段的缺点主要体现在缺乏灵活性和弹性，不便于处理特殊问题和管理中的新问题；再者具有强制性，不恰当地应用会不利于调动下属的积极性和主动性。在旅游目的地管理中，要强化法律意识，树立法律的权威性；同时确保有效的法律监管和执行。

（四）文化手段

在管理手段中的文化手段是指人类在长期的共同生活中创造的、为人类共同遵守的行为准则和价值标准对社会成员进行控制的方式。具有包括伦理道德、风俗习惯、信仰信念、社会舆论等。文化手段具有三个特性：一是非直接强制性，指文化手段不是以强制力推行，而是以社会评价、内心反省等非直接强制性力量实施；二是自觉性，指人们在长期的社会化过程中，逐渐接受甚至内化了文化的价值标准和行为准则；三是广泛性，指文化手段调节的行为领域具有非常广阔的涵盖面。

文化对经济具有巨大的作用力。但是，同其他调控手段不同的是，文化手段作为一种特殊的调控手段，其对经济发挥作用的时间相对缓慢，对传统有很大的继承性，表现出较强的稳定性。因此，文化手段必须贯穿于旅游目的地管理的始终。文化渗透在旅游目的地系统的各个层面、各个部门、各个群体，在旅游目的地管理中可以通过文化手段调节管理文化，引导企业、游客以及居民行为，塑造旅游目的地的可持续发展能力。

（五）技术手段

技术手段是人们在技术实践过程中所利用的各种方法、程序、规则、技巧的总称，它帮助人们解决"做什么""怎样做""怎样做得更好"的问题。技术手段是一种实践方法，人们在技术活动中利用技术知识和经验，选择适宜的技术方法或创造出全新的方法，去完成设定的技术目标。

智慧旅游正在将旅游目的地旅游管理从一种传统的方式逐渐向现代化方式转变，在移动互联网等新技术的支持下，智慧旅游开始能够提供旅游方面的即时信息，进而实现目的地旅游管理从传统模式下的事后管理、被动处理向具有更新效果的实时管理转变。将智慧旅游与旅游目的地管理二者结合，不仅能够实现旅游信息与旅游资源的全面整合，而且能够实时地对目的地的旅游进行监控管理，这种结合对旅游目的地的整体发展具有积极的影响。

三、旅游目的地管理方式

（一）供给与需求调控

旅游供给和旅游需求调控，是旅游目的地管理的重要手段。旅游需求包括游客的生理需求、心理需求、物质需求、精神需求、社交需求等方面，旅游供给包括旅游目的地的旅游资源、旅游服务、旅游产品等。

通过供给与需求的调控来管理旅游目的地，能够提高目的地的社会经济效益，满足

游客的期望。一方面，可以通过增加旅游供给，满足游客的旅游需求，或者通过调整旅游供给，引领、带动以至于创造新的旅游需求；另一方面，也可以根据旅游需求的变化调整旅游供给，使目的地的旅游供给更加符合游客的需要。

此外，通过供给与需求的调控来管理旅游目的地，需要着重考虑旅游目的地的承载力和可持续性。旅游目的地的旅游资源是有限的，如果过度开发，可能会对旅游资源造成破坏，影响旅游目的地的可持续发展。

（二）竞争与合作并存

旅游目的地之间的竞争与合作，对旅游目的地的发展有着重要的影响。在竞争中，旅游目的地需要不断创新，提高自身的核心竞争力，以在激烈的市场竞争中脱颖而出。而在合作中，旅游目的地可以共享资源，实现优势互补，提高整体竞争力。

在竞争中，旅游目的地可以通过以下方式，提高自身的核心竞争力：深入挖掘自身的旅游资源，如历史文化、自然风光等，形成独特的旅游品牌，以吸引游客；加强旅游产品创新，提供多样化的旅游服务，以满足游客多样化的需求；加强旅游基础设施建设，提高旅游服务的质量和效率；提升旅游从业人员的素质和服务意识，提高游客的满意度。

在合作中，旅游目的地可以通过以下方式实现优势互补，提高整体竞争力：共享旅游资源，如景点、酒店、交通等，实现资源优化配置；联合开发旅游产品，如合作推出联营项目、共享旅游线路等，实现产品创新和多样化；共同推广旅游品牌，如联合开展旅游宣传、共享旅游客源等，提高品牌知名度和影响力；加强旅游人才培养和交流，实现人才共享和提升。因此，在旅游目的地的管理实践中，加强竞争和促进合作，是旅游目的地永葆青春活力的良方。

（三）价格与质量兼顾

旅游产品与价格的互动关系，是体验经济的一个重要特点。价格和质量是消费者选择旅游产品的重要因素，通过对旅游产品价格和质量的控制来管理旅游目的地，既有利于满足游客意愿和体验效果，又能够为目的地创造良好的消费氛围，提高经济效益和口碑。

价格是消费者选择旅游产品的一个重要因素，价格直接关系到消费者的购买意愿。在旅游产品中，价格不仅包括旅游设施设备的使用权，还包括旅游服务、旅游体验等无形的服务。因此，旅游产品的价格，需要充分考虑消费者的需求、旅游产品的价值以及市场竞争等因素。

旅游产品的质量，也是消费者选择旅游产品的一个重要因素。旅游产品的质量，直接关系到消费者的旅游体验。旅游产品的质量，需要考虑旅游设施设备的安全性、旅游服务的质量、旅游体验的满意度等因素。

第四节 旅游目的地管理的要素与体系

对于管理的要素，有不同的分类方法，最早人们普遍认为人、财、物是构成管理要素的三个最基本的要素，后来又加上了时间要素和信息要素。随着社会分工的发展，科技的进步、竞争环境的日益激烈以及对管理系统研究的深化，一些重要的、无形的资源也被列入了管理要素的范畴。在企业管理中，目前受到普遍认可的为管理七要素（简称"7M"），包括企业中人员（Men）、资金（Money）、方法（Method）、机器设备（Machine）、物料（Material）、市场（Market）及士气（Morale）七个要素。

旅游目的地管理虽不同于企业管理，但在管理要素上存在相通之处。旅游目的地是一个完整开放的系统，结合旅游目的地的系统要素，旅游目的地的管理要素包括旅游目的地管理部门、当地居民、游客、旅游企业、旅游资源或旅游项目、旅游设施、旅游目的地管理手段、旅游目的地环境等。其中的管理部门、当地居民、游客、旅游企业都属于旅游目的地的利益相关者，每个群体对旅游目的地都是至关重要的组成部分，他们在旅游目的地系统中各有诉求，既紧密相连又存在利益冲突，任何一方的利益诉求都不能被忽视，因此需要在其间寻求利益平衡，确保旅游目的地的可持续发展。其他管理要素在前面已有相关描述，本节不再详细展开。

一、旅游目的地管理要素

（一）目的地居民

当地居民是旅游目的地的主体，也是社区参与的主体。旅游会带来财富的转移和再分配，一般情况下，都是财富从发达地区向不发达地区的转移。作为旅游目的地的主体，当地居民可以从旅游的直接、间接收入中获益。但在我国的一些旅游区，由于政府缺乏应有的资金和措施鼓励居民参与，旅游管理部门未能意识到居民参与当地旅游的重要性，当地居民自身的观念、技术水平等限制了居民参与旅游发展的能力和机会等原因，目的地居民参与旅游发展的程度偏低，参与方式也相对单一，当地社区在现实中往往被边缘化。而目的地居民是与当地的自然与文化资源关系最为密切的人，他们的参与和支持度是关系旅游发展成败至关重要的一面。因此旅游目的地要想获得长远的发展，必须将当地居民列入利益分配中的一员，为他们提供经济、心理上的补偿，让大部分人的利益和需求得到最大程度的满足。当地居民在旅游发展中既是参与者，更应该是受益者，这样有利于维护当地发展的平衡，消除旅游发展的潜在阻碍，根除潜在的冲突，同时扩大就业。

（二）旅游者

旅游者是旅游活动的主体和基础，也是旅游目的地利益相关者的核心群体。旅游是人们离开常住地的外出旅行以及在目的地停留期间所从事的全部活动。正是这些不断扩大的旅游人群的产生，才形成了具有一定规模的市场，从而造就出通过旅游活动盈利的机会。因此，旅游业的一切开发和服务工作都是针对和围绕旅游者的需求而提供的。可以说，没有旅游者就没有旅游活动，旅游业就等于是无根之木、无源之水，也就不会生存了。因此，旅游者是整个旅游业盈利的主要来源，把旅游者列入利益相关者行列，并不是因为其所追求的经济利益。事实上，旅游者与当地居民、旅游企业的主要利益是不一样的，虽然很多方面表现为经济利益，但这绝不是旅游者利益的核心，旅游者利益最重要的是旅游经历的质量，是好奇心的"满足感"，很多时候这种利益比经济利益更为重要。因此，关注旅游者的体验是旅游目的地生存和发展的核心。

（三）旅游企业

旅游企业是指那些以营利为主要目的，为旅游者提供各种服务来满足其需要的单位和集体。目前在我国直接参与旅游经营的企业有很多，如酒店、旅游开发商、旅游经营商等。这些企业在参与经营的过程中，所占有的资源不同，提供的服务类型也不同，当然所获得的利益也是不一样的，他们处于一种非平等的竞争格局中。旅游企业是旅游活动中不可或缺的纽带和桥梁，它们既具备专业技能，又可服务于旅游者。

但不管是哪一类旅游企业，它们都以经济利益为核心追求，在对保护自然资源和文化方面不承担直接责任，因此对企业需要强制的约束和有效的激励来使其承担社会责任。旅游企业的角色行为具有"双刃剑"的功能。一方面，为社会文化环境、生态环境系统注入新的人流、物流、资金流、信息流以及能量；另一方面，追求经济效益最大化的同时，它们对环境资源造成的破坏大多是不可逆的。因此，各类企业应遵循企业伦理道德，坚持环境影响最小化的行为守则，处理好旅游收益和环保补偿的关系。

（四）相关部门

随着旅游活动规模的不断扩大，特别是旅游业在推动经济与文化发展中所扮演的角色日益重要，世界各国的政府部门和旅游目的地的地方政府都对旅游业的发展给予了越来越多的关注。同时，旅游业所涉及的部门范围之广以及旅游产品的综合性和复杂性，使得各有关方面很难存在自动调节，这一问题只能由政府出面才有可能得到解决。因此，旅游目的地要想得到迅速稳定的发展，要想在日益激烈的市场竞争中立于不败之地，政府管理部门的进入和干涉成为一种必选，尤其是在整个目的地的协调、控制方面的作用更是无可替代。政府管理部门以各种方法，如通过立法、基础和公共设施的建设、提供激励等，对当地旅游业的发展产生影响。因此，可以说旅游业的健康发展需要一个总体利益和目标的代言人来控制、引导、协调、规范其他利益相关者的行为和目标。而政府管理部门正是公共利益的代表，也是最好的选择。

事实上，政府部门在旅游目的地的发展中起着总体协调控制的作用，是旅游的调控者。政府的角色行为主要包括制定旅游政策、实践和工作框架制定、总体规划以及对旅游者、旅游企业和社区居民的管理等。因此在旅游中，政府既是一个"游戏规则"的制定者，同时扮演着管理者、生态保护倡导者、社区发展支持者和旅游企业监督者等多重角色。不同职能和层级的部门所制定的法律规范、建立的管理体制、配备的人员素质都对旅游目的地发展具有深远的影响，而旅游的发展也必将涉及这些政府部门的权责分配和利益格局。

（五）其他利益相关者

在旅游目的地系统中，除了当地居民、旅游者、旅游企业和管理部门四类主要利益相关者外，还有许多其他的利益相关群体，包括社会公众、竞争或合作对手、非政府组织等。他们在某一特定的时间和空间能给旅游开发带来机会和威胁，对旅游目的地的开发影响是间接的，但在信誉、公众形象方面的作用力较大。

旅游作为一种长久不衰的社会现象，其存在、发展的根源在于能够给人类带来利益——不同的利益相关者在旅游活动和旅游业发展中获得不同的利益。在可持续发展和社会公平理念获得广泛社会共识的今天，"取之有道"地去获得利益，越来越成为人们的普遍行为准则。但正是由于利益相关者之间的利益博弈，理论上的均衡利益原则，实际上很难在实践中得到完全的贯彻。这就需要在多个层面上建立有利于利益均衡分配的保障体系，包括道德的、法律的、政策和制度的等，使人们的旅游活动、旅游企业的经营活动能够自觉地在有约束的环境下进行，构建一个和谐、健康、可持续的旅游发展模式。

二、旅游目的地管理体系

旅游目的地管理体系是一个多层次、综合性的系统。管理主体以旅游目的地的旅游主管部门或某专门单位为主。管理对象则涉及旅游目的地内所有与旅游活动相关的方面，具体来讲包括人（利益相关者）、物（旅游资源等）、事（旅游开发与经营活动）等。管理内容包括资源管理、规划管理、产品管理、服务管理等。管理过程是"规划—开发—经营—控制—提升"的循环管理。以旅游目的地的可持续发展、三大效益的综合实现以及利益相关者的整体利益最大化为管理目标（见图1-3）。

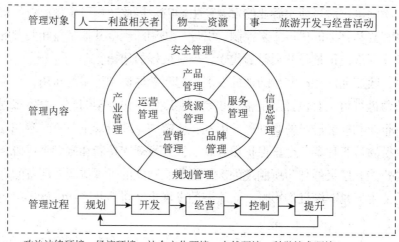

图 1-3 旅游目的地管理体系框架

【本章小结】

本章对旅游目的地、旅游目的地系统的概念和内涵等进行了介绍，在此基础上确定了旅游目的地管理的概念和内容，并对旅游目的地管理的原则和特点、依据与手段进行了分析阐述。最后，系统介绍了旅游目的地管理的要素内容，构建了旅游目的地管理的系统框架体系。

旅游目的地管理是一个多层次、综合性的管理系统。以旅游目的地的可持续发展、三大效益的综合实现以及利益相关者的整体利益最大化为管理目标。由旅游目的地的旅游主管部门或某专门单位对旅游目的地内所有与旅游活动相关的方面进行管理，具体内容包括资源管理、规划管理、产品管理、服务管理、运营管理、营销管理、产业管理、品牌管理、信息管理、安全管理等。

【关键术语】

旅游目的地；旅游目的地系统；旅游目的地管理；资源管理；规划管理；产品管理；服务管理；运营管理；营销管理；产业管理；品牌管理；信息管理；安全管理；旅游目的地生命周期；竞争力；可持续发展；利益相关者；旅游本真性

【Key words】

Tourism Destination；Tourism Destination System；Tourism Destination System Management；Resource Management；Planning Management；Product Management；Service Management；Operation Management；Marketing Management；Industry Management；Brand Management；Information Management；Security Management；

Tourism Destination Life-Cycle；Competitive Strength；Sustainable Development；Stakeholders；The Authenticity of Tourism

【复习思考题】

一、多选题

1. 旅游目的地按照地域范围，可以分为（　　）旅游目的地、（　　）旅游目的地、（　　）旅游目的地和（　　）旅游目的地。

A. 国家级　　　　B. 省级　　　　　C. 城市型　　　　D. 功能型

2. 旅游目的地管理的内容主要包括旅游目的地（　　）、（　　）、产品管理、服务管理、运营管理、营销管理、（　　）、品牌管理、信息管理、安全管理等。

A. 资源管理　　　B. 产品管理　　　C. 企业管理　　　D. 品牌管理

3. 巴特勒将旅游目的地生命周期分为6个阶段：探索阶段、参与阶段、（　　）、（　　）、停滞阶段和（　　）。

A. 发展阶段　　　B. 稳固阶段　　　C. 衰退阶段　　　D. 衰退或复苏阶段

二、填空题

1. 旅游目的地就是旅游者到达并逗留进行一系列旅游活动的地域空间，是旅游者进行旅游活动的＿＿＿＿＿＿＿＿。

2. 旅游目的地往往将近程客源地作为基础市场，将中程客源地作为＿＿＿＿＿＿＿＿市场，将远程客源地作为潜力市场。

3. 旅游目的地系统是以旅游目的地所包含的＿＿＿＿＿＿＿＿、服务设施以及所涉及的所有利益群体、产业部门等为要素，并在其相互联系中形成的开放系统。

4. 旅游目的地系统的基本要素主要包括＿＿＿＿＿＿＿＿、旅游服务设施、旅游基础设施、利益相关群体、旅游目的地环境。

5. 旅游目的地管理是一个多层次、综合性的管理系统。以旅游目的地的可持续发展、三大效益的综合实现以及利益相关者的＿＿＿＿＿＿＿＿为管理目标。

三、简答题

1. 旅游目的地管理和旅游目的地系统的关系是什么？

2. 旅游目的管理的目标如何实现？

3. 请描述旅游目的地管理体系。

【参考文献】

[1]郭咸纲.西方管理学说史［M］.北京：中国经济出版社，2003.

[2]王宁.旅游、现代性与"好恶交织"——旅游社会学的理论探索［J］.社会学研究，1999（6）：93-102.

[3]王宁.旅游中的互动本真性：好客旅游研究［J］.广西民族大学学报（哲学社

会科学版），2007，29（6）：18–24.

　　［4］R.爱德华·弗里曼.战略管理：利益相关者方法［M］.上海：上海译文出版社，2006.

　　［5］赵德志.利益相关者：企业管理的新概念［J］.辽宁大学学报（哲学社会科学版），2002，30（5）：144–147.

　　［6］邹统钎.乡村旅游发展的围城效应与对策［J］.旅游学刊，2006，21（3）：8–9.

　　［7］葛成唯.基于智慧旅游的目的地旅游管理体系研究［J］.中国西部科技，2013（1）：73–74.

　　［8］谢新丽.由旅游景区管理向旅游目的地管理转变：旅游管理专业人才培养的转型思考［J］.宁德师范学院学报（哲学社会科学版），2018（2）.

　　［9］凌常荣，刘庆.旅游目的地开发与管理［M］.北京：经济管理出版社，2013.

　　［10］邹统钎.旅游目的地开发与管理［M］.天津：南开大学出版社，2015.

　　［11］陈国柱.旅游目的地研究的科学知识图谱分析［J］.资源开发与市场，2015，31（12）：1545–1548.

　　［12］王昕，陈婷.基于旅游行为的旅游目的地空间层次与管理［J］.人文地理，2009（6）：107–110.

　　［13］高峻.可持续旅游与环境管理［M］.天津：南开大学出版社，2009.

　　［14］郭舒，曹宁.旅游目的地竞争力问题的一种解释［J］.南开管理评论，2004，7（2）：95–99.

　　［15］卡斯特，罗森茨韦克.组织与管理——系统方法与权变方法［M］.傅严，等，译.4版.北京：中国社会科学出版社，2000.

　　［16］李岚林.旅游目的地品牌营销研究［D］.吉首：吉首大学，2012：9–10.

　　［17］戴光全，吴必虎.TPC及DLC理论在旅游产品再开发中的应用——昆明市案例研究［J］.地理科学，2002，22（1）：123–128.

　　［18］高林安.基于旅游地生命周期理论的陕西省乡村旅游适应性管理研究［D］.长春：东北师范大学，2014.

　　［19］张红，席岳婷.旅游业管理［M］.北京：科学出版社，2006.

第二章

旅游目的地资源管理

知识要点	掌握程度	相关知识	思政主题
旅游目的地资源管理概述	理解	旅游目的地资源系统构成，旅游目的地资源管理意义	以创新推动高质量发展
	掌握	旅游目的地资源管理定义，旅游目的地资源管理原则	
旅游目的地资源整合管理	理解	旅游目的地资源整合理论，旅游目的地资源整合原则，旅游目的地资源整合作用	
	掌握	旅游目的地资源整合定义，旅游目的地资源整合目的，旅游目的地资源整合形式	
旅游目的地资源开发管理	理解	旅游目的地资源开发理论，旅游目的地资源开发模式	
	掌握	旅游目的地资源开发原则，旅游目的地资源开发步骤	
旅游目的地资源信息管理	理解	旅游目的地资源信息的特点及类型，旅游目的地信息系统	
	掌握	旅游目的地资源信息管理的概念，旅游目的地资源信息管理方式	

导入案例

打造殷墟甲骨文城市品牌　河南安阳以"文化"吸引八方来客

"安阳是一生必去的城市，有文化，必安阳！"近日，安阳市委书记袁家健向全球这样推介安阳。据了解，2023 年安阳市接待游客 6986 万人次、增长 171%，综合收入674 亿元、增长 214%，分别是 2019 年的 141% 和 116%。洹水安阳名不虚，三千年前是帝都。这座有着三千多年历史文化的城市，将文旅文化深化融合，正以其独具的魅力吸引八方来客。

1. 打造殷墟甲骨文城市品牌

城市品牌对一个城市的发展至关重要。近年来，安阳市大力实施文旅文创融合发展战略，坚持"更聚焦、更市场、更具体"，紧紧围绕殷墟甲骨文这个核心品牌，充分发挥其在世界上无可替代、独一无二的根基性文化、地标性文化作用，持续推进甲骨文发掘保护、收集整理、研究阐释、文创开发、研学旅行、数字应用、交流传播等工作，联动殷墟博物馆、殷墟大遗址公园、中国文字博物馆、殷墟考古文旅小镇、"洹河夜游"等项目，全面提升殷商文化核心圈影响力，全力打造殷墟甲骨文中华文化新地标、中原文旅新名片。

2024年2月26日上午，位于安阳的殷墟博物馆新馆正式开馆，该馆的开馆让人们的目光再次聚焦并锁定在安阳。殷墟博物馆新馆坐落于洹水之滨、殷墟之上，与殷墟宫庙遗址隔河相望，是首个全景式展现商文明的国家重大专题博物馆，也是殷墟甲骨文中华文化新地标、中原文旅新名片的标志性建筑之一。整个建筑以《诗经·商颂》为源，以绿野草台、鼎立大地、层叠深邃、青铜装裹为形，在洹河之畔破土而出，形成具有考古学意义的"中华之范、文明圣殿"。推开这座气势恢宏的青铜色建筑的大门，裹挟着三千多年前商王朝的鼎盛之风扑面而来。"商邑翼翼 四方之极"在这里通过古老的文字和悠久的文物得以展现。殷墟博物馆开馆后与殷墟宫殿宗庙区、王陵区、殷墟考古文旅小镇共同构成"一馆两区一镇"的规模化展示阐释体系。"很多游客来到安阳不知道该怎么规划、怎么玩，其实大家可以上午去殷墟宫殿宗庙遗址和王陵区游玩，下午可以来殷墟博物馆进行参观，然后去殷墟考古文旅小镇逛一逛、吃吃饭，晚上来洹河夜游、看表演。"安阳殷墟博物馆的工作人员介绍。

2. 构建"文字之都"超级 IP 矩阵

来到安阳，必然要去一趟中国文字博物馆。高大的字坊树立广场前端，白色鸽子盘旋而过。2023年年初，安阳市全力打造"文字之都"城市形象品牌。深入发掘安阳古城、周易、红旗渠、岳飞庙、二帝陵、大运河等历史文化资源以及太行大峡谷、"中国画谷"等优势文旅资源，打造富有安阳特色的国家文旅地标，积极构建"文字之都"超级 IP 矩阵，进一步提高城市形象辨识度，扩大城市品牌传播力。2023年9月至11月，安阳市连续举办第十九届世界漫画大会、中国世界遗产旅游推广联盟（安阳）大会、2023安阳文旅文创发展大会、航空运动文化旅游节、海峡两岸周易文化论坛等一系列重大节会活动，并以"节会＋旅游"模式推动安阳爆款文旅产品持续涌现。其中，文旅文创发展大会推出"古韵鎏光·灯火安阳"安阳古城大型沉浸式夜游活动，三天时间，安阳古城游客突破20万人次。"以前朋友来到安阳吃过晚饭就回宾馆睡觉了，晚上没有什么地方可以去玩。但现在不一样了，仓巷街、县前街、魁星阁这些地方真是太漂亮了，流光溢彩，再加上洹河夜游，都玩不过来了。"安阳市民田先生说。

3. 加快建设文化旅游强市

近年来，安阳市深入实施文旅文创融合战略，大力发展文化旅游千亿级主导产业，

"殷墟甲骨文"中华文化新地标持续擦亮，国际旅游目的地、区域文旅融合发展中心建设加快推进，加快建设文化旅游强市。在内容方面，安阳高水平打造供给体系，在对外方面，该市着力打造城市品牌。2023年以来，安阳连续在郑州、北京、天津、香港、澳门、上海、云南以及欧洲举办红旗渠——殷墟文化旅游推介和招商活动，在天津、北京、郑州等地启动"安阳"号地铁品牌专列宣传活动，开展"诵诗识字来安阳"主题宣传推广，举办"全国热诵，一路有诗"诗歌诵读大赛。春节期间，岳飞庙"背诵满江红，免费游岳庙"火上全国热搜，"五一"期间，曹操高陵遗址博物馆冲上中博热搜榜"全国博物馆十大文博展览"第一名。在安阳市区的景区频频"出圈"的同时，林州、汤阴等地的文旅产业也在蓬勃发展。红旗渠、大峡谷、羑里城景区2023年游客人数较历史最高年份2019年增长2倍以上，岳飞庙景区2023年游客人数较历史最高年份2019年增长3倍以上。

未来，安阳将持续聚焦甲骨文的文化优势，围绕殷墟、曹操高陵、岳飞庙、羑里城、红旗渠等丰厚的历史文化资源，抓好殷墟遗址保护与中华优秀传统文化传承创新；注重品质提升，根据游客需求，打造一日游、两日游、三日游等不同精品线路。提高食、住、行、游、购、娱全链条服务能力；丰富旅游业态，大力发展新文旅；强化数智赋能，提升文旅智慧化水平，使游客"游在安阳、乐在安阳"。

（资料来源：https://df.youth.cn/dfzl/202403/t20240307_15118423.htm）

第一节　旅游目的地资源管理概述

一、旅游目的地资源管理定义

所谓资源指的是一切可被人类开发和利用的物质、能量和信息的总称，它广泛地存在于自然界和人类社会中，是一种自然存在物或能够给人类带来财富的财富。或者说，资源就是指自然界和人类社会中一种可以用以创造物质财富和精神财富的具有一定量的积累的客观存在形态，如土地资源、矿产资源、森林资源、海洋资源、石油资源、人力资源、旅游资源、信息资源等。

从资源客观存在的发生源可以将资源分为自然资源和社会资源两大类。自然资源一般是指人类可以利用的自然生成物以及作为这些成分之源的环境功能。通常包括土地资源、矿藏资源、水利资源、生物资源、海洋资源等。社会资源又称社会人文资源，是直接或间接作用于生产的社会经济因素，其中，人口、劳动力是社会资源中比较重要的内容。社会资源主要包括人力资源、资本资源、信息资源以及经过劳动创造的各种物质财富。自然资源、社会经济资源、技术资源通常被称为人类社会的三大主要资源。

旅游资源与旅游目的地资源的主要差异在于其范围和层次。旅游资源是指自然界和人文景观中具有旅游价值的资源，如山水、湖泊、森林、历史文化遗址、民俗风情等。旅游目的地资源则是指在某个特定地区内旅游资源的总和，包括自然景观、人文景观、旅游设施、旅游服务、旅游活动等。具体来说，旅游资源是一个更广泛的概念，包括了各种可能的旅游体验，而旅游目的地资源则更加具体，它是一个地区内的所有旅游资源的综合体现。旅游资源可以是单独的景点或景观，而旅游目的地资源则包括了这些景点或景观以及周边的环境和服务。此外，旅游资源通常是分散的、孤立的，而旅游目的地资源则更加集中，通常包括了一系列相关的旅游资源，如一个历史文化名城、一个自然保护区等。随着旅游业的发展，可以纳入旅游目的地的资源也越来越多，形成了一个资源巨系统（见图2-1）。

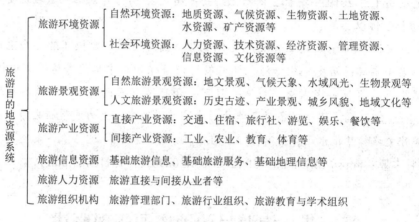

图2-1　旅游目的地资源系统构成

旅游目的地资源管理指旅游目的地管理者在实施旅游资源保护及其合理开发利用与经营工作中，对旅游目的地资源系统进行要素、环境、结构、功能的统筹协调平衡优化，从而实现旅游目的地的科学发展、和谐发展的过程。主要包括旅游目的地资源整合管理、旅游目的地资源开发管理、旅游目的地资源信息管理等方面的内容。

二、旅游目的地资源管理意义

（一）是现代旅游产业发展的需要

旅游产业是以旅游者需求为中心，为其旅游活动创造便利条件并提供其所需商品和服务的综合性产业，主要由住宿接待部门、游览场所经营部门、交通运输部门、旅游业务组织部门、各级旅游管理部门构成。

从产业资源的供给看，旅游产业的边界可以无限延伸。当旅游活动从传统观光向休闲度假和体验旅游发展时，旅游资源已经不局限于名山大川等自然资源，也跳出了古迹遗址等传统人文旅游资源的范畴，一些社会资源、经济成就、产业活动、民情民风等均可以转化为旅游资源，成为吸引游客的旅游产品，如乡村旅游、工业旅游、科技旅游、节庆旅游、红色旅游、会展旅游、太空旅游等新型旅游产品的涌现。从广义来看，旅游资源供给具有无限性，旅游产业的边界可以无限延伸，具有广泛的外延。

从产业发展的时空维度看，旅游需求的动态性和旅游供给的区域特色导致旅游产业边界的不确定性。旅游产业是一个时空性强的产业，旅游产业的边界在不同的发展阶段是有差异和变化的。不同的经济发展时期，游客的需求不同，从过去"游山玩水""放松身心"的单一需求到现在"陶冶情操、增加阅历、寻求梦想、体验生活"的复合需求，旅游产业发展包容了更多的内涵。同样，不同的地区，由于旅游供给的区域特色不同，其产业范畴也呈现空间上的差异。如马尔代夫的旅游产业是以海滨度假为主，而纽约、巴黎、伦敦是以国际大都市为主要吸引物，两者是不同类型的旅游产业组合，旅游产业的边界在不同的区域有不同的边界。从抽象意义上来看，旅游产业的边界是不确定的。

从产业发展的驱动要素看，旅游产业的发展已经进入软要素主导阶段。根据国际国内相关数据的实证分析显示：旅游产业是一个由综合要素驱动的产业，而软要素是旅游产业发展的核心驱动力。世界经济论坛2007年的世界旅游业竞争力报告，选取了3组计13项影响旅游竞争力的因子（见表2-1），从表中可见，软要素占据了60%以上。若除去基础设施的因子，仅剩"自然和文化资源"一项硬指标，占8%的比例。事实上，在中国旅游产业的发展实践中，软要素主导旅游产业发展的趋势十分明显。

表2-1　旅行及旅游竞争力指数

第一组：制度框架	第二组：商务环境与基础设施	第三组：人力、文化、自然资源
政策规章制度 环境制度 安全与保障制度 卫生与保健制度 旅游业优化制度	航空基础设施 地面交通基础设施 旅游基础设施 信息通信技术基础设施 旅游业的价格竞争力	人力资源 国家旅游开放度 自然和文化资源

总之，目的地旅游产业的发展涉及越来越多的资源与要素，管理越来越复杂多样，对旅游目的地的资源进行管理是目的地旅游业未来发展的必然。

（二）是实现旅游发展目标的需要

旅游目的地资源统筹协调利于实现旅游发展目标。目的地旅游业的发展目标建立在有效地利用与组织目的地资源的基础之上。资源系统统筹协调强调，大系统的整体功能、效益不是社会资源、经济资源、自然资源等子系统效益的简单代数和，而是在一定的生态环境约束下，由社会资源、经济资源、自然资源子系统发展变量代表的社会、经济、自然和生态环境效益的综合表现，是在实现各子系统优化的前提下，整个大系统达到科学和谐状态。对旅游目的地资源系统统筹协调特别需要注意，在旅游目的地资源管理中只重视解决局部问题，只重视局部优化，而不能从整体的角度进行管理，就无法实现旅游业整体优化，也就无法发挥目的地旅游业的整体效益与关联带动作用。目的地资源大系统的优化以各子系统的优化为基础。因此，必然重视各子系统内部的结构、功能的统筹协调，实现科学发展、和谐发展。旅游目的地资源管理必须从整体的角度，合理组织内部资源，以达到综合效益最优。

旅游目的地资源综合动态平衡利于实现旅游发展目标。旅游目的地资源系统，无论是总体资源系统与子资源系统之间，还是子资源系统之间以及它们内部要素之间，都有密切的内在联系。每个子系统都有自己的运动规律，都按一定的方式发挥各要素的功能和作用，在动态变化中实现各自的有序循环过程。同时，由于目的地自然资源、经济资源、社会资源和生态环境子系统的发展是互为条件、相互制约、相互作用的，有着不同的反馈机制，因而必然产生一定的矛盾。只有不断地消除这些矛盾，平衡四者之间的关系，才能使子系统按照各自的规律实现有序良性循环，最终实现大系统的协调发展。

旅游目的地资源优化配置利于实现旅游发展目标。旅游目的地环境资源、景观资源、产业资源、生态环境四者的协调开发是目的地社会生存和持续发展的条件和基础。从本质上分析，它意味着经济发展、资源增效和环境保护的和谐统一，是寻求资源、经济、社会大系统的最佳组合和结构优化，归根结底是旅游目的地总体资源的优化配置问题。要实现旅游目的地总体资源的优化配置，必须确定科学发展的目标。第一，总体资源的适度消耗与满足当代人旅游需求相适应。第二，优化总体资源配置结构，实现目的地资源的永续利用，满足后代的旅游需求，促进总体资源配置结构的合理化。通过协调配置比例关系，推动自然资源、经济资源、社会资源和生态环境子系统形成相互适应的良性循环，不断提高目的地资源的供给能力，保证目的地旅游业长远利益的实现。

（三）是促进传统旅游转型的需要

随着旅游消费的升级，产品单一、服务单一、体验单一的传统旅游已经不能够满足现代消费者的需要。加强旅游目的地资源管理，已成为传统旅游现代化转型的必经之路。

旅游目的地资源管理，能促进产品复合化。旅游目的地资源管理，可以通过整合、开发、提升和更新等方式，促进目的地产品的复合化，提高旅游产品的多样性和吸引力，从而提升目的地的竞争力和吸引力。

旅游目的地资源管理，能实现产品多元化。通过旅游目的地资源管理，可以将区域内不同类型的旅游资源进行整合，形成多元化的旅游产品。例如，将自然景观与休闲度假相结合，开发生态旅游产品；将历史文化与体验式旅游相结合，开发出文化体验旅游产品；将民俗风情与户外探险相结合，开发出民俗探险旅游产品等。

旅游目的地资源管理，能提升产品附加值。例如，将区域内特色农产品与旅游产品相结合，开发出特色旅游商品，将区域内非物质文化遗产与现代旅游相结合，开发出具有文化创意的旅游产品等。

旅游目的地资源管理，能实现产品开发优化。例如，根据季节和气候的变化，调整旅游产品的内容和形式，根据游客反馈和市场变化，调整旅游产品的定位和策略等。

旅游目的地资源管理，能促进管理联动化。一方面能够优化空间布局，根据旅游资源的分布特点和游客需求，合理规划旅游目的地的空间布局，有助于各旅游资源在空间上形成有序结构，实现规模效应或集聚效应；另一方能够促进政策协同与信息共享，通过共享旅游资源、市场、技术等信息，提高决策效率和协同效果。有助于各旅游目的地之间在政策制定和实施上形成合力，共同推动旅游业的发展。

旅游目的地资源管理，能促进产业融合。旅游目的地资源管理可以推动旅游业与当地农业、林业、文化创意等产业合作，共同开发旅游产品，提高旅游资源的利用效率，降低成本，提高盈利能力。有助于促进目的地产业链延伸，形成完整的旅游产业集群，提高目的地产业结构的稳定性和层次性。有助于建立旅游目的地的产业生态系统，加强旅游目的地各产业之间的互动和合作，深化目的地产业之间的关联，最终促进目的地产业融合。

三、旅游目的地资源管理原则

（一）旅游供需平衡原则

目的地资源本身是潜在的商品，经过开发利用的资源则是名副其实的旅游商品。目的地旅游市场经济要遵循商品供求平衡规律，各种资源的开发利用无疑应体现供求平衡原则。当旅游资源开发利用盲目过量供大于求时，必然导致资源"贬值"和破坏损耗旅游环境资源的恶果；而当目的地资源开发利用不足、供不应求时，又势必引发抢夺珍贵资源和加剧短缺经济的后果。唯有不断调控旅游目的地资源开发利用和旅游接待总量，保护和珍惜各类资源，促使旅游供需相对平衡，才能确保旅游目的地资源的有效管理与社会的持续、稳定、协调地健康发展。

（二）资源合理配置原则

资源的合理配置和有效利用是旅游目的地资源的最终归宿。旅游业的一切管理问题几乎皆可归结为目的地资源的合理配置。一般地说，旅游目的地资源配置表现为对资源在时间、空间、数量、质量四要素上的总体要求。在时间上，不同时间使用等量资源，具有不同的时间价值；当比较不同时期使用资源的成本与收益时，必须进行时间修正和资源时间价值分析。在空间上，一是指同种资源在不同使用方向的配置，二是指资源在不同目的地、不同区位的配置。其核心问题是资源如何在不同产业间和地区间配置。在数量上，是指目的地资源配给旅游业的比率和在旅游产业各部门中的分配。在质量上，从目的地各种资源的赋存状况和资源开发利用的技术水平出发，决定对各地区、各部门

所需资源品质优劣的合理匹配。

（三）综合效益最佳原则

资源配置的综合效益是旅游目的地经济效益、社会效益与生态环境效益的辩证统一。目的地社会效益是资源配置效益追求的最高层次。通过合理配置目的地资源，全面促进目的地的社会进步、文明程度的提高、整个社会和谐发展。目的地的经济效益是指旅游业部门的直接经济收入、目的地的间接旅游收入以及引起的相关产业的收入。生态环境效益是指资源开发利用和合理配置必须确保生态平衡与环境改善，促进生态环境的良性发展。资源配置的三大效益相互依存，彼此常呈正相关或负相关。选择具体的资源配置方案，必须全面权衡各种效益的优劣利弊，依据资源分配的价值取向，优选出综合效益最高的旅游项目，才能实现目的地资源的最优配置。

（四）因地因时制宜原则

旅游目的地处在不同的区位，资源类型多样、千差万别，具有时空分布的不均匀性和地域性。在资源开发利用和合理配置中，必须充分考虑各类资源组合的区域、时间特性，坚持因地制宜、因时制宜的原则。如对自然保护区所在地的资源管理，首要的是以保护为前提，合理选择、利用其资源优化组合，适度安排旅游生产活动，宜开发则开发，宜保护则保护，扬长避短，发挥优势。只有因地、因时地全面考察各类资源的适宜性、旅游经济的合理性和科技条件的可能性，才能通过资源合理配置，变资源潜力和资源优势为现实经济优势。

（五）综合集成管理原则

旅游目的地资源复杂，涉及自然、社会、经济、文化、技术、民俗等，不同的资源需要不同的管理手段。自然资源、社会经济资源和生态环境在既定的条件下，各自内部都有相应的规律和发展趋势。自然旅游资源利用要遵循自然运行规律，旅游经济资源配置要按照经济法则，旅游人文社会资源管理则要符合人文规律。同时需要不同的旅游外部环境。而它们在资源大系统的运动中又相互制约、相互依赖、相互渗透。所以，管理必须是多方式与多手段的综合集成。

第二节　旅游目的地资源整合管理

一、旅游目的地资源整合管理定义

"整合"是将各要素进行重新组合，是对原有事物的结构进行调整，使各要素协调统一，使原有事物得到发展和完善；对一个事物内在结构或其内在与外在环境的联系加以调整，会使事物改变原有形态，甚至原有性质，从而创造出新的事物。因此，整合过程也是一种创新过程。"资源整合"源于系统论，是指通过合理的配置方式对分散无联系的资源进行组织和协调，以实现资源效用的最大化。资源整合能够更好地优化配置相关资源，根据发展战略和市场需求，提高资源组织的利用率，凸显组织核心竞争力，增强竞争优势，达到和谐互惠的发展目标。

旅游目的地资源整合管理是指旅游目的地资源的管理者和经营者根据区域旅游发展的总体目标和旅游市场供求情况，借助法律、行政、经济和技术等手段，把各种相关资源要素组合成为具有统一功能的整体，从而实现区域旅游资源市场价值最大化和综合效益最大化的过程。操作步骤是指在将无序分散的旅游资源进行分类、分析和评价的基础上，以制度、经济和环境等为依托，按照旅游活动的特点和旅游市场的发展规律，通过综合、合并、合作、调整及一体化的形式，将该区域各种相关的旅游资源整合成统一的整体的过程，实现这一区域旅游资源综合效益最大化。同时，在这一过程中，在强调提高经济利益的同时，更要注意提升区域旅游资源的核心竞争力，实现旅游资源质量的提高，构建起一个结构合理、功能完善的区域旅游系统。

二、旅游目的地资源整合管理的内涵

（一）资源整合管理是旅游发展的基础

旅游开发首先要认识资源、认识市场，管理资源、管理市场，整合资源、整合市场。资源整合管理，是旅游开发的基础。传统资源管理，局限于自然资源与文化资源。但需求是变化的，特别是随着时代的发展，需求的变化会引起人们对资源的认识的变化，旅游资源的概念在不断地向社会所有对旅游者产生吸引力的事物发展。凡是能够吸引旅游者的事物，都可以纳入资源整合的范畴。现代资源管理，要注意自然资源与文化资源概念的延伸，就一般意义上说，现代旅游资源应涵盖社会生活的方方面面，特别要注重生态旅游资源、民俗旅游资源、城市旅游资源、商务旅游资源、会议旅游资源、休闲旅游资源、健身旅游资源、节庆旅游资源、娱乐旅游资源、购物旅游资源、教育旅游资源、科技旅游资源、产业旅游资源、时尚旅游资源。整合管理实际上就是要整合上述种种资

源，不仅仅要看到资源的物化存在，还要看到资源的活化存在，这样才是现代旅游发展的资源观。只有认清认准资源，才能够科学合理地对目的地旅游资源进行整合管理。

（二）资源整合管理是产品开发的基础

完成对旅游目的地资源的整合管理，并不是资源管理的终点，而是又一起点。旅游业的发展有其内在的规律性，任何旅游目的地不能仅仅停留在对资源的认识上。旅游目的地如果仅停留在以资源为骄傲，宣称自己是资源大省、资源大市、资源大县，对旅游业发展没有太大的实质性意义。资源必须经过整合与开发，形成受市场欢迎的产品，才能引来旅游者体验、观赏、感悟和消费，从而获得物质与精神的享受，形成经济意义上的旅游资源，这样才是真正地发展旅游业。因此，旅游产品开发是资源整合的应有之义和核心内容。

（三）资源整合管理是不断优化的过程

规划中提出的资源整合，实际上是产品开发的一种理念，是资源认识的一种升华，但规划并不能完全解决实施者在操作过程中所遇到的全部问题，因为在规划期限内，有诸多难以预测的变量因素，如市场需求的变化、资金投入的变化、体制政策的变化、自然因素的变化等。那么对实施者而言，就应该首先接受规划提出的理念，在整合资源的过程中，认真考虑和分析变量因素对实施规划所产生的影响。这样才能在开发过程中更有创意、更符合实际、更贴近市场，所以不要把整合资源和开发行动割裂开来，必须把开发的过程视为整合资源的过程。

三、旅游目的地资源整合管理理论

近些年来，国内区域旅游整合研究的一大特色是吸收和引进其他学科理论以及国外相关理论，这些理论主要有系统理论、共生理论、博弈理论、可持续发展理论等。

（一）系统理论

奥地利生物学家贝塔朗菲创立了系统论，他认为，系统是由若干要素以一定结构构成的具有某种特定功能的统一整体，它是普遍存在的，体现的是要素与系统、要素与环境、环境与系统之间的关系。同时，他强调，要素之间是相互关联的，它们相互联系、相互制约、相互影响，每个要素都在系统中发挥着不同的作用，如果将要素从整体系统中隔离出来，它就会失去它本身所具有的作用，但任何系统也不是各个部分的简单相加或机械组合，而是一个有机的整体。系统论就是把所要研究的事物看成一个系统，对其结构和功能进行描述，研究系统、要素、环境三者的相互关系和变动的规律性，调整系统结构，协调各要素关系，使系统达到优化目标。在旅游目的地资源整合过程中，要处理好系统内各要素、各部分的关系，合理配置系统资源，优化系统结构，从而产生较好的综合效应。

（二）共生理论

"共生"一词最早是由德国真菌学家德贝里提出，源于生物学。它强调不同生物之间的相互促进、相互依存、相互协调发展。20 世纪 50 年代之后，共生理论开始广泛应用于社会科学领域。一般认为，共生单元、共生环境、共生模式是构成共生的三要素，其中共生单元是基础，共生环境是重要的外部条件，共生模式是关键。实现"双赢"和"多赢"的理想模式，是共生理论强调的最终目标。从共生理论视角来研究旅游目的地资源整合具有较好的适用性、兼容性，这是因为共生理论是以生物间信息传递、物质交换、资源流动、合作共生的模式和环境为主要内容，而旅游目的地资源整合的核心内容就是将区域内具有相互关联的旅游资源进行组织和协调，全面合理地安排各项旅游资源的开发与管理，通过合作性竞争相互促进，以实现各参与合作方共赢。因此，就旅游目的地资源整合的内容与目标来看，与共生理论的思想是基本一致的。

（三）博弈理论

博弈论又称对策论，是现代数学的一个分支，是研究理性决策主体行为发生在条件等同的对局中，各自如何利用对方的策略来对自己的决策进行变换从而获得最终的胜利。中国古代的《孙子兵法》就是最早的具有博弈思想的著作，博弈论正式诞生于 1928 年，冯·诺依曼证明了博弈论的基本原理。1944 年，冯·诺依曼和摩根斯坦在《博弈论与经济行为》这本巨著中，将二人博弈推广到多人博弈结构，从而奠定了经济学的基础和理论体系。约翰·海萨尼（J. Harsanyi）在他 1994 年获得诺贝尔经济学奖的获奖词中是这样定义博弈论的："博弈论是关于策略相互作用的理论，是关于社会形势中理性行为的理论，其中每个局中人对自己行动的选择必须以他对其他局中人将如何反应的判断为基础。"

通俗地讲，博弈论就是指人与人之间"斗智"的形式和结果，当人们意识到自己的利益和别人的利益产生冲突时，人们会根据对方的选择或行为来做出对自己最有利的选择或行为。

运用博弈论可以更为清晰地研究各种社会经济力量冲突与合作的形势，为研究人类理性思维与行为提供了一种科学的方法，因此，博弈论被广泛应用于经济学、政治学、心理学、社会学等各类社会科学中。合作博弈和非合作博弈是博弈论在实践应用中的两种不同表现形式。合作博弈关注的是通过合作获得的收益如何进行分配，而非合作博弈是研究如何在各自利益相互影响的情况下做出最有利于自身的选择。博弈论是一种强调如何使旅游利益相关者创造和获取更多价值的新的思维方式和方法，对旅游目的地资源整合具有较高的借鉴意义。在参与博弈的过程中，旅游地居民、旅游地本身、当地政府、旅游地相关企业等利益相关者为了各自的利益，都会选择获得更大利益的行为或措

施。当非合作所产生的利益大于合作所产生的利益时，利益相关者就会采取各自竞争的方式来进行博弈，当合作所产生的利益大于各自竞争所带来的利益时，利益相关者就会选择合作竞争、合作共赢的战略组合来进行博弈。博弈论作为开拓旅游新局面、指导旅游创新的有力工具，已被应用于旅游目的地资源整合的实践中。

（四）可持续发展理论

1993 年，世界旅游组织出版的《旅游与环境》一书中指出可持续发展是：在保护文化和生态环境的前提下，满足人们对旅游活动过程中的需求，既能满足今天人们的需求，又能给后代提供同样的福利。近些年来，受可持续发展理论的影响和推动，旅游业也开始关注可持续发展问题。将可持续发展理论纳入旅游资源整合的发展过程中时要特别注意，旅游资源的开发整合必须在生态环境的承受范围之内，在追求经济利益的同时也要遵守社会道德规范，保护生态环境。另外，要想使旅游业在区域范围内形成长久吸引力，从而使旅游目的地的旅游业能够持续发展，就要尝试共同开发整合旅游资源，尝试区域之间的合作与共赢，改变旅游资源同质化、单一化的问题，重新整合更新旅游资源。

（五）其他理论

旅游目的地资源整合是一个复杂的过程，学者还运用了其他相关理论对其进行研究。如区域联动理论、"核心—边缘"理论、旅游地生命周期理论、协同理论、增长极理论、圈层结构理论、点—轴理论、竞合理论等，这些理论均对旅游目的地资源整合具有一定的借鉴意义，起到一定的支撑作用。

四、旅游目的地资源整合管理原则

旅游目的地资源整合管理的原则是旅游目的地资源整合过程中所遵循的指导思想和行为准则。旅游目的地资源整合只有遵循一定的原则，才能保证旅游资源整合目标的实现，使经济效益、社会效益和环境效益同步提高，实现旅游资源整合效益最大化。

（一）创新发展原则

创新是旅游发展的核心，推动旅游业实现跨越式发展必须创新发展思路，科学谋划，打造品牌。旅游目的地资源整合的过程伴随着创新活动和创新产品的产生，旅游目的地资源整合并不是简单的景区的变动，也不是各种旅游资源简单的堆叠相加，而是在分析区域优势的基础上，结合当地的文脉和地脉，充分挖掘旅游资源，除传统的以观光旅游为主的自然旅游资源和文化旅游资源外，还应特别注重生态、民俗、购物、商务、会议、休闲、健身、节庆、娱乐等各种旅游资源的挖掘。同时，应注意跟进市场需求趋势、依托旅游目的地资源优势开发精品旅游线路，构建个性特色鲜明、配置结构合理、区域发展分工明确的格局，创新整合，突出特色，创造新的旅游价值。另外，随着资源和市场的变化，相关旅游产品的设计、包装和营销也要不断创新。

（二）突出特色原则

特色是旅游资源生命力之所在，旅游目的地资源整合必须注重目的地旅游资源特色的凸显。在进行旅游资源整合的过程中，切忌进行生搬硬套，开发出一些特色甚微或雷同的项目和产品，这样的整合是失败的，往往会弄巧成拙，使旅游地失去它的独特性，其对游客的吸引功能也会进一步减弱。形象鲜明、特色突出的旅游资源会提高其对游客的吸引力，因此，在对旅游资源进行整合的过程中要根据当地自然环境、文化特征以及游客的需求等来突出特色，保证旅游者的精神需求和出行目的。扬己之长、避己之短，保持"人无我有，人有我新、我精、我特"的垄断性地位，是突出特色、凸显旅游资源文化差异性、形成鲜明的自我风格、树立独特的旅游资源形象、满足旅游者多样化精神及多样化需求的有效路径。同时，旅游资源的整合不仅要注重其原有特色的保持，还应在整合的过程中让其原有特色有所创新和发展，使其特色更加鲜明，并且结合市场特征，使其鲜明和真实的形象得以表现出来，创造出区域的特色产品，形成鲜明的自我风格。

（三）竞争合作原则

旅游目的地资源在整合过程中会涉及很多利益相关群体，合作与竞争是使参与旅游目的地资源整合的各利益相关群体的相对优势得以发挥，降低旅游目的地资源整合所需的成本，实现规模经济，推进区域旅游一体化的重要手段。在进行旅游目的地资源整合的过程中，有序的竞争可以使旅游资源的整合利用率得以提高，使各利益相关者的资源和能力得到互补，而标准体系下的合作，有利于保持稳定的合作关系，降低整合过程中的信息、交易费用，形成成本效应。同时，相关利益者通过竞争与合作可以相互学习、相互"取经"，对信息、资源等方面的整合创新具有一定的意义，在这个过程中，无形中也为旅游业的持续发展注入了新活力、新思想，增强应对外部不稳定环境的能力。严格遵守竞争与合作原则，能够使各利益相关者实现竞争的良性循环，为当地旅游业的发展提供强大的基础支持。

（四）市场导向原则

旅游目的地资源整合是旅游业发展到一定阶段的产物，也是旅游业进一步发展的需要。市场是检验旅游资源价值的标尺。旅游目的地资源整合要以了解市场情况、分析市场动态、预测市场未来为基础，从市场需求出发。在进行旅游目的地资源整合时，首先，要对市场进行调查、分析和预测，研究并掌握市场的需求状况和竞争状况，根据游客的需求和消费规律，对旅游资源进行整合创造，确定整合开发的主题、层次和规模，打造"人无我有，人有我优"的特色旅游品牌，把符合旅游者需求的旅游产品和创新旅游外延产品推向市场。同时，市场的需求和旅游者的心理是一个不断变化的过程，这就

要求旅游资源整合要具有应变性和前瞻性。只有遵循市场规律，以市场需求为导向，不断完善目的地资源整合的市场机制，旅游目的地资源整合才能发挥价值最大化，才具有长久生命力。

五、旅游目的地资源整合管理作用

（一）有利于增强旅游地吸引力与活力

旅游者通过旅游消费体验和相关媒体的宣传形成对旅游目的地的形象感知。旅游者在旅游过程中通过对旅游目的地的游客接待和服务系统、交通线路系统以及出游线路系统的主观体验，做出系统性和效率性的评估，形成对旅游目的地的直观感知。区域旅游目的地资源的整合就是要对构成旅游系统的相关资源进行整合、改善、创新，树立旅游品牌，提高旅游资源空间的组织效率，进而提升旅游目的地的形象，形成游客对于旅游目的地的良好口碑，实现旅游目的地的形象经营的良性循环，从而促进旅游目的地的发展。另外，打造具有特色的旅游品牌资源，可以提高旅游目的地的吸引力和活力，从而增强区域旅游发展的持久力。

（二）有利于优化旅游线路空间组织格局

旅游线路是旅游产品的空间表现形式，构成旅游系统的各个组成部分的空间布局是旅游线路的具体化表征。按照有关的理论将旅游景点、旅游服务设施以及旅游目的地空间依托的城镇进行科学合理的整合优化，可以节约旅游目的地建设成本。同时，可以建构适合旅游者观赏游玩的线路系统。从旅游线路的空间组织上来讲，旅游空间布局的整合是以某一旅游依托城镇为中心，通过确定旅游景点的开发分布与旅游服务设施的协调完善，形成在空间上层级分明、功能明确、管理高效的旅游目的地系统。而这一过程的进行都是基于对旅游者的空间行为研究进行构建的。因此，旅游空间布局整合的最终结果形成了有利于旅游者进行空间游览的旅游线路。

（三）有助于产生空间优化联动效应

旅游目的地资源整合要在地域生产格局的基础上进行，作为区域内第三产业的组成部分，旅游业发展受到区域分工和本区域现阶段产业格局的影响。旅游业是一项综合性很强的产业，它的发展对区域内房产、服务业、交通、商业等部门具有巨大的带动作用，促进区域格局在旅游业的带动下产生空间整合的联动。因此，整合区域内的旅游资源，形成区域旅游发展合力，不仅是区域旅游业发展的内在要求，也是旅游业与区域内其他产业互动发展，实现各地共谋多赢的必然选择。同时，旅游资源的合理布局和科学开发利用，可以推进基础设施的建设，优化旅游目的地空间布局，避免重复建设，节约建设成本。

（四）有利于完善目的地资源配置

旅游资源的有效整合，是实现区域旅游长期可持续发展的必要条件。资源整合管理可以实现旅游资源的合理配置，避免资源的浪费和重复建设，提高旅游资源的利用效率。资源整合管理能够打破传统的旅游资源管理模式，将旅游资源进行系统性的整合和优化。传统的旅游资源管理模式，往往以行政区划为单位，各个地区各自为政，导致旅游资源配置不合理，重复建设严重，资源利用效率低下。而资源整合管理则以旅游资源的整体利益为出发点，通过科学的规划和合理的配置，实现旅游资源的优化配置，避免资源的浪费和重复建设。资源整合管理能够实现旅游资源的可持续发展。传统的旅游资源管理模式往往以短期的经济效益为目标，忽视了旅游资源的可持续发展。而整合管理则能够以旅游资源的可持续发展为目标，通过科学规划和合理配置，实现旅游资源的可持续利用，保护旅游资源的生态环境。

六、旅游目的地资源整合管理目的

充分利用各地的优势资源，合理配置旅游产业要素，合理科学地进行旅游资源整合，有利于避免同质化竞争，创造旅游品牌，发挥旅游目的地整体竞争优势，提升区域旅游业整体竞争力，推进区域旅游业的深度发展，实现区域旅游可持续发展目标。

（一）打造旅游精品景区

根据旅游目的地所具有的旅游基础和市场需求，适当集中人力、物力、财力，有步骤、有计划地对传统的知名景区进行高起点改造和提升，使景区的面貌焕然一新。依托旅游目的地的优势旅游资源，加大新景区的开发与创新，建设区域性、综合性旅游目的地。此外，还要注意在改造提升传统景区、开发创新新景区的同时，避免雷同，形成多层次的景区体系，以满足不同游客对于旅游目的地游览的需要。

（二）提升旅游文化含量

文化是旅游的魂，支撑着旅游的内涵。文化与旅游的融合发展，从国家文化安全角度看，是中华文化传承的一个生动活泼的方式，也是文化竞争力强化的一个重要途径；从产业层面来看，可以为旅游业增添活力，形成新业态，成为精准扶贫的重要路径；从社会层面来看，可以为人民提供丰富多彩的文化生活内容，创造最大的人文价值、精神价值和经济价值。在进行旅游资源整合的过程中，要特别注意把文化融入其中，注意大力开发体现地方传统、地方特色的演艺以及传统节庆等文化旅游产品，将文化产业与旅游业有效地对接起来，形成相互促进、优势互补以及协调发展的良性局面。要将能够表现历史文化、反映时代特征、引起游客精神共鸣的符号结合起来，要将继承文化和创新结合起来，解放思想，突出特色，不拘一格，打造区域旅游文化精品，提升旅游文化的含量。

（三）改善旅游服务水平

旅游目的地的服务水平直接影响到游客对其最直观的印象，也是影响旅游景区竞争力的关键因素之一。提升旅游目的地的服务水平，对于旅游景区可持续发展具有重要意义。不断完善旅游配套服务设施，提升旅游目的地的服务质量和接待能力，进一步大力发展交通，使景区外界与景区、各地与景区、景区与景区的联系通道畅通，增强交通管理，提升交通系统的整体服务质量。加强旅游地的旅游服务业建设，努力为游客提供高层次、高质量的旅游接待服务。要加大旅游地从业人员的培训力度，提高旅游业从业者素质和职业道德，对违规违法行为坚决打击，构建良好的旅游业行业风气，大力继承和弘扬行业新风。同时，还要注意进一步加强旅游网络信息平台建设，为游客提供及时、高效、基础、准确的旅游资讯。

（四）实现旅游业跨越式发展

随着城乡居民旅游需求的迅速增长，旅游业作为一项具有巨大增长潜力的产业，对于旅游目的地区域经济的发展具有越来越重要的作用。旅游资源的整合，正是为实现旅游业的大发展打下基础，本地区旅游资源只有得到了充分合理的配置和利用，才能有利于区域旅游业的持续健康发展，而旅游业的发展又会带动其他相关产业的发展，从而带动整个地区的发展。旅游资源的整合，对于旅游业发展必要而关键，整合的效果直接影响到旅游目的地的长远发展。

七、旅游目的地资源整合管理形式

（一）空间整合

旅游资源的形成、整合、开发均受特定区域环境的制约，其表现形式是以点、线、面的外在表象来体现的，这是由旅游资源的空间分布特性所决定的。旅游资源的空间结构或分散、或集聚、或呈现线性的分布状态、或呈现圈层的分布状态等，这些均为区域旅游资源的整合提供了基础和依据。将旅游目的地同属于一个空间层次的旅游资源整合起来，形成大资源，建设大景区，扩大规模，提升档次，集中力量在更为广阔的空间里开发产品、开拓市场。

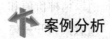 案例分析

河南省大运河文化和旅游融合发展空间布局

遵循文化旅游发展规律，根据本规划的指导思想、功能定位和发展目标，构建"一带一核四片区"的空间发展格局。

"一带"，即郑汴洛大运河文化旅游融合带。范围包括通济渠洛阳片区、通济渠郑州片区、通济渠开封片区。整合郑汴洛大运河沿线文化旅游资源，融汇大运河文化，丰富提升洛阳、开封、郑州古都文化内涵，创新创意一批大运河文化新产品、新业态，推动郑汴洛运河旅游通航，打造具有创新活力、人文魅力、生态智慧、开放包容的运河文化旅游带，发挥引领示范作用，带动全省文旅融合发展。

"一核"，即洛阳隋唐大运河文化旅游核心区。凸显洛阳在隋唐大运河中的核心地位，联动大运河巩义段，围绕千年古都、运河枢纽、多元文化交融等主题，再现隋唐胜迹，塑造"隋唐大运河之心"品牌形象。大力推动隋唐洛阳城国家历史文化公园、隋唐大运河国家文化公园等一批重大项目，加快实施伊洛河旅游通航工程，重点打造隋唐大运河河洛黄金段，全面建设国际人文交往中心和国际文化旅游名城，将洛阳隋唐大运河文化旅游核心区建设成为大运河文化表达充分、文旅产业发育完善的地标区域。

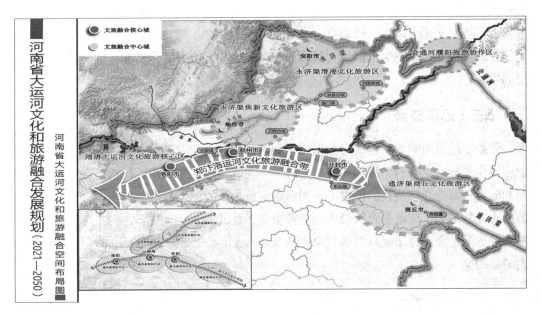

"四片区"，即通济渠商丘文化旅游区、永济渠滑浚文化旅游区、永济渠焦新文化旅游区、会通河濮阳旅游协作区。通济渠商丘文化旅游区结合"运河腰脊·三商祖地"遗产保护格局，挖掘商丘商祖文化，凸显"在商言商"的文化特色，建设成为大运河区域性旅游中心。永济渠滑浚文化旅游区结合"水陆商埠·商卫故都"遗产保护格局，深入挖掘运河商贸文化、城镇文化、民俗文化，打造"河、仓、都、城、镇"五位一体的大运河全域旅游示范地。永济渠焦新文化旅游区结合"双源合河·卫怀古城"遗产保护格局，依托小丹河、百泉河等卫河上游闸、坝、码头等水利遗产，推进百泉书院、卫源庙、合河石桥、嘉应观等古建筑修缮和环境整治，打造水清流长、古城缀岸的卫源生态文化旅游目的地。会通河濮阳旅游协作区结合"运河咽喉·京杭遗韵"遗产保护格局，实施京杭大运河跨黄河水利枢纽遗址、沙湾闸及附属神庙官署保护展示等工程，加强与

山东段遗存连片保护开发，共同打造运河水工遗存集中展示带和大运河水工研学旅游目的地。

[资料来源：洛阳师范学院，河南省文化和旅游厅.河南省大运河文化和旅游融合发展规划（2021—2050）]

（二）文化整合

文化是旅游资源的生命线，是构成旅游资源特色和旅游吸引力的基础，特色是旅游之魂，没有文化就没有特色可言。文化是促使游客产生出行动机的动力和基础所在。在进行旅游资源整合的过程中，要特别注意文化内涵这条生命线对旅游资源的融入，以文化内涵为旅游资源深层次的整合与开发之魂，促进旅游资源的可持续利用。同时，文化色彩的突出能够使景区具有生动活泼的形象和强劲的生命力。区域在旅游资源整合开发过程中，要以文化为牵引，针对自己本身所具有的优势，将自然景观、人文景观以及文化传统联合包装，重点突出区域文化内涵与特色，实现吸引更多游客，促进旅游业可持续的发展。

（三）形象整合

塑造生动鲜明的旅游整体形象是进行旅游品牌经营与发展的基础与前提，打造统一的旅游主题形象也有利于区域旅游的对外促销与宣传。在某一个区域内，在掌握市场状况和旅游资源的总体特征的前提下，明确制定旅游产业的发展战略和方向，进而确定旅游的主题和形象，以此整合区域内的旅游资源，使其服从于区域旅游的主题，形成生动鲜明的旅游形象，打造最具市场竞争力的核心产品，形成旗帜鲜明的、有巨大吸引力的旅游目的地。

（四）线路整合

旅游线路是指区域内能使游客以最短的时间获得最大的观赏效果，若干个旅游城市或旅游景点通过交通线合理贯穿连接起来的线路。旅游线路的设计需要根据旅游项目的特别功能、旅游客源市场的需求以及旅游资源的特色，考虑到各旅游要素的时空联系，来实现旅游目的地旅游服务项目的合理组合与配置。线路整合要以旅游资源在交通、区位和功能上的联系为基础，组织区域内分散的旅游资源，并组成旅游线路整体推出。共享客源市场，丰富旅游内容，提升旅行社运作的可行性，提高对游客的吸引力。

（五）市场整合

根据区域旅游的目标市场定位，将不同类型旅游产品中核心目标市场一致的旅游资源捆绑开发，打造多类型的旅游产品，延长游客的停留时间，实现客源的充分利用。例如，到西藏旅游的游客多为中高收入人群，外国游客比例比较高，可以利用这一特点，开发符合客源需求的高档次的旅游产品。

（六）交通整合

旅游交通是指旅游者从客源地到旅游目的地的往返以及在旅游目的地各处旅游活动为游客提供的交通服务与设施。旅游交通将客源地与目的地旅游资源相互联系、贯穿起来。建立完善的交通系统有助于旅游资源的整合与开发，构建完整的旅游地空间结构。充分利用旅游交通系统是整合旅游资源的一个重要方面。例如，小浪底水利工程的建设使运城等地黄河河段得以通航，为沿线诸县（市）旅游资源的整合推出提供了条件和极佳的历史机遇。

（七）产品整合

将某些不能形成成熟旅游产品或市场竞争力较弱的旅游资源依据某种产品开发理念整合起来，形成新的旅游产品，改善市场形象，提升市场竞争力。如旅游开发组将一些"小、散、弱"的旅游资源整合成"综合特色"的旅游产品，以此来优化、创新旅游产品，增强吸引力。

八、旅游目的地资源整合管理机制

市场竞争、政府干预、设施共建、优势互补构成区域旅游资源整合的外部驱动力，自身发展利益是其整合的内部驱动力。内部驱动力是决定其是否参与整合的关键因素，外部驱动力作用的发挥要通过内部作用力，两者相互制约、相互影响，共同构成了旅游资源整合的驱动机制系统（见图2-2）。

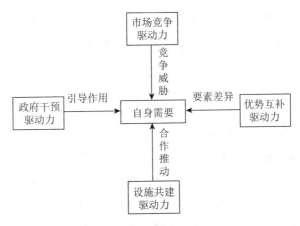

图2-2 旅游资源整合的驱动机制系统

（一）市场竞争

随着旅游业的快速发展以及人们生活水平的提高，旅游资源开发的强度、旅游经济的总体规模以及游客的旅游消费水平都发生了重大改变，简单地通过整合开发模式生产出的旅游产品系列已无法满足游客的需求，无法在激烈的旅游市场竞争中生存，亟须一系列新的旅游资源整合开发方式来改进与优化。将区域内旅游资源进行有效整合，合理布局区域内旅游景区和线路，同时注意打造特色旅游产品，利用区域旅游资源优势构建区域旅游资源吸引力系统，将会极大地提高自身的竞争优势。

（二）政府干预

一般来讲，市场能对资源进行最佳的配置。但是，市场并不是万能的，有时也会存在市场失灵的问题。我国的市场经济体制尚不够完善，仍没有有效建立现代企业制度，技术、信息等的流通还不通畅，其合理配置资源的能力和功能有待加强，且市场调节机制存在自发性、盲目性、滞后性等弱点。同时，我国旅游业是一个正在快速发展的新兴产业，还不够成熟，具有关联性、综合性强等特点。因此，这种情况下单纯依靠市场对旅游资源进行配置是不合理的，且是行不通的，还应加强政府对区域旅游资源整合的主导作用，实行政府主导，这对于区域旅游资源的合理配置与整合是理性的，且是迫切和必要的。

（三）设施共建

大型基础设施对于区域旅游和经济发展都具有重大的作用。基础设施的共建与共享使区域内的利益相关者站在整个区域的高度审视自己的旅游资源整合与开发活动，打破仅从自身利益出发的局限性，共同分担责任与利益，避免了因重复建设所带来的浪费，也规避了各方仅从自身利益出发采取不合作的方式使各方利益均受到损害的风险。同时，旅游地旅游基础设施的一体化建设，也会大大促进区域旅游资源整合的发展和整体化进程。

（四）优势互补

旅游资源的互补性是指在旅游发展过程中，不同区域之间存在差异的旅游资源相互联系和相互补给。旅游资源在时空上分布不均匀使各地区具有各自独特的旅游结构、旅游功能与旅游优势，而各地区旅游资源优势、旅游功能与结构的互补性和差异性，则是增强旅游景区产生空间相互作用、互补效应的基础，也是促使人们进行旅游选择动机时的驱动力所在。将具有互补性和差异性的旅游资源进行整合、创新、优化，可以有效地提高旅游产品的质量，塑造旅游品牌，利用区域内资源数量和种类的优势，丰富旅游活动的内容，从而延长游客旅游逗留时间，增强组成旅游系统的各要素或个体的吸引力。

（五）自身需要

将具有一定关联性的旅游资源整合成一个整体来推出，有利于提升旅游景区整体的等级或档次，增强旅游产品的竞争力和吸引力，也有助于规模效应的发挥。如黄山与千岛湖进行联合组线、苏州园林通过将园林群联合打包的方式进行申遗都证明了这一点。整体规模效应对于旅游的发展至关重要，主要体现在：能够将旅游资源进行优势互补，增强旅游产品的品位、功能与吸引力；能够在同类旅游资源中占据更高的等级；能够形成新的、独具一格的而又包罗万象的旅游"大餐"，丰富旅游活动的内容，提高游客的游行比；能够增强宣传促销的能力，扩大在旅游市场上的影响。

九、旅游目的地资源整合管理模式

旅游目的地资源整合管理模式包括内层模式和外层模式。内层模式的核心问题是政府和企业在内的利益相关者在区域旅游资源整合中的积极参与。内层模式的关键在于如何调整各相关参与者的利益格局，从而发挥其对区域旅游资源整合的积极作用，打造区域旅游特色品牌。外层模式的关键在于旅游产业链和利益分配，这是整个旅游资源整合成败的最终推动力量。

（一）内层模式

内层模式是旅游资源整合的核心内容，是旅游资源整合成败的关键。具体内容包括以下三点。

（1）政府和市场共同推动。政府主导型和市场主导型是旅游发展的两种模式。然而在现实条件下，不能只片面强调政府或市场的作用，而忽视政府和市场的有效结合对于旅游业发展的推动作用。旅游业在发展的过程中需要政府的大力支持，政府在旅游基础设施建设、旅游要素整合、旅游产业规划、旅游资源与生态环境保护以及旅游形象宣传等方面均起着重要的作用，但在政府发挥作用的同时不可干扰市场对于旅游资源的基础配置作用。政府在旅游业发展中的定位是引导而不是主导，如果继续沿用计划经济下高度集权的领导模式，主导旅游业的发展，甚至制定一些政策和措施保护本地区旅游资源的整合开发，容易造成旅游业发展的总体失衡，反而不利于旅游业的健康发展。

（2）企业参与。相关企业是区域旅游资源整合的参与主体之一。企业参与有两种形式，一是引导本地旅游企业参与，二是引入国内外大型旅游企业参与。因此，在引导本地企业参与的同时，还要引进国内外的人才、技术、资金以及管理经验等，加强与国内外大型旅游企业的合作，充分利用国内既有的精品旅游资源、线路等，结合国际客源组织渠道，建设区域旅游产业的国际化营销网络系统。

（3）利益相关者参与。旅游业作为一个综合性行业，所涉及的利益主体比其他行业

要多。相关研究表明：虽然发展中国家在旅游规划中力图让更多的利益相关者参与，但由于经济、政治和行政上的困难，规划仍可能主要采用传统的政府决策模式，最后的有效参与在很大程度上只限于各级政府部门，而非政府组织、私营部门、商业部门和当地居民的参与非常有限。这些利益相关者往往来自不同的行业和部门，其价值取向并非完全一致。在进行区域旅游资源整合时，不能只考虑某一组织或群体的利益而忽视或轻视其他相关者的利益，必须用动态的眼光来协调和关注每一个利益相关者，让他们能够共享旅游业所带来的利益并公平地分担旅游开发存在的风险，通过利益的分配与风险分担，引导利益相关者参与区域旅游资源整合。

（二）外层模式

外层模式分为两个方面，一是产业发展，二是收入分配。产业发展是指旅游业及其关联产业产业链的形成过程，收入分配是指旅游业及其关联产业发展所获收益在利益参与者之间的分配状况。旅游产业发展具体内容包括以下三个方面。

（1）旅游业发展。在各利益相关者积极参与的条件下，旅游业不断发展壮大，打造出属于自己的旅游品牌，最终形成具有产业竞争优势的部门。在旅游资源有效整合的情况下，旅游业对国民经济的贡献越来越大，成为拉动经济增长的重要引擎。旅游业发展的关键在于引导旅游要素产业、相关产业向优秀旅游城市、优势区域和精品旅游景区聚集，培育一批各具特色的旅游产业集群，构建配套完善的旅游综合产业体系。

（2）产业链整合。旅游产业发展需要构建四大旅游产业体系：一是以精品名牌旅游景区为龙头的旅游核心产业体系；二是以客运、住宿、餐饮、娱乐和旅行社为主体的旅游配套服务产业体系；三是以旅游商品研发、加工、销售为重点的旅游商品制造业产业体系；四是旅游宣传推介、信息服务、线路营销以及教育、医疗、保健、会展、体育等相关产业服务体系。这四大体系是旅游业发展直接带动的产业群，除此之外还有旅游业发展间接带动的产业群，主要体现为旅游业发展对整个国民经济非旅游相关部门的拉动与提升。

（3）利益分配。旅游收入分配是旅游资源整合的关键，是协调利益参与者的重要因素。旅游收入分配包括两个层次：一是旅游产业链发展所带来收益的分配，主要包括对政府的收入分配（主要体现在投资收益和税收）、对企业的收入分配（主要体现在投资收益）、对利益相关者的收入分配（主要体现为要素分配，使参与者共享旅游业发展所带来的利益）；二是相关产业发展所带来的收入分配，主要体现为政府税收。旅游业发展带动相关产业发展，会带来经济的发展与繁荣，进而使政府税收增加。

第三节　旅游目的地资源开发管理

一、旅游目的地资源开发理论

旅游目的地资源开发是一个多学科知识交互运用的创新过程，涉及面十分广泛，但是具体的旅游目的地资源开发实践活动是建立在一定的理论基础之上的，并以其为指导。旅游目的地资源开发的主要基础理论有区位论、区域分异规律和劳动地域分工、旅游者行为理论、经济学和市场学理论、景观生态学理论、旅游容量理论等。

（一）区位论

区位论是一种研究区位选择和产业布局的地理学理论，主要探讨不同地区之间资源、劳动力、市场、技术等因素的分布和相互作用，以解释产业在空间上的分布规律。旅游区位论是指运用区位论的相关理论，研究旅游资源的分布、旅游产品开发、旅游基础设施建设和旅游业的可持续发展等问题。旅游区位论的研究历程，可以追溯到 20 世纪初。最早的区位论研究，主要集中在工业和农业领域，研究产业在空间上的分布规律。随着旅游业的发展，区位论在旅游领域的应用也逐渐增多。20 世纪中期，随着地理信息系统（GIS）的出现，区位论开始运用 GIS 技术，对旅游资源的分布和旅游业的发展进行定量研究。20 世纪末，随着旅游业的全球化发展，区位论开始关注旅游业的跨国经营和旅游资源的跨国保护等问题。区位论是一种跨学科的研究方法，将地理学、经济学、社会学等多学科的理论相结合，分析旅游资源的分布和开发条件，为旅游目的地的发展提供科学依据。

旅游目的地资源开发是空间上的活动，其旅游项目的选址与空间布局、旅游线路的安排等都存在区域优化的问题。因此，必须进行区位因子的分析和区位理论的指导，体现在以下三个方面：①依据旅游区位因素，确定旅游资源开发的序位，包括开发时间先后时序、开发建设规模和功能体系；②在区域旅游和旅游地的空间布局上，要充分运用集聚原理，合理布局，使其产生集聚经济效益；③旅游项目选址主要应考虑客源区位（一级、二级和三级市场）、交通区位（对外交通和内部交通）、资源区位（丰度、品位、等级等）。

（二）区域分异规律和劳动地域分工

（1）区域分异规律。区域分异也叫地域分异，即地区性差异。区域分异规律是指地理环境各组成部分及整个景观在地表按一定的层次发生分化，并按照确定的方向发生有规律分布的现象。区域分异规律目前在学术界还未取得一致的意见，但是区域分异规律

是客观存在的。主要有因太阳辐射能按纬度分布不均匀引起的纬度地带性、海陆相互作用引起的从沿海向大陆中心发生变化的干湿地带性（经度地带性）、随山地高度而产生的垂直地带性以及由地表构造引起的地域分异。

区域分异规律实际上已阐述了旅游资源分布的地域差异性。因为地域分异不仅表现在地理环境的地域分异方面，造成自然旅游资源的差异性，受其影响，人文地理环境和经济地理环境同样也表现出地域上的分异，也造成了人文旅游资源的差异性，所以旅游资源的形成受其地理环境影响也就出现了地域差异性，即旅游资源的分布和特征也具有地域差异性。比如，沙漠景观出现在干旱地区和海滨、森林景观出现在潮湿地区等。人文旅游资源也具有这种地域差异性，这是因为人们的生产和生活活动无论在过去还是现在都受到地理环境的影响，如在沙漠地区，建筑、民族、宗教、民俗等都表现出独有的特征。区域分异规律广泛应用于区划研究和区域发展战略上，同样也适用于旅游规划。

（2）劳动地域分工。人类的社会分工表现为部门分工和地域分工两种形式，劳动地域分工是社会分工的表现形式，它是人们在物质生产过程中以商品交换为前提的分工，生产地和消费地的分离、区域间产品交换和贸易是其生产的必要条件，各区域间自然社会经济条件的差异是其产生的客观物质基础。马克思认为，劳动地域分工的产生是历史发展的必然结果，地域分工是提高生产率的途径。劳动地域分工广泛应用于经济区划和规划上，同样也适用于旅游规划。各地在生产旅游产品时，要从本地的优势出发，利用本地相对丰富的旅游资源、广阔的市场和便利的交通等，生产出风格独特、吸引力强、成本较低的具有绝对优势的旅游产品，然后进行交换。因此，各地的旅游发展要同经济情况相适应，综合考虑经济、市场、交通、投资、政策、劳动力条件，寻找具有相对优势的旅游产品。

总之，区域分异规律和劳动地域分工都是探讨区域差异性的规律，是地域性和区域性的核心内容。在旅游现象中同样具有区域分异特征，地域性是旅游现象中最基本的特征。任何旅游资源都是分布在一定空间上的，它们的形成都可以找到地理环境的解释，而地理环境具有很强的地域性，受其影响，旅游资源也具有很强的地域性。旅游资源尽管类别多样，分布广泛，然而不同的旅游资源均分布在各自相适应的地理环境中，形成了地区间旅游资源的差异性，差异性越大越能产生旅游者的空间流动，可以说这一规律是产生旅游流的根本原因。

劳动地域分工表明经济活动具有地域性，旅游经济活动同样具有地域性。每个国家和地区的旅游业都有它自己的优势方面，同时也有劣势方面，每个国家和地区都能充分发挥各自的优势，以最少的劳动消耗获得最大的利益，这实际上就是旅游规划所追求的，尽量避免各自的劣势，避免资源、资金、物质、劳动力的浪费。

（三）旅游者行为理论

旅游活动是一种心理行为的外在表现，旅游本质上是一种精神需求。旅游者行为理论是从旅游者心理需求出发，研究旅游者的旅游需求、欲望、动机、选择、文化向往、偏好、旅游认知、旅游满意度、旅游决策、空间位移等内在心理企盼和外在行为以及由游客构成的旅游流的类型、结构、流向、流速等特征及其动态规律。旅游者行为理论研究主要包括两个方面，即旅游者的内在心理和外在表现形式。目前，比较成熟的研究成果集中在旅游需求的变化，不同旅游者的旅游选择偏好，大、中、小尺度的旅游空间行为模式等。

（1）旅游者的决策行为。从旅游决策的角度，我们可以将旅游活动分为两类：一类是旅游者实际不参与决策或对旅游目的地选择余地很小的旅游，如会议旅游、商务旅游、团体福利旅游等；另一类旅游则相反，其决策由旅游者本人完成，或在家庭成员、旅伴之间协商做出。

影响旅游者决策的主要因素有感知环境、最大效益原则以及旅游偏好等。环境差异是导致旅游行为的重要因素，人们在选择旅游地时受到感知环境的限制，尽管客观环境中存在某个价值很高的旅游地，但是由于某种原因，该旅游地未能成为人们感知环境的一部分，人们就不会到该旅游地去旅游。最大效益原则主要表现在最小的旅游时间比和最大的信息收集量上。当从居住地到旅游地的单调旅行所耗费的时间与在旅游地游玩所耗费的时间的比值小于某个临界值时，人们才会做出到该旅游地旅游的决策，这个称作旅游时间比。当存在类型相同，所提供游玩的时间近似，但是距离不同的旅游地时，人们肯定会选择最近的旅游地旅游。旅游常常是由于环境空间差异引起的，因此人们力图通过旅游获得最大的环境信息量，以便从感知上消除或减少这种环境差异，对最大信息收集量的追求使得人们在选择旅游目的地时有如下的倾向：选择最有名的旅游地旅游，选择自然环境和文化环境与居住地差异较大的旅游地旅游。旅游者具有一些共同的心理特征和需求，但是具体到个人身上就存在差异。旅游者由于他们的兴趣、能力、气质和性格的不同，构成了各自的个性特征，因此在认知活动、情感和意向活动方面存在着一定的差异。这些心理上的差异是个体对客观现实的主观印象，旅游者对旅游地类型的偏好就是通过对客观现实的主观印象表现出来的。

旅游决策过程一般包括三个步骤：第一步是认识需要阶段；第二步是信息收集阶段，旅游者从多种渠道收集信息资料，这些渠道包括各种新闻媒介、旅行社、导游手册、亲朋好友、有经验的旅游者等；第三步是评价对比，旅游者通过对收集到的信息进行比较和评价，对各个旅游目的地、各种旅游线路和旅游方式进行选择并做出决策。

（2）旅游者的空间行为。旅游者的空间行为是人们在地域上进行旅游规划和游玩的过程。它以旅游者决策行为为基础，空间行为中的许多特征是由决策行为的原则所决定的。根据涉及空间的大小将旅游空间行为划分为小、中、大三个尺度，小、中、大三个尺度的旅游者空间行为相互影响，共同构成了旅游活动的整体格局。

小尺度空间行为：旅游者个体行为，如旅游者的日常活动、消费行为等。这种行为受到旅游者的个人偏好、旅游经验、旅游环境等因素的影响。

中尺度空间行为：旅游者群体行为，如旅游团的行为、旅游者的社会交往等。这种行为受到旅游者的社会特征、旅游活动组织方式、旅游资源分布等因素的影响。

大尺度空间行为：旅游者空间行为，如旅游者在全国范围内的分布、旅游活动的地域分布等。这种行为受到国家政策、经济发展、人口分布、旅游资源分布等因素的影响。

（四）经济学和市场学理论

旅游经济学已有近百年的研究历史，其研究内容主要集中在经济现象、经济关系和经济发展规律等方面。具体内容主要包括：旅游的活动性质、特征；旅游产品、需求与供给、市场与价格；旅游消费；旅游收入与分配；旅游经济效益、投入产出、经济结构等。

旅游经济学理论认为，旅游资源开发，旅游产品的生产、消费、运行的特点，除有经济活动运行的共同规律外，还具有其本身独特的运行、消费特点与规律。旅游资源开发是一个经济活动，在开发过程中，一方面要关注其关联带动作用，即乘数效应，注重旅游食、住、行、游、购、娱六要素的综合布局；另一方面要加强旅游开发的投入产出分析，使旅游投入最小化，而旅游效益最大化，把旅游资源开发变为最经济的开发行为。同时，从生态经济角度讲，旅游开发还要把旅游开发的社会效益、环境效益放在非常重要的位置。

市场学是研究企业市场营销活动规律的一个经济管理学科分支。旅游市场学是在市场学理论基础上产生和发展的，它根据旅游产品的特征、服务的无形性、不可移动性、异地消费性、消费的季节性、脆弱性等，研究旅游市场目标定位、产品定位、市场形象设计、客流交通、现实和潜在旅游需求、旅游线路、市场趋势、旅游产品和垄断及替代性等。其中，旅游市场定位、旅游产品的功能定位、市场形象设计、旅游促销手段等理论，对于旅游资源开发具有重要的意义。"以资源为基础，以市场为导向，以产品为核心，以项目为支撑"的旅游开发认识，就是强调了市场在资源开发中的重要作用。旅游市场学面向应用领域，把旅游者、旅游目的地和旅游企业及管理者紧密地联系在一起，寻求三者之间的平衡和协调关系，是旅游资源开发不可或缺的理论基础。对于区域旅游业发展战略的制定、旅游项目的规划设计、基础设施和旅游服务设施的布局建设等具有重要价值。

（五）景观生态学理论

景观生态学是生态学与地理学交叉融合而产生的一门新兴学科，它的研究对象是整个景观。景观生态学将景观定义为以相似的形式在整体上重复出现的、由一系列相互作用的生态系统组成的异质性区域。景观由景观要素或景观组分组成，而景观组分是相对均质的生态系统。每一个景观单元可以认为是由不同生态系统或景观组分组成的镶嵌体，因此不同的景观具有显著差异，但是所有景观又具有共性，即景观总是由斑块、廊道和基质等景观组分组成的。景观生态学特别关注四个问题，即空间异质性的发展与动态、异质性景观之间的相互作用和交换、空间异质性对生物和非生物过程的影响、空间异质性的管理。因此，景观生态学的理论核心可以说是生态空间理论，聚焦为研究景观空间异质性的保持和发展。

旅游业是一项经济产业，又是一项社会文化事业，同时它又不可避免地涉及自然界中的生态系统，因此景观生态理论对旅游规划有很强的指导意义，景观生态学也成为当今旅游资源开发和规划不可或缺的理论基础。对于旅游地来说，基质就是指旅游地背景环境类型以及人文环境特征等，是策划旅游地整体形象和划分各种功能区的基础。斑块从旅游景观角度来说，指的是自然景观或人文景观等地域。廊道从旅游角度表现为旅游功能区之间的林带、交通线及其两侧带状的树木、草地、河流等自然要素。

景观生态学不仅适合旅游的空间范围，而且与旅游强调的生态内涵相一致，是旅游规划管理的理论基础之一。它区别于传统生态学，更加注重人为活动干扰对景观格局和过程影响的研究，为旅游研究提供了一条有益的尝试途径。

（六）旅游容量理论

旅游容量（Tourism Carrying Capacity）又称为旅游承载力。"承载力"这一概念最早出现于生态学的研究中，指的是某一特定环境下（主要指生存空间、营养物质、阳光等生态因子的组合），某种个体存在数量的最高极限。后来这一术语被应用于环境科学中，便形成了环境承载力的概念，即一个生态系统在维持生命机体的再生能力、适应能力和更新能力的前提下，承受有机体数量的限度。

旅游容量是由上述概念派生出来的一个比较具体的概念。Mathieson 和 Wall 将旅游容量定义为，在自然环境下没有出现不可接受的变化和游客体验质量没有出现不可接受的降低的情况下，一个景点的游客人数最大值。O'Reilly 认为，旅游容量不能单单理解成旅游目的地所能容纳的最大客流量，而应该从两方面加以深入理解：一是从旅游目的地居民的角度，即他们没有感到旅游的不良影响以前的容量；二是旅游容量是导致旅游流衰退之前的旅游水平。在原国家旅游局颁布的《旅游规划通则》中，将旅游容量定义为，在可持续发展的前提下，旅游区在某一时间段内，其自然环境、人工环境和社会经济环境所能承受的旅游及其相关活动在规模和强度上极限值的最小值。

旅游容量通常由旅游资源承载量、旅游感知承载量、旅游生态承载量、旅游经济发展承载量、旅游地域社会承载量五个基本承载量组成。旅游资源承载量指的是旅游目的地的旅游资源能容纳的旅游活动量；旅游感知承载量是指旅游目的地满足旅游者获得最佳旅游质量的状态下，所能容纳的旅游活动最大量；旅游生态承载量指的是在保证旅游目的地生态环境不受破坏的状态下所能容纳的旅游活动量；旅游经济发展承载量是指在一定的时间和空间范围内，旅游目的地的经济发展水平所能容纳的旅游活动量，具体来

说就是目的地受到旅游设施、旅游人力资源、物力财力、旅游相关产业发展水平，旅游与限制产业的利益平衡等因素的制约后的最佳接待量；旅游地域社会承载量指的是旅游目的地居民可以接纳和容忍的旅游者数量。

旅游合理承载量是旅游目的地的最佳接待量，旅游极限承载量是旅游地的最大承受量。旅游容量在一段时间内具有相对稳定性，但随着旅游目的地开发建设的不断深入，旅游容量会发生一定的变化，特别是经济发展容量和地域社会容量变化较快，其他容量的变化相对缓慢一些。不同类型和不同性质的旅游目的地，旅游容量各不相同。

二、旅游目的地资源开发原则

旅游目的地资源开发的原则是目的地旅游资源开发过程中所遵循的指导思想和行为准则。由于开发范围、开发规模、开发重点、资源特色、客源结构以及社会经济背景等条件的不同，各地的旅游资源开发不能按照统一的模式进行。因此，旅游资源的开发只有遵循一定的原则，才能保证开发目标的实现，使经济效益、社会效益和环境效益同步提高，实现开发效益最大化。

（一）突出特色原则

特色是旅游之魂，而旅游资源的特色是发展特色旅游的基础，是构成旅游吸引力的关键因素。开发特色性原则要求在开发过程中不仅要保护好旅游资源的特色，而且要充分揭示、挖掘、发展旅游资源独有的、异质性资源的特色，即所谓"人无我有，人有我优，人优我特"，在旅游资源开发中，切忌模仿、抄袭，没有新意，没有个性化特征。旅游目的地资源开发特色越鲜明，旅游产品的核心吸引力就越强。

特色性原则要求在开发建设过程中尽量保持自然和历史形成的原始风貌；尽量开发利用具有特色的旅游资源项目；努力反映当地文化，突出民族特色和地方特色。此外，特色性并不是单一性，在突出特色的基础上，还应围绕重点项目，不断增添新项目，丰富旅游活动内容，满足旅游者多样化的需求。

（二）市场导向原则

市场导向性原则指的是根据市场的需求内容和变化规律，确定旅游资源开发的主题、规模和层次。这是市场经济体制下的一条基本原则。市场导向性原则要求旅游资源开发一定要进行市场调查和市场研究，准确把握市场需求和变化规律，结合资源特色，寻求资源条件与市场需求之间的最佳结合点，确定开发主题、规模和层次。市场导向性原则要求根据旅游者需求来开发旅游资源，但并不意味着凡是旅游者需求的都可以进行开发。例如，国家法律所不允许的，对旅游者会有危险或有害于旅游者身心健康的旅游项目，就应该受到限制或禁止开发。

（三）资源保护原则

旅游目的地资源是大自然的造化、人类历史的遗存和现代人文艺术的结晶。旅游目的地资源具有较强的脆弱性，不但会受到自然因素的破坏，而且在被利用过程中也会遭到人文因素的破坏。绝大部分旅游资源不具有再生性，一旦毁掉了就难以复原。所以，旅游目的地资源保护在旅游开发中极其重要。主要包括以下两个方面：一方面是资源本身的保护。限制资源的损耗，延缓衰减的自然过程，将人为损坏降到最低点，杜绝破坏性的开发和开发中的破坏。另一方面是旅游环境的保护。旅游资源的开发既要和自然环境相适应，有利于环境的保护和生态的平衡，控制污染，同时又要与社会环境相适应，遵守旅游目的地的政策法规和发展规划，不能危及当地居民的文化道德和社会生活，开发旅游资源要为当地提供就业机会，加快基础设施的建设，促进文化交流，使旅游资源开发成为富民工程，得到当地政府和居民的支持。

（四）发展综合原则

一方面，旅游目的地资源开发是一个多子系统的系统开发过程。不同类型的旅游资源只有通过综合开发，才能使吸引力各异的旅游资源结合成一个吸引群，使旅游者能从多方面发现其价值，进而提高旅游资源的品位，增加旅游吸引力，提升在旅游市场中的知名度。另一方面，旅游资源开发要做到经济效益、社会效益、环境效益和文化效益的协调统一。遵循经济效益原则，不能试图在短期内把境内所有的资源全部进行开发，要有贮备旅游资源的理念。在进行旅游开发投入—产出分析的基础上，对旅游开发所能带来的经济效益、社会效益、文化效益和环境效益进行认真论证之后，科学地确定旅游开发的时序，先易后难，先重点再一般，确保开发活动能带来效益。同时也要注重社会文化影响，切实遵守旅游目的地的政策法规，切不可危及当地居民的文化和伦理、社会道德和生产生活，最终实现经济—社会—文化—环境的综合发展。

三、旅游目的地资源开发模式

由于旅游目的地资源的性质、价值、区位条件、规模、组合、结构，以及目的地区域经济发达程度、文化背景、法律法规、社会制度、技术条件等方面因素的不同，加之旅游目的地资源开发的深度和广度不一，使得旅游目的地资源开发的模式也趋于多元化。根据不同的影响因素和划分标准，旅游目的地资源开发模式可归纳为不同的类别。

（一）按资源类型划分的旅游资源开发模式

（1）自然类旅游资源开发模式。自然类资源指的是地质、地貌、水体、气象气候和生物等自然地理要素所构成的，具有观赏、文化和科学考察价值，能吸引人们前往进行旅游活动的自然景物和环境。自然类旅游资源以其特有的天然风貌和淳朴本色，对旅

游者特别是来自城市的旅游者产生强烈的吸引力。它可供旅游者进行游览、度假、休憩、避暑、避寒、划船、疗养、学习、登山、探险等旅游和娱乐活动。有些自然旅游资源不经过开发，原汁原味就可以吸引旅游者开展旅游活动，但绝大多数自然旅游资源都要经过开发建设才能具有吸引力，才能方便旅游者进行旅游活动。自然旅游资源开发建设的主要内容是交通线路布设、协调配套的旅游设施，包括各种基础设施和旅游专用设施等。在建设过程中还要力保自然景观的原始风貌，减少人为因素的干扰和建设中的破坏，突出自然资源的本色特点，使之源于自然、体现自然。

（2）文物古迹类旅游资源开发模式。文物古迹类旅游资源是人类文明的瑰宝，具有观光游览、考古寻迹、修学教育、学习考察、文化娱乐等旅游功能。既可以供游人参观瞻仰，又可进行考古研究和历史教育，同时可以深入挖掘其历史文化内涵，开展形式多样、参与性强的文化娱乐活动，如文物复制、古乐器演奏等。文物古迹类旅游资源一般都和历史文化名城相伴而生，并以历史文化名城为依托。在开发文物类旅游资源时应着眼于历史文物古迹的修缮、整理、保护，并向游人说明和展示其历史价值之所在。此外，还应与城市的总体发展规划结合起来，使历史文化名城既保持其历史性和文化性，又能满足现代社会的需要。

文物古迹类旅游资源的魅力在于其历史性、民族性、文化性和科学艺术性，在开发中要坚持"保护第一，可持续利用第二，在开发中保护，在保护中开发"的原则，从展现旅游资源的历史价值、科学价值、艺术价值、民族文化价值、美学价值、稀缺性价值入手，着重反映和展示旅游资源所代表的历史时期的政治、经济、文化、社会、文学艺术等发展水平及历史意义，极力打造特色鲜明、主题突出的旅游产品。

（3）社会风情类旅游资源开发模式。异国风情、他乡风俗习惯能成为吸引旅游者的重要因素。我国56个民族是社会风情类旅游资源最广泛的基础。此类旅游资源以人为载体，通过人的生产劳动、日常生活、婚丧嫁娶以及人际交往关系等行为方式表现出来。因此，参与性是其第一大旅游功能，动态性强是其第一大特点。社会风情类旅游资源具有表演性、活动性和精神指向性，体现当地独特的、不为人知的、差异性极强的民风民俗和人文特征。同时，该类旅游资源还具有传播文化、促进交流与合作的作用。社会风情类旅游资源因其观光旅游和愉悦体验的旅游功能，使其开发方式不同于其他旅游资源，更强调参与性、动态性和体验性，尽可能地使旅游者参与到旅游地的社会活动和民俗礼仪中去，让他们对当地的社会风情、民族习惯有一个切身的体验，同时这类旅游资源的开发还要注意保持当地风情的原汁原味，切不可为了商用目的而改变或者同化了当地民风民俗的特色。

（4）宗教文化类旅游资源开发模式。宗教文化是人类精神财富的重要组成部分，是一种极为重要的人文旅游资源。宗教文化不仅含有浓重的精神文化色彩，还具有广阔的客源市场，不但对广大信徒有强烈的吸引力，而且受到喜欢猎奇的非宗教信仰者的欢迎。宗教活动具有浓厚的氛围、神秘的表演性和广泛的参与性，节庆日多，易于开展各种专题旅游活动。

从旅游角度讲，开发该类旅游资源时要突出其参与性、动态表演性和神秘性，并构建强烈的宗教氛围，重点展示宗教的活动特点、艺术特色、建筑物特征以及空间布局，开发设计时要留足进行宗教活动的空间场所。

（5）现代人工吸引物类旅游资源开发模式。随着我国经济的持续发展，交通条件的不断改善，各种基础设施的日渐完善，可用于旅游开发的各种现代人工旅游吸引物大量涌现，逐渐成为一种新兴的旅游资源。这些资源主要分为观光型和游乐型两类。观光型如上海的东方明珠电视塔，游乐型如深圳世界之窗、苏州乐园等主题公园。建造人工旅游吸引物对于那些旅游资源缺乏，但又具备较好的开展旅游的外部条件的地区，是旅游资源开发的一种最好的思路。这有利于增加旅游内容，延长游客停留时间，丰富当地居民的业余文化生活。现代人工吸引物一般具有参与性娱乐、演绎体验、观光游览、休闲游乐等旅游功能。建造人工旅游吸引物投资大、周期长，且要和周围的环境、已有建筑物相协调，属于难度较大的旅游资源开发模式，它需要在地点选择、性质与格调确定、产品定位、市场定位、规模体量、整体设计等方面进行认真细致的调研，要求特色突出，个性鲜明，在某一方面具有垄断性，注意大众化、娱乐性和参与性。

（二）按投资主体划分的旅游资源开发模式

（1）政府主导型旅游资源开发模式。对跨区域旅游资源开发和旅游区域内一些基础设施的建设，政府起着决定性作用。作为投资者的政府可分为中央政府和地方政府。中央政府投资主要集中于宏观意义上的，投资规模大、回收期长、风险大、跨区域、涉及多方利益的大型公益性开发项目，例如，区域交通道路建设、机场的修建等。这些基础设施是旅游业赖以生存和发展所必需的基本条件，其他投资主体无力完成。地方政府的投资主要是地方的一些基础设施项目，如区域内主干旅游道路的修建，大型水、电、能源、环保工程的建设等。

该模式的特点是政府运用掌握的开发规划审批权力，对旅游资源开发进行宏观管理，适用于旅游资源待开发区域以及经济欠发达地区的旅游开发，多见于铁路、高速公路等旅游基础设施的建设中。开发资金的投入主要依赖中央、地方财政，但一些公共设施的投入可能引入相关的市场招商引资机制。对于具体的旅游开发项目不做具体干预，主要通过开发规划和行政审批来调控。

（2）企业主导型旅游资源开发模式。企业主导型旅游资源开发模式指的是地方政府将管辖范围内的旅游资源开发及经管权采用出让方式，吸引投资商进行开发经营，政府只在行业宏观层面通过规划、政策法规、宏观市场促销等方式对投资、开发商进行管理的模式。按照投资企业的不同分为不同的投资、开发类型：国有企业型、集体企业型和民营企业型以及混合经济型等。

这种模式的特点是政府从宏观层面上管理市场、审批开发规划项目、制定法规和旅

游发展战略等，不直接进行投资，而对于旅游资源开发项目引入市场机制，引导企业来开发建设、经营旅游项目，按照市场经济的法则来发展旅游业。该模式主要针对的是不同类型的景区类的旅游资源开发项目。旅游景区类项目的管理相对简单，经济效益明显，投入产出比值高，投资回收期相对较短。随着政府职能的转变，在未来的旅游业发展中，企业投资开发经营旅游景区将成为我国旅游资源开发最主要的模式。

（3）民间投资型旅游资源开发模式。民间投资型旅游资源开发模式指的是，一般的民营企业或个人投资于中、小型的旅游资源开发项目，或旅游区内开办的一些餐馆、住宿、购物项目，如乡村旅店、农家乐项目等。这一类投资主体比较注重投资的短期效益，追求投资回报率。他们或是以独资企业的方式，或是个体投资的方式，或是个体几人集资的方式承揽、建设旅游开发项目。民间投资虽然只是单体或几个旅游项目的资金投入，但对于关联性很强的旅游业来说，有着非常重要的意义。按照"谁投资，谁受益"的发展旅游业原则，民间资本投资旅游业的积极性正在不断提高，为快速发展的旅游资源开发热潮注入了活力，起到拾遗补阙的作用，为旅游者提供更加便利的旅游消费条件，是地方旅游业发展不可或缺的部分。

该模式的特点是投资规模一般不是很大，涉及的投资范围较宽，一些投资少、见效快的旅游开发项目较能吸引这一类投资者。该模式适用于旅游业发展较为成熟，且取得了较好的经济效益的旅游资源开发区域，或旅游业正在起步的旅游资源待开发区域。

（4）外商投资型旅游资源开发模式。为了进一步扩大旅游行业利用外资的能力，引导外商转向旅游基础设施以及旅游资源开发建设，将会是中国旅游业吸引外商投资的重要发展方向。外商在旅游业的投资目前集中在宾馆、饭店、旅行社和汽车出租行业。这种投资方式灵活多样，以合资方式为主。如通过 BOT（Built Operate Transfer）方式，进行某个旅游资源地的开发建设，即一般先由政府将该项目的投资权赋予某外商投资主体，让其独自投资开发建设，在项目建成后，允许该投资主体独立经营，以便让该投资主体在规定时期内收回投资并获取利润，在经营年限期满后，投资主体把该旅游项目的经营权转交给当地政府。

这种旅游资源开发模式的特点是投资规模可能很大，外商将带来先进的管理理念和管理模式，对地方旅游业发展可能起到示范带动作用，适用于经济欠发达地区的旅游资源开发，或资源开发难度需要大量资金投入当地不可能进行开发的旅游项目。

以上几种开发模式不是完全独立的，随着旅游资源开发投资管理体制的逐步完善，以上四种模式可能会相互交叉结合，共同完成旅游资源开发项目。"以政府为主导，以企业和外商投资为投资主体，民间和个人投资为投资补充，共同进行旅游资源开发"的模式，将成为我国旅游业发展的主体形式。

（三）按地域划分的旅游资源开发模式

（1）东部地区的精品开发模式。我国东部地区的社会经济发展水平高，对外交往联系密切，市场范围广阔，高素质人才集中，已形成了环渤海、长三角和珠三角三个旅游发达区域，发展旅游业的综合优势明显。

东部旅游资源开发，应着眼于努力提升旅游产品层次和提高旅游资源开发水平。在原来旅游资源开发的基础上，着重突出构建旅游产品的精品项目，使低层次资源开发完全转变为高层次资源开发，为旅游者提供全面的、高质量的旅游产品和服务。在继续开发建设好观光游览旅游产品的同时，重点开发建设休闲度假、会展商贸旅游产品，根据国际国内旅游市场的需求，不断满足不同类别的旅游群体的需求。

（2）中部地区的特品开发模式。从地理位置看，我国中部地区位于从沿海向大陆内部经济梯级发展的中间过渡地带，有着承东启西、延承旅游业发展、转送旅游客流的区位条件。在旅游资源开发时，中部地区应根据自身所处的区位位置，紧密地"联东启西"，把东部的旅游业发达优势和西部的旅游资源优势结合在一起，建立起传承旅游的独特优势。

中部地区的旅游资源开发，一方面应着眼于旅游设施相对落后的现状，继续努力加强基础设施建设，改善发展旅游的条件；另一方面要面对和东部旅游产品竞争所处的相对劣势，大幅度提高旅游资源开发和利用的水平，重点开发建设特色旅游产品的特品项目，即发展专题旅游，以便能够和东、西部旅游产品形成优势互补，来吸引从东部入境的海外旅游者和东部客源市场的游客。

（3）西部地区的极品开发模式。我国西部地区地域辽阔，是中国地形最复杂、类型最多样的旅游景观区域，自然、人文、社会风情旅游资源极为丰富，正处在旅游资源待开发的旅游业发展期。其资源优势突出，但由于经济发展水平低，旅游观念、意识相对落后，绝大部分旅游资源正处于尚待开发状态，发展旅游业存在两大制约因素：一是生态环境脆弱，二是基础设施落后，旅游资源地可进入性差。所以，西部地区发展旅游业的首要任务就是加快基础设施、服务设施和生态环境的建设，特别是旅游交通的开发建设。

西部地区的旅游资源不但数量多，而且种类丰富。很多旅游资源在全国甚至世界有唯一性和垄断性。西部地区旅游资源开发，要充分利用这一优势，在大力发展旅游基础设施建设的同时，全力打造旅游资源开发的极品工程。一方面继续努力开发观光旅游产品，另一方面重点开发旅游极品产品项目，即开发具有不可替代性的专项旅游资源项目，面对东、中部地区旅游产品的竞争劣势，能够以旅游产品的独有性和不可替代性来吸引境外及国内旅游者，如云南风光及少数民族风情旅游产品等。

（四）按资源、区位和经济条件综合划分的旅游资源开发模式

（1）价值高，区位优，经济条件好：全开发模式。这类旅游地，旅游资源价值高，地理区位优越，拥有良好的发展旅游业的经济社会条件，资源、区位、经济发展水平优势明显，因此，可进行旅游资源的全方位开发，如北京。开发时要重视充分利用各类旅

游资源，开展丰富多彩的旅游活动，完善旅游活动行为所需的各类层次结构，特别重视开发购物场所和娱乐设施，提供专项特色服务，提高旅游服务档次，增加旅游收入中弹性收入部分的比例。

（2）价值高，区位一般，经济条件差：重点开发模式。这类旅游地，旅游资源丰富且价值高，对游客吸引力强，但是地理区位一般，经济发展水平较差。由于地方经济条件的限制，缺乏发展旅游业所必需的开发资金，因此，这类旅游地的开发要积极争取国家或上级政府的扶持资金，或转让旅游资源开发经营权，多方争取境外旅游资源开发资金，有选择、有重点地开发一些受市场欢迎的旅游资源项目，同时要进一步改善交通条件，提升旅游地的可进入性，并完善旅游服务配套设施的建设，提高旅游服务质量，使地方旅游业得到快速发展。

（3）价值高，区位、经济条件差：特色开发模式。这类旅游地的旅游资源价值高，加之常年"深处闺中无人知"，带有很强的神秘色彩，对旅游者有很强的吸引力，但地理位置偏僻，交通条件差，旅游者的可进入性差，地方经济落后，导致旅游资源开发成本加大。这类旅游资源大多处于未开发或不开发状态，其开发的关键在于改善进出交通条件，因此改善区域交通条件是开发的突破口。另外，还应有选择地开发一些高品位、有特色的旅游资源，开展一些市场针对性强的特种旅游活动，并逐步配备相应的服务接待设施，进而培育和改善旅游业发展的环境和条件。

（4）价值低，区位优，经济条件好：参与性游乐开发模式。这类旅游资源地由于区位条件和区域旅游经济发展水平较高，故具有发展旅游业的社会基础，但缺少高品位的旅游资源。旅游资源开发时要充分利用区位优势和经济优势去弥补旅游资源贫乏的劣势。在注重利用现有的旅游资源的基础上，可开发建设娱乐型、享受型、高消费型的旅游开发项目，如参与性较强的主题公园等。同时，也应看到当地经济发展水平高，居民消费能力强，旅游资源开发要注意完善旅游活动所需的各类配套设施，满足不同消费层次旅游者的需要。

（5）价值、区位、经济条件都一般：稀有性开发模式。这类旅游资源地无明显优势，旅游资源价值、地理区位、当地经济发展水平都属于中间状态。旅游资源开发时，要注意对旅游资源进行分级评价，重点开发周边市场所缺少，且有可能受到游客欢迎的旅游资源项目，创造区域内的拳头旅游产品，还要进一步改善区位交通条件，提高旅游服务质量，赢得市场赞誉，同时加强对外宣传和促销，逐步树立鲜明的旅游形象。

四、旅游目的地资源开发步骤

旅游资源开发一般有以下几个步骤。

（一）旅游资源开发可行性论证

旅游资源开发可行性论证首先要对旅游资源的赋存和客源市场进行详细的调查，并对开发环境和开发条件进行评价。

（1）资源评价。包括对旅游资源丰度、特色、价值（历史价值、美学价值、科学价值等）和结构进行评价。

（2）旅游客源市场分析。客源市场分析主要是分析市场需求方向和需求量。资源优势转化为开发优势取决于市场需求前景，因此，现代旅游开发均侧重于以市场为导向。旅游市场的分析是旅游资源开发的前提，其分析的指标主要有：客源地的地理位置及特征；客源地的社会与经济发展情况；公众对旅游活动的态度和参与兴趣；每年的出游人数和人均消费；主要旅游动机；客流量的季节变化；旅游者的文化层次和经济收入基础水平；旅游者的年龄、职业等；旅游客源地的风俗习惯、宗教信仰、民族特征和大多数人的爱好等。

（3）旅游资源开发条件分析。主要包括经济基础分析、设施条件分析、环境容量分析和其他分析。经济基础分析包括对所在区域内经济现状和潜力的分析，如对资源开发的经济支持、保障的评价，以及经济影响的评价和对经济影响的控制的分析。设施条件分析包括对所在区域的可进入性的分析，基本供给能力的分析，基础设施的最低、正常和应急供应状况的分析，经营设施状况的分析等。环境容量分析包括从旅游者的感知和自然环境的允许条件，分析旅游目的地所能容纳的旅游活动量，预测经过开发后环境容量的变化。其他分析包括对人力资源、社会文化和对国家及地区政策、法规影响的分析。

（二）旅游资源开发导向的确定

旅游资源开发导向，就是旅游地的发展方向。它由旅游资源功能特征、旅游层次、旅游项目和市场结构决定。旅游开发导向模式体系有如下内容。

（1）基础形象导向，包括原生形象和次生形象。原生形象指旅游者在个人经历和所受的长期教育的影响下，产生的对旅游地的基本认识。次生形象指的是在旅游促销机构的形象推广和公关活动影响下产生的形象。

（2）总体功能导向就是指旅游地的功能倾向，也就是开发是侧重于文化旅游型、商务旅游型、休闲度假型，还是侧重于体育、娱乐型。

（3）市场功能导向，即通过准确的市场定位来确定发展方向。

（4）景区主题导向，即根据景区的功能特征来进行主题定位，主要包括景区的功能定位、风格定位、开发规模定位和开发次序定位。

（三）旅游资源开发规划的制定

旅游资源开发规划的制定，主要包括以下几方面。

（1）旅游分区规划。首先根据旅游资源的特色和性质，划定其范围和保护带及服务区、娱乐区。其次是景观规划设计：根据因地制宜、因景制宜的原则，把现存的自然风

景资源与人文景观资源恰当地进行组合搭配；根据文化背景设计人造景观或娱乐项目，使之在空间上、层次上、功能上形成一个有机的整体。

（2）确定旅游资源的开发政策。根据本区域旅游资源特色、优势与客源市场的需求，确定主题导向型旅游资源和项目及陪衬型旅游资源和项目，并分层逐级地进行开发，确定资金配置和投资政策以及各阶段的开发重点。对国家或地区的旅游资源开发，还要配合制定有关的地方政策和法规，形成完善的开发体系。

（3）确定环境与旅游资源的保护措施。旅游资源开发应采取一定措施，预防对旅游资源和环境造成破坏，包括自然作用的破坏和人为的破坏。例如，将服务区放在远离自然景观的地区，减少其对景区的污染；制定一系列的规章制度，约束旅游者对旅游资源和环境的破坏行为；对已形成的污染和破坏及时治理并建立环境监控系统以便及时发现问题。

旅游资源的开发和规划一般有多个不同的方案，要对每一个方案进行综合评定，从而选出最优方案，评价标准主要有：①能否满足开发总目标的要求；②开发规模是否符合市场需求；③积极与消极的社会经济和环境影响；④经济和财政上的可行性；⑤建议上的可行性；⑥其他因素，如阶段性开发的可行性等。

（四）旅游资源开发的实施与监控

在旅游资源开发的实施过程中，需要解决的问题主要是资金的筹集、分配和各部门的分工。旅游资源开发的筹资方式是多渠道、多元化的，可以是政府融资，也可以是私有企业融资，可以是国内融资也可以是国际融资。融资形式有自筹资金、银行贷款和证券融资（股票、债券）。资金筹集之后，就要拿出分配方案。旅游资源开发建设要协调好各部门的分工，合理配置劳动力资源，使开发工作得以协调有序地进行。旅游资源开发的实施过程中应随时对旅游资源开发的经济产出、社会指标（就业、基础设施改善、资源保护等）进行统计，将统计结果与财政预算和预定目标进行比较，找出偏差和产生偏差的原因，从而调整目标或调整实施方案，形成旅游资源开发过程的动态平衡。

第四节　旅游目的地资源信息管理

一、旅游目的地资源信息管理概述

（一）旅游目的地资源信息

信息是信息论中的一个术语，是适合于通信、存储或处理的知识或消息。一般地，把知识或消息中有意义的内容称为信息。在现代社会中，信息是一种资源，同能源、材料并列为当今世界三大资源，对国家和民族的发展，对人们的工作、生活至关重要，成为国民经济和社会发展的重要战略资源。信息资源广泛存在于社会各个领域和部门。

人们在调查、研究、管理旅游资源过程中产生的信息被称为旅游资源信息。旅游的资源信息不仅包括旅游资源本身的信息，而且包括与旅游资源相关的信息，如旅游交通、购物、娱乐、当地社会经济概况等方面的信息。随着旅游业的发展，对旅游资源的调查、规划、管理工作也相应地越来越细致，因而产生的旅游资源信息也随之出现了较大的变化，逐渐表现出了衍生信息迅速增加、表现方式多样化的发展趋势。不仅旅游资源信息内容非常丰富，而且旅游资源信息的服务对象也相当广泛，它不仅为与旅游相关的人员服务，还为一般的用户服务，这些都使得旅游资源信息相对于其他资源信息有许多不同之处。概括起来，旅游资源信息主要具有海量性、区域差异性、时效性、不易传播性、综合性和层次性等特点。

旅游目的地资源信息管理是对目的地旅游资源信息进行开发、规划、控制、集成、利用的一种战略管理。其实质就是对信息生产、信息资源建设与配置、信息整合与开发、信息传输与利用过程中的各种信息要素（包括信息、人员、资金、技术设备、机构、环境等）进行决策、计划、组织、协调与控制，从而有效地满足旅游者、旅游经营者、旅游管理者对于旅游目的地信息资源的需求。

尽管政府部门和有关专家为旅游资源信息的收集、利用制定了相关的政策和实施办法，旅游主管部门和行业组织对目的地旅游资源信息的收集、发布做了很多工作，但我国在目的地旅游资源信息管理的自动化方面起步较晚，与使用信息技术手段相比，传统的管理手段存在许多不足之处，突出表现为采集和管理手段落后，信息覆盖面和精度均不尽如人意，信息的管理和使用不成体系，信息更新缺少动态性和时效性等，很难为旅游资源信息的收集、管理、使用提供可靠、权威的保障。因此，迫切需要新技术、新手段来代替人工方式，以提高旅游资源信息采集和管理的效率和准确性。

（二）旅游目的地资源信息的特点

旅游目的地信息资源是指与旅游目的地相关的文件资料、影音资料、图形图表、各种数据等信息的总称。与其他自然资源、物质资源相比，目的地旅游信息资源具有以下几个特点。

（1）多样性：旅游目的地资源信息种类丰富，包括景观信息、出行信息、路线信息、图像信息、数字信息、水域风光、生物群落、天象气候、遗址遗迹、建筑设施、旅游商品、人文活动等多种类型。

（2）地域性：旅游目的地资源信息具有明显的地域性，不同地区的资源特点和价值各不相同，反映了不同地区的自然和人文特色。

（3）可共享性及扩散性：旅游目的地资源信息具有共享性，可以在一定范围内被多个游客和旅游规划管理部门共享，提高资源利用效率。

（4）动态性：旅游目的地资源信息具有动态性，随着旅游资源的开发和保护，资源信息也会发生变化，需要实时更新和维护。

（5）实用性：旅游目的地资源信息具有实用性，可以为游客和旅游规划管理部门提供实际参考和决策依据，推动旅游业的可持续发展。

（6）生态性：旅游目的地资源信息具有生态性，反映了旅游资源与生态环境的密切关系，对于旅游业的可持续发展具有重要意义。

（7）重复使用性：旅游目的地信息是可以重复利用的，其价值在使用中得到体现，部分信息资源的价值具有一定的时效性。

（8）导向性：旅游目的地的信息资源利用目标导向性较强，不同的信息在不同的用户中体现不同的价值。

（三）旅游目的地资源信息的类型

旅游目的地信息资源种类很多，主要包括四大类：目的地涉旅企事业单位拥有的旅游信息；目的地与旅游相关的政府部门，包括交通、建设、林业、气象、文化、工商、卫生、环保、国土、体育、通信、金融、保险等部门的旅游信息；目的地旅游部门及各级旅游业管理部门拥有的各类旅游信息；目的地旅游管理部门各处室、直属各单位、旅游协会等拥有的旅游信息。具体可以按以下几种方式划分。

（1）按照信息来源划分。可分为旅游政务信息、旅游要素信息、旅游企业信息。

旅游政务信息：包括机构职责、政策法规、工作动态、政务公告、人事任免、行业管理、旅游执法、统计数据、宣传促销、招商引资、规划研究、教育培训等。

旅游要素信息：指涉旅部门、旅游六要素企事业单位的信息，包括旅游线路信息、旅游景区信息、旅游住宿信息、旅游交通信息、餐饮场所信息、休闲娱乐信息、旅游商品信息、购物场所信息、旅行社信息、旅游应急信息、其他相关信息等。

旅游企业信息：特指旅游行业管理部门管辖范围内的各类企业，即A级旅游景区、星级饭店、旅行社和工农业旅游示范点。企业信息可以分为基本信息和经营信息。

（2）按照旅游信息内容划分。包括旅游交通图，旅游资源分布图，旅游线路图，旅游项目建设图，宾馆饭店等服务设施分布图，旅游景观图片，饭店、服务设施图片以及当地气候、风土人情、神话传说、名胜古迹介绍等。

（3）按照信息获取途径划分。可分为直接与间接旅游信息。直接旅游信息包括：目的地的图识、标记、方向指示灯提示物。间接信息包括：旅游宣传册、广告、地图、朋友、销售人员、目的地居民等。

二、旅游目的地资源信息管理意义

（一）资源信息管理是旅游目的地生存发展的基础

未来社会是一个信息社会，信息已经成为生产力发展的重要核心和国家战略资源。旅游业是一个开放性的综合型巨系统，旅游业是信息密集型产业。未来学大师约翰·奈斯比特在《大趋势》中曾预言："电信通信、信息技术和旅游业将成为 21 世纪服务行业经济发展的原动力。"旅游目的地信息资源是这三者的有机结合，为电信通信、信息技术等提供广阔的发展空间，赋予旅游业无限的生机和活力。

（二）资源信息管理是旅游目的地运营管理的重点

旅游业的发展离不开旅游信息资源，无论是旅游景区开发规划，还是客源市场目标确定、市场竞争战略制定和进行旅游相关数据的统计，都建立在旅游信息资源的及时获取、加工、利用信息的基础上。对于旅游者，信息既影响人们对目的地的了解和选择，又影响他们对旅游体验的满意程度。随着人们生活水平的提高和旅游经历的增多，旅游者开始由过去的求量型旅游方式转向求质型旅游方式，旅游者对信息提出了更高的要求。

（三）资源信息管理是旅游管理现代化的手段

现代化科技的发展，特别是信息技术和网络技术等的发展，使旅游管理手段、思维和方式都发生了革命性的变化。旅游业信息化的一个重要内容就是要构建旅游管理信息系统，它不仅可以提高劳动效率、节省人力，而且可以使管理工作迅速、准确，是旅游业管理高技术化、最优化的实现途径，可以尽可能满足旅游业迅猛发展的需要，并有助于中国旅游业直接面向世界较高水平实现"蛙跳战略"，后来居上。

（四）资源信息管理拓展了旅游业市场化、国际化功能

现代旅游业就其性质来看，是一种自愿和自发的消费活动，无法依靠指令性计划强制进行，因此，它具有天然的市场经济个性，资源信息管理为旅游市场体制的完善创造了良好的旅游信息服务支持条件，能满足科学决策的要求和游客的信息消费，完善旅游业的市场经济个性。旅游活动的国际化、资本流向的国际化使得世界各国的旅游业越来越相互依赖、紧密联系，旅游产品和旅游服务也越来越趋于标准化，呈现一体化的无国界旅游状态。

三、旅游目的地资源信息管理系统

（一）旅游目的地资源信息管理系统概述

旅游目的地资源信息管理系统（Tourism Destination Information System，TDIS）是以计算机软、硬件为基础，实现目的地各种旅游资源数据的分析、处理和应用的管理信息系统。此系统具有查询、分析、旅游信息管理的功能。

旅游目的地资源信息管理系统应包括：旅游企业信息系统、旅游电子商务、旅游电子政务三项。①旅游企业信息系统主要指通过建设信息网络和信息系统，调整和重组企业组织结构和业务模式，提高企业的竞争能力。②旅游电子商务是指旅游企业对外部的电子商务活动，旨在利用现代信息手段宣传促销旅游目的地、旅游企业和旅游产品，加强旅游市场主体间的信息交流与沟通，提高旅游市场运行效率和服务水平。③旅游电子政务是指各级旅游管理机关，通过构建旅游管理网络和业务数据库，建立一个旅游系统内部信息上传下达的渠道和公共信息的发布平台，实现各项旅游管理业务处理和公共信息服务。

按照服务对象可分为两种，一种是面向游客的信息模式，主要是为旅游者展示各种旅游目的地信息，大致分为以下几类：①旅游资源信息。指旅游景点、景区、度假区的名称、分类、等级，景点特征与简介，开放时间等。②旅游交通信息。指外部交通和内部交通。前者指从客源地到旅游地所依托的中心城市及旅游中心城市到风景区的交通，如机场、铁路、水运、长途汽车站点的空间和属性信息等以及各种交通方式预售或预订的信息等；后者指旅游中心城市及景区等内部的交通状况，如公交公司、出租公司的名称、车辆类别、数量、行车路线、费用等。③住宿信息。指宾馆种类、名称、等级、价格、地址、电话、邮编以及客房、餐饮、预订情况等。④餐饮信息。指餐馆种类、名称、烹饪种类、规模、地址、电话、营业时间等。⑤旅游服务机构信息。主要指目的地旅行社、旅游服务公司的种类、名称、地址、电话、邮编、服务等。⑥旅游管理机构信息。指目的地旅游管理部门、景区管委会等机构的名称、地址、电话、邮编等。⑦娱乐休闲信息。指娱乐城、歌舞厅、剧院、健身房的名称、地址、电话等。⑧自然社会信息。指气象、医疗、商场购物等信息。⑨图形信息。上述各类信息的专题地图、景观图，如旅游地图、行政图、交通图、景点分布图、商业网点图、导游图、饭店分布图等。另一种是面向旅游目的地各管理部门及旅游供应商的管理模式，用以实现各行业之间的信息更新及信息传递。

国内旅游信息系统可分为八大类：旅游多媒体信息系统、旅游管理系统、旅游规划系统、旅游解说系统、旅游目的地信息系统、旅游网站和旅游电子商务系统、旅游预警系统和旅游专家系统。

（二）旅游目的地资源信息管理系统功能

（1）旅游数据收集。旅游数据收集分为原始旅游数据收集和二次旅游信息收集。原始旅游数据收集指在旅游信息或旅游数据发生的当时当地，直接从实体上把信息或数据取出，并记录在某种介质上；二次旅游信息收集指收集已经记录在某种介质上，与所描述的实体在空间上和时间上分开的信息或数据。

（2）旅游数据存储。旅游资源信息管理系统必须具备存储旅游数据的功能，以发挥提供信息、支持决策的作用。在旅游数据存储方面应考虑到存储量、数据格式、存储方式、存储时间、使用时间、安全等问题。

（3）旅游数据加工。旅游资源信息管理系统需要对已收集的旅游信息数据进行必要的处理，以便得到更加符合需要或更加反映本质的信息，或者使信息更加适合于旅游企业和旅游者使用。

（4）旅游信息传递。当旅游资源信息管理系统规模加大及地理分布较广时，旅游信息的传递就成为系统必须具备的一项功能。旅游信息传递是旅游信息获取及交流的过程，包括游客与目的地间的信息交流、游客间的信息交流以及目的地与外部环境间的信息交流等。

（5）旅游信息提供。旅游资源信息管理系统必须具备通过用户接口或界面向服务对象提供旅游信息的手段与机制。

（6）旅游信息维护与更新。旅游信息的维护与更新是对旅游相关信息的持续更新和维护，以确保旅游信息库的准确性和完整性。通常包括对旅游资源、旅游活动、旅游设施、旅游线路、旅游政策等方面的信息进行及时收集、整理、审核和发布。旅游信息的维护与更新，可以确保旅游者获得最新的旅游信息，提高旅游服务质量，促进旅游业的健康发展。

（三）旅游目的地资源信息管理系统作用

（1）完善旅游目的地资源信息管理系统可以使目的地的旅游宣传体系更加健全、更加生动。过去的宣传是建立在简单的文字说明的基础上的，建立资源信息管理系统后，旅游者可以通过各种旅游信息媒介了解到旅游目的地较为全面的信息情况。在足不出户的情况之下，旅游者就可以接受生动的多媒体信息，还可以对信息做出判断、分析、提取、加工，得到自己最为有用的信息。甚至还可以针对当地的旅游资源，设计自己的旅游出行方案。

（2）为深层次的旅游开发、旅游管理提供决策依据，全方位促进目的地旅游业的发展。目前，对一个旅游目的地的规划是否合理，缺乏一个科学的判定标准。目的地资源信息管理系统提供了科学的旅游规划判定标准。可以利用资源信息管理系统的多要素分析、缓冲区分析、专家系统的合成来对一个规划方案做出理性的、科学的判定，对今后

旅游目的地的发展做出科学的预测。

（3）全方位真实地了解旅游目的地的旅游资源的详细情况。旅游者利用目的地资源信息管理系统，不仅可以方便了解旅游目的地的旅游资源的组合、旅游资源的位置、旅游接待设施的接待能力、价格、旅游地各时段的天气情况等详细情况，还可以了解到旅游目的地的基本经济情况、民俗民情，并根据这些情况做出合理的安排，选择最佳的旅游线路。这样既可以节省费用又可以最大限度地满足游客的旅游需求。

（4）目的地可借助于目的地资源信息管理系统。科学决策目的地可及时地了解目的地旅游业发展的状况，实时做出反应，使旅游管理从无序走向有序，并对旅游目的地未来的发展做出理性的预测，使目的地旅游业的发展始终处于积极向上的态势。

（四）旅游目的地资源信息管理系统构成

（1）虚拟旅游信息系统是一种利用现代信息技术手段，如 HTML5、CSS、JSP、MYSQL、3DS MAX、AutoCAD、Virtools 等，为用户提供的交互平台，包括虚拟旅游环境的开发和虚拟交互平台设计。虚拟旅游环境开发包括模型和三维场景构建，而虚拟交互平台设计包括三维图形显示和输入命令控制。虚拟旅游信息系统的主要功能模块包括用户登录、地图导航、景点解说、用户交流和网上购物等。通过 GPS 定位、三维全景、多媒体、GIS 等多种现代信息技术手段，与图片、声音、影像等信息相结合，实现用户与虚拟旅游景区的互动。这样，用户可以在虚拟环境中进行旅游体验，感受身临其境的真实感觉。

虚拟旅游信息系统，具有临场性、自主性、超时空性、多感受性、交互性、经济性、安全性等优势。虚拟旅游信息系统可通过如下方式实现：其一，针对现有旅游景点进行虚拟旅游，通过这种方式不仅可以起到宣传景点，扩大影响力和吸引游客的作用，还可以在一定程度上满足没有条件到达旅游景点的游客的游览和审美需求，同时对于一些因旅游易受损的珍贵文物、自然景观也有一定的保护作用。其二，针对目前已经不存在的旅游景观或是即将不复存在的旅游景观开发虚拟旅游，具有景观珍藏意义。

虚拟旅游系统的开发，可以促进旅游产业的健康发展、塑造城市的品牌形象，对促进社会经济的优质发展具有较强的推动作用。此外，通过将三维全景技术，融合运用于虚拟旅游系统，进行以人为本的人性化方案设计，可以提高用户的操作效率和体验感受。

（2）智能旅游信息系统。智能旅游信息系统将人工智能领域的专家应用到旅游资源信息系统中，通过构建知识库、数据库、方法库、模型库等建立旅游专家咨询系统、旅游专家预警系统等智能化旅游信息系统，顺应旅游信息化发展的需要。旅游专家咨询系统除具有传统的旅游信息查询分析功能外，还可以根据旅游者不同的需求，如旅行时间、消费档次、希望游览的旅游景区等级、旅行性质、个人兴趣爱好、参与的活动、下榻的酒店等，整合所涉及的旅游信息，通过知识系统给用户一个完整快速的、针对不同用户的、个性化的解决方案。

（3）综合旅游信息系统。综合旅游信息系统的服务对象包括三类：旅游管理部门、旅游服务部门和旅游景区、公共用户。可在原国家旅游局的"金旅工程"信息数据的基础上，建立同时为三类用户提供服务的综合性"三位一体"的综合旅游信息系统。旅游管理部门可通过该系统对目的地范围内的旅游企业、旅游景点进行管理，统计各种相关数据，对旅游资源进行评价、预测、规划。旅游服务部门可通过综合旅游信息系统完成企业内部管理，对各种数据进行统计汇总，并及时地公布游客关心的信息，完成在线服务；旅游景点通过综合旅游信息系统展现自己的特色，提供与旅游景点相关的各种服务信息。公共用户可通过该系统了解旅游景点、旅游线路、旅游费用及旅游目的地的相关旅游服务设施的信息。

（4）多功能旅游信息系统是一个集数据维护、空间数据管理分析和查询功能于一体的信息系统。它能够维护和管理系统的公用数据和用户的个人数据，同时提供在线帮助，帮助用户解决在使用过程中遇到的问题。空间数据管理分析功能，主要负责对空间数据库和属性数据库的数据进行分析和处理，完成图形的放大、缩小、复位、漫游等基本图形处理操作、图层管理功能，以及半径查找和求最佳路径等空间分析功能。查询功能则根据不同的查询对象类型，提供丰富的查询服务，包括旅游地理信息查询、城市交通信息查询、餐饮娱乐信息查询和酒店预订、企业机构信息查询等。

多功能旅游信息系统，结构上分为信息技术和组织管理两个方面，是组织、人员、数据、过程、界面、网络和技术的组合。多功能旅游信息系统，需要与旅游业相关的基础性信息技术，包括计算机硬件技术、数据库管理系统、多媒体技术、GIS、全球定位系统（GPS）、互联网与 Web 服务技术。借助数据库管理系统、多媒体技术、GIS、GPS、互联网与 Web 服务技术，进行目的地规划与管理，实时为旅游者提供全方位、立体式的信息服务。

四、旅游目的地资源信息管理方式

借助旅游目的地资源信息管理系统，依托云计算、移动互联网等技术手段，以便携式终端上网设备为主要载体，旅游地可发布旅游活动的最新信息，让旅游者在出游前及出游中，能够根据这些信息对行程做出合理的安排和调整。将目的地资源信息系统与目的地的旅游管理进行有机整合，构建符合旅游者实际需求的管理体系，不仅可以提高目的地旅游地的管理水平，而且能够实现旅游信息与旅游资源的整合，提升旅游目的地的综合竞争水平。

（一）基于环境监测的目的地资源与环境管理体系

首先，根据旅游资源与环境创建一个相对完善的检测体系，与之相关的监督管理部门可通过一系列的新技术对旅游目的地资源与环境进行及时的监督和维护。在此基础上

可在旅游目的地安装预警装置，以保证旅游目的地资源与环境能够持久、健康地发展下去。其次，可对目的地旅游资源的整体分布特征等信息进行整理，分析旅游目的地的生态状况，并根据生态状况结合生态学理论，确定旅游目的地可以承受的游客最大容量，然后根据这一容量，对游客数量进行规划处理，以促进旅游目的地旅游资源与环境的可持续发展。

（二）基于增强体验的目的地游客管理体系

对于旅游目的地来说，无论是传统旅游还是智慧旅游，其最终的核心是游客，游客能够为旅游地各类企业带来巨大效益。旅游企业以获利为目的，游客以增强体验为目的，这也就意味着对游客进行管理是非常必要的。借助旅游目的地资源信息系统，建立目的地服务平台，提供如地图导览、语音讲解、路线规划、人工智能、景区门票、酒店预订、餐饮预订、一卡通、手信商城、停车指引、达人带玩、视频直播、周边推荐、寻找厕所、投诉建议等服务，实现票务、餐饮酒店、文创等业态数据可视化统计，更好地提升游客体验，助力目的地后期发展的分析、运营、决策。

（三）基于效率提升的目的地行政管理体系

要想真正地实现旅游目的地行政管理部门的智能化办公，就要不断加强行政管理平台的建设以及整个平台的调度。借助管理平台的建设，旅游目的地可以进一步地实施与自身相关的旅游管理规章制度，进而全面提升我国旅游行业的发展。

（四）基于服务优化的目的地旅游企业管理体系

为了更好地实现旅游目的地智慧化服务，可鼓励旅游企业加快网络信息化建设，利用目的地资源信息，建立目的地大数据平台，实现智慧票务、智慧餐饮、智慧民宿、智慧零售、智慧营销等现代化管理框架，减少人工操作提高效率的同时给予游客最大自主度；还可以利用目的地资源信息，实现游客画像分析、车船调度管理、客流环境监测、网络舆情监测等功能，为产品的服务供给提供最完善的后勤，使游客的服务体验从一而终得到保障。除此之外，还可以针对旅游企业创建统一的监督调控体系，这一体系的建立旨在发挥调度职能，实现智慧旅游目的地的实际调度需求，进而全面提高旅游企业的管理效率和质量。

【本章小结】

本章内容主要从四个层面展开。第一层面：明确了旅游目的地信息资源管理的内涵与管理的理论基础以及当前旅游目的地进行资源管理的必要性和管理原则。旅游目的地资源的外延广泛且开阔，只有准确认识其内涵和管理的理论基础，才能实现旅游目的地资源的有效管理，这是目的地资源管理的必要前提。第二层面：阐述了旅游目的地资源整合的理论基础和整合的途径、方式、内容，旅游目的地资源整合是一个1+1>2的过程，是对旅游目的地各种资源的综合开发利用，使之成为一个有机体，从而吸引更多游客、产生更好的经济效益。第三层面：论述了如何对旅游目的地资源进行有效合理开发及其开发所依赖的理论基础和开发过程，只有遵循一定的开发基础和开发原则，选择正确的开发方式才能实现旅游目的地资源的持续发展和永续利用。第四层面：对于旅游目的地资源管理过程中的信息资源，应构建旅游目的地资源管理系统，通过虚拟旅游信息系统、智能旅游信息系统、综合旅游信息系统、多功能旅游信息系统实现旅游目的地信息资源的有效利用。

【关键术语】

旅游目的地资源；资源管理；资源合理配置；资源整合；旅游目的地资源整合；旅游目的地资源开发；旅游目的地信息资源；信息管理系统；旅游目的地信息系统；虚拟旅游；智慧旅游

【Key words】

Tourism Destination Resources；Resource Management；Rational Allocation of Resources；Resource Integration；Tourism Destination Resource Integration；Tourism Destination Resource Development；Tourism Destination Information Resource；Information Management System；Tourism Destination Information System；Virtual Tourism；Wisdom Tourism

【复习思考题】

一、多选题

1. 旅游目的地资源管理指的是旅游目的地为实施旅游资源保护和合理开发利用与经营工作所进行的（　　）活动过程。

A. 计划　　　　B. 组织　　　　C. 开发　　　　D. 协调

E. 监督

2. 旅游目的地资源管理的原则包括（　　）。

A. 旅游供需平衡　　　　　　B. 资源合理配置

C. 综合效益最佳　　　　　　D. 因地因时制宜

E. 综合集成管理

3. 旅游目的地资源整合的原则包括（　　）。

A. 创新发展　　B. 动态平衡　　C. 突出特色　　D. 竞争合作

E. 市场导向

4. 旅游目的地资源整合形式包括（　　　　）。

A. 职能整合　　　　B. 区域整合　　　　C. 建设整合　　　　D. 政策整合

E. 营销整合

5. 对于旅游目的地资源管理过程中的信息资源，应构建旅游目的地资源管理系统，通过（　　　　）实现旅游目的地信息资源的有效利用。

A. 虚拟旅游信息系统　　　　　　　B. 智能旅游信息系统

C. 综合旅游信息系统　　　　　　　D. 多功能旅游信息系统

E. 集成旅游信息系统

二、填空题

1. ＿＿＿＿＿＿＿＿旅游目的地资源是目的地旅游业未来发展的必然。

2. 旅游目的地资源整合指在将无序分散的旅游资源进行分类、分析和评价的基础上，以制度、经济和环境等为依托，按照旅游活动的特点和旅游市场的发展规律，通过综合、合并、合作、调整及＿＿＿＿＿＿＿＿的形式，将该区域各种相关的旅游资源整合成统一的整体的过程。

3. 旅游空间布局整合的最终结果形成了有利于旅游者进行空间游览的＿＿＿＿＿＿＿＿。

4. 旅游项目选址主要考虑的区位因素有：客源区位、交通区位和＿＿＿＿＿＿＿＿。

5. "以资源为基础，以市场为导向，以产品为核心，以项目为支撑"的旅游开发认识，就是强调了＿＿＿＿＿＿＿＿在资源开发中的重要作用。

三、判断题

1. 一般认为，共生单元、共生环境、共生模式是构成共生的三要素，其中共生单元是基础，共生环境是重要的外部条件，共生模式是关键。（　　　　）

2. 合作博弈关注的是如何在各自利益相互影响的情况下做出最有利于自身的选择，而非合作博弈是研究获得的收益如何进行分配。（　　　　）

3. 各地的旅游发展要同经济情况相适应，综合考虑经济、市场、交通、投资、政策、劳动力条件，寻找具有绝对优势的旅游产品。（　　　　）

4. 除同大尺度旅游空间行为一样外，中、小尺度空间行为还具有采用节点状线路旅游的特征。（　　　　）

5. 建造人工旅游吸引物投资大、周期长，且要和周围的环境、已有建筑物相协调，属于难度较大的旅游资源开发模式。（　　　　）

四、思考题

结合所学知识，谈谈你对旅游目的地资源整合形式的看法。

【参考文献】

［1］程金龙. 新时期旅游目的地开发与管理［M］. 北京：科学出版社，2016.

［2］邹统钎，王欣. 旅游目的地管理［M］. 北京：北京师范大学出版社，2012.

［3］吴国清.旅游资源开发与管理［M］.重庆：重庆大学出版社，2018.

［4］袁鹏.旅游资源管理模式的设计与创新——评《旅游资源学》［J］.中国教育学刊，2018（3）：119.

［5］王佳.炎陵县旅游资源整合开发研究［D］.长沙：湖南师范大学，2017.

［6］赵艳.中原旅游区旅游资源整合研究［D］.开封：河南大学，2011.

［7］余兵.信阳旅游资源整合策略研究［D］.长沙：湖南师范大学，2013.

［8］黄思思.国内智慧旅游研究综述［J］.地理与地理信息科学，2014（2）.

［9］王希辉，杨鹏.回顾与反思：我国文化资源保护与开发研究三十年［J］.湖北民族学院学报（哲学社会科学版），2018，36（6）：77-81.

［10］徐姣，陈肖静.关于我国历史街区旅游开发研究的回顾与思考［J］.旅游导刊，2018，2（5）：54-72.

［11］吴智钊.区域文化遗产资源旅游开发适宜性研究［D］.厦门：华侨大学，2018.

［12］裴倩.基于GIS的旅顺口区旅游资源整合开发研究［D］.沈阳：辽宁师范大学，2018.

［13］雷蕾.云南景区旅游管理信息系统［J］.中外企业家，2017（31）：139-140.

［14］付景保，王子铭，乔冬梅.基于可持续发展的世界地质公园旅游管理信息系统设计——以伏牛山世界地质公园为例［J］.生态经济，2017，33（3）：137-141+147.

［15］廉同辉，余菜花.智慧旅游研究评述［J］.中南林业科技大学学报（社会科学版），2016，10（5）：59-66.

［16］吴晨光，刘静艳.旅游卫星账户的时空观——基于广东省旅游卫星账户数据信息系统建设的研究和再思考［J］.旅游学刊，2016，31（3）：6-7.

［17］李如意，李骊明.数字旅游在大线路旅游开发中的应用——兼论丝绸之路信息驿站建设的意义［J］.人文地理，2015，30（3）：151-155.

第三章

旅游目的地规划管理

知识要点	掌握程度	相关知识	思政主题
旅游目的地规划管理概述	理解	旅游目的地规划管理职能	敬业诚信 遵纪守法 工匠精神
	掌握	旅游目的地规划管理概念、旅游目的地规划管理特征、旅游目的地规划管理意义	
旅游目的地规划编制管理	理解	招投标管理、编制管理、评审管理、实施管理	
旅游目的地规划创新管理	掌握	人才创新管理、制度创新管理、组织创新管理	

导入案例

国务院印发《"十四五"旅游业发展规划》

《"十四五"旅游业发展规划》（以下简称《规划》）指出，"十四五"时期要以习近平新时代中国特色社会主义思想为指导，坚持稳中求进工作总基调，以推动旅游业高质量发展为主题，以深化旅游业供给侧结构性改革为主线，注重需求侧管理，以改革创新为根本动力，以满足人民日益增长的美好生活需要为根本目的，坚持系统观念，统筹发展和安全、统筹保护和利用，立足构建新发展格局，在疫情防控常态化条件下创新提升国内旅游，在国际疫情得到有效控制前提下分步有序促进入境旅游、稳步发展出境旅游，着力推动文化和旅游深度融合，着力完善现代旅游业体系，加快旅游强国建设，努力实现旅游业更高质量、更有效率、更加公平、更可持续、更为安全的发展。

《规划》明确"以文塑旅、以旅彰文，系统观念、筑牢防线，旅游为民、旅游带动，创新驱动、优质发展，生态优先、科学利用"的原则。到 2025 年，旅游业发展水平不断提升，现代旅游业体系更加健全，旅游有效供给、优质供给、弹性供给更为丰富，大众旅游消费需求得到更好满足。国内旅游蓬勃发展，出入境旅游有序推进，旅游业国际影响力、竞争力明显增强，旅游强国建设取得重大进展。文化和旅游深度融合，建设一批富有文化底蕴的世界级旅游景区和度假区，打造一批文化特色鲜明的国家级旅游休闲城市和街区，红色旅游、乡村旅游等加快发展。

《规划》提出七项重点任务。一是坚持创新驱动发展，深化"互联网＋旅游"，推进智慧旅游发展；二是优化旅游空间布局，促进城乡、区域协调发展，建设一批旅游城市和特色旅游目的地；三是构建科学保护利用体系，保护传承好人文资源，保护利用好自然资源；四是完善旅游产品供给体系，激发旅游市场主体活力，推动"旅游＋"和"＋旅游"，形成多产业融合发展新局面；五是拓展大众旅游消费体系，提升旅游消费服务，更好满足人民群众多层次、多样化需求；六是建立现代旅游治理体系，加强旅游信用体系建设，推进文明旅游；七是完善旅游开放合作体系，加强政策储备，持续推进旅游交流合作。

《规划》从加强组织领导、强化政策支撑、加强旅游理论和人才支撑等方面保障实施，要求各地区结合本地区实际制定旅游业发展规划或具体实施方案，明确工作分工，落实工作责任。各部门要按照职责分工，加强协调配合，明确具体举措和工作进度，抓紧推进。

（资料来源：https://www.gov.cn/xinwen/2022–01/20/content_5669507.htm）

第一节　旅游目的地规划管理概述

一、旅游目的地规划管理概念

旅游规划是指在旅游系统发展现状调查评价的基础上，结合社会、经济和文化的发展趋势以及旅游系统的发展规律，以优化总体布局、完善功能结构以及推进旅游系统与社会和谐发展为目的的战略设计和实施的动态过程。而旅游目的地管理是一个广泛的概念，目前对于旅游目的地管理的研究，学术界并没有形成一个明确的概念，综合旅游目的地危机管理和旅游目的地游客管理，旅游目的地管理即旅游目的地的管理者通过合理配置人力、物力、财力，有效进行计划、组织、领导、控制，从而高效率地实现既定管理目标的过程。旅游目的地管理主体是旅游地管理者，管理过程是旅游目的地的一种文化现象。

综上所述，旅游目的地规划管理可定义为：旅游目的地的管理者通过合理配置人力、物力、财力等资源对规划编制、审批、实施和调整、修编工作等进行有效的前期、

中期、后期管理，从而高效率地实现既定规划管理目标的过程。

二、旅游目的地规划管理特征

（一）编制过程规范化

政府相关部门高度重视旅游规划的规范化和标准化，相继出台了《旅游规划通则》《文化和旅游规划管理办法》《旅游规划设计单位等级划分与评定条件》《文化和旅游标准化工作管理办法》等。其中，《旅游规划通则》规定了旅游规划（包括旅游发展规划和旅游区规划）编制的原则、程序和内容以及评审的方式，提出了旅游规划编制人员和评审人员的组成与素质要求；《文化和旅游规划管理办法》进一步统一了规划体系，并对规划的文本、立项和编制、衔接和论证、报批和发布、实施和责任等相关流程从科学化、规范化、制度化方面提出了更高的要求和具体的标准；《旅游规划设计单位等级划分与评定条件》规定了旅游规划设计单位的等级划分、基本条件和评定条件；《文化和旅游标准化工作管理办法》更加精细了各机构的职责和义务，细分了标准制定的原则，有利于充分发挥标准化对行业高质量发展的引领和支撑作用。

（二）规划技术整合化

旅游业的综合性决定了旅游目的地规划的跨行业性和跨学科性。区域旅游业的发展涉及社会、经济、文化、环境、市场等诸多学科领域，这就要求规划小组必须是一个多学科专家的集体，以便"博采众长，解决旅游目的地规划中的难题"。然而，这正是许多旅游目的地规划的薄弱环节，其主要表现是规划报告的内容不平衡，有些问题分析得比较深刻，而有些重要问题却鲜少涉及。

旅游目的地规划技术的发展主要有四种途径，即规划理论的自我完善、相关学科理论的发展、最新科技手段的应用和规划实践的经验总结。以上四种途径都会在不同程度上提高旅游目的地规划的技术水平，从而使规划更科学、准确。此外，随着旅游目的地规划的发展和旅游教育水平的日益提高，专门的旅游目的地规划人才不断出现，这些规划人员不仅熟悉旅游学科基本知识，而且能熟练掌握至少两门与旅游目的地规划相关的专业知识和技能，而且对组织其他学科的专家参与编制规划具有良好的驾驭能力。

（三）规划层次有序化

旅游目的地规划层次的有序化包括两层含义：一是旅游目的地规划与土地规划、交通规划、城市规划等其他类型的规划相互融合，以避免重复性建设，并加强旅游与土地、交通、城建、环保等部门的协作，因为旅游目的地规划的过程也是一个与同级相关部门的规划及上级有关部门的规划协调与调整的过程。在区域旅游目的地规划中，旅游目的地规划要依赖城市规划，同时城市规划应根据旅游发展的要求进行适应性调整。此外，旅游目的地规划还涉及交通、水电、环保、林业、服务业、商业、电信、医疗等相关部门及各种社团，因而在规划过程中必须理顺与这些部门及行业的关系，在规划上达成一致并认可该旅游目的地规划，否则，旅游目的地规划最终难以实施。二是不同级别的规划之间应有效衔接，以便一个地区统一布局旅游业的发展，尤其是塑造鲜明一致的市场形象和开发系列化、多样化的旅游产品。

为实现旅游目的地规划层次的有序化，地区有关部门应着重做好两项工作。首先，在编制工作开始前成立专门的规划领导小组，以增强旅游目的地规划的权威性，并切实提高相关部门甚至包括主要旅游企业在规划编制中的参与程度，旅游目的地规划内化于其他行业规划之中。其次，建立区域旅游目的地规划—旅游区规划—旅游景点规划三级控制体系，原则上，低级别的旅游目的地规划应严格服从高一级的旅游目的地规划。

（四）实施监管协作化

旅游目的地规划是一项跨行业的综合性规划，其监督实施需要各相关部门的共同努力。目前，国内许多地区的旅游目的地规划在实施过程中存在着责权不明确、缺乏相关协调机制、各部门落实规划的步调不一致等问题，从而导致旅游目的地重复性建设严重。而缺少监管机制的协作化，必然会降低旅游目的地规划的实施成果，甚至给区域旅游业发展带来负面影响。旅游目的地规划的协作化与规划层次的有序化是相辅相成、有机结合的。旅游目的地规划与其他部门规划的有机融合，有利于旅游目的地规划的顺利实施，而规划的实施程度如何关系到相关行业和部门的利益，因此需要建设很具体的系统措施来保障开发建设活动的落实，这些支撑系统包括配套设施、景观风貌、绿化、生态环境等，各部门之间的监管协作就显得尤其重要。

 知识链接

《文化和旅游规划管理办法》

第一章 总 则

第一条 为推进文化和旅游规划工作科学化、规范化、制度化，充分发挥规划在文化和旅游发展中的重要作用，依据《中共中央 国务院关于统一规划体系更好发挥国家发展规划战略导向作用的意见》《国家级专项规划管理暂行办法》，结合文化和旅游工作实际，制定本办法。

第二条 本办法所称文化和旅游规划，是指文化和旅游行政部门编制的中长期规划，主要包括：文化和旅游部相关司局或单位编制的以文化和旅游部名义发布的总体规划、专项规划、区域规划，地方文化和旅游行政部门编制的地方文化和旅游发展规划。

总体规划是指导全国文化和旅游工作的中长期发展规划，是其他各类规划的重要依据，规划期与国家发展规划相一致，落实国家发展规划提出的战略安排；专项规划是以文化和旅游发展的特定领域为对象编制的规划；区域规划是以特定区域的文化和旅游发展为对象编制的规划；地方文化和旅游发展规划是指导本地区文化和旅游工作的中长期发展规划；总体规划、专项规划、区域规划以及地方文化和旅游发展规划构成统一的规划体系，专项规划、区域规划、地方文化和旅游发展规划须依据总体规划编制。

第三条　规划编制要坚持以下原则：

（一）围绕中心，服务大局，以习近平新时代中国特色社会主义思想为指导，体现关于文化和旅游发展的总体要求；

（二）突出功能，找准定位，明确政府职责的边界和范围；

（三）实事求是，改革创新，适应时代要求和符合发展规律；

（四）远近结合，务实管用，突出约束力、可操作，使规划可检查、易评估。

第四条　规划文本一般包括指导思想、基本原则、发展目标、重点任务、工程项目、保障措施等以及法律法规规定的其他内容。具体要求如下：

（一）符合国家发展规划；

（二）发展目标尽可能量化；

（三）发展任务具体明确、重点突出；

（四）工程项目和政策举措具有必要性、可行性；

（五）对需要国家安排投资的规划，应事先征求发展改革、财政等相关部门意见。

第五条　文化和旅游部规划工作由政策法规司归口管理。政策法规司负责组织编制和实施总体规划，统筹协调专项规划、区域规划的编制和实施工作。文化和旅游部各司局和单位根据职责分工，配合政策法规司做好总体规划的编制和实施工作，依据相关法律法规组织开展本业务领域的专项规划、区域规划的编制和实施工作。

第六条　地方文化和旅游行政部门依据相关法律法规的规定或本地人民政府赋予的职责和要求，开展规划编制和实施工作。文化和旅游部应加强对地方文化和旅游行政部门规划工作的指导。

第二章　立项和编制

第七条　规划编制单位应对规划立项的必要性进行充分论证。属日常工作或任务实施期限少于3年的，原则上不编制规划。

第八条　规划编制单位应制定相应工作方案，对规划期、论证情况、编制方式、进度安排、人员保障、经费需求等进行必要说明。

第九条　规划编制单位应深化重大问题研究论证，深入研究前瞻性、关键性、深层次重大问题，充分考虑要素支撑条件、资源环境约束和重大风险防范。

第十条　文化和旅游部规划立项须报经部长和分管部领导批准。文化和旅游部建立五年规划编制目录清单管理制度，政策法规司会同各司局研究规划编制需求后制定五年规划编制目录清单，报部批准后实施。未列入目录清单的规划，如因工作需要确需编制的，立项须报部长和分管部领导批准，报批时应会签政策法规司。

第十一条 拟报请国务院批准的国家级专项规划，由文化和旅游部政策法规司会同相关司局，与国家发展改革部门进行立项衔接。

第十二条 规划立项后，规划编制单位要认真做好基础调查、资料搜集、课题研究等前期工作，科学测算目标指标，对需要纳入规划的工程和项目进行充分论证。坚持开门编制规划，提高规划编制的透明度和社会参与度。

第十三条 编制规划应当符合国家相关标准和技术规范要求，保证规划的科学性、规范性和可操作性。

第三章 衔接和论证

第十四条 各级文化和旅游行政部门应当建立健全规划衔接协调机制。总体规划要与国家发展规划进行统筹衔接，落实国家发展规划的要求。地方文化和旅游发展规划要与上级文化和旅游发展规划、本地区经济社会发展规划相衔接。专项规划、区域规划、地方文化和旅游发展规划的目标、任务、布局等要与总体规划保持一致，各类规划的重要目标指标及工程、项目、政策要相互衔接。

第十五条 文化和旅游规划应当与土地利用总体规划、城乡规划、环境保护规划以及其他相关规划相衔接。

第十六条 以文化和旅游部名义发布的规划应充分征求相关单位意见。总体规划草案由政策法规司征求各司局和单位意见。各业务领域的专项规划和区域规划草案应征求政策法规司意见。涉及其他司局和单位职能的，规划编制单位应将规划草案征求相关司局和单位意见，相关司局和单位应及时反馈意见。

第十七条 规划编制单位应当采取多种形式广泛听取基层群众、基层文化和旅游单位、相关部门、专家学者的意见，必要时公开征询社会公众意见。

第十八条 规划编制单位应在规划报批前，委托研究机构或组织专家组对规划进行论证，形成论证报告。参与论证的机构和专家，应严格遵守相关保密规定。

第四章 报批和发布

第十九条 文化和旅游行政部门应严格履行规划报批程序。以文化和旅游部名义发布的规划原则上须经部党组会议审定，规划报批前应充分征求文化和旅游部各相关司局和单位意见并达成一致，各业务领域的专项规划和区域规划报批时须会签政策法规司。

第二十条 需报国务院审批的国家级专项规划，经文化和旅游部党组会议审定后，由规划编制单位送国家发展改革部门会签后上报。

第二十一条 规划报批时，除规划文本外还应附下列材料：

（一）编制说明，包括编制依据、编制程序、未采纳相关意见的理由等；

（二）论证报告；

（三）法律法规规定需要报送的其他相关材料。

第二十二条 除法律法规另有规定以及涉及国家秘密的内容外，各类规划应在批准后一个月内向社会公开发布相关内容。

第二十三条　文化和旅游部建立规划信息库。省级文化和旅游行政部门应在省级文化和旅游发展规划印发一个月内，将规划纸质文件和电子文档报送文化和旅游部备案。文化和旅游部各司局和单位在专项规划、区域规划印发后，应及时将规划纸质文件和电子文档送政策法规司入库。

第五章　实施和责任

第二十四条　文化和旅游行政部门要健全规划实施机制，加强规划实施评估，提升规划实施效能。

第二十五条　按照谁牵头编制谁组织实施的基本原则，规划编制单位应及时对规划确定的任务进行分解，制定任务分工方案，落实规划实施责任。

第二十六条　规划编制单位应制定年度执行计划，组织开展规划实施年度监测分析，强化监测评估结果应用。文化和旅游行政部门在制定政策、安排项目时，要优先对规划确定的发展重点予以支持。

第二十七条　上级文化和旅游行政部门应加强对下级文化和旅游行政部门规划实施工作的指导和监督。

第二十八条　规划编制单位应组织开展规划实施中期评估和总结评估，积极引入第三方评估。

第二十九条　规划经评估或因其他原因确需要修订的，规划编制单位应按照新形势新要求调整完善规划内容，将修订后的规划履行原编制审批程序。

第三十条　文化和旅游行政部门要把规划工作列入重要日程，纳入领导班子、领导干部考核评价体系，切实加强组织领导、监督检查和队伍建设。

第三十一条　规划工作所需经费应在本单位预算中予以保障。

第六章　附　则

第三十二条　本办法由文化和旅游部政策法规司负责解释。

第三十三条　本办法自 2019 年 6 月 1 日起施行。

（资料来源：http：//zwgk.mct.gov.cn/zfxxgkml/zcfg/gfxwj/202012/t20201204_906342.html）

三、旅游目的地规划管理职能

（一）管理协同

旅游涉及的产业和部门很多，规划工作实行管理也必然会涉及多个管理部门，由于旅游规划的一大特征就是地域性，规划的制定和实施都需要有一个权威性的管理和执行机构，这些机构可以是政府和主管部门，也可以是投资者，为了保证规划的可操作性，旅游目的地规划管理必然走向协同。

旅游目的地规划实施管理机制的妥善解决，应从旅游系统、旅游目的地规划的本质特征方面着手。其机制理顺的标志是各相关管理部门的条块联系更加密切，直至各部门的技术能力、行政能力和执法能力在旅游系统达成管理上的协同。

（二）规划整合

旅游目的地规划虽由旅游管理部门负责编制，但与同级计划部门、国土规划部门综合平衡后，将纳入国民经济和社会发展计划、国土规划、城市规划及政府年度财政计划。该项机制的建立取决于以下两个方面：一方面，旅游目的地规划自身的类型结构、内容及相应技术投入的自我规范，必须至少达到与上述规划相整合的技术要求，才能在内容、技术水平上具备纳入的条件，这同时是旅游目的地规划得以实施的内在要求。因此，旅游系统在旅游目的地规划阶段应实现技术整合。另一方面，在旅游目的地规划编制的过程中，必须有各相关部门的参与，特别是保证负责编制上述规划或计划的主管部门的介入和充分协作。

（三）技术推动

建立旅游管理信息系统，进行旅游资源利用与旅游经济发展的高效统计与监测。该系统以电子计算机软件与设备为载体，以旅游资源普查、规划、计划、市场信息、市场分析、旅游发展统计、旅游企业经营状况为信息源，对旅游系统的信息进行及时收集、输入、储存、处理统计、评价和应用。另外，聘请有关权威机构和专家，定期和不定期地对旅游开发建设与经营情况进行综合评估与咨询，有利于迅速提高旅游目的地规划实施管理机制的技术含量。

（四）政策引导

旅游政策是国家为了实现旅游发展的目的，根据旅游发展的社会经济条件和旅游发展的具体情况所制定的一系列措施和办法。也是政府以支持、放任或限制等意志，对旅游发展所实施的调控手段。政策机制是旅游目的地规划实施的管理机制的重要组成部分，从理论上而言，政策应该要灵活调整，适时变通。

四、旅游目的地规划管理意义

（一）有助于提升规划的科学性

旅游目的地规划是一个巨大的系统性工程，涉及旅游、建设、环保、农业、林业、水利、土地、文化、宗教、交通、工商、公安等十多个部门，如何协调这些部门之间的关系，是一项非常复杂的工作。因此必须提高领导决策的科学性和民主性，不能只强调收益，更不能夸大收益，不能不计成本，而忽视风险。因此，加强旅游目的地规划的过

程管理，有助于提升旅游目的地规划的科学性、可行性，规避投资风险。

（二）有助于提升规划成果的落实性

规划的落实是旅游目的地规划的一大难题，却很容易被忽视。世界旅游组织进行的一项调查中表明，旅游规划当中只有 55.5% 的规划和方案被实施，将近一半的规划没有得到有效落实。在我国，这种现象也普遍存在，中间原因众多，如旅游目的地规划设计单位没有进行充分的市场调研，导致市场脱节，即使规划方案设计满足了市场需求，因有关部门执行力度不强，又迎合发展经济的迫切需求而忽视旅游目的地规划的科学性，从而造成旅游目的地规划成果落实性差。加强旅游目的地的规划管理有利于确保规划方案的理念得到落实，技术以及规划成果得到很好呈现，同时加强旅游目的地规划管理也可以协调各部门的规划执行力。

（三）有助于解决旅游发展的制约因素

旅游目的地规划的制定是一个复杂的过程，不仅要考虑规划的科学性、可行性，还要考虑规划的相关制约因素。如旅游交通、旅游服务、酒店等基础设施和旅游接待设施。如何在节假日和旺季避开交通拥堵，错开旅游高峰，也是旅游目的地规划考虑的重要内容。旅游服务包括停车场服务、旅游信息服务、住宿服务、饮食服务、购物服务等，不仅是旅游目的地规划的客观制约因素，同时是旅游吸引物。因此，加强旅游目的地规划的管理，有助于发现旅游发展的制约因素，并出台相应措施协调解决。

（四）有助于多规合一的协调性

大多旅游规划存在协调性不强的缺点。旅游规划的过程也是一个同级相关部门的规划及上级有关部门的规划协调与调整的过程。在区域旅游规划中，旅游规划要依赖城市规划，同时城市规划应根据旅游发展的要求进行适应性调整。此外，旅游规划还涉及交通、水电、环保、林业、服务业、商业、电信、医疗等相关部门及各种社团，因而在规划过程中必须理顺与这些部门及行业的关系。

旅游规划不是单靠规划组织的工作实施就能得到有效设计和安排的，因为旅游规划的复杂性和特殊性，它需要多个部门与之共同参与和实施，而加强旅游部门协调性的措施便是促进旅游规划与其他部门的协调合作。强化旅游目的地规划管理，可以使旅游目的地的规划与国土规划、土地利用总体规划、城市总体规划等有关区域规划相协调，确保与风景名胜区、自然保护区、文物保护单位等专业规划相协调。

（五）有助于打造特色化的旅游产品

旅游目的地规划要解决的核心问题主要有两个：一是要达到什么样的发展目标，二是开发什么样的旅游产品来满足旅游市场的需求。旅游产品具有多类型、多层次、多系列的特点。从旅游功能的角度上看，旅游产品有度假、娱乐、观光、商务、会议、购物等类型；从形态角度上看，旅游产品有动态、静态的产品类型。每一类的旅游产品大都具有多种层次，每一类的旅游活动又具有多种系列，同时旅游产品具有复杂的空间组合。因此，加强旅游目的地规划的管理，可以更科学合理地打造特色化的旅游产品，设计更独特的旅游线路的组合。

第二节　旅游目的地规划编制管理

为了旅游业的健康科学可持续发展，提高所规划地区的经济效益、环境效益和社会效益，委托方常常会选择对这个地区的旅游目的地规划实行招标。通过招标的方式，可调动投标方的热情，加强竞争双向选择，从而提高规划质量，加强旅游目的地规划对旅游业建设的指导，促进旅游业的繁荣发展。

一、招投标管理

（一）明确招投标方式

委托方应根据国家旅游行政主管部门对旅游规划设计单位资质认定的有关规定确定旅游规划编制单位。通常有公开招标、邀请招标、直接委托等形式。公开招标是委托方以招标公告的方式邀请不特定的旅游规划设计单位投标；邀请招标是委托方以投标邀请书的方式邀请特定的旅游规划设计单位投标；直接委托是委托方直接委托某一特定规划设计单位进行旅游规划的编制工作。明确科学的招投标方式，可以降低工作量，根据旅游目的地的实际情况决定采用科学合理的招投标方式，并及时发布招标广告，尽可能多地让潜在投标单位能够获得招标信息。

（二）科学编制规划任务书

按照《旅游规划通则》要求，委托方应制订项目计划书并与规划编制单位签订旅游规划编制合同。旅游规划任务书是对旅游规划内容的认识，可以由竞标方编写，也可以由招标方编写。项目任务书必须规范，应包括项目名称，项目规划范围、旅游目的地的简介和旅游资源，规划期限，规划编制原则等。

（1）项目名称。每个需要招标的规划项目都会有个具体的名称，其中包含了这个旅游目的地规划项目的规划性质、内容和类型。如项目名称"洛龙区国民经济和社会发展第十四个五年规划和2035年远景目标纲要"，是洛阳市洛龙区的国民经济和社会发展第十四个五年规划的总体规划及到2035年的远景展望。

（2）项目规划范围、旅游目的地的简介和旅游资源。对项目进行简单介绍，确定项

目规划的范围。对项目的地理位置、区位优势、交通条件、旅游资源、历史文化进行介绍，突出规划项目的旅游优势，展现规划项目的旅游潜质。

（3）规划期限。对项目的规划期限提出具体要求，有短期规划（3~5年）、中期规划（5~10年）、长期规划（10~20年）等不同规划期限。然而，根据每个项目的范围、要求、目标的不同会做出调整，确定重点规划阶段，明确每个阶段的要求，从而清楚地进行规划，注重规划的可行性和操作性。

（4）规划编制原则。规划编制的原则，就是要提取规划的主要内涵，抓住核心要素，将规划要求转化为实施指南，作为开发建设的依据。因此规划编制要突出规划的特色，准确地进行市场区域定位，体现旅游目的地的独特创新之处。因此，规划编制原则应该体现出系统性原则、整体性原则、前瞻性原则、科学性原则、创新性原则和可操作性原则。

（5）规划依据。一个旅游目的地规划，不是盲目的、毫无根据的凭空臆想，必须以规划准则，国家的规划标准，以及地方性的文件法规、条例、标准作为依据。主要依据旅游目的地规划通则、地方性的旅游发展总体规划、地方性的土地利用总体规划、城市规划计费标准以及其他相关的国家标准、规范和条例等。以上述这些依据为依托，可以保证旅游目的地规划的合理性和科学性。

（6）规划具体要求。招标方会在文件中，对这次的规划项目进行详细的要求，指出规划的重点内容、重点地段、最后的成果设计要求、设计目标以及对于怎么进行规划提出一些建设性的建议等。

（7）规划成果。规划成果一般应由规划文本、规划图则和附件（含规划说明及基础资料）三部分构成。

（8）规划编制进度安排。规划中标者，根据规划编制的要求和投标人须知，必须在规划项目的工期要求的期限内，进行规划编制，安排出时间表。确定每段时间应该完成的项目以及进度安排，保证各个阶段的规划编制的合理进程。

（三）规范招投标流程

（1）招投标流程原则性。根据公开、公平、公正的原则以及招标文件的有关规定，对投标方投标文件的内容、项目经费等进行综合分析评分，最后推荐中标候选单位。

（2）评标委员会的权威性。评标工作由招标方按有关规定组建的评标委员会负责进行，向招标人推荐中标候选人或者根据招标人的授权直接确定中标人，接受有关行政监督管理部门的监督。评标委员会由专业技术人员和业主代表组成，成员人数为5人以上单数，其中技术、经济等方面的专家不得少于成员总数的2/3。成员名单一般应于开标前确定，评标委员会成员名单在中标结果确定前应保密。

（3）招投标文件的规范性。招标文件是指招标方准备投标文件的依据，同时是评标的重要依据，因为评标过程中需要按照招标文件规定的评标标准和方法进行。招标文件的组成要件应当包括招标项目的技术要求、投标人资格审查的标准、投标报价要求和评标标准等所有实质性要求和条件，同时应包括拟签订合同的主要条款以及需要澄清、补充与修改的条款等。投标文件包括组成要件、投标方资格的证明文件、投标报价、工期要求等。

（四）把控招投标关键环节

（1）严格执行招投标的基本程序。招标程序中要涉及招标公告和招标邀请书、投标须知前附表、标的内容及具体要求等。投标程序中包括投标文件的编制、投标文件的递交、开标地点和时间、开标程序等。

（2）国有投资的旅游项目必须严格依法确定设计招标方式。依法应公开招标的旅游项目，必须进入有形旅游规划市场进行公开招标。的确需改变公开招标形式，需采用竞赛、邀请招标的形式确定规划设计方案的，必须由委托单位领导班子集体研究决定并按照规定程序报上级主管单位批准。

（3）严禁以任何方式规避招标。应公开招标的旅游规划设计项目，严禁将其化整为零，或者以其他方式规避招标。招标投标过程必须按照法定程序运作，不得弄虚作假。严禁人为抬高门槛，导致二次招标失败后转入竞争性谈判或者直接发包。

二、编制管理

（一）深化旅游资源调查分析

旅游资源是旅游规划和开发的基础。《旅游规划通则》要求：对规划区内旅游资源的类别、品位进行全面调查，编制规划区内旅游资源分类明细表，绘制旅游资源分析图，具备条件时可根据需要建立旅游资源数据库，确定其旅游容量，调查方法可参照《旅游资源分类、调查与评价》（GB/T 18972—2017）。其对旅游资源的定义为："自然界和人类社会凡能对旅游者产生吸引力，可以为旅游业开发利用，并可产生经济效益、社会效益和环境效益的各种事物和现象。"旅游资源具有观赏性和体验性、多样性和综合性、垄断性和不可移动性、永续性和不可再生性等特征。旅游资源调查包括两个方面的内容：一是旅游资源存在区的环境调查，二是旅游资源状况的调查。

旅游资源调查分析之后，哪些旅游资源能开发、效益如何，需要我们对旅游资源进行一个全方位的评价。

（1）旅游资源特色和结构的评价。

①旅游资源的特色。旅游资源的特色是衡量其对游客吸引力大小的重要因素，它对旅游资源的利用功能、开发方向、开发程度及其经济和社会效益起着决定作用。"新、奇、特、绝"的旅游资源往往能成为区域旅游发展的重要支柱。

②旅游资源的价值和功能。旅游资源的价值包括旅游资源的艺术欣赏价值、文化价

值、科学价值、经济价值和美学价值，它是旅游资源质量水平的反映。而旅游资源的功能则是与价值相对应的，指经过开发后能够满足旅游者某方面需求的能力。一般来说，艺术和美学价值高的旅游资源，观光的功能较为突出；文学和科学价值高的旅游资源，其科学考察和文化体验的功能占据主要位置。此外，旅游资源经过开发还具备娱乐、休憩、健身、疗养和商务等多重功能。

③旅游资源的数量、密度和布局。旅游资源的数量是指区域内旅游资源单体的数量，而密度则是指单位面积内旅游资源的数量多少，它可以表示区域内旅游资源的聚集程度。旅游资源的布局是指旅游资源的空间分布和结构组合特征。一般情况下，景观数量大、相对集中并且布局合理的区域资源赋存状况较为理想。

（2）旅游资源环境的评价。

①旅游资源的自然环境。自然环境指区域内的地质、地貌、气象、水文、生物等环境要素。作为旅游资源开发地，其环境应以能让游客从视觉、听觉、嗅觉、触觉以及味觉等全方位感受舒适宜人为宜。自然环境较为恶劣的区域在开发旅游时往往会遇到一些障碍。

②旅游资源的社会环境。旅游资源的社会环境是指旅游资源所在区域的政治局势、社会治安、医疗保健和当地居民对旅游的认识等条件。如欧盟国家间实行互免签制度，各国关系融洽，这些国家居民出游十分方便，而政局不稳定会对旅游资源和旅游业发展带来危害。如印度尼西亚巴厘岛爆炸事件、美国"9·11"恐怖袭击事件等对旅游业带来了负面影响。

③旅游资源的经济环境。旅游资源的经济环境是指能够满足游客开展旅游活动的一切外部经济条件，包括交通、水电、邮电通信、各类食宿服务和其他旅游接待设施。经济发达地区拥有开发旅游资源所需要的充足的资金、人力资源，并且会为旅游资源提供大量的本地客源。

④旅游资源的环境容量和承载力。旅游容量又有旅游自然环境容量、旅游社会环境容量、旅游经济环境容量、旅游心理环境容量。

（3）旅游资源开发条件的评价。

①区位条件。旅游资源的区位条件包括旅游资源所在地区的地理位置、交通条件及与周围旅游区的关系，具体可分为两种情况：一是特殊地理位置增强了吸引力，世界上许多旅游区因其特殊地理位置而增强了吸引力，如位于经度和时间起点的英国皇家天文台、位于赤道上的厄瓜多尔的加拉加利镇、位于北半球极昼极夜起点的瑞典斯德哥尔摩等地均为世界旅游热点地。二是规模效应。如应县木塔和西安大雁塔的旅游发展水平差异。

②客源条件。客源数量直接关系到旅游开发的经济效益。而客源数量通常又与旅游开发地的腹地大小、腹地经济发展程度关系较大。例如，在华侨城系列主题公园和迪士尼乐园的选址上，就将腹地规模和经济实力作为重要的考虑依据。如香港所拥有的腹

地——泛珠三角区域，人口密集且经济实力十分雄厚，因此，在旅游客源方面能够提供保障。

③投资条件。主要包括所在区域投资渠道的畅通程度和政府对旅游的投资政策。投资渠道畅通、投资主体多、政府对旅游投资制定优惠政策的区域，其投资条件相对优越。

④建筑施工条件。旅游资源的开发会涉及系列工程项目的建设，如各种游览、娱乐设施和道路交通、供电供水、停车场地等基础设施，因此，对于区域内的地质、地形、土质、供水等有较高的要求。

（二）精准定位细化旅游市场

《旅游规划通则》要求，在对规划区的旅游者数量和结构、地理和季节性分布、旅游方式、旅游目的、旅游偏好、停留时间、消费水平进行全面调查分析的基础上，研究并提出规划区旅游客源市场未来的总量、结构和水平。在旅游规划研究中，旅游市场指的是旅游需求市场或旅游客源市场。旅游客源市场是指旅游区内某一特定旅游产品的经常购买者与潜在购买者。

（1）分析旅游者特征及行为特点，主要内容包括：分析客源地的构成现状；了解出游目的，出游目的基本上包括度假、商务、研修、公务、探亲访友等；掌握逗留时间长短，逗留时间可以说明旅游者对当地旅游设施的使用情况和消费情况，同时可以说明该旅游地的吸引力的强弱；获取游客个人基本信息，如年龄、性别、家庭结构、收入水平、职业、学历水平等。

（2）分析旅游消费模式，主要包括旅游信息搜集、旅游决策、旅游行程安排、消费项目构成等内容。

（3）分析旅游者对该地旅游接待的满意程度，主要分析旅游者到访次数和旅游者满意度。

（4）分析旅游市场竞争者，可以帮助规划者准确判断旅游地在同类旅游产品中的市场地位。识别竞争者要从三个方面入手：明确主要竞争者、识别竞争者战略和判断竞争者的目标。并评估竞争者的优势与劣势，估计竞争者的反应模式。通过对市场竞争的识别和面临竞争的反应模式分析，可以更为有效地指导旅游目的地规划与开发，并有效指导旅游地市场推广的策略制定。

（三）深入研究国家政策法规

影响旅游市场环境的因素很多，包括：①人口因素。人口是形成市场的一个先决条件，没有人口就没有购买力。人口因素分析的内容主要包括人口总量规模以及人口增长速度。②经济因素：国民经济发展现状不仅决定了该地区旅游业发展的市场前景，还决定了旅游发展硬件和软件的基础。其分析的主要内容包括：国民经济总量发展状况、个

人收入增长情况等。③社会文化因素：文化影响着人们的日常行为，不同文化背景下成长的人在生活方式、意识形态、消费行为等方面均存在很大的差异。如美国人在西方文化的影响下，崇拜自由和自我，因此，美国人喜爱探险性的旅游活动，如登山、露营等。而日本人则较其他国家的旅游者更加喜好文化旅游和购物旅游。

此外，文化背景对旅游形象的塑造也有着决定性的意义。旅游地形象的建立与其历史文化息息相关，如山东与孔孟文化密不可分，楚文化又是湖北旅游的精髓。文化水平的不同是引起旅游消费行为差异的重要因素。不同的世界观和价值观、不同的文化教育水平下，人们的消费需求倾向也会不同。因此，在进行市场分析时要考虑人们的价值观念、生活方式以及购买行为对旅游需求的影响。如保继刚等在西安碑林调查时，发现碑林的游客多属于文化水平较高的人群。社会阶层是根据旅游消费者的职业、收入来源、教育文化水平等来划分的。不同的阶层具有特定的价值观念和生活方式，因而具有不同的旅游消费行为。如企业中的白领阶层收入较高并且常常享有带薪假期，他们往往倾向于距离较远的度假旅游和消费水平较高的专项旅游产品。以前旅游属于社会中的高阶层人群所特有的行为，现在进入大众旅游时代，但是高阶层人士与低阶层人士的旅游行为存在较大差异。政治因素包括两个方面的内容：其一是政府对旅游发展的态度和制定的相应政策；其二是当地的政治氛围和社会稳定状况。政府制定的政策法规对社会购买力和社会需求产生影响。因此，旅游开发地政府制定的法规，尤其是那些针对旅游经济发展的法规，如旅游产业的发展政策、居民休假的政策等都会影响旅游市场的规模和发展方向。区位因素包括自然区位、经济区位、交通区位、旅游区位等。

对国家和本地区旅游及相关政策、法规进行系统研究，全面评估规划所需要的社会、经济、文化、环境及政府行为等方面的影响，对于科学编制旅游规划意义重大。

（四）突出区域核心竞争优势

对规划区旅游业发展进行竞争性分析，确立规划区在交通可进入性、基础设施、景点现状、服务设施、广告宣传等各方面的区域比较优势，综合分析和评价各种制约因素及机遇。一般采用SWOT分析法，就是将与研究对象密切相关的各种主要内部优势、劣势和外部的机会、威胁等，通过调查列举出来，并依照矩阵形式排列，然后用系统分析的思想，把各种因素相互匹配起来加以分析，从中得出一系列相应的结论，而结论通常带有一定的决策性。

运用这种方法，可以对研究对象所处的情景进行全面、系统、准确的研究，从而根据研究结果制定相应的发展战略、计划以及对策等。SWOT分析法常常被用于制定集团发展战略和分析竞争对手情况，在战略分析中，它是最常用的方法之一。

（五）科学确定规划核心内容

（1）确定规划区主题。在规划编制前期准备工作的基础上，确立规划区旅游主题，包括主要功能、主打产品和主题形象。

旅游主题形象是某一地区内外公众的旅游区总体的、抽象的、概括的认识和评价，它是旅游区的历史、现实与未来的一种理性再现。旅游主体形象定位的策略有超强定位策略、近强定位策略、对强定位策略、名人效应定位策略等。旅游的功能分区是依据旅游开发地的资源分布，土地利用、项目设计等状况而对区域空间进行系统划分的过程，是对旅游地经济要素的统筹安排和布置。因旅游目的地的面积较大，在其内部的不同区域旅游资源组合状况不同，因此，每个区域的旅游主题也有所差异，据此将旅游景区或旅游区划分为若干能够满足游客不同旅游需求的分区，或者分成具有不同旅游功能的分区。

旅游产品是指为满足旅游者的愉悦需要而在一定地域上被生产或开发出来的以供销售的物象和劳务的总和。旅游产品包括核心旅游产品和组合旅游产品。核心旅游产品：主要以景观或娱乐设施形式存在的供旅游者观赏愉悦的旅游产品。组合旅游产品：围绕核心产品做多重价值叠加后而形成的一种整体式产品，这种产品能满足旅游者的各种需求。

（2）提出旅游产品及设施的开发思路和空间布局。规划期限一般分为近期、中期和远期，明确各分期目标和主要任务。空间布局一般本着合理分布、突出重点、集中开发、立足当前、着眼未来的发展思路，根据区域旅游资源的价值、市场吸引力大小、分布状况以及目标市场的定位分析，结合规划地块地形起伏变化的特点进行布局。空间布局一般包括布局原则、布局思路、布局具体内容等。而在旅游产品开发规划中，常常会涉及旅游产品开发现状、旅游产品开发原则、旅游产品开发思路、旅游产品开发体系等。

在旅游市场营销理论中，旅游资源和其他旅游要素都不是核心旅游产品，旅游资源和其他旅游要素组合给游客带来的旅游经历才是核心旅游产品，所以在产品设计时一定要把游客的旅游经历当作产品的重中之重，而游客美好的旅游经历是由高质量、有特色的食、住、行、游、购、娱等要素组合而成的。旅游设施规划一般分为旅游服务设施规划和旅游基础设施建设规划，旅游服务设施规划中，紧紧围绕食、住、行、游、购、娱等设施规划以及旅游服务中心和标识系统等相关规划；旅游基础设施建设规划常涉及道路交通规划、给排水工程规划、电力电信工程规划、旅游安全规划、环卫设施规划等。

（3）确立重点旅游开发项目。旅游项目是指以旅游资源为基础开发的，以旅游者和旅游地居民为吸引对象，为其提供休闲服务、具有持续旅游吸引力，以实现经济、社会、生态环境效益为目标的旅游吸引物。简单地说，旅游项目就是将各种旅游资源加以开发和利用所形成的旅游吸引物。这里的旅游吸引物既包括传统意义上的旅游线路、旅游景点，也包括旅游地的节庆活动、文化背景以及旅游地的旅游商品。可以说，它包括了旅游地为满足旅游者需求所提供的食、住、行、游、购、娱等相关的服务及设施。

旅游项目建设中，要突出重点，集中力量建设旅游的重点项目。以重点项目为抓

手，集聚旅游产业要素推动旅游产业转型升级，强力打造精品工程，加快旅游设施建设步伐，全力推进旅游项目建设进程。同时要确定投资规模，进行经济、社会和环境评价，确保项目顺利实施。

（4）形成规划区的旅游发展战略。旅游发展战略是在市场经济中、在旅游业加快发展的产业背景下，为谋求生存和长远发展，在对外部环境和内部资源条件进行深入分析研究的基础上，对旅游发展目标、指导思想、发展潜力、发展途径等做出的长远的、系统的和全局性的规划。如广州白云山的"建成世界一流、国内著名、山水一体的旅游区"的旅游发展战略，华山提出的"大华山、大旅游、大文化"旅游发展战略。

旅游发展战略的制定流程包括：分析规划地区的内外部条件，如采用 SWOT 分析法，分析优势、劣势、机遇和挑战；确定旅游发展目标、指导思想、发展措施、发展途径等旅游发展战略；战略实施以及战略实施的评价与控制；通过战略实施过程的评价与控制，反馈旅游发展战略效果等。

总之，编制旅游规划，应当按照《旅游规划通则》的要求，对当地旅游资源与旅游发展现状、相关社会经济、文化环境、政策法规等背景条件、旅游客源市场及培育前景等因素进行深入调查研究，取得准确的基础资料，从市场需求出发，采取科学先进的规划方法和技术手段，提出明确可行的规划思路、目标体系和要素安排。要突出规划的前瞻性、科学性、可操作性和创新性，做到近、中、远期结合，动态与静态结合。要杜绝旅游规划编制过程中存在的程序不健全、内容不完整、重点不突出、审查不规范的问题。旅游规划切忌照抄照搬，杜绝低水平重复规划、重复建设。

三、评审管理

（一）明确评审参与单位

规划合同签订后，规划编制单位应如期保质保量完成规划编制工作。当旅游目的地规划文本、图件及附件的草案编制完成之后，一般由规划的委托方负责组织规划的评审工作。专家评审是对旅游规划的科学性、可行性和指导性的技术把关，要高度重视，认真组织实施。旅游规划的评审应采取会议审查的方式，一般不应采取函审。规划评审前，上一级旅游行政管理部门要对规划质量进行审查，确实没有重大质量问题后，方可组织评审会议。评审组由评审会组织方邀请省内外旅游及相关专家、旅游行政主管部门代表、相关部门代表、利益相关者等组成。同时还要加强成果中期论证。委托方组织对规划初稿征求意见，进行中期论证。征求意见对象包括旅游主管部门代表、委托方代表、旅游专家、相关专家、当地居民和相关部门代表等。尤其在旅游规划编制过程中，要充分吸纳发改委、国土、规划、建设、交通、水利、林业、农业、文化、环保等相关部门的意见。

（二）优化评审专家构成

旅游目的地规划评审是项目地旅游行政主管部门对受委托的旅游目的地规划设计单位所做方案的评估考察。考察的主要内容是旅游目的地规划设计单位规划设计的旅游项目、旅游产品是否合乎当地经济、生态、社会发展的要求，是否有市场前景，旅游目的地规划项目是否能落地，运营管理中可能出现的问题及应对措施等。旅游目的地规划评审是对旅游项目规划成果、质量的控制与优化，以便发现问题及时查缺补漏。当旅游目的地规划文本、图件及附件的草案编制完成之后，一般由规划的委托方负责组织规划的评审工作。旅游目的地规划的评审采用会议审查方式。规划成果应在会议召开五日前送达评审人员审阅。

旅游发展规划的评审人员由规划委托方与上一级旅游行政主管部门商定；旅游区规划的评审人员由规划委托方与当地旅游行政主管部门确定。旅游目的地规划评审组由 7 人以上组成，其中行政管理部门代表不超过 1/3，本地专家不少于 1/3。规划评审小组设组长 1 人，根据需要可设副组长 1~2 人。组长、副组长人选由委托方与规划评审小组协商产生。旅游目的地规划评审专家应由经济分析专家、市场开发专家、旅游资源专家、环境保护专家、城市规划专家、工程建筑专家、旅游目的地规划管理官员、相关部门管理官员等组成。旅游目的地规划的评审，需经全体评审人员讨论、表决，并有 3/4 以上评审人员同意，方为通过。评审意见应形成文字性结论，并经评审小组全体成员签字，评定意见方为有效。

（三）规范规划评审流程

（1）切实加强旅游规划评审工作的组织领导。旅游规划评审是对旅游规划的科学性、可行性和指导性的技术把关，要予以高度重视，认真组织实施。省市县成立各级规划评审工作领导小组，具体负责组织旅游规划专家评审。组织旅游规划的评审应采取会议审查的方式进行。

（2）抓紧建立旅游规划专家库。例如，建立省级旅游规划专家库，负责为各省各类旅游规划设计的论证评审工作提供智力与技术支持。各设区市旅游局建立市级旅游规划专家库，为本市各类旅游规划设计的论证评审工作提供智力与技术支持。旅游规划专家库由旅游经济、区域经济、旅游营销、文化艺术、宗教历史、资源环境、国土交通、城乡规划、建筑设计、创意策划、文物园林、地理地质等方面专家组成。旅游规划专家库实行按专业特长分类管理，旅游规划设计的论证评审工作将根据项目类型、性质优先从专家库中遴选相应类别的专家参加。

（3）合理组成旅游规划评审专家组。评审专家组由评审主持方负责组建，并尽可能选聘熟悉旅游业务或规划区经济社会发展情况的专家担任。评审专家原则上应从省、市旅游专家库中选聘。

（4）严格执行旅游规划的报批程序。旅游规划通过专家评审并进一步补充修改后，本级旅游主管部门要全面审核规划文本、附件和图件，在确认无误后，再按照规定的程序进行报批。一般的做法是上报给上级主管部门备案，同时交由地方规划委员会或地方人民代表大会审议，审议内容包括：建设项目申请及说明（项目名称、建设单位、建设位置、建设面积），建设项目现状图、平面设计图、效果图，建设项目修建性详细规划设计方案电子版及文本图册等，获得通过后，按照法律法规形式实施执行。

（四）严格审查规划成果

评审旅游目的地规划看似评审文本，实际上也是对一个地方旅游发展的"会诊"。规划的评审有两个方面的评价要求：第一是科学性的评价，主要看规划设计技术路线的先进性，同时也要看分析的客观性。第二是指导性的评价，一是前瞻性，二是可操作性。这两个方面的评价要求在一个规划里同时都有采用，二者之间既有相一致的地方，也有相矛盾的一面。前瞻性一般要求在遵守原则规定基础上的创新发展；可操作性方面委托方常常强调旅游产品的可操作性、旅游政策措施的可持续性以及旅游目的地规划纳入本部门年度计划时的可操作性三个方面。

《关于加强和规范旅游规划编制工作的意见》指出，评审专家应先根据国家有关法律法规及技术标准，结合自身专业知识，对规划文本相关内容进行技术评定，提出参考性技术意见，并围绕规划的目标、定位、内容、结构和深度等方面重点审议。评审重点有：①旅游产业定位和形象定位的科学性、准确性和客观性；②规划目标体系的科学性、前瞻性和可行性；③旅游产业开发、项目策划的可行性和创新性；④旅游产业要素结构与空间布局的科学性、可行性；⑤旅游设施、交通线路空间布局的科学合理性；⑥旅游开发项目投资的经济合理性；⑦规划项目对环境影响评价的客观可靠性；⑧各项技术指标的合理性；⑨规划文本、附件和图件的规范性；⑩规划实施的操作性和充分性。

四、实施管理

（一）做好规划宣传工作

一是加强对规划的宣传，使规划家喻户晓。这就需要一个比较系统的全方位的宣传和报道。也可以采用一些创新的方式，比如说可以搞一个旅游目的地总体规划知识大赛，通过多种多样的方式使这个资源能够被充分利用。二是加强培训，使规划作用切实发挥。规划经过修订之后，应该加强培训，通过培训使这个规划的作用能够实实在在地发挥出来。

（二）明确规划实施主体

旅游规划实行分级审批和实施。例如，《河南省旅游条例》规定：县级以上人民政府应当按照本行政区域国民经济和社会发展规划、国土空间规划以及上级政府编制的旅游发展规划，组织编制本行政区域全域旅游发展规划，报上级人民政府批准后实施。县级以上人民政府文化和旅游主管部门应当依据旅游发展规划编制旅游专项规划，征求相关部门意见后，报同级人民政府批准后实施。组织编制旅游发展规划和旅游专项规划，应当召开论证会、评审会，广泛听取意见。旅游发展规划和旅游专项规划的变更和撤销，应当报原批准机关批准。

（三）确保重点项目落地

旅游规划存在立法缺乏的问题，而为了保障旅游规划的顺利实施和重点项目的落地，相关部门有必要加强旅游规划法律制度的建立和完善，让规划也能有法可依。要想提高规划的法律效应，可以通过制定一些切实可行的关于旅游规划的法律制度，让旅游规划不再与其他较高级的环境法律等相冲突或没有实际意义，以此来弥补旅游规划法律制度的缺陷。同时，对旅游规划进行相关法律法规的维护和保障，不仅可以提高旅游规划的执行力，还可以在相应的程度上避免规划被相关领导者主观修改。在整体规划中，适当增加关于旅游规划的内容不仅可以帮助旅游规划有效实施，还可以帮助旅游行业的规范和发展，很有必要建立和完善法律制度。

（四）构建规划协作机制

因为旅游规划在实施过程中所涉及的范围极广且复杂，单独依靠旅游行政主管部门或者任何一个其他单位都难以督促完成。因此，必须建立有效的沟通途径，增强沟通效果，优化部门之间的信息传递流程，打破地域行政界限。根据旅游规划实施的具体需要，建立灵活的规划实施管理协调机制。例如，《长治市人民政府关于加强旅游规划管理的意见》明确提出加强部门联动。市县两级政府在编制土地利用总体规划、城乡规划时，应当兼顾旅游项目、设施的建设需要。市县两级发改委、交通水利、环保、通信等部门在编制其他产业规划、专项规划时应当统筹协调旅游功能，与旅游发展规划相衔接，规划和建设与旅游相关的基础设施和公共服务设施应当征求同级旅游主管部门意见。

第三节　旅游目的地规划创新管理

旅游业规划相关标准实施以来，在实践中出现了一些问题，业界一些专家指出，应对旅游规划相关的政策法规进行修订，同时根据目前旅游目的地规划中存在的问题和不足，给出了旅游目的地规划创新管理的具体措施。旅游目的地规划的创新管理可以最大限度上提高综合效益、降低成本、增强竞争力、提高持续发展能力。

一、人才创新管理

（一）实行旅游规划师制度

在我国，严重缺乏具有旅游规划资质的专业人员。在旅游规划的发源地欧洲及美洲国家，目前已经出现了专门从事旅游规划的旅游规划师。在此，可以借鉴注册会计师、注册城市规划师等制度，由文化和旅游部主持对旅游规划人员进行严格的专业考核，在理论和实践上对旅游规划人员进行规范，从而改变旅游规划目前的无序状态，以确保旅游规划的质量。同时建立旅游规划专家及单位数据库和管理信息系统。建立数据库可以对旅游规划专家及旅游规划单位进行动态管理。对规划项目实行规划期责任制，一旦出现问题工程则进行必要的处罚，甚至吊销资质证，便于监测和管理旅游规划的质量。

（二）联合培养规划编制人才

旅游业的发展必须依靠人才，有了人才才能带动旅游业的进步。我国的旅游目的地规划起步晚，底子较薄，从事旅游目的地规划编制工作的专业人才和专业机构较少，一般可以分为三类：第一类是具有地理、资源和环境学科背景所组成环境或者林业科学研究设计院，此类规划偏重资源调查、分类以及环境适宜性分析；第二类主力是具有建筑学、城市规划和景观规划背景的人员，这类设计侧重于物质性规划；第三类更多是由旅游管理背景的人员构成，多从旅游市场、旅游商品、旅游项目打造等具有策划性质的规划。各个行业的人才纷纷涌入旅游目的地规划行业，为旅游目的地规划行业带来了新鲜的活力，但这些不同背景的专业人才大都根据自己的专业知识进行研究，很少相互渗透、相互交流。因此，高校和规划设计单位联合培养复合型旅游人才迫在眉睫，必须加强理论学习与创新能力，共同协作，建立完整的旅游人才培养体系，培养多学科跨专业的复合型人才，提高专业水平，增强竞争力。同时，扩大规划机构人员之间的交流与协作，培养适应形势需求的规划人才。此外，新型旅游管理人才需求与日俱增，为满足市场需求，旅游目的地规划设计机构需继续引进和培养一批新型旅游管理人才，包括旅游景观设计、景区运营管理、旅游电子商务、智慧旅游、旅游商品开发、旅游投融资、旅游环境保护、文化旅游开发等方面的专家、学者。

二、制度创新管理

（一）制度规范化

规范的制度，不仅可以促进行业间的公平竞争，促进相互学习、相互交流，从而相互进步，还能保证各机构在合理合法的前提下进行作业。现在已经出台的，可以在全国实施的直接与旅游规划相关的法规仅有《旅游规划通则》《文化和旅游规划管理办法》

《旅游规划设计单位资质等级认定管理办法》《旅游规划设计单位等级划分与评定条件》，而《旅游规划通则》《文化和旅游规划管理办法》又比较笼统，弹性较大，不能很好地指导实际的规划编制。而且即使存在这些标准，旅游规划的成果还是会出现多种多样的形式，所以旅游规划编制内容和标准的多样性以及规范性就显得特别重要。

（二）决策科学化

旅游目的地规划是一个系统性的过程，并不是独立存在的，需要与同级、上级有关部门协作、沟通，然后对规划方案做出调整。例如，在一个地区内对某个旅游项目进行规划的时候，需要与城市规划相结合，根据城市规划做出相应调整，同时城市规划也要根据旅游规划做出一定调整，两者相互协调。规划管理决策必须实行民主化、科学化。必须提高领导决策的科学性和民主性，不能只强调收益，更不能夸大收益，不能不计成本，而忽视风险。决策科学化指在科学的决策思想指导下，按照科学的决策规律，遵循科学的决策程序，运用科学的决策方法进行决策；决策民主化指在决策过程中充分发扬民主，广泛听取意见，按照民主程序进行决策。要借助生态学、环境学的研究成果，把旅游开发的生态价值、环境价值及其变化，列入旅游开发的成本和效益之中，只有这样才能更真实、更全面地反映出旅游开发行为的成本和效益，确保旅游开发的经济、生态、社会效益的协调和提高。

（三）过程标准化

发布《旅游规划通则》的目的是加强旅游规划编制的技术规范和报批管理，进一步提高旅游规划编制的规范性、科学性和可操作性，主要对旅游规划的编制、流程、内容、审定等各方面的规范化做出了规定。例如，第五部分是规划编制程序，分为5个阶段。突出的问题是旅游资源调查没有独立形成体系，而是被看成规划的组成部分，直接导致目前规划中普遍存在的扩大资源范围、拔高资源等级等现象。《旅游规划通则》对征求意见的要求表述为"原则上应广泛征求各方意见"，缺乏约束力。实际操作中简化为只征求领导、投资商的意见，社区、其他利益相关者往往不知情，大大地简化了流程，这一点与城市规划等必须进行公示有一定差距。

建立起完整规范的监督体制，对整体旅游目的地规划全程进行监控。无论是旅游目的地规划计划的提出还是规划的实际编制，都应该纳入监督的范畴，每个步骤必须公开透明，防止出现"虚""软"问题。对于较为重要的旅游目的地规划，更应在监督方面下苦功，对于不合格的旅游目的地规划项目一律持驳回和抵制的态度。建立起完整的、专业的监督调控系统，对于旅游目的地规划的实现极为重要。注意旅游目的地规划项目的实施后的效果来确定旅游目的地规划项目的实施情况。对于一个旅游项目的实施，不能够只顾将其推上旅游目的地规划大潮，同时应建立相关的专家组对其后续发展情况进行追踪和观察，分析其相关旅游目的地规划措施的可行性和效益性，并根据其实施情况

制定出下一步规划。如果旅游目的地规划项目的收益不甚理想，那么专家组应该制定相关措施处理该规划项目，同时分析该项目失败的原因，避免下次在同样的地方出错。

（四）项目人性化

所谓人性化，旅游目的地的管理要重视人性化的需求，提供人性化的服务，给游客以舒适、宜人之感，体现人文关怀，如无障碍设施的规划建设，无障碍服务体系的建立，安全服务体系的建立。此外，还要根据游客的行为规律和心理需求特点来合理布局景区的各种设施，如游客等待设施、休息设施等，这些设施都是下一步发展应该深化的。随着旅游目的地管理的不断深入，从很粗放的管理慢慢走向精细化和人性化，各种服务设施也应该人性化。2017 年，国家旅游局发布《全域旅游示范区创建工作导则》（以下简称《导则》）。《导则》在"创建任务"中明确，要提升旅游服务，推进服务人性化品质化。关于提升旅游服务的内容主要有四方面：充分发挥标准在全域旅游工作中的服务、指引和规范作用；按照旅游需求个性化要求，实施旅游服务质量标杆引领计划，鼓励企业实行旅游服务规范和承诺，建立优质旅游服务商目录，推出优质旅游服务品牌；推进服务智能化；完善旅游志愿服务体系。其中，个性化需求中有新招，包括质量标杆引领、服务承诺、优质服务商目录、优质服务品牌等，确定人性化成为未来旅游规划的重中之重。

三、组织创新管理

（一）规划资质管理完善化

根据我国现行《旅游规划设计单位资质等级认定管理办法》，目前认证机构主要通过审定申请单位现有的成果和规划组成员的资格、组成等，对申请旅游规划资质的单位进行评定，按级别高低分别评为甲级、乙级、丙级。但目前由于申请资质的单位大多为大专院校、研究机构、学会协会等，因受其本身专业结构的相对单一性，仍然不能很好地适应旅游规划的多学科多专业的特点。所以根据申请单位的特点可分为不同类型的规划资质，如山岳森林旅游类、城市（镇）旅游类、区域旅游类、生态旅游类、文化与民俗旅游类、度假旅游类、水域旅游类等，使各旅游规划单位有自己的特色，让规划委托方能有的放矢，找准专业的旅游规划者，从而有效地避免一些"全能专家"所带来的负面影响。同时，目前很多从事旅游规划的单位鱼龙混杂，有建筑规划、景观园林设计、城市规划等很多种类参与旅游规划设计，国家应完善旅游规划准入制度，专业单位做专业的事。

（二）规划单位管理团队化

在旅游目的地规划中，管理者的作用不亚于规划人员。一个好的团队，不仅需要好的知识技能，更需要有团队的协作精神，使整个团队的能量超出每个个体的总和。那么，管理者就在其中发挥着链接队员的作用，挖掘每个个体的潜力，使整个团队在管理者的带领下，能够披荆斩棘、所向披靡。管理者不仅是一个纽带，更是一个核心。只有把自己的水平提高了，才能保证团队的长远发展。所以，一定要注重管理者的水平。注重培训与学习，善于进行经验总结与思考，不断提高管理水平，进行定期的培训，改进管理方法，充分发挥管理的调节指导作用。在管理中，不断交流与进步，使整个管理机构井然有序，规划有理有据。在高水平的规划团队中，很多管理者知识全面，本身就是有丰富经验的专家。

（三）行业合作常态化

现代社会，没有交流，就跟不上时代的步伐。只有在不断的交流中才能促进共同的进步。同理，我国的旅游目的地规划水平要提高，也必须进行国际交流与合作。积极主动地与国外的旅游目的地规划机构联系，互相学习，和他们一起规划项目，在规划过程中，研究分析不同的规划方法与规划理念。

在共同的交流中对于旅游目的地规划有新的体会与见解，那么就可以引发思考，推进理论的学习与创新。还可以聘请外国的规划专家，充分发挥外国规划专家的作用，让他们协助共同完成项目的规划，解读他们的规划方式，相互比较取其精华，在交流中成长与进步。由于世界旅游组织的形成与国际咨询公司的建立，我们可以通过这个渠道，聘请他们帮助我们进行项目的规划，虽然他们对国内的了解不如本国的专家，但是他们在景观设计、市场营销和概念设计等方面有优越性，因此，可以在合作中，互相学习，强化自己的优势，弥补自己的不足。

（四）规划定位精准化

在进行项目定位时要从项目的实际情况出发，因地制宜。从国内的实际情况出发，不盲目聘请国外的专家，要有自己的认识和见解。同时，要充分了解自己目前的情况并积极地对未来进行预测。一个好的规划是能统筹好当前与未来的，不仅对当前的规划质量进行定位，更是对未来规划做出要求。只有对自己进行准确的定位，才能了解自己，推进发展。在旅游目的地规划市场竞争中，要学会知己知彼，了解自己与竞争者的情况，包括潜在的竞争者。分析市场竞争者与自己的优劣势，了解自己的环境资源、地域资源等，才能在市场上找到立足之地，做到与众不同与创新，增加竞争的筹码，赢得市场。只有对自己进行准确的定位，客观评价自己，才能在规划中不断提升自己。客观评价自己，就是要做到不偏不倚，清晰明了地认识自己，还要在规划过程中，明确自己的缺陷，不断地学习弥补，使自己全面进步并实现自我超越。

（五）模式创新持续化

（1）走多元化、集团化的发展战略。新时代下，在旅游目的地规划设计机构的发展战略中更加注重多元化、集团化的发展战略，旅游目的地规划设计机构越来越多地通过新建、资产兼并或相关协议等方式，由单一的旅游目的地规划设计经营方式向多种经营方式转化，形成资源共享、优势互补的研发、采购、生产、销售的集团化运作，扩大生产规模，提高企业综合竞争能力，由此实现企业利益最大化的目标。可以预见，未来将涌现出更多的以旅游目的地规划设计为龙头，综合其他相关业务的大型化、综合化的旅游目的地规划设计集团。

（2）创新发展模式。未来一段时期，旅游目的地规划设计机构除了简单地扩大旅游目的地规划设计生产规模以外，都在创新发展模式，培育新的业务增长点。如除了传统的旅游目的地规划设计业务外，个别旅游目的地规划设计院集中力量发展旅游电子商务，有的旅游目的地规划设计院全力开拓景区托管业务，搭建旅游投融资平台等。同时，越来越多的旅游目的地规划设计机构也在加快企业上市融资步伐，进一步促进机构做大做强。

【本章小结】

旅游目的地规划管理可定义为：旅游目的地的管理者通过合理配置人力、物力、财力等资源对规划编制、审批、实施和调整、修编工作等进行有效的前期、中期、后期管理，从而高效率地实现既定规划管理目标的过程。旅游目的地规划管理具有编制过程规范化、规划技术整合化、规划层次有序化和实施监管协作化特征。旅游目的地规划管理职能较多，主要有管理协同、规划整合、技术推动、政策引导的职能。旅游目的地规划的编制从招标到评审备案的流程都有一套较为规范的管理要求。旅游目的地规划编制管理包括招投标管理、编制管理、评审管理、实施管理。招投标管理应从明确招投标方式、科学编制规划任务书、规范招投标流程、把控招投标关键环节等方面发力。编制管理涵盖深化旅游资源调查分析、精准定位细化旅游市场、深入研究国家政策法规、突出区域核心竞争优势、科学确定规划核心内容等。评审管理应明确评审参与单位、优化评审专家构成、规范规划评审流程、严格审核规划成果。实施管理应从做好规划宣传工作、明确规划实施主体、确保重点项目落地、构建规划协作机制着手。创新管理着重从人才创新管理、制度创新管理、组织创新管理突破。人才创新管理方面应实行旅游规划师制度、联合培养规划编制人才。制度创新管理包括制度规范化、决策科学化、过程标准化、规划人性化。组织创新管理要求规划资质管理完善化、规划单位管理团队化、行业合作常态化、规划定位精准化、模式创新持续化。

【关键术语】

旅游目的地规划管理；招标评审；"RCPIM"模式；编制管理；实施管理；人才创新管理；制度创新管理；组织创新管理

【Key words】

Tourism Destination Planning and Management；Call for Tenders and Determine；RCPIM Mode；Establishment Management；Implementation Management；Talent Innovation Management；Institutional Innovation Management；Organizational Innovation Management

【复习思考题】

一、名词解释

旅游目的地规划管理、招标评审、组织创新管理

二、单选题

1. 旅游目的地规划是一项跨行业的综合性规划，其监督实施需要各相关部门的共同努力，这描述的是旅游目的地规划管理的（　　）特征。

A. 编制过程规范化　　　　　　B. 规划技术整合化

C. 规划层次有序化　　　　　　D. 实施监管协作化

2. 以下（　　）不是旅游目的地的规划管理职能之一。

A. 管理协同　　　　　　　　　B. 规划整合

C. 有序推动　　　　　　　　　D. 政策引导

3. 以下（　　）不是旅游资源开发条件的评价项目之一。

A. 区位条件　　　　　　　　　B. 客源条件

C. 投资条件　　　　　　　　　D. 环境承载量

三、简单题

1. 简要回答旅游目的地规划管理的特征。

2. 简要回答旅游目的地规划管理的职能。

3. 简要回答旅游目的地规划管理的意义。

4. 简要回答旅游目的地规划编制管理的流程。

5. 简要回答旅游目的地创新管理的内容。

【参考文献】

［1］洪基军.旅游规划已步入创意时代［J］.旅游学刊，2013（10）：8–11.

［2］卓玛措，卜诗洁.青海省构建国际生态旅游目的地：系统分析与路径选择［J］.青海民族研究，2022，33（3）：40–45.

［3］张俊英.青海打造国际生态旅游目的地 SWOT 分析与发展对策［J］.青海社会科学，2021（3）：103-109.

［4］霍定文.旅游目的地竞争力评价［D］.厦门：厦门大学，2017.

［5］刘又堂.全域旅游视阈下旅游目的地功能变化［J］.社会科学家，2016（10）：90-94.

［6］林晓桃，揭筱纹.我国跨省界区域旅游目的地合作运行机制研究［J］.经济问题探索，2016（4）：60-65.

［7］高林安.基于旅游地生命周期理论的陕西省乡村旅游适应性管理研究［D］.沈阳：东北师范大学，2014.

［8］许峰，李静，弗朗索瓦·贝达德，等.全球视野下优秀旅游目的地评价系统的发展与检验［J］.旅游科学，2013，27（6）：1-12.

［9］朱孔山，高秀英.旅游目的地公共营销组织整合与构建［J］.东岳论丛，2010，31（8）：129-133.

第 四 章

旅游目的地产品管理

知识要点	掌握程度	相关知识	思政主题
旅游目的地产品管理概述	理解	旅游目的地产品的概念与构成	社会主义核心价值观
	掌握	旅游目的地产品管理的特点	
旅游目的地产品开发管理	理解	旅游目的地产品开发内容	
	掌握	旅游目的地产品开发原则、旅游目的地产品开发流程	
旅游目的地产品创新管理	理解	旅游目的地产品功能创新的内容	
	掌握	旅游目的地产品业态创新的内容、旅游目的地产品营销创新	

导入案例

河南卫视奇妙游系列节目，究竟"妙"在哪里

从春节《唐宫夜宴》火爆全网，到后续的《元宵奇妙夜》《清明时节奇妙游》《端午奇妙游》《七夕奇妙游》，以及《中秋奇妙游》，河南卫视的奇妙游系列节目在持续创新中频频"妙"出圈。

那么，河南卫视"奇妙游"系列节目，究竟"妙"在哪里呢？

首先，当然是内容精妙。"奇妙游"系列节目深入挖掘中国传统节日中的文化内涵，讲出了一个又一个非常精彩的中国故事。

其次，"奇妙游"系列节目的形式很奇妙。《唐宫夜宴》充分利用了5G+AR技术，融合虚拟场景和现实舞台，制造出了一种身临其境的奇妙之感。《端午奇妙游》采用水

下高清摄影技术再现《洛神赋》的精彩绝伦，观者无不惊叹原来这就是"翩若惊鸿，婉若游龙"！除了AR特级技术，《中秋奇妙游》还采用了更先进的XR特技，让科技赋能，虚实结合，视觉效果更加逼真、更加震撼。

总的一句话来说，"奇妙游"系列节目的"妙"就妙在"内容"和"形式"的巧妙结合。河南卫视正是突破了传统晚会的艺术形式，深入挖掘中国传统文化内涵，与时代精神、前沿科技创新交融，得以打造出一个又一个"妙"出圈的节目。

（资料来源：https://www.163.com/dy/article/GKMN4RNC0521EL4T.html）

第一节　旅游目的地产品管理概述

一、旅游目的地产品管理的概念

《中国大百科全书·经济学》定义："产品，广义指具有使用价值、能够满足人们物质需要和精神需要的劳动成果，包括物质资料、劳务和精神内容。"这些劳动成果即产品，能够提供给市场以满足需要和欲望的任何东西，包括物质产品与非物质产品。

旅游目的地产品是一个宽泛的概念，从不同的研究角度、不同的学科基础、不同的研究方法和研究目的出发，旅游目的地产品的概念也有所不同。从旅游目的地的角度出发，旅游产品是指旅游经营者凭借着旅游吸引物、交通和旅游设施，向旅游者提供的用以满足其旅游活动需求的全部服务。从旅游者需求的角度出发，旅游目的地产品就是指旅游者花费了一定的时间、费用和精力所换取的一次旅游经历或感受。从市场营销的角度出发，旅游目的地产品是指旅游经营者在一定地域上生产或开发出来以供旅游者可以交换的各种物质产品和劳务的总和。从产品概念的角度出发，旅游目的地产品则是旅游者在旅行活动中所消费的各种物质产品和服务产品的总和。

综合以上的观点，可以对旅游目的地产品有以下理解：对于旅游者来说，旅游目的地产品是指旅游者花费一定的时间、精力和费用所获得的一次旅游经历。对于旅游目的地来说，旅游产品即满足旅游者整个旅游活动所需的食、住、行、游、购、娱等需求的物品和服务的组合。

旅游目的地产品管理是指旅游目的地相关管理组织为了满足旅游者需求、提升旅游者满意度而保持旅游目的地产品在旅游业内部的竞争优势及快速发展，所做的一系列计划、组织、领导、协调、控制等活动过程。

二、旅游目的地产品管理的内容

（一）旅游目的地产品的构成

根据现代市场营销理论，整体产品都是由核心部分、形式部分和延伸部分构成。核心部分指的是产品满足消费者的基本效用和核心价值；形式部分指的是构成产品的实体和外形，包括款式、商标、包装等；延伸部分则是指随产品销售和使用而给消费者带来的附加利益。旅游产品也是由这三个部分构成（见图4-1）。

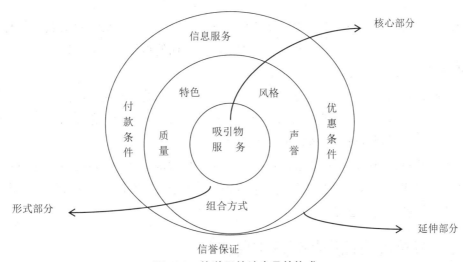

图 4-1　旅游目的地产品的构成

第一个层次：核心产品（Core Product），是指旅游者真正需要的旅游吸引物和旅游服务，它满足旅游者从事旅游活动最基本的需要，是旅游产品的最基本构成部分，也是满足旅游者进行旅游活动最主要的对象和内容。如住宿服务、餐饮服务、娱乐服务等。

第二个层次：形式产品（Formal Product），是指旅游产品的载体、质量、特色、风格、声誉及组合方式等，是旅游产品核心价值部分向满足人们生理或心理需求转化的部分。旅游产品的载体，主要指各种景区、酒店、娱乐设施等，是具有物质属性的实体部分。旅游产品的质量、特色、风格及声誉是产品依托旅游资源及旅游设施而反映出来的外在价值，是激发旅游者旅游动机，引导和强化旅游者进行消费行为的具体形式。如各种旅游接待设施、景区、旅游购物品、旅游线路等。

第三个层次：延伸产品（Extended Product），是指旅游者在购买和消费旅游产品时获得的各种优惠条件和其他附加利益的综合。对一般产品而言，核心产品要有形式产品与之匹配，但不一定必须要求有延伸产品。对于旅游产品而言，作为一种以服务为主体的产品，延伸部分很重要，它能够促使旅游者进行购买决策，同时它也可以起到与其他竞争产品相区别的作用。如旅游景区给予的门票折扣优惠、饭店为顾客提供的免费往来于机场的班车、旅游者乘坐游船观光时获赠的一件小礼品。

总体而言，旅游产品的核心部分是旅游产品的本质与基础；旅游产品的形式部分是旅游产品中核心产品的外在体现，令核心产品可以更具体形象；延伸部分则能增加旅游产品的竞争力，提高旅游产品的吸引力，从而赢得更大的市场优势。

（二）旅游目的地产品管理的构成

根据旅游目的地产品的构成，为了使得旅游目的地产品有着更好的发展与提升，可以更好地满足旅游者的需求，带动区域经济的增长，促进旅游业的发展，本书将旅游目的地产品管理分为以下部分。

（1）旅游目的地产品开发管理。旅游目的地产品开发管理主要是针对旅游目的地资源、服务等进行研究、开拓、发现等一系列活动，从而使得旅游产品可以利用新的资源或领域进行提升，不断促进产品发展的活动过程。

（2）旅游目的地产品创新管理。旅游目的地产品创新管理是指旅游目的地相关管理组织通过对旅游目的地产品进行功能、要素、技术、管理、营销等创新活动，从而使得旅游目的地产品得到可持续化发展的活动过程。

（3）旅游目的地产品营销管理。旅游目的地产品营销管理是指旅游目的地相关管理组织为创造价值，对建立、发展、完善与旅游者的交换关系而进行的分析、设计、实施、宣传与控制等活动过程。

三、旅游目的地产品管理的特点

（一）综合性

旅游目的地产品是由多种资源、设施、服务构成的综合体。因而在进行旅游目的地产品的管理时，应当考虑旅游目的地产品管理的种类不仅包括劳动产品，还包括非劳动的自然创造物，既有物质成分，又包括社会与精神成分。旅游者在购买旅游目的地产品时，不会单一地考虑一项服务或产品，而是将多项产品或是服务结合起来考虑。旅游目的地产品的生产经营也涉及工业、农业、商业等各种行业及部门，其效用具有多重性，较之一般的产品往往只能满足人们某种需求，而旅游产品可以满足旅游者多种需求，如度假旅游可以满足游客观光、休闲、疗养等需求。因而在进行旅游目的地产品管理的时候，旅游目的地相关管理组织也应当从多方面、结合多部门、同多产业联合起来，综合性地对旅游目的地产品进行管理。

（二）动态性

旅游目的地产品的动态性体现在两方面：一方面，人的需求在不断地发生变化，因此旅游产品往往不具有稳定的形态，而是随着旅游者需求的变化而变化，因而在产品内容、组织结构、服务质量上不断发生变化；另一方面，旅游市场对旅游产品的需求也在随时间变化而变化，在旅游旺季时，旅游市场上对旅游产品的需求量比平时成倍地增长，在旅游淡季时，则呈现相反的发展趋势。如每年的1月、2月，会有大批的游客前往三亚游玩避寒，对相关旅游产品的需求猛增。在7月、8月天气较为炎热时，游玩的人较少，对旅游产品的需求是较小的。正因为旅游目的地产品的动态性，这也决定了旅游目的地产品管理具有动态性的特点。旅游目的地相关企业在进行管理工作时，应该注重旅游市场中游客的需求变化，根据时间的变化积极做出调整措施，保证旅游目的地产品的供应，同时对旅游目的地的接待量和客流量进行管控，确保旅游目的地产品质量的同时，保证旅游目的地的安全。

（三）服务性

旅游目的地产品的核心部分是旅游服务，旅游活动主要是获得心理满足，因而旅游产品的价值不单凝结在具体的实物上，更凝结于无形的旅游服务中。因为，与其他产品相比，旅游者在对旅游产品的消费中购买的更多的是服务。旅游者到旅游目的地所消费的旅游产品主要表现为旅游服务，这里所指的旅游服务是与有一定使用价值的有形物质结合在一起的服务。因此，旅游目的地产品管理的也具有服务性的特点，围绕旅游目的地旅游产品，不断提升产品的质量，切实以强化服务的管理为核心，加强旅游目的地产品管理的实用性，不断提升旅游目的地产品的管理。

（四）脆弱性

旅游目的地产品价值的实现要受到多方面因素的作用和影响，在众多因素中，若某一因素出现问题，就会影响旅游产品交换的全过程，导致不能实现其全部价值。同时由于时代特性，在信息的高度流通下，旅游产品也会受到信息的冲击，尤其是面对负面信息。如"青岛大虾"事件对青岛旅游业的冲击，严重影响了当地旅游业耗资数亿元打造的"好客山东"形象。正因如此，旅游目的地产品管理也具有脆弱性的特征。旅游目的地产品管理是综合性、全方位的，涉及景区、相关企业等，然而一个环节的崩坏，往往会因为脆弱性的特征使得其他管理环节出现问题，造成负面影响。

四、旅游目的地产品管理的重点

旅游目的地产品是旅游资源经过整合、开发、建设等形成的以多种服务形式表现出来的组合型产品。通过加强对旅游目的地产品的管理，提升旅游目的地产品管理的方法，可以更好地对旅游目的地的资源进行综合整合，不断提升，通过将旅游业作为优势产业，借助其发展带动当地的经济效益，从而推进区域协调发展，实现全域旅游。

（一）构建旅游目的地产品运作机制

鉴于旅游目的地产品是在旅游行业发展下的产物，它既包含有形的物质实体，又包

含无形的服务。它不是单一地以物理形态表现出来的具体劳动产品，而是以多种服务表现出来的组合型产品。旅游目的地产品能够带给人们物质和精神的双重享受，这也决定了旅游目的地相关组织在进行旅游目的地产品管理时有着多重特点。具有综合性、不可转移性、动态性、服务性、脆弱性、公共性、同一性等特点，在进行旅游目的地产品管理时，要构建旅游目的地产品运作机制，坚持旅游目的地政府的主导化，发挥政府的主导性作用，进行统一规划、管理，加强市场化运作，形成上下一体、管产结合的产业运作结构。

（二）强调旅游者产品消费主体化

在进行旅游目的地产品管理的过程中，要强调旅游者产品消费主体化，重视旅游者的主体作用，通过市场细化，结合旅游目的地产品的特色，有针对性地对旅游者进行营销推广，组建专门的机构与委派专业的人员，制定科学完善、详细可行的营销战略，深入旅游者群体进行推广，有针对性地进行管理与推进，从而更好地带动市场，对旅游目的地产品进行提升。

（三）完善旅游目的地产品产业链

为了更好地进行旅游目的地产品管理，需要完善旅游目的地产品产业链，进行与其他产业的整合联动，构成完整的产品体系，实现旅游产业的综合收益，促进旅游目的地区域经济的全面发展。

（四）提升旅游目的地产品品牌化

在旅游目的地产品的管理中，深入挖掘旅游目的地产品资源，形成核心吸引力，塑造产品形象品牌，提升产品品牌化，有机地利用资源、新媒体、市场等各种维度，对旅游目的地产品的总体形象进行提升，促进区域旅游的快速发展，建设全域旅游。

第二节　旅游目的地产品开发管理

一、旅游目的地产品开发内容

旅游目的地产品是综合性的产品，旅游目的地产品要根据市场的需求，对旅游资源、旅游设施、旅游商品等进行规划、设计、开发和组合，主要包括两方面的内容：一是旅游地的规划和开发；二是旅游线路的设计和组合。因而旅游目的地产品开发管理的内容也分为两部分：一是旅游目的地开发管理；二是旅游线路开发管理。

（一）旅游目的地开发管理

旅游目的地是旅游目的地产品的地域载体。旅游目的地开发作为旅游业发展的重要组成部分，对于国民经济的发展、人民精神文化生活的提升以及地区之间的沟通与交流都有着重要的作用。同时，根据国务院办公厅印发的《关于促进全域旅游发展的指导意见》，加强旅游地开发，有利于做好"旅游+"，推动旅游与城镇化、工业化以及商贸业、农业、林业、水利等融合发展，创新产品供给。由于各地旅游资源和地理区位不同，旅游地的开发现状和潜力差异很大。因此，在市场营销学、生态学、景观学等相关理论的指导下，对旅游目的地进行科学的规划与开发，对于旅游目的地产品竞争力的提升具有重要意义。

（1）旅游目的地开发类型。

①自然景观资源开发管理。此种开发管理以自然风光作为基础，辅助建设道路、餐馆、酒店等配套旅游设施，并对环境、景观进行保护与管理。自然景观是大自然赋予人类的宝贵财富，我国更是一个自然资源丰富的旅游大国，可以被利用的自然资源的类型多种多样，如高山、湖泊、泉水、河流、森林、草原等。然而，所有的自然资源都有脆弱性这一共同特点。在对自然景观资源进行开发管理时，尤其要注意对景观资源进行保护，坚决不能以破坏景观为代价进行旅游开发活动，更要注意与周围的自然环境相协调，不能形成强烈突兀感，同时加强对施工企业、组织的筛选与管理，进行保护性开发。

②人文景观资源开发管理。此种开发管理是在丰富的历史文化古迹和现代建设成就的基础上进行维护、复原、改造等工作。如北京故宫，是以明、清两代的皇家宫殿为基础，进行维护和开发形成的旅游景区。陕西省西安市的白鹿原影视城，是以陈忠实长篇小说《白鹿原》为建筑蓝本兴建而成的仿古村落建筑群景区。中华艺术宫是由上海世博会中国馆在世博会结束后重新修整转变的旅游景区。一般来说，对人文景观资源的开发一般需要较大的投资和维修费用，因而在进行人文景观资源的开发管理时，不仅要加强对有关部门的管理，提升部门间的合作，更要加强对产品文化建设的管理，提升人文景观资源产品的附加值。

③特殊旅游资源开发管理。此种开发管理主要是对民族风情、传统风俗、文化艺术等进行设计、策划，如贵州黔东南苗族侗族自治州旅游区。这些旅游资源本身不是商品，并不是为旅游而产生的，也不仅仅为旅游服务，只有经过设计和开发才能够成为旅游产品。此类的旅游资源往往具有地域性的特点，会依赖一定的区域环境，在特定的环境里才能突显其价值。因此，当旅游目的地相关管理组织在进行设计与开发时要同当地的地域环境相结合，突出地方特色，同时还要注意进行广泛的横向合作，与有关部门共同改造、加工、组织经营、进行管理。

④现代科技旅游资源开发管理。此种开发管理主要是利用现代科学技术成果进行旅

游开发活动。运用现代科学技术所取得的一系列成就，经过精心构思和设计，再创造出颇具特色的旅游活动项目，例如，方特东方神画是一座综合了激光多媒体、立体特效、微缩实景、真人秀等高科技设备资源，通过深度创意崭新诠释民间传统艺术，将中国五千年历史文化精粹与现代旅游产业完美结合的全新概念主题公园。它老少皆宜，适合家庭亲子休闲旅游，同时适合年轻人寻奇探险。园区里面有演绎浪漫、凄美爱情故事的牛郎织女、决战金山寺、化蝶传说、孟姜女项目；有童趣盎然、寓教于乐并弘扬中华文化的七彩王国、九州神韵等项目，更有惊险刺激、激发肾上腺素的丛林飞龙、极地快车、仙岛探秘等游艺项目；还有体现各民族大融合的节庆广场等大型户外项目。一家人各得其所，甜蜜温馨，其乐融融，大大开拓和丰富了旅游活动的内容与形式。在进行现代科技旅游资源开发的时候，还应加强对旅游目的地产品的安全管理，严格审查，定期维护，确保旅游目的地产品的质量安全。

（2）旅游目的地开发重点。

①细分目标市场。通过目标市场细分，创新开发旅游目的地新产品，提高旅游目的地竞争力。在目标市场中，有针对性地区分构成旅游市场的各种不同群体之间的差异，从中选择一个或几个细分市场，为旅游目的地开发提供指导思想和开发战略，从而进一步为旅游目的地产品的营销做铺垫。

②制造全新体验。在开发旅游目的地产品时为游客创造全新体验就是一种新的价值创新，而这也是旅游目的地产品创新中一个很重要的价值提升。旅游者在消费使用旅游目的地产品时，花费时间、精力、金钱等就是为了获得新体验，有了新体验从而加深旅游者对于旅游目的地产品的认识，调动旅游者的参与感，增强旅游者的情感，使旅游者获得良好的旅游体验。

③建立完整体系。旅游目的地产品开发不是一个单一的短期时间段行为，建立完整的旅游目的地产品体系对于一个长期发展的旅游目的地而言是非常重要的，应包括前期信息整合、旅游市场开拓、旅游信息收集、产品研发创建、旅游者满意度跟踪等。针对不同地区、不同年龄、不同层次、不同旅游需求的旅游者建立资料库，便于旅游目的地产品开发时避免主观性以及盲目性。

（二）旅游线路开发管理

旅游线路是旅游产品的具体表现方式，也是对单个旅游产品进行组合的具体方式，是旅游地向外销售的具体形式。旅游线路的开发管理是旅游目的地相关管理部门将旅游资源、旅游设施和旅游服务进行联系，组合形成各种不同的旅游线路，以满足旅游者多方面的旅游需求的活动过程。根据旅游线路的性质，可以将其划分为普通旅游线路和专项旅游线路两大类；根据旅游线路的游程天数，可以分为一日游线路、两日游线路和多日游线路；根据其使用的主要交通工具，可以分为汽车、火车、轮船、飞机、徒步、自行车等旅游线路；根据使用对象的性质，可以分为团体旅游线路和散客旅游线路。根据旅游线路的距离，可分为短程旅游线路、中程旅游线路和远程旅游线路。不同形式的旅游线路之间相互联系、相互补充。

因为旅游线路是连接旅游活动各个环节的重要枢纽，对于旅游者的整体旅游感受有着重要的影响作用，旅游线路的合理程度能够很大程度上影响旅游者的旅游满意程度。因而在对旅游线路开发管理时，要注意节点顺序的安排、线路的网络组合以及对旅游节奏的合理控制。

首先，在节点顺序的安排上，要进行冷、热旅游资源的搭配。如果在旅游线路中编排的热点景区太多，会使旅游者感觉到疲惫，且会对资源环境造成压力。所以，在旅游线路开发管理时，应该以知名度高的景区为中心，搭配一些处于发展初期但具有一定的旅游价值的冷门景区，这样不仅可以分流热点景区的人流，还可促进冷热景区的均衡发展。其次，对于线路的网络组合方面，线路的设计管理要相互区别、相互搭配、相互补充。线路中节点的设计要把握适当距离，以增加旅游者游览的兴奋度。一个旅游地可以形成许多不同的旅游线路，不同的旅游线路应具有各自的特点，也要注意与其他线路的互补，相互促进，共同发展。最后，在旅游节奏的控制方面，合理控制旅游过程的节奏，才能获得更好的游览效果，不宜将行程安排得过于紧凑，使旅游者感到过度疲倦，产生不舒适感。同时，也不宜将节奏安排得过于松散，导致旅游体验少，浪费游玩时间。因而在旅游线路的设计时，要对节奏进行合理的控制，使旅游活动质量达到最好。

二、旅游目的地产品开发原则

旅游目的地产品的开发管理对于旅游产品在市场中获得长久的发展有着重要作用，把握一定的原则是必要的，这不仅利于旅游产业的发展，更有利于带动区域经济发展，遵循一定的规律和原则才能更好地使这些得以实现。

（一）市场导向原则

旅游业具有典型的市场经济特征，旅游市场的需求会决定着旅游产品的出现、发展和消亡。因此在进行旅游目的地产品开发管理的时候，要重视旅游市场的重要性，通过对旅游市场的调查、细分、定位与预测，掌握旅游市场发展变化的趋势，开发出符合市场导向的旅游产品，从而获得丰厚的经济效益。

（二）符合美学原则

美是人类永恒的追求，而旅游就是一种综合性的审美实践活动。旅游者在旅行的过程中，对于美都有追逐的渴望和需求。因此在进行旅游目的地产品开发管理的时候，也要顺应旅游者的需求，按照美学原理的要求，对旅游资源进行美的设计和加工，通过将分散的美进行有机结合，使设计出的旅游产品更符合旅游审美，以期能达到美的最高境界——自然美、艺术美、社会美三者的和谐、融合及统一。

（三）塑造特色原则

旅游目的地产品只有具有特色，才能在旅游者心中留下印象，因而才有较强的吸引力。随着时代的发展，现代旅游者在外出旅游中对新鲜感的追求越来越浓烈，对旅游地的选择也越来越多元化，各地也都将发展旅游业作为推动经济增长的重要动力，旅游市场的竞争愈发激烈。因此，要在旅游市场竞争中获得持续的发展，必须注重对旅游目的地产品特色的塑造与管理，提取独特性，凸显差异性，实现旅游产品差别竞争。

（四）保持创新原则

旅游目的地产品开发管理还要遵循创新原则，只有保持新意的旅游产品才能具有持久的生机与活力。因为随着旅游业的发展速度不断加快，传统旅游产品对于旅游者吸引力的下降，加之旅游者文化素养的不断提升，对于旅游目的地产品的要求越来越高，都使得旅游市场更新更加迅速、细分更加细化。因而，为了更好地应对市场的发展，旅游目的地产品在进行开发管理时，要特别强调以旅游科技和文化创新为核心，在对旅游产品进行创新开发时要注重将科技与文化融入创新中。

（五）系统开发原则

根据旅游活动的性质和要求，可以得出旅游目的地产品具有显著的综合性的特点，因而在旅游目的地产品开发管理的过程中，要遵循系统开发原则。通过对旅游产品进行系统规划，对各旅游要素进行优化配置，使得整体旅游产品可以满足旅游者旅游活动过程中的食、住、行、游、购、娱等各个环节的不同需求，保证旅游活动的正常进行，从而获得更好的经济效益，促进旅游业的健康发展。

（六）持续发展原则

旅游目的地产品的开发大都依托于旅游资源而进行，旅游资源大多具有不可再生性，因此在旅游目的地产品的开发管理中，必须遵循可持续发展原则。同时可持续发展也是指导旅游目的地开发管理的理论依据，是未来旅游发展的必然之路。旅游目的地产品在开发管理的过程中要重视对自然环境和社会文化的管理与保护，实现绿色开发，这样才能实现经济效益、社会效益、环境效益的最大化，实现旅游目的地的永续发展，从而达成在全域旅游建设中对核心资源和生态环境的管理与保护。

（七）注重搭配原则

旅游目的地产品作为一个综合性的产品，在进行旅游目的地产品开发管理的时候，应当注意旅游目的地产品各要素之间的搭配与组合，将旅游景观的搭配更为合理，让自然景观同人文景观搭配，将旅游线路的开发管理做到动静结合、有张有弛，使得旅游者能以高舒适度完成整个旅游活动，从而获得高满意度，进而产生口碑效应，促进旅游目的地的良好发展。

三、旅游目的地产品开发流程

旅游目的地产品的开发管理是一个漫长的、系统的过程。这个过程一般要经历从产生构思到形成产品投入市场共七个阶段，如图 4-2 所示。

图 4-2　旅游目的地产品开发管理流程

（一）构思的收集

旅游产品的开发是要在一定的构思基础上进行的，开发一个新的旅游产品首先要进行创意和构思的收集。构思的来源是多方面的，可以从旅游者、竞争者、旅游从业者、旅游科研和策划机构、旅游企业等方面产生。其中旅游从业者与旅游者直接接触，可以获得第一手的需求资料，因而旅游经营者应该重视从此方面获得的信息，并应用于新产品的开发中。

（二）构思的筛选

经过第一阶段的收集，会形成一个大量的构思的集合，但是并非所有的构思都是可行的、适合时代特点与市场需求的。因此，要对现有的构思进行筛选，筛选时要先请有经验的专家、管理者、营销人员、旅游者、旅游经销商、旅游广告商等对构思进行评审，选出具有吸引力、创意并切实可行的构思。通常在评价时会用到产品构思评价表，就产品构思在销售前景、竞争能力、开发能力、资源保证、生产能力、对现有产品的冲击等方面进行加权计算，评定出构思的优劣，选出最佳产品构思。

（三）发展和测试

在这一阶段，需要将筛选过的构思进行具体化，转变为游客所能理解的具体项目。如对于发展农业旅游的构思，旅游企业可以发展"果蔬采摘游""农家体验游""水果节"等具体的旅游产品概念。对于概念的测试，就是将具体的产品构思转变为形象化的文字、图片、声音、影像或虚拟现实软件等手段选择潜在旅游者进行测试，从而了解旅游者的购买意图，进而确定对目标市场最具吸引力的产品概念，并进行相应的后续战略制定。

（四）商业分析

在此阶段主要对可能开发的旅游产品的开发成本、销售量、投资收益、投资风险、竞争潜力、后期维护等方面进行分析。这一阶段的工作也比前几个阶段更为复杂，要求更高。例如，建一座景区度假村，应当分析该地市场对度假村的需求量、对度假村等级的消费能力、经营的风险等。旅游企业对商业发展前景进行分析一般采用两种方式：一种是由企业内部营销人员和专家进行分析；另一种是聘请专家或委托专门研究机构进行分析。在确定商业发展前景光明之后，方可进入产品具体开发阶段。

（五）产品开发

产品的开发阶段是旅游产品开发计划的实施阶段。在此阶段对产品的设计与开发时，要考虑产品的功能和质量两方面的决策。其中，功能决策包括产品的使用功能、外观功能和地位功能的决策；质量决策需要注意产品的内容质量、内涵质量、形象质量等方面。另外，旅游产品在开发过程中需要进行反复测试，旅游企业可以设置旅游产品试点，并邀请国内的旅游专家、旅游学者、旅游体验者对产品进行体验，请他们提供意见和建议，对产品中的不足之处进行不断改进，使生产出的产品更加完善、更符合旅游市场的需求。

（六）产品上市

在此阶段旅游企业需要注意产品上市的时间、目标市场、销售渠道等方面的决策，即何时、何地、用什么方法投入什么市场的问题。旅游市场中的需求发生变化的速度很快，开发出的旅游产品把握好时机进入旅游市场中，不仅容易受到旅游经销商的追捧，也会受到目标游客的喜爱。另外，选择正确的投入地点和优质的投入方法也会对旅游产品在旅游市场上快速地立足起到相当重要的作用。旅游产品成功投入市场之后，要对产品的投入效果进行评价与跟踪，为进一步改进产品提供科学的依据。

（七）产品更新

在这个经济发达信息爆炸的大数据时代，信息更迭迅速，这也促使着旅游产品要不断地更新换代、推陈出新。旅游产品的更新表现在两个方面：一是传统的旅游产品的淘汰，设计和开发出新的符合时代特色的旅游产品；二是现有产品的更新，在产品的内容和表现形式上更具有新意和创意，独具特色，更符合现代旅游市场的需求。创新能为旅游产品带去生机与活力，为旅游产品增加新的生命力，要根据市场需求的变化，对旅游产品不断地进行创新升级。

第三节　旅游目的地产品创新管理

旅游目的地产品是综合性产品，旅游目的地产品管理更是旅游产品各种表现形式的综合管理。随着社会的不断进步，旅游者旅游需求个性化和多样化的发展，旅游产品的类型也在不断增加。然而，仅仅对于旅游目的地产品进行开发管理是不够的，新的资源和新的服务总会随着时间的推移，而被广泛应用或被过时淘汰，只有不断在进行旅游目的地产品开发管理的同时，对旅游目的地产品进行创新管理，才能使得旅游目的地产品可以得到可持续化发展。

旅游目的地产品创新管理是指旅游目的地相关管理组织通过对旅游目的地产品进行功能、要素、技术、管理等创新活动，从而使得旅游目的地产品得到可持续化发展的活动过程。对于旅游目的地的长远发展而言，旅游目的地产品创新管理是其应对旅游业迅速发展大市场下的客观需要，同时也是因为技术进步影响旅游者们需求的必然选择，因而旅游目的地产品创新也就格外重要。结合旅游目的地产品开发管理的内容，本书将旅游目的地产品创新管理分为以下四个方面：旅游目的地产品功能创新管理、旅游目的地产品业态创新管理、旅游目的地产品服务创新管理、旅游目的地产品营销创新管理。

一、旅游目的地产品功能创新管理

作为综合性产品，旅游目的地产品因其种类、形式等的多样化，决定了旅游目的地产品本身功能的多样化。除了观光旅游产品、度假旅游产品、商务旅游产品、旅游纪念产品，随着社会的发展、旅游者们需求的变化等因素的影响，一些新的旅游目的地产品功能也随之出现，旅游目的地产品功能创新管理越来越重要，从而旅游目的地产品结构的创新管理也越来越重要。

专题旅游产品是指旅游者们以某项主题或专题作为自己核心旅游活动的，具有专题、专项性质满足旅游者特定需求功能的一种新兴旅游目的地产品。它具有主题鲜明、内涵丰富、附加值高等特点，对于提升旅游目的地产品质量，增加旅游目的地产品内涵和延长旅游目的地产品生命周期都具有重要的意义。在进行专题旅游产品功能创新管理的时候，应当立足当下，根据时代发展，紧跟市场脉络进行管理，积极了解旅游者的旅游需求，通过对旅游目的地产品的功能升级，使得旅游目的地产品具有更高的游览价值。

例如，近年新出现的黑色旅游，这种旅游产品是指旅游者到灾难或恐怖事件、悲剧发生地旅游的一种旅游活动，其根本目的并不是让旅游者产生共情受到负面情绪的伤害，而是希望充分发挥旅游目的地产品本身的警示功能，警示旅游者珍惜当下，提升生活态度，积极面对人生，用负面情绪对旅游者进行刺激，从而使得旅游者通过反思得到

正面影响。我国的侵华日军南京大屠杀遇难同胞纪念馆、美国的"9·11"世贸大厦纪念碑广场、德国的柏林墙等都在发挥着旅游目的地产品本身的功能与影响。

结合当前我国旅游目的地产品市场需求，按照旅游产品功能进行划分与创新，我国旅游目的地发展的重要专项产品包括生态观光旅游产品、休闲度假旅游产品、康体养生旅游产品、户外运动旅游产品、文化体验旅游产品、会议培训旅游产品、研学教育旅游产品、亲子教育旅游产品八大专项功能产品。

（一）生态观光旅游产品

我国疆土辽阔，资源丰富。根据第九次全国森林资源清查结果，我国森林面积2.2亿公顷，其中人工林面积7954万公顷，继续保持世界首位。森林覆盖率22.96%，森林蓄积175.6亿立方米。森林植被总生物量18802亿吨，总碳储量91.86亿吨，年吸收大气污染物量0.40亿吨。同时作为世界上动物资源最为丰富的国家之一，中国拥有丰富的世界文化遗产和自然人文景点，是世界旅游大国之一。《中国生态旅游发展报告（2022—2023）》围绕《国务院关于印发"十四五"旅游业发展规划的通知》《全国生态旅游发展规划（2016—2025年）》的总体布局、重点任务进行总结和综合评价，基于生态环境伦理教育、生态旅游PPP、构建环境保护新格局、自然保护区、低碳旅游等主题，深入分析当前生态旅游发展的痛点以及当前生态旅游发展面临的机遇与挑战，提出与现有自愿减排机制融合发展、厘清行政行为界限、释放旅游数字化与生态化融合的活力等手段，分析了乡村生态旅游模式、民族地区生态资源优势转化、"绿水青山就是金山银山"等内容，总结了康养度假、智慧乡村等生态旅游形式的发展模式，指出了"绿水青山"生态旅游优势转化为"金山银山"发展优势的困境与挑战，并且从立法角度阐述了构建以国家公园为主体的自然保护地体系的必要性。

（二）休闲度假旅游产品

度假旅游产品关注旅游者休闲、度假、求放松、求安逸的心理需求，为其提供了一个舒适、优雅、安静、私密的空间。度假旅游产品追求与旅游者互相融入的目标，产品符合旅游者的心理感觉，旅游者投身其中，享用度假旅游产品的各项服务。度假旅游持续的时间比较长，是旅游者在一段时间内的一种生活方式。度假旅游的突出特点是强调身心感受，为旅游者提供紧张生活之外的闲适。《中国休闲发展年度报告（2023—2024）》（以下简称《报告》）对城镇居民、农村居民和退休居民的休闲行为展开了不同维度的分析，探索城乡居民休闲特征与演化趋势。《报告》显示，非工作时间越多，国民休闲意识就越强，休闲权利就越能得到保障。本地休闲和远程旅游都得到快速增长。城镇居民、农村居民及退休居民每日平均休闲时间分别较2022年提高了39.38%、23.91%和14.55%，年度平均总休闲时长分别增长了60.30%、16.39%和14.55%。从发展趋势来看，城镇和退休居民的休闲时间还会有一定的增加，农村居民休闲时间将会持续增长，且速度高于城镇居民和退休居民。

消费购物仍是国民休闲的基础选项。2023年，城乡居民选择实地购物、外出就餐、美容美发、游乐游艺等消费购物类休闲活动的占比达58.6%~64.6%。其他休闲选项中，不同人群偏好各异，城市居民注重文化休闲、农村居民更倾向居家休闲，退休居民则大多选择体育健身。文化休闲在城镇居民日常生活中的比重稳步提升。越来越多的城乡居民愿意走出家门，参与多元化户外休闲活动。《报告》显示，城镇居民工作日、周末和节假日的文化休闲占比分别从2019年的15.11%、16.01%和16.92%，提升至2023年的18.81%、19.32%和18.42%。

截至2024年6月，我国共有85家国家级旅游度假区。分布在全国各个省份，主要以河湖型、山地型、海滨型、温泉型度假区为主。

（三）康体养生旅游产品

"身体健康、心情愉快、生有所养、老有所乐"已经成为人们对幸福生活的基本诉求，一种新兴的产业形态——康体养生应运而生，即以国际公认的全健康为基本理念，以生态环境、特殊资源、传统文化、现代科技为依托，以改善身体机能、保障心理安适、实现身心和谐为主要动机，以保持身心健康、提升生活质量、激发生命潜能为核心功能。康体养生旅游产品的产业开发模式有文化养生型旅游产品、长寿资源型旅游产品、中医药膳型旅游产品、生态养生型旅游产品、养老综合型旅游产品、度假产业型旅游产品、体育文化型旅游产品、医学结合型旅游产品等。为深入贯彻落实国务院《关于促进旅游业改革发展的若干意见》和《中医药发展战略规划纲要（2016—2030年）》等部署，根据原国家旅游局和国家中医药管理局《关于促进中医药健康旅游发展的指导意见》和《关于开展国家中医药健康旅游示范区（基地、项目）创建工作的通知》，经过组织征集、材料核查、专家评审等环节，确立了73家单位为第一批国家中医药健康旅游示范基地创建单位。2019—2023年，各省份积极响应，如广西、安徽等分批次建立了许多省级中医药康养旅游示范基地。越来越多的旅游者渴望"在旅游中养生，为养生而旅游"，我国康体养生旅游产品的市场十分具有潜力。

（四）户外运动旅游产品

2016年，国家旅游局和国家体育总局共同印发《关于大力发展体育旅游的指导意见》提出，要在全国建成100个具有重要影响力的体育旅游目的地，建成100家国家级体育旅游示范基地，推出100项体育旅游精品赛事，打造100条体育旅游精品线路，培育100家具有较高知名度和市场竞争力的体育旅游企业与知名品牌。2021年，国务院印发的《全民健身计划（2021—2025年）》提出，促进体旅融合，通过普及推广冰雪、山地户外、航空、水上、马拉松、自行车、汽车摩托车等户外运动项目，建设完善相关设施，拓展体育旅游产品和服务供给。打造一批有影响力的体育旅游精品线路、精品赛事和示范基地，引导国家体育旅游示范区建设，助力乡村振兴。2021年，国务院印发的《"十四五"旅游业发展规划》提出，实施体育旅游精品示范工程，以北京冬奥会、冬残奥会等重大体育赛事为契机，打造一批有影响力的体育旅游精品线路、精品赛事和示范基地，规范和引导国家体育旅游示范区建设。2023年，体育总局办公厅、文化和旅游部办公厅《关于开展2023年国家体育旅游示范基地申报工作的通知》指出国家体育旅游示范基地是体育旅游融合发展的重要载体，有利于丰富旅游体验、传播体育文化、发展体育产业和旅游产业，对恢复和扩大体育旅游消费、助力构建新发展格局具有重要意义。提出要进一步促进体育与旅游深度融合，顺应居民消费差异化、多元化、品质化升级趋势，更好地满足人民群众对美好生活的向往。体旅融合发展正处于政策和市场的双重风口。随着人们对户外运动的认识越来越科学、参与度越来越高，我国的户外运动蓬勃发展，呈现出户外运动项目多样化、个性化，参与人员全民化，运动装备细分化，协会、俱乐部以及网络平台不断涌现等特点。极限项目也开始受到越来越多的人追捧。调查显示，极限项目的参加者多是高收入、高学历人群。因而，户外运动旅游产品随着户外运动的蓬勃发展而愈发火热，受到旅游者的追捧。

（五）文化体验旅游产品

随着生活水平和知识层次的不断提升，旅游者越来越渴望体验旅游目的地中的文化韵味，人们的旅游需求从单纯的观光游向文化体验深度游转变。同时，文化旅游产业的融合发展对促进国民经济的升级和结构转型具有重大意义。2023年12月，文化和旅游部联合自然资源部、住房和城乡建设部印发通知，公布了50个国家文化产业和旅游产业融合发展示范区建设单位。产业融合水平进一步提升，新型文化和旅游消费业态不断丰富，文化体验旅游产品也将层出不穷。文化产业和旅游业融合发展示范区根据区域规模和产业融合形式可以分为七种：文旅新区、文旅小镇、文旅产业园区、文旅综合体、文化旅游景区、文化旅游度假区和文化旅游带。

（六）会议培训旅游产品

会议、培训产业包括各种研讨会、论坛、展会、高级培训班等，汇集了大量的客源，能够产生极强的联动效应。会议培训产业近年来发展迅猛，市场规模庞大，成为旅游目的地产品消费中的重要组成部分。例如，河南省洛阳市栾川县，具有怡人的自然环境、良好的旅游形象，结合栾川县近期休闲农业乡村旅游发展目标，积极举办或承办乡村振兴、休闲农业、乡村旅游、精准扶贫等相关大型会议，在全国形成深山区乡村振兴的引领示范。同时建立几个会议培训基地，承接各类相关活动，积极开展会议培训市场，推出会议培训旅游产品。

（七）研学教育旅游产品

体验式教育理念和旅游业的跨界融合，使研学旅游成为旅游目的地产品热点。中国旅游研究院《中国研学旅行发展报告（2022—2023）》显示，从国家层面看，更多部门关注并支持研学旅行，更高层次的政策不断出台。从省级层面看，研学旅行、劳动实践等成为各地文旅、教育等领域推进"十四五"规划的重要内容，相关职能部门在基地营地评定、研学课程建设、指导师培养等方面的融合、联动、协同正在加强。艾媒咨询数据显示，2022年研学游行业市场规模为909亿元，2023年市场规模约为1473亿元，同比增长62.05%，预计2026年将达到2422亿元。

研学旅游行业互联网技术和模式创新正在加快行业发展和整合速度，提升行业集中率，缩小区域教育水平差距，并改造着人们的学习方式。中国庞大的人口基数是教育市场蓬勃发展的基石，近年随着国家计划生育政策的落实和教育政策的调整，学生群体的结构和人数也发生着变化。2023年，我国研学旅游行业出游人数中，小学生为19017.4万人次，初中生为6711.92万人次，普通高中生为2663.45万人次。中国研学旅游参与主体包括专业研学机构、旅行社、语言培训机构、相关营地基地机构、亲子教育机构、留学中介机构和教育行政部门下属的单位。2023年，我国新增研学企业881家，随着宏观经济增速逐渐放缓，新增企业数量也明显放缓。

（八）亲子教育旅游产品

随着素质教育观念的推动、相关政策刺激、精神消费需求的增强以及生活节奏的加快，亲子教育旅游产品在旅游目的地产品市场中日益火爆。根据第七次人口普查统计，全国总人口是14.1178亿，其中少儿人口为2.5亿，儿童教育问题更加凸显。旅游者对于亲子教育旅游的态度十分积极。相关机构发布的《2023年度亲子游出行报告》显示，2023年订购私家团的亲子用户订单量同比增长403%。具体来看，报告披露的数据显示，亲子游消费在2023年表现出高速增长，"80后""90后"父母成亲子游消费主力；在景区的门票订单中，亲子门票同比增长两倍；亲子游用户订购滑雪、潜水、徒步等主题游的占比高达33%；私家团产品的亲子客户占比55%，订购私家团的亲子用户订单量同比增长403%。以上数据表明，我国亲子教育旅游产品的市场发展前景远大、产品需求度高，提升亲子教育旅游产品的数量与质量，十分有利于进行旅游目的地产品功能创新管理。

二、旅游目的地产品业态创新管理

旅游目的地产品业态创新管理指的是旅游目的地相关管理组织围绕旅游市场的发展和消费需求，对产生的新的旅游产品及其运营模式的管理活动。在我国大力推动文化产业与旅游产业融合发展的背景下，从产业价值链角度看，旅游目的地产品业态创新包含三种模式。

（一）利益驱动下的产业价值链互动延伸融合模式

旅游产业和文化产业存在天然的耦合性和功能互补性。在利益的驱使下，功能互补的旅游产业和文化产业之间，通过产业价值链的互动延伸而实现产业融合的模式，称为互动延伸型融合模式，该模式是文旅产业融合的低层次融合。延伸融合后的产业，具有新的附加功能和更强的市场竞争力。如文化馆／博物馆／纪念馆、文化产业示范基地、文创／文化产业园、演艺、影视、古城／村／街文化、名人故居等向旅游功能的延伸，拓宽了文化产业市场范围，丰富了旅游产业内涵，满足了旅游者的精神需求。

（二）需求导向下的产业价值链重组融合模式

重组融合模式是指具有密切联系的文化产业和旅游产业，为满足游客愉悦性深层次需求，各自独立的产品和服务通过产业价值链的重组，实现产品和服务创新的融合模式，该模式是文旅产业融合的中层次融合。文化产业和旅游产业的重组型模式的具体形式有资本重组、业态重组、结构重组、商业重组等。产业创新是推动产业重组的核心驱动力，二者是互促互长的关系。通过产业重组可促进产业创新，通过产业创新可促进产业发展。两大产业的重组融合模式可产生新的业态产品，如通过会展、体育、音乐、传统节日等文化业态与旅游活动的重组，可形成会展旅游、体育旅游、音乐旅游、节庆旅游等业态产品。业态产品的创新，可吸引大量人流、物流和信息流，带来产品所在地经济的大幅增长。

（三）科技推动下的产业价值链渗透融合模式

随着现代高新技术的发展，文化产业和旅游产业相互向对方渗透融合以形成新产业形态的文旅一体化发展模式，称为文旅融合的渗透融合模式。在文旅融合一体化过程中，根据两大产业的主导地位的不同，可以分为文化产业向旅游产业渗透的融合模式和旅游产业向文化产业渗透的融合模式两种形式。

三、旅游目的地产品服务创新管理

作为一种综合性产品，旅游目的地产品服务也在旅游目的地产品中占据了十分重要的位置。进行旅游目的地产品服务创新管理，是指旅游目的地相关管理组织通过对旅游目的地产品服务进行设计、创新等活动，增加产品附加价值、提升产品质量的一系列活动过程。旅游目的地产品服务创新管理主要包括以下几个方面内容。

（一）产品服务的创新

旅游目的地产品服务创新，通过对服务特色、服务功能、服务质量以及服务种类等形式的创新提升，来增强旅游产品附加值。例如，2021 年 6 月开业的"只有河南·戏剧幻城"景区，是一座有 33 个剧场的戏剧幻城，是中国首座全景式全沉浸戏剧主题公园，也是目前世界最大的戏剧聚落群。既是剧场，又是景区，旅游者既是观众，又是参与者，给予旅游者十分震撼的新奇体验。

（二）产品服务设施的创新

旅游目的地产品服务设施的创新管理，主要是以旅游目的地产品服务设施为对象，通过对这些设施进行创新或优化升级，从而使得旅游目的地产品的服务可以得到更好的提升。例如，河南省洛阳白云山旅游度假区以国家 5A 级旅游景区白云山为依托，对景区的产品服务设施进行升级，不仅使得旅游者可以进行山地度假、温泉养生、文化演艺等旅游活动，还可以在景区举办婚礼，给旅游者的旅游活动增添更多的选择与活力。

（三）产品服务技术的创新

旅游目的地产品服务技术的创新管理，主要是以旅游目的地产品服务技术为对象，通过科学技术的手段，提升旅游目的地产品服务，给旅游者带来更好的旅游感受。例如，北京故宫博物院推出了故宫博物院青少年网站，网站上有以故宫博物院为背景的动漫作品，还有以融合故宫博物院知识的游戏程序、故宫小百科等科普文章等。通过信息化手段加强旅游者对旅游目的地的认知，提升旅游者参与旅游活动的文化感受。同时VR（虚拟现实）旅游产品的出现，也对旅游者进行旅游活动提供更多的选择，因为其不受时间、空间、经济条件、环境条件的限制，大大满足游客游览和审美的需求。

四、旅游目的地产品营销创新管理

（一）旅游目的地产品营销内容

旅游目的地产品营销管理是指通过对旅游目的地产品营销市场的供求情况、产品自身条件、产品生产或组织等行为的开展进行研究，从而使得旅游目的地产品营销活动得以实现的过程。旅游目的地产品营销管理包含以下三部分的内容。

（1）旅游目的地产品市场管理。旅游目的地产品市场管理主要针对旅游目的地产品的市场需求和供给。进行旅游目的地产品市场管理不仅可以更好地满足旅游者的需求，根据其变化而对产品的管理进行积极调整，还可以通过供求关系的研究与管理，促使旅游目的地相关企业等组织获得最佳的经济效益，带动地方经济发展，促进全域旅游的建设，使得旅游业可以繁荣发展。

（2）旅游目的地产品质量管理。旅游目的地产品质量管理是指对旅游目的地产品在旅游者消费过程中所展示的最终形态、品质等方面进行管理，有利于提升旅游者的旅游感知，建立旅游目的地产品的良好形象。例如，华山身为"五岳"之一，以险闻名，风光秀美，景色奇丽，每逢黄金周等旅游旺季，景区总会客流量超载，为了维护旅游目的

地产品的质量，景区先实行限流制度，既保证了旅游者的安全及其旅游感受，也保护了旅游目的地的环境不被过载的客流量影响。

（3）旅游目的地产品文化管理。旅游目的地产品文化管理是指旅游目的地相关组织或企业通过加强对旅游目的地产品文化的设计和规划，使得旅游者对于产品的文化传达有了更好体验的过程。在进行旅游目的地文化管理的时候，不仅要求相关组织对旅游目的地当地文化进行保护，更要注意防范外来文化对当地文化的冲击和影响，要发挥当地区域的地方特色，注重把握协调，不能为了建设而建设。

（二）旅游目的地产品营销创新战略

（1）塑造文化品牌战略。旅游产品同一般产品一样，旅游者在做购买决策之前，都会有驱动因素。不同的驱动因素和心理需求，影响旅游者对旅游目的地产品的不同消费选择。而现在世界范围内很多著名的旅游目的地产品，除了风光秀丽的自然景观和具有重要历史意义的人文景观外，新兴的由文化品牌为核心建立起来的旅游目的地也在市场上占有越发重要的一环。例如，美国著名的迪士尼乐园，现如今已经在全球范围内建立了多个园区，通过自身企业的文化产出，利用电影、音乐、动画等形式加强品牌影响力，使得喜爱迪士尼文化的旅游者为了体验特有的文化来到度假区进行旅游活动。又如环球影城，通过电影产业的极大影响力，将文化品牌融入景区建设，园中的哈利·波特的魔法世界、变形金刚3D历险、神偷奶爸小黄人乐翻天、侏罗纪公园河流大冒险等娱乐项目对于电影爱好者有着极高的吸引力，从而带动园区经济，推动旅游发展。

旅游目的地产品在进行提升的时候，可以使用先进的信息、影视等技术，加强文化品牌的塑造，推出周边产品，打造文化氛围，使旅游者在进行旅游活动时，可以满足精神层面的娱乐和体验。

（2）制定因地制宜战略。旅游目的地产品的提升，不仅要细化市场，有针对性地根据目标旅游者消费群体进行改进；更要制定因地制宜战略，推进全域旅游，从而更好地提升旅游目的地产品。例如，乡村为全域旅游提供了广阔的旅游目的地，乡村旅游无可厚非地成为全域旅游的重要组成部分。银川属于典型的中温带大陆性气候，特点是春暖快、夏热短、秋凉迅速、冬季阳光充足、昼夜温差大。比起南方，银川的夏季凉爽宜人，比起北方许多地方，银川的冬季不算寒冷。纵观银川在亚欧大陆中的地理位置，银川适宜成为"一带一路"沿线国家和地区夏、冬季节人们消暑度假、躲避严寒、休闲疗养的最佳旅居地。银川坚持"绿色、高端、和谐、宜居"的城市发展理念，银川的人文地理孕育有众多特殊的文化遗产，如神秘的西夏文化、边塞文化等；有以红军长征、中共地下斗争等为主题的红色文化；有元代贯穿欧亚等地的商贸交流及人员往来的东西方贸易文化；以"盐引"、西部"茶路"及"皮毛之路"为代表的明清晋商文化等。

（3）社区居民参与战略。社区居民在旅游目的地产品开发过程中具有两面性：一是由于当地居民生活方式及其所拥有的民居是地域民俗文化展示的组成部分，二是旅游业发展影响当地居民正常生活秩序。旅游者除了欣赏风景之外，对目的地居民的生活及习俗也非常感兴趣，可以说，当地的居民及其生活方式也是旅游产品。因此，在提升旅游目的地产品时，需要旅游目的地居民的积极参与、配合。缺乏旅游目的地居民热情参与的产品是没有生命力的。同时，要考虑旅游业的正面和负面的影响，尤其是对当地居民生活、文化的影响。开发产品要考虑居民的感情因素。尤其是涉及宗教、信仰习俗的时候，必须尊重当地居民。否则容易激化矛盾，引起群体事件，给旅游安全带来隐患，从而给旅游目的地带来极大的负面影响。

案例分析

阿者科计划——全球旅游减贫的一个中国解决方案

阿者科村地处云南红河哈尼梯田世界文化遗产核心区内，海拔1880米，全村共64户，479人。村寨于1988年建立，因其保存完好的四素同构、空间肌理、蘑菇房建筑和哈尼族传统文化，成为红河哈尼梯田申遗的5个重点村寨之一，同时也是第三批国家级传统村落。

这般美轮美奂的古村落，却是元阳县典型的贫困村。阿者科村内经济发展缓慢，人均年总收入仅3000元，传统生产生活方式难以为继，人口外出务工，村落空心化趋势严重。若留不住村庄原住民，阿者科的传统也会渐渐消失，这不仅仅是脱贫攻坚的问题，更是遗产保护问题，同时是现代化背景下中国广大农村的缩影。为解决以上问题，阿者科计划作为社会科学的试验田应运而生。

一、做法：既要脱贫攻坚，也要"留住乡愁"

2018年1月，中山大学保继刚教授团队应元阳县政府邀请，到元阳梯田区开展元阳哈尼梯田旅游区发展战略研究调研与规划工作，团队一行人实地调研了包括阿者科村在内的5682家农户。调研结束后，团队专门为阿者科村单独编制《阿者科计划》。

（1）科学规划，打造精品村落。阿者科计划科学确定了阿者科乡村旅游的目标。一是近期目标（2018—2020年）：将阿者科原生态文化旅游村建设成为云南省民族文化旅游的标志性旅游村，全村基本实现旅游脱贫。二是中期目标（2021—2025年）：将阿者科原生态文化旅游村建设成为中国著名的民族原生态文化旅游村，全村基本达到小康水平。三是远期目标（2026—2030年）：将阿者科原生态文化旅游村建设成为世界知名的原生态文化旅游村，达到精品旅游村水平，全村基本实现旅游致富。

（2）深入探索，建立长效合作。中山大学保继刚教授团队派出博士研究生，协同元阳县指派的青年干部，共同出任村主任，驻村领导村民成立阿者科旅游公司。按照《阿者科计划》分红规则，乡村旅游发展所得收入三成归村集体旅游公司，用于公司日常运营，七成归村民。归村民的分红再分四部分执行，即传统民居保护分红40%、梯田保护分红30%、居住分红20%、户籍分红10%。项目团队经过多方调研和探索形成了新的开发模式和合作机制，阿者科村实行内源式村集体企业主导的开发模式，组织村民成立旅游发展公司，公司组织村民整治村庄，经营旅游产业，公司收入归全村所有，村民对公司经营进行监管。

（3）建立规矩，守住保护底线。为了保护千年古村落，留住心灵深处的乡愁，计划明确了阿者科村保护利用规则。一是不租不售不破坏：村集体公司成立后不再允许村民出租、出售或者破坏传统民居，违者视为自动放弃公司分红权。二是不引进社会资本：公司不接受任何外来社会资本投入，孵育本地村民自主创业就业。三是不放任本村农户无序经营：公司对村内旅游经营业态实行总体规划与管理，严控商业化，力保村落原真性。四是不破坏传统：公司组织村民修复村内传统文脉，传承民间技艺，保护传统生产生活设施。

（4）合理定位，开发产品体系。规范阿者科哈尼民族体验之旅项目，科学开发游客深度定制游项目，推出了自然野趣、传统工艺、哈尼文化等活态文化体验产品及活动，实现旅游项目菜单式管理，游客根据需求"点单"，使得阿者科村乡村旅游产品既有传统村寨观光，又有文旅活动。游客进入阿者科村，既能欣赏壮美的梯田风光，又能亲身体验哈尼家庭的生产生活，从中激发游客心灵深处乡愁的记忆。

（5）精准宣传，营造良好氛围。项目团队充分运用现代宣传理念和技术，在网络、App平台、新闻媒体上宣传阿者科村乡村旅游，向游客精心展示千年古村落的纯真和宁静。阿者科驻村研究生根据阿者科传统村落风貌、民族文化特点合理利用抖音、微信公众号开展宣传，抖音号播放量达1000多万次，点赞量达46万多次，很多游客慕名而来。

阿者科村乡村旅游将乡村振兴、传统村落保护、文旅融合发展、农耕技艺传承四位一体同步推进、协调发展的重要举措，是脱贫攻坚的一种创新模式。

二、成效："绿水青山就是金山银山"理念的活样板

经过一年的实践，阿者科计划取得了"开门红"，实现稳定增收，群众积极参与，取得了良好的经济效益和社会效益。实践证明，阿者科计划是践行习近平总书记"绿水青山就是金山银山"发展理念的活样板。

（1）实现稳定增收，群众收入得到大增加。阿者科计划的实施，在阿者科哈尼民族体验之旅项目（人均30元）、游客深度定制游项目（根据游客定制需求200~800元不等）上取得了可喜成绩，实现收入超过40万元，村民分红金额为191195元。实践证明阿者科计划是成功的，阿者科乡村旅游实现了开门红，通过利益分红机制与村落保护细则的绑定，让村民实实在在享受到了乡村旅游带来的效益。

（2）增加就业岗位，群众参与度得到加强。发展乡村旅游以来，为建档立卡贫困户村民创造就业岗位12个，其中管理人员1名、售票员2名、检票员2名、向导1名、织布技师2名、清洁工4名。通过实施阿者科计划，村民得到了实惠，对待游客的态度从淡漠转为热情。

（3）提升人居环境，旅游环境得到大优化。公司成立后在聘请村民常规打扫的同时，通过村规民约引导村民积极做好门前"三包"，定期开展村内大扫除。此外，公司

还顺利完成公厕改建、水渠疏通、房屋室内宜居化改造等工作，村内相比之前更加宜居，乡村旅游环境得到了大幅度提升。

（4）形成良性循环，传统村落得以保护。在发展乡村旅游之前，部分村民将传统民居出租给外地经营者，原住民搬出村寨，核心人文内涵丢失。发展乡村旅游后，规定不得将房屋出租，否则视为放弃公司分红权，传统民居及其人文内涵得以保留。加之一些传统民俗文化被市场认可，得以长久保护和传承。

（5）丰富旅游产品，游客体验感明显增强。发展乡村旅游前，村内基本没有旅游接待设施，游客到村内仅能搞拍摄，难以更深度地体验哈尼文化和人文内涵。发展乡村旅游后，带动3家农家乐餐馆为游客提供服务，1户经营乡村小客栈，村内服务功能得到完善。公司还开设一系列主题性体验活动，对外实行预约制，带动村民承接精品旅游团，在村内开展活动，深度体验哈尼村寨文化，游客对乡村旅游的体验感得到了极大丰富。

三、反响：为全球旅游减贫提供一个中国解决方案

（1）村民真心支持。在阿者科计划实施的一年里，旅游发展吸引的不仅仅是游客，也吸引了一些外出务工的青年返乡就业。村民罗美花感慨道："我原本在外面打工，听说家乡要发展旅游了，很高兴地回村里来上班，因为可以在家附近照顾老人和小孩，不让小孩成为留守儿童，而且为自己家乡工作更有动力。我希望有家的地方有工作，有工作的地方有家！"项目团队不仅希望村民获得可观的收入，而且十分重视对村民的技能培训，包括学习普通话、外语和电脑技术，同时强化遗产保护意识的培育。阿者科前村支书去世前特地嘱咐在阿者科旅游公司上班的儿媳，要为人正直、实事求是，时时刻刻为村集体着想。这番嘱托深深地烙印在儿媳心里，成为其为家乡工作的精神寄托。

（2）媒体广泛报道。一年来，阿者科计划受到社会各界的广泛关注，新华社、《人民日报》、中国新闻网、《中国青年报》、云南省文化和旅游厅、腾讯网、云南网等多家知名媒体曾进行报道。

（3）业界高度认可。"阿者科计划"把阿者科作为一块社会科学的试验田，不仅是给元阳哈尼梯田的实践带来启示，更是一种实践检验理论、实践创造理论的新路径，为全球旅游减贫提供一个中国的解决方案，找到一条可持续的旅游减贫之路。由于其模式创新，在旅游业界以及学术界得到了广泛的好评。世界旅游组织正在计划到阿者科考察。时任云南省副省长的李玛琳在考察项目给予高度肯定，"这是我见过最好的旅游扶贫模式"！

（资料来源：http://www.moe.gov.cn/jyb_xwfb/xw_zt/moe_357/jyzt_2019n/2019_zt27/zsgx/zsdx/201910/t20191015_403545.html，有改动）

【本章小结】

本章主要介绍了旅游目的地产品的概念、旅游目的地产品管理的内容、特点以及怎样进行旅游目的地产品开发管理和创新管理。通过对旅游目的地产品以及产品管理的概

念进行定义，引申出对管理旅游目的地产品应做的工作内容。对于旅游目的地而言，旅游者到旅游目的地所购买的旅游产品是旅游目的地向旅游者进行宣传的一种方式，同时是旅游目的地获得经济收入的一种途径。而旅游者通过获得旅游产品，满足自身的旅游需求从而获得旅行价值。旅游产品在旅游业的经营活动中处于核心地位，是旅游经济学研究的最基本、最核心的课题。旅游产品的品种、数量、质量、管理都可以直接关系到旅游业的兴衰和旅游经济的可持续发展。党的十九大报告宣告中国特色社会主义进入了新时代，新时代的社会主要矛盾是"人民日益增长的美好生活需要和不平衡不充分的发展之间的矛盾"。随着我国经济已由高速增长阶段转向高质量发展阶段，市场环境发生了重大变化，旅游业也随之受到影响。市场要求旅游产品的形式和内容需要不断丰富，因而旅游产品的开发与管理对于旅游目的地的发展非常重要。

【关键术语】

旅游产品；旅游目的地产品管理；旅游核心产品；旅游形式产品；旅游延伸产品；旅游产品开发管理；旅游目的地产品创新管理；旅游目的地产品营销管理；旅游目的地产品文化管理

【Key words】

Tourism Product；Tourism Destination Product Management；Tourism Core Product；Tourism Formal Product；Tourism Extended Product；Tourism Destination Product Development Management；Tourism Destination Product Innovation Management；Tourism Destination Product Marketing Management；Tourism Destination Product Cultural Management

【复习思考题】

一、单选题

1. 对于旅游目的地来说，旅游产品即满足旅游者整个旅游活动所需的食、住、行、游、购、娱等需求的物品和（　　）的组合。

A. 劳务　　　　　B. 吸引物　　　　　C. 利益　　　　　D. 服务

2. 旅游产品的质量、特色、风格及（　　）是产品依托旅游资源及旅游设施而反映出来的外在价值，是激发旅游者旅游动机、引导和强化旅游者进行消费行为的具体形式。

A. 载体　　　　　B. 声誉　　　　　C. 组合方式　　　　　D. 市场优势

3. 旅游目的地产品管理是综合性、全方位的，涉及景区、相关企业等，然而一个环节的崩坏，往往会因为（　　）特征使得其他管理环节出现问题，造成负面影响。

A. 脆弱性　　　　　B. 综合性　　　　　C. 公共性　　　　　D. 同一性

4. 旅游产品开发构思的来源是多方面的，其中（ ）与旅游者直接接触，可以获得第一手的需求资料，因而旅游经营者应该重视从此方面获得的信息，并应用于新产品的开发中。

A. 竞争者　　　　　　　　　　B. 旅游从业者

C. 旅游科研和策划机构　　　　D. 旅游企业

二、判断题

1. 在旅游目的地开发过程中，经济利益是最关键的，必要时可以破坏原有生态环境。（　　）

2. 旅游目的地产品开发管理具有市场导向原则，所以哪个景点火、名气大，就可以考虑照搬抄袭。（　　）

3. 旅游目的地产品的开发管理是一个漫长的、系统的过程。（　　）

4. 利益驱动下的产业价值链互动延伸融合模式是文旅产业融合的高层次融合。（　　）

5. 重组融合模式是指具有密切联系的文化产业和旅游产业，为满足游客愉悦性深层次需求，各自独立的产品和服务通过产业价值链的重组，实现产品和服务创新的融合模式。（　　）

三、思考题

做一个调查，了解一下你身边的人是否进行了旅游活动，在旅游目的地的选择过程中受哪些因素的影响。

【参考文献】

［1］史瑞应. 基于"人—地—业"三维视角的体育赛事旅游目的地发展研究［D］. 北京：北京体育大学，2020.

［2］田志奇. 文旅融合下旅游目的地互联网思维的产品营销及创新［J］. 旅游学刊，2019，34（8）：8-10.

［3］刘建军. 基于顾客参与的旅游产品差异化营销策略研究——预期目标与决策行为冲突视角［D］. 武汉：武汉大学，2019.

［4］刘宇青，邢博，王庆生. 旅游产品创新影响体验感知价值的构型研究［J］. 经济管理，2018，40（11）：157-173.

［5］付强，尹佳文. 乡村旅游目的地选择及产品偏好的影响因素研究［J］. 资源开发与市场，2018，34（11）：1618-1622.

［6］孙佼佼. 黑色旅游体验的心理机制与目的地的意义再表征［D］. 大连：东北财经大学，2018.

［7］姚延波，侯平平. "一带一路"倡议下我国入境旅游产品开发新思路［J］. 旅游学刊，2017，32（6）：5-7.

［8］吴学成.黔东南民族村寨体验旅游产品体系构建研究［D］.北京：中国地质大学，2014.

［9］胡滨.陕西省旅游目的地文化产品开发策略研究［J］.中国商贸，2010（16）：176-177.

［10］初晓恒.旅游产品文化及其传递探析［J］.商业研究，2009（10）：199-203.

第（五）章

旅游目的地服务管理

知识要点	掌握程度	相关知识	思政主题
旅游目的地服务管理概述	理解	旅游目的地服务管理构成，旅游目的地服务管理原则，旅游目的地服务管理方法	社会主义核心价值观 精益求精工匠精神 职业理想和职业道德
	掌握	旅游目的地服务管理概念，旅游目的地服务管理内容	
旅游目的地公共服务管理	理解	旅游目的地公共服务管理体系，旅游目的地公共服务管理特征，旅游目的地公共服务管理制约因素	
	掌握	旅游目的地公共服务管理概念，旅游目的地公共服务管理内容，旅游目的地公共服务管理问题对策	
旅游目的地接待服务管理	理解	旅游目的地接待服务管理内容，旅游目的地接待服务管理特征	
	掌握	旅游目的地接待服务管理概念，旅游目的地接待服务管理举措	
旅游目的地集散管理	理解	旅游集散地的性质，旅游集散地管理，旅游集散中心	
	掌握	旅游集散地的概念，旅游集散地的分类，旅游集散地功能	

📖 导入案例

文化和旅游部：加强服务质量监管 提升旅游服务质量

为贯彻落实党中央、国务院关于高质量发展的决策部署，大力实施质量强国战略，推动"十四五"时期我国旅游业高质量发展，文化和旅游部印发了《文化和旅游部关于加强旅游服务质量监管 提升旅游服务质量的指导意见》（以下简称《指导意见》）。

一、《指导意见》出台的主要背景是什么

一是贯彻落实党中央、国务院关于高质量发展的重大决策部署。党的十九大报告指出，"必须坚持质量第一、效益优先，以供给侧结构性改革为主线，推动经济发展质量变革、效率变革、动力变革"。2018年9月，中央全面深化改革委员会第四次会议审议通过《关于推动高质量发展的意见》，强调推动高质量发展是当前和今后一个时期确定发展思路、制定经济政策、实施宏观调控的根本要求，要加快创建和完善制度环境，协调建立高质量发展的指标体系、政策体系、标准体系、统计体系、绩效评价和政绩考核办法。党的十九届五中全会通过的《国民经济和社会发展第十四个五年规划和2035年远景目标的建议》明确提出，要建设"质量强国"，完善国家质量基础设施和深入开展质量提升行动。2021年1月，中共中央办公厅、国务院办公厅印发《建设高标准市场体系行动方案》提出，以推动高质量发展为主题建设高标准市场体系，改善提升市场环境和质量，提升商品和服务质量，完善质量管理政策措施，深入实施质量提升行动。

二是主要解决旅游业高质量发展的制约性因素。旅游服务质量是旅游业作为现代服务业的内在属性，是企业的核心竞争力，是衡量行业发展水平的重要指标。近年来，旅游行业服务质量意识和管理水平不断提升，监管能力进一步增强，为维护游客合法权益、规范市场秩序提供了有力保障。但是，从高质量发展阶段的新要求来看，旅游服务质量意识不强、管理水平不高、品牌知名度和美誉度不强、质量基础设施不完善、质量人才匮乏、监管手段不硬、质量持续提升动力不足等问题依然突出，旅游服务质量仍是旅游业高质量发展的制约性因素。加强旅游服务质量监管、提升旅游服务质量是推进旅游业供给侧结构性改革的主要载体，是旅游业现代治理体系和治理能力建设的重要内容，是促进旅游消费升级、满足人民群众多层次旅游消费需求的有效举措，是推动旅游业高质量发展的重要抓手。《指导意见》通过政策系统集成，进一步增强政策效能，意在加强旅游服务质量监管和提升工作，有针对性解决旅游业高质量发展的制约性因素，这是落实党中央、国务院关于高质量发展的重大决策部署、持续推动旅游业高质量发展、不断满足人民美好生活需要的必然要求。

二、《指导意见》提出了哪些重点任务

《指导意见》从六方面提出了29条具体任务。

一是落实旅游服务质量主体责任。通过培育企业质量文化、提升质量管理水平、促进企业服务创新、增强旅游服务质量保障和发挥行业组织作用，引导和激励A级旅游景区、星级饭店、旅行社、在线旅游经营者等市场主体将提升旅游服务质量作为增强市场竞争力的重要手段。

二是培育优质旅游服务品牌。大力实施以服务质量为基础的品牌发展战略，加快培育一批品牌旅游企业和品牌旅游目的地，充分发挥品牌对旅游业高质量发展的引领带动作用，推动形成优质优价的旅游消费意识，提升中国旅游服务品牌知名度和美誉度。

三是夯实旅游服务质量基础。推进旅游服务相关标准的制修订与宣传实施等工作，开展质量监测评价，探索建立旅游服务质量认证体系，充分发挥旅游服务标准、旅游服务质量监测和评价、旅游服务质量认证对提升旅游服务质量的基础性作用。

四是加强旅游人才队伍建设。贯彻尊重知识、尊重人才、尊重创造、尊重技术、尊重服务的思想，通过加强导游队伍建设、举办旅游服务技能竞赛和完善教育培训体系等，提高旅游人才的服务水平和能力，激发旅游人才创新活力。

五是加快推进旅游信用体系建设。着眼于贯穿市场主体全生命周期、事前事中事后监管全流程，通过不断完善旅游市场信用监管制度和信用承诺制度、推进信用分级分类监管和严格失信名单管理等，加快构建以信用为基础的新型监管机制，为全面提升旅游服务质量提供重要支撑。

六是加强行业旅游服务质量监管。加强旅游服务质量监管，构建高效协调的服务质量监管体系，综合运用市场监管和综合执法手段，创新监管方式，坚持包容审慎监管，健全公平竞争审查机制，加强游客权益保护，促进旅游服务质量整体提升。

三、《指导意见》有哪些特色及亮点

一是坚持将质量第一作为价值导向，构建旅游服务质量监管和提升工作格局。《指导意见》强调，要牢固树立质量第一的发展意识，一手抓服务质量监管不放松，夯实发展基础，一手抓优质服务促进不动摇，提升质量标准。《指导意见》要求，强化行业质量兴旅、质量强旅意识，培育行业质量文化，打造优质旅游服务品牌，引导和激励市场主体将提升服务质量作为增强市场竞争力的重要手段，要推动服务质量监管和提升的整体推进、协同发展。《指导意见》明确了统筹旅游服务质量需求和供给，构建政府主导、企业主责、部门联合、社会参与、多元共治的旅游服务质量监管和提升工作格局。

二是坚持将创新发展理念贯穿全文，以创新驱动引领高质量发展。《指导意见》提出，以数字化驱动旅游服务质量监管和提升变革，推进"互联网＋监管"、完善"全国旅游监管服务平台"等，全面提高数字化、智能化监管水平。《指导意见》强调，推动市场主体创新理念、技术、产品、服务、模式和业态，促进线上线下融合发展，支持大数据、云计算、区块链、人工智能等的应用，推动旅游企业数字化转型。《指导意见》要求，加强游客合法权益保护，完善消费后评价体系，支持和鼓励地方建立赔偿先付制度，引导市场主体针对老年人等特殊群体有效提升旅游服务便利性。

三是坚持深化改革，推动有效市场和有为政府更好结合，着力破除体制机制障碍。《指导意见》强调，充分发挥市场在资源配置中的决定性作用，落实旅游服务质量主体责任，更好发挥政府职能作用，为质量提升营造良好的市场环境。《指导意见》要求，建立健全旅游服务品牌创建激励机制，完善旅游服务质量监测机制，推动"中国旅游服务品牌"走出去，加快推进旅游信用体系建设。《指导意见》强调，以标准化引领旅游服务质量提升，在相关标准制修订工作中突出旅游服务质量方面要求，探索建立旅游服务质量认证体系，建立以游客为中心的旅游服务质量评价体系等。

四、《指导意见》提出的旅游服务质量评价体系如何构建

推进高质量发展必然要求有相应的测度体系。构建旅游服务质量评价体系意在明确服务质量监管和提升的重点和方向，加强动态管理。一是建立基本制度。要建立以游客为中心的旅游服务质量评价制度，明确评价主体、对象、周期、方法、数据获取和分析、反馈机制和应用场景等内容。二是建立运行规则。要开发建设旅游服务质量评价系统，制定完善评价模型、指标、流程和标准，突出市场运行规律和行业特点。三是加强相关保障。要做好组织机构、人员、经费和设备等方面的保障，进一步完善纵向协同、横向联动的工作机制。四是加强监督管理。坚持依法合规实施旅游服务质量评价，加强全流程动态管理，在数据获取、评估结果应用等重点环节加强监管，对违反评价制度的行为明确相关责任。

五、如何保障《指导意见》各项任务的落实推进

《指导意见》从多个层面明确了相关保障措施。一是与地方质量工作相结合。要求各级文化和旅游行政部门要将旅游服务质量监管和提升工作纳入地方各级人民政府质量工作总体部署和考核内容，制定具体落实方案，确保旅游服务质量监管和提升工作取得实效。二是充分发挥地方积极性。《指导意见》提出，各地要结合实际，创造性开展工作，加大先行先试工作力度，进一步完善领导机制和协调机制，加强与市场监管等有关部门的有效合作。三是要加大宣传力度，举办形式多样的宣传教育活动，充分调动广大游客、各类市场主体、行业组织和社会媒体的积极性，营造良好社会氛围。四是加强跟踪评估。各省级文化和旅游行政部门要加强对旅游服务质量监管和提升工作落实情况的跟踪评估，建立和完善旅游服务质量评价体系，按时向文化和旅游部报送工作进展。五是加强正向激励。文化和旅游部将研究制定激励政策，完善激励机制，对旅游服务质量监管和提升工作取得良好成效的单位和个人实施正向激励，对各地落实情况进行监督，开展第三方评估，并适时将第三方评估结果向社会公布。

（资料来源：https：//baijiahao.baidu.com/s?id=1700602411904731934&wfr=spider&for=pc）

第一节　旅游目的地服务管理概述

就旅游目的地来说，旅游者在目的地能否获得高质量的旅游体验直接关乎整个行业的发展。而旅游体验质量高低取决于旅游目的地供给的核心内容——旅游服务。旅游目的地服务是旅游者与目的地接触互动的主要纽带，其作为一种无形的旅游产品，在旅游行业发展中至关重要。因此，对于旅游目的地服务进行优化和完善的管理是目的地旅游行业发展的重要内容。但是旅游目的地服务行业作为一个边缘性的概念，涉及范围广泛、行业界限模糊，这也决定了旅游目的地服务管理的复杂性，同时增加了旅游目的地管理的难度。

旅游目的地服务供给是由政府主导，旅游企业、目的地居民、非政府组织和社会公众等多利益主体协同推进的综合服务供给行为。然而，在现实中，一些旅游目的地，难

以对旅游发展实施强有力管理，特别是为追求短期经济利益而盲目扩大发展，使目的地的管理秩序出现失控。旅游目的地的秩序无序和失范问题，不仅会侵害旅游者和其他利益相关者的合法权益，也将危害旅游业的可持续发展。旅游目的地服务管理的内容包括：旅游目的地服务管理的基本要求（概念、目标和任务、方式和方法等）；旅游目的地公共服务管理；旅游目的地接待服务管理；旅游目的地集散服务管理。

一、旅游目的地服务管理内涵

旅游目的地服务是发生在旅游目的地旅游企业及相关部门和旅游者之间的一种综合性服务，可以从游客和旅游目的地两个角度来表述旅游目的地服务的概念。从游客视角看，旅游目的地服务是指游客在旅游准备阶段、旅游过程中、旅游结束延续过程中与景区发生的互动关系，这种互动作用使游客获得了旅游体验和经历，但是没有获得实体结果。一般来说，这种服务包括旅游目的地公共服务、旅游目的地接待服务和旅游目的地集散服务几个方面。从旅游目的地角度来看，旅游目的地服务是指目的地为游客提供具有一定品质的无形产品，这种无形产品需要一定的设施支撑，但不一定和物质产品相连，因此，旅游目的地服务的结果是不可储存的。服务管理是面临服务竞争社会而产生的一种新的管理模式。它虽然已经历长达 30 多年的研究过程，虽然在产生的必要性及其概念、特征和一些理论探讨方面取得了众多研究成果，但是至今尚未形成完整的学科体系，所以一些学者将服务管理称为一种"管理视角"或"管理观念"。

基于此，旅游目的地服务管理是指管理者利用计划、组织、领导、控制等管理手段通过人员和设备向游客展示自身的资源和优势并协调旅游者与旅游目的地服务之间的关系，使游客获得良好的旅游体验和经历，实现持续的游客满意。它主要包括两方面的内涵：第一，旅游目的地服务管理是协调旅游目的地供给与旅游者获得的服务之间的关系；第二，旅游目的地服务管理的目标是持续的旅游者满意。

二、旅游目的地服务管理构成

（一）旅游目的地服务管理主体

管理主体是指具有一定管理能力，拥有相应权威和职责，在管理活动中，承担和实施管理职能的人或组织，即管理者。通常由决策者、执行者、监督者、参谋者等人员组成。在旅游目的地服务管理过程中，管理主体起着主导和统率作用，它决定和支配着客体的运动。因此，管理主体作用程度的高低取决于管理主体的素质。由于旅游目的地性质不同，其管理主体的差异也较大。根据性质的差异，旅游目的地可以分为商业性质的旅游目的地和公益性质的旅游目的地。我国在 2015 年之前尚未建立真正的国家公园管理体系，党的十八届三中全会提出"建立国家公园体制"以来，我国启动了国家公园体制试点工作。到 2017 年，我国已设立 10 个国家公园体制试点。2018 年机构改革后，

组建国家林业和草原局，加挂国家公园管理局牌子，统一管理国家公园等各类自然保护地。国家林业和草原局在2021年10月25日对外公布《国家公园设立规范》等5项国家标准，贯穿了国家公园设立、规划、勘界立标、监测和考核评价的全过程管理环节，为第一批国家公园的正式设立以及构建统一、规范、高效的中国特色国家公园体制提供了重要支撑。2022年国家林草局、财政部、自然资源部、生态环境部联合印发《国家公园空间布局方案》，确定中国国家公园建设的发展目标、空间布局、创建设立、主要任务和实施保障等内容。2023年《光明日报》发表的《到2035年——基本建成世界最大国家公园体系》指出，要在空间布局上，把我国自然生态系统最重要、自然景观最独特、自然遗产最精华、生物多样性最富集的区域纳入国家公园体系；在创建设立上，明确国家公园创建、设立以及候选区实行动态开放、考核评估、退出机制等要求。下一步将认真总结国家公园体制建设中的做法和经验，推动国家公园建设工作提质量、上水平。管理层级通常有国家和地方两个级别，有些在地方级中还分设省、市（县）级，其中自然保护区的情况比较典型。各种保护地目前缺乏总体的、科学完整的技术规范体系。各部门制定自己的技术规范和标准，分类体系混乱，功能定位不够合理，自然保护区、风景名胜区过度保护和过度利用的现象并存。并且各类保护区的公共管理职责不够明确。中央、地方事权划分不清，财政支出责任不合理，相关行政管理部门过多过乱，基层管理能力薄弱，不少保护区管理机构难以开展基本的巡护管理、资源调查等活动。基于此，国家发改委强调：我国建立国家公园体制的根本目的，就是以加强自然生态系统原真性、完整性保护为基础，以实现国家所有、全民共享、世代传承为目标，构建统一规范高效的中国特色国家公园体制，建立分类科学、保护有力的自然保护地体系。为此，国家提出要建立统一事权、分级管理体制。其中，在建立统一管理机构上，整合相关自然保护地管理职能，结合生态环境保护管理体制、自然资源资产管理体制、自然资源监管体制改革，由一个部门统一行使国家公园自然保护地管理职责，这也是今后我国旅游目的地管理的重要方向。

（二）旅游目的地服务管理客体

旅游目的地服务管理客体指的是旅游目的地的管理对象和内容，是旅游目的地主体可以支配并调用的一切资源，主要由人、财、物构成。人主要包括旅游者和旅游目的地居民，财主要指的是旅游目的地资金，物则由旅游目的地的旅游设施、旅游资源、旅游信息、旅游服务等构成。其中，旅游目的地服务管理主要包括旅游目的地公共服务管理、旅游目的地接待服务管理和旅游目的地集散服务管理。只有实现人、财、物的协调管理，才能实现旅游目的地效益最大化。

（三）旅游目的地服务管理职能

旅游目的地服务管理职能指的是采用什么样的方法和手段来进行旅游目的地服务管

理。其中，政府在旅游目的地服务管理职能中起主导作用，主要原因在于多数旅游资源具有强公共属性，要求政府以增进人民福祉作为旅游治理的出发点和落脚点，保障旅游发展成果全民共享。旅游目的地服务涉及交通、通信等跨部门、跨地域、跨平台的整合协调，而政府在调动这些资源上具备绝对优势。此外，政府承担着纠正旅游市场失灵的职责。与旅游目的地服务管理职能的政府治理相关研究，主要聚焦在政策支持、旅游监管、利益相关者协调等政府管制类行为，尤其是探讨政府如何消除旅游服务管理职能中的负面现象。

（1）决策。旅游目的地服务管理决策是为了实现目的地经营管理目标而进行的一种有选择的分析判断过程。具体包括发现问题、提出问题、收集信息、确定目标、拟订方案、评选方案、确定并组织实施目的地服务管理手段并进行信息反馈等方面，是一个完整的过程。旅游目的地服务管理决策可以分为经营决策、管理决策和业务决策三种类型。

（2）计划。计划是旅游目的地在服务管理的过程中为实现特定目标而制定的系列，包括估量机会、确定目标、确定前提条件、确定备选方案、评价备选方案、选择方案、拟订计划和编制预算、执行与检查等步骤。计划在服务管理实施过程中是动态的，可以随外部环境的变化不断调整。旅游目的地服务管理计划按时间长短可分为长期、中期、短期计划。按性质可分为旅游目的地公共服务管理计划、旅游目的地接待服务管理计划和旅游目的地集散服务管理计划等。

（3）组织。旅游目的地服务管理中组织管理主要涉及组织结构设计、人员配备、组织力量整合、组织文化建设等方面。旅游目的地组织结构设计一般是按照以目标导向、环境适应、统一指挥、权责对等、控制幅度、柔性经济、分工与协作结合为原则，根据旅游目的地性质和管理结构确定组织类型，层层分解旅游目的地服务组织总目标，分析业务流程，确定部门和职务，定编、定员、定岗，确定岗位职责、岗位薪酬的过程进行的。旅游目的地服务管理组织机构随着外部环境的变化，可能要进行新的流程设计与组织再造。旅游目的地服务管理中组织管理还包括员工招聘、培训、激励、绩效评估、薪酬管理和组织文化建设等内容，以增强旅游目的地服务管理组织凝聚力。

（4）领导。领导是激励和引导组织成员，以使他们为实现组织目标做贡献的过程。领导工作包括先行、沟通、指导、浇灌、奖惩等内容。先行体现在领导者应先做好组织架构和目标设计，制定战术，并在具体实施时起到带头作用。沟通体现在旅游目的地服务管理的领导者通过与员工、游客、公众的双向沟通，增强组织凝聚力、领导亲和力和员工士气。指导是指旅游目的地领导者向下级传达服务管理思想和下达服务管理任务后，为下级创造履行任务的条件，并进行跟踪调查，保证命令执行并修正不合适命令的过程。浇灌是指领导者为了使下级接受任务并愉快、自觉地完成而进行的情感培养。奖惩是领导者根据下级履行职责与完成任务的情况而给予的奖励和惩罚，是领导者权力的具体体现。旅游目的地服务管理的领导者应该根据外部环境、上下级关系、职权结构和任务结构等不同来采取不同的领导风格。

（5）控制。控制是管理者识别当初所计划的结果与实际取得结果之间的偏差，并采取纠偏行动的过程。要想使旅游目的地服务管理所涉及的全体成员、资金流动按照旅游目的地服务管理计划执行，就必须建立控制标准和分析评判考核服务管理绩效的衡量指标体系，通过对比分析方法把实际执行的管理活动与预先确立的各项管理活动的执行标准进行对比，判断其中的差距，并采取相应的措施使旅游目的地的服务管理活动按照计划进行。

（6）创新。当前，旅游产业发展势头强盛，各种新兴业态层出不穷，旅游者消费需求和旅游目的地发展环境瞬息万变，因此，旅游目的地服务管理者每天都会遇到新情况、新问题，只有不断创新旅游目的地服务管理方式和手段才能适应整个行业的大发展、大变革。创新是旅游目的地服务管理的动力源泉，也是旅游目的地获得游客持续满意和不断提升服务质量的关键。旅游目的地服务管理创新包括服务管理观念创新、体制创新、技术创新、组织结构创新、方法创新及环境创新等。其中，旅游目的地的服务管理方法创新是旅游目的地为旅游者提供高质量的服务体验，增强游客满意度和目的地竞争力的核心要素。

三、旅游目的地服务管理原则

目前，国内外旅游行业的发展竞争十分激烈，旅游目的地管理者在经营管理的过程中认识到旅游服务质量是目的地管理的生命线，如何加强旅游目的地的服务管理、提升旅游目的地服务质量和水平、创新旅游目的地服务管理手段和方式、深化旅游目的地服务管理体制和机制，这关系着旅游目的地的竞争力和生命力。因此，旅游目的地管理者要建立严密的服务管理控制体系，严格遵守旅游目的地服务质量目标，增强旅游目的地从业人员的服务意识。

（一）执行严格规范的管理制度

旅游目的地应建立起完善的定期与不定期的服务质量检查管理体系，由目的地服务管理体系的各级管理人员负责，实施全面的监督指导。

（二）坚持预防为主的管理手段

"预防为主"就是要事前预先分析出哪些因素影响旅游目的地服务质量，找出主导性因素，采取措施加以控制，以"事前预防"为主，而不是"事后补救"，将可能会致使旅游服务质量受到影响的因素扼杀在摇篮里，做到防患于未然。

（三）树立游客为本的管理理念

旅游目的地服务管理的主要对象是旅游者，旅游服务过程的实现也是以人与人之间的互动交流为基础，服务目标主要是实现持续的旅游者满意。因此，旅游目的地的服务管理的根本途径除了不断增强目的地从业人员的基本素质以外，更重要的是要坚持"游客为本"的管理理念，始终坚持以游客为中心，要求服务管理政策的制定和相关从业人员都要时刻从旅游者的需求出发，提供能够使旅游者获得愉悦的旅游体验和满意的相关服务。

（四）遵循系统管理的管理原则

旅游目的地服务管理是一个复杂的过程和综合性的系统，由若干相互联系、相互影响、相互制约的因素或单元组成。因此，旅游目的地服务管理要在统一的系统标准指导下，从宏观、微观、人员、物质、管理、环境等多方面进行跟踪和综合管理，充分体现系统管理的原则和方法。

四、旅游目的地服务管理方法

旅游目的地服务管理的基本方法通常有以下四种。

（一）经济方法

经济方法是指旅游目的地服务管理者采用经济手段、利用经济组织，按照旅游服务行业发展客观经济规律的具体要求来管理旅游目的地及旅游目的地服务行业和组织。其中，经济手段是指价格、工资、利润、利息、税收、奖金和罚款等经济杠杆以及经济合同、经济责任等手段；经济组织是指旅游目的地服务涉及的相关企业内部的各层组织机构以及与旅游企业经济联系得非常紧密的外部机构，如交通、邮电、医院、政府行业管理机构等。

（二）行政手法

行政手法是依靠旅游目的地服务组织及管理者的权威，用指令性的计划手段和行政法规、命令以及各种具体规定等强制性的手段，按照民主集中制的原则来进行旅游目的地服务管理。

行政手法包括指定旅游目的地服务运作和服务管理的方针、政策、规章、制度，颁布行政指令和指示，下达指令性计划、任务等。这一方法由旅游组织内部行政机构来进行。它以权威和服从为前提，具有强制性、无偿性和直接性等特点。

（三）法律方法

法律方法是把旅游目的地服务管理中比较稳定、成熟、带有规律性的经验或事务用立法的形式规定下来，以保证旅游目的地服务管理涉及的各项经济政策、制度、方法的实施工作的顺利开展，并对旅游服务行业组织内外部之间的经济关系进行调整。法律方法的特点是具有高度的权威性、明显的强制性、相对的稳定性和确切的规范性。

（四）宣传教育方法

宣传教育方法是通过思想政治工作来激发旅游目的地服务企业员工的劳动热情，从

而实现旅游目的地服务的有效管理，实现服务管理目标。这种方法也被叫作"伦理学法"，旅游目的地服务管理企业的伦理学与人们的道德观念有关，它指导着旅游目的地服务企业各部门和所有员工的行为。其特点是具有灵活性、针对性和持久性。

经济方法、行政方法、法律方法和宣传教育方法是旅游目的地服务管理中最基本的方法，四者相辅相成、相互制约。不同的问题采用不同的处理方法，必要时四种方法同时并进、相互兼顾，才能起到较好的服务管理效果。

五、旅游目的地服务管理内容

服务管理体系是指以持续的顾客满意为目标的指挥和控制接触过程的管理体系。旅游目的地的服务管理体系则是以持续的旅游者满意为目标的指挥和控制接触过程的管理体系。主要由服务管理职责、服务资源管理、服务实现以及服务测量、分析与改进四个关键方面构成循环过程，并把与旅游者接触作为控制和改进这个循环过程的核心，如图5-1所示。

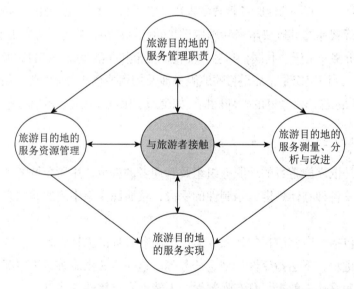

图5-1　旅游目的地服务管理体系结构

旅游目的地服务管理体系的循环过程以与旅游者接触为核心，始于旅游目的地服务管理职责。

旅游目的地服务管理职责包括以"旅游者为关注焦点"的服务管理承诺、以"持续旅游者满意为宗旨"的服务管理方针和目标、以"符合旅游者接触要求并以旅游者为核心"的服务管理职责和权限、"以人为本"的旅游目的地服务管理理念。这些职责需以旅游者的接触过程作为前提和依据。

与旅游者的服务接触过程既包括旅游目的地服务人员与旅游者的接触，也包括旅游目的地服务场所、服务设施、服务用品与旅游者的接触。

旅游目的地服务资源管理所解决的问题就是接触过程所需要的人力资源和物力资源的提供和使用。

旅游目的地服务实现就是提供旅游服务的过程的完成和实现。

旅游目的地的服务测量、分析与改进就是对旅游服务提供过程的测量、分析与改进，同时这个环节也离不开与旅游者的接触过程。

此外，国内有学者从供需角度将旅游目的地服务管理体系分成了三大层面，即核心服务、辅助服务和延伸服务，其内容是目前文献中旅游服务体系最全面、分类最清晰的，如图 5-2 所示。

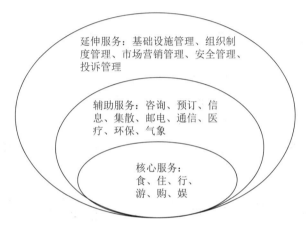

图 5-2　旅游目的地服务管理体系构成

旅游目的地服务管理核心内容：旅游目的地服务管理的核心内容主要是以旅游目的地为基础和特色而展开的一系列食、住、行、游、购、娱相关的旅游活动。这六大要素构成了旅游目的地服务管理的核心内容，它们相互作用、相互配合，共同推动、影响和维系旅游目的地服务管理体系的运作和发展。旅游目的地服务管理的辅助内容包括为旅游者提供目的地相关的旅游信息，包括咨询、预订、集散、医疗、环保、气象信息等相关补充性服务。从当前旅游目的地的需求趋势来看，信息服务成为必不可少的重要辅助内容。加强对旅游目的地辅助信息的管理，不断充实完善目的地辅助内容可以带动目的地相关产业的发展，丰富旅游目的地服务管理内容和实践。

旅游目的地服务管理延伸内容：旅游目的地服务管理主要是旅游目的地主管部门为保障旅游者合法权益、维护旅游秩序、确保安全提供的相关拓展性服务。如基础设施建设和管理、旅游者投诉管理、安全管理、旅游市场营销秩序管理、节假日和旅游高峰期旅游突发事件的管理服务等。

旅游目的地服务管理是一项复杂的工作，旅游目的地不同，管理内容也有一定的差异，从目前旅游目的地服务管理的情况来看，本书将旅游目的地服务管理内容概括为三个方面：旅游目的地公共服务管理、旅游目的地接待服务管理、旅游目的地集散服务管理。

旅游目的地公共服务管理：旅游目的地公共服务管理的内容是指旅游目的地提供的能够满足旅游者公共需求的所有服务和产品，包括旅游目的地公共服务基础设施和旅游目的地公共服务体系，其中旅游目的地公共服务体系包括旅游目的地信息咨询服务、旅游安全保障服务、旅游交通便捷服务、旅游便民惠民服务、旅游行政服务等。

旅游目的地接待服务管理：旅游目的地接待服务管理主要是旅游目的地的经营管理主体采取计划、组织、协调、控制等手段对旅游目的地相关的咨询与投诉服务、票务服务、入门接待服务与旅游目的地解说服务、旅游目的地商业服务、旅游目的地辅助服务等方面的内容进行有效管理。上述管理直接关系到旅游目的地的经营效果和经济效益，甚至关系到旅游目的地的生存和发展，并对旅游者的合法权益进行维护。

旅游目的地集散服务管理：旅游集散地是参考旅游目的地的区域规模、服务能力等因素设置的，按规模分不同等级的，以"集聚—扩散"为主的地理位置概念。从它的服务功能角度来看，旅游集散地是考虑旅游者在长线旅游中的舒适度和便利度，改革多次中转的传统模式，实现散客一次性交通乘坐方式到达旅游景区的，为他们提供酒店、宾馆、娱乐、物资供应、旅行社、旅游产品"一站式"等多方面的辅助配套服务，满足他们各方面的需求，给他们的外出旅游带来方便的，具有中转集散作用的旅游目的地内的主要城镇。

第二节　旅游目的地公共服务管理

旅游公共服务是旅游业发展的基础，完善旅游公共服务既是加速旅游业转型升级、提质增效的内在要求，也是大众旅游时代的必然选择。我国的旅游公共服务在"十二五"期间有序推进，旅游公共服务基础设施、旅游信息咨询、旅游交通集散、旅游厕所、旅游安全保障等领域加速建设，全国旅游公共服务体系初步建立。

"十三五"时期是我国实现全面建成小康社会的决胜阶段，为旅游业发展提供了重大机遇，旅游公共服务的基础支撑作用更加凸显。随着《旅游法》《国民旅游休闲纲要（2013—2020年）》《国务院关于促进旅游业改革发展的若干意见》《国务院办公厅关于进一步促进旅游投资和消费的若干意见》《"十四五"旅游业发展规划》等法规与政策文件的相继出台，旅游业作为国民经济战略性支柱产业的地位更为巩固。"十三五"以来，旅游业与其他产业跨界融合、协同发展，产业规模持续扩大，新业态不断涌现，旅游业对经济平稳健康发展的综合带动作用更加凸显。"十四五"以来，我国全面进入大众旅游时代，旅游业发展仍处于重要战略机遇期，但机遇和挑战都有新的发展变化。巨大市场需求催生旅游公共服务全面发展，对外开放新战略拓宽旅游公共服务建设视野，科技进步为旅游公共服务发展提供创新动力，政府职能转变为旅游公共服务发展提供坚实保障。因此，加强旅游目的地的公共服务管理在旅游公共服务体系构建过程中意义重大。还有一种观点从服务对象和特性出发，对其进行界定。即旅游公共服务涵盖旅游目的地范围内及其周边地区，公共管理部门或其他组织等作为生活主体，为旅行前、旅游中、旅行后的游客和当地居民提供公共服务，满足两者共同需要的公共产品和服务。

一、旅游目的地公共服务管理概念

旅游目的地既是一个区域概念，也是一个系统概念，是指能够吸引旅游者前往旅游的区域范围，是这个区域范围内所有能够为旅游者提供旅游服务的要素的综合体，是旅游系统中最重要的环节。

旅游公共服务是指由政府或其他社会组织提供的，以满足旅游者共同需求为核心，不以营利为目的，具有明显公共性的产品和服务的总称。旅游公共服务具有特定的服务对象（受益者），根据受益程度有广义和狭义之分。广义的服务对象不仅包括最终受益者（即潜在的和现实的旅游者），还包括中间受益者（即旅游公共服务的主体，如政府、旅游企业、社区）。各主体不仅在旅游公共服务中提供各自的服务内容，而且也在不断地获得或共享服务。这里潜在和现实的旅游者不仅包括外地游客的旅游需求，也兼顾了本地居民出行的需要。这一点正体现了旅游公共服务的公共性和公平性。而本书对服务对象的界定以狭义的旅游公共服务的服务对象即旅游者为主，兼顾当地居民。

基于此，本书认为旅游目的地公共服务管理是针对由政府或其他旅游目的地管理部门提供的，不以营利为目的，具有明显公共性的，以满足旅游者共同需要为核心的公共产品和服务的全过程的严格控制和管理，它贯穿于旅游目的地公共服务管理的整个过程中。旅游目的地公共服务管理的内容主要包括旅游目的地公共服务管理的供给者，旅游目的地公共服务管理的对象，旅游目的地公共服务管理的内容。供给主体主要以政府为主，社会组织、企业等第三部门为辅；旅游目的地公共服务管理的对象以旅游者为主，旅游企业、旅游从业人员以及旅游目的地社会成员都是旅游目的地公共服务管理的对象和受益者。旅游目的地公共服务管理具有公共服务和公共产品的特征，或者具有非排他性非竞争性，或者两者居其一。旅游目的地公共服务管理的内容是指旅游目的地提供的能够满足旅游者公共需求的所有服务和产品，包括旅游目的地公共服务基础设施和旅游目的地公共服务体系，其中旅游目的地公共服务体系包括旅游目的地信息咨询服务、旅游安全保障服务、旅游交通便捷服务、旅游便民惠民服务、旅游行政服务等。

二、旅游目的地公共服务管理体系

"体系"是一个整体概念，是由若干关联的事务和意识相互联系在一起而形成的系统结构，体系的各部分都是为了实现某个相同的目标。旅游目的地公共服务管理和旅游目的地公共服务管理体系的概念在本质上并没有太大的区别，旅游目的地公共服务管理体系是旅游目的地公共服务管理系统化的表现，强调旅游目的地公共服务管理各要素的联系和发挥旅游目的地公共服务管理效果或功能的整体性。

从广义的角度，旅游目的地公共服务管理是一系列具体的活动体系，内容涉及旅游

目的地公共服务管理的很多方面，包括旅游规划的制定管理、旅游资源的保护和开发管理、旅游基础设施建设管理、旅游者合法权益保护管理、旅游信息咨询管理等，其目的是为旅游者提供无偿的旅游服务，提高旅游服务水平，增强旅游者满意度。而狭义的旅游目的地公共服务管理体系则主要指那些能够直接满足旅游公共需求的旅游目的地公共服务管理的内容，是一个包含若干个子系统的旅游目的地公共服务管理系统。

本书对"旅游目的地公共服务管理体系"的定义是在一定的旅游公共服务供给模式与政策规范下，依据一定的旅游公共服务的供给方式，由政府、企业、社会组织等部门在一定区域范围为促进旅游业发展，满足旅游者公共需求而建立的一系列旅游目的地公共服务管理体系的总和，它是一个整体系统，这个系统包含若干个子系统，子系统相互联系共同促进旅游目的地公共服务管理水平。还有一种观点从服务对象和特性出发，对其进行界定。即旅游公共服务涵盖旅游目的地范围内及其周边地区，公共管理部门或其他组织等作为生活主体，为旅行前、旅游中、旅行后的游客和当地居民提供公共服务，满足两者共同需要的公共产品和服务。

一般而言，旅游目的地公共服务管理体系建设包括旅游信息咨询服务管理、旅游安全保障服务管理、旅游交通便捷服务管理、旅游便民惠民服务管理、旅游行政服务体系管理五大方面内容（见表5-1）。

表5-1　旅游公共服务管理五大内容体系

旅游信息咨询服务管理	旅游安全保障服务管理	旅游交通便捷服务管理	旅游便民惠民服务管理	旅游行政服务体系管理
●旅游网络信息服务 ●旅游信息咨询服务：游客中心、信息亭、触摸屏、旅游地图指南信息服务、移动短信服务、旅游呼叫中心服务（旅游热线、投诉电话） ●旅游标识解说服务：交通导引、景区解说标识标牌、自助导游	●旅游安全环境建设：购物、餐饮、住宿、娱乐等消费安全环境建设 ●旅游安全设施建设：消防安全、游乐安全、安全标识 ●旅游安全机制建设：旅游安全应急预案、安全求助、旅游保险	●旅游交通通道建设：旅游风景道、游步道、无障碍通道、旅游专线专列、旅游观光巴士 ●旅游交通节点建设：旅游集散中心、旅游停车场、旅游站点、旅游码头、旅游机场（停机坪） ●旅游交通服务建设：车辆租赁、自驾车营地、自驾车加油站及维修呼叫服务	●旅游便民设施建设：无线网络、通信、邮政、金融等 ●免费游憩场所建设：休闲街区、城市公园绿地、休闲广场、博物馆、科普教育基地、公共海滩等 ●旅游惠民政策：旅游消费券、旅游年票、旅游一卡通、特殊人群优惠政策（老年人、学生、残障人士）	●旅游行业规范与标准制定与相关评定服务 ●旅游从业者教育培训服务 ●旅游者消费保障服务

另外，还有观点认为旅游公共服务管理体系是指旅游公共服务管理的主体、设施、服务方式和制度的有机整体，并根据其主体社会属性及特征划分为两大部分：政府主导下的旅游公共服务管理体系和市场主导下的旅游公共服务管理体系，即旅游接待服务管理系统（见图5-3）。政府主导下的旅游公共服务管理体系应包括旅游公共信息服务管

理、旅游公共基础设施管理、旅游安全救助管理、旅游公共服务质量监控管理和旅游公益事业管理等子系统；市场主导下的旅游公共服务管理体系应包括旅游餐饮服务管理、旅游住宿服务管理、旅游交通服务管理、游览服务管理、旅游购物服务管理和旅游娱乐服务管理，前者不以营利为目的，而后者则相反。还有一种观点从服务对象和特性出发，对其进行界定。即旅游公共服务涵盖旅游目的地范围内及其周边地区，公共管理部门或其他组织等作为生活主体，为游前、游中、游后的游客和当地居民提供公共服务，满足两者共同需要的公共产品和服务。

由此可见，旅游公共服务管理体系是旅游目的地建设中最为重要的核心内容之一，也是复杂程度与困难程度最高的内容之一。因为旅游公共服务管理是旅游目的地建设体系中涉及面最广、关联度最高的内容，其复杂程度可代表旅游业的复杂性。旅游公共服务管理涉及旅游目的地的交通、城管、市容、公安、消防、卫生、医疗、环境、电信、邮政、互联网等众多部门，其工作推进的复杂性也可见一斑。

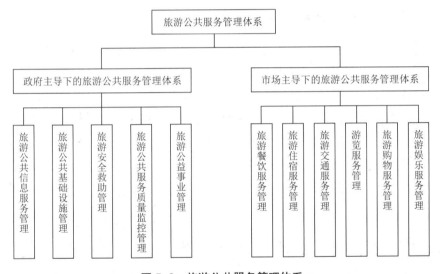

图 5-3　旅游公共服务管理体系

三、旅游目的地公共服务管理特征

由于旅游行业的综合性、关联性以及开放性等属性，决定了旅游公共服务管理与一般的公共服务相比，具有不同于一般公共产品的特征。

（一）旅游公共服务管理兼具生产性和消费性

从上述旅游公共服务的双重对象旅游行业和旅游者就可以看出，针对旅游行业和旅游者的旅游公共服务性质是不同的。针对旅游行业提供的公共服务是生产性的。为旅游行业提供顺畅的开发、审批和监督系统，为旅游业制定各种规章制度和行为规范，为旅

游业培养不同层次的人才，都是为了给旅游业创造良好的环境，因而该类服务具有生产性。而针对旅游者和大众的旅游公共服务则是消费性的。各种旅游服务的提供，如信息服务、安全服务、消费者权益保护等都是立足于公共服务的消费性。

（二）旅游公共服务管理兼具营利性和公益性

从旅游公共服务管理的提供主体来看，旅游公共服务管理具有营利性。旅游公共服务管理不仅包含由政府或者社会组织提供的各种公益性的服务类型，也包括由私人部门提供的具有营利性的服务。在旅游公共服务产品提供的过程中，需从效率角度进行考虑，需要对某些旅游公共产品收取一定的费用，特别是竞争性和排他性较强的产品，这就势必带有一定的营利性。而从旅游公共服务提供目的来看，旅游公共服务管理具有公益性。旅游公共服务提供的主体主要是政府，其提供的目的是满足旅游者旅游活动便捷性的需求，是基于社会公平和福利的角度，它不收取产品提供的费用。

（三）旅游公共服务管理的区域性、特殊性、多样性

旅游消费是在某一特定区域范围内进行的，而旅游公共服务管理又是针对旅游业设计的，所以，旅游公共服务管理必然同旅游行业的区域性产生相关性。旅游公共服务管理的地域性导致了旅游公共服务管理的特殊性和多样性。旅游公共服务管理的特殊性主要是基于以下两个原因：一是各个地区的旅游行业和旅游者对旅游公共服务的需求不尽相同。二是各旅游目的地的产业特性和资源特性不同。各地区差异化的旅游公共服务管理构成了我国旅游公共服务管理的多样性，不能试图以同一套旅游公共服务管理建设的模式套用在多个地区的旅游服务管理构建中，但是可以借鉴成功的经验和吸取失败的教训。

四、旅游目的地公共服务管理内容

通过对当前国内关于旅游目的地服务管理的内容进行梳理，并结合当下旅游发展的时代背景和发展趋势，本书认为旅游目的地公共服务管理的内容包括五个方面。

（一）旅游目的地信息服务管理

旅游是一项跨地区、跨行业的综合性行业，并且在个性化旅游的大趋势下，利用移动应用程序等数字化方式来预订行程也正逐渐变得广泛起来。旅游者在出行前做出旅游决策的时候依赖各种媒介（包括旅游报刊、微信、微博及各类旅游电子商务平台等）了解旅游目的地相关的旅游信息，通过各种媒介提供的文字、图片、视频等各种综合信息进行决策。同时，旅游者可以借助这些信息设计旅游线路、选择交通工具、预订酒店等。当下，旅游者的旅游决策过程，实际上也是一次旅游信息的输入—处理—输出—反馈的过程。

因此，旅游目的地信息指的是与旅游目的地相关的文本资料、影音资料、各类图形图表和统计数据等信息的总称。旅游目的地信息服务管理是旅游信息的发布主体或者平台提供的关于旅游目的地的各类信息及对于信息内容和质量的监督与管理。

旅游目的地信息服务管理的内容有很多，主要包括四大类：旅游企业、事业单位提供的旅游目的地信息；与旅游相关的政府部门，包括交通、建设、林业、文化、气象、环保等相关部门发布的旅游信息；旅游目的地官方管理部门运营的管理平台和官方网站发布的相关旅游信息；旅游目的地经营管理单位或景区管理部门等发布的旅游目的地相关信息等。

当今社会是一个信息爆炸的社会，信息已经成为生产力发展的核心要素和重要的国家战略资源。未来学大师约翰·奈斯比特在《大趋势》一书中曾预言："电信通信、信息技术和旅游业将成为 21 世纪服务行业经济发展的原动力。"旅游目的地信息服务管理就是三者的有机结合，实现旅游目的地有效服务管理的关键是构建旅游目的地服务管理系统，它不仅可以提高劳动效率，节省人力，而且可以使管理工作迅速、准确，是旅游目的地管理高技术化、最优化的实现途径，并且能够满足旅游业迅猛发展的需要，实现旅游行业的快速发展。

加强旅游目的地的信息服务管理应从以下方面进行着手：

（1）信息网络化管理。广大游客只需通过互联网基本就可以完成出行的一些必要准备，包括预订住宿餐饮，购买车票、门票，了解旅游目的地相关信息等。

（2）信息咨询中心完善化。旅游咨询中心的选址大都经过严格缜密的论证，如城市中心、国家公园各个方向的入口附近、国际机场等，规划设计独具匠心，全天候提供多语种电话咨询服务，且及时更新。有的旅游咨询中心，除了免费提供多语种的旅游交通、景点、餐饮、住宿等方面的基本资料之外，还提供简单的医疗救助等人性化服务。

（3）重视信息服务质量管理。例如，旅游地图涵盖内容详尽、准确且实用，每年都会更新数据并重新印刷；旅游宣传册内容翔实、特色突出、设计美观，兼具实用性与纪念性，深受广大游客喜爱。

（4）完善的公共信息导向和解说系统。使用规范的公共图形符号，导向要素齐全，导向效果好，在旅游区入口或区内适当位置设置全景导览图，标注咨询服务中心、厕所、出入口、医务室、停车场等服务设施位置，明示咨询、投诉、救援电话。采用包括自然教育、环境解说与文化解说的整体解说系统，解说内容准确、导向积极、细致完善，兼顾科学性、教育性、宣传性和趣味性。

（二）旅游目的地安全服务管理

安全是旅游行业发展的生命线，旅游景区的安全服务管理对于景区有序发展来说至关重要。一旦景区安全出现问题，游客就会丧失去景区进行参观游览的信心，从而减少游客的数量。长此以往，对于景区的经营和管理效益来说影响深远，因此，旅游目的地

的安全服务管理在旅游目的地管理的内容中占据关键位置。

旅游目的地安全服务管理是指旅游目的地为了确保游客、员工和景区的安全，对于安全问题发生的各种潜在因素进行日常检查和管理，确保旅游目的地有序经营，保持良好的运营状态而进行系列的计划、组织、指挥、协调、控制等管理活动。旅游目的地安全管理是保障旅游目的地服务管理质量、提高旅游满意度和建设和谐景区的重要条件。

导致旅游目的地安全服务管理出现问题，一是游客方面的原因：按照旅游者的分类以及新型旅游体验方式的出现，当前很多游客为了追求冒险刺激，在旅游目的地参观游览的过程中忽视了自我安全管理和安全防范意识，导致安全问题的发生。二是旅游目的地服务管理方面的原因：（1）旅游目的地设施方面：为了吸引更多的游客，谋求更大的利益，旅游目的地兴建各类大型的旅游设施。由于这些设施在建设的过程中会存在施工不当、使用不当、缺少维修、超负荷运载等会造成旅游安全事故的发生。（2）旅游目的地管理不力：许多旅游目的地对安全管理不够重视，缺少相应的预防和应急措施，在突发事件和情况发生的时候不能及时应对，从而造成严重的安全事故。（3）第三方原因：除了因为旅游者和旅游目的地经营管理不善的原因造成的安全事故外，还有因为第三方的原因造成的安全事故，如抢劫、失窃、强买强卖、恶性欺诈等情况也会发生。此外，还有其他不可抗拒的天灾事件，如地震、洪水、泥石流、台风、海啸等给旅游目的地带来的安全管理问题。

发达国家大都十分重视旅游安全保障建设，投入大量人力、财力，有以下几方面值得我们借鉴。

（1）组建安全保障部门，专门从事旅游目的地安全保障工作。该部门的主要职责包括宣传安全意识，制订涉及旅游安全保障各方面的工作计划，积极引导社会公众和其他组织参与旅游安全保障工作的建设。

（2）积极利用科学技术加强管理，对旅游产品进行安全监测，对旅游过程进行安全监控。

（3）建立旅游救援机构。政府主导建立救援机构，并给予一些优惠政策。比如，提供办公场地，免除相关税费。

此外，发达国家也非常重视旅游安全法律法规的制定，全国性安全条例和地方性安全规范十分完善。同时，严格安全问题的执法。

（三）旅游目的地交通服务管理

交通是实现旅游活动的必要手段，是旅游发展的命脉，直接影响着旅游目的地的通达性、可进入性，从而左右旅游者的选择。旅游目的地交通服务管理是指旅游目的地向旅游者提供的各种交通服务，以实现游客在旅游目的地空间范围上的移动。景区的交通方式多种多样，因此也决定了旅游目的地交通服务管理的复杂性、及时性、节奏性和多层次性。《"十四五"旅游业发展规划》中提出加强旅游交通设施建设，提高旅游目的地进入通达性和便捷性。

（四）旅游目的地设施服务管理

旅游目的地的设施设备是目的地为游客提供游玩、休闲和体验的硬件部分，是构成景区固定资产的各种物质设施。游客在景区除了观光游览之外，最为关心的就是能否在景区享受到良好的食、住、行、游、购、娱等服务。旅游目的地要实现这些服务，离不开良好的旅游设施设备。所以，优质的目的地设施设备管理是接待、服务游客和发展旅游事业的基本物质条件。实现优质的旅游目的地设施管理对于景区服务质量、景区声誉提升，景区效益管理等方面意义重大。

旅游目的地设施管理的内容包括：①负责目的地的设施设备的配置；②保证目的地的设施设备的正常运转和使用；③目的地设施设备的检查、维护保养与修理；④目的地设施设备的更新改造；⑤目的地设备的资产管理；⑥旅游目的地各种能源的供应管理；⑦对目的地一定规模的建设项目及设施改造的管理；⑧设施设备材料及零配件的采购管理。

旅游目的地设施管理的特点有：①综合管理能力强。旅游景区设施设备投资额较大，维护保养费较高，而且设施设备种类较多，尤其是在当下旅游发展过程中出现的主题公园、旅游演艺项目、实景演出等，需要大量的大宗设施设备的支撑，这就要求管理者要具有优秀的管理能力。②技术水平要求较高。当前，多数旅游目的地需要高水平的声、光、电技术等作为支撑，对于设施设备的先进性也有一定的要求。因此，旅游目的地管理人员需加强员工的培训学习，不断提升其对设施设备的熟练使用能力。③管理效率要求高。旅游目的地的设施设备是为游客提供各种服务的，这就要求这些设备持续运行，不容易出现故障和安全隐患，一旦出现上述情况，旅游目的地相关工程技术人员能够快速判断分析，高效率地解决问题，提升游客满意度水平。

（五）旅游目的地行政服务管理

中国旅游业进入大众化、产业化发展的新阶段，正在由小产业向大产业转变。现已形成世界上最大的国内旅游市场，全球第三大入境旅游市场。完善的旅游目的地行政服务管理体系是建设世界旅游强国的必然要求。"大旅游"发展格局正在加速形成，旅游业的发展壮大促进社会相关产业转型升级，有利于加强政府履行公共服务管理的职能，推进公共服务管理体系建设和改善民生。

旅游目的地行政服务管理主要是指旅游目的地的经营管理主体为了更好地指导旅游目的地服务管理而制定的旅游行业规范与标准、旅游从业者教育培训服务及旅游者消费保障服务等标准体系。

近年来，我国各级政府和各有关部门加大了旅游公共服务管理体系建设力度，旅游公共服务管理工作取得了一定进展，其主要措施如下：①建立旅游公共信息与旅游企业

服务信息及时汇总制度，开展旅游网络信息对新技术的运用研究；②建立专业化与社会化、政府救助与商业救援相结合的旅游应急救援体系，推动旅游责任险全覆盖的落实；③形成完整的旅游集散体系建设指导方案；④推行旅游应急投诉体系；⑤建立旅游开发环评制度；⑥开展"旅游服务"公益流动课堂培训，完善全国旅游志愿者服务招募机制，建立志愿者服务团队。

五、旅游目的地公共服务管理制约因素

旅游目的地公共服务管理受到很多因素的影响，这些因素有体系外的因素也有体系内的因素，综合来看，主要表现在以下几个方面。

（一）旅游公共服务需求

根据旅游经济学的观点，旅游需求是在一定时间内在闲暇和收入的限制下旅游者对旅游产品产生愿意并且能够购买的数量。旅游需求主要取决于旅游动机、人们的闲暇时间和收入水平。根据马斯洛的需求层次理论，一个人不仅有生理的需要，还有自我实现的需要，在旅游活动过程中这些需要都能得到体现，并且从某种意义上旅游消费需求整体上说属于较高层次的需求。

旅游者是具有主观能动性的个体，以旅游动机和情感为代表的主观因素也会对其需求产生影响。旅游动机是维持和推动旅游需求的内在动力，而旅游者对目的地所形成的情感，则是一部分旅游动机的诱因所在。皮尔斯提出了旅游生涯阶梯理论，认为旅游者产生旅游需求时，不仅考虑即时的感官愉悦，也包括实现尊重、地位、加强关系、利他主义、自我调节等预期心理目标。旅游者情感作为一种特殊资源，是一部分旅游动机的诱因，最终会影响旅游者的行为意向。旅游目的地公共服务，可以激发旅游者的次级情绪，可提升旅游体验从而增加旅游需求，激发其敬畏感、幸福感、共情、地方依恋等情感。

随着社会和经济的不断发展，旅游者的需求也发生了变化，呈现出多样性和多变性的特征。随着这些变化的出现，旅游经济活动也发生了一系列的变化，背包客、自驾车游等新型的旅游方式不断出现，对旅游公共需求不断增加，主要体现在他们更关注旅游信息服务、旅游环境、旅游基础设施、旅游目的地居民的好客程度、旅游交通、旅游安全保障以及旅游辅助设施，这些公共服务体系内容将决定他们的出游决策。所以，旅游目的地公共服务管理的建设应考虑旅游公共服务需求内容，有针对性地提供旅游公共服务。

（二）旅游目的地经济发展水平

旅游目的地公共服务管理需要一个良好的公共服务基础，而经济发展水平则会影响社会公共服务设施的建设，同时，旅游公共服务管理需要大量的资金，旅游目的地的经

济发展水平是旅游公共服务管理的基础，另外，经济越发达，市场程度越高，旅游公共服务的供给途径也就越多，供给效率也越高。除了旅游目的地政府的主观能动性外，旅游公共服务投入水平直接影响体系建设水平，有多大能力办多大的事，旅游目的地的经济发展水平会影响旅游公共服务管理的内容和层次。所以，我国在构建旅游目的地旅游公共服务管理体系时，应考虑旅游目的地的经济水平，根据各地的实际情况决定建设的内容、优先发展的项目。

（三）旅游公共服务的性质

从满足旅游者需要的角度，旅游公共服务分为基础旅游公共服务和辅助旅游公共服务，基础旅游公共服务是向旅游者提供的能够满足旅游者基本需求的公共服务，主要体现在食、住、行、游、购、娱各个方面，如交通、住宿、餐饮、购物等旅游公共服务的供给，是旅游产品的重要构成部分；辅助旅游公共服务管理则包括信息、安全保障、环境以及行政服务方面，这类公共服务的提供主要是为旅游者的出行提供便捷和安全。从这个角度来对旅游公共服务进行分类主要是为了针对不同的服务类型和性质进行不同的旅游公共服务的供给，决定由谁供给。一般情况下，政府承担基础旅游公共服务设施的供给，而政府和其他部门共同承担辅助公共服务的供给。从公共服务或公共产品的属性看，旅游公共服务中既包括纯公共产品的内容，也包括准公共产品的内容，根据排他性和竞争性的不同，决定了不同的供给主体。对旅游公共服务性质的研究将影响旅游公共服务管理的构成，同时决定了旅游公共服务管理的供给内容、主体以及供给模式。

（四）旅游目的地产业结构

由于各地旅游业发展所处的阶段和发展旅游业的方式的不同，各旅游目的地的产业结构存在很大的差异性，所以在进行旅游公共服务管理的研究时，应根据各地的旅游发展特色和优势，因地制宜地提出当地旅游公共服务管理的内容，重点发展优势旅游产业公共服务建设，同时，需要通过旅游公共服务管理的建设加强产业内各要素的协同发展，只有这样才能使旅游公共服务的功能得以发挥，当然，这也为旅游产业结构的优化提供了帮助。

（五）旅游目的地节庆活动

城市居民人口规模的增长和生活水平的提高带来了旅游需求的增长，然而一系列旅游出行问题，如城郊旅游资源的可达性低、难以获取实时出行信息和服务等，抑制了人们旅游需求的增长，与此同时，信息和通信技术的应用又促进了出行服务的出现和发展。"依节造势、以节兴市"成为诸多目的地重要的旅游发展战略，如"青岛国际啤酒节""南宁国际民歌艺术节""婺源油菜花节""西双版纳泼水节"等节庆活动，已逐渐成为各区域旅游业的核心产品，节庆活动影响力不断扩大。旅游节庆活动的文化意义与

真实性，是游客产生需求的核心拉力。消费者需求满意度及信息获取难易程度，是其出游的重要影响因素。消费者是旅游节庆活动可持续发展的客体，客源市场社会、经济、交通区位等方面的差异会导致客源市场在时空分布上呈现出非均衡性与异质性。

六、旅游目的地公共服务管理问题对策

（一）旅游目的地公共服务管理存在的问题

目前，全国各地对旅游公共服务管理的重视程度不一致，管理水平也不平衡。旅游业起步较早、比较成熟的地方，旅游公共服务管理比较重视，旅游业刚起步或者相对落后的地区，仍主要将财力用于旅游资源开发和必需的旅游交通建设，大部分地区旅游公共服务管理仍存在一些问题和障碍，主要包括以下几方面。

一是认识问题。各地对旅游公共服务的重要性认识有差异，对旅游公共服务管理的范围、内容和认识也不尽相同，对旅游公共服务管理建设的主体究竟应由政府主导还是市场主导认识也有不同。

二是机制问题。旅游公共服务管理牵涉多个政府部门和行政系统，但各部门和各系统对旅游公共服务管理的认识是有差异的，旅游主管部门比较积极，认识相应也比较到位，但旅游主管部门往往缺乏必要的职能组织实施和推进旅游公共服务管理的建设，而交通、城管、建设、卫生、公安等部门从各自立场角度，往往难以就旅游公共服务管理形成高度的共识。

三是财政问题。旅游公共服务管理具有一定的公益性质，需要政府财政提供必要的投入予以支撑，但各地政府财政状况不一，投入重点不一，对旅游公共服务管理的财力支持也不一样，不少城市往往面临无钱办事的窘境。

四是理念问题。各地对旅游目的地建设中的旅游公共服务管理的理念并不相同，有些地方站位较高，理念较新，旅游公共服务管理符合国际标准惯例；有些地方则不然，在构建旅游公共服务管理内容时起点较低，只满足旅游公共服务中最基本、最经常的需求，如简单的旅游咨询服务、旅游公共交通服务和旅游服务质量的投诉处理等，与国际旅游目的地的标准差距较大。因此，旅游公共服务管理的推进必须坚持政府主导，但同时广泛吸引企业的参与和进行市场运作。

旅游公共服务管理中凡能由企业参与和市场运作的内容，都应积极推进企业的参与和市场运作，哪怕是其中的一部分内容，如旅游咨询点销售一部分明信片、旅游纪念品等，但前提是不影响旅游公共服务的公益性和共享性。像杭州等城市一直采用政府主导、企业参与和运作、政府按标准进行考核、以奖代拨的方法来实施旅游公共服务管理，实质是政府向企业购买服务，取得了较好成效，也摸索了一定经验。

（二）旅游目的地公共服务管理措施

（1）健全旅游目的地公共服务管理体系。旅游目的地公共服务体系是一个复杂的系统，只有完善、健全、高效的服务管理体系，才能发挥出旅游目的地公共服务的最大功能，任何部门服务缺失都有可能导致旅游体验满意度下降，以"青岛大虾"事件为例，由于青岛物价、执法、监管等部门职责和服务意识的缺失以及旅游经营者自身不诚信经营，导致"好客山东"及青岛旅游形象被破坏、旅游者满意度下降。健全旅游目的地公共服务管理体系，是旅游目的地管理工作的重中之重。

（2）提升旅游者及旅游从业者的满意度。健全旅游目的地公共服务管理体系的重要目的之一是提升旅游者及旅游从业者的满意度，以旅游满意度为公共服务体系建设标准，以人为本、实现人性化服务，是未来旅游目的地公共服务管理的根本准则和趋势。无论是技术的更新，还是管理理念的提升，最终都将提升旅游者及旅游从业者的满意度，实现经济效益和社会效益的双丰收。

（3）推进法治化与标准化建设。推进法治化与标准化建设，更好地实现旅游目的地公共服务有序、高效、可持续化管理。我国《旅游法》、《旅游规划通则》（GB/T 18971—2003）、《公共信息图形符号》（GB/T 10001.1—2012）、《旅游景区质量等级的划分与评定》（GB/T 17775—2003）等一系列旅游法律法规、旅游行业标准的出台，不断推进了旅游目的地公共服务管理的法治化与标准化建设。

（4）加强旅游公共服务质量管理。近年来，旅游纠纷与旅游投诉事件屡见不鲜，在一定程度上说明旅游公共服务质量管理出现漏洞。政府管理部门、各类行业组织需要进一步加强旅游公共服务质量监管，规范各类旅游企业经营行为，合理引导旅游者消费行为，加强导游教育培训、提高导游素质，监管旅游景区乱收费行为。通过旅游公共服务质量管理，营造公平的市场竞争环境，保护旅游者合法权益，提高旅游目的地的旅游公共服务质量。

（5）实施精准化与差异化营销措施。旅游目的地管理者可以在营销推广偏好的基础上，根据游客不同的旅游偏好，对旅游市场进行细分，如露营旅游，特种兵式旅游，游学旅游。巩固及增强本地客源市场，开拓人口基数大、经济发达客源市场，引导边缘客源市场。人口基数大、经济发达的区域，是客源市场实现从量变到质变的"主力军"，应针对性开展市场开发策略，加大优惠力度，如派发免费体验券、开辟区域旅游专列等。同时，树立系统与整体性思维，关注边缘客源市场，增强区域协同，扩大客源市场范围。

（6）开发具有影响力的节庆旅游产品。旅游节庆活动客源市场受区域居民消费偏好的影响，应构建仪式展示链，深挖文化要素，促进游客全方位体验节庆活动内涵，更好地满足人民对美好生活的追求。以"泼水节"和"啤酒节"为例，"泼水节"依托传统少数民族旅游资源，能打破传统空间距离吸引远距离游客；"啤酒节"可在传统观光基

础上，增加啤酒生产制作、有奖竞答、文创体验等参与式互动产品，以增强活动趣味性及参与性；"泼水节"依托少数民族文化，将节庆仪式完整展示于游客，并邀请游客参与，使游客形成沉浸式体验并完成文化传播；"啤酒节"作为典型的现代节庆，可挖掘"啤酒"背后的故事，构建节庆展示链，在激情狂欢的同时，完成文化传播。

案例分析

《上海市基本公共服务"十四五"规划》的政策解读

一、规划编制背景

基本公共服务是指建立在一定社会共识基础上，由政府主导提供的，与经济社会发展水平和阶段相适应，旨在保障全体公民生存和发展基本需求的公共服务。其核心是保障最基本的民生需求，努力做到应保尽保和均等享有。享有基本公共服务是公民的基本权利，保障人人享有基本公共服务是政府的重要职责。

（1）从国家要求看，党的十九大报告指出，要加快推进基本公共服务均等化。十九届五中全会明确，"十四五"时期基本公共服务均等化水平要明显提高，到二〇二五年基本公共服务实现均等化。"十三五"期间，国务院印发了《推进基本公共服务均等化规划》和国家基本公共服务清单。随后，国家又部署了基本公共服务标准体系建设、财政事权和支出责任划分改革等工作。国务院批复了《国家基本公共服务标准（2021年版）》，明确基本公共服务标准为各级政府履职尽责和人民群众享有相应权利的重要依据，要求各地结合实际认真执行。

（2）从上海自身看，根据国家要求，结合发展实际，本市分别在"十二五""十三五"期间制定了规划，发布了《上海市基本公共服务项目清单》，明确了本市基本公共服务9个领域96个具体项目，并在全国率先建立清单动态调整机制。目前，本市已初步建立起基本公共服务体系的框架和管理制度，经过前两轮的努力，各区、各部门对基本公共服务的重视和投入持续加强，基本公共服务水平不断提升，整体保持全国前列。

与此同时，本市基本公共服务在部分领域还存在短板问题，城乡服务内涵差距依然明显，服务的精准性、便捷性、智慧化有待进一步提升。按照推进实现基本公共服务均等化的总要求，适应上海城市发展的新趋势，需要在"十四五"期间持续推进基本公共服务体系建设。

市委、市政府高度重视基本公共服务，将其作为落实人民城市理念的重要举措。基本公共服务"十四五"规划是民生领域重要规划文件，引导推动各领域民生服务不断深化优化。作为市级专项规划之一，《上海市基本公共服务"十四五"规划》（以下简称《规划》）已经市政府常务会议审议通过，并以市政府名义正式印发。

二、规划编制的总体考虑

经过"十二五""十三五"持续推进，本市已基本形成以基本公共服务项目清单制度为基础、涵盖九大领域的基本公共服务体系，基本公共服务应保尽保和均等化水平稳步提升。"十四五"主要是对前两轮规划的延续和深化，核心可概括为 3 个"三"。

第 1 个"三"是三个发展目标。考虑到本市基本公共服务制度体系已基本建立，有较好的基础。《规划》在已有发展基础上，提出三个层次的目标：基本公共服务体系全面建立、均等化水平持续提升、品质和效率不断提高。最终努力实现基本公共服务与人口、产业、资源相协调，与社会主义现代化国际大都市的定位相适应，打造基本公共服务高质量发展的上海样板。

第 2 个"三"是三条实施路径。《规划》提出进一步补齐补强基本公共服务短板弱项，进一步促进基本公共服务标准化、均等化，进一步提升基本公共服务品质和效率，概括起来就是三组核心词，即"补短板、促均衡、提质量"，这是所有任务的主线。补短板就是聚焦基本公共服务薄弱领域、重点人群，加强资源配置和服务能力建设，确保实现应保尽保；促均衡就是针对城乡区域服务差距，通过统筹资源布局和加强政策引导等途径，努力实现区域协调均衡发展；提质量就是围绕市民群众广泛关心的民生问题，不断提升服务质量水平，增强市民获得感和满意度。

第 3 个"三"是三项制度保障。这是推动目标、路径能够落地的关键环节，"十三五"时期提出了基本公共服务三项基础制度，"十四五"将继续深化。一是基本公共服务项目清单制度，这是规划实施的基础载体。基本公共服务项目清单明确了基本公共服务的范围和具体标准，下一步重点是与国家最新标准衔接，优化清单动态调整发布机制。二是基本公共服务财政管理制度，主要是落实财政优先保障责任，逐一明确基本公共服务事权和支出责任，健全财政支出统计口径。三是基本公共服务考核评价制度，建立健全考核评价指标体系，落实地方政府基本公共服务职责。

三、规划的主要内容

围绕上述目标和路径，针对"十四五"发展的阶段性特征，《规划》更加注重基本公共服务的整体性系统性谋划，打破按各行业简单罗列目标任务的形式，从整体构建完善基本公共服务体系的角度，统筹各领域、各区域基本公共服务，提出四方面基本原则和六方面共 25 项主要任务。

（一）基本原则

一是以人为本、应保尽保，切实保障市民享有基本公共服务的权益，确保基本公共服务应保尽保；二是尽力而为、量力而行，综合市民基本民生需求、经济社会发展水平和财政承受能力，合理确定基本公共服务保障范围和水平，合理引导社会预期；三是公平均等、便民利民，推进基本公共服务资源向基层和家门口延伸、向新城和农村覆盖、向薄弱环节和重点群体倾斜；四是创新方式、提质增效，深化创新基本公共服务供给模式，推进新技术新模式在基本公共服务领域的应用，不断提高服务的质量和效率。

（二）重点任务

（1）优化基本公共服务资源布局，更好服务人口和城市发展。围绕落实国家重大战略，适应上海城市空间布局优化，更为合理地配置基本公共服务资源，更好发挥公共服务保障和改善民生、支撑经济社会发展、吸引集聚人才的基础性作用，主要从几方面发力：一是整体提升新城公共服务能级，按照综合性节点城市定位，高起点、高标准、前瞻性做好"五个新城"基本公共服务设施的规划配置，引入一批高水平、专业化、特色化的公共服务品牌资源，发挥医疗卫生、教育、文化体育等一批重大项目的辐射带动作用。二是加强农村公共服务内涵建设，引导优质资源通过委托管理、对口支援等形式在郊区农村地区布局，对在农村地区扎根工作的公共服务领域专业人才，落实有关倾斜支持政策。三是完善主城区公共服务功能，大力发展社区嵌入式公共服务，实现15分钟社区生活圈高质量覆盖。四是推进长三角公共服务便利共享以及示范区、临港新片区等区域协调发展。

（2）夯实基本公共服务兜底保障，织牢织密民生底线。立足底线民生、基本民生要求，针对困难人群、短板领域、薄弱环节加大投入和保障力度，持续抬高底部、缩小差距、应保尽保。主要提出几方面任务：一是加强困难人群保障，加快补齐重残养护、精神卫生、困境儿童等设施和服务短板。二是持续完善社会保险和优抚制度，健全城乡居保养老金调整机制和基本医疗保险制度，完善部分优抚对象抚恤补助标准动态增长机制。三是织牢城市公共安全底线，全面提升覆盖全生命周期的公共卫生服务水平，加强应急救治能力建设。制定殡葬设施建设规划，推进殡仪火化设施等项目落地。

（3）提升基本公共服务质量水平，持续增强市民感受度。针对市民日益增长的需求，统筹基本民生和质量民生，在尽力而为、量力而行的基础上，不断提升基本公共服务质量，主要有几方面举措：一是办好每一所家门口学校，综合考虑学龄人口变动和分布，制定完善本市基础教育基本建设规划，着力解决人口导入区入学矛盾，加快推进义务教育优质均衡发展区创建。二是提供更好的医疗健康服务，推进区域性医疗中心和新一批社区卫生服务中心标准化建设，持续做实家庭医生制度。三是整体提升养老服务水平，完善保基本养老服务管理，优化养老床位供给结构，推进社区嵌入式养老和农村养老，深化长期护理保险制度试点。四是完善住房保障体制机制，多渠道增加租赁住房供应，重点解决好公共服务行业一线务工人员阶段性住房困难。五是增强就业创业服务能力，扎实推进重点群体就业帮扶和困难群体就业援助工作，加大就业重点对象的培训力度。六是丰富公共文化体育服务，推进公共文化体育场馆运行机制改革和管理创新，完善公共文化配送、全民健身指导等服务供给机制。

（4）推进基本公共服务延伸覆盖，健全家门口服务体系。围绕贯彻落实人民城市重要理念部署要求，结合上海特大城市社会治理特点，从推进基本公共服务更加便利可及角度，提出几方面任务：一是加强家门口服务设施规划建设。制定15分钟社区生活圈标准指南，鼓励各区因地制宜优化家门口综合服务设施布局。二是做实家门口服务功能。加大服务资源下沉，推动功能复合设置，为家门口服务设施赋能增效，支持各区打造各具特色的家门口服务品牌。三是促进社区服务与社区治理相结合。打造社区参与、自治共治平台，广泛动员各方共同参与家门口服务体系建设，以服务增认同、以服务聚民心。

（5）强化基本公共服务模式创新，推动实现数字化转型。根据市委、市政府关于数字化转型的总体要求，创新供给模式，强化科技赋能，推动跨越"数字鸿沟"，促进基本公共服务更加均衡、更加精准、更加便利，提出几方面重点：一是加强信息化基础设施和平台建设，推动优质资源网上共享和便利获取。二是以基本公共服务项目清单为基础，持续推动具备条件的公共服务事项接入本市"一网通办"平台。三是着力解决老年人、残疾人等群体智能技术困难问题，形成公共服务领域跨越"数字鸿沟"的解决方案。

（6）完善基本公共服务制度建设，加强规划实施保障。主要有几方面重点：一是完善基本公共服务项目清单动态调整机制，建立健全基本公共服务财政支出口径，开展基本公共服务考核评价和质量监测。二是深化基本公共服务标准体系建设。制定完善各领域设施建设、设备配置、人员配备、经费投入等具体标准。三是聚焦短板弱项，市、区共同研究完善保基本养老、重残养护、精神卫生等领域的支持政策。四是深化推进基本公共服务多元供给，进一步健全基本公共服务合格供应商制度。五是加强基本公共服务人才队伍建设。六是加强宣传引导，推动全社会关心、支持和参与基本公共服务建设。

以上就是《规划》提出的重点任务举措，《规划》发布后，市发展改革委将会同有关部门一道分解规划重点任务，进一步明确部门分工，确保规划落实落地。

（资料来源：https://www.shanghai.gov.cn/202113zcjd/20210705/5fceaa0ae4a443e7871df34df8260080.html）

第三节　旅游目的地接待服务管理

旅游目的地接待服务工作是一项实务性、思想性和艺术性很强的工作。游客的第一印象来自首先接触到的旅游目的地服务接待部门。目的地提供的服务质量高低直接决定了整个目的地的公共形象和社会声誉，从而影响目的地的经济效益和社会效益。旅游目的地接待服务是指旅游经营者凭借一定的技术和手段为满足旅游者的基本旅游需求而提供的劳务综合，主要向旅游者的旅游活动提供一线服务，满足旅游者"食、住、行、游、购、娱"六大基本要求。旅游目的地接待服务主要涉及旅游六大要素产业，实施主体主要为旅游企业，其接待服务具有营利性。

一、旅游目的地接待服务管理概述

旅游目的地接待服务管理主要是旅游目的地的经营管理主体采取计划、组织、协调、控制等手段对旅游目的地的咨询与投诉服务、票务服务、接待服务、旅游目的地解说服务、旅游目的地商业服务、旅游目的地辅助服务等方面的内容进行有效管理。上述

管理直接关系旅游目的地的经营效果和经济效益，关系旅游目的地的生存和发展，也关系旅游者的合法权益。这对旅游目的地持续改进服务管理水平、提高服务管理质量，增强游客满意度方面意义重大。

二、旅游目的地接待服务管理内容

按照旅游活动核心组成部分和旅游者旅游需求类型划分，旅游接待服务管理的内容包括：旅游交通服务、旅游景区接待服务、旅游酒店接待服务、旅行社接待服务、旅游餐饮接待服务、其他场所旅游服务等。按照旅游目的地提供的服务类型进行划分，旅游接待服务管理内容包括：旅游经营者凭借一定的手段对旅游咨询与投诉服务、目的地接待服务、目的地商业服务和其他辅助服务等进行有效管理。

（一）旅游咨询与投诉服务

旅游目的地在服务接待的过程中，不管其基础设施如何完善、服务内容如何全面，都会有一些意外情况发生，如游客在旅行的过程中需要咨询和投诉相关问题，因此，旅游目的地会有为游客提供咨询、进行投诉的地方。服务中心提供的为旅游者解答疑问、处理投诉的服务质量和效率，会直接影响旅游者满意度，对旅游目的地的外在形象和声誉等造成重大影响。因此，旅游目的地需重视旅游者的咨询和投诉服务的管理。

（1）旅游目的地咨询投诉服务管理部门——游客中心。旅游目的地咨询投诉服务的管理部门是游客中心。游客中心又称游人中心、访客中心，是旅游目的地设立的为游客提供游览旅游信息、游程安排、讲解、教育、休息投诉接待等旅游设施和服务功能的专门场所。一般设在旅游目的地的入口处，是旅游目的地对外形象展示的主要窗口。

游客中心的主要功能有：①引导功能。游客接待中心一般位于旅游中心或出口处，起着窗口的作用，通过这个窗口，旅游者可以了解整体区域内的环境、景物和旅游各组成要素的分布、组合及存在的问题。②服务功能。游客接待中心可为旅游者提供住宿、休息、餐饮、交通、娱乐、购物等服务，以便旅游者顺利完成在本区的旅游计划。③游憩功能。游客接待中心距景区较近，本身也有部分特殊的自然风光，或直接是景区的一部分，使旅游者在逗留时间内可安排部分时间进行游览，具备游憩功能。④其他功能。提供包括失物招领、物品寄存、医疗服务、邮政服务、残疾人设施等服务。

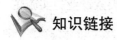 知识链接

旅游景区游客中心服务规范

游客中心（tourist centre）

旅游景区内为游客提供信息、咨询、游程安排、讲解、教育、休息等旅游设施和服务功能的专门场所，属于旅游公共服务设施，所提供的服务是公益性的或免费的。

基本游客服务（basic tourist service）

基本游客服务主要指免费为游客提供的必要服务，包括厕所、寄存服务、无障碍设施、科普环保书籍和纪念品展示。

旅游咨询（tourist consultation）

为游客提供相关的咨询服务，包括景区及旅游资源介绍、景区形象展示、区域交通信息、游程信息、天气询问、住宿咨询、旅行社服务情况问询及应注意事项提醒。

旅游投诉（tourist complaint）

旅游者向旅游行政管理部门提出的对旅游服务质量不满意的口头或书面上的表示。

旅游管理（tourist management）

对游客中心服务半径范围内的各类旅游事务及游客中心本身进行管理，包括旅游投诉联网受理、定期巡视服务半径范围、紧急救难收容及临时医疗协调，以及设置游客服务中心服务项目公示牌等。

其他游客服务（other tourist service）

雨伞租借、手机免费充电、小件物品寄存、失物招领、寻人广播服务；电池、手机充值等旅游必需品售卖服务；邮政明信片及邮政投递、纪念币和纪念戳服务；公用电话服务，具备国际、国内直拨功能，移动信号全覆盖，信号清晰；有条件的，提供医疗救护服务，设立医务室，配专职医护人员，备日常药品、氧气袋、急救箱和急救担架。

［资料来源：《旅游景区游客中心设置与服务规范》（GB/T 31383—2015）］

（2）咨询服务分类与范围。咨询服务可以分为当面咨询服务、电话咨询服务和网络咨询服务。其中，当面咨询服务管理处一般设在旅游目的地的游客服务中心，景区内的所有工作人员对于游客来说都是可以咨询的服务人员。电话咨询服务一般由景区的接待管理部门专门培训的一批为游客解答疑问、受理问题的相关人员提供。网络咨询服务是在旅游目的地运营的官方平台上（官方网站、官方微信、官方微博等）在线为游客答疑解惑。

接受游客咨询时，应面带微笑，且双目平视对方，全神贯注、集中精力，以示尊重与专心倾听，不可三心二意。咨询服务人员应有较全面的旅游综合知识，对游客关于本地及周边区域景区情况的询问，要提供耐心、详细的答复和游览指导。答复游客的问询时，应有问必答、用词得当、简洁明了。接待游客时应谈吐得体，不得敷衍了事，言谈不可偏激，避免有夸张论调。接听电话应首先报上姓名或景区名称，回答电话咨询时要热情、亲切、礼貌，要使用敬语。如有暂时无法解答的问题，应向游客说明并表示歉意，不能简单地回答"不知道"之类的用语。通话完毕，互道"再见"并确认对方先收线后再挂断电话。

（3）旅游目的地投诉服务。旅游者在目的地游览和接受服务的过程中会出现各种意外情况和不满意的因素，正确处理旅游者投诉能够提升游客的满意度和体验感受，帮助

景区形成良好的口碑。游客投诉是指游客为了维护自身合法权益，以口头或书面的形式向旅游目的地相关管理部门提出投诉、要求处理的行为。其实质是由于旅游目的地的产品和服务质量未能达到游客的要求，使之产生不满意的行为。

（二）目的地接待服务

旅游目的地接待服务承担了旅游者完成旅游体验的主要环节，旅游目的地接待服务直接影响了旅游者对旅游目的地的满意度和好感度。旅游景区接待服务主要体现在景区门票预订购买、入门后的接待服务、景区解说系统等方面，提高旅游景区接待服务，首先需要完善景区门票查询预订系统，方便、快捷地实现门票查询和购买。其次，入门接待服务也是景区接待服务的重要组成部分，入门接待是景区对外服务的直接窗口，亲切、热情、准确、幽默的入门接待能让旅游者更好地进行游览参观，实现旅游目的地的价值。最后，景区解说服务包括标识系统、宣传手册、全景导览图、自动讲解服务等多样化导游方式，可使旅游者加深对景区的了解和认识，从而提升旅游活动质量。

（1）票务服务。

①门票。门票一般类型如下：按照制作材料，分为纸质门票和电子门票；按照消费对象的特征，分为全票、优惠票；按照门票的使用期限，分为当日门票和年卡门票；按照旅游淡旺季，可以分为淡季门票和旺季门票。

②票券票价。门票价格应根据不同景点的类型和级别制定，明码标价，保持票价相对稳定。票种齐全，如通票、半通票等。票券设计应美观大方，背面应有游览简图，使其有纪念意义和保存价值。

③售票服务。

售票位置的选取。售票处应设在入口处显眼位置，周围环境良好、开阔，设置遮阴避雨设施。售票窗口数量应与游客流量相适应，并有足够数量和宽度的出、入口。出、入口分开设置，设有残疾人通道。景区内分单项购票游览的项目，应设置专门的售票处，以方便游客购票。

售票人员。售票人员需业务熟练，掌握各类票的价格和使用情况。认真准确回答游人咨询，态度热情、语气和蔼、音量适中。唱收唱付，绝无抛钱物现象。售票人员坐姿端正，佩戴工作牌号。

增设智能售票机。支持多种取售票方式，实现一分钟售票、一秒钟取票，节约旅游高峰时期入园难的问题。满足线上购票服务需求。游客在网站上或者使用手机移动端预订并完成支付后，系统会自动发送一串辅助码或者是二维码图形给游客，游客在景区终端设备上通过输入辅助码号码或者直接在机器上扫描二维码的方式，自助打印景区入园小票，凭票游玩。

验票服务。设标志明显、有足够数量和宽度的出、入口，出、入口分开设置。检票人员站立服务，站姿端正、面带微笑，适时使用礼貌语言。配备检票装置，保证票面撕开处整齐。主动疏导游人，出、入口无拥挤现象。出口设专人值守，适时征询游人对游览参观的意见和建议。设置无障碍通道，处理好排队问题。

（2）解说服务。

旅游目的地解说服务是指利用多种媒介方式，向游客传递旅游目的地景区信息和向导服务，从而实现旅游者、旅游目的地及旅游经营者、旅游管理者和各种媒介之间的有效沟通而进行的信息传播行为。对于旅游者来说，通过解说服务可以增强对旅游目的地景区和各类资源的理解和审美，增强旅游体验的丰富性和趣味性，从而达到开阔眼界、增长知识、增强体验等目的。

旅游目的地解说服务是由多种解说设施和人员服务等要素构成，解说服务存在于旅游活动的各个环节之中。好的解说服务不仅能够帮助游客顺利完成旅游景区内的旅游活动，而且能够给旅游者创造良好的旅游体验。本质上而言，它是一个信息传播的过程。拉斯维尔提出了大众传播的"5W"要素：谁→说什么→通过什么渠道→对谁→取得什么效果。对于旅游目的地解说系统来说，具备同样的五大要素，即解说主体、解说信息、解说受众、解说媒介、解说效果，如表5-2所示。

表5-2 解说系统的"5W"要素

"5W"	含义	解析	说明
Who	解说主体	解说行为的实施者	不仅包括人员解说，也包括非人员解说（即各类解说设施）。两种解说主体各有利弊、优势互补，需综合运用
What	解说信息	解说传递包含的内容和要素	解说主体向解说受众展示传递的内容。通常包括以下几方面：交通引导信息、景物解说信息、警告警戒信息和服务辅助信息
Whom	解说受众	现存旅游者及潜在旅游者	不仅包括现存游客，还包括潜在旅游者，需进行市场细分和定位，选择合适的解说方式和技巧
Which Channel	解说媒介	将各种信息展示传递给旅游者的载体	可分为自导式解说媒介和向导式解说媒介，也可分为传统媒介（如印刷物、解说牌、音像制品等）和现代化媒介（如虚拟3D系统、蓝牙无线、电子触摸屏等）
What Effect	解说效果	解说的有效性和满意度评估	最容易被忽略的领域，只有对解说的有效性和游客的满意度进行反馈评估，才能有效提高解说的服务质量

按照解说方式，旅游目的地解说服务可以分为自导式解说服务、向导式解说服务和智能式解说服务三类。自导式解说服务是由书面材料、标准公共信息图形符号、语音等无生命设施、设备向游客提供静态的、被动的信息服务。向导式解说服务是一种综合性、灵活性较强的工作。游客在景区游览的过程中可以与讲解员进行情感和知识上的互动，通过提问、聊天等方式及时沟通交流，从而更好地了解旅游目的地。智能式解说服务是在智慧旅游快速发展和大数据信息时代背景下，通过微信扫码、录音、感应式电子导游器、手控式电子导游器、无线接收、手机接收等方式实现智能语音讲

解服务。景区智能解说服务是智慧景区建设的一部分，也是未来景区解说服务发展的方向。通过上述旅游解说服务可以促进信息咨询、引导旅游活动；凸显旅游价值、提高景观资源的利用率；强化环境教育、提升旅游地形象；规范景区管理、改善游览环境。

（三）目的地商业服务

（1）旅游餐饮接待服务。旅游餐饮服务主要依托为旅游者提供餐饮的旅游企业，如大型旅游酒店、城市餐饮体系、景区周边特色餐饮、美食街区城镇等构成旅游目的地餐饮体系。旅游餐饮服务要在保证食品安全、卫生的基础上，强调特色化、美味度、健康养生等功能。

（2）旅游住宿接待服务。旅游酒店接待服务是旅游者实现住宿体验的主要方式。旅游住宿也是目的地最重要的旅游基础设施之一。旅游酒店分为星级酒店、度假酒店、普通宾馆、青年旅舍、特色民宿等不同等级、不同风格的旅游住宿种类。其中，星级酒店提供更为高档、舒适的住宿服务；度假酒店往往位于旅游景区内部或周边，更注重酒店环境、住宿品质、空气质量等因素；普通宾馆通常位于交通便捷的城市区域或城镇节点，提供便捷、周到的服务；青年旅舍提供舒适的卫生环境、实惠的价格和温馨的服务；特色民宿以家庭旅馆、特色民居等为主体，提供特色、精致、主题化的住宿服务。

（3）旅行社接待服务。旅行社是连接旅游者与其他旅游企业的重要载体，旅行社提供旅游信息咨询、导游服务、旅游服务预订，协调各旅游供给企业关系等，旅行社服务与旅游活动密切相关，也存在综合性、无形性、生产与消费同时性、不可储存性、不可转移性等特征。

（4）旅游交通接待服务。景区交通是景区向游客提供的各种交通服务，以实现游客从空间上的某一点到另一点的空间位移，可分为外部交通和内部交通。景区的外部交通是游客从常住地到景区的交通方式，而内部交通是指游客在景区内部的交通方式。外部交通关系到景区的可通达性以及游客的交通成本，主要有飞机、火车、旅游车、自驾车、轮船等。内部交通是连接景区不同景点的纽带，也是景区的风景廊道，有的内部交通方式本身就构成了景区的旅游项目。内部交通方式有景区环保观光车、电瓶车、缆车、滑竿、羊皮筏子、雪橇、溜索、游览步道等。景区交通服务是景区借助交通设施为游客在景区内实现空间位移以及满足游客在位移过程中的享受而提供的服务，具体指道路、工具、站点、引导等方面的服务。

（5）旅游购物接待服务。旅游购物是指游客为了旅游或在旅游活动中购买各种实物商品的经济文化行为。其中包括对衣服、工具、纪念品、珠宝、玩具、报刊书籍、音像资料、美容及个人物品和药品等的购买；不包括任何一类游客出于商业目的而进行的购买，即为了转卖而进行的购买。旅游商品是指游客在旅游活动过程中所购买的具有纪念性和当地特色或者满足旅游活动需要的商品。旅游商品是旅游景区中重要的收入来源，也是旅游六大构成要素中的重要一环。广义的旅游商品种类多、范围广，根据其自身的性质和特点，可分为艺术品、文物、装饰品、土特产等。

（6）其他场所旅游服务。其他场所旅游服务主要指旅游购物场所、旅游场所等地的旅游服务，包括特色旅游产品、日用品、工艺品、纪念品等产品的销售服务以及丰富多彩、地方特色浓厚的旅游娱乐服务等。

（7）在线旅游平台服务。在线旅游在互联网新媒体助力下应运而生，是旅游市场新的增长引擎，是近年来发展极为迅猛的新业态之一。在线旅游是指依托互联网平台，为客户提供包括但不限于食、住、行、游、购、娱等方面的产品搜索、咨询、预订以及购买服务的旅游供给主体。伴随 AI、5G、VR、AR 等数字技术的渐趋成熟，以及其与旅游业融合程度的不断加深，在线旅游产业链正朝着横向拓展和纵向延伸两个方向不断完善。在线旅游平台是旅游产业链的关键环节和重要盈利点，亦是消费者选择旅游产品的重要渠道。在线旅游平台具有差异化程度高、传播成本低、智慧化供给能力强等特点，对消费者旅游消费模式和旅游企业经营抉择产生深远影响。随着在线旅游平台不断发展，越来越多消费者通过在线旅游平台选择和订购旅游产品，并在旅游结束后发表评论分享旅行体验。在线旅游平台服务，逐渐成为消费者行为抉择的重要依据。

（四）其他辅助服务

旅游目的地其他辅助服务包括医疗救助服务、邮电服务等。

医疗救助服务：在《旅游景区质量等级的划分与评定》（GB/T 17775—2003）中对 3A 级以上的景区就明确要求"建立紧急救援体系，设有医务室，至少配备兼职医务人员"。

邮电服务：旅游目的地为游客提供的邮电服务主要包括邮政和通信服务，这极大地方便了游客顺利开展旅游活动。旅游目的地的邮电服务网点在布局的时候应遵循方便游客原则和环境保护原则。

三、旅游目的地接待服务管理特征

（一）复杂化

目的地接待服务包含旅游者游览的全过程，旅游者在旅游目的地的活动过程中与周边部门产业发生各种关系，其旅游接待服务呈现复杂性与综合性。同时，旅游接待服务强调细节化、人性化、标准化等要求，其服务构成要素经过分解后，其复杂性将直接影响旅游接待服务质量。以旅行社服务为例，可分解为旅游宣传、旅游信息推广、旅游咨询接待、旅游业务合同签订、旅行服务预订、导游服务、履行合同约定、旅游投诉处理、旅游服务反馈等，其各个环节都涉及旅游产业其他部门。

（二）细节化

细节决定成败，旅游目的地接待服务极其重要又极其复杂，这就决定了旅游目的地接待服务需注重细节，每一位旅游从业者都应从细节出发，做好每一个环节、每一道服务程序，塑造精品化旅游产品、细节化旅游服务。

（三）人性化

旅游目的地服务体系建设应坚持以人为本，始终为旅游者、为当地居民、为旅游经营者服务。在旅游服务设施、旅游服务细节、旅游服务质量等方面，均应以人为核心，从旅游者的需要出发，设计贴近旅游者实际需求的项目和服务，方便旅游者开展旅游活动，近年来，原国家旅游局开展"厕所革命"，加快推进了旅游厕所的建设与改造，加强了旅游厕所的管理与维护，全面提升了旅游业品质，不断满足了广大游客的需求。

（四）满意程度最大化

旅游目的地服务体系建设坚持以人为本，也是为了实现旅游者满意程度最大化。从需求与供给的角度来说，旅游目的地服务作为旅游供给方，最终的目的是满足不断增长的旅游需求，以此来获得盈利。只有旅游者的旅游需求充分获得满足，才能实现旅游目的地系统盈利最大化。因此，旅游者满意程度最大化也是旅游目的地接待服务体系的重要特征之一。

（五）信息化

要积极推进旅游服务信息化建设，发挥智能服务效应。首先，通过建设发挥旅游目的地或旅游企业本身资源及特色的旅游网站，可以在最短的时间内展现在全球范围内的潜在旅游者面前，是最广泛、最直接、最有效的服务信息化方式。其次，开发"微传播"渠道，如微电影的宣传营销，包含一定故事情节的微电影能够给潜在旅游者更为深刻的旅游及服务体验。再次，提供集导航、导游、导览、导购于一体的智能服务。通过智能服务，使旅游者在旅行中的服务获取变得更为直接和简洁。如庐山风景区已经通过智能移动信息服务平台，使游客从进入庐山景区开始，就能通过景区告示牌、服务站、购票点、自助查询终端获取景区全程短信的导览服务（含景点介绍、动态公告、旅游指引等），游客同时可通过短信上的链接进入手机门户，直接、详细地查看到景点视频讲解或图片信息和景区全景游客状况图及观光车状况，使服务更大限度地实现了优化。最后，通过 Wi-Fi 覆盖为旅游者提供更便捷的旅游服务，如苏州等旅游目的地已经在主城区实行 Wi-Fi 全面覆盖，很多旅游目的地及旅游企业也正在筹建更为系统的服务呼叫系统，以解决旅游者的服务投诉、查询等需求。

四、旅游目的地接待服务管理举措

（一）人性化与标准化相结合

旅游目的地服务基本上是针对旅游者提供的服务。在服务设计、服务设施建设过程中，需最大程度考虑人的因素，一切为人服务。同时由于旅游目的地接待服务体系构建较为复杂，环节较多，涉及产业部门较广，为更加有序、高效地提供旅游服务，政府管理部门和行业组织应制定更加细致科学的旅游服务标准。旅游目的地接待服务管理应将人性化与标准化相结合，共同营造更加和谐繁荣的旅游氛围。

（二）多元化与个性化相结合

随着时代的发展和科技的进步，旅游活动形式越来越多元化，为旅游者服务的旅游目的地接待服务体系也呈现多元化特征。自媒体、网络化消费、"互联网+"等新型消费模式的普及，使得旅游产品也更加多元化，随着"90后""00后"等逐渐成为旅游的主力军，追求旅游个性化也逐渐凸显出来。具有个性化和特色化的旅游产品、旅游服务将受到市场的欢迎。因此，在新时代条件下，旅游目的地接待服务管理将迎来多元化与个性化相结合的时代。

（三）推进法制化管理

2013年4月25日，我国为保障旅游者和旅游经营者的合法权益，规范旅游市场秩序，颁布了《旅游法》，该法规范了旅游规划、旅游经营者、旅行社服务、导游服务、景区管理、旅游合同等方面的权利和利益界线，实现了旅游业有法可依。推进法制化管理，将成为旅游目的地服务体系在下一阶段行动的纲领。

（四）加强服务质量管理

将服务质量管理推进至旅游接待服务的全要素、全过程、全领域。主要是通过旅游服务质量中的技术性质量和功能性质量两个方面来实现旅游目的地接待服务管理，即通过旅游经营者提供的服务项目、时间、设施、质量标准、环境氛围等来满足旅游者各种旅游需求；通过服务人员的仪容仪表、礼貌礼节、服务态度、热情程度、服务技巧等来实现旅游目的地接待服务功能性质量管理。

第四节 旅游目的地集散管理

一、旅游集散地概念

旅游集散地是参考旅游目的地的区域规模、服务能力等因素设置的，按规模分不同等级的，以"集聚—扩散"为主的地理位置概念。从它的服务功能角度来看，旅游集散地是考虑旅游者在长线旅游中的舒适度和便利度，改革多次中转的传统模式，实现散客一次性交通乘坐方式到达旅游景区的，为他们提供酒店、宾馆、娱乐、物资供应、旅行社、旅游产品"一站式"等多方面的辅助配套服务，满足他们各方面的需求，给他们的外出旅游带来方便的，具有中转集散作用的旅游目的地内的主要城镇。作为新型的散客旅游市场，它不仅能对整个旅游目的地的发展具有巨大的发展潜力，而且能够提高本地居民的收入，促进城市经济的快速发展，给城市带来人气和机遇。

二、旅游集散地分类

根据行政区，可将旅游集散地分为四级：

一级旅游集散地，即国外的旅游者进入国内的口岸城市、交通枢纽。其辐射区一般覆盖全国。此类旅游集散地的区域城市级别较高，一般为国家级的中心城市。

二级旅游集散地，指游览区所在的整个省或者周边的省市。

三级旅游集散地，指旅游城市、交通枢纽城市等。

四级旅游集散地，尺度较小，城市级别较低，一般是为了方便旅游者。旅游者参观完旅游景区后不再返回这一级旅游集散地。

三、旅游集散地性质

目前，关于旅游集散地的性质各位旅游学者没有形成一个明确的认识和统一的看法。有些学者认为，旅游集散地是一个事业性岗位，是为旅游者提供交通、咨询、住宿等各种服务的共同平台，是各个地区旅游管理服务功能的延伸，是一个不以营利为目的的机构。而另一些学者认为，旅游集散地从它的表面上和所形成的服务体系来看，为游客提供多方面的服务使他们的旅游更方便、更舒适，但是本质上还是具有一定的公益性，所以旅游集散地属于公益性的营利企业。从旅游系统角度来看，旅游集散地具有中转性、集散性、服务性、综合性特征。

（一）中转性

旅游集散地位于区域中心城市，是旅游者进入该区域旅游目的地的门户通道，旅游者进入旅游集散地后，旅游集散地充分发挥中转功能，通过交通运输、旅游服务、旅游信息引导等多种形式和服务，将旅游者中转到目的地景区或下一级旅游集散地。

（二）集散性

在旅游目的地发展过程中，有规模经济效应的存在，旅游企业等在地理空间中集中，不断吸引周边各类资源、能量、信息的输入，并最终形成旅游服务的中心节点城市。当发展到一定阶段时，旅游企业集中产生规模不经济效应，促使各类旅游要素不断撤离，转移到外围区域，形成空间扩散，逐渐缩小区域差异。旅游集散地通过对各种旅游流、信息流、资金流等的集聚和扩散，实现旅游集散地的服务功能。旅游集散地通过集散中转功能，在区域旅游目的地中逐渐形成旅游集散地网络，通过网络化旅游集散地服务，实现区域旅游目的地整体性发展。

（三）服务性

旅游集散地的形成和发展，是基于旅游目的地为旅游者提供各类服务而存在的。旅游集散地是旅游目的地服务综合体，其功能构成、选址建设、发展演化的最根本目的在于为旅游者、旅游从业者、当地居民服务。

（四）综合性

旅游集散地是旅游目的地服务综合体，综合了旅游交通服务、信息服务、旅游安全、餐饮住宿服务、游览服务、旅游咨询服务等，将这些服务在地理空间上集中，将各单体服务有机地联系结合起来，发挥出整体综合起来最大的功能效益。旅游集散地从旅游中转站发展到旅游集散中心，再到综合性的旅游集散地，其功能性和服务性将进一步深化，最终成长为更高级的旅游综合体、旅游城市等。

四、旅游集散地功能

旅游集散地作为散客的集聚地，提供物资、文化、线路等信息，为游客、旅游企业提供全方位的服务。旅游集散地强调集散功能，而又不局限于集散功能。彰显其综合性旅游服务功能，注重专业化职能的发展，是旅游集散地发展的方向，符合区域旅游整体发展规律。旅游集散地能否良好地发挥其功能，对旅游目的地的发展起着重要作用。

（一）集聚功能

旅游集散地所具有的交通服务功能的等级（拥有的交通设施条件），在某种程度上确定它的集聚功能，这种服务功能主要是游客流、物流和信息流等在集聚过程中实现并伴随不同交通工具变换。一部分游客流、物流和信息流等从区域外直接到达集散地，而

另一部分根据客源地距离、交通条件等各种情况先集聚到一级、二级集散地,再逐步集聚到等级比较低的集散地,因此交通集散功能是旅游集散地功能实现的基础,交通发展的不均衡、交通设施的不完善等现象直接影响集散地交通集聚功能的正常发挥。

(二)扩散功能

扩散功能完全与集聚功能相对应,旅游集散地总体功能结构是否合理常常由扩散功能的优劣来决定。旅游集散地扩散功能的强弱依赖于集散地所在地理位置与交通条件情况。旅游集散地的该功能根据客源地之间的距离表现出不同的形式:一种是从集散地直接抵达客源地;另一种是先到高一级的旅游集散地,然后再向低级的旅游集散地逐步扩散。

(三)辐射功能

旅游集散地发展的决定性因素不是它的外部环境,而是能够辐射的游览区和旅游客源地的范围以及社会、经济、自然、文化等社会环境要素。集散地的辐射功能驱动旅游地的等级分化,而旅游目的地的发展取决于旅游集散地的规模、等级、职能的提升。辐射带动功能主要体现在该区域的旅游产业要素升级,整个区域旅游业和旅游产品结构的完善与优化等方面,所以辐射功能是旅游集散地发展中必不可少的影响因素。

(四)服务功能

旅游集散地为旅游企业和游客旅游活动提供配套综合旅游服务,即交通集散服务、信息咨询服务、中介服务、餐饮、住宿、购物、娱乐、交通支持管理与车辆机务维修等服务,满足旅游者的精神享受。为实现这些服务功能需要基础设施、政府的行政管理支持。随着旅游资源竞争的逐步激烈,服务功能在旅游集散地发展中的作用将更重要。旅游集散地利用市场机制、区位优势、旅游行政主管部门、旅行社等实施该功能,促进企业区域内旅游业资源的整合,实现旅游企业的规模效应。

五、旅游集散地管理

(一)旅游集散地选址

20世纪90年代以后,随着计算机技术和运筹学的发展,以及数学规划方法在选址领域的运用,旅游集散地的选址理论研究和实践研究不断深入和发展。旅游企业在进行选址决策时,要考虑市场需求、资源禀赋、政策导向、基础设施、人力资源、集聚效应等。旅游集散地选址与旅游者行为规律密切相关。旅游集散地的功能和旅游集散地之间的竞合关系决定了区域旅游集散地不可能是孤立存在的,而是由不同等级、不同主导功能的旅游集散地组成有序、合理的综合体系。同时,区域旅游政策对旅游集散地的发展也具有导向作用，相关基础设施发展政策对旅游集散地的构建具有重要意义。

（二）旅游集散地演化

旅游目的地演变主要有以下几种模式，区域中心城镇—旅游集散地；区域中心城镇—旅游依托地—旅游集散地—兼具集散作用的旅游目的地等。旅游目的地城市除拥有一定吸引力的旅游资源外，还必须拥有其他政治、交通、服务条件。因此，它既是旅游目的地，又是旅游集散地，这实际上已经从单纯对旅游吸引物的关注，转向开始注重旅游中心地所提供的旅游服务了。

（三）旅游集散地层级

旅游集散地建设应与城市建设融为一体，重大设施、建筑物、工程的建设需要充分考虑旅游功能的发挥。随着城市内部管理的升级，完善区域一级旅游集散地与其他次级旅游地之间的交通节点，构建无缝式连接交通网络。完善区域内公路交通网，改善主要连接的国道、省道行车条件，大力发挥区域内航空港集散中转作用。建设多种类型的旅游集散中心，如以车站、码头港口等为代表的邮轮旅游集散中心，以大型旅游景区周边为代表的旅游集散中心等。通过一系列城市规划、旅游学、社会学、管理学、经济学、土地利用学理论方法，选址构建大型区域旅游集散中心，打造国内外最具影响力的区域旅游集散地。

对于区域次一级旅游集散地来说，除了承接一级旅游集散地旅游流外，还要以其丰富的旅游资源、便利的交通条件、较为健全的基础设施条件等，吸引区域外部旅游者。三级旅游集散地成为一级旅游集散地、二级旅游集散地和各景区之间的中转集聚城镇，提供导游服务、地方管理、应急处理、环境保护等支持系统方面的服务和职能。

六、旅游集散中心

旅游集散中心是一个以企业或事业单位等形式存在的、具有公共产品性质、为散客提供旅游服务产品的组织实体。但逐渐转变为市场化运营模式的旅游集散中心，其公共服务功能的弱化与散客对旅游公共服务日益强烈的需求形成了严峻的矛盾。因此，如何在兼顾旅游集散中心盈利的基础上满足散客市场的多样需求，成为各地完善旅游公共服务管理体系的一项迫切任务。

发挥旅游集散中心公共服务功能的必要性在于：①完善地区旅游公共服务体系的需要。衡量一个城市或区域旅游业成熟度的重要标志就是该城市或区域的旅游公共服务体系建设是否完善。②引导、规范旅游市场的需要。良好的公共服务形象有利于旅游集散中心建立美誉度和公信力，并且可以有效抑制黑车、黑导、黑社等不良现象，避免游客利益遭遇各种非正当组织的威胁，保障游客的旅游质量，提升城市的旅游形象，完善旅游行业秩序。③散客市场需求。不断膨胀的散客市场对旅游公共服务的需求日益强烈，

如能够自由选择旅游产品、自主设计出行线路、知晓全方位的旅游信息、即到即走、旅途安全有保障、设施齐全等。④旅游集散中心自身发展需要。面临行业功能严重"同质化"，旅游集散中心要想进一步扩大市场，必须在公共服务功能上寻求突破口，挖掘同行不可替代的竞争优势。

【本章小结】

本章从旅游目的地服务管理入手，分析旅游目的地服务管理中关于旅游公共服务管理的基本问题、旅游接待服务管理的具体操作规范和流程、旅游集散管理中关于旅游集散地选址的相关问题，为旅游目的地如何更好地为游客提供服务、增强旅游体验、提高旅游满意度水平等提供指导。

【关键术语】

旅游目的地服务；服务管理；旅游公共服务管理；旅游公共服务管理体系；旅游接待服务；游客中心；旅游集散地；旅游集散中心

【Key words】

Destination Service；Service Management；Tourism Public Service Management；Tourism Public Service Management System；Tourist Reception Service；Visitor Center；Tourist Distribution；Tourist Distribution Center

【复习思考题】

一、填空题

1. 旅游目的地服务管理的目标是持续的＿＿＿＿＿＿＿。

2. 旅游集散地是参考旅游目的地的区域规模、服务能力等因素设置的，按规模分不同等级的，以＿＿＿＿＿＿＿为主的地理位置概念。

3. 旅游集散地的功能和旅游集散地之间的＿＿＿＿＿＿＿关系决定了区域旅游集散地不可能是孤立存在的，而是由不同等级、不同主导功能的旅游集散地组成有序、合理的综合体系。

二、多选题

1. 旅游目的地服务管理主要包括（　　　　）。

A. 旅游目的地公共服务管理　　　　B. 旅游目的地接待服务管理

C. 旅游目的地集散服务管理　　　　D. 旅游目的地服务创新管理

2. 旅游目的地服务管理的基本方法通常有（　　　　）。

A. 经济方法　　　B. 行政手法　　　　C. 法律方法　　　　D. 宣传教育方法

3. 旅游目的地服务管理体系主要由（ 　　 ）关键方面构成循环过程。

A. 服务管理职责　　　　　　　　B. 服务资源管理

C. 服务实现　　　　　　　　　　D. 服务测量、分析与改进

三、思考题

阐述旅游目的地公共服务管理存在的问题，并提出相应对策。

【参考文献】

[1] 中国旅行服务业发展报告：2018［EB/OL］. http：//www.sohu.com/a/270956094_349327.

[2] 张文建，王晖. 旅游服务管理［M］. 福州：福建人民出版社，2004.

[3] 曾兰君. 景区服务与管理［M］. 北京：北京理工大学出版社，2015.

[4] 方小燕，张莉，孔捷. 景区服务与管理［M］. 北京：清华大学出版社，2015.

[5] 徐虹，陆科. 旅游目的地管理［M］. 天津：南开大学出版社，2015.

[6] 邹永广，谢朝武. 基于技术嵌入的乡村旅游服务体系研究［J］. 企业活力，2011（4）：27-32.

[7] "十三五"全国旅游公共服务规划报告［EB/OL］. http：//www.sohu.com/a/128222728_275873.

[8] 喻江平. 旅游目的地旅游公共服务体系建设研究［D］. 秦皇岛：燕山大学，2012.

[9] 何池康. 旅游公共服务体系建设研究［D］. 北京：中央民族大学，2011.

[10] 王信章. 旅游公共服务体系与旅游目的地建设［J］. 旅游学刊，2012，27（1）：6-7.

[11] 杨絮飞，蔡维英. 旅游景区管理［M］. 北京：北京大学出版社，2015.

[12] 张河清. 旅游景区管理［M］. 重庆：重庆大学出版社，2018.

[13] 曾兰君. 景区服务与管理［M］. 北京：北京理工大学出版社，2015.

[14] 郑艳芬，王华. 旅游目的地全面关系流管理研究——以凤凰古城为例［J］. 旅游学刊，2022，37（5）：14-32.

[15] 陈曦，白长虹，陈晔，等. 数字治理与高质量旅游目的地服务供给——基于31座中国城市的综合案例研究［J］. 管理世界，2023，39（10）：126-150.

[16] 翟向坤，蔡克信. 中国式新安全格局保障旅游高质量发展研究［J］. 旅游学刊，2024，39（1）：15-17.

[17] 王瑞婷，宋瑞，周功梅. 21世纪以来国内外旅游需求研究述评与展望［J］. 社会科学家，2023（3）：36-43.

[18] 柴寿升，朱新芝，朱尧. 旅游节庆活动客源市场需求时空演变及影响因素研究——基于百度指数的实证分析［J］. 山东大学学报（哲学社会科学版），2023（4）：

26–36.

　　[19]肖燕玲.我国在线旅游产业链、竞争格局与市场发展趋势分析[J].商业经济研究，2024（3）：176–179.

　　[20]赵芳鋆.在线旅游平台顾客评论、感知价值与消费者行为抉择[J].商业经济研究，2023（20）：77–80.

　　[21]邱玮，于海波.旅游服务认知特征的演进及营销策略探究[J].华东经济管理，2014，28（9）：111–116.

　　[22]马继刚，宋金平，周彬学.旅游集散地研究初探：整体性、转换机制、自身调节性——以结构主义地理学方法为研究视角[J].人文地理，2011，26（2）：116–121.

第六章

旅游目的地运营管理

教学要点

知识要点	掌握程度	相关知识	思政主题
旅游目的地运营管理概述	理解	旅游目的地运营管理内容，旅游目的地运营管理理念，旅游目的地运营管理发展阶段	工匠精神
	掌握	旅游目的地运营管理概念，旅游目的地运营管理任务，旅游目的地运营管理特点	
旅游目的地运营行政管理	理解	旅游目的地运营行政管理概念，旅游目的地运营行政管理要素，旅游目的地运营行政监管	
	掌握	旅游目的地运营行政管理原则，旅游目的地运营行政管理职能，旅游目的地运营行政管理架构	
旅游目的地运营战略管理	理解	旅游目的地运营战略管理意义，旅游目的地运营战略管理特点，旅游目的地运营战略管理内容	
	掌握	旅游目的地运营战略管理概念，旅游目的地运营战略管理要素，旅游目的地运营战略管理流程	
旅游目的地运营目标管理	理解	旅游目的地运营目标管理特点，旅游目的地运营目标管理类型，旅游目的地运营目标管理评价	
	掌握	旅游目的地运营目标管理概念，旅游目的地运营目标管理原则，旅游目的地运营目标管理步骤	
旅游目的地运营项目管理	理解	旅游目的地运营项目管理概述，旅游目的地运营项目管理流程，旅游目的地运营项目投融资管理	
	掌握	旅游目的地运营项目管理特点，旅游目的地运营项目管理内容	

📖 导入案例

《"十四五"文化发展规划》印发

2022 年 8 月 16 日，中共中央办公厅、国务院办公厅印发了《"十四五"文化发展规划》（以下简称《规划》）。《规划》由规划背景、总体要求、强化思想理论武装、加强新时代思想道德建设和群众性精神文明创建、巩固壮大主流舆论、繁荣文化文艺创作生产、传承弘扬中华优秀传统文化和革命文化、提高公共文化服务覆盖面和实效性、推动文化产业高质量发展、推动文化和旅游融合发展、促进城乡区域文化协调发展、扩大中华文化国际影响力、深化文化体制改革、建强人才队伍、加强规划实施保障 15 个章节构成。其中，推动文化和旅游融合发展章节提出，坚持以文塑旅、以旅彰文，推动文化和旅游在更广范围、更深层次、更高水平上融合发展，打造独具魅力的中华文化旅游体验。

《规划》明确，"十四五"时期文化发展指导思想：高举中国特色社会主义伟大旗帜，坚持以马克思列宁主义、毛泽东思想、邓小平理论、"三个代表"重要思想、科学发展观、习近平新时代中国特色社会主义思想为指导，全面贯彻习近平总书记关于宣传思想工作的重要思想，坚持把马克思主义基本原理同中国具体实际相结合、同中华优秀传统文化相结合，围绕新时代中国特色社会主义事业总体布局和战略布局，围绕立足新发展阶段、贯彻新发展理念、构建新发展格局，聚焦举旗帜、聚民心、育新人、兴文化、展形象的使命任务，以社会主义核心价值观为引领，以推动文化高质量发展为主题，以深化文化领域供给侧结构性改革为主线，以文化改革创新为根本动力，以满足人民日益增长的精神文化生活需要为根本目的，坚持稳中求进、守正创新，着力坚持和完善繁荣发展社会主义先进文化的制度，着力巩固马克思主义在意识形态领域的指导地位、巩固全党全国人民团结奋斗的共同思想基础，着力建设具有强大凝聚力和引领力的社会主义意识形态、具有强大生命力和创造力的社会主义精神文明、具有强大感召力和影响力的中华文化软实力，不断铸就中华文化新辉煌，为建成社会主义文化强国奠定坚实基础。

《规划》从四个方面对推动文化和旅游融合发展作出部署。

一是提升旅游发展的文化内涵。依托文化资源培育旅游产品、提升旅游品位，让人们在领略自然之美中感悟文化之美、陶冶心灵之美。深入挖掘地域文化特色，将文化内容、文化符号、文化故事融入景区，把社会主义先进文化、革命文化、中华优秀传统文化纳入旅游的线路设计、展陈展示、讲解体验，让旅游成为人们感悟中华文化、增强文化自信的过程。打造国家文化产业和旅游产业融合发展示范区，建设一批富有文化底蕴的世界级旅游景区和度假区，打造一批文化特色鲜明的国家级旅游休闲城市和街区。推动博物馆、美术馆、图书馆、剧院、非遗展示场所、对社会开放的文物保护单位等成为旅游目的地，培育主客共享的美好生活新空间。坚持提升硬件和优化软件并举、提高服务品质和改善文化体验并重，在旅游设施、旅游服务中增加文化元素和内涵，体现人文关怀。

二是丰富优质旅游供给。适应大众旅游时代新要求，推进旅游为民，推动构建类型多样、分布均衡、特色鲜明、品质优良的旅游供给体系，推动文化和旅游业态融合、产品融合、市场融合。提升旅游演艺、文化遗产旅游、文化主题酒店、特色节庆展会等品质，支持建设集文化创意、旅游休闲等于一体的文化和旅游综合体。依托革命博物馆、党史馆、纪念馆、革命遗址遗存遗迹等，打造红色旅游经典景区和经典线路。利用乡村文化传统和资源，发展乡村旅游。加强对当代社会主义建设成就的旅游开发，深入挖掘重大工程项目的精神内涵，发展特色旅游。加强对工业遗产资源的活化利用，开发旅游用品、特色旅游商品，培育旅游装备制造业，发展工业旅游。推动旅游与现代生产生活有机结合，加快发展度假休闲旅游、康养旅游、研学实践活动等，打造一批国家全域旅游示范区、A级旅游景区、国家级旅游度假区、国家精品旅游带、国家旅游风景道、特色旅游目的地、特色旅游功能区、城市绿道、骑行公园和慢行系统。大力发展智慧旅游，推进智慧景区、度假区建设。

三是优化旅游发展环境。以服务质量为核心竞争力，深入开展质量提升行动，推动提升旅游目的地服务质量，推进文明景区创建，持续深化厕所革命，完善游客服务体系，保障残疾人、老年人公共服务。加强旅游交通设施建设，提高通达性和便捷度。规范和优化旅游市场秩序，开展专项治理行动，加强在线旅游监管，建立健全旅游诚信体系和旅游服务质量评价体系。推进文明旅游，落实国内旅游文明行为公约和出境旅游文明行为指南，严格执行旅游不文明行为记录制度，建立信息通报机制，加大惩戒力度。

四是创新融合发展体制机制。健全中央和地方旅游发展工作体制机制，完善文化和旅游融合发展体制机制，强化文化和旅游部门的行业管理职责。创新风景名胜区管理体制，探索建立景区文化评价制度。理顺饭店、民宿等旅游住宿业管理体制。

（资料来源：https://hct.henan.gov.cn/2022/08-17/2562271.html）

第一节　旅游目的地运营管理概述

一、旅游目的地运营管理概念

旅游目的地是人们旅游活动的中心，是旅游过程中最具有生命力的部分。旅游目的地是指有一个或若干个吸引核的，具备2~5天游憩内容的，成为游客出游目标地的区域。

运营管理指对运营过程的计划、组织、实施和控制，是与产品生产和服务创造密切相关的各项管理工作的总称。运营管理是现代企业管理科学中最活跃的一个分支，也是新思想、新理论大量涌现的一个分支。

旅游目的地运营管理即对旅游目的地的各要素（包括吸引物、设施、交通、市场营

销、定价等）的计划、组织、实施和控制，即旅游规划策划、旅游管理体制、旅游运营模式和旅游行业监管。旅游目的地运营管理是对旅游活动过程的综合协调管理，以促进旅游目的地的可持续发展。

如何运营好旅游目的地、提升旅游目的地的游玩价值更是一个需要各方各界协作的大事。随着旅游目的地被给予越来越多的关注，未来中国的旅游目的地建设与运营将会得到更多的资源整合，最终帮助旅游产业转型升级。近年来，旅游产业作为朝阳产业得以高度重视，旅游企业开发投资热潮迭起、旅游产品不断丰富、旅游市场机制更加完善，有效地促进了旅游产业的健康发展。然而，我们也应清醒地看到，当前旅游业正面临整体转型升级的新形势，旅游企业也面临从传统观光逐步转向观光休闲和度假复合、关注重点从资源禀赋转向更加符合市场需求、景区产品从同质化到特色化升级、从单一的门票经济到收益模式多元化等发展趋势。如何适应新形势、新常态，都对当前旅游目的地运营提出了新的要求与挑战。

二、旅游目的地运营管理内容

旅游目的地运营管理的内容是旅游目的地运营过程和运营系统。

运营过程是一个投入、转换、产出的过程，是一个劳动过程或价值增值的过程，它是运营的第一大对象，运营必须考虑如何对这样的生产运营活动进行计划、组织和控制。旅游目的地运营过程是旅游消费的过程，也是旅游活动从开始到完成的一个完整的过程。运营过程是旅游目的地运营管理的核心内容，包括旅游目的地的各要素（包括吸引物、设施、交通、市场营销、定价等）的计划、组织、实施，即旅游规划策划、旅游管理体制和旅游运营模式。

运营系统是指上述过程得以实现的手段。它的构成与变换过程中的物质转换过程和管理过程相对应，包括一个物质系统和一个管理系统。对应的旅游目的地运营系统即旅游目的地旅游行业监管系统。

旅游的核心是产业，而产业的核心是项目。旅游目的地运营管理要充分整合各业态，致力于业态品质、创新、联动与改革，在旅游目的地植入新的业态、新的IP、新的模式、新的渠道，以智慧旅游为核心打造旅游运营链全覆盖。

三、旅游目的地运营管理理念

（一）市场管理理念

市场是商品交换的场所，是买卖双方经营活动的舞台，认识市场、开拓市场，是旅游目的地运营管理的首要任务。旅游目的地企业要在市场上生存发展，必须精心策划自己的行为，也就是树立什么样的市场观念，利用什么方法开拓市场、适应市场环境，从而在市场竞争中立于不败之地。因此，市场观念是旅游目的地市场行为的指导思想。

（二）战略管理理念

实行战略管理可使分散的应急管理迈向全面系统的目标管理；由事后反应变为预先策划；由孤立的决策变为集体决策；由主观决定变为有根据的决定；由猜测结果变为具体评估结果。其特点表现为整体性、预见性和权威性。

（三）风险管理理念

风险管理理念是现代旅游目的地企业对生产、经营过程中可能产生的风险因素采取预防或消除措施以及在危险发生后采取弥补措施的科学管理方法。它力求以最小的劳动消耗，获得企业安全经营的最大保障。

（四）创新发展理念

创新发展理念是现代企业家精神的核心，通过创新寻求和利用新的资源，创造新的市场、新的技术、新的管理方法。创新发展是旅游业生命活力的源泉，是旅游目的地长盛不衰的法宝。

四、旅游目的地运营管理任务

旅游目的地运营管理任务要紧密围绕旅游目的地运营管理的内容，实现旅游目的地运营管理内容的优化。随着经济社会的发展，全域旅游、优质旅游的推广，旅游目的地面临的市场竞争日益激烈，这些因素使运营管理本身也在不断发生变化。尤其是近十几年来，随着信息技术突飞猛进的发展，为运营增添了新的有力手段，也使运营管理的内容更加丰富、范围更加广泛、体系更加完整。旅游目的地运营管理任务具体有四个，即打造特色旅游产品体系、改革旅游管理体制、创新旅游运营模式、完善旅游行业监管体系。

（一）打造特色旅游产品体系

特色旅游产品体系是整个旅游目的地运营管理的基础，是吸引游客的核心吸引物，是游客产生旅游愿望和旅游冲动的理由。在影响旅游消费的诸多因素中，起决定作用的是特色、价格和服务，而特色排在第一位。打造特色旅游产品体系应从源头上赋予旅游产品浓郁的地方特色，瞄准旅游地的历史人文内涵，做好与深度旅游结合的挖掘。打造特色旅游产品体系要注重旅游产品的互补性和组合性特点，进行多类型、多项目、多品种、多档次的产品组合。

（二）改革旅游管理体制

旅游目的地管理体制是整个旅游目的地运营管理的保障，指旅游目的地管理系统的

结构和组成方式，即旅游目的地采用怎样的组织形式以及如何将这些组织形式结合成为一个合理的有机系统，并以怎样的手段、方法来实现管理的任务和目的。它的核心是管理机构的设置、各管理机构职权的分配以及各机构间的相互协调。旅游目的地管理体制一般由管理体系、管理模式、管理制度等部分组成。目前，我国旅游目的地管理体制概括为：旅游部门行政管理＋旅游协会协同治理＋涉旅部门协助管理。改革旅游管理体制是旅游目的地运营管理的主要任务。

（三）创新旅游运营模式

旅游的核心是产业，而产业的核心是运营，运营的核心是模式。旅游目的地运营管理模式是旅游目的地各要素（包括吸引物、设施、交通、市场营销、定价等）的实施，是旅游目的地运营管理的核心。旅游目的地运营模式体现了过程管理。根据旅游目的地运营主导主体不同，旅游目的地运营模式分为：政府主导一体化运营模式、运营商主导市场运营模式、政府主导景区合作运营模式。创新旅游运营模式是旅游目的地运营管理的核心任务。

（四）完善旅游行业监管体系

旅游行业监管体系是旅游目的地运营管理的重要内容，也是旅游目的地运营管理的保障。旅游目的地行业监管体系包括旅游行政监管、法律法规监管、行业监管平台和诚信机制建设四个部分。旅游目的地行业监管体系的目标是优化目的地旅游环境。完善旅游行业监管体系是旅游目的地运营管理的重要任务。

五、旅游目的地运营管理发展阶段

在我国旅游的发展历程中，旅游目的地运营管理经历了起步阶段、发展阶段和成熟阶段三个阶段。

（一）起步阶段

在我国旅游发展之初，属于观光旅游时代，各地政府依托原有旅游资源，进行观光型景区建设。这时的旅游目的地刚刚形成概念，其运营管理处于起步阶段。旅游目的地在运营管理起步阶段，主要依托景区建设，还没有形成完整的产业体系、产业链，旅游规划策划、旅游管理体制、旅游运营模式和旅游行业监管系统都围绕景区进行。这一阶段旅游目的地主要依靠资源优势吸引游客。

（二）发展阶段

随着我国旅游从观光型向休闲型转变，大旅游时代催生大消费、大运营和大营销，旅游产业已经被提升到了"国家战略支柱型产业"。这时旅游目的地的概念已经成熟，旅游市场竞争由景区竞争转向旅游目的地的竞争，旅游目的地运营管理进入发展阶段。这时旅游目的地的发展，已经关系到地区产业结构的调整，区域竞争力的提升和区域名片的打造。这时，政府需要借助市场的力量，用市场化的手段来运营旅游目的地。政府开始有意识地对旅游目的地进行资源整合和产品升级打造，并进行包装和市场营销。这一阶段的旅游规划策划、旅游管理体制、旅游运营模式和旅游行业监管系统都围绕市场进行。这一阶段的旅游目的地主要依靠旅游主题形象吸引游客。

（三）成熟阶段

随着旅游业在我国产业升级和经济转型中扮演越来越重要的角色，旅游业服务品质不高、市场秩序失范、管理效率低下等问题也日益凸显。旅游旺季人满为患，资源和环境保护不力，欺客宰客的现象时有发生。而以实时监控、实时管理为特征的智慧旅游运营体系有望从根本上消除旅游业的诸多弊病。

智慧旅游颠覆了传统旅游业运营模式，是信息通信技术与旅游业融合发展的顶层设计。通俗地说，就是将新一代信息通信技术和人工智能技术，即云计算、物联网、互联网、个人移动终端和人工智能五大类技术集成并综合应用于旅游业的服务与管理之中，全面提升旅游业的发展水平。这时的旅游目的地运营管理进入成熟阶段。

旅游目的地智慧化运营可以最大限度地满足游客个性化需求，实现旅游资源和社会资源的共享，实现资源的系统化、集约化管理。旅游业对于信息有着特殊的依赖性，旅游目的地与游客之间信息交互程度直接影响旅游接待、旅游管理和旅游体验的质量。由于旅游业具有很强的交叉性、渗透性和综合性，旅游目的地产品中包括相当部分的公共产品和公共服务。因此，政府在旅游目的地建设中发挥主导作用就至关重要。但是，由于受现行宏观管理体制机制中的条块分割影响，与旅游相关的社会资源、行政资源和信息资源的整合度差，没能形成有效的共享机制。智慧旅游建设可以在最大程度上实现公共管理资源的整合，提高公共服务水平、社会综合整治力度、应急救援能力。例如，可以通过物联网平台对运营旅游客车进行全行程监控，从而有效地遏制司机和导游擅自在旅游行程之外的购物商店和自费景区停留，达到根治旅行社"零团费欺诈"的顽症。

旅游目的地运营管理的三个发展阶段，既体现了我国经济从微观搞活到宏观搞活的转变，又体现了我国旅游产业从小旅游向大旅游的转变。

六、旅游目的地运营管理特点

（一）多样化

我国旅游目的地运营管理发展不平衡，从而形成运营管理阶段的多样性和运营管理模式的多样性。一是运营管理阶段的多样性。经济发达地区旅游目的地运营管理进入智慧化运营阶段，不发达地区旅游目的地运营管理尚处在开发阶段，其他一些地区旅游目

的地运营管理处于过渡阶段。二是运营管理模式的多样性。经济发达地区旅游目的地运营模式多为运营商主导市场化运营模式，部分旅游目的地为政府主导一体化运营模式，不发达地区旅游目的地运营模式多为政府主导景区合作运营模式，部分旅游目的地为政府主导一体化运营模式。

（二）集团化

中国已经迎来了大旅游时代。大旅游时代呼唤大旅游产品，大旅游产品需要政企合作，进行大投入和大运营，旅游目的地运营商应运而生。旅游目的地运营商通过旅游目的地投融资管理、企业管理和项目管理进行市场化运营，带动整个旅游目的地经济发展。旅游目的地运营商一般为大型旅游投资公司或者旅游集团公司。

（三）一体化

大旅游时代，旅游目的地旅游发展已经关系到地区产业结构的调整、区域竞争力的提升和区域名片的打造，需要对旅游目的地进行资源整合和产品升级打造，并进行包装和市场营销，政府主导一体化运营成为必然的发展道路。一体化运营可以整合旅游资源，进行一体化开发、一体化营销，节约运营成本，提升旅游目的地品牌形象和旅游竞争力。

（四）智慧化

信息技术已成为旅游目的地运营管理的重要手段。由信息技术引起的一系列管理模式和管理方法上的变革，成为旅游目的地运营管理的重要研究内容。智慧旅游是以云计算为基础，以移动终端应用为核心的，以感知互动等高效信息服务为特征的旅游信息化发展新模式，核心是以游客为本的高效旅游信息化服务。智慧旅游的迅猛发展使旅游目的地运营管理呈现智慧化的特征。未来的旅游目的地运营管理的新技术、新方法、新领域体现在人工智能、区块链等方面。

（五）潮流化

旅游目的地运营管理紧跟潮流，已经完全进入品牌化包装、IP 价值构建、服务深耕一体化的时代。内容运营、用户运营、活动运营、新媒体运营等已经超越了传统的运营管理模式，加之层出不穷的体系更新，如旅游资本运营、轻资产运营、平台化运营，以智慧旅游为核心打造旅游运营链全覆盖，使得目前旅游产业蓬勃发展。

204

第二节　旅游目的地运营行政管理

一、旅游目的地运营行政管理概念

旅游运营行政管理是国家综合管理的重要组成部分，是政府的重要职能之一，是各级政府的旅游职能管理机构，在遵循旅游发展规律和特点的前提下，以有关法律、方针、政策为依据，对国家或地区的旅游行业进行宏观的、间接的、总体的管理、控制、协调、监督的一系列活动。在国外，旅游行政管理多用"Tourism Administration"来代替"Tourism Management"，以强调旅游行政管理的职能定位。旅游行政管理主要是发挥决策、组织、协调、控制等职能，对本国、本地区的旅游业进行综合管理和调控，由此看来，旅游行政职能是旅游行政管理的核心内容。

旅游行政管理因其依据国家法律法规和政策的天然属性，具有权威性和强制性的特征。作为国家行政机关，各级旅游行政管理部门按照相关法律规定行使权力，管理旅游业相关事务，有明确的编制和固定的人员，有明确的机构和职能设置，有财政的供养作为收入来源。

旅游目的地运营行政管理是旅游目的地政府的重要职能之一，指通过行政权力实现对旅游目的地旅游行业的管理，推动旅游目的地旅游业的发展。旅游目的地运营行政管理的职能是引导、监控和服务目的地旅游市场。

二、旅游目的地运营行政管理原则

我国旅游目的地运营行政管理的原则是社会化、宏观化和服务化。

（一）社会化

我国拥有为数不少的行业协会和组织，它们的会员多包括旅游企业、知名企业家、高等院校学者等，其专业性不容置疑。因此应让这些行业协会和组织发挥它们在宣传促销、行业培训等方面的功能。《国务院关于加快发展旅游业的意见》（2009）和《国务院关于促进旅游业改革发展的若干意见》（2014）等文件明确要求政府适当放权，因此各级旅游行政管理部门可以将旅游人才培训、景区 A 级评定、星级酒店评定等职能逐渐转移给旅游行业协会或中介组织。但是社会化不等同于完全放开。一方面，旅游行政管理部门要适当放权，加强与行业协会和组织在行业监管、人员培训、宣传推广等多方面的合作；另一方面，旅游行政管理部门也要对行业协会和组织进行监督管理，保证整个行业的健康有序发展。

（二）宏观化

旅游行政管理部门对旅游的管理应以宏观层面为主，因此旅游行政管理部门应加强对旅游市场的调研，根据旅游经济发展要求和一定时期内旅游经济的变化情况制定并实施旅游发展政策，进行经济预警，减少产能过剩现象出现的概率和频率，规划和引导旅游产业的发展；加强与其他部门的联系和合作，让国务院旅游工作部际联席会议的功能落到实处，进一步增强对旅游宏观经济的领导力和影响力；指导和组织实施旅游规划，强调开发与保护并重，并努力把旅游规划纳入国民经济和社会发展计划；根据依法治旅、依法兴旅的原则，制定相关的法律法规来规范旅游经营者和旅游者的行为，切实保障他们的权利。

（三）服务化

旅游行政管理体制应注重加强公共服务职能，弱化部门权威，消除计划经济的影响。在服务化改革的背景下，旅游行政管理部门不仅要服务于整体旅游产业的发展，也应服务于地区的旅游企业、旅游者及当地居民。首先，积极推动"五位一体"旅游公共服务体系建设，进一步推动区域之间、城乡之间、不同群体之间的旅游公共服务均等化，更好满足旅游者需求。其次，加强对整体形象进行宣传推广，进行广泛的区域交流与合作，扩大地区的知名度和旅游吸引力，为地区旅游业的发展奠定良好的基础。再次，建立公开透明的市场准入标准和运行规则，推动旅游市场的全面开放并采取多种措施积极培育壮大市场主体，扶持特色旅游企业，打造跨界融合的产业集团和产业联盟，支持具有自主知识产权、民族品牌的旅游企业做大做强。最后，加强景区的管理和建设，做好景区门票的管理工作，并对景区游客进行最大承载量控制，实现"更多的国民参与，更高的品质分享"的目标。旅游行政部门要彻底改变"政府本位"的思想理念，树立"公民本位""社会本位"的服务价值观，做好从管理者向服务者角色的转变。主动公开旅游部门日常行政工作动态，定期向社会和公众披露相关机构绩效考核单，实现政府工作公开化、透明化。

三、旅游目的地运营行政管理的要素

当前，我国旅游目的地运营行政管理体系的关键结构要素分为主体和客体两部分。

（一）主体

当前，我国旅游目的地运营行政管理主体较为单一，主要是从中央到地方的各级旅游主管部门。相关职能部门如涉及旅游管理工作的林业、交通、建设、国土和发改委等及社会团体发挥的作用并不明显，因此在旅游行政管理体制变革中必须加强相关职能部门和社会团体参与旅游行政管理的积极性，形成一股强大的旅游行政管理的合力。

（二）客体

一般包括旅行社、旅游景区、星级饭店等要素企业，导游、领队等从业人员，还有旅游行业中的服务对象——旅游者。

旅游目的地运营行政管理的客体包括：所有在市场经济活动中，提供直接或间接旅游产品和服务的企业、单位和部门。近年来，具有独立法人资格、代表和维护旅游行业共同利益的旅游行业协会、旅游集团或非营利性旅游中介等组织的兴起，极大促进了我国旅游业持续、健康、快速的发展，但不能因此把它们作为旅游行政管理的主体，更不能行使旅游管理的行政职能。这些机构和组织，一方面是旅游行政管理机构的被管理者，另一方面又在一定程度上充当政府和社会沟通的重要桥梁。

旅游目的地运营行政管理主体与客体的关系不应局限于管理与被管理、监督与被监督的上下级行政隶属关系。旅游行政职能机构作为管理主体，不应直接参与旅游行业的微观经济活动，经常性使用行政命令手段，而应更具横向协调性。作为"掌舵人"，通过运用国家颁布的各种旅游政策、法规，对国家旅游事业的发展进行宏观、间接的管理，规范行业行为，提供信息服务和专业培训，对旅游行业发展方向进行引导，帮助消化行业新问题、新挑战。

四、旅游目的地运营行政管理的职能

当前，我国旅游目的地运营行政管理的内容主要包括确定旅游业发展规划策略、完善旅游市场规范、制定质量标准、提供公共服务、保障人力资源、健全法治建设以及推进安全管理工作等。根据《旅游法》的相关规定，应推动旅游管理实现从部门管理到行业管理和产业统筹的转变。

（一）市场职能

一是旅游资源开发。旅游目的地旅游部门统筹本区域旅游资源的普查、规划、开发、利用与保护工作。

二是市场开拓和营销职能。编制目的地旅游营销规划、拟定目的地旅游市场开发战略；发布旅游目的地形象促销广告、举办各类旅游市场营销及节庆活动。

三是重大节庆会展。旅游目的地旅游部门组织协调本区域重大旅游节庆和会展活动，培育旅游品牌。

四是旅游产业融合。旅游目的地旅游部门负责统筹推进区域内旅游业与相关领域、产业的融合发展，培育旅游新产品和新业态，组织构建旅游产业体系。

五是旅游投资促进。旅游目的地旅游部门承担会同有关部门开展旅游产业投资促进的协调和服务工作职责。

六是旅游发展资金。旅游目的地旅游部门统筹安排本区域旅游专项资金，引导金融

资本投资旅游业。

（二）服务职能

一是建立公共服务体系。旅游目的地旅游管理部门承担旅游目的地旅游公共服务体系建设和管理的责任，组织协调公共服务设施建设、改造工作，构建旅游咨询服务体系、旅游交通体系；建立健全旅游集散体系、咨询服务体系和旅游公共服务信息网络体系，优化旅游环境，推动旅游服务的便利化。二是构建旅游交通体系。旅游目的地旅游管理部门统筹本区域旅游交通运输的发展。三是旅游人力资源管理职能。拟订旅游人才发展计划；引导和规范旅游教育和旅游培训；负责导游资格证考试的组织和导游人员管理工作；组织旅游行政人员、旅游从业人员参加业务技能培训。四是旅游服务质量管理职能。负责旅游市场秩序规范和旅游服务质量提升工作；监督、检查旅游市场秩序和旅游服务质量；具体负责辖区内的旅行社、星级饭店申报、审批和管理；负责旅游投诉处理、旅游质量监管、服务质量测评。五是旅游安全管理。旅游目的地旅游管理部门负责旅游安全的综合协调和监督管理，制定旅游行业突发事件应急预案并组织实施，协调相关部门建立旅游应急救援体系。

（三）监管职能

一是统筹监督管理。加强旅游目的地旅游管理部门统筹协调旅游相关行业和部门的旅游发展、监督管理职责。二是旅游项目审核。旅游目的地旅游管理部门会同有关部门开展重大旅游项目建设的指导、协调、服务和推进工作。三是旅游市场监管。强化旅游目的地旅游市场秩序和服务质量的综合监管，建立健全旅游综合协调、旅游案件联合查办、旅游投诉统一受理等综合监管机制，引导全社会文明旅游。旅游市场整治由工商、公安、交通、技术监督、卫生、物价等部门按照职责分工负责，旅游目的地旅游管理部门牵头协商。

五、旅游目的地运营行政管理架构

我国的旅游目的地运营行政管理体系是政府行政管理在旅游行业管理上的一种表现形式。从管理体系上来看共有四级，即国家、省、市、县，采取垂直分工、政令合一的组织管理方式。管理权限上，职权从国家到省、省到市，再到县依次递减，各级旅游管理部门依据上级旅游部门的职能设定和本级政府的具体要求确定；管理内容上，各级旅游产业发展政策和行业标准依据上级标准和当地实际情况制定，总体来说国家、省级旅游管理部门主要负责政策法律、行业标准等大政方针的制定，市、县两级旅游管理部门则具体负责实施。

具体到旅游目的地的管理架构，可以概括为：旅游管理部门行政管理＋旅游协会协同治理＋涉旅部门协助管理。其中，旅游管理部门行使行政职能进行行政管理；旅游行业协会行使协会职能进行协同治理；其他涉旅行政部门协助管理。旅游管理部门、旅游协会和涉旅部门构成旅游目的地三位一体多元化利益管理体制。旅游管理体制多元化是时代进步的要求，也是社会经济发展的必然结果。当前我国旅游行政管理以行政手段为主，经济、教育、法律手段较少（实质上后三者的作用可能更大）。在管理过程中主要使用监督管理的行政管理基调，过于强调行政部门的权力和权威，对旅游企业和旅游者等的服务意识比较缺乏。

（一）旅游部门行政管理

长期以来，我国一直实行政府主导型旅游发展战略，建立了从中央到地方、省市县三级的旅游行政管理体制。2009 年，国务院出台《关于加快发展旅游业的意见》提出要加快推进旅游管理体制改革，要按照统筹协调、形成合力的要求，形成促进旅游行业发展的体制机制新优势。《"十四五"旅游业发展规划》第十条"健全旅游综合保障体系"中指出，国家建立旅游工作协调机制，加强对全国旅游业发展的综合协调，完善文化和旅游融合发展体制机制。宣传部门发挥好指导协调作用，文化和旅游部门加强对旅游业发展的统筹规划，完善有关政策法规，推动重大项目实施，牵头开展督查。2013 年 10 月我国第一部《旅游法》正式实施。它不仅强调了旅游者、旅游经营者的权利及义务，也规定了政府的旅游行政职能。2018 年 3 月组建文化和旅游部，为增强和彰显文化自信，统筹文化事业、文化产业发展和旅游资源开发，提高国家文化软实力和中华文化影响力，推动文化事业、文化产业和旅游业融合发展提供了有利条件。

旅游业的发展过程中，政府在不同时期、不同层面分别扮演了三种角色：一是开拓者，二是规制者，三是协调者。新时期旅游目的地旅游行政管理部门应将行政管理定位在如下几个方面：

（1）宏观调控者。作为旅游行政管理的基本职能之一，宏观调控的主要作用在于以有形之手弥补市场无形之手的不足，使旅游业的供求在质和量上保持平衡，主要调控内容是调控旅游投资方向、配套旅游优惠政策、营造旅游发展环境、优化旅游产业结构、引导旅游规划、调整经济周期、组织实施旅游行业标准（设施标准和服务标准）等。

（2）市场规范者。随着人民群众物质生活条件的提高，越来越多有钱、有闲的人渴望外出旅游，促进了旅游业的迅猛发展。伴随而来的除了第三产业的发展，还有"零负团费""黑社""黑导""黑车"等非法经营，旅游景区"脏乱差"，旅行社减少旅游项目、超范围经营等行业乱象，在市场调节无法起作用时，政府就要担当起市场规范的角色，从明确管理角色、强化自身约束、完善法治建设、加强市场监管、建立诚信体系五个方面治理市场混乱、规范企业行为、建立良性竞争机制、维护消费者利益。

（3）沟通协调者。因为旅游业涉及面广、关联度高，与众多部门和行业相互渗透并相互融合，旅游过程涉及食、住、行、游、购、娱等多个要素，旅游产品往往有跨地域属性，这些都需要政府在行业与企业、政策与制度、利益和目标等方面进行综合的协调。

首先，政府旅游部门的综合协调职能运用于整合旅游资源。其次，推进"旅游+"和构建适应全域旅游发展的协同发展体制也需要政府行使其综合协调管理职能。最后，政府旅游部门的综合协调职能运用在加强旅游公共服务体系建设和促进区域联动发展方面。

（4）微观规制者。为了纠正市场失灵状况下资源配置问题，政府要从微观层面通过经济性、社会性规制维护消费者利益，保障旅游业健康发展和社会秩序稳定，具体来说主要包含两方面内容：一是依据法律法规对旅游市场主体的进入、运营、退出以及产品和服务的数量、质量、价格交易方式进行规制；二是制定标准规范旅游产品和服务质量，对某些市场行为进行禁止和限定管理。

（5）服务提供者。大众旅游时代，政府的治理能力和治理模式发生了巨大变化，总的来说由原来的管制转向服务、人治转向法治。旅游行政管理服务职能要通过创新管理职能、建立收入分配机制、提供公共产品和服务、建立旅游信息服务体系、加强对外宣传促销、建设旅游安全保障体系等实现。

（二）行业协会协同治理

（1）旅游目的地协同治理。旅游目的地协同治理即旅游目的地旅游行业协会行使协会职能进行协同治理。对于旅游管理工作来说不应该仅仅局限于政府的行政管理，任何有利于旅游业发展的管理手段都应该拿来为旅游业的发展服务。2013年11月12日，党的十八届三中全会《中共中央关于全面深化改革若干重大问题的决定》指出：全面深化改革的总目标是完善和发展中国特色社会主义制度，推进国家治理体系和治理能力现代化。其中有关"政府治理"和"社会治理"的思想，是在我国转型时期为解决国家和社会事务问题，对面临的复杂利益关系进行调整而做出的重大战略部署，这对于充分激发社会组织活力，促进市场主体公平参与，形成政府、市场、社会三者共赢局面铺平了道路。为适应现阶段政府职能转变和旅游管理体制的改革，在旅游行业管理方面，就是加快旅游目的地旅游行业协会的建设，提升旅游行业协会自身管理水平。

旅游目的地运营管理正由单一行业管理向社会全行业管理转变。要打造一个游客高满意度的旅游目的地有赖于社会全行业整体服务质量的提升；旅游目的地运营管理也正由行政管理向公共管理转变。传统的旅游行业管理是政府部门以行政手段直接面向各类旅游企业，而对于公共部门和公共领域则疏于管理。适应于全行业管理和公共管理的趋势，仅仅依靠政府旅游部门远远不够，需要旅游行业协会管理为补充。政府主导+行业协会管理是未来旅游目的地运营管理的重要模式之一。

（2）旅游目的地旅游行业协会。旅游目的地旅游行业协会是由旅游目的地相关旅游企业自愿参与和组织而成的具备法人资格的社会团体，是旅游行业协调、监督、自律与自我保护的重要市场中介组织，是加强旅游企业联系的纽带、沟通政府与企业的桥梁，并在处理行业内部公共关系、维护和保护行业整体利益方面起重要作用。

从西方国家的旅游产业来看，政府并不属于唯一的管理主体，在很多行业规范与引导上，协会才属于重要的参与方与发起方。旅游行业协会的建设就是一种典型的行业内部管理手段，通过行业协会可以多角度、多层次进行旅游行业管理，最终为实现我国旅游业健康有序发展提供充足的保障。目前在我国已经形成了几个非常有影响力的旅游业行业协会，包括中国旅游协会、中国旅行社协会、中国旅游饭店业协会等。

（3）旅游目的地旅游行业协会职能。行业协会是市场与政府的桥梁，通过行业协会能够让政府的政策更加符合实际，增加政策的可执行性，也能够把市场对于旅游业的具体要求反馈给政府。旅游行业协会职能具体包括沟通职能、执行职能、监督职能、政策制定职能等。《旅游法》第七章旅游监管第九十条规定：依法成立的旅游行业组织依照法律、行政法规和章程的规定，制定行业经营规范和服务标准，对其会员的经营行为和服务质量进行自律管理，组织开展职业道德教育和业务培训，提高从业人员素质。

如洛阳市成立旅游协会，负责调研旅游发展战略、旅游管理体制等，并向地方旅游行政主管部门提出意见和建议；负责组织会员订立行规行约并监督遵守，维护旅游市场秩序；协助业务主管部门建立旅游信息网络，搞好质量管理工作，并接受委托，开展规划咨询、职工培训，组织技术交流，举办展览、抽样调查、安全检查以及对旅游专业协会进行业务指导等。

又如乡村旅游的"政府+公司+农村旅游协会+旅行社"模式。政府负责乡村旅游的规划和基础设施建设，优化发展环境；农民旅游协会负责组织农民参与地方戏的表演、工艺品的制作、提供住宿餐饮等，并维护修缮各自的传统民居，协调公司和农民的利益。

在具体工作上，政府与各职能部门一定要做好引导工作，积极鼓励相关区域旅游协会的构建，而对于已有的旅游行业协会，还要进一步提供管理理论层面的支持与引导，规范化协会的市场引导与协调作用，然后进行资质门槛的管理，对于符合相关规范要求的旅游协会，可以把部分权限与话语权等进行下放，在有效监督的前提下，让利益相关方去限制与优化权利的利用。

（三）其他涉旅部门协助管理

在城市管理、资金保障、市场监管、社会治安、环境保护、人才供应、交通运输等领域需要财政、国土、交通、农业、文化、体育、工商、物价等其他部门的协助管理，应明晰各自职责，形成发展合力。

为更好地发挥职能，强化组织协调和管理监督作用，进一步完善旅游发展工作机制，旅游目的地涉旅各部门应建立综合协调会议制度和市厅合作联系制度，调动政府、市场和社会的积极性，多元共治、合作共赢，更好地适应现代大旅游产业发展需要，更好地推动旅游产业的发展。

六、旅游目的地运营行政监管

（一）行政监管概念

旅游目的地运营行政监管是政府和各相关部门通过行政手段对旅游市场综合监管，以加强部门间对旅游市场违法违规行为的信息沟通，强化联合执法协调监管的相关工作机制，提升综合监管效率和治理效果，从而进一步解决扰乱旅游市场秩序、侵害旅游者权益等突出问题。

旅游目的地运营行政监管十六字方针：权责明确、执法有力、行为规范、保障有效。

（二）行政监管主体和客体

行政监管主体是政府和各相关部门。政府要强化领导责任。国务院旅游工作部际联席会议下设旅游市场综合监管工作小组，由文化和旅游部牵头负责统筹旅游市场综合监管的指导、协调、监督等工作。旅游目的地人民政府要建立健全旅游综合协调、旅游案件联合查办、旅游投诉统一受理等综合监管机制，统筹旅游市场秩序整治工作。要进一步落实游客不文明行为记录制度，大力营造诚信经营、公平竞争、文明有序的旅游市场环境，加快形成全国"一盘棋"的旅游市场综合监管格局。各相关部门要明确监管责任。按照"属地管理、部门联动、行业自律、各司其职、齐抓共管"的原则，建立旅游行政主管部门对旅游市场执法、投诉受理工作的有效协调机制，明确各相关部门责任。各有关部门配合旅游行政主管部门，做好相关行业指导、协调和督促检查工作。

行政监管客体是旅游市场，主要是旅游企业。旅游企业要落实主体责任。各旅游企业要依照法律法规主动规范经营服务行为。旅行社要坚决抵制"不合理低价游"、强迫消费等违法行为。在线旅游企业要遵守公平竞争规则。购物店要自觉抵制商业贿赂。饭店、景区、交通、餐饮等企业要保障旅游者出游安全，提高服务品质。各市场主体要积极践行旅游行业"游客为本、服务至诚"的核心价值观，在旅游服务工作中诚实守信、礼貌待客，共同维护旅游市场秩序，让旅游者体验到优质服务。

（三）行政监管责任和内容

旅游目的地行政监管责任在《旅游法》中有明确规定。《旅游法》第七章第八十三条规定：县级以上人民政府旅游主管部门和有关部门依照本法和有关法律法规的规定，在各自职责范围内对旅游市场实施监管。县级以上人民政府应当组织旅游主管部门、有关主管部门和工商行政管理、产品质量监督、交通等执法部门对相关旅游经营行为实施监督检查。旅游目的地行政监管内容在《旅游法》中也有明确规定。《旅游法》第七章第八十五条规定：县级以上人民政府旅游主管部门有权对下列事项实施监督检查：①

经营旅行社业务以及从事导游、领队服务是否取得经营、执业许可；②旅行社的经营行为；③导游和领队等旅游从业人员的服务行为；④法律法规规定的其他事项。

文化和旅游部负责指定机构统一受理全国旅游投诉工作，向社会公开投诉电话，承担向有关部门或地方政府转办、跟踪、协调、督办旅游投诉处理情况的职责。旅游目的地政府要建立或指定统一的旅游投诉受理机构，实现机构到位、职能到位、编制到位、人员到位，根治旅游投诉渠道不畅通、互相推诿、拖延扯皮等问题。利用旅游大数据开展旅游市场舆情监测分析工作，提升统计分析旅游投诉举报案件数据的水平。建立旅游市场综合监管过程记录制度，切实做到严格执法、科学执法、文明执法。

（四）行政监管模式改革

河北、山东等省建立健全旅游市场综合执法和联合执法机制，维护旅游消费者和经营者合法权益。山西、陕西等省强化全省旅游市场秩序和服务质量的综合监督管理，建立健全旅游综合协调、旅游案件联合查办、旅游投诉统一受理等综合监督管理机制，引导全社会文明旅游。海南省明确旅游收费标准制定由省物价管理部门负责，省旅游发展委员会参与审核。

在实践中，不少旅游目的地已经形成了行之有效的旅游市场综合监管模式。该模式权责明确、执法有力、行为规范、保障有效，能够解决扰乱旅游市场秩序、侵害旅游者权益的突出问题。目前旅游市场综合监管模式在全国呈燎原之势。

第三节　旅游目的地运营战略管理

旅游目的地是一个游憩和游憩接待的系统，应当将旅游目的地的旅游产业发展作为一个系统整体来进行战略管理，从适应市场需求的角度建立一个将旅游资源打造成产品战略性地投入市场的模式，为地方政府对新兴旅游目的地建设管理提供参考，进而为投资者的可行性分析提供参考。

一、旅游目的地运营战略管理概念

运营战略是指在企业运营管理的总体规划中，为了适应市场环境变化，并谋求企业的生存发展，扩大竞争优势，根据企业的发展目标，对未来一段时期内企业运营的发展趋势进行总体谋划和战略研究，在市场需求与企业掌控的运营资源之间建立有效的协调机制，对任何类型运营组织的长期运营能力以及这些能力对整体战略所做的贡献产生影响。

运营战略可以视为使运营管理目标和更大的组织目标协调一致的规划过程的一部分。运营战略涉及对运营管理过程和运营管理系统的基本问题所做出的根本性谋划。由此可见，运营战略是为支持和完成企业的总体战略目标服务的。

旅游目的地运营战略管理，指以市场需求和竞争需求为导向，为实现运营资源的优化配置，指导旅游目的地恰当决策，从而提升旅游目的地形象和竞争力的一系列相互协调、相互衔接的规划，这些规划直接针对旅游目的地运营过程中的基本问题谋划解决方案。当前，运营战略已经是现代企业运营管理中的重要部分，运营战略也是旅游目的地运营管理中的重要部分。

二、旅游目的地运营战略管理的特点

战略管理是旅游目的地运营管理中最重要的一部分，其实施的好坏在一定程度上决定了目的地竞争力的大小，其具有以下四大特征。

（一）整体性

运营战略以旅游目的地的全局作为研究对象，根据目的地总体发展的需要而制定。旅游目的地的发展和运营是一个整体，其运营战略也具有整体性的特点。

（二）长远性

旅游产业具有综合性强、关联度大、产业链长的特点，旅游目的地开发和运营投资大，回报周期长。因此旅游目的地运营战略的制定和实施要有长远的眼光，是旅游目的地谋取长远发展要求的反映。

（三）动态性

旅游业发展瞬息万变，旅游目的地运营战略必须随着时间的变化和市场变化而变化，从而提高运营资源和市场需求的匹配水平。

（四）科学性

旅游目的地运营战略的制定和实施必须按照旅游业旅游目的地的社会经济发展客观规律，实事求是地进行，防止违反科学精神的主观想象和臆断因素干扰，保证其科学性。

三、旅游目的地运营战略管理的意义

（一）战略管理是旅游目的地未来管理的必然趋势

近年来，随着旅游需求的急剧增加，旅游目的地有了广阔的发展前景，同时又面临前所未有的挑战。旅游目的地企业不仅要面对由卖方市场向买方市场的转变，更面临着网络化、生态化、多元化的挑战，旅游企业要在错综复杂的市场竞争中谋求生存发展壮大，就得对企业所处的发展环境有清醒的认识，并提升相应的适应能力。运营战略管理正逐渐成为旅游企业以及旅游目的地未来管理的必然趋势。

（二）战略管理对旅游目的地的发展具有较强的指导意义

旅游目的地不仅要关注游客接待量和旅游收入，更要注重目的地旅游业的长远和可持续发展。要用战略的眼光确保旅游目的地保持旺盛的生命力和吸引力，还要运用战略管理将有限的资源最大限度地转化为多元化的产品和个性化的服务。

（三）战略管理可以促进旅游目的地的可持续发展

旅游目的地运营战略管理是对旅游目的地的各要素（包括吸引物、设施、交通、市场营销、定价等）的计划、组织、实施和控制，即旅游规划策划、旅游管理体制、旅游运营模式和旅游行业监管。旅游目的地运营战略管理是对旅游活动过程的综合协调管理，以促进旅游目的地的可持续发展。旅游目的地运营战略管理的过程是以旅游目的地可持续发展为核心，根据旅游目的地面临的内外部环境分析进行战略制定，从而确立旅游目的地发展的长期目标和近期目标，然后依次执行战略规划、战略实施、战略评价与控制等环节。

（四）战略管理可以促进旅游目的地的未来管理

旅游目的地运营战略管理的过程既是旅游目的地知己知彼、运筹帷幄的过程，又是旅游目的地厘清思路、明确方向的过程，也是旅游目的地整合资源、完善提升的过程。旅游目的地引入运营战略管理理论和方法可以为管理者提供面向未来、面向复杂的环境、可操作化的管理体系和方法。

四、旅游目的地运营战略管理的基本要素

（一）战略目标定位

战略目标定位是指旅游目的地通过设定目的地使命与战略目标，确定业务领域以在目标顾客的头脑中占据的特定位置，是对目的地使命的进一步具体和明确的阐述。旅游目的地在确定企业使命与战略目标时，必须以顾客的核心利益为出发点。旅游目的地战略目标必须达到目的性、先进性、现实性、系统性、精确性等要求，并可通过标杆超越、盈亏平衡分析和时间序列分析等方法加以确定。要科学进行战略目标定位，必须掌握基本的分析工具，包括SWOT分析、业务组合矩阵、战略聚类模型与博弈论等。

（二）战略路径选择

战略路径选择即如何正确地做事情，也就是旅游目的地如何真正达到目标的问题。它涉及旅游目的地战略全过程，既要考虑战略设计方式，又要考虑优化战略实施、战略控制的方式。

（三）战略资源

战略资源指旅游目的地的独特性资源。目前，我国旅游目的地面临着日益激烈的竞争环境，为此，开发规划和使用旅游目的地战略资源，打造和配置具有预见性、系统性、科学性的旅游产品是打造旅游目的地核心竞争力的必然选择。

（四）战略构想

战略构想是关于旅游目的地未来发展的具体战略构想，包括方针、路径和措施，是旅游目的地运营战略管理的起点。战略方针是旅游目的地在战略环境分析的基础上，依照目的地使命与战略目标的要求，确定的关于旅游目的地战略管理的总体指导。基本战略措施就是为支持旅游目的地的基本路径而规划的各项战略活动，主要集中在组织、文化、制度、信息、人才、资本等方面。

五、旅游目的地运营战略管理内容

旅游目的地运营战略管理内容是旅游目的地在市场经济环境下，根据内外部条件和资源，为实现目的地的全面健康可持续发展，对自身要实现的目标和实现目标的方法等进行的总体性规划，也是旅游目的地所制定的战略性筹划。旅游目的地运营战略管理内容包括旅游形象战略、旅游品牌战略、竞争优势战略和游客忠诚战略管理四个方面。

（一）旅游形象战略

提升旅游形象、实施形象战略被旅游目的地视为争夺客源市场份额的制胜法宝。当前，许多旅游目的地的旅游形象建设，只把精力集中于形象策划和设计等方面，却没注意后续的形象传播规划；在旅游形象定位和设计上，许多旅游目的地往往也是仅从本身的角度来考虑，没有考虑游客的个性特征、心理认知模式和竞争对手的影响。

（二）旅游品牌战略

旅游目的地之间的竞争越来越激烈，而各种旅游产品的市场周期也越来越短，这些市场变化迫使旅游目的地重视和规划旅游品牌管理。迪士尼乐园之所以能长盛不衰，并且能在世界范围内组建连锁式跨国运营帝国，这就得益于迪士尼乐园树立起来的品牌。旅游目的地要根据当前各类潜在游客的需要和偏好进行分析，通过媒体传播塑造良好的独具特色的品牌形象，并提高品牌的知名度，维护品牌的美誉度。

（三）竞争优势战略

旅游目的地要根据自身产品比较优势来确立自己管理运营的旅游产品在旅游市场上的竞争优势，并在与旅游者互动中获得积极认知，满足旅客的心理需求，以此打造目的地的独特旅游竞争优势。

（四）游客忠诚战略

对于游客忠诚度的认识是从旅游目的地持续发展角度考虑，建立在可持续发展的基础上的。历史经验证明，良好的顾客口碑是旅游目的地最有效和最成功的宣传手段，所以，加强对游客忠诚度的管理，是非常有必要和长远眼光的。当今我国国内旅游市场竞争的性质已经发生了根本性的变化，对于旅游目的地来讲，最重要的问题不在于统计角度上衡量的旅游市场占有率，而是实际上在该市场拥有的忠诚顾客的数量多寡。这就要求目的地旅游管理者实现管理思想转变，重新定义游客忠诚度，将游客在获得服务高满意度下实现的良好口碑和自动宣传作为景区游客忠诚度的主要表现形式和指标。

六、旅游目的地运营战略管理的流程

旅游目的地运营战略管理是一个动态管理过程，由战略制定、战略分析、战略选择、战略实施、战略创新和战略评价等环节构成。

（一）战略制定

战略制定即战略目标的制定。旅游目的地要实现运营战略管理首先要有远景与使命，即战略目标，这是运营战略发展的出发点。

旅游目的地运营战略目标是目的地整体发展的根本方向，是着眼未来和长远对目的地旅游发展的一个总体设想，是从宏观角度对目的地未来的一种较为理想的定位，是目的地整体发展的总任务和总要求。因此，旅游目的地管理者要对目的地进行深入的调查研究，把机会和威胁、长处与短处、企业与环境、需要与资源、当前与未来加以对比，厘清之间的关系。还要对旅游目的地独特的文化资源和自然资源进行梳理，把握目的地优势资源和核心吸引力。在制定战略目标的过程中，要注意两个方面：一是制定目标方向，要通过对现有能力与手段等诸多条件的全面衡量来制定目标方向；二是制定目标水平，要对沿着战略方向展开的活动所要达到的水平做出规定。

（二）战略分析

战略分析，主要包括外部宏观环境的分析和目的地内部资源环境的分析。目前应用最广的分析方法是构建 SWOT 矩阵分析法。

构建 SWOT 矩阵分析法是对旅游发展环境、旅游资源、旅游市场和旅游竞争合作的总结，是对区域内部和外部条件各方面内容的归纳和概括，分析组织的优势和劣势、机遇和威胁，并依据矩阵形式排列，然后用系统分析的思想，把各种因素相互匹配并加以分析，从中得出一系列相应结论的分析方法。其中优势和劣势分析以内部分析为基础，机会和威胁以外部环境分析为基础。内部分析有助于旅游目的地在管理过程中更详细地了解自己，包括当前战略的有效性以及如何有效地配置资源来支持已选择的战略等。外部分析是为了识别环境中影响旅游发展的主要因素及变化趋势，寻求有利机会和消除威胁。

构建 SWOT 矩阵分析法一般包括三个分析步骤：首先是进行区域外部环境的分析，列出外部环境中存在的发展机会和威胁；其次是进行内部环境分析，列出内部环境中具有的长处和弱点；最后是绘制 SWOT 矩阵。但要注意的是，SWOT 矩阵本身并不是战略，它不能描述下一步应该做什么，只是为未来发展提供了一个分析的路径，展示区域旅游业在相关环境中所处的态势。SWOT 矩阵是展示战略分析结果的重要技术，能为区域旅游业发展战略的制定提供平台。

（三）战略选择

运用德尔菲法（Delphi）对旅游目的地的优势（S）、劣势（W）、机遇（O）和挑战（T）进行专家评分，再运用层次分析法确定 SWOT 各要素权重，最后进行综合评测。根据 SWOT 矩阵中影响因素总强度确定其所在象限，I、II、III、IV 象限分别对应开拓型、争取型、保守型、多样化抗争型战略区，再根据战略区的方位角确定其战略类型，根据旅游目的地的战略强度系数决定采取更加开拓积极或更加稳重保守的战略措施。

战略类型包括增长型战略、竞合型战略、转型战略和组合型战略。

（1）增长型战略。在选择战略方法时，旅游目的地可利用现有的可用资源实现内部增长，可以通过兼并和收购实现外部增长。

内部增长又叫组织增长，是目的地旅游企业增长最直接的方式。其特点是将企业以往的利润连同股东和银行提供的资金再投入现有企业中，用于产品和市场开发以实现企业的更多增长。

外部增长实现方式为兼并和收购。兼并指两个规模差不多的企业结合，两个企业所有的股东一起变成新企业的股东，合并后的主体一般是新的企业。收购指一个企业购买或获得另一个企业产权。

旅游目的地的内部优势与外部机遇具有很强的一致性，两者之间相互促进，具有明显的杠杆效应。也就是说，旅游目的地内部优势越强，就越能充分利用外部的机遇。增长型战略可以使旅游目的地依托自己的旅游资源，充分发挥品牌、市场、管理等优势，在良好的外部机遇下，获得有效运营发展时机。

（2）竞合型战略。采用竞争合作战略，可以使旅游目的地企业在充分发挥自身优势的基础上，借助其他公司的优势，从而化解劣势和挑战，实现与其他公司的共赢，进而达到增强自身竞争实力的目的。竞合型战略的重要形式是旅游战略联盟。旅游是关联性、带动性很强的行业。旅游目的地现代旅游发展必须集群化和一体化。在资源利用、市场销售、产品开发、旅游要素和空间布局等方面采取集群化模式；在技术利用、市场拓展和管理模式等方面应一体化。可以通过参股、合资、共同销售和共同服务等方式，实现旅游战略联盟。

（3）转型战略。转型战略就是在现有情况下，寻找新的发展点、突破点，从而保证旅游目的地的跨越式发展。在转型战略中，旅游目的地应该强化自身的优势，减弱自身的劣势，以便降低劣势对外部机遇的"抑制性"；同时采取必要措施来应对外部的挑战，并且有效规避外部带来的威胁以及劣势和威胁等双重负面作用下产生的"问题性"，以确保旅游目的地实现跨越式发展。

（4）组合型战略。组合型战略是以上三种战略之间的组合。

（四）战略实施

战略实施主要涉及组织机构变革、制度机制改革、内外部资源获取和配置、组织文化和精神保障等，以适应战略挑战和变革管理。旅游目的地的战略实施是一个自上而下的动态管理过程。战略实施过程中要遵循"方向明确、突出重点、权变和经济合理"原则，同时要做好以下三点确保既定战略的成功实施：一为既定战略配置资源，二为既定战略重组企业文化与组织结构，三为既定战略变革管理。

（五）战略创新

战略创新是旅游目的地运营战略管理的制高点和难点。战略创新是目的地发展的动力，在实践中不断反馈新的市场信息，及时调整战术达到战略上的新发展。战略创新不仅让旅游目的地企业获得丰厚利润，游客也可以得到最大价值。通过追求游客成就、创造有效需求、进行价值差异化经营、实施有竞争性的定价策略和做选择性降低成本的工作，达到旅游市场重塑的目的，最终实现战略创新的扩散和推广，保证战略创新的最终成功。

战略创新要求管理者重塑市场推广。目的地旅游企业战略创新是一个长期的奋斗过程，旅游企业进行了战略创新思维的强化、治理方式的重组和战略创新实施，其后最重要的环节就是市场推广的重塑。战略创新只有得到市场的承认和接纳，才算真正成功，市场推广的效果是检验战略创新成败的标准。

（六）战略评价

战略评价是在确立衡量标准基础上，进行绩效评价。战略评价是战略管理的重要环节，其主要的职能是在战略实施的过程中发现问题和纠正问题。实行战略评价的目的是旅游目的地企业的战略管理得以顺利的实施，完成旅游目的地既定的战略目标，其实质是要掌控目的地企业的各方面资源，确保目的地旅游的可持续发展。旅游目的地的可持续发展，包括旅游目的地经济的可持续、社会的可持续、文化的可持续和生态环境的可持续。

第四节　旅游目的地运营目标管理

一、旅游目的地运营目标管理的概念

目标管理是一种程序、过程，是以目标为导向，以个人为中心，以成果为标准，而使组织和个人取得最佳业绩的现代管理方法，通过管理使得组织中的上下级能够相互协调，根据实际要求确定出目标，并将此作为组织经营、考核等活动的主要依据和标准。目标管理英文叫作 Management by Object，即 MBO。

目标管理方法的优点在于以目标为导向，以个人为中心，以成果为标准，能极大地提高个体的主观能动性，增加自主自发精神，提高工作效率。

目标管理机制是现代企业中广泛应用的一种新型管理制度。在结合实际情况制订合理的目标计划以后，在计划的执行过程中对目标的完成情况进行定期评价，进而对目标计划进行调整，是这一机制的主要内容。计划性是这一机制的主要特征，在这一机制的应用过程中，只有各个环节的紧密配合，才能在规定的时间内完成目标计划。

旅游目的地运营目标管理是以旅游目的地的发展目标为导向，以管理者个人为中心，以运营成果为标准，而使旅游目的地及参与各方取得最佳业绩的现代管理方法，通过管理使得旅游目的地组织中的上下级能够相互协调，根据实际要求确定出目标，并将此作为组织经营、考核等活动的主要依据和标准。

目标管理是旅游目的地现代化管理的主要方式和方法，在实践应用中最明显的特征就是方向明确、清晰，能够将组织思想、行为融入目标当中，以此来提高目的地运营管理工作的有效性，从而促进目的地旅游业的可持续发展。

二、旅游目的地运营目标管理的特点

（一）目标的稳定性

旅游目的地运营目标管理的基础工作大都建立在各项专业管理之前，并贯穿于整个管理活动过程。在推行目标管理中，确定目标应以标准为依据，实施目标和绩效审核也同样离不开标准，所以标准化应先行，且应保持连续性和稳定性。

（二）内容的层次性

旅游目的地运营目标管理的基础工作一般发生或作用于较低层次的具体工作中，这是因为它是各项专业管理职能发挥作用的前提和依据。所以必须围绕管理组织系统和总目标踏踏实实地去做，应设置相应的组织机构或配备专职管理人员，做到基础工作扎实可靠。

（三）方法的多维性

多维性是指旅游目的地目标管理的基础工作包括多种不同的角度和多个方面，它们互相交叉、互相渗透，又能各自单独地发挥作用。多层次则是指其工作内容涉及管理组织系统的各个层次、各个岗位、各类人员。因此，全体人员必须共同努力才能做好基础工作。

三、旅游目的地运营目标管理的类型

（一）业绩主导与过程主导

这是依据对目标的实现过程是否规定来区分的。目标管理的最终目的在于业绩，所以从根本上说，目标管理也称业绩管理。其实，任何管理其目的都是要提高业绩。过程主导型目标管理更加注重过程管理及过程目标。

（二）组织目标和岗位目标

这是从目标的最终承担主体来分的。旅游目的地组织目标管理是一种在组织中自上而下系统设立和开展目标，从高层到低层逐渐具体化，并对组织活动进行调节和控制，谋求高效地实现目标的管理方法。岗位目标管理针对具体岗位提出更加具体的目标。

（三）成果目标和方针目标

这是依据目标的细分程度来分的。成果目标管理是以旅游目的地组织追求的最终成果的量化指标为中心的目标管理方法。方针目标管理更加注重战略管理及过程管理。

四、旅游目的地运营目标管理的原则

目标管理在具体实施过程中要遵循如下几项原则。

首先，科学原则。目标管理能否实现预期效果主要取决于目标的制定，因此制定合理的目标是管理的基础，如果与实际相悖，会影响工作效率，甚至会威胁组织发展。

其次，成本原则。目标管理的关键在于控制成本，实现企业经济效益最大化。

再次，先进原则。组织目标设置要保持与时俱进，尽可能超越原有组织目标，不能够设置轻松就能达到的目标，要适当给组织一定压力。

最后，系统原则。它层层设定目标，建立目标体系，并且围绕目的地目标将措施对策、组织机构、职责权限、奖惩办法等组合为一个网络系统，按 PDCA 循环原理展开工作，重视管理设计和整体规划，进行综合管理。

五、旅游目的地运营目标管理的步骤

（一）目标制定

目标是一个体系，包括旅游目的地组织目标、部门目标和个人目标。部门目标要根据组织目标来制定，是组织目标实现的保障；个人目标根据部门目标来制定，是部门目标实现的保障。无论是组织目标还是部门目标，其制定都要让员工参与；个人目标的制定必要时也需要上级部门的帮助。科学化、合理化的目标的制定，是目标管理机制中的基础要素。在目标制定过程中，管理人员在对人力资源、客源市场等因素进行充分考虑的同时，也需要对目标风险进行有效分析。

（二）目标实施

目标实施即目标计划的执行，对旅游目的地经济的发展和项目的推进有着至关重要的影响。对目标执行情况的管理力度进行强化，是目标管理工作中所不可缺少的措施。目标实施建立在目标任务的分解和细化的基础上。对战略目标进行分解，并一层层传递，具体到每一个部门和每一个管理者身上。通过总目标的逐层分解而形成合理的目标体系。总目标分解后，目的地政府、旅游企业和管理者个人要围绕各自的目标尽职、尽责，努力实现目标。目标实施的关键是要充分授权，让部门和个人自我控制、自我实现，实现责、权、利相统一。同时，部门和个人要以目标为根据对照检查工作，随时纠正偏差。

（三）目标控制

目标控制包括成果评估、绩效管理和奖惩激励。要及时对目标完成情况进行总结和评估，为下一阶段目标的实现提供一定的帮助。绩效管理是指管理者与员工达成目标共识后，管理者通过一定的细则对员工进行工作指导、反馈、校正，进而完成目标的过程。绩效管理往往伴随着考核与奖惩，因此绩效既是员工工作表现的指标，又能对员工进行约束。绩效管理的目的就在于通过对员工的能力和素质的考量实现优胜劣汰，进而提高旅游目的地旅游从业人员的整体水平。在绩效管理的基础上对各部门进行奖惩激励。

六、旅游目的地运营目标管理的评价

（一）构建绩效管理指标体系

绩效管理指标体系的构建是一个非常重要和关键的工作，要想充分发挥绩效管理的作用，就一定需要一套完善的绩效管理指标体系。在构建绩效管理的指标体系时，首先要明确旅游目的地自身的战略目标，加强对自身战略目标的分析，从目的地发展最高目标出发来制定针对性的指标体系。明确了旅游目的地的发展战略和发展目标之后，要对总的发展目标进行分解，将其分解成多个小目标，并确定指标的主体，找出最关键的目标，然后围绕这些目标来制定指标体系。在构建指标体系时，要厘清不同指标之间的内在联系，掌握逻辑结构关系，构建完善、准确的绩效管理指标体系。

更好地落实旅游绩效各项指标的统计。绩效计划将旅游目的地及其企业的核心目标进行分解并设定给每个中心／部门及个人，通过对目标执行的监控来把控发展方向。好的目标的制定不但能使旅游目的地及其企业获得长足的发展，更能使执行目标的人在执行过程中获得成长与突破。同时，目标管理是通过管理者与员工之间持续不断进行的业务管理循环过程实现管理的改进的。

（二）制定绩效考核的目标

旅游绩效考核的目标是推进地域旅游工作的落实和跨越发展。考核结果，可以在一定程度上直接反映出旅游决策的现实效果和问题所在。旅游绩效评估是一个阶段性循环工作，绩效评估的修正和提升是 PDCA 闭合循环机制的阶段性末端环节，每一阶段绩效的结束也意味着另一个新阶段绩效的开始。因此，针对在每阶段旅游绩效评估结束后反映出的问题和不足，相关部门要在新阶段绩效评估中认真修正和改进，促进旅游决策的科学性和合理性。

在绩效目标制定过程中应注意以下几个方面的问题：①目标在能力所及的范围内要具备一定的难度。②目标要具体明确。③为了达成目标，必须全力以赴。④中、短期目标比长期目标更易实现。⑤目标制定后需要定期反馈，以便掌握目标实施情况。⑥对达成目标的个人或团体应给予奖励，并作为更高目标的基础。⑦在实现目标的过程中，要勇于面对失败，及时修正。

（三）制订绩效行为计划

制定了完善的绩效管理指标体系和绩效目标之后，还要制订可操作性高的绩效行为计划，来确保绩效管理的顺利实施和高效完成。制订的绩效行为计划要详细，要包括具体的各种资源的安排和时间的安排，并明确长期行动计划和短期行动计划，其中长期行动计划对应的是旅游目的地的长期战略目标，而短期行动计划对应的是旅游目的地的短期战略目标。绩效行为计划应该按照周期来进行制订，并具体展开。此外，也可以按照不同的层级来制订绩效行为计划，按照组织层级来对绩效行为计划进行分解，具体落实到不同层次的组织内。在制订绩效行为计划时，还应该制订资源配置计划，包括人力资源、信息系统、基础设施和资金的使用等。

案例分析

打造河南文旅融合高质量发展新格局

《河南省"十四五"规划和2035年远景目标纲要》明确了加快文化旅游资源大省向文化旅游强省进军的路线图、任务书、时间表。打造文旅融合高质量发展新格局，是文化和旅游自身发展的客观需要，更是锚定"两个确保"推动河南经济社会高质量发展的必然要求。

河南省有着良好的区位及资源优势，自然遗产得天独厚、人文遗产独一无二、民俗文化独具风情、红色文化独树一帜。近年来，河南各地在文旅融合高质量发展方面积极探索，取得了较大的成绩，但也面临不少问题，需要我们持续发力。

一是在"主动融"上仍需发力。首先，以文促旅思考不深。如图书馆、城市书房、农家书屋等地方特色文化的重要展示窗口，仅有少数能充分结合地方特色设计打造，部分完成指标任务后常年处于关闭状态。其次，以旅彰文谋划不深。如对部分历史文化古迹、文化遗产和古村落停留在修复和保护上，未能使之在旅游产业开发中真正"活起来"。

二是在"深度融"上仍需发力。如融而不强：优质文旅资源的深度开发不足，优质文旅产品的策划能力不足，优质文旅宣传的市场效应不足，普遍存在"有说头、缺看头""有资源、缺转化""有建筑、缺场景""有形态、缺业态"，文旅双轮驱动、同频共振、互融互进的态势不强。再如融而不活。市县一级重发展旅游经济，省级层面更注重文化繁荣兴盛，文旅事业"一张图""一盘棋"的局面尚未完全形成。

三是在"创新融"上仍需发力。如融而不新：文旅文创产业的创意创新能力比较薄弱，多数企业还致力于规模的扩大，而在提高核心竞争力方面发力还不够，创新研发能力有限，产品业态迭代升级不足，难以及时根据市场需求做出相应调整。特别是兼具文化内涵、技术水准和创新能力的文旅产业复合型人才储备不足、结构不合理、队伍不健全。

当前，文旅文创融合战略已成为河南锚定"两个确保"、全面实施"十大战略"的重要一环。要全面实施文旅融合战略，需进一步把好融合方向，找准融合路径，提升融合效益，加快构建河南文旅融合高质量发展新格局。

一、把握导向，遵循融合发展正确方向

一是求真求善求美导向。有大情怀、大视野、大战略，坚持社会效益与经济效益相统一，以优秀作品鼓舞人，以优质产品服务人，对标审美取向，凸显核心价值，引导世风良俗，给群众以真的体验、善的引导、美的享受。

二是为民惠民利民导向。要关注民生、关心民情，沉到基层，降低门槛，让群众能参与、能体验、能受益，努力让老百姓"口袋鼓起来""精神富起来"。

三是合心合力合能导向。文旅系统融合，职能重新划分，只是完成了第一步，更为关键的是合心、合力、合能，心往一处想、劲往一处使。既要各司其职，各尽其能，也要上下一盘棋，画好同心圆，汇聚正能量、强能量，产生"1+1＞2"的效果。

二、掌握方法，推动文旅融合协同发展

一是"绣花式"精准对标。因地制宜、因史制宜、因俗制宜，精准布局、精准施策。

二是"一盘棋"协同联动。政府在人才环境、服务体系、评估体系上起主导作用；社会力量投入资金支持，进行产业化运营；人民始终保持思想自觉、行动自觉。

三是"大循环"双轮驱动。文化产业和旅游业双轮驱动，协同共进，各种要素双向高效配置。

四是"放长线"辩证取舍。既充分挖掘优秀传统文化因子，又深刻认识时代要求，还要研究新情况、回答新问题，在薪火相传、代代守护中与时俱进、开拓创新。

五是"弹钢琴"统筹规划。科学统筹城乡文化、本土文化、外来文化塑造多元性的特色文化；科学统筹传统文化与现代文化，在古今交流碰撞中推陈出新；要站在民族的角度抓大局，更要在文旅融合自身角度抓细节，布好局、谋好路、定好向。

三、整合资源，推动全域旅游纵深发展

一是扩大全域旅游范围。发挥魅力古都体验之旅、早期中国探索之旅、黄河文化之旅、功夫文化体验之旅、红色基因传承之旅、根亲文化圣地之旅等的优势带动作用，多主题多线路设计，扩大全域游范围。

二要打造全域旅游矩阵。紧扣文化价值、社会效益、市场需求，不断挖掘文化精髓，推动"4+8+N"中华文化超级IP矩阵建设。要坚持差异化、特色化，打造文化特色品牌及品牌矩阵。要组建新媒体推广矩阵，融合主流媒体，整合新媒体，塑造全域旅游主题形象。

三要形成齐抓共建格局。乡村生态游、山水康养游、教育研学游多线路并进，文旅餐饮住宿多行业融入，管理服务监督执法多部门共管，为游客打造全过程、全时空的体验产品，形成全地域打造、全领域开发、全行业参与的局面。

四、创新驱动，适应新发展格局与态势

一是构建文旅融合新模式。推动网红经济、夜间经济、创意经济、体验经济等新模式，实现供应链重塑、产业链整合、价值链融合；打造一批夜游主题观光点、夜娱文化体验点、夜食特色餐饮点、夜购时尚消费点、夜宿品质休闲点；融合新媒介、新技术手段拉动文旅"破圈效应"。

二是丰富文旅产品新形态。利用重大时间节点打造一批具有国际水准和地域特色的文化品牌集群和文化地标；打造一批文旅融合发展示范区，推进区域之间、城乡之间文旅产业协调发展；借助重要精神财富，凝练精神谱系，展示精神之魂，培育红色旅游经典景区。

三是拓展文旅融合新业态。发展工业旅游，打造展示工业文明、体验工业文化等主题的工业旅游精品线路；发展乡村旅游，推动"老少边穷"地区的旅游资源转化为产业优势，打造高端民宿集群格局，形成"住乡院、吃乡宴、听乡戏、忆乡愁、购乡品"的全链条、高质量发展模式，推动乡村文化旅游资源转化为产业优势；建立区域文旅产业联盟，连点成线、串景成廊；发展康养旅游，依托中医药文化、温泉养生等资源，拓展康养旅游市场。

四是打造文旅融合新引擎。创新呈现方式，采用现代科技手段，打造融虚拟现实、人工智能于一体的呈现模式；创新传播方式，不断探索河南文化的国际表达；创新服务方式，利用智能化、数字化提高服务品质、改善文化体验；创新治理方式，聚焦痛点、堵点、难点，强化制度创新。

五、凝聚力量，打好文旅融合的组合拳

一是推动资源组合。不断推动旅游与优秀传统文化、红色革命文化、乡村民俗文化、社会主义先进文化之间的深度融合。

二是推动渠道结合。打通线上线下结合的难题，促进文化线上传播，推动线下文化产品的创新迭代和产业生态优化，将虚拟旅游与在地旅游有机结合起来。

三是推动人才聚合。不断引人、聚人、用人、育人、化人；放活管理体制、盘活人才集聚机制、用活人才开发机制、激活人才激励机制。

四是推动体制磨合。将重保护和重效能有机结合，找到文物文化资源的研究属性与消费属性的叠加点和保护、利用、传承、弘扬四位一体的平衡点。

五是推动战略融合。将文旅融合与乡村振兴战略融合，注重发挥乡村优势，实现城乡良性互动；将文旅融合与县域经济高质量发展融合，既传承县域文脉神韵又推动县域经济"成高原"；将文旅融合与国家文化公园建设融合，真正肩负起、肩负好国家文化公园建设任务。

（资料来源：https://hct.henan.gov.cn/2022/06–27/2476129.html）

第五节　旅游目的地运营项目管理

一、旅游目的地运营项目管理概述

（一）旅游项目的概念

旅游项目（Tourism Project）是由项目的概念延伸出来的。我国一些学者对旅游项目下过定义，如郑治伟认为"旅游项目是指在一定时间范围内，在一定的预算范围内为旅游活动或以促进旅游目标实现而投资建设的项目"。崔卫华认为，旅游项目是旅游投资项目的简称，是指在一定时间和区域内，为完成某项（或一组）旅游开发目标，按照一个独立的总体设计规划进行投资的各单项工程的总和。两个定义都体现了项目的基本要素，表明旅游项目是投资项目的一种特殊形式，也是一项复杂的、具有相当规模和价值的、有明确目标的一次性任务或工作。

综合国内外旅游和项目相关定义，从系统角度出发，旅游项目定义如下：旅游项目是旅游投资项目的简称，是指在一定时间和区域内，为完成某项旅游开发目标，按照一个独立的总体设计规划，由一个旅游开发商或者开发商联合体（旅游集团）为主导进行的投资和工程的总和。旅游项目包含旅游固定资产投资、旅游服务设施建设与经营管理、面向特定市场、系列化的旅游产品开发与经营管理。

（二）旅游项目的分类

人们旅游活动丰富而广泛，旅游项目丰富多彩，依据不同的原则和观察方法，形成了多种旅游项目的分类方法。如按旅游客源市场分类、旅游者性别年龄分类、旅游者经历分类、旅游类型分类、旅游六要素分类等。

按旅游类型分类，可分为生态旅游项目、人文旅游项目、休闲旅游项目和旅游基础设施等。生态旅游项目含森林公园、风景名胜区、地质公园、水上旅游等；人文旅游项目含文物保护单位、纪念馆、宗教场所等；休闲旅游项目含度假旅游、农家乐旅游、温泉旅游等；旅游基础设施含旅游公路、景区游路、宾馆、购物场所等。

基于全域旅游下的旅游产业发展架构，结合项目开发和运营规律，旅游项目分为六类：旅游基础设施建设项目、旅游公共服务设施项目、传统观光接待类旅游项目、其他产业"+旅游"的产业融合项目、旅游城镇化项目、旅游新业态与新IP导入项目。

（三）旅游目的地运营项目管理的概念

项目管理是运用各种方法、知识、技能、工具开展的各种管理活动。项目管理的基本要素包括，项目资源、项目目标、项目需求、项目组织、项目环境等。这既是项目管理的目的之所在，也是项目管理的难点及挑战性之所在。

旅游目的地运营项目管理就是从目的地旅游资源调查到旅游资源包装为旅游建设项目，从旅游单项项目到综合开发项目，从项目谋划到项目招商引资，再到开发建设落地，实现项目持续经营的整套管理流程及形式。旅游目的地项目管理的具体事务包括：策划、招商、规划、设计、征地、拆迁、建造、验收、开业、经营等。

开展旅游项目的开发管理与持续经营管理，是新时期旅游目的地推进旅游持续发展的创新课题和重要抓手，也是整个产业推进过程中一条贯彻始终的主线。旅游项目创新和项目管理是旅游目的地的重要工作环节，是旅游开发的重要程序之一，也是直接影响旅游业能否良好发展的重要因素。旅游目的地要以旅游项目管理为基础，优化政策环境，推进旅游投融资平台建设与全要素招商引资，高效整合旅游产业要素，强力推动多

产业融合的"旅游+"，引入新业态新技术新模式，从而高效推进旅游产业发展，实现旅游引导的目的地经济综合发展。

二、旅游目的地运营项目管理的特点

（一）普遍性

当今社会经济和生产的活动中，人们主要是通过项目这一创新的活动创造出了各种现代的物质和旅游成果。在现代人们的生活中各种社会活动基本是以项目的形式进行组织和实施的。

（二）目的性

目的性是项目管理的一个重要的特性。一切项目管理活动是为了实现项目策划方案或者前期规划的内容。

（三）独特性

项目管理的独特性主要是指项目管理不同于普通的生产、服务、行政管理，它拥有自己独特的管理对象、方法和管理理念，是区别于传统模式的一种管理活动。

（四）集成性

在整个项目管理的过程中不同的阶段会有不同的分工要求，但是这与项目管理的集成特性是不冲突的，集成性注重的是项目整体的效果。

（五）创新性

项目管理的创新性主要包括两方面，一是指项目本身的创新管理，二是所有项目都需要通过创新的方法去适应项目本身所面临的千变万化的环境。

（六）风险性

旅游项目投资相对较大，对市场的形势和发展需要深入把握。旅游行业受到政治、经济、文化以及人们价值取向的影响较大，存在较多的不确定因素。因此，旅游项目要有科学的策划和精准的风险管理控制，对项目的决策投资者和管理团队提出的要求较高。

（七）公共性

旅游项目具有社会属性。旅游项目产品往往存在社会效益与经济利益两个方面的价值目标。项目决策投资者和管理者在项目的决策和建设管理过程中要深入思考，合理安排，确保在实现经济利益的过程中发挥社会价值的最大化。

三、旅游目的地运营项目管理的内容

（一）项目组织管理

旅游目的地旅游管理部门是旅游项目的管理、协调和统筹单位，负责项目的组织管理。旅游目的地旅游管理部门要履行旅游项目的组织管理职责，建立旅游项目组织管理体系，高效推进地方旅游产业发展。旅游目的地项目组织管理包括三项基本内容：筛选与立项报批管理、项目落地支持管理和旅游产业推进工作。

（二）项目信息管理

项目信息管理包括项目数据库建设和构建旅游目的地项目管理系统。旅游目的地项目管理系统以项目数据库作为基础系统，形成项目入库、规划推进、建设落实、验收开业的旅游产业发展全面管理结构。

（三）项目行政管理

项目行政管理内容包括旅游项目管理流程梳理、旅游资源普查执行、项目包装协助、项目立项与规划设计管理协助、项目报批报建管理协助、项目招商协助、项目开发协助等工作。项目行政管理目标是深度挖掘旅游资源，形成可开发、易融资、多业态融合的旅游项目体系，建立旅游项目库，加速引进战略投资者，实现地方旅游业的深入改革和发展，打造地方旅游产业投资开发项目群。

（四）项目成本管理

旅游项目的成本管理要求施工单位在项目施工阶段，将项目的实际支出控制在相对合理的范围内，以便对项目的施工进度进行保障。对项目成本的科学预测，也可以让施工单位有效避免工程项目超支的问题。在旅游项目出现超支问题以后，施工单位需要对后续资金的资金来源进行保证。成本目标管理体系的构建主要与以下几方面因素有关，一是工程的材料费用控制，二是工程的成本控制，三是工程的项目定额管理。旅游项目的造价控制，是成本目标管理中的重要内容。在旅游项目的投资阶段，相关单位需要从项目的投资成本入手，对可行的控制目标进行确定。在旅游项目的施工前期，施工单位需要对采购成本的管理工作进行强化。在工程竣工以后，施工单位还要对竣工决算成本管理机制进行完善。

（五）项目进度管理

进度管理与旅游项目的工程施工方案、施工预算、施工图纸、现场环境和气象条件等因素之间存在着密切的联系。施工进度目标管理机制主要涉及以下四方面的内容：一

是工程施工进度说明的编制工作；二是工程项目施工进度计划图的编制工作；三是工程资源需求量的确定工作；四是工程风险分析和风险防控措施的制定。进度计划说明的编制，可以被看作是进度目标管理机制中的核心要素。它与工程项目的分项工程、工程量、单位和工作日等因素之间存在着一定的关系。客观性原则是工程进度计划制定过程中所要遵循的重要原则。

（六）项目质量管理

质量管理是旅游项目管理工作中的重要因素。高效化的施工管理队伍的组建，是质量目标管理模式的保障因素。在施工队伍的组建过程中，施工单位需要对一些专业知识过硬、实践经验相对丰富的管理人员进行关注。从工程的质量目标管理要求入手，对各项质量措施的责任进行编制和规划，也是工程施工管理队伍的重要责任。质量管理目标的细化，是促进工程项目的施工质量提升的有效措施。在工程质量管理工作中，质量管理目标需要与工程的实际情况相吻合。施工现场的机构设置也是质量管理目标分解细化过程中不可忽视的因素。机构设置问题可以被看作对工程管理目标进行分解细化的主要依据，环环相扣的质量管理体系的构建可以让工程项目的施工质量得到有效的提升。

（七）项目风险管理

旅游目的地项目风险来源包括经济风险、社会风险、生态风险、技术风险和运营管理风险。

旅游目的地项目风险管理的行为主体是项目管理组织，特别是项目经理。项目风险管理要求项目管理组织采取主动行动而不应仅仅在风险事件发生之后被动地应对。项目管理人员在认识和处理错综复杂、性质各异的多种风险时，要统观全局抓主要矛盾，创造条件，因势利导，将不利转化为有利，将威胁转化为机会。

项目风险管理的基础是调查研究，调查和收集资料，进行文献记录，必要时还要进行实验或试验。只有认真地研究项目本身和环境以及两者之间的关系、相互影响和相互作用，才能识别项目面临的风险。

一般旅游项目的风险管理采用的是常规的风险管理方法，即通过风险识别、风险估计和风险评价，合理地使用多种管理方法、技术和手段对项目活动涉及的风险实行有效控制，采取主动行为，创造条件，尽量扩大风险事件的有利后果，妥善处理风险事故造成的不利后果，以最少的成本保证安全，可靠地实现项目总目标。

项目风险管理的主要内容是风险分析和风险控制。其中风险分析包括风险识别、风险估计和风险评价。风险控制是按事先制订好的计划对风险进行控制，并对控制机制本身进行监督以确保其成功。

旅游项目风险管理策略包括风险转移策略、投资组合策略和投资分散策略。

四、旅游目的地运营项目管理的流程

旅游目的地项目管理流程有项目选择与包装、项目筛选与立项、项目数据库建设和项目持续推进四步。

（一）项目选择与包装

投资者要根据本地的实际特点、要素，分析项目可能面临的环境、各种有利的和不利的因素，选择适宜的项目。旅游项目投入一般较大，其产生效益并不是立即就能体现的，项目形成的旅游资源要有长期经营的能力，同时旅游对整个目的地经济的贡献和拉动作用不可忽视，在旅游项目选择时要注意项目的长期效益和社会效益。根据旅游项目开发的资源基础项目、投资规模、用地规模及区域重要性对项目进行分类（单体项目、旅游综合开发项目和重大旅游单体项目），制定各类项目标准，可以依托"旅游吸引核项目包装技术""旅游综合开发类项目包装模型"进行项目包装。

（二）项目筛选与立项

本阶段主要工作是协调相关部门，梳理国家及"省市县三级"项目落地支持政策，包括泛旅游产业及"旅游+"的各类扶持政策、旅游招商引资优惠政策，建立项目筛选标准以及动态管理政策体系，构建旅游目的地项目落地支持管理体系、项目入库筛选结构和立项报批体系架构，确定项目立项报告要素，对各类项目建立独立的立项与报批管理流程与方法；部分项目后续对接发改委系统的立项管理、政府规划部门的规划管理、财税系统的财税政策和资金的相关管理、政府投融资平台的投融资支持等；推动项目获取各部门的支持，完成项目落地。

（三）项目数据库建设

建立旅游目的地项目数据库。将通过筛选立项的旅游项目信息入库上线，形成标准式数据资源，项目有图、文、数据、视频等多重表现形式，实现可统计、可分析、可动态化管理。实现旅游项目在线按类查询、数据分析、投融资分析功能，实现旅游项目的数据化、智能化管理。

（四）项目持续推进

（1）建立持续的旅游全要素招商推广体系。召开旅游投融资对接会，通过邀请旅游行业的广大客商，实现投融资的有效对接，建立持续的旅游全要素招商推广体系。与各地市旅游管理部门统配合作，通过各大旅游运营网、旅游投融资网、微信等互联网手段，对项目进行持续推广。

（2）建设投融资平台。由政府授权，通过存量资产划转、授权、专项资金注入和资

产运作等方式，新设目的地旅游投融资平台公司，充分发挥政府专业化旅游产业投融资主体和国有资本运营主体的引领带动作用，以产权为纽带、以资源整合为手段，全力促进旅游项目落地，带动目的地旅游产业发展。

（3）打造多元化项目融资渠道体系。主要包括四方面：加强银旅合作深度与范围；互联网金融参与旅游项目开发建设；重点领域项目收益权资产证券化；社保资金、保险资金参与旅游项目。

（4）项目立项支持。对于符合立项要求的项目，及时推进项目的后续立项包装、项目规划方案、项目建议书、项目可研报告、项目申请报告、资金申请报告、项目实施方案的撰写与上报。

五、旅游目的地运营项目投融资管理

（一）投融资主体

投资主体是指具有相对独立投资决策权和资金来源的法人和自然人，一般也称为投资者。旅游投资主体主要有五种类型。

（1）政府部门。中央政府在旅游区投资中偏重于跨地区的公用事业、基础设施、交通、教育事业等。例如，我国在开发张家界旅游区时，中央政府投资修建机场和交通网络。地方政府投资主体主要指旅游区所在区域的政府，其投资特点主要是本区域内的公用事业、基础设施、社会福利等非生产性的事业和第三产业。对于省、市级新开辟的风景名胜区与度假地，地方政府的投资非常重要。这种投资主要用于公路建设和旅游基础设施建设，以满足旅游区旅游启动的基本需求。对于一些老的旅游区，政府投资主要用于修复。

（2）国有企业。旅游目的地运营商是承政府之上、启市场之下的一级半土地开发商，这时政府往往会选取或组建国有控股的大型企业来进行目的地运营。包括重庆交旅集团、三峡集团、中信集团等以及各省新组建的旅游产业集团，如海南旅游投资集团、四川旅游产业集团、云南旅游投资集团、鄂西旅游圈投资公司等在内的全国100多个旅游集团。

（3）私营企业。企业投资多用于一些地方性旅游开发，包括旅游饭店、旅行社、旅游景区以及旅游交通等行业，投资热点集中在景区的建设上。从某种意义上来说，旅游景区在整个旅游产业中处于核心地位，是引发和满足旅游需求的主要吸引物，是带动一地旅游产业发展的龙头行业。正是出于对旅游景区重要地位的认识，民营企业往往将景区作为投资旅游业的切入点，为今后开拓更加广阔的旅游市场打下坚实的基础。

（4）金融机构。金融机构是企业投资旅游项目的主要筹资渠道，同时也可以成为投资主体。对于项目投资来说，金融机构的参与不仅带来稳定可靠的资金来源，可以投资一些资金量大、回报周期较长的项目，而且金融机构具有财务管理方面的优势，使项目投资效益预测更为科学合理。如建行绍兴市分行长期以来积极投资旅游业，主动参与绍兴的旅游建设，包括投资旅游景区以及与旅游相配套的交通、通信、宾馆饭店、娱乐场所、旅游产品等，其中投资绍兴柯岩风景区的建设就是其成功案例之一。

（5）外资企业。旅游区开发中的外国投资主要集中在涉外饭店、各类主题公园、娱乐项目、高尔夫球场等的建设上，并且很多投资注重旅游和体育健身、文化娱乐以及景观房产等项目的结合，如由港商投资的深圳观澜湖高尔夫球场、北京湖景水上乐园、上海射击俱乐部、太阳岛旅游度假区等。

（二）融资来源

（1）财政资金。财政资金包括国家资金和地方政府资金，主要用于高等级公路、通信等旅游基础设施。但政府投资受预算限制，财力有限。

（2）银行信贷资金。主要以景区或项目作为抵押，用于基础设施建设、景区建设等方面。然而，银行对地区小项目的资信状况不信任会导致其贷款申请困难。

（3）非银金融机构资金。非银金融机构资金主要是信托投资。《信托法》出台以来，信托投资公司已经拥有了很大的运作空间，并创造了一些新的金融工具。其中，以项目和专题方式发行信托投资凭证，引起了各方面的兴趣。

（4）旅游产业投资基金。这是产业投资基金的一个重要分支，它的投资方向主要在旅游业，目的是通过市场化的融资平台引导社会资金流向，筹集发展资金，促进旅游基础设施和旅游景区的开发建设，助推旅游产业的结构升级以及挖掘和培育优质旅游资源等。

（三）融资模式

（1）企业上市融资。由于存在门票收入不能计入上市公司主营业务收入的限制，目前资源开发类旅游企业较难直接上市。但通过将收入转移到索道等交通工具以及以宾馆、餐饮、纪念品等项目包装为基础的企业，仍可走上市的道路，也可以吸引上市公司作为配股、增发项目进行投资。

（2）私募资本融资。旅游资源开发，应以一个市场化的企业作为主体，称为开发商。开发商应拥有资源的开发经营权（一般为50年），也可拥有土地使用权以及土地上除文物保护单位外的相关建筑物的所有权。开发商以自有资金投入企业，并拥有以上资产，由此形成了开发主体的资本构成。开发商对自身的资本结构进行重组改制，设立股份有限公司。开发商以股份有限公司的主发起人身份，向社会定向招募投资人入股，共同作为发起人，形成资本融资。开发商也可以先成立自己绝对控股的有限责任公司或股份有限公司，再向社会定向募股，以增资扩股的方式，引入资本金。

（3）企业股权融资。产权融资方式包括产权酒店、商铺产权发售、项目公司拆细产权发售等。

（4）政府信用融资。政府信用融资，又称PPP（Public Private Partnership），指政府通过特许经营权、合理定价、财政补贴等事先公开的收益约定规则和社会资本合作，以实现改善公共服务、拉动投资效用的作用。PPP是文化和旅游产业领域政府与社会资本合作运行文化旅游项目的一种重要形式。2023年11月3日，国家发展改革委和财政部联合制定《关于规范实施政府和社会资本合作新机制的指导意见》。2023年12月13日，财政部发布《关于废止政府和社会合作（PPP）有关文件的通知》，此次废止通知的发布，实质上是对新机制配套政策的调整。未来，文化及旅游类PPP项目将挑战与机遇并存。首先，民营企业更有可能加入文旅PPP项目，这将大大激发市场的活力。其次，监管机制的加强以及政策的收紧，使得比较成熟的项目，也面临着转型的挑战，对项目承接企业有着更加专业化、标准化的要求。

【本章小结】

本章主要讲解了旅游目的地运营管理的概念、发展阶段和内容；介绍了旅游行政管理的概念、原则、要素和职能；讲解了旅游目的地运营战略的概念、特点、基本要素、内容和流程；介绍了旅游目的地目标管理的概念、类型、原则、特点和实施步骤；讲解了旅游目的地项目管理的概念、特点、内容、实现过程、流程、风险管理和投融资管理。

旅游目的地运营管理即对旅游目的地的各要素（包括吸引物、设施、交通、市场营销、定价等）的计划、组织、实施和控制，即旅游规划策划、旅游管理体制、旅游运营模式和旅游行业监管。旅游目的地运营管理是对旅游活动过程的综合协调管理，以促进旅游目的地的可持续发展。旅游目的地运营管理任务包括打造特色旅游产品体系、改革旅游管理体制、创新旅游运营模式、完善旅游行业监管体系。

旅游目的地运营行政管理是旅游目的地政府的重要职能之一，指通过行政权力实现对旅游目的地旅游行业的管理，推动旅游目的地旅游业的发展。旅游行政管理职能主要体现在市场职能、服务职能和监管职能。旅游目的地运营行政管理架构可以概括为：旅游部门行政管理＋旅游协会协同治理＋涉旅部门协助管理。其中，旅游部门行使行政职能进行行政管理；旅游行业协会行使协会职能进行协同治理；其他涉旅行政部门协助管理。

旅游目的地运营战略指以市场需求和竞争需求为导向，为实现运营资源的优化配置，指导旅游目的地恰当决策，从而提升旅游目的地形象和竞争力的一系列相互协调、相互衔接的规划，这些规划直接针对旅游目的地运营过程中的基本问题谋划解决方案。当前，运营战略已经是现代企业运营管理中的重要部分，运营战略也是旅游目的地运营管理中的重要部分。旅游目的地运营战略管理的基本要素包括战略目标定位、战略路径选择、战略资源和战略构想。旅游目的地运营战略管理内容包括旅游形象战略、旅游品牌战略、竞争优势战略和游客忠诚战略管理四个方面。旅游目的地运营战略管理是一个动态管理过程，由战略制定、战略分析、战略选择、战略实施、战略创新和战略评价等环节构成。

旅游目的地运营目标管理是以旅游目的地的发展目标为导向，以管理者个人为中心，以运营成果为标准，而使旅游目的地及参与各方取得最佳业绩的现代管理方法，通过管理使得旅游目的地组织中的上下级能够相互协调，根据实际要求确定目标，并将此作为组织经营、考核等活动的主要依据和标准。旅游目的地目标管理的实施程序包括三个步骤：目标制定、目标实施和目标控制。

旅游项目是旅游投资项目的简称，是指在一定时间和区域内，为完成某项旅游开发目标，按照一个独立的总体设计规划，由一个旅游开发商或者开发商联合体（旅游集团）为主导进行的投资和工程的总和。旅游目的地项目管理就是从目的地旅游资源调查，到旅游资源包装为旅游建设项目，从旅游单项项目，到综合开发项目，从项目谋划，到项目招商引资，再到开发建设落地，实现项目持续经营的整套管理流程及形式。旅游目的地运营项目管理的内容包括项目组织管理、项目信息管理、项目行政管理、项目成本管理、项目进度管理、项目质量管理、项目风险管理。旅游目的地项目管理流程有项目选择与包装、项目筛选与立项、项目数据库建设和项目持续推进四步。

【关键术语】

旅游目的地；管理体制；运营过程；运营系统；旅游运营模式；旅游行业监管

【Key words】

Tourism Destination；Management System；Operation Process；Operation System；Tourism Operation Mode；Tourism Industry Regulation

【复习思考题】

一、判断题

1. 旅游目的地运营管理是对旅游活动过程的综合协调管理，以促进旅游目的地的可持续发展。　　　　　　　　　　　　　　　　　　　　　　　　　　　（　　）

2. 旅游目的地行业监管体系的目标是创新旅游运营模式。　　　　　　　（　　）

二、多选题

1. 旅游目的地运营管理要充分整合各业态，致力于业态品质、创新、联动与改革，在旅游目的地植入（　　　）。

　　A. 新的业态　　　　B. 新的 IP　　　　C. 新的模式　　　　D. 新的渠道

2. 市场是商品交换的场所，是买卖双方经营活动的舞台，（　　　）是旅游目的地运营管理的首要任务。

　　A. 认识市场　　　　B. 开拓市场　　　　C. 适应市场　　　　D. 创新市场

3. 旅游目的地运营管理的具体任务包括（　　　）。

A. 打造特色旅游产品体系　　　　　　B. 改革旅游管理体制

C. 创新旅游运营模式　　　　　　　　D. 完善旅游行业监管体系

4. 打造特色旅游产品体系要注重旅游产品的（　　）特点，进行多类型、多项目、多品种、多档次的产品组合。

A. 互补性　　　　B. 竞争性　　　　C. 组合性　　　　D. 替代性

5. 旅游目的地运营目标管理的特点有（　　　）。

A. 目标的稳定性　　　　　　　　　　B. 内容的层次性

C. 方法的多维性　　　　　　　　　　D. 目标的灵活性

6. 旅游目的地运营项目管理的流程为（　　　）。

A. 项目选择与包装　　　　　　　　　B. 项目筛选与立项

C. 项目数据库建设　　　　　　　　　D. 项目持续推进

三、思考题

政府如何制定旅游目的地的发展战略？

【参考文献】

［1］黄翔.旅游节庆与品牌建设理论·案例［M］.天津：南开大学出版社，2007.

［2］张杨.区域旅游节庆品牌的策划［D］.福州：福建师范大学，2008.

［3］刘成伟.旅游节庆的品牌化研究［D］.南京：东南大学，2008.

［4］郑丽.影视节庆旅游产品的开发研究——以上海国际电影节为例［D］.上海：华东师范大学，2008.

［5］周义龙.试论旅游景区企业文化建设［J］.旅游世界：旅游发展研究，2011（5）：56-60.

［6］朱琳琳.论河南旅游景区企业文化建设［J］.山西煤炭管理干部学院学报，2011（5）：25-28.

［7］肖昆.基于大数据业务的旅游目的地管理［J］.旅游纵览，2017（5）：125-128.

［8］苟延杰.川东北经济区旅游综合体战略管理研究［J］.黑龙江生态工程职业学院学报，2015，28（3）：55-57.

［9］王磊.关于旅游企业战略管理的几点思考［J］.中国集体经济，2014（15）：189-191.

［10］燕达.我国4A级旅游景区经营战略管理探析［J］.现代经济信息，2012（5）：96-98.

［11］殷桂仙.四川遂宁旅游战略管理策划［D］.昆明：昆明理工大学，2011.

［12］何珍茗，陈佳，赵彦凤.我国旅游行政管理职能的变革研究［J］.旅游纵览，2016（8）：33-34.

［13］刘颖.旅游行政管理整体的改革与探索研究［D］.南昌：江西财经大学，2017.

［14］刘磊.平顶山市旅游行政管理问题与对策研究［D］.郑州：郑州大学，2018.

［15］王静.全域旅游背景下我国旅游行政管理体制改革研究［D］.合肥：安徽大学，2018.

［16］陈志军，徐飞雄，刘嘉毅.世界自然遗产地旅游发展与遗产保护协调的战略管理研究［J］.中南林业科技大学学报（社会科学版），2016，10（6）：68-76.

［17］于相智.基于目标管理的行政机关绩效考核研究［J］.中国管理信息化，2017，20（16）：199-200.

［18］李颜.基于目标管理的旅游管理专业顶岗实习教学模式研究［J］.科技广场，2015（5）：232-237.

［19］贾祁迪.探究目标管理在工程管理中的应用［J］.江西建材，2017（19）：287+291.

［20］孙和平.浅议企业目标管理［J］.消费导刊，2007（10）：102-103.

［21］丁孝智，宋领波，张华.国有企业目标调整与分类改革［J］.生产力研究，2007（17）：103-105.

［22］孙丽艳.企业目标管理实施方法及案例研究［D］.沈阳：东北大学，2005.

［23］张敏敏.淄博市淄川区乡村旅游项目管理研究［D］.青岛：青岛大学，2018.

［24］郑治伟.旅游项目可行性研究初探［J］.重庆师范学院学报（自然科学版），2000（6）：59-62+76.

［25］崔卫华.旅游投资项目评价［M］.大连：东北财经大学出版社，2003.

［26］王志伟，霍亚楼.传统企业实施项目管理问题的探讨［J］.企业经济，2007（8）：20-23.

［27］王丽娅.论旅游项目投资风险及其管理策略［J］.现代营销，2014（1）：110-112.

［28］种宝帅.旅游项目风险管理［D］.天津：天津大学，2007.

第 七 章

旅游目的地营销管理

📖 导入案例

"72小时古徽州奇遇记"主题营销

"72小时古徽州奇遇记"是2022年的秋冬时节由黄山市委宣传部、黄山市文化和旅游局联合指导，黄山市古徽州文化旅游区管理委员会、徽州区人民政府、歙县人民政府共同主办、歙县文化旅游体育局、徽州区文化旅游体育局、徽州区文旅融合发展中心、安徽乾景旅游文化创意有限责任公司承办，全面融合产品特色、市场需求、消费热度、文化脉络等要素，为广大游客匠心打造的以秋景和丰收为主题的秋季嘉年华、以民俗和年节为主题的猫冬古徽州品牌营销活动。

徽州古城、牌坊群·鲍家花园、潜口民宅、呈坎、唐模五大景区于秋季嘉年华中携手呈现"农趣宴""非遗宴""探秘宴""丰收宴""国乐宴""休闲宴"六大盛宴，于猫冬古徽州中联袂推出"吃茶趣、笔墨舞、园中艺、民俗韵、美宿憩"五大主题活动。

古徽州文化旅游区作为展示、体验、品味徽文化最集中、最具代表性的区域，通过策划举办"72小时古徽州奇遇记"主题营销活动，完成古徽州文化旅游区独特IP的首次发声。"72小时古徽州奇遇记"依托古徽州文化旅游区文旅资源，围绕产品特色、市场需求和消费热度，以四季为营销脉络，以打造"没有围墙的古徽州"为核心目标，以"72小时"为产品亮点，利用"线上＋线下"融合模式，通过"内容挖掘—创意解读—深入体验—宣传推广"路径，从再译到提炼，展现"美在徽州"的具象内容，全方位、立体化呈现古徽州新玩法。

此次活动加强了古徽州文化旅游区资源整合，增强了全盘营销意识，丰富了产品业态，提升了旅游品质，全面展示了古徽州文化旅游区整体形象，进一步打响了"新安好山水 天下古徽州"品牌。

（资料来源：https://mp.weixin.qq.com/s/oo3mCHlDo1ft3HIhAdamdw）

第一节 旅游目的地营销管理概述

随着旅游业发展日趋成熟，旅游目的地之间的竞争越发激烈。如何将游客吸引到目的地成为旅游目的地所有旅游企业和旅游管理部门共同关注的问题，营销成为各目的地相互竞争时选择的重要手段。

一、旅游目的地营销管理概述

（一）旅游营销

旅游营销的定义可以从两个角度来解释。定义一：指旅游产品或旅游服务的生产商在识别旅游者需求的基础上，通过确定其所能提供的目标市场并设计适当的旅游产品、服务和项目，以满足这些市场需求的过程。具体还可以分为景区旅游营销、酒店旅游营销、旅行社旅游营销等。定义二：以旅游消费需求为导向，通过分析、计划、执行、反馈和控制这样一个过程，来协调各种旅游经济活动，从而实现提供有效产品和服务，使游客满意，使企业获利目的的经济和社会活动。

旅游市场营销是指旅游企业在履行社会责任的前提下，以旅游者为中心，在旅游环境分析、旅游购买行为分析、旅游市场调研和旅游市场细分的基础上，选择适当的目标市场，找准本企业和旅游产品的位置，通过营销战略、营销策略的整合使用和科学的营

销管理，实现旅游企业、旅游者和社会"三赢"目标的营销行为。

（二）旅游目的地营销

在旅游业发展之初，旅游市场竞争是饭店之间、旅行社之间、景区之间的竞争，随着旅游业进入成熟的发展阶段，旅游目的地之间的竞争引起了业界的关注，如何将旅游者吸引到目的地成为目的地内所有旅游企业和旅游管理部门共同关注的问题。旅游目的地营销要解决的问题就是如何通过营销活动与竞争对手展开竞争以吸引旅游者前来。

关于旅游目的地营销的概念，国内外学者提出了很多定义。朗德博格（Lunberg，1990）认为，目的地营销包括三方面的内容：确定目的地能够向市场提供的产品及其总体形象；确定对目的地具有出游力的目标市场；确定能使目标市场信任并抵达目的地的最佳途径。赵西萍（2002）从内容的角度切入，认为旅游目的地营销就是要提高旅游目的地的价值和形象，使潜在旅游者充分意识到旅游目的地与众不同的优势；开发有吸引力的旅游产品，宣传促销整个地区的产品和服务，刺激来访者的消费行为，提高其在地区的消费额。舒伯阳（2003）认为，旅游目的地营销作为目的地全面吸引游客注意力的工程，其基本理念是从产品营销向综合形象营销跨越，营销运作机制从分散的个别营销向整体营销传播提升。王国新（2006）从旅游者对目标市场的认知出发，认为目的地营销要在确定的目标市场上，通过传播、提升、组合目的地的关键要素改变消费者的感知，建立目的地形象，提高旅游消费者满意度，进而影响消费行为，达到引发市场需求、开拓旅游目的地的目的。袁新华（2006）则认为，旅游目的地营销是以旅游目的地区域为营销主体，代表区域各相关机构、所有旅游企业和全体从业人员，以一个旅游目的地的整体形象加入旅游市场激烈的市场竞争中，并以不同方式和手段传播旅游信息，制造兴奋点，展示新形象，增强吸引力，引发消费者注意力和兴奋点的全过程。

综上所述，旅游目的地营销可以概括为，旅游目的地作为一个整体，向旅游者提供旅游目的地相关信息，突出旅游地的形象及其景区吸引物，通过向潜在群体和目标群体进行营销从而吸引其注意力，诱发其对旅游目的地的向往，进而产生旅游消费的过程。

（三）旅游目的地营销管理

营销管理是旅游目的地管理的重要内容，应被纳入旅游目的地发展大局。旅游目的地营销管理是指为实现旅游目的地发展目标，对建立、发展和完善以旅游市场需求为核心的营销方案，进行分析、设计、实施与控制的过程。作为一种管理艺术和管理科学，旅游目的地营销管理需要选择目标市场，通过创造、沟通和传递优质的游客价值，获得、保持和增加游客规模。旅游目的地营销管理是规划和实施营销理念、制定营销策略，为满足目标市场需求和利益而创造交换机会的动态的、系统的管理过程。

旅游目的地营销管理的主体是目的地旅游主管部门或组织；客体包括与旅游目的地营销相关的一切主体单位和活动等；主要的营销管理手段是旅游目的地形象的塑造和推

广。要促进旅游目的地竞争力的持续提升，就必须处理好各种旅游相关利益主体间的统筹与多赢发展关系，发挥它们之间的网络互动作用，激发各自的竞争优势并共同担负起营销旅游地的目标。

二、旅游目的地营销管理内容

（一）识别营销环境

旅游目的地营销必然受到时代环境发展的影响，因此在进行营销活动之前必须首先对营销环境进行分析把握，进而做出符合时代趋势、针对市场需求的营销活动。营销环境的变化对目的地的营销活动既提供环境机会，也会产生环境威胁，那么就需要通过环境分析来评估市场机会与环境威胁，进而采取相应的措施。旅游业的发展与政治法律、社会文化、科技发展等各方面因素息息相关，因此旅游目的地的营销也需要关注政府政策、经济因素、自然因素、社会文化、科学技术等宏观环境和消费者需求等微观环境的变化趋势。

（二）确定营销目标

营销目标是营销规划的核心部分，是指在特定规划期内所要达到的营销效果，对营销策略和行动方案的拟定具有指导作用。营销目标的确定是在分析营销现状并把握营销环境中的机会与威胁基础上实现的。营销目标的具体内容，一般由市场占有率、市场渗透情况、品牌认知度、旅游人数和收入等指标组成。

（三）制定营销战略

营销战略是指营销单位在现代市场营销观念下，为实现其经营目标，对一定时期内市场营销发展的总体设想和规划。市场营销战略作为一种重要战略，其主旨是提高营销资源的利用效率，使企业资源的利用效率最大化。对于旅游目的地来说，要基于对所处宏观和微观营销环境的分析，判别内部和外部一系列的机遇和威胁，对市场进行细分，确定旅游目的地的营销目标，制定旅游目的地的营销战略。

（四）编制营销规划

世界旅游组织认为旅游营销规划主要包括确定营销目标、形成营销战略、准备促销计划和为旅游者提供信息服务四个部分（WTO，1994）。吴必虎认为，区域旅游营销规划的内容主要包括：目标市场的确定，促销原则和战略的制定，促销方式、促销计划以及促销方案的制定。旅游目的地营销管理的重要内容和途径之一，即通过营销规划的编制和实施进行整体指导和控制。

旅游规划的编制应坚持以需求为导向，树立系统营销和全面营销理念，明确市场开

发和营销战略，确定营销目标、营销内容、营销方式和营销渠道，制定客源市场的开发规划和工作计划，加强旅游目的地内部市场推广部门与生产供给部门的协调沟通，实现产品开发与市场开发无缝对接，最终确保旅游目的地营销目标的实现。

（五）完善营销机制

"机制"泛指一个工作系统的组织或部分之间相互作用的过程和方式，重在事物内部各部分的机理即相互关系，是一套结构化的规则。营销机制即指营销系统的组织模式和运行方式。对于旅游目的地来说，要建立政府、行业、媒体、公众等共同参与的整体营销机制，整合利用各类宣传营销资源和渠道，建立推广联盟等合作平台，形成上下结合、横向联动、多方参与的全域旅游营销格局。

三、旅游目的地营销管理特点

（一）系统性

旅游目的地具有系统性，是客观存在的整体地理区域，在游客头脑中也以整体形象出现。因此，旅游目的地营销管理一定以目的地作为一个有机系统作为管理对象。首先，旅游目的地营销管理的系统性涉及与营销活动相关的各构成因素及相互匹配的关系，要求管理者把旅游目的地营销过程当作一个有机系统。其次，旅游目的地营销的主体具有多样性，包括有关政府机构、非政府的旅游专门组织、旅游行业协会、旅游企业等，对旅游目的地营销进行系统管理提出了要求。最后，旅游目的地营销管理活动涉及多方面的因素，包括计划的制订、实施、评价与控制。因此，营销管理的过程具有系统性。

系统性特点有三点要求。第一点是追求整体优化，只有整体最优的系统才是最优系统，在旅游目的地营销中即追求目的地整体品牌最强。第二点是结构优化，任何系统都是有一定层次结构的层级系统，在旅游目的地营销方面，应注意不同景区、不同旅游产品营销的结构比例优化，从而保证整体优化，如营销内容的重点分配、子品牌对旅游目的地整体品牌的支撑等。第三点是及时适应环境，旅游目的地营销管理系统必须保持适当的弹性，以适应旅游环境的不断变化。

（二）持续性

旅游目的地营销的成功不是一蹴而就的，旅游目的地营销管理也是一个持续性的过程。科学有效的旅游目的地营销绝不能寄希望于一劳永逸，需要系统与持续的营销管理。一方面，旅游目的地营销管理的持续性体现在旅游消费行为的全程性，不仅包括旅游过程，也包括出发之前的旅游目的地决策过程，还包括回归之后对旅游目的地的评价过程，因此旅游目的地营销管理也应贯穿和融入旅游消费的全程。另一方面，这种持续性还体现在对旅游目的地品牌形象、旅游产品的推广宣传的长期不间断性，甚至是集中性营销的过程。

持续性不代表旅游目的地营销要每天都更新，而是要持续不断地输出内容，保持旅游目的地在目标市场中的活跃度，从而增加旅游者对旅游目的地的认知度和旅游动机。同时，持续性也不意味着营销内容可以随意而为，更不代表着多多益善，而是要求营销推广要遵循适当的节奏，根据营销计划来开展。

（三）动态性

旅游目的地营销离不开市场，而旅游市场的变化决定了旅游目的地营销活动的动态性。游客对于旅游目的地的选择越来越多元和复杂，在营销活动中，应根据市场需求的变化进行不断的跟踪和及时反馈，进行动态的调整，以适应变化的市场环境。同时旅游目的地营销主体的多样性要求营销管理要具有动态性。再者旅游目的地营销要紧跟时代，因此营销管理必须随着环境变化不断做出动态调整。

（四）灵活性

旅游目的地营销管理具有灵活性的特征。一方面，灵活性是旅游目的地营销目标、方式等要随着营销环境不断变化而变化的要求；另一方面，针对旅游目的地不同的目标市场群体，对营销渠道、营销方式、营销内容等的选择要具有灵活性，即围绕目的地形象或品牌定位进行不同细分市场的诉求点设计，并据此选择合适的营销渠道和营销手段。实际上，旅游目的地营销管理应实现系统性和灵活性的统一。

（五）前瞻性

旅游目的地营销活动是一项长远的规划，关注各利益相关者的长远利益，以实现各方面利益相关者的发展与共赢为主要目标。营销计划的制订和营销战略的选择等都涉及未来的项目，因此需要一定的洞察预见能力才能进行有效的营销管理。另外，旅游目的地所处的营销环境多变，营销内容和营销方式都要跟进时代变化，才能准确、有效地到达受众群体。因此，旅游目的地营销管理具有前瞻性的特征。

四、旅游目的地营销管理原则

（一）计划管理原则

凡事预则立，不预则废。旅游目的地营销管理虽然具有灵活性、动态性，但这并不意味着旅游目的地营销管理能够随意为之，而必须围绕营销目标，按照营销计划执行。在制订营销计划和实施营销行动之前，需要加强调研，精准识别目标市场，对营销过程进行可预测的、可控制的计划制订，并在实际管理过程中根据计划进行灵活性、动态性管理。

（二）动态管理原则

动态管理原则也叫作过程控制原则。现代营销观念认为：营销管理重在过程，控制了过程就控制了结果。结果只能由过程产生，什么样的过程产生什么样的结果。旅游目的地营销离不开市场，而旅游市场的变化决定了旅游目的地营销管理的动态性。在营销管理中，要对市场需求变化进行不断的跟踪和及时反馈，进行动态调整。旅游目的地采取"结果导向"还是"过程导向"的营销管理，在很大程度上决定了营销管理最终的成败。我们并不完全反对依靠结果进行营销管理，通过对营销结果的分析，同样能够发现并采取有效的措施进行控制。但实际上，"结果导向"的控制只能起到"亡羊补牢"的效果，因为结果具有滞后性。因此，在营销决策中，必须根据最新的市场信息进行动态管理。

（三）突出主题原则

旅游目的地营销管理的核心目标，就是突出目的地品牌形象，增强目的地品牌认知，扩大旅游目的地受众市场。这些目标的实现，要求旅游目的地营销管理必须围绕目的地的主题形象，过于分散的营销内容和形象定位会使旅游目的地难以在目标市场中树立鲜明的品牌形象，进而影响旅游目的地营销管理的效果。

（四）专业管理原则

营销管理有一套系统的管理框架，从选择营销战略、制订营销计划、实施动态管理等一系列过程，都需要专业的营销知识和能力，包括敏锐的洞察能力、准确的市场需求识别能力、营销过程的把控能力、营销的创新能力等。因此，旅游目的地的营销管理最好有专业团队或专职部门负责统一调配，实现专业化管理。

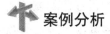 案例分析

水韵江苏·有你会更美

2022年，江苏省文化和旅游厅联合省发展和改革委员会、省商务厅等相关部门，有效整合媒体资源，采取线上线下融合、省市联动方式，创新开展了"水韵江苏·有你会更美"文旅消费推广季营销系列活动，有效促进了全省文旅市场加快复苏。消费推广季是我省文旅融合之后旅游推广方式的创新之举，通过资源整合集成，动员并吸引更多文旅企事业单位、电商平台、新媒体平台积极参与，借助图文、短视频、直播等媒体包装宣传，形成"1+1＞2"推广效应，有效推动旅游推广工作从引导消费进一步向刺激消费、创造消费方向转型升级。

长达半年之久的"水韵江苏·有你会更美"文旅消费推广季营销系列活动，推出了

14 个主题、500 余项活动，以扩大"水韵江苏"品牌影响力。通过线上线下多项活动的举办和宣传推广，"水韵江苏·有你会更美"文旅消费推广季有效激发了江苏文旅市场消费潜力。2022 年，江苏接待国内游客 5.33 亿人次，实现国内旅游收入 9201.43 亿元，恢复程度分别高于全国 18.8 个百分点和 30.6 个百分点。另据银联数据显示，江苏文旅消费总额为 3830.79 亿元，占全国 10.3%，占比全国第一。

推广季通过开展全渠道、多维度、立体式、全年度整合营销推广，发挥文旅融合优势，积极创新推广方式，进一步擦亮"水韵江苏"文旅品牌。

（资料来源：https://tour.jschina.com.cn/lyzx/202305/t20230529_3222268.shtml）

五、旅游目的地营销管理意义

旅游目的地是旅游者行为的主要发生地，它在整个旅游系统中占据着非常重要的位置。一个旅游目的地能否吸引旅游者前来旅游观赏，其自身的营销发挥着至关重要的作用。旅游消费行为的异地性特点、旅游产品的综合性特点以及旅游投资的刚性特点，三者共同决定了旅游目的地开展营销活动的必要性。而旅游目的地营销管理则是完善多层次的营销系统、实现精准定位和营销、加强旅游目的地品牌建设和系统推广以及有效实施营销规划的必然要求。

（一）营销系统多层次性的要求

旅游目的地营销具有复杂性和多层次性。旅游目的地系统由多种不同的行业和部门组成，它们构成一个相互关联、相互依存并相互协调的统一体。在这个统一体中，各行业或部门乃至各企业，都会各自进行独立的经营（包括营销）活动，但它们之间又联合成一个水平的统一体，共同为满足旅游需求提供产品或服务。各行业、部门间呈现非常紧密的互补关系，各行业的存在都以其他部门和行业的存在和发展为前提。任何一个行业或部门的滞后发展都会造成其他部门或行业的发展受到限制或浪费；任何一个部门的超前发展都会造成其他部门或行业的相对滞后。基于旅游目的地系统的多层次性和营销主体的多元性，旅游目的地在营销上需要统一管理，要充分考虑各相关资源及利益主体的特色及优势，最大限度地发挥旅游目的地的整体效能。

（二）精准定位和营销的需要

旅游目的地的精准营销要在精准定位的基础上，依托现代信息技术手段建立个性化的游客沟通服务体系，实现旅游目的地可度量的低成本扩张。精准营销就是通过精准的市场营销状况分析和精准的市场定位，充分挖掘旅游产品与目标市场的契合点，实施更精准、可衡量和高投资回报的营销沟通。

旅游目的地的营销环境是多变的，旅游市场状况是复杂的，因此旅游目的地营销过

程也是动态的。要实现精准定位和精准营销，对旅游目的地营销进行系统和科学管理就成了必然。

（三）品牌塑造和系统推广的需要

由于旅游目的地营销系统具有多层次性，涉及多个行业、多个部门、更多企业，每个部门都是一个营销单位，它们的营销内容和营销方式具有一定的自主性和多变性，因而如果没有统一的营销管理，很容易出现分散营销的情况，不利于旅游目的地整体品牌形象的塑造和传播，从而不利于旅游目的地的可持续发展。因此，旅游目的地营销管理的重要内容，就是对旅游目的地整体品牌进行打造，并进行系统宣传推广。

具体来说，旅游目的地营销管理是塑造特色鲜明的旅游目的地形象，打造主题突出、传播广泛、社会认可度高的旅游目的地品牌，建立多层次、全产业链的品牌体系，提升区域内各类旅游品牌影响力的必然要求。

（四）有效实施营销规划的需要

首先，营销规划的编制本身属于营销管理的重要内容。其次，营销规划的落实，一方面需要根据市场变化进行规划的不断调整，另一方面需要系统地、有计划地推进实施。这都需要特定组织进行有意识的把控，即营销规划的有效实施需要营销管理。营销规划的落实是实现营销管理任务和目标的手段；营销规划作为营销管理的重要构成部分，其功能的充分发挥可以促进营销管理目标的顺利实现。

营销规划中的各项内容需要通过良好的营销管理来实现。在编制营销规划时，就要对营销管理中可能遇到的问题和风险等做出预见，并制定解决方案；在实施营销管理的同时，也要根据现实条件和客观市场规律对原先的规划进行科学的调整和改进，并为下一次营销规划的编制提供经验和依据。

第二节　旅游目的地营销环境分析

旅游目的地是一个动态的、开放的系统，并处于更大的社会系统、经济系统、文化系统中。因此旅游目的地营销环境是多样的、动态的。从整体上看，旅游目的地营销主要受政治法律环境、经济环境、人口环境、社会文化环境、自然环境和科学技术环境等宏观环境和旅游供应者、购买者、中间商、竞争者和社会公众等微观环境的影响。在实践中，旅游目的地营销管理者必须密切关注营销环境的发展变化趋势，并及时调整自己的营销战略。

一、宏观环境分析

（一）政治法律环境

政治法律环境是指政府、政党、社会团体在国际关系和国家社会经济生活方面的政策活动，旅游目的地的营销活动是社会经济生活的组成部分，它必然受到政治与法律环境的强制与约束。也就是说，旅游目的地营销总是在一定的政治法律环境下进行营销活动的。构成政治法律环境的因素主要有以下四个方面。

（1）国家的政治体制和政局变动。政治体制是政治制度的体现，不同政治制度的国家，其经济、文化、外贸政策也不同；一国政党之间政权的更迭对经济和贸易政策也会产生重大影响，从而对旅游发展包括旅游营销产生影响。

（2）旅游管理体制。旅游管理体制的形成与改革在某种层面上取决于国家的宏观政策和社会经济环境。中国的旅游管理体制经历了四个阶段的演变：①改革开放前，为适应对外友好接待的需要，批准成立中国旅行游览事业管理局，直属国务院，主要负责接待入境旅游者，建立了旅游外事统一管理的旅游管理体制。②改革开放后，旅游业迅速发展，国家提出实行企业化的旅游体制改革，很多地方成立旅游公司，国务院成立旅游工作领导小组。1982年，中国旅行游览事业管理总局更名为国家旅游局，形成了接待与管理合一的旅游管理体制。③ 20世纪80年代中期，旅游业进一步发展，旅游完全从外事接待中分离出来，各地纷纷成立旅游局，独立行使旅游行政管理职能。④ 1987年，国家提出实行政企分开，各地旅游局与旅游公司脱钩，至此旅游局作为旅游主管部门开始对旅游业实行行业管理，并在此基础上进行"旅游管理委员会"等改革尝试。2018年，国务院组建文化和旅游部，将逐渐减少"权责不统一""多头管理""主管机构弱"等问题，旅游业与文化事业统筹发展，将增强和彰显文化自信。就我国目前政府和企业的关系而言，发展趋势是精简政府机构，规范政府行为，实行政企职责分开等。比如，在旅游目的地营销主体上，实行政企分开、成立旅游投资或发展公司成为趋势，逐渐实现专业化运营。由此可见，未来中国的旅游管理将更多体现公益性、市场化和内涵性。

（3）旅游业的法治环境。主要包括与旅游业相关的法律、行政法规、条例、地方性法规、管理制度、法律制度等。当前我国旅游行业的法制体系正在逐渐完善，陆续出台了《旅行社条例》《旅游投诉暂行规定》《旅游安全管理办法》《旅游发展规划管理办法》《旅游法》等法规，用以规范、保障行业的快速和健康发展。但整体来看，目前我国的旅游法治建设仍远远滞后于旅游行业发展，法治观念有待进一步提升。

（4）政府有关的政策导向。法令、法规是相对稳定的，而方针政策有较大的可变性，它随着政治、经济形势的变化而变化。当前旅游目的地营销管理所面临的政策导向主要存在以下特征：①旅游供给侧改革。旅游基础设施体系完善提升，以优质旅游为导向的旅游供给侧改革推行。②全面联动，融合发展。随着经济社会的发展和旅游发展阶

段的推进，以全域旅游示范区创建为引领，旅游业从各个层面上开始实现联动和融合。③城乡统筹与乡村振兴。随着城乡协调发展，政策逐渐开始向乡村倾斜，乡村旅游发展如火如荼，乡村振兴方兴未艾。

（二）经济环境

经济环境是指旅游目的地进行营销管理活动时所面临的外部经济条件，其运行状况和发展趋势会直接影响旅游需求的形成、规模和质量，进而直接或间接地对旅游目的地营销管理产生影响。直接影响旅游目的地营销管理活动的经济环境因素主要包括消费者的收入水平、消费者的支出模式和消费结构、消费者的储蓄和信贷情况等。

（1）消费者的收入水平。消费者收入是指消费者个人从各种来源中所得的全部收入，包括消费者个人的工资、退休金、红利、租金、赠予等收入。消费者的购买力来自消费者的收入，但消费者并不是把全部收入都用来购买商品或劳务，购买力只是收入的一部分。因此，在研究消费收入时，要注意以下几点。

①国内生产总值（GDP）。指一个国家（或地区）所有常驻单位，在一定时期内，生产的全部最终产品和服务价值的总和。它是衡量一个国家经济实力与购买力的重要指标。从国内旅游市场来看，国内生产总值增长越快，消费者对旅游的需求和购买力就越大，反之就越小。"十四五"时期经济社会发展"以推动高质量发展为主题"。2023年，中国全年国内生产总值1260582亿元，比上年增长5.2%。其中，第一产业增加值89755亿元，比上年增长4.1%；第二产业增加值482589亿元，增长4.7%；第三产业增加值688238亿元，增长5.8%。第一产业增加值占国内生产总值比重为7.1%，第二产业增加值比重为38.3%，第三产业增加值比重为54.6%。可见，服务业对经济增长的贡献不断提高，服务业的主导地位更加巩固。从这个趋势看，我国的旅游消费潜力将持续增长。

②国民总收入（GNI）。这个指标大体反映了一个国家人民生活水平的高低，也在一定程度上决定消费需求的构成。一般来说，人均收入增长，对消费品的需求和购买力就增大，反之就减小。世界银行以人均国民总收入为标准，对国家进行划分，分为"高收入国家""中等偏上收入国家""中等偏下收入国家""低收入国家"4类。目前，世界银行定的标准是人均国民收入超过14005美元的国家，属于高收入国家。据国家统计局数据，2021年我国人均GNI为11890美元。2022年我国人均GNI为12608美元，2023年我国人均GNI为12597美元。这不仅意味着我国综合实力不断增长，人民生活水平越来越高；还意味着我国居民的需求，处于从物质需求转向精神需求的关键期。

③个人可支配收入（DPI）。这是在个人收入中扣除税款和非税性负担后所得的余额，它是个人收入中可以用于消费支出或储蓄的部分，它构成实际的购买力。2024年1月17日，国家统计局发布2023年中国经济数据。居民收入继续增加，农村居民收入增速快于城镇。全年全国居民人均可支配收入39218元，比上年名义增长6.3%，扣除价格因素实际增长6.1%。按常住地分，城镇居民人均可支配收入51821元，比上年名义

增长 5.1%，扣除价格因素实际增长 4.8%；农村居民人均可支配收入 21691 元，比上年名义增长 7.7%，扣除价格因素实际增长 7.6%。全国居民人均可支配收入中位数 33036 元，比上年名义增长 5.3%。

（2）消费者的支出模式和消费结构。随着消费者收入的变化，消费者支出模式会发生相应变化，继而使一个国家或地区的消费结构也发生变化。西方一些经济学家常用恩格尔系数来反映这种变化。恩格尔系数是指食品支出总额占个人消费支出总额的比重。19 世纪德国统计学家恩格尔根据统计资料，对消费结构的变化得出一个规律：一个家庭收入越少，家庭收入中（或总支出中）用来购买食物的支出所占的比例就越大，随着家庭收入的增加，家庭收入中（或总支出中）用来购买食物的支出比例则会下降。推而广之，恩格尔系数越高，生活水平越低；恩格尔系数越小，生活水平越高。1978 年，我国恩格尔系数平均值为 60%（农村 68%，城镇 59%），属于贫穷级别；2003 年，平均值为 40%（农村 46%，城镇 37%），属于小康级别；2023 年，平均值为 29.8%（农村为 32.4%，城镇为 28.8%），属于富足级别。我国恩格尔系数持续下降，反映出居民消费升级的大趋势。

消费者的支出模式不仅与消费者收入有关，还受到下面两个因素的影响：①家庭生命周期的阶段影响。在旅游市场中，有孩子的家庭倾向选择亲子旅游；孩子长大独立生活后，父母更多选择康体养生旅游。②家庭所在地点的影响。如住在农村与住在城市的消费者相比，前者出行更方便，旅游意识更强，消费更多偏向品质型；后者旅游次数正在逐渐增加，正在成为一个巨大的旅游潜力市场，旅游消费从经济型向品质型转变。

（3）消费者的储蓄和信贷情况。消费者的购买力还要受储蓄和信贷的直接影响。消费者个人收入不可能全部花掉，总有一部分以各种形式储蓄起来，成为一种潜在的购买力。当收入一定时，储蓄越多，现实消费量就越小，但潜在消费量越大；反之，储蓄越少，现实消费量就越大，但潜在消费量越小。储蓄目的不同，往往影响潜在需求量、消费模式、消费内容、消费发展方向的不同。这就需要营销人员在调查、了解储蓄动机与目的的基础上，制定不同的营销策略，为旅游者提供有效的产品和服务。

西方国家广泛存在的消费者信贷对购买力的影响也很大，目前在中国消费者中的比例也逐渐增大。所谓消费者信贷，就是消费者凭信用先取得商品使用权，然后按期归还贷款，以购买商品。西方国家盛行的消费者信贷主要有：短期赊销、购买住宅分期付款、购买昂贵的消费品分期付款、信用卡信贷等几类。"个人旅游贷款"的兴起预示着信贷在旅游行业的应用潜力。

（三）人口环境

人口环境，通常包括人口数量、人口结构、家庭组成、地区分布及地区间流动等因素。人口环境直接影响消费需求，从而影响市场营销。

（1）人口数量。在收入水平和购买力大体相同的条件下，人口数量的多少直接决定了市场规模和市场发展的空间，人口数量与市场规模成正比。自20世纪60年代以来，世界人口每年以1.8%的速度增长。其中不发达地区的人口占76%，每年增长2%；而发达国家每年只增长0.6%。我国人口已由再生产类型转入低生育、低死亡、低增长的发展阶段。根据第七次全国人口普查结果，我国人口共141178万，与2010年（第六次全国人口普查数据）的133972万相比，增加7206万，增长5.38%，年平均增长率为0.53%，比2000年到2010年的年平均增长率0.57%下降0.04个百分点。数据表明，我国人口10年来继续保持低速增长态势。我国人口数量已超14亿。人口增长意味着需求的增加，对旅游有很大的影响。但只有在消费能力保证的前提下，人口增长才意味着市场的扩大。

（2）人口结构。根据第七次全国人口普查结果，从性别构成上看，男性人口为72334万，占51.24%；女性人口为68844万，占48.76%。从年龄结构看，0~14岁人口为25338万，占17.95%；15~59岁人口为89438万，占63.35%；60岁及以上人口为26402万，占18.70%（其中，65岁及以上人口为19064万，占13.50%）。我国少儿人口比重回升，生育政策调整取得了积极成效。同时，人口老龄化程度进一步加深，未来一段时期将持续面临人口长期均衡发展的压力。从受教育程度上看，我国具有大学文化程度的人口为21836万，与2010年相比，每10万人中具有大学文化程度的由8930人上升为15467人。不同特征的人群，在旅游产品和服务上各有不同的需求和偏好。旅游目的地管理人员要确定哪些人群可能成为目标市场，从而选择适当的营销策略。

人们受教育程度的高低与旅游需求之间有着密切的联系。一般来说，受教育程度越高，外出旅游的意识和需求越大；受教育程度越高，对旅游产品和服务的品质化要求越高；受教育程度越高，对旅游产品的文化内涵要求越高等。由于受教育机会的增加，我国居民的受教育程度整体提升，加之人们经济水平的提升和旅游业发展阶段的影响，旅游供给向优质旅游、文旅融合等趋势发展。

（3）家庭组成。家庭是构成社会的最基本单位，也是构成旅游市场的基本消费单位。根据家庭生命周期，可以划分为单身阶段、新婚阶段、有子女阶段、空巢阶段等家庭组成类型。不同生命周期阶段的家庭旅游消费需求不同，如单身阶段可能以探奇、自助游为主，对价格较敏感；新婚阶段可能蜜月游较多，且预算充裕；有子女阶段以适合孩子出游为中心，多为亲子游；空巢阶段可能以康养休闲游为主，可能与探亲结合等。

（4）地区分布及地区间流动。人口分布可以从人口的城乡分布与地域分布两方面考察。

从城乡人口分布看，根据第七次全国人口普查结果，居住在城镇的人口为90199万，占63.89%；居住在乡村的人口为50979万，占36.11%。与2010年相比，城镇人口增加23642万，乡村人口减少16436万，城镇人口比重上升14.21个百分点。未来几年中国城镇化率将持续增长，城镇化的速度将继续平稳下降，预计到2035年，中国城镇化比例将达到 70% 以上。从总体上看，中国城镇特别是大中城市人口多、密度大、消费需求水平高；乡村人口少、密度小、消费需求水平低。但随着社会经济与文化的发展，城乡差距将日趋缩小，乡村市场一方面蕴含着巨大的消费潜力，同时也具有极大的开发潜力。

从地域人口分布看，根据第七次全国人口普查结果，东部地区人口占 39.93%，中部地区占 25.83%，西部地区占 27.12%，东北地区占 6.98%。与 2010 年相比，东部地区人口所占比重上升 2.15 个百分点，中部地区下降 0.79 个百分点，西部地区上升 0.22 个百分点，东北地区下降 1.20 个百分点。从整体上看，人口向经济发达区域、城市群进一步集聚。中国东部沿海地区经济发达，人口密度大，消费水平高；中西部地区经济相对落后，人口密度小，消费水平低。随着我国西部大开发战略的实施，必然推动西部地区的经济发展，刺激西部市场需求大幅度的提高，从而大大拓展发展空间。

随着中国改革开放的纵深推进，户籍制度与用工制度不断变革以及因城乡经济、区域经济发展不平衡而产生的利益驱动机制的作用，城乡之间、地区之间人口在数量和质量上都呈现出强势流动，这必将引发许多新需求及新的市场机会。

（四）社会文化环境

社会文化环境是指由社会地位和文化素养的长期熏陶而形成的生产方式、价值观念和行为准则，是一个社会的教育水平、语言、宗教与民族特征、风俗习惯、价值观念、社会阶层、消费习俗、审美观念等的总和。掌握当地语言易于人们的感情沟通，对营销活动十分有利。宗教与民族影响着人们的价值观、行为准则与认识事物的方式，从而影响着人们的消费行为。审美观在各地的差异很大，如泰国人特别喜欢大象，而英国人认为大象是愚蠢无用的动物。风俗习惯对消费行为、营销方式影响也很大。旅游营销规划人员必须熟悉旅游地和市场社会文化环境的差异，在规划中避免伤害旅游者和社区居民的感情。

社会文化渗透于所有的旅游营销活动中，而旅游营销活动又处处蕴含着社会文化。如营销对象的思想文化，表现为消费者的教育水平、宗教信仰、价值观念、审美观念等对生活方式、消费习惯、消费需求的影响；又如旅游营销主体的营销技术、营销成果也是社会文化的具体体现，社会文化贯穿旅游营销活动的始终。旅游消费者和营销者的文化水平，往往决定旅游营销的成败。有些国家，尽管人口经济收入相近，但旅游市场情况可能有很大差别，这种差别很大程度反映在社会文化方面。因此，旅游营销必须适应社会文化因素，并随社会文化因素的变化而变化。反映在具体的旅游营销活动中，特别是开展国际旅游营销活动中，旅游企业不能以本国、本地文化为参照系，而要自觉地考虑异国、异地社会文化的特点，使旅游营销与社会文化因素之间互相适应。如旅游广告、旅游产品目录的制作，必须顾及语言文字、模特形象是否符合异国异地文化。从整体上看，当前的社会文化环境有受后现代主义影响的倾向，同时人们更加追求文化和品质内涵等。在这样的环境变化下，旅游目的地的营销内容、营销方式要有相应的转变。

（五）自然环境

旅游目的地营销的自然环境主要是指营销者所需要或受营销活动所影响的自然资源。营销学上的自然环境，主要是指自然物质环境，即自然界提供给人类各种形式的物质财富，如矿产资源、森林资源、土地资源、水利资源等。自然环境也处于发展变化之中。当代自然环境最主要的动向是自然资源日益短缺，能源成本趋于提高，环境污染日益严重，政府对自然资源的管理和干预不断加强。所有这些，都会直接或间接地给旅游目的地带来威胁或机会。

旅游业是资源—环境依托型产业，有无良好的生态环境，是一个区域旅游能否可持续发展的重要因素。同时旅游也是一项生态工程。2005 年 8 月，时任浙江省委书记习近平同志在安吉考察时提出"绿水青山就是金山银山"的科学论断；要坚持人与自然和谐共生，坚持节约资源和保护环境的基本国策，像对待生命一样对待生态环境，统筹山水林田湖草系统治理，实行最严格的生态环境保护制度，形成绿色发展方式和生活方式，坚定走生产发展、生活富裕、生态良好的文明发展道路，建设美丽中国。习近平同志在党的十九大报告中提出"乡村振兴战略"，后又提出乡村振兴的五大路径，生态振兴即其中之一。因此，旅游目的地在开发建设以及营销推广中，必须从生态保护的角度出发，打造符合环境发展要求和市场生态需求的产品和形象。

（六）科学技术环境

科学技术是社会生产力新的且是最活跃的因素，作为市场营销环境的一部分，科技环境不仅直接影响着企业内部的生产和经营，同时还与其他环境因素互相依赖、相互作用，尤其与经济环境、文化环境的关系更为紧密，如新技术革命，既给企业的市场营销创造了机会，同时也造成了威胁。

影响人类前途最大的力量是科学技术。当前世界科技发展迅猛，呈现出新的趋势和特点。在这个迅猛变革的时代，科技给世界带来了新效率、新便利、新体验、新秩序、新格局和新挑战，也深刻而广泛地改变着全球旅游发展趋势。其中人工智能、VR、区块链以及人机交互等八大科技的影响最为关键。人工智能提升旅游产业运行效率；旅游行业将成为 VR 技术主要应用方向之一；区块链将改变旅游业的支付体系、信用体系和服务体系；人机交互技术将从六个方面影响旅游产业发展；新能源革命为旅游业可持续发展提供有效支撑；GIS 技术促进旅游科学决策；物联网技术改变旅游业的服务流程和话语结构；计算机技术推动旅游业数字化管理与数字化营销。

科技环境的变化，给旅游企业带来了前所未有的机遇与挑战。一方面，新技术的发明和应用，给旅游企业开发新产品创造了条件，增加了旅游供给产品的吸引力，提高了旅游服务水平和质量，提高了服务效率和服务的准确性，也给旅游企业创造了新的市场，带来了新的消费利润。例如，计算机的广泛应用，可以提高饭店的工作效率，使饭店开展一对一营销，为客人提供定制化产品成为可能。又如，交通技术的飞速发展使得旅游者的出行更加便捷，旅游需求量也随之增加。再如，声控技术和光学技术在旅游人造景观上的运用，强化了模拟功能，增加了旅游景区对游人的吸引力，刺激了旅游需求的增加。但新技术的发明，也给老产品构成了威胁，给旅游企业带来了生存危机。例如，新材料的不断出现，使饭店硬件的更新速度加快，这无疑加大了饭店的成本。互联网的出现，弱化了旅行社的代理功能，使不少旅行社面临生存危机。

新科技革命创造全球旅游产业新效率、新标准、新格局；新科技革命重塑全球旅游产业金融基础生态和信任体系；新科技全面升级旅游体验和旅游产品设施，改变消费模式；新技术推动全球生态旅游升级和智能化管理。

二、微观环境分析

（一）明确微观环境分析对象

旅游目的地营销的微观环境是指与目的地营销活动存在直接关联的具体环境，是决定旅游目的地生存和发展的基本环境，包括影响旅游地营销活动的各种因素和条件，如旅游供应者、旅游者、竞争者和社会公众等因素。

（1）旅游供应者。旅游目的地内的旅游供应者是指向游客提供旅游产品和服务的企业或个人。旅游供应者的数量、规模、经营状态、空间分布等都对旅游目的地营销管理存在着影响。旅游业是一个综合性行业，因此旅游目的地的旅游供应者有多种类型，包括旅游餐饮、旅游酒店、旅游景区、旅游购物、旅游娱乐、旅游交通等，同时旅游目的地内的居民生活场所往往也能成为旅游供应的一部分。在进行旅游目的地的微观营销环境分析时，旅游供应者的规模、品质、分布等是重要的分析对象。

（2）旅游者。旅游者是旅游目的地提供旅游服务的对象，是旅游目的地各行业部门获取经济效益、社会效益等的根本来源，因此也成为微观营销环境分析的核心。对旅游者的分析，除了旅游流的统计和预测，还要注重市场接待现状的分析，包括旅游者特征及行为特点、旅游者消费结构和模式、旅游者对该地旅游接待的满意程度等。把握旅游者的心理和需求，是旅游目的地成功营销的关键。

①旅游者特征及行为特点。对于旅游者特征及其行为特点的分析有助于营销管理者了解目前该旅游目的地旅游产品的市场范围及对其感兴趣的旅游者类型，能为未来旅游市场的细分和目标市场的选择提供一定的参考依据。对旅游者特征及行为特点的把握，通常可以借助客源地、出游目的、逗留时间、游客基本信息等指标进行分析。

知识链接

客源地：指国际旅游者的国籍或常住地、国内旅游者的居住地或城市。客源地是了解旅游目的地市场的最为基础的资料之一，对于掌握该地市场的构成现状有一定的作用。

出游目的：游客前往该旅游目的地的最主要原因和动机。目前，常见的出游目的主要有：度假、商务、研修、公务、探亲、访友等。对旅游目的地的调查能够协助营销管理者进一步了解该地目前的吸引力结构。

逗留时间：以过夜数作为统计指标的逗留时间与旅游者对当地设施的使用情况和消费情况直接相关，同时是旅游地吸引力强弱的主要表现。

游客基本信息：人口特征是市场细分的重要标准之一，为此，在进行游客特征调查时，通常需要针对游客的年龄、性别以及随行人员等基本信息进行调查，这些指标是分析旅游者构成的重要依据。如受访游客所处的年龄段、所属职业以及收入水平等。通常在调查过程中，为了充分保护受访者的隐私权，对年龄及收入等数据，采取分段选择的方式进行处理。此外，在研究旅游者结构时，游客信息的搜集工作应该以研究目的为导向，最好仅询问与研究和规划有关的信息，无关的信息尽量不要涉及。

（资料来源：马勇.旅游规划与开发［M］.北京：高等教育出版社，2006）

②旅游者消费结构和模式。旅游者的消费结构和模式是对旅游者在目的地消费行为的概括。分析旅游者的消费结构和消费模式能够为营销管理者提供现有游客的消费行为信息，从而有助于评价旅游给当地带来的效益。同时，能够协助营销管理者了解在旅游者消费过程中，需要进一步优化和提升的方向。在分析旅游者消费模式时，通常包括旅游信息搜集、旅游决策、旅游行程安排、消费项目构成等内容。

③旅游者对该地旅游接待的满意程度。旅游者对于旅游地接待的满意程度是他们对该目的地旅游运营现状的反馈信息，它能够有效指导营销管理者发现区域旅游发展中存在的问题与完善优化的方向。旅游者满意程度可以通过两个方面来了解：一是旅游者的到访次数，能够体现出旅游者对于该旅游地的总体感觉；二是旅游者满意度，了解旅游者对于旅游目的地旅游景区或者旅游服务多方面的看法和满意程度。

（3）竞争者。在旅游目的地的微观营销环境中，不仅要密切关注旅游者的需求和行为，还有一个群体需要特别重视，就是旅游目的地的竞争者。识别与评估市场竞争者能帮助旅游目的地的管理者准确判断旅游目的地及主要竞争者所处的市场地位。竞争者分析一般分为三个步骤。

①竞争者的识别。识别竞争者是进行竞争者分析的第一步。识别旅游市场竞争者主要从三个方面入手，即明确主要竞争者（直接竞争者、间接竞争者和潜在竞争者）、识别竞争者战略以及判断竞争者的目标。首先，要明确主要竞争者。对于旅游目的地管理者而言，其主要竞争者一般为同种产品或同类产品竞争者。不同的旅游目的地可以提供相同或相似的旅游产品，当旅游者面临对同类产品进行选择时，旅游目的地之间的竞争显得尤为突出和激烈。其次，识别竞争者战略。识别竞争者战略就是要通过研究了解竞争者及预期市场行为。为此，管理者应收集相关竞争者的详细资料并对其进行综合分析

和判断。在具体研究时，还可有意识地与旅游者进行访谈、招聘竞争者的高级管理人员或征求行业分析专家的意见等，从而最终判定竞争者的未来市场发展目标及其对目的地的市场影响。识别竞争者战略，有利于旅游目的地扬长避短地制定和调整自身战略。最后，判断竞争者的目标。虽然每个竞争者最终的目标都是吸引游客和获取利润，但不同竞争者为实现最终目标所制定的子目标组合以及侧重点不同。旅游目的地管理者必须跟踪了解竞争者进入新的产品细分市场的目标。若发现竞争者开拓了一个新的细分市场，这对目的地来说可能是一个发展机遇；若管理者发现竞争者开始进入本目的地营销的细分市场，这意味着目的地将面临新的竞争与挑战。

②评估竞争者的优势与劣势。旅游目的地的管理者应从经营状态、发展潜力等方面对竞争者做全面的分析。相关的指标主要有五个：竞争者的规划开发与营销目标；竞争者的现有市场占有率与市场地位（可以大致了解竞争者的实力，并研究未来的竞争策略）；影响竞争者经营与发展的因素；竞争者扩大市场规模或退出行业所面临的障碍；竞争者的旅游经营状态。

③估计竞争者的反应模式。为了更好地制定旅游目的地的营销规划，管理者还应分析竞争者对本旅游地的开发可能做出反应的激烈程度。按照竞争者的反应策略可以将其大致分为以下几种类型：缓慢反应者，指旅游开发地的竞争者面对竞争行为反应迟缓，且缺乏攻击力；局部反应者，只对竞争行为中的部分活动做出反应，对其他部分却"视而不见"；隐蔽反应者，指从表面上看，竞争者没有对旅游地的开发做出反应，实际上却暗中实施早已酝酿成熟的应对方案；激进反应者，指竞争者对任何竞争行为都将做出强烈、快速的回应或反击。通过对市场竞争者的识别和面临竞争的反应模式分析，可以更为有效地指导旅游地开发，并有效指导旅游地市场推广的策略制定。

知识链接

缓慢反应者。竞争者对竞争行为反应缓慢，可能由于以下一些原因：一是因为竞争者深信自己已经建立起顾客的品牌忠诚，目前的竞争行为对自身的市场规模不会有太大影响；二是竞争对手缺乏对市场变化的敏感性；三是竞争对手缺乏足够的资源和能力来做出反应，甚至正准备退出该市场。

局部反应者。局部反应的情形可能是由于旅游地的开发只对竞争者构成了部分威胁，也可能因为竞争者受资金或人力限制，只能采取局部反应。

隐蔽反应者。指从表面上看，竞争者没有对旅游地的开发做出反应，实际上却暗中实施早已酝酿成熟的应对方案；这种反应模式虽然不那么直接，但容易达到"以假乱真，后发制人"的效果。

激进反应者。竞争者表现出这样的行为特征主要有两种原因：一是开发地的竞争行为涉及竞争者的关键产品或市场，甚至对其根本利益造成了威胁；二是竞争者在长期的市场竞争中已经养成了一种争强好胜的习惯，并成了当地文化的一部分。一般说来，这

种激进反应者比较少见。

（资料来源：马勇.旅游规划与开发［M］.北京：高等教育出版社，2006）

（4）社会公众。旅游目的地营销所面对的公众，是指对实现营销目标有显现或潜在利害关系和影响力的一切团体、组织和个人，一般情况下包括六类：①融资公众，指影响旅游企业获取资金能力的财务机构，包括银行、投资公司、保险公司、信托公司、证券公司等；②媒介公众，主要指报社、杂志社、广播电台、电视台、出版社等大众传播媒介；③政府公众，指负责管理旅游企业的业务和经营活动的有关政府机构，如旅游行政管理部门、工商管理、税务、卫生检疫、技术监督、司法、公安等政府机构；④群众团体，是指消费者权益保护组织、环境保护组织以及其他有关的群众团体；⑤社区公众，指旅游目的地的居民和社区组织等；⑥一般公众，指一般社会公众，他们既是旅游目的地产品和服务的潜在购买者，也是旅游目的地的潜在投资者，旅游目的地应力求在他们心中树立起良好的目的地形象。

（二）开展市场专题调研活动

市场调研是进行旅游目的地微观营销环境分析的必备前提。旅游市场一般包括对旅游流量的测量和旅游者本身特征和需求的测量。原国家旅游局每年都对国际旅游者进行一定规模的抽样调查，国家统计局 1999 年对涉外社会调查规定了管理办法，使得国际旅游市场的调查更加规范。1998 年国家旅游局颁布了《旅游统计管理办法》，规定了旅游定期报表制度、旅游抽样调查和旅游专项调查三种旅游统计调查制度，为市场研究提供了数据基础。在对旅游市场进行调查研究时，会运用多种调查方法，如文案调查、观察法、咨询调查法和试验法。其中比较常用的技术方法是问卷调查，问卷调查主要包括准备阶段、实施阶段、分析阶段和总结阶段 4 个程序（见图 7-1）。

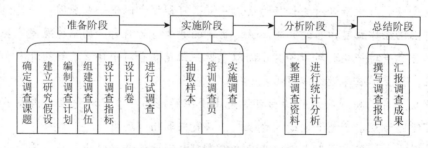

图 7-1　问卷调查的一般程序

（1）调研准备阶段。这一阶段是调研工作的开始，主要解决三方面的问题：第一，评估现有资料，明确待调查和解决的问题；第二，针对待调查问题，确立调查的内容和指标；第三，制订调查计划。其中，制订调查计划包括确定调查方法、目标人群、参考时段、抽样单位、抽样数目、调查地点并安排训练调查员；设定研究框架，在了解样本的基础上进行调查工具设计；在试验性调查的基础上进一步完善调查工具。

（2）调研实施阶段。这一阶段的主要任务是按计划系统搜集各种资料数据，包括第一手资料和第二手资料。在这个阶段，可以通过发放问卷的方法，实施调查，并对调查过程实施监督。

（3）调研分析和总结阶段。调研分析和总结阶段的主要内容包括三方面：第一，检查并处理所获得的调查资料；第二，借助统计分析技术，将整理后的资料和数据进行分析、解释，得出结论，提出合理化建议；第三，撰写市场调查报告或规划的市场分析专项报告，为旅游规划与开发的决策提供依据。

三、构建营销信息系统

市场营销活动建立在对市场的了解和分析基础上，对市场的了解需要收集、整理大量的营销信息。市场营销信息具有很强的时效性，处于不断更新变化之中，这就要求营销部门必须不断地、及时地收集各种信息，以便不断掌握新情况，研究新问题，取得市场营销主动权。市场营销信息系统是指有计划、有规则地收集、分类、分析、评价与处理信息的程序和方法，有效地提供有用信息，供企业或旅游目的地营销决策者制定营销规划和营销策略，由人员、设备和软件所构成的一种相互作用的有组织的系统。通过营销信息系统，帮助管理者建立与目的地内外部的信息连接。首先，由营销主管或决策者确定所需信息的范围；其次，根据需要建立企业或旅游目的地营销信息系统内的各子系统，由有关系统去收集环境提供的信息，再对所得信息进行处理；再次，由营销信息系统在适当时间，将整理好的信息送至有关决策者；最后，营销管理者做出决策再流回市场，作用于环境。

根据市场营销信息系统收集、处理和利用各种资料的范围，一般将其分为内部报告系统、营销情报系统、营销调研系统、营销决策支持系统四个子系统。

（一）内部报告系统

内部报告系统是决策者们利用的最基本的系统。它的特点包括：①信息来自旅游目的地内部的生产、销售等部门；②通常是定期提供信息，用于日常营销活动的计划、管理和控制。

旅游目的地应设计一个面向用户的内部报告系统，它提供给营销人员的应是他们想要的、实际需要的和可以便捷地获得的信息三者的统一。在设计内部报告系统时，还应避免发生下述错误：一是每日发送的信息太多，以致决策者疲于应付；二是过于看重眼前，使决策者对每一微小的变动都急于做出反应。

（二）营销情报系统

营销情报系统的主要功能是向营销部门及时提供有关外部环境发展变化的情报。营

销情报人员通常用以下四种方式对环境进行观察：①无目的的观察，观察者心中无特定的目的，但希望通过广泛的观察来搜集自己感兴趣的信息；②条件性观察，观察者心中有特定的目的，但只在一些基本上已认定的范围内非主动地收集信息；③非正式搜寻，营销情报人员为某个特定目的，在某一指定的范围内，做有限度而非系统性的信息收集；④正式搜寻，营销人员依据事前拟订好的计划、程序和方法，以确保获取特定的信息或与解决某一特定问题有关的信息。

营销决策者可能从各种途径获得情报，如阅读书籍、报刊，上网查询，与旅游者、供应商、经销商等交谈，但这些做法往往不太正规并带有偶然性。以下步骤能够获得更正规和有效地提高所收集情报的质量和数量：①训练和鼓励销售人员收集情报；②鼓励中间商及其他合作者向自己通报重要信息；③聘请专家收集营销情报或向专业调查公司购买有关竞争对手、市场动向的情报；④参加各种贸易展览会；⑤内部建立信息中心，安排专人查阅主要的出版物、网站，编写简报等。

（三）营销调研系统

营销调研系统的任务是针对旅游目的地面临的明确具体的问题，对有关信息进行系统的收集、分析和评价，并对研究结果提出正式报告，供决策部门用于解决这一特定问题。

营销调研系统与上述两个系统最本质的区别在于：它的针对性很强，是为解决特定的具体问题而从事信息的收集、整理、分析。管理者在营销决策过程中，经常需要对某个特定问题或机会进行重点研究。如开发某种新产品之前，或遇到了强有力的竞争对手，或要对广告效果进行研究等。显然，对这些市场问题的研究，无论是内部报告系统还是情报系统都难以胜任，而需要专门的组织来承担。旅游目的地管理部门可以临时组成一个调研小组来完成这种调研任务，也可以委托专业调研公司来完成这种任务。

（四）营销决策支持系统

营销决策支持系统是由软件和硬件组成的对数据进行处理的系统。这一系统又被称作专家系统，它使营销管理者足不出户即可获得所需的信息。

市场营销分析系统是指一组用来分析市场资料和解决复杂的市场问题的技术和技巧。这个系统由统计分析模型和市场营销模型两个部分组成，第一部分是借助各种统计方法对所输入的市场信息进行分析的统计库，第二部分是专门用于协助决策者选择最佳的市场营销策略的模型库。

通过以上市场营销信息系统的四个子系统所研究的内容及这些子系统之间的关系的分析，可以看出市场营销信息系统具有以下重要职能：集中——搜寻与汇集各种市场信息资料；处理——对所汇集的资料进行整理、分类、编辑与总结；分析——进行各种指标的计算、比较、综合；储存与检索——编制资料索引并加以储存，以便需要时查找；评价——鉴明输入的各种信息的准确性；传递——将各种经过处理的信息迅速准确地传递给有关人员，以便及时调整企业的经营决策。总之，营销信息系统需要收集和处理大量信息，以便对市场做出快速响应，不但要及时响应旅游者的产品和服务需求，还需要能够根据市场变化，及时调整营销策略。

第三节　旅游目的地目标市场选择

旅游目的地目标市场的选择一般要经过三个步骤：旅游市场细分、分析和评价细分市场、目标市场定位。

一、旅游市场细分

任何一个旅游目的地都不可能满足整个旅游市场和全部旅游者的需要，因此有必要从旅游者的需求出发，根据不同的标准将客源市场划分为若干子市场，以从中选出目标市场，即旅游市场细分。旅游市场具体在划分时可以有不同的标准。

（一）按照地理环境细分

地理环境是细分旅游市场最基本的标准。首先可以按照地区进行划分。世界旅游组织（UNWTO）根据地区间在自然、经济、文化、交通以及旅游者流向、流量等方面的联系，将世界旅游市场细分为六大旅游区域，即欧洲市场、美洲市场、东亚及太平洋地区市场、南亚市场、中东市场和非洲市场。在这六大旅游市场中，欧洲市场、美洲市场在接待人数、旅游收入以及市场占有率等方面占据着霸主地位，它们不仅是世界旅游市场上主要客源输出地，也是世界旅游市场的主要接待地。东亚及太平洋地区是近年接待量增长最快的市场，越来越多的国家或地区成为客源输出地。按照国别细分可以划分为国内市场、入境旅游市场、海外旅游市场、港澳台旅游市场、外国旅游市场等。按国别细分旅游市场是旅游目的地国家或地区细分国际旅游市场最常用的形式。由于国界因素的强化，一国内部的消费需求往往有更多的相似性，而国与国之间则往往出现较多的差异性。此外，还可以按照气候条件划分为温带、亚热带、热带旅游市场等。热带人口希望看看寒带，寒带的人口希望去热带旅游，可据此划分为避暑市场、避寒市场、冬季滑雪市场、夏季游泳市场等。按照人口密度和城乡差异，可以划分为城市旅游市场和乡村旅游市场。

按地理区域细分旅游市场，可分别根据自然、经济、人文三大方面因素对旅游需求特征的不同影响来加以考虑。如我们可根据各国各地区的人均国内生产总值来细分国际旅游市场；又如，根据宗教信仰对旅游需求的影响，可针对中东市场、南亚市场、东南亚市场旅游者的不同宗教信仰，分别开发相应的旅游产品和设计相应的营销方式。

国际上还通常按不同客源国或地区旅游者流向某一目的地所占该目的地总接待人数

的比例来细分市场。在同一旅游目的地国家或地区总接待人数中，来访者占最大比例的两三个客源国或地区（一般可共占 40%~60%）可划为一级市场；来访者占相当比例的一些客源国或地区，可划为二级市场；占本目的地的人数很少而出游人数日渐增长的国家或地区，可划为机会市场（也叫边缘市场）。

各地旅游者的旅游需求特征不仅与其所处的地理环境和目的地地理环境的差异大小有关，而且还与所在地相对目的地的空间位置有关。旅游者所在地与目的地之间空间位置的差异，从旅行时间上和费用上都构成旅游的障碍性因素，而两地间的交通条件又起着跨越这种障碍的作用，以此可将旅游市场细分为远程、中程、近程等旅游细分市场。随着现代交通工具的发展，远程旅游有发展趋势。近程旅游市场，尤其是相邻地区旅游市场，因为距离近，消耗小，生活方式容易接近，故而其客源潜力极大。

（二）按照人口统计细分

（1）按照年龄细分。人口年龄是细分旅游市场最主要的变量之一。按照人口年龄段，旅游市场可细分为老年人、中年人、青年人、少儿四个细分市场。中年人旅游市场是当今人数最多、潜力最大的旅游市场；中年人年富力强，收入往往不菲，较讲究食宿和享乐条件，以观光、会议、商务旅游者居多，是旅游业较理想的目标市场。老年人旅游市场也是比较引人注目的市场；老年人一般有经济积累，闲暇充裕（尤其退休者），旅游兴趣较浓，以观光休养探亲访友者居多。随着世界人口老龄化趋向的发展，如何进一步开发老年人旅游市场已成为世界旅游业广泛关注的课题。青年人旅游市场虽然总体消费水平不高，但仍是一个人数众多、不容忽视的市场，青年人精力、体力都处于最佳状态，无论时间或金钱的障碍几乎都不能遏制其旅游的热情。少儿旅游市场也有其自身特点，需要旅游营销者加以注意：少儿的消费水平往往高于一般成人，加上对少儿教育的重视，研学旅游等应该具有广阔的市场前景。

（2）按照性别细分。旅游需求的性别差异也是明显的。一般而言，男性游客独立性较强，更倾向知识性、运动性、刺激性较强的旅游活动；同时注重自然风光，喜好历史文化古迹，不喜欢购物。而女性游客更注重旅游目的地的选择，较喜欢结伴出游，注重自尊和人身与财产安全，喜好购物，对价格较敏感。

（3）按照收入、职业、受教育程度等细分。收入、职业与受教育程度往往是相互关联的。由于旅游是具有审美性质的高层次消费活动，因此，消费者受教育程度与职业特征直接影响旅游需求的程度、层次、类型、时机与内容。一般受教育程度越高，旅游需求层次、品位亦越高。

此外，还可以按照家庭结构细分，划分为情侣市场、三口之家市场、三代同堂市场等。

（三）按照心理图示细分

（1）生活方式。生活方式直接表现了不同的心理需求，因此，以生活方式作为细分旅游市场的变量因素也很有意义。美国国际斯坦福研究所的旅游学者将16岁以上的成年人生活方式分成了以下三大类型。

①需求促使者。绝大部分处于社会最底层，受人类最基本的需求所驱使，在贫困线上挣扎求生和勉强维持生计，显然不是旅游业所要开发的市场。

②外界指挥者。受相关群体影响大，根据所信赖人群的看法来安排自己的生活。具体又分为附属者、仿效者和成功者三类，这三个类型的受教育程度和收入水平依次从低到高。

③内因指挥者。根据自己内心的需求和喜好生活，包括三种类型：自我中心者，大部分20岁左右，喜欢时尚，易自我陶醉；实验者，27岁至30岁，寻求丰富的精神生活和直接的经历，追求享乐和标新立异，喜欢户外活动；关心社会者，社会意识较强，追求内心发展，对异域文化较感兴趣。内因指挥者总体上比外界指挥者更有旅游的动力。

（2）气质性格。气质性格是决定一个人生活方式的基础性因素，也是影响旅游动机的重要原因之一。在不少研究气质性格与旅游需求关系的模式中，较有代表性的是斯坦利·帕洛格的旅游者心理类型模式。此模式以"自我中心"和"多中心"两种极端类型为基础，将美国人的性格心理分为五种类型，不同类型的美国人旅游爱好各有差异，也可以此类标准来细分旅游市场。

🔍 知识链接

斯坦利·帕洛格（Stanly Plog）提出的心理类型理论，将人们划分为五种不同的心理类型：自我中心型、多中心型、近自我中心型、近多中心型和中间型。其中处在两个极端的心理类型分别是自我中心型和多中心型。

1. 自我中心型

人格特征——思想上较封闭，不愿寻求新的观念或新的经历；在日常生活中比较谨慎和保守，在花钱方面比较节制；偏好买流行的名牌消费品；对待日常生活缺乏自信和主动性；往往仰仗权威人士指引他们的生活；在日常生活中比较被动，缺乏进取精神；喜欢规规矩矩按常规办事。

对旅游活动的影响——谨小慎微，多忧多虑，不愿冒险；出游频率不高；在外出旅游时倾向于选择距离比较近、自己比较熟悉的旅游目的地，特别倾向于那些传统的旅游热点地区；在旅游目的地逗留期间，花费较少；往往会选择自己熟悉的娱乐活动，喜欢购买标志某一国家或地区的旅游纪念品或装饰品；喜欢故地重游。

2. 多中心型

人格特征——天性好奇，喜欢探索周围的多样性世界；做事当机立断而不犹豫；在花钱方面比较随意；喜欢选择刚上市不久的新产品；在日常生活中充满自信和个人活力；靠自己去指引自己的生活；在日常生活中非常主动，具有进取精神；喜欢充满挑战的多样化工作；偏好个人独处和静默沉思。

对旅游活动的影响——思想开朗、兴趣广泛、富有胆量；外出旅游的频率较高；倾向于选择那些地处遥远、文化差异大，甚至不为人知的目的地，特别不喜欢随大流地去那些旅游热点地区；一般在旅游目的地逗留的时间较长，花费较多，他们喜欢分享当地的风俗习惯，喜欢购买真正的艺术品和工艺品；每年都会去寻找新的旅游目的地。

3. 中间型

人格特征——特点不明显的混合型；介于两个极端类型之间。

对旅游活动的影响——对旅游目的地的选择通常不苛刻；一般都会避免选择传统的旅游热点或风险很大的待开发地区。

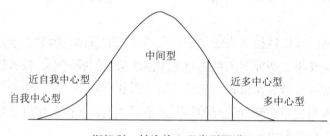

斯坦利·帕洛格心理类型图谱

（四）按照旅游行为细分

（1）购买目的。以购买目的（即旅游目的）细分旅游市场是一种非常基本的方法，它为旅游产品的开发设计和营销组合的制定提供了主要的依据，由此可确定旅游产品的主要类别。以此变量为标准，可细分出度假旅游市场、观光旅游市场、会议商务旅游市场、奖励性旅游市场、探亲访友旅游市场等细分市场。

（2）购买形式、购买时机与购买数量特征。购买形式是指旅游者购买旅游产品过程的组织形式和所通过的渠道形式。依据购买组织形式变量将旅游市场细分为团体市场和散客市场，是旅游市场最基本的细分形式之一。近年，散客市场在世界范围内得到很大的发展，已成为世界旅游市场的主体。在这一市场中，游客的旅游形式发展也日益复杂多样，出现了独自旅游、结伴同游、家庭旅游、小组旅游、驾车旅游、徒步旅游等形式。

旅游活动的时间性、季节性非常突出，根据购买时机变量不仅可将旅游市场划分出旺季、淡季及平季三个细分市场，而且还可细分出寒暑假市场和春节、国庆节、双休日等节假日市场，如我国新近发展的周末度假旅游市场就引人关注。

根据消费者购买旅游产品的数量与频率特征，可分为少量购买者和大量购买者，或称较少旅游者、多次旅游者和经常旅游者这样的细分市场。以此为起点，很有利于深入分析、描述不同购买数量特征的旅游者群体在人口属性与心理方面的不同特征，从而也有利于分析形成旅游者购买数量需求差异的深层原因。经常性旅游者通常在整体市场上所占的比重很小，但他们的旅游消费支出往往在整体市场上占有很大的比重。

二、分析和评价细分市场

分析、评价细分市场包括对相关旅游细分市场的信息采取定量与定性相结合的评估过程，大致可分为三个步骤。

（一）估算各细分市场的潜力

（1）市场潜量估算。对于尚未开发过的旅游细分市场，可通过抽样调查获得一定时段可能形成的旅游消费人数和平均意愿消费价格，两者的乘积可作为市场潜力估算值。对于已经开发的各旅游细分市场，可将已有的一定时段的旅游消费人数和旅游消费水平的乘积作为市场潜力估算值。此外，也可将各旅游细分市场在一定时段内各自的总销售额作为旅游目的地市场潜力的参考值。

（2）销售潜量估算。旅游目的地在各旅游细分市场上的销售潜力估算值就是其市场潜量与市场占有率的乘积。此外，旅游目的地在各旅游细分市场上的现实销售额也可作为初选细分市场的价值评定基础。

（二）分析各细分市场的销售增长潜力

对于已经开发的各旅游细分市场，营销者还应根据现有资料进一步对各细分市场的整体销售额和旅游目的地在各细分市场的销售额的增减趋势做出分析，并分别计算出相应的销售增长率，以评价各细分市场整体的销售增长潜力和旅游目的地在各细分市场上的销售增长潜力。

（三）对被选的细分市场进行盈利潜力测评

无论市场潜量还是销售潜量，都不能表明旅游目的地的市场盈利潜力，因为旅游目的地的盈利潜力不仅与这些因素有关，而且还与经营成本和竞争态势有关。所以，我们应认真测算为了提高有关细分市场的销售额而可能增加的招徕费用和接待费用等。有时销售量大的旅游细分市场，由于实际销售额不高，而经营成本却不低，造成盈利不佳，如接待有些折扣率较高的团队，情况即如此。

三、目标市场定位

旅游目的地目标市场的定位，除了要分析各旅游细分市场的具体情况外，还得从总体上考虑营销组合在目标市场上的针对性，通常情况下可以采取以下三种目标市场选择策略。

（一）无差异市场策略

无差异市场策略又可称为整体市场营销策略，即旅游目的地可无视整体市场内部旅游者需求的差异性，求同存异，把整体性大市场作为目标市场，只推出一种类型的旅游产品，运用统一的旅游营销组合，为满足旅游者共同的需求而服务。

这种策略突出的优点就是规模效应显著，容易形成超级品牌的声势，如我国的长城、长江三峡等旅游产品基本上是由此创出品牌的。这种策略的缺点就是不能完全满足旅游者的差异性需求。因此，无差异市场策略主要适用于市场上供不应求或竞争较弱的旅游产品市场，如少数垄断性较强的旅游产品市场、初上市的旅游产品市场等。事实上，随着旅游市场竞争的加剧，旅游目的地采用本策略的机会越来越少。

（二）差异性市场策略

差异性市场策略就是要在旅游市场细分的基础上，同时选择整体市场上数个或全部细分市场作为自己的目标市场，针对不同细分市场的需求特点，提供不同的旅游产品及制定不同的营销组合，以满足不同的细分市场的需求。如可以同时推出普通观光游、探险旅游、休闲度假游等产品组合。

差异性市场策略的主要优点表现为以下几点。第一，能更好地满足各类旅游者的不同需求，有利于提高旅游产品的竞争力和扩大旅游目的地的经济效益。第二，有利于取得连带优势，如果一个旅游目的地在数个细分市场都取得较好的经营业绩，就能树立起旅游者所信赖的、声誉很高的目的地形象。第三，有利于降低旅游目的地的运营风险，由于同时经营数个细分市场，即使部分市场消费者偏好或竞争形势发生变化，一般也不至于"全军覆没"。

差异性市场策略也有其明显的局限性，尤其是在市场细分化程度过高、目标细分市场数量过多的情况下。其主要问题表现为以下几点。第一，影响运营成本，多元化营销，必然增加营销设计和宣传促销等方面的成本费用，难以形成规模经济效益。第二，影响运营效率，多元化经营的摊子较为分散，要同时满足不同细分市场特征，总是存在着诸多矛盾因素，处理起来不仅耗时、耗力，而且有时还难以照顾周全。第三，影响优势发挥，旅游目的地并非在每一个细分市场上都具有同等的优势，将有限的力量分散于各个市场，必然影响其某些优势的发挥。

因此，旅游目的地在采用这个策略时应注意以下几点：必须保证所选定的目标细分市场在实施此策略后，由于旅游规模的增加所带来的收益大于其营销总成本费用的增加；此策略的实施程度一般应与当时市场竞争所需要的程度相一致；起步发展期的旅游目的地不适合采用这个策略。

（三）集中式市场策略

集中式市场策略是指旅游企业在市场细分的基础上，只选择其中一个或少量细分市场作为目标市场，集中全部营销力量实行高度的专业化经营，为充分满足特定的需求服务。如一些旅游资源独具特色、能吸引一定类别旅游者前往的旅游地适合采用。集中式市场策略所谋求的不是在整体市场上分散地占有较小的份额，而是力图在较小的市场范围内取得较高的市场占有率，目标市场营销的思想在这种策略中得到充分体现。

采取集中式市场策略的突出优点在于能充分发挥旅游目的地的优势，使旅游目的地在特定市场上具有较强的竞争力，具体表现在两个方面。一方面，在单一化、较小范围的市场上活动，所需投入资金相对少，且资金周转相对快，成本费用相对低，可实现一定的规模经济效益；另一方面，针对性强，容易形成产品的经营特色，满足旅游者需求的程度高，非常有利于促进和扩大旅游目的地和旅游产品在特定细分市场上的知名度。

集中式市场策略的缺点主要表现在：第一，过分依赖小部分市场生存，运营风险较大，一旦这部分市场情况发生变化，旅游目的地就有可能面临危机；第二，如果所选定的目标市场是一个非常有利可图的较大细分市场，开发后竞争者极易追随而入。

第四节　旅游目的地营销规划编制

旅游目的地的营销规划编制是一个复杂系统工程。要想在旅游市场上占据主动，旅游规划者必须善于从战略高度入手，整合旅游地内外部的各种营销资源。因此，编制旅游营销战略是旅游地发展的重要工作。一般认为旅游目的地营销规划的主体内容包括树立营销目标、制定营销战略、确定营销内容、设计营销方式、选择营销渠道五项。

一、树立营销目标

旅游目的地的营销目标是指一个旅游目的地的管理部门计划在某一特定时期内应当实现的运营目的。旅游目的地的营销目标主要分为两类。一类是旅游规模指标，包括接待人数、旅游收入、国际旅游人数、旅游外汇收入等。另一类是以形象和游客满意为主要内容的营销目标。旅游市场营销规划的最终目的是能够使规划地的旅游业进入良性循环，此外还需要肩负旅游地的社会责任、生态责任等。

旅游目的地的营销目标应当明确、可行，重点突出，易于把握，而且经过努力可以

实现。旅游目的地营销目标的设定必须遵守以下一些标准。第一，接待游客人数、旅游收入等运营目标的设定必须确切，并且要以数量来表示。第二，旅游产品及其目标市场要规定得详细、具体。第三，实现目标的期限要明确、具体。第四，在考虑市场需求和营销预算方面要现实。第五，制定目标时，同有关行动方案的具体执行人员进行沟通，以求所制定的目标能够为他们所接受。第六，所定目标要能够直接或间接地测定和评估。

二、制定营销战略

旅游目的地的营销战略，是指一个旅游目的地的营销主体在现代市场营销观念的指导下，为了实现该目的地旅游业发展的目标，谋求旅游目的地的可持续发展，根据外部环境和内部条件的变化，对旅游市场营销所做的具有长期性、全局性的计划和谋略，它是旅游目的地在一个相当长的时期内市场营销发展的总体设想和规划。

（一）树立系统的营销策略观

目的地营销的决策者们对营销的理解，往往就是把它当作简单的形象理念定位和促销。Ryan（1991）曾指出公司和政府通常只应用旅游营销组合的一部分（促销），其他营销方法很少受到关注。当然，形象塑造和目的地促销，作为营销的重要组成部分是必不可少的，对新的旅游目的地尤为重要。旅游消费的异地性，决定了形象塑造、宣传和促销的必要性。同时值得注意的是，形象塑造和宣传，必须坚持恰当和抽象。因为过分的渲染会提高游客的预期，降低游客的满意度，形成不良口碑。而恰当的形象定位可以更好地实现游客期望，增加其满意度。另外，根据有关学者的研究，旅游期望具有指向上的可转移性或可替代性，所以形象定位的抽象性有利于为目的地营销活动创造丰富的想象空间，只要抓住目标市场潜在游客的需要来吸引游客，并利用旅游期望可转移的特性，可以借创造性营销活动来满足游客期望。

因此，要树立系统的营销策略观，把目的地营销当作一种哲学理念，贯穿旅游地发展和规划的整个过程。也就是说，旅游规划和发展的每个步骤、每个措施、每个阶段，都要以目标游客为导向，尽量满足他们的需求；既要重视营销的促销环节，也要重视营销内容的凝练环节，用营销的理念指导旅游产品的开发、管理游客的旅游体验以及创建和塑造旅游形象。只有这样，才能使得游客更加满意，提高"一般人"向游客的转化率。

（二）树立主题形象营销理念

主题形象是突出旅游目的地个性、强化旅游目的地吸引力和深化游客记忆的基本要求。旅游目的地主题形象的确立，一要突出最具有地方特色，从而体现差异性；二是必须能够吸引游客，引发游客的兴趣。发展较好的旅游目的地，往往都有自己的鲜明主题形象。

一旦确立旅游目的地的主题形象之后，所有的旅游营销活动都要围绕主题形象而展开，服务于主题形象。首先，旅游产品的开发应该围绕主题形象，体现主题形象和强化主题形象。其次，旅游地标识系统的设计、景观的建设、大型事件活动的举行也要尽量围绕主题形象，服务主题形象。例如，昆明"世博会"正好服务于昆明"春城"的主题形象。最后，向外传递旅游信息要以主题形象为核心，主打旅游形象的品牌，而不是忽视主题形象直接传递旅游产品的相关信息。

（三）实施全民营销战略

在旅游目的地营销中，信息传递的数量和质量，以及游客满意度的提高，都有赖于全民的参与和支持。信息传递，尤其是旅游目的地形象的传播，需要当地居民的积极参与。一方面，当地居民的口头传递成本很低，而传递效率又高；另一方面，抽象的旅游形象以及一些深层次的信息，如旅游产品的文化内涵等很难为游客直接所感知，此时当地居民参与就变得更为重要。另外，满意度的高低直接取决于游客体验的好坏，而后者是诸多因素综合作用的结果，尤其是与当地居民的对待游客的态度、旅游相关行业的服务质量等因素息息相关。这意味着仅仅关注需求者的传统营销方式是行不通的，还必须关注所有的利益相关者和一些偶然因素，这也是旅游营销与传统营销相区别的一大特点。而且这些因素大多数在营销者的直接控制范围之外。

因此，要成功地进行目的地营销，就必须有全民的参与，需要政府、非营利部门、旅游业的相关企业、本地居民及其他部门的通力协作。所以，首先必须关注所有相关者的利益所在，尽量平衡相关各方的利益要求，使大家都从旅游业发展中受益，实现各自的目标。这样有利于利益相关者对游客态度的改变和各行业服务质量的提高，从而使游客的旅游体验得到更大的满足，实现较高的游客满意度，从而形成良好的口碑。其次，要实行对内营销，把旅游目的地的信息，尤其是旅游形象和产品的文化内涵传递给当地居民，并获得他们的认同。

（四）采用市场细分营销战略

大多数情况下，由于游客需求的多样性、旅游产品的有限性，每一个旅游目的地只可能满足某一部分游客的某些需求。因此，只有明确自身的相对优势，然后把信息传递到对本旅游目的地旅游产品感兴趣的游客群体，才能提高信息的传递效率，获得更佳的营销效果。为此必须实施市场细分的营销战略。这需要通过游客调查和主要旅游产品对应分析，明确旅游目的地的相对优势和目标市场，再通过各种手段，把旅游目的地的相关信息传递到目标市场。

三、确定营销内容

在新媒体飞速发展的时代，营销的具体内容已不局限于旅游目的地的主题形象宣

传，几乎任何与旅游目的地品牌塑造和产品推广有关的事件都可以成为营销的内容。因此新时代旅游目的地的营销要丰富营销内容，进一步提高景区、饭店宾馆等旅游宣传推广水平，深入挖掘和展示地区特色，做好商贸活动、科技产业、文化节庆、体育赛事、特色企业、知名院校、城乡社区、乡风民俗、优良生态等旅游宣传推介，提升旅游整体吸引力。

四、设计营销方式

营销方式是指营销过程中所有可以使用的方法。在新时代背景下，旅游目的地营销要结合市场需求和科技进步，创新营销方式，有效运用体验营销、个性营销、知识营销、情感营销、绿色营销、事件营销、高层营销、网络营销、公众营销、节庆营销等多种方式，借助大数据分析加强市场调研，充分运用现代新媒体、新技术和新手段，提高营销精准度。

（一）体验营销

消费者需求呈现出一些新的特点：消费结构上，情感消费的比重提高；内容上，个性化需求增加；价值目标上，更加注重接受产品时的感受；从接受产品方式看，消费者主动参与产品设计制造，消费过程变为一种体验过程。因此以关注游客体验为核心的体验营销战略便成为新时期旅游目的地营销的必然选择。它以满足消费者的体验需求为重点，为消费者带来新的价值，成为体验经济时代旅游目的地赢得竞争优势的重要战略。

（二）知识营销

在知识经济时代，旅游目的地营销管理的趋势必然转向更高层次，将知识营销作为获得市场的一种重要的营销方式。知识营销使游客在旅游消费的同时学到新知识，增加旅游活动的知识含量。因此，在进行旅游营销时，要挖掘产品文化内涵，注重与旅游者形成共鸣的观念价值；同时形成与旅游者结构层次上的营销关系。

（三）情感营销

情感营销就是把旅游者的个人情感差异和需求作为旅游目的地品牌营销的核心，通过借助情感包装、情感促销、情感广告、情感口碑、情感设计等策略来实现旅游目的地的营销目标。它注重和顾客、消费者之间的感情互动，有利于树立正面的旅游形象，建立良好的旅游口碑。

（四）事件营销

事件营销是指借社会事件、新闻及热点话题之势，有计划地策划、组织、举行和利用具体新闻价值的营销活动。事件营销是当前十分流行的一种传播与市场推广手段，集新闻效应、广告效应、公共关系、形象传播、客户关系等于一体，并为产品推介、品牌识别、品牌定位和品牌展示创造机会，是一种快速提升品牌知名度与美誉度的营销手段。事件营销能够以最快的速度、在最短的时间内，并以较低的成本创造强大的影响力。

五、选择营销渠道

旅游市场的营销渠道是使产品能够被旅游者购买并消费而配合起来的系列独立组织的集合。因此，营销渠道实际上是以销售旅游产品为目的，由旅游业或其他行业的部门组合而成的一套网络。营销渠道的存在能够有效地促进旅游目的地与旅游者之间的信息沟通，通过营销渠道网络的扩散作用能以较少的成本支出获得较大的市场认知。旅游市场的营销渠道的类型按照其出现的先后次序可分为两大类，即传统的营销渠道和新媒体营销渠道。

（一）传统的营销渠道

传统的营销渠道是通过宣传册、传单等印刷品、音像制品、媒体广告等媒介，将产品信息向消费者传播。这种方式运营成本高、效率低、人力耗用大，难以准确及时地传递信息。传统的营销渠道主要包括旅游分销商、大众媒体、户外媒体和专业媒体等。

旅游分销商。传统的营销渠道是旅游分销商，其中最主要的是旅行社。实际运作过程中，通过与旅行社联系，将旅游产品纳入旅行社采购的范围，然后旅行社再对旅游地进行包装销售。在该营销渠道中，旅游产品的销售与旅行社的经营能力直接挂钩。依靠旅行社进行营销虽具有操控性，但也具有一定的风险。

大众媒体。由于旅游活动的日益普及，大众媒体也成为旅游市场营销的常用渠道。在大众媒体中较常使用的有广播、电视、报纸、杂志以及网络新媒体等。

（二）新媒体营销渠道

新媒体营销已经开始逐渐地成为现代营销模式中最重要的部分，利用互联网、移动电视、手机短信等一系列在高新科技承载下展现出来的媒体形态，被现代人称为新媒体。新媒体营销是在特定产品的概念诉求的基础上，对消费者进行心理引导的营销推广方式。

新媒体营销的渠道或称新媒体营销的平台，主要包括但不限于门户、搜索引擎、微博、微信、SNS、博客、播客、BBS、RSS、WIKI、手机、移动设备、App 等。新媒体营销并不是单一地通过上面的渠道中的一种进行营销，而是需要多种渠道整合营销，甚至在营销资金充裕的情况下，可以与传统媒介营销相结合，形成全方位立体式营销。

案例分析

从哈尔滨"出圈"看老牌城市如何花式营销

哈尔滨，这座老牌工业城市，成为继淄博之后的又一座网红城市。据哈尔滨市文化广电和旅游局提供大数据测算，截至 2024 年元旦假日第 3 天，哈尔滨市累计接待游客 304.79 万人次，实现旅游总收入 59.14 亿元。游客接待量与旅游总收入达到历史峰值。携程统计显示，万人蹦迪的哈尔滨冰雪大世界在元旦第二日直接宣布暂停售票，元旦假期内哈尔滨的异地客群占比 75%，主要来自上海、深圳以及北京，3 天假期旅游订单量同比大涨 158%。

如今的哈尔滨，"听劝"成为它的关键词、"养成系"成为它的标签、"掏心掏肺"成为它的行动指南。也是因此，继淄博和天津后，哈尔滨成为 2023 年以来第三个爆火的旅游城市，它的经验和做法也值得各地文旅学习。

一、充分挖掘特色旅游资源发挥人文底蕴

北京冬奥会成功举办后，冰雪运动热度持续升高。滑雪、冰球、冰壶等冰雪运动逐渐从专业领域走入大众视野并成为热潮。与此同时，2023 年哈尔滨成功申办第九届亚洲冬季运动会也进一步彰显了哈尔滨在冰雪运动领域的实力和影响力。凭借得天独厚的冰雪资源和优越的冰雪运动环境，刚刚入冬，哈尔滨就成为热爱冰雪运动的年轻人的首选目的地。

哈尔滨本地人也加入了花式宠游客的行列，"不下馆子不洗澡，不开破车满街跑，要有游客来问好，还给免费当向导"等风趣话语广为流传。进入下半年，有关东北的话题频引热议，特色冰雪文化叠加东北人热情好客的性格、实惠低廉的物价还有火遍全网的特色洗浴体验等内容，吸引了大批游客。在这之中，哈尔滨因具有极为突出的特色文化被游客们集中"种草"。在这片土地上，既有久负盛名的冰雪大世界，还有以索菲亚教堂、哈尔滨火车站、哈药六厂为代表的异域风情特色，哈尔滨还是联合国授予的"音乐之城"，得天独厚的城市氛围和特色城市文化的传播也为哈尔滨乃至整个东北地区的旅游业发展注入了新的活力和动力。

二、全方位立体化宣传助力城市出圈

元旦前夕，哈尔滨文旅各平台账号就推出了一系列短视频进行冰雪旅游宣传。其中，太平国际机场空姐跳舞迎客，商场内交响乐团表演，鄂伦春族同胞带着驯鹿现身街头与游客互动等内容，一经发布就登上热搜，哈尔滨由此吸引了全国的目光。

（一）入圈阶段：KOL+IP

差异化特色宣传开始阶段可以分为两层：一层是通过头部博主开始介绍哈尔滨有什么特色；二层是通过一个哈尔滨自带的 IP"冰雪大世界"进行一次事件营销，打响哈尔滨声量。

头部博主+IP 引流，通过"万人蹦迪""索菲亚教堂旅拍""早市"等东北元素传播告诉圈层冬季来北方（哈尔滨）是有趣的，是值得来的，打破人们冬天去南方的一些惯有思维。

"冰雪大世界"是哈尔滨近些年主打的一个 IP，意在吸引更多的游客前来，2024 年通过建造时期的有序宣发，让更多人知道了这一地点，为游客提供游玩选择。冰雪大世界宣发绕"工人建造""功能玩法""冰雕联名"几个维度开展，但是在过程中突发了"退票"一事，引发高度关注。

对于网络环境而言，一次退票事件可能引发整体口碑的崩盘，但是出人意料的是哈尔滨不仅没有被"恶评"淹没，反而收到大多数人的点赞，除去地区本身带有的淳朴民风和前期的宣发铺垫，还与哈尔滨文旅官方的真诚密不可分，让本次事件进一步正向发展积攒更多声量。

（二）引爆阶段：视角切换

分层引爆在引爆阶段，哈尔滨选择通过本地和游客两个维度来进行发酵，"本地人告诉你哈尔滨 3 天怎么玩""南方小土豆"等好玩有趣的话题名称结合"冰雪大世界""中央大街"等特色因素，助力"尔滨，你让我感到陌生""南方小土豆""冻梨摆盘"等热梗出现，其中"南方小土豆"抖音播放量已经破 20 亿次。其中点睛之笔在于，通过视角的切换推动由官方自行生成品牌宣传内容转变为游客自行生成宣传内容，直接推动传播的事倍功半。如果说类似"冰雪大世界"本地特色相关宣传是 PGC 和 OGC，"南方小土豆"则是 UGC 的良好体现，最后出圈的是用户自发生成的内容，是最受到大家认可的东西。

（三）突破阶段：引发共鸣

官方回应引发共鸣，在破圈后，哈尔滨通过官方回应的方式为整体定调，"爆火不是偶然，是整个哈尔滨的努力集成"，通过官方媒体的公信力进一步彻底突破圈层，让流量正向化突破。

同时，央视新闻在抖音端直播"云观赏"哈尔滨冰雪大世界，哈尔滨官方宣布 1 月 5 日举办第 40 届中国哈尔滨国际冰雪节，还宣布 1 月 5 日冰雪节当天哈尔滨全市公休 1 天，届时，冰雪大世界走向世界。在整体复盘的背后，哈尔滨的自身"够硬"和营销"够好"共同打造了这场盛宴，在其背后，更值得被我们所有人都关注的是整个地区、整个城市、整个政府、全体人民群众的高整合度的执行力。这也为东北振兴提供了新的方法论和方向，或许可以用一个相对"老套"的说法："互联网＋东北振兴"。

三、以人为本打造温情体验

这个冬天的哈尔滨文旅并非一帆风顺，根据数据可见，哈尔滨文旅的热度是自 2023 年 12 月 18 日"冰雪大世界退票事件"后才迅速上升的。

在"冰雪大世界退票"事件前，哈尔滨还出现"雪乡旅游团报价混乱""铁锅炖阴阳菜单"等多起引发集中争议的负面舆情，但这些内容都没有对哈尔滨旅游的整体热度

造成实质性影响，主要原因就是当地舆情处置效率高。在这几起事件中，哈尔滨相关部门没有"装聋作哑"，也不存在"蒙混过关"，始终保持了"第一时间发现、第一时间整改、第一时间通报"的处理方式。同时面对市民游客发布的通报，有态度、有温度，也进一步助推哈尔滨政府的形象在传播过程中不断提升。

哈尔滨的具体做法，真正体现了"用户第一"的思维，抓住了在这个泛注意力时代做爆品的真正逻辑。在自身服务已经很完善的基础上，黑龙江文旅厅接受采访时说："对于发布的视频，我们更在意视频里的评论，大家需要什么，我们给大家尽量地提供什么，以游客思维换位思考。"这是这个时代所有市场经营性角色成功的核心。

当有游客说冰雪大世界好玩但是很冷，冰雪大世界为各地游客准备了多种取暖地，和海尔品牌联名打造温暖驿站，只为提供一丝温度；当有的游客怕因为结冰摔倒，哈尔滨开始全程铺地毯，本地人直呼"尔滨你变了"；当有游客说冻梨很好吃，于是摆盘冻梨出现在各个哈尔滨餐厅中；当游客说教堂很好看，如果能拍到月亮就行了，于是官方出动无人机为大家搭建月亮。人造月亮、冰上热气球、糖水豆腐脑、打铁花、飞凤凰、免费交响乐……一系列宠客行为，是对用户第一思维的最好诠释，也是哈尔滨成功的秘诀。

所有的旅游，尤其是短时间内参与人员非常多的旅游，肯定会遇到问题。问题本身总会存在，是否能积极主动倾听问题、解决问题，才是对游客的终极态度。因此不管是哈尔滨还是淄博，他们的着眼点都在游客身上，而不是自身的旅游资源带火了城市。

哈尔滨因冰雪旅游而火出圈，收入在元旦三天内即达到59.14亿元。哈尔滨市的"冰雪经济"也逐渐转化为"热经济"，迎来了文旅的"春天"。冰雪资源是哈尔滨的成功出圈的诱因，但不止于此，哈尔滨的持续效应更在于市政府对游客的关怀和解决游客问题的态度。哈尔滨火出的是游客圈，而不是旅游圈或资源圈。这为其他城市提供了启示，要真正关注游客的需求和问题解决，才能实现旅游业的持续发展。

归根到底，老牌城市"爆火出圈"的背后是人心向背，是满满的人间温情，是从未忘记的人文关怀。如果没有处理好冰雪大世界退票问题，并且每天换着花样给游客最难忘的旅游体验，哈尔滨也难免在网络空间里被口诛笔伐一番，更别提新晋顶流了。因此，老牌城市想要打造自己的城市品牌，其关键就在人文关怀，将当地特色文化和游客需求有效结合起来，打造突出自身差异化的优势，充分进行服务升级，提供游客想象不到的好东西，使游客们的幸福感得到释放，让"出圈"变得水到渠成。

同时，老牌城市想要持久"出圈"，只有真正做到为民着想、为民服务，才能由我爱人人转变为人人爱我。一个城市的人文关怀是该城市独特的历史文化底蕴厚积薄发的表现，是最真切、最质朴、最温暖的人与人、人与文化、文化与文化之间的情感交融。它不只简简单单体现在对游客的态度上，更散布在城市的每一个角落、每一个笑容、每一句问候中，是一个城市最好的精神象征和品牌符号。

（资料来源：https://www.sohu.com/a/750468718_100014970）

【本章小结】

本章对旅游目的地营销管理的概念、特点和原则等进行了阐述和介绍，明确了旅游目的地营销管理的必要性，并对营销管理的内容展开系统分析，包括宏观营销环境和微观营销环境的识别、营销目标的确定、营销战略的制定以及营销内容、营销方式和营销渠道等的具体规划等。旅游目的地的营销管理是一个系统工程，需要在新的时代背景下不断调整和创新。

【关键术语】

旅游营销；旅游目的地营销；旅游目的地营销管理；营销环境；营销目标；营销战略；营销规划；旅游市场调研；营销信息系统；目标市场细分；营销方式；营销渠道

【Key words】

Tourism Marketing；Tourism Destination Marketing；Tourism Destination Marketing Management；Marketing Environment；Marketing Goals；Marketing Strategies；Marketing Planning；Research on Tourism Market；Marketing Information System；Target Market Segmentation；Marketing Methods；Marketing Channels

【复习思考题】

一、填空题

1. 旅游目的地营销管理的主体是_____，客体包括_____；主要的营销管理手段是_____。

2. 旅游目的地营销管理内容包括_____、确定营销目标、_____、_____和完善营销机制。

3. 旅游目的地目标市场的选择一般要经过三个步骤：_____、_____和_____。

4. 对于旅游目的地来说，要建立政府、行业、媒体、_____等共同参与的整体营销机制。

二、多选题

1. 旅游目的地营销管理是规划和实施营销理念、制定营销策略，为满足目标市场需求和利益而创造交换机会的（　　　）管理过程。

A. 系统的　　　　　B. 动态的　　　　　C. 静态的　　　　　D. 灵活的

2. 营销目标的具体内容，一般由（　　　）等指标组成。

A. 市场占有率　　　　　　　　　B. 市场渗透情况

C. 品牌认知度　　　　　　　　　D. 旅游人数和收入

3. 一般认为旅游目的地营销规划的主体内容包括树立营销目标、（　　　）等项。

A. 制定营销战略　　　　　　　　B. 确定营销内容

C. 设计营销方式　　　　　　　　D. 选择营销渠道

三、判断题

旅游目的地营销主要受政治法律环境、经济环境、人口环境、社会文化环境、自然环境和科学技术环境等微观环境的影响。　　　　　　　　　　　　　（　　　）

四、简答题

1. 旅游目的地营销与旅游景区营销的区别有哪些？

2. 面对旅游目的地的竞争者，如何制定营销策略？

3. 旅游目的地目标市场的选择需要综合考虑哪些因素？

【参考文献】

［1］王晨光. 旅游目的地营销［M］. 北京：经济科学出版社，2005.

［2］高静，肖江南，章勇刚. 国外旅游目的地营销研究综述［J］. 旅游学刊，2006，21（7）：91–96.

［3］巫宁. 信息传播：旅游目的地营销与服务的关键环节［J］. 旅游学刊，2007，22（10）：67–70.

［4］鲍尼费斯，库珀. 世界旅游目的地经营管理案例［M］. 孙小珂，等，译. 沈阳：辽宁科学技术出版社，2009.

［5］邹统钎，陈芸. 旅游目的地营销［M］. 北京：经济管理出版社，2012.

［6］李宏. 旅游目的地营销与发展［M］. 北京：旅游教育出版社，2011.

［7］罗明义，杜靖川，杨萍. 旅游管理学［M］. 天津：南开大学出版社，2007.

［8］张红，席岳婷. 旅游业管理［M］. 北京：科学出版社，2006.

［9］钟新民，况既明. 旅游管理体制改革的探讨及其实践［J］. 旅游学刊，2000，15（2）：23–26.

［10］宋瑞，等. 2017—2018年中国旅游发展分析与预测［M］. 北京：社会科学文献出版社，2017.

［11］陆雄文. 管理学大辞典［M］. 上海：上海辞书出版社，2013.

［12］池雄标. 论政府旅游营销行为的理论依据［J］. 旅游学刊，2003，18（3）：58.

［13］芮田生，阎洪. 旅游市场细分研究述评［J］. 旅游科学，2009，23（5）：59–63.

［14］郭英之. 旅游市场营销环境可持续发展研究［J］. 经济地理，2015（3）：101–110.

［15］陆锋. 新媒体时代的旅游目的地宣传和营销［J］. 旅游学刊，2018，33（4）：

1–3.

　　［16］李宏 . 旅游目的地新媒体营销［M］. 北京：旅游教育出版社，2014.

　　［17］谢彦君，吴凯 . 期望与感受：旅游体验质量的交互模型［J］. 旅游科学，2000
（2）：1–4.

第八章

旅游目的地产业管理

知识要点	掌握程度	相关知识	思政主题
旅游目的地产业管理概述	理解	旅游目的地产业分类，旅游目的地产业特性，旅游目的地产业管理特征	
	掌握	旅游目的地产业管理概念，旅游目的地产业管理内容，旅游目的地产业管理措施	
旅游目的地产业体系	理解	旅游目的地产业体系的构成	
	掌握	旅游目的地产业体系构建意义	
旅游目的地产业布局	理解	旅游目的地产业布局的基本理论，旅游目的地产业布局的形成过程	改革创新精神
	掌握	旅游目的地产业布局的影响因素，旅游目的地产业布局的基本模式	
旅游目的地产业融合	理解	旅游目的地产业融合概述，旅游目的地产业融合动力机制，旅游目的地产业融合的对策建议	
	掌握	旅游目的地产业融合障碍分析，旅游目的地产业融合的路径	

📖 导入案例

文化和旅游部发布《"十四五"文化和旅游市场发展规划》

2021 年 4 月 29 日，文化和旅游部发布《"十四五"文化和旅游市场发展规划》（以下简称《规划》）。《规划》提出，到 2025 年，文化和旅游市场监管机制进一步完善，市场主体活力进一步增强，服务质量进一步提升，市场治理能力进一步提高，文化市场综合执法改革深入推进，综合执法效能进一步增强，高标准现代文化和旅游市场体系基本建成，为社会主义文化强国建设打下坚实基础。展望2035年，文化和旅游市场监管体制机制更加完善，市场主体活力显著增强，服务质量显著提升，市场治理能力明显提高，综合执法效能显著增强，高标准现代文化和旅游市场体系更加完善，市场更加繁荣，为建成社会主义文化强国提供有力支撑。

《规划》要求，培育壮大市场主体。推动市场主体转型升级，创新旅游景区监管手段，落实"错峰、预约、限量"要求，提高智慧化监管水平。培育发展新型市场主体，加强对体验式演艺、沉浸式娱乐、在线演出、在线艺术品拍卖、自助式上网、电竞酒店、电竞娱乐赛事等新业态新模式及综合性文化娱乐场所的引导、管理和服务，培育新型文化市场主体。推动线上线下融合发展，推动文化和旅游市场主体数字化转型，鼓励文化和旅游企业广泛应用5G、大数据、云计算、人工智能等技术，创新产品和服务供给，提升服务水平。推动文化和旅游市场深度融合发展，坚持以文塑旅、以旅彰文，推动文化和旅游企业、产品和服务深度融合。

《规划》指出，持续优化营商环境。纵深推进"放管服"改革，深入推进文化娱乐、上网服务等领域"证照分离"改革。大力促进市场公平竞争，健全公平竞争审查制度，完善文化和旅游市场准入退出机制。加强市场执法监管，实行行政执法事项清单管理制度，加强对行政处罚、行政强制事项的源头治理，依法及时动态调整，切实防止执法扰民。

《规划》要求，推进监管能力现代化。推进"互联网＋监管"，运用数字化、网络化、智能化手段，构建业务全量覆盖、信息全程跟踪、手段动态调整的信息化监管平台。健全文化和旅游市场信用体系，建立健全文化和旅游市场信用监管工作综合协调机制，完善信用管理制度，编制文化和旅游领域公共信用信息基础目录、失信惩戒措施基础清单。完善"双随机、一公开"监管制度，实行抽查事项清单管理，建立健全检查对象名录库和执法检查人员名录库，及时、准确、规范公开抽查事项、抽查计划、抽查结果，实现阳光监管，杜绝任性执法。实施包容审慎监管，及时关注文化和旅游市场新模式、新业态、新技术、新产品，按照鼓励创新的原则，留足发展空间，同时坚守质量和安全底线，将其纳入监管视线，分类量身定制监管规则和标准。

《规划》指出，提升文化和旅游服务质量。构建服务质量监管和提升体系，完善文化和旅游服务质量监管和提升政策措施，加快构建以宏观政策为引导、以考核和评估为手段、以评价和信用为支撑、以培训和宣传为保障的服务质量监管和提升政策体系。健全安全生产保障体系，健全行业安全生产政策法规，促进市场发展与安全生产法律法规衔接融合。发展积极健康的网络文化，加强网络文化内容建设，促进向上向善的网络文化传播，守好意识形态阵地。深入推进文明旅游，以文明旅游示范单位、文明旅游示范区创建工作为抓手，提升从业人员文明素质和文明旅游工作水平。发挥行业组织作用，完善文化和旅游市场行业组织体系。

《规划》要求，完善文化市场综合执法体制机制。深化文化市场综合执法改革，完成省市县三级执法机构改革任务，整合执法职能及队伍，保持文化市场综合执法机构的相对独立性。完善综合执法管理体制，充分发挥全国文化市场管理工作联席会议和地方各级文化市场管理工作领导小组作用，完善制度，加强对文化市场管理和综合执法工作的统筹、协调和指导，建立健全符合社会主义核心价值观要求、适应现代文化和旅游业发展需要的综合执法管理体制。完善综合执法管理体制，充分发挥全国文化市场管理工作联席会议和地方各级文化市场管理工作领导小组作用，完善制度，加强对文化市场管理和综合执法工作的统筹、协调和指导，建立健全符合社会主义核心价值观要求、适应现代文化和旅游业发展需要的综合执法管理体制。

（资料来源：https：//baijiahao.baidu.com/s?id=1704766840879374524&wfr=spider&for=pc）

第一节　旅游目的地产业管理概述

一、旅游目的地产业概述

旅游产业，国际上也称为旅游业，是凭借旅游资源和设施，专门或者主要从事招徕、接待游客，为其提供交通、游览、住宿、餐饮、购物、文娱等环节服务的综合性行业。旅游业务主要由三部分构成：旅游业、交通客运业和以饭店为代表的住宿业，它们是旅游业的三大支柱。旅行游览活动作为一种新型的高级的社会消费形式，往往要把物质生活消费和文化生活消费有机地结合起来。狭义的旅游业，主要指旅行社、旅游饭店、旅游车船公司以及专门从事旅游商品买卖的旅游商业等行业。广义的旅游业，除专门从事旅游业务的部门以外，还包括与旅游相关的各行各业。

（一）旅游目的地产业分类

《国家旅游及相关产业统计分类表（2018）》对旅游目的地产业及相关产业进行了分类。本分类中的旅游是指游客的活动，即游客的出行、住宿、餐饮、游览、购物、娱乐等活动；游客是指以游览观光、休闲娱乐、探亲访友、文化体育、健康医疗、短期教育（培训）、宗教朝拜，或因公务、商务等为目的，前往惯常环境以外，出行持续时间不足一年的出行者。同时，本分类将旅游目的地产业分为旅游业和旅游相关产业两大部分。旅游业是指直接为游客提供出行、住宿、餐饮、游览、购物、娱乐等服务活动的集合；旅游相关产业是指为游客出行提供旅游辅助服务和政府旅游管理服务等活动的集合。

（1）旅游业。旅游业分为旅游出行、旅游住宿、旅游餐饮、旅游游览、旅游购物、旅游娱乐、旅游综合服务七大类，具体分类如下。

旅游出行：旅游铁路运输（铁路旅客运输、客运火车站）、旅游道路运输（城市旅游公共交通服务、公路旅客运输）、旅游水上运输（水上旅客运输、客运港口）、旅游空中运输（航空旅客运输、观光游览航空服务、机场、空中交通管理）、其他旅游出行服务（旅客票务代理、旅游交通设备租赁）。

旅游住宿：一般旅游住宿服务（旅游饭店、一般旅馆、其他旅游住宿服务）、休养旅游住宿服务。

旅游餐饮：旅游正餐服务、旅游快餐服务、旅游饮料服务、旅游小吃服务、旅游餐饮配送服务。

旅游游览：公园景区游览（城市公园管理、游览景区管理、生态旅游游览、游乐园）、其他旅游游览（文物及非物质文化遗产保护、博物馆、宗教活动场所服务、烈士陵园、纪念馆、旅游会展服务、农业观光休闲旅游）。

旅游购物：旅游出行工具及燃料购物、旅游商品购物。

旅游娱乐：旅游文化娱乐（文艺表演旅游服务、表演场所旅游服务、旅游室内娱乐服务、旅游摄影扩印服务）、旅游健身娱乐（体育场馆旅游服务、旅游健身服务）、旅游休闲娱乐（洗浴旅游服务、保健旅游服务、其他旅游休闲娱乐服务）。

旅游综合服务：旅行社及相关服务、其他旅游综合服务（旅游活动策划服务、旅游电子平台服务、旅游企业管理服务）。

（2）旅游相关产业。旅游相关产业分为旅游辅助服务和政府旅游管理服务两大类，具体分类如下。

旅游辅助服务分为游客出行辅助服务（游客铁路出行辅助服务、游客道路出行辅助服务、游客水上出行辅助服务、游客航空出行辅助服务、旅游搬运服务）、旅游金融服务（旅游相关银行服务、旅游人身保险服务、旅游财产保险服务、其他旅游金融服务）、旅游教育服务（旅游中等职业教育、旅游高等教育、旅游培训）、其他旅游辅助服务（旅游安保服务、旅游翻译服务、旅游娱乐体育设备出租、旅游日用品出租、旅游广告服务）等类型；政府旅游管理服务分为政府旅游事务管理和涉外旅游事务管理。

一个旅游项目，从最初策划到规划、设计、建设，再到对外营业，游客来游玩，需要以上各个环节系统紧密配合。旅游产业具有跨行业的综合复杂性以及多环节配合的服务消费特性，旅游产品之间的相互依赖非常强，需要各个环节提供保障。因此，旅游产业更多地表现为一种"以旅游业本身所包含的行业为基础，关联第一产业、第二产业及第三产业中的卫生体育、文化艺术、金融、公共服务等相关行业的泛旅游产业结构"。

（二）旅游目的地产业特性

旅游目的地产业是凭借目的地旅游资源和旅游设施，为旅游者的旅游活动提供所需商品和服务的综合性产业，除了具有经济产业的一般性特征外，旅游目的地产业还具有

自身的独特性。从系统论视角理解旅游产业，旅游目的地产业的特殊性主要表现在以下几个方面。

（1）行业聚集性。旅游资源开发行业、旅游要素行业与提供基础设施、自然环境的相关部门，凭借彼此之间横向或纵向的联系，形成巨大的旅游产业集群。这些相关的行业和部门虽然分属于不同的行业，有着不同的经营模式、生产特征及产品，但由于共同服务于相同的消费者，因而在同一地理区域内集聚，具有高度的集群特征。

（2）效应外部性。由于旅游环节的环环相扣及旅游者对旅游景点感观和评价上的总体性特征，使分布于同一区域内的各旅游企业或行业存在着巨大的依赖性和关联性。这样某个企业的优质服务将会有效促进其他企业的成功。反之，整个旅游集群内所有相关的企业都将受损。因而，在旅游产业中，各领域、各部门的平衡发展和相互协调与整合，对提升旅游集群的正向外部效应就起到了至关重要的作用。

（3）部门专业性。旅游产业在空间地域上表现为各部门、各行业的分工与协作。它们处于整个旅游系统的不同环节，每个部门只从事生产过程中一个环节的专业化生产，特别是随着旅游市场的日趋完善和旅游者需求的不断变化，旅游服务的专业化程度必然会继续提高。

二、旅游目的地产业管理概述

（一）旅游目的地产业管理概念

旅游目的地产业管理就是为实现旅游目的地产业发展和地区宏观调控的目标，设计并保持一种良好的环境，对旅游产业进行规划、组织、协调、沟通和控制的一种管理过程。旅游目的地产业管理有时又被理解为旅游行业管理。

旅游目的地产业管理包含两个层次：第一个层次就是通过旅游组织及行业协会来统一规划、协调、指导、沟通各行业的生产经营活动，促进产业的发展；第二个层次是国家政府机构通过制定各种财政、金融等政策来确定旅游业中的各个行业，尤其是重点行业的发展方向和目标，对各行业进行规划、协调和指导。它们之间的协调主要是通过行业协会和跨行业的行业联合会与政府部门的密切沟通进行的。

（二）旅游目的地产业管理的特征

旅游目的地产业管理的主体是各级旅游行政部门和旅游产业组织。因此，旅游目的地产业管理有以下主要特征。

（1）综合性。旅游产业管理具有综合性的特征。旅游业是一个关联性极强的行业，旅游业的六大要素"食、住、行、游、购、娱"使旅游产业管理涉及的面非常广泛，旅游产业管理不仅涉及旅游行业内部，还涉及其他相关行业。

（2）宽泛性。旅游产业管理幅度具有宽泛性特征。旅游活动是涉及多个地区、多个部门的活动，由此旅游产业管理涉及的职能部门广泛，旅游行政管理部门协调难度大，在现实中存在较为严重的"政出多门""多头管理"的现象。

（3）动态性。旅游产业管理具有动态性特征。旅游产业管理是一个动态的管理，涉及旅游企业运行的全过程。比如，以旅行社为例，旅游产业管理从许可证的审批、质量保证金的收缴、年检、投诉处理、不合格企业的处理等，形成了一个动态的管理过程。

（4）创新性。旅游产业管理具有创新性的特征。伴随着"互联网＋"以及信息时代的到来，互联网、云计算、大数据、物联网等新一代信息通信技术的发展为当下传统产业变革、转型升级带来了新的发展机遇，而智慧旅游的大力发展正是旅游业在当前背景下应运而生的时代产物，为旅游产业创新管理方式提供了新的途径和方法。

（三）旅游目的地产业管理的内容

（1）旅游产业规范管理。是指贯彻落实党的文化工作方针政策，研究拟订文化和旅游政策措施，起草文化和旅游法律法规草案。目前，我国旅游供求存在着总量和结构的失衡，旅游竞争较为激烈、无序，市场处于相对混乱的状态，行业内外对维护旅游行业秩序的要求很强烈。因此，应加快旅游产业法治建设，加强对旅游产业的监督和执法力度，给旅游业的发展创造一个良好的环境。

（2）旅游产业服务管理。随着我国市场机制的逐步成熟，旅游行政管理部门对旅游企业的直接干预应逐渐减少，行业管理的重点应向为旅游产业的健康发展提供行业性服务转移。这些行业性服务包括以下内容：①旅游信息服务。包括旅游信息的统计和发布，旅游信息市场和信息平台的建设等，这是行业管理部门服务整个行业，提供公共产品的重要方面。②旅游宣传服务。包括旅游产品的促销以及国家和旅游地的形象宣传。③旅游关系协调服务。旅游业涉及众多的产业部门，旅游管理职能也涉及众多的政府部门，旅游行政主管部门应在这些错综复杂的关系中做好协调工作。④旅游教育培训服务。对行业的从业人员进行教育培训是一个行业可持续发展的重要保证，因教育培训有较强的外部性和准公共物品的属性，旅游产业管理部门应加大这方面的投入，通过适当的机制鼓励市场主体的参与。⑤旅游标准化服务。旅游标准化对于规范旅游企业的经营行为，明确旅游企业和旅游消费者之间的权利义务关系，形成统一的旅游市场等具有重要的意义，旅游主管部门和旅游产业协会应加大旅游产业标准的制定和执行力度。

（3）旅游产业规划管理。各国政府都重视旅游规划的编制和实施。旅游规划是旅游业发展的重要指导文件，是各级政府确定旅游业发展方向，实现旅游业发展目标和旅游生产力布局，实施宏观调控，引导企业行为的重要手段。

（4）旅游产业合作管理。区域旅游产业合作包括区域之间的旅游合作和区域内部地区间的旅游合作两个层面。以往的旅游区域合作管理方式大多是依靠行政关系人为组成的，缺乏联合的基础与动力源，也缺乏经济利益与市场机制。而真正体现市场原则的区

域旅游产业合作，则是坚持"大旅游、大市场、大产业"的指导思想，以及平等互利、自愿参加、优势互补、各得其所、逐步发展的合作原则依据产业和资源联系形成的有机经济联盟形式。确切地说，区域旅游合作是指区域范围内不同地区之间的旅游经济主体，依据一定的协议章程或合同，将资源重新配置、组合，以便获取最大的经济效益、社会效益和生态效益的旅游经济活动。

（5）旅游产业监督管理。作为"无烟工业"的旅游业已发展为朝阳产业，旅游产业的高效合理发展不仅能够调整和优化产业结构，也有助于促进社会的协调发展。政府作为旅游产业的主管部门，承担着对旅游产业进行监管的责任。在旅游资源的开发和使用过程中，政府职能部门应对企业的行为进行有效的监督和管制，协调好短期利益与长期利益、个别利益与公共利益的关系，为旅游业的可持续发展打下基础。

（四）旅游目的地产业管理的措施

管理手段是与管理主体相联系的，其具体形式受到管理主体自身性质的深刻影响。旅游产业管理主体有政府相关职能部门和民间产业管理组织。政府产业管理部门，主要是以行政手段为中心建立旅游管理措施体系；民间产业管理组织，主要是以服务为中心，依靠协会章程和规则来建立旅游管理措施体系。具体而言，我国目前的产业管理主要有以下手段。

（1）旅游市场准入措施。为了保证旅游经营者和从业人员的基本素质，确保旅游产品质量，我国旅游管理部门制定实施了相应的旅游政策和法规，建立了旅游市场准入制度，主要有旅行社许可证制度、导游人员资格证制度、旅游定点和饭店星级评定制度。旅游市场准入制度是通过授予相关主管部门行政审批权来实现的。

（2）旅游市场监督管理措施。对于已经进入旅游市场的经营者和从业人员，我国旅游产业管理部门也形成了一套规范监督其行为的机制。比如，旅游投诉制度、旅行社质量保证金制度、年检与复核制度、旅游市场专项整治制度等。旅游市场监督管理制度集中体现了政府运用行政权力对市场主体行为的规范和约束。

（3）旅游市场引导和服务措施。除强制性的行政管理手段外，我国还形成了一些引导旅游企业行为，服务旅游市场的制度和惯例，例如，制定出台各级各类旅游规划，开展旅游标准化工作、旅游市场推广和旅游信息服务等。旅游市场引导和服务手段，体现了政府职能和产业管理方式的转变，更适应我国市场经济体制的发展状况，在今后的工作中应该得到进一步强化。

第二节　旅游目的地产业体系

我国的现代旅游产业体系就是以旅游管理系统、旅游景区系统、旅行社系统以及旅游服务辅助系统共同构成的一个体系，其内部存在着复杂的关联关系，相互影响、相互促进，共同维系着旅游产业体系的发展。

一、旅游目的地产业体系的构成

具体而言，现代旅游产业体系主要包括旅游管理系统、旅游运行系统以及旅游保障系统这三大系统。

（一）旅游管理系统

这是现代旅游产业体系的核心系统，它由国家政府旅游主管部门、下属各级人民政府旅游主管部门以及各级各部门的旅游行业协会所组成。国家旅游主管部门，包括各级政府所设立的旅游管理部门，其主要职责就是统筹协调旅游业发展，制定发展政策、规划和标准，起草相关法律法规草案和规章并监督实施，指导在本辖区内的旅游工作；组织旅游资源的普查、规划、开发和相关保护工作；制定本行政管辖区域内的国内旅游、入境旅游和出境旅游的市场开发战略并组织实施，组织旅游整体形象的对外宣传和重大推广活动；对旅游景点、旅行社等旅游服务部门及从业人员进行综合管理，规范其经营活动，承担规范旅游市场秩序、监督管理服务质量、维护旅游消费者和经营者合法权益的责任。总之，旅游主管部门代表国家和政府，行使国家所赋予的权力，保障整个旅游产业稳定有序地开展各项工作。除此之外，在有些地方还存在旅游行业协会，它是由各级旅游主管部门、旅游企事业单位、与旅游相关的部门以及热心于旅游业的各界人士、专家学者组成，以促进本产业的自律发展为职责的旅游行业社会团体。旅游管理系统分工合理、管理到位，是保证一个地区旅游产业高速发展的有力支柱。在政府主管部门的支持下，旅游行业协会能起到很好的协助作用，两者共同承担着对旅游实体企业的管理功能和职责。

（二）旅游运行系统

旅游运行系统包括旅游景区和旅行社两大类。众多旅游景区是传统意义上的旅游产品的载体，它们所提供的服务，也是现代旅游业中的一种重要旅游产品。在传统意义上，几乎所有的旅游活动，都是围绕着旅游景区的自然旅游资源和社会旅游资源而开展的，它们为旅游活动展开提供了一定的空间。它们在不同城市或地域范围内地理上的布局就构成了旅游空间结构。旅游空间结构，是指旅游经济客体在空间中相互作用所形成的空间聚集程度及聚集状态，它体现了旅游活动的空间属性和相互关系，是旅游活动在地理空间上的投影，是区域旅游发展状态的重要指示器，涉及旅游产品的开发，是旅游消费的主要市场。旅游空间结构在某地区的布局是否合理直接影响当地旅游产业的发展。在景区的管理上，目前来看，主要有三种模式：政府专营的经营管理模式、租赁承包或买断模式、现代企业制度经营景区模式。其主要收入来源是门票收入，除此之外，还有其他一些服务方面的收入。旅游景区数量众多，经营活动各不相同，与人们的旅游意愿密切相关。旅游景区的内部建设与结构特点也是影响旅游景区业务收入的一个重要内容。它们处于旅游产业体系的中心位置，所有的旅游活动都是围绕着它们而展开的。旅游管理系统通过各种法律手段、经济手段、行政手段处理着与它们的关系，旅行社为它们设计、开发、售卖旅游产品，食、住、行、购、娱等旅游服务辅助系统因它们而存在，因它们而繁荣。因此，旅游景区的发展与建设对旅游产业发展关系重大。搞好旅游城市规划，建设好旅游景区，是发展好当地旅游产业的前提。

旅行社是旅游活动的主要发起者与设计者，在旅游产业中是一个很大的体系。按照经营业务范围，可以分为出境游组团社、经营国内旅游和入境旅游的旅行社两大类，旅行社与旅游景区的关系最为密切，因为旅游景区所提供的旅游服务要通过旅行社开发设计成旅游产品，并向全社会公开发售，才能被社会所认可，才能为景区和旅行社带来实际的经济收入。一个景区会与当地成千上万的旅行社建立联系，以保证自己的旅游服务被社会所接受。同样，旅行社之间也存在着复杂的联系，有负责地接的，有负责组团的，由于所处的地理位置不同，经营规模不同，内容和分工也有不同。

（三）旅游保障系统

旅游保障系统是一个由交通运输、宾馆饭店、娱乐购物等多种服务内容共同组成的体系，它们共同的特点就是提供旅游者所需要的各种服务，以帮助旅行社实现旅游产品的价值并使之升值。①交通运输服务部门提供实现旅游产品所必需的交通工具。旅游者从一个地区到另一个地区去享受旅游服务，必须借助现代化的交通运输工具才能实现。交通运输不仅是国民经济发展的基础和前提，也是区域旅游业发展的基础，对于提高旅游目的地的可达性有着重要的意义。在现代旅游产业中，交通运输部门应能根据旅游部门的需要，及时提供各种交通工具，创造便利的交通条件，让旅游者享受到便利快捷的交通服务，尽量减少交通成本，为旅行社提供更多的利润空间。旅行社在与交通部门合作过程中，也可以利用自己的优势，为交通部门创造更多的经济增量，从而实现双方的共赢。②宾馆饭店是提供旅游服务使旅游者享受生活的一个重要环节。旅游就是生活的一部分，旅游离不开吃和住。让旅游者感受到家的温暖，这是对旅游工作的一贯要求，如何提高旅游服务的质量，就要在吃和住上多下功夫。在住上，客房设计原则是安静、舒适、安全、设施齐备，有利于清洁卫生，家具的尺度和式样要同客房大小和形状协调一致，努力为客户提供力所能及的高质量的服务；规范化管理，员工训练有素，处处体现着礼仪之风。在吃上，应能根据游客的口味，提供一些地方特色的菜品，注意营养的合理搭配，符合现代营养学的要求，从而让游客得到别样的生活享受。让游客在享受旅游景区的美好风景时，也能感觉到生活的细微照顾。③娱乐、购物是旅游活动中高层次精神享受的一个重要内容。充实旅游活动的内容，就必须强调精神享受，精神享受是旅游者出行的主要目的之一。旅游娱乐，包括各种文化活动的举办、一些展览等，都可以提高旅游目的地的重游率。这可以看作近年来旅游创新的一个热点。这就需要旅游目的地政府或企业根据当地的一些文化特点，结合现代社会的需要，开发更多更丰富的文化或体育活动，创办旅游主题活动，以此吸引更多的游客，提高当地旅游收入。

二、旅游目的地产业体系构建的意义

（一）为旅游产业化的全面发展提供依据

对产业化的认识需要了解"产业"和"化"这两个概念。产业是从事同类物质生产或相同服务的经济群体，是具有某种同类属性的企业经济活动的集合。大多数学者认为，旅游需求与旅游供给之间的相互作用使得旅游经济活动中产生了一系列的经济现象和经济关系，由此形成了旅游产业。从需求角度来看，旅游产业是指具有同类或相互密切竞争关系和替代关系的旅游产品或旅游服务；从供应角度来看，旅游产业是指具有类似生产技术、生产过程、生产工艺等特征的旅游产品或类似经济性质的服务活动。

"化"在现代汉语词典中解释为"加在名词或形容词之后，构成动词，表示转化为某种性质或状态"，有转化、演化和演进的意义。英文中对产业化的翻译为"industrialization"，与"工业化"的翻译是相同的。参考到现在习语中常言之现代化、工业化，可知"产业化"与这些词都是强调量的积累、质的突破，是对转化程度的一种描述。产业化是指一定条件或历史时期提供某种特殊劳动或成果的非国民经济部门或行业，通过商品货币关系变换，对自身规模、组织和活动目标进行调整改造，实现由非产业部门向产业部门的转化，成为国民经济一个部门或者有机组织的过程。产业化包括两个基本要求，由非产业到产业的变化，质变的过程包含着规模扩大和结构的演进。进一步地说，旅游产业化就是旅游业要形成社会普遍承认的规模程度，实现从量的集合到质的改变，真正成为国民经济中以某一标准划分的重要组成部分。

当前，我国旅游产业已完成"非产业"到"产业"的过渡，处于产业化的进程中。在我国，城乡居民早期谈论的多是"旅游"而非"旅游业"。对个人而言，旅游是消费者个体的一种消费和体验，是"个人以前往异地寻求愉悦为主要目的而度过的一种具有社会、休闲和消费属性的短暂经历"。旅游业"产业化"的过程是漫长的，既要遵循产业生命周期的规律（投入期→成长期→成熟期→衰退期），同时也要遵循产业结构的不断调整、转型和升级的发展逻辑。当前，我国旅游产业发展面临"入境旅游市场增长的稳定性需要进一步巩固，旅游业发展方式比较粗放，体制机制相对滞后，法治环境尚需完善，市场秩序不够规范，人才科技支撑不足"等普遍性问题。

因此，通过对旅游产业体系理论的挖掘，对旅游产业体系实践的探索，积极寻求旅游产业化的科学发展路径，努力发掘低成本、高效率的推进方法，对全国乃至地区旅游业发展具有重要的理论与现实意义。构建旅游产业体系，全方位、系统性地把握我国旅游产业纵向发展、横向发展的状况，有针对性地对旅游产业数量、质量和结构的调整提

出可行的、科学的改进方案，循序渐进推动旅游产业的"产业化"进程，是我国旅游产业化发展的强劲有力的理论支撑。

（二）为旅游产业边界独立提供思路

旅游产业是社会分工和社会生产力发展到一定阶段的产物。从产业的历史性与现实性来看，旅游产业并不是一开始就有的。就我国而言，在国民经济不发达、温饱问题没有解决的困难时期，旅游对绝大多数城乡居民都是奢侈品。那个时代的旅游只是一种个人前往异地寻求愉悦为主要目的的短暂经历，是旅游者为满足个人需求而进行的活动，与旅游产业无关。20世纪80年代经常听到的说法是"旅游搭台、经济唱戏""旅游给生产穿针引线"。这些说法从侧面反映出旅游产业在那个时期仅仅是经济发展的配角。此后，随着我国经济综合实力、交通便利度、居民需求以及政府关注度的增加，旅游产业对区域经济、政治、社会、文化等领域的贡献递增，旅游产业在增加外汇、平衡国际收支、加速货币回笼，促进经济发展，吸纳劳动力、缓解就业压力等方面表现出明显的作用，逐步成为新时期生产力发展的新部门，成为国家发展战略的组成部分。

国内专家学者和政府官员对旅游产业的重视是随着国民经济的发展不断延伸和推进的。从现状来看，国家和地方都把旅游经济放到了较高的位置，从资金、资源和人才等方面给予大力支持。但作为一个非独立的产业部门，旅游产业在发展中常常遭遇尴尬。

大多数学者认为，导致旅游业统计空白和实际发展不相匹配的根本原因在于，旅游业是具有高关联度的复合型产业。旅游业不仅仅与交通运输业、餐饮业、旅游景点等产业部门直接相关，而且和第三产业的大多数部门（如房地产、邮政、租赁等）有着关系。若将旅游业列入国民经济账户，容易造成项目的重复计算。若将旅游性支出从其他产业中独立出来，则又不能完全反映这些产业部门的产出。世界旅游组织、世界旅游协会以及经合组织等国际性旅游、经济组织近年来提出了设立旅游卫星账户（Travel & Tourism Satellite Account，TSA）的旅游业产出水平统计方法。TSA不仅考虑旅游消费对经济的直接影响，还考虑旅游企业、供给商和其他服务供给对经济的间接影响，从而解决了旅游业现实发展与统计及统计指标缺位的不对称性。客观地讲，我国旅游产业发展时间短，理论研究滞后产业发展。专家学者、管理者希望学术界或实践界对旅游产业边界有较为清晰的定义，以便进一步明确旅游业在经济发展中的地位。如旅游业在国民经济或区域经济中究竟应该充当主导产业、支柱性产业、战略性产业还是其他，现有研究对这个问题的解释力度偏弱。大多数人对旅游业的认识仍停留于表面，缺乏科学的、系统化的理性认知。如对旅游产业与国家、区域经济发展的关系的讨论，多停留在定性、描述性分析层面，量化分析和实证分析明显不足。大多数对旅游产业定位的说辞来自政府出台的文件，基于科学方法的定位研究匮乏，由此形成了区域发展旅游产业的急切欲望和决策缺乏科学论证之间的鲜明对比，"拍脑袋"仍是区域旅游发展决策中的常规动作。

为产业边界独立提供依据，对产业边界进行明确认定，继而在实践中寻找出推进产业科学发展的路径，这是研究旅游产业体系的基本目标。就我国而言，促进旅游业发展首先要解决的是意识问题，从根本上解决部分专家学者、政府官员对旅游产业是"附属""次要"部门的错误认识。其次，需要把旅游产业的重要性与旅游部门的独立工作统一起来，从源头上解决旅游产业与其他产业边界混淆的问题。最后，需要考虑的是如何将旅游产业独立出来，如何建立适用旅游产业的专业、专属统计数据库，改变现有产业科学发展缺乏数据支撑，科学决策缺乏依据的问题。

（三）为做大做强旅游产业提供路径

做大做强旅游产业需要了解影响产业发展的主要因素，需要对旅游产业体系的基本构成有所掌握。从"产业经济学"的习惯分类来看，影响旅游产业发展的因素包括需求因素、供给因素、对外贸易因素、制度政策、发展战略和环境因素。需求和需求结构对旅游业的生产（服务）和生产结构产生影响，而需求结构中的投资结构、积累和消费结构、个人消费结构、中间需求和最终需求比例则是影响旅游产业发展的重要部分。拿投资结构来说，我国在道路交通基础设施上的投入极大地改善了交通的便利度，为旅游产业发展改善了条件。而个人消费中用于衣、食、住、行、文化、娱乐等消费支出的增加会直接影响旅游产业部门的发展，如交通运输、餐饮住宿、娱乐等。

做大做强旅游产业需要了解旅游产业运行的基本机制，需要对旅游产业体系建设的实现过程有所了解。市场机制是推动旅游业发展的重要机制，是依靠价格、供求、竞争等市场要素的相互作用，自动调节旅游企业、机构的生产经营活动，实现社会经济按比例的协调发展。动力机制是推动旅游业发展的关键机制，是旅游产业系统按照特殊约束关系所进行的演化运动。动力机制是产业内部自发的内在力量，表现为分工互补、降低交易费用、知识共享、外部经济、规模经济和网络创新等。激励机制源于相关组织有意识地对产业进行的规划和调控行为，表现为外部竞争、品牌意识、协作发展和集群政策等。

做大做强旅游产业需要对旅游产业体系建设的阶段性发展思路有所把握。大体上，旅游产业发展需要延伸旅游产业范围，促进旅游业与第一产业、第二产业、现代服务业的融合；需要提高其他产业对旅游产业的支撑作用，完善产业配套设施建设；需要地区间积极有效合作，扩大旅游品牌效应；需要关联产业之间相互促进，充分发挥产业波及和关联效应作用；需要对各种旅游资源加以整合利用，提高资源优化配置率；需要提升旅游产业整体素质水平，提高消费者满意度。站在旅游产业体系建设的视角，做大做强旅游产业不仅需要关注旅游产业的经济效益，还需要关注旅游产业的社会效益；不仅要关心旅游产业的规模建设，还要关心旅游产业的结构优化；不仅要关心旅游产业本身的发展，还需要关心与旅游产业关联度大的产业的配套发展；不仅要注重旅游产品的量，更要注重旅游产品的质。

综上，影响因素、运行机制、发展思路是构建旅游产业体系应把握的重要内容，基于产业体系视角对旅游发展路径的探索，可充分发挥要素在不同时期的作用，在资源分配、效率提升、结构优化目标下实现产业整体竞争力的提升，有效地促进旅游产业做大做强。

（四）为旅游经济优质发展提供行动指南

如何引导旅游产业以科学、有序、可持续的发展模式带动区域经济发展，为旅游经济强区提供行动指南，既是构建旅游产业体系的初衷，又是构建旅游产业体系的目标所在。旅游经济对国民经济的影响是多路径、多层次的。专家学者认为，旅游产业对国家（区域）经济是有直接或间接作用的，主要表现在：旅游产业能够增加外汇收入，平衡国际收支；加速货币回笼，减轻市场压力；促进和带动相关产业的发展；提供就业机会，稳定社会秩序；促进社区发展，缩小社区差距；加强民间了解，维护世界和平；扩大国际合作，加速社会进步；便于科技文化交流，推动人类文明发展。

相比而论，三次产业中第一产业、第二产业的理论发展相对靠前，第三产业稍微滞后，旅游产业理论的发展则非常不足。举个例子，"产业乘数效应"是产业研究的一个关键内容，工业、制造业在这些方面的研究较为领先，分析技术成熟，有专门数据库为数据分析提供支撑。旅游产业在乘数效应（倍增效应）方面的研究较为滞后，研究成果和研究质量都不能与第一产业和第二产业比较。成果少是一方面原因，没有分析数据则是另一大原因。旅游产业没有被纳入《国民经济行业分类》（GB/T 4574—2017），使得旅游业关联带动模型难以把握。国内旅游经济发展较快、较好的几个地区（如广州、北京等）对"旅游与经济发展"关系的研究有一些成果，但大多数地区没有跟进，存在空白。此外，现有的为数不多的一些研究成果，是基于研究假设推导出来的，存在一定的风险，也降低了模型的可信程度。而旅游产业定位与地位的不确定，政府机构和行业组织对旅游活动的定义差异，又进一步降低了人们对该产业的可信度。因此，促进旅游产业体系建设，从理论上阐明旅游产业发展与区域经济发展的关系，从事实上论证旅游产业发展对区域经济的推动作用，是实现"旅游经济强区"的必然选择，也是"旅游经济强区"路径选择的首要工作。

第三节　旅游目的地产业布局

一、旅游目的地产业布局的基本理论

旅游地是旅游活动的空间单元，其构成元素包括旅游景区和旅游城镇，交通线路使其成为一个联系的旅游空间。这个层面的理论是对旅游区内的产业如何布局进行说明，包括旅游景区、旅游城镇的布局与建设，旅游景区之间、旅游城镇之间、旅游景区和旅游城镇之间的关系的处理，涉及的理论有区位理论、增长极理论、旅游地生命周期理论、旅游中心地理论、区域分工合作理论等。

（一）区位理论

"区位"一词源于德文的 Standort，该词于 1886 年被译为英文 Location。区位的主要含义是某事物占有的场所，具有位置、布局、分布、位置关系等方面的意义，并有被设计的内涵。

区位论又称为立地论或标准化理论，最早出现于经济学中。19 世纪初，德国经济学家杜能创立了农业区位论。20 世纪初，德国经济学家韦伯创立了工业区位论。30 年代，德国地理学家克里斯·泰勒，根据聚落和市场的区位，提出了中心地理论。之后，另一德国经济学家廖什利用克里斯·泰勒理论框架，发展了产业的市场区位论。日本学者对区位论在旅游开发规划中的应用进行了深入的研究，发展了较为成熟的"观光立地论"。

区位理论在旅游业的应用体现在区位理论对区域旅游和旅游地发展战略具有指导意义。区位条件的好坏反映了人们进行旅游的方便程度，从而影响旅游市场的大小和可进入程度，最终决定旅游经济效益的大小。有的地方尽管旅游资源丰富，但由于区位条件和经济条件差，游客在很大程度上不会选择这个目的地。因此，在制定旅游发展战略时，必须首先分析各个区位的因子（包括自然、资源、交通、市场、人力、经济、聚集等），然后研究地区的区位特征，确定合理的战略目标，决定开发力度和进度，寻求区位优势，而不致盲目规划。

（二）增长极理论

增长极理论首先是由法国经济学家佩鲁提出的。佩鲁认为，经济发展的主要动力是创新，而创新总趋向于集中在某些特殊的产业，这些产业通过系列效应推动其他产业的发展，成为产业的增长极。由此可以看出，佩鲁的增长极主要是产业的增长极，而不是空间的增长极。

把佩鲁的增长极理论运用到区域空间的是佩鲁的同事和学生们，尤其是法国经济学家布戴维尔，他认为增长极是主导推进型产业在空间上的集聚体，甚至完全脱离了产业概念，把它变成了地理上的增长极。

区域上的增长极有三层含义：①它是相互关联的主导产业的空间聚集；②它是推进型产业及其相关产业的空间聚集；③它是一个带动周边腹地经济增长的中心。

增长极理论在旅游业的应用中体现在增长极是指旅游及相关产业在空间上的集聚体，在区域内可以表现为旅游点或旅游区。增长极具有集聚效应，旅游生产力要素首先会布局在那里。同时增长极也具有扩散效应，当增长极发展到一定阶段后，会出现强烈的竞争和规模不经济，这时就表现出明显的扩散效应，增长极会带动边缘区的发展，旅

游产业空间布局会向周围扩散。

（三）旅游地生命周期理论

旅游产品生命周期，也有作者称为旅游地生命周期。在 20 世纪 30 年代末，Gilbert 对英国海滨胜地成长过程进行了研究。在 60 年代，德国地理学家克里斯·泰勒对地中海沿岸旅游乡村的演化过程进行了研究，将旅游乡村的生命周期分为三个阶段：发展阶段、增长阶段和衰落阶段。

对旅游地生命周期研究集大成者是加拿大著名地理学家巴特勒，他提出了旅游地生命周期演化模型。在他的模型中，旅游地的发展水平是随时间而变化的，在旅游地没有被开发之前，旅游者人数近似为零。当旅游地被初步开发后，旅游地出现来访者，但人数很少。随着开发的逐步深入，旅游地接待人数不断增长，但这种增长不是无止境的，而是像任何事物的发展一样会达到成熟阶段，并保持旅游接待人数的稳定，然后由成熟走向衰落，旅游接待人数开始下降。这时候如对旅游地的定位和开发措施进行重新调整，旅游地接待人数可能会出现二次增长，否则会大幅度下降。

对于旅游地生命周期的运用，在旅游产业空间布局上可以有三个方面的体现：①分析旅游点生命周期所处的阶段，指导新产品的开发和战略方向的调整。②有利于选择合适的空间扩散时间。当旅游地发展到成熟阶段，为了维持这种良好的发展状态，一方面可以进行内部调整，进行新的形象定位和旅游产业的升级换代，另一方面可以选择向外空间扩展，这是空间扩展的最好时机。如大九寨国际旅游区的成立，一方面是为了打出品牌、扩展市场，另一方面是九寨、黄龙景区发展到成熟阶段后，为取得区域平衡发展和形成整体吸引力优势而做出的向外空间延伸。③调整产业空间布局的规模。旅游地一定的生命发展阶段对应一定旅游来访者人数。旅游产业空间布局的规模，可以根据接待人数是旅游地生命发展阶段的函数来预计调整。

（四）旅游中心地理论

不论是以城市为核心的城市周边旅游空间模型，还是以旅游线路组织为基础的长线旅游形式，都体现出很强的旅游中心地特征。这个理论的创始人是克里斯·泰勒，但他没有采用对商业服务中心地研究所采用的演绎方法，故没有建立起一个理想的旅游作用空间模型。齐瓦丁·乔威塞克提出了类似杜能环的旅游空间模式，但对实际旅游空间组织没有多大的指导作用。我国学者楚义芳、钱小芙于 1987 年提出，旅游地空间组织的最终格局应类似于克里斯·塔勒中心地理论中的 K=3 体系。

（五）区域分工合作理论

在这个理论中，重要的有相互依赖理论和地区分工与贸易理论。前者揭示了世界经济相互依赖的原理，后者又包括成本学说、优势原理和相互合作理论等。区域分工合作理论的基本思想是世界经济是相互依赖的，每个区域都在某些方面，如资源禀赋、劳动生产率、某种产品等方面拥有优势，每个区域发展要充分利用这些优势，并做到区域间的合理分工和共同协调发展。

区域分工合作理论运用到旅游业可分为两个层面：旅游业对其他产业具有依赖性，旅游业内部产业结构要不断合理化；各层次区域旅游系统要在形象定位、旅游产品等方面做到差异化并形成吸引合力。

二、旅游目的地产业布局的影响因素

通过理论分析和旅游目的地旅游发展实践，我们发现，区域旅游产业空间布局要受多种因素的影响和制约，这些因素主要有资源因素、区位条件、市场因素、社会经济因素、政策因素及其他等。

（一）资源因素

旅游资源也称旅游吸引物，是指对旅游者具有吸引力的自然存在和历史遗存、文化环境，以及直接用于旅游娱乐目的的人工创造物。一般说来，资源因素对旅游开发处于起始阶段的地区影响较大，随着旅游开发程度的加深，资源因素对旅游地开发的影响减弱。资源因素从以下方面影响区域旅游空间布局。

（1）旅游资源质量。旅游资源质量和旅游者旅游行为之间存在着相关性。陈健昌等指出对于以观光旅游为主的旅游地，进行跨国、跨省大尺度旅游的游客一般只选择国际性、国家级的旅游地。在省内进行中等尺度旅游的游客除了选择国际级和国家级的旅游地外，还选择省级的旅游地。仅在市内、县内进行小尺度旅游的游客会选择所有级别的旅游地。也就是说，高质量的旅游地吸引范围较大，吸引游客较多，而级别低的旅游地吸引范围较小，吸引游客较少。旅游资源质量直接影响区域旅游业布局，高质量的旅游地往往被优先开发，成为区域旅游业的中心，即区域旅游网络的重要节点。低质量的旅游地在区域旅游开发初期一般不开发或开发程度很低，且因其资源价值不高只有当地居民光顾。

（2）旅游资源分布状况。旅游资源的分布是指其在空间上的组合状态。旅游资源的吸引力大小可以表现为两种状态：一种是旅游资源的等级和质量的高低；另一种是旅游资源的组合和分布，即旅游资源一般而组合形态较好的旅游地同样会表现出很强的吸引力。

旅游资源的分布或集中、分散。集中分布的资源便于开发，也有利于节省游客时间成本、距离成本和精力成本，使游客以较低的付出获得较大的收益，所以资源集中的区域无疑会成为旅游业优先开发的区域，反映在空间布局上就是增长极的备选对象。旅游资源的分布状况决定着区域开发的格局，如长江三峡重庆段，过去一般表现为"三点一线"格局，"三点"就是丰都鬼城、石宝寨和白帝城，"一线"指的是长江一线，区域旅

游业布局受旅游资源分布的影响而主要布局在"三点"上，这也是旅游技术经济在空间上的必然体现。

在区域旅游规划和建设中，应根据旅游资源的分布状况对旅游业进行空间布局，认识分布状况对空间布局的影响，使区域旅游业空间布局同资源的分布状况相适应。

（二）区位条件

旅游客流的强度与方向决定着旅游地空间布局，而在影响旅游客源强度与方向的常规因素中，除旅游资源因素以外，另一个就是旅游地的区位条件。一般认为，资源因素是影响区域旅游业空间布局的首要因素，但牛亚菲认为旅游地的区位条件比旅游资源因素更能影响旅游地的布局。不管怎样，我们都认为旅游地区位条件是关键性因素。

区位条件影响区域旅游空间布局可以表现为两个方面：①交通条件。旅游产业具有区域性和不可移动的特点，旅游者必须发生空间位移到旅游地才能使用旅游产品，所以旅游地的可进入性往往成为旅游发展的瓶颈。在旅游资源等级相同的条件下，交通区位好的旅游地是区域旅游业首先青睐的对象，区域旅游产业布局与交通线路存在密切的联系。②自然条件。旅游自然条件是指旅游目的地和依托地的各种自然因素的总和，是旅游区的大气、水、生物、土壤、岩石等所组成的自然环境综合体。旅游自然环境不仅决定旅游目的地的分布，对旅游区的可进入性、交通路线、网络等有重要影响，而且对旅游客体的形成、特色、分布等都有决定作用。例如，我国西北地区的干旱自然环境，形成了沙漠、戈壁、雅丹地貌等自然旅游景观以及与之相对应的人文景观，如坎儿井、绿洲农业等；青藏地区高寒的自然环境，形成了高山、雪原、冰川、湿冷植被和高寒动物等；云贵、两广和福建一线，其自然环境特点是气候湿热、多山地、广布可溶性石灰岩，因此岩溶景观典型，山水风光秀丽；内蒙古在干旱、半干旱的自然环境条件下，形成了典型的草原和牧场风光。

（1）旅游地与外部客源地间的区位关系。旅游地与外部客源地间的相对关系，主要是指客源地在旅游地周围的分布与相互距离。通常，客源地的分布密度越大，距旅游地越近，越容易形成数量大、稳定性强的客源流。从本质上看，这是距离衰减规律在发挥作用。

（2）旅游地内部区位条件。在区域旅游地体系中各旅游地的地位和作用是不同的，外部客流往往先流入资源等级高、区位条件比较好的旅游地，在可能的情况下再流向区域内其他旅游地。区域内的客源也存在类似的情况。旅游地内部区位条件的优劣表现为旅游地距区域客源地距离的远近及交通状况的好坏。一般来说，旅游地距区域内客源中心越近，交通条件越便利，内部区位条件就越好，内部条件好的旅游地会优先得到发展。

（3）旅游地与其他旅游地间的空间关系。旅游地与旅游地间的空间关系实质上是一种相互作用关系，是指在一定的区域范围内某个旅游地在区域旅游客流分配中所处的地位。这种地位毫无疑问要受到区域内其他旅游地的影响，特别是受到邻近旅游地的影响。

（三）市场因素

市场因素影响区域旅游空间布局可以表现在两个方面：旅游者的需求特征和旅游者在旅游地的空间行为规律。

旅游者的需求特征是由一系列复杂的属性构成的，包括旅游者的分类、客源市场特征（包括经济发展水平、文化差异性、消费习惯、旅游产品特别偏好等）、旅游者在旅游地的消费特征（如消费水平、消费组成、停留时间、消费选择）等因素。这一系列的因素是旅游者在决策和消费旅游产品时从静态和动态上表现出来的特征，它们从根本上影响了区域旅游产品的开发、旅游产业内部结构、旅游业的规模和档次、旅游业的空间组合和分布。只有以旅游者需求特征为基础的旅游业空间布局才能实现旅游经济正常运行，区域旅游才能得到可持续发展。

旅游者在旅游地的空间行为规律主要表现为旅游者在区域内的空间流动，即旅游者在旅游地的流量和流向特征，它是旅游者需求特征在旅游地的总体体现。在区域内，旅游资源的地域分布和经济发展水平是不平衡的，有的地方旅游资源丰富且等级高，有的地方旅游资源则较为逊色，这种资源分布的不平衡性必然造成旅游需求在空间上的不平衡性，这是市场对旅游供给选择的结果。各旅游地接待人数的不同是旅游者在区域内流动的结果，接待旅游者多的旅游地可能会成为增长极，旅游产业集中布局在那里；接待人数少的旅游地则成为边缘区，旅游业较不发达。另外，不但要重视旅游者空间流动的结果，还要分析这种结果形成的过程，这样就可以分清：①区域内的进出口和线路；②终极旅游目的地和过境旅游地；③旅游地间在游客流动上的空间关系，即旅游地间的相关性；④旅游线路上的游客流量。弄清了这些问题后，区域旅游业布局就能做到有的放矢。

（四）社会经济因素

区域社会经济发展水平为旅游业的发展提供了有利和不利条件，直接关系到区域旅游业的发展和布局。

（1）经济因素分析。经济因素影响旅游业空间布局的方面比较多，主要包括客源国或客源地经济发展水平和旅游目的地经济发展水平。

客源国或客源地经济发展水平与出游能力和旅游消费水平相关。国际经验表明，人均国民生产总值达到1000美元时会普遍产生出游动机，我国大部分经济发达地区的人均值已达到或超过这个水平，潜在的客源市场强大。强大的客源地经济实力产生出来的旅游需求有力地推动了区域旅游业的发展，促进开发范围的不断扩大，区域旅游业的空间布局形态也因此由点发展为轴线再发展到成熟网络，甚至可能发展为类似于城市连绵区的旅游板块。

发达的旅游目的地经济能力为旅游业的发展提供了必需的基础设施、交通条件、财务能力和服务管理水平。旅游业是一个依赖性比较强的行业，它的发展必须依赖国民经济和其他相关产业的发展。一般来说，国民经济发展得比较好的地区，旅游业也较发达，在贫困地区，无论旅游资源是否丰富，经济发展水平的有限性使旅游业的开发受到很大的限制。相关研究表明在贫困地区，旅游业在开始阶段的投入一般是经济效益不高甚至很低，随着交通等基础设施的投入不断增加，旅游业的投入才渐渐有好的效益，到最后旅游业回报远远大于其投入。由此可见，贫困地区的旅游业初步开发由于受投资效益的影响往往举步维艰。为此，在贫困地区的旅游开发中政府要充分发挥主导作用，先期做好交通、通信等各项基础设施建设，为旅游企业的投资创造良好的环境。

（2）社会因素分析。影响区域旅游业空间布局的社会因素很多，这里只对国家休假制度对区域旅游业空间布局的影响作论述。21世纪以来，世界各国法定工作时间普遍缩短，公共假日不断增加，人们用于游憩休闲的时间越来越多。带薪假期制度的确定、双休日的实行，都有力地推动了区域旅游业的发展。以我国为例，城市居民已开始将短途旅游作为双休日休闲活动的主要选择，因而城市周围旅游地得到了有效开发，扩展了区域旅游网络。

（五）政策因素及其他

在现阶段，我国旅游业是以政府为主导的行业，政府的投资行为和政策因素对旅游业空间布局将产生重大影响。

旅游业的发展必须以其他产业的发展为基础，如交通、通信、水电等。旅游要发展，交通要先行，旅游开发首先应解决可进入性问题，由于交通等基础设施投资较大，开始时收益不明显且回收期较长，所以一般应由政府投资。政府财政收入的有限性决定了在进行交通等基础设施的投入时必须有选择性，一般那些资源等级高、区位条件好的旅游地基础设施瓶颈问题先得到解决，良好的硬环境又吸引大批投资者前来开发投资，从而促进了旅游业的发展。从这个过程可以看出，政府的投资行为对企业的投资有很强的引导作用。

为了吸引旅游开发商前来投资，一些地方政府制定了很多优惠政策，如税收减免、土地低价转让、简化手续程序等。一般来说，政策条件好的旅游地旅游投资比较踊跃，旅游产业得到较好发展。其他一些因素如政治、文化、特殊事件等都会影响旅游业空间布局。

三、旅游目的地产业布局的形成过程

现在我们把区域作为一个整体，来研究目的地旅游产业空间布局的一般形成过程，以寻求其内在发展规律，并指导区域旅游开发。根据对旅游产业空间布局一般形成过程的分析，可以将旅游目的地旅游业分为不同的发展阶段：初始阶段、成长阶段、成熟阶段。

（一）初始阶段

在区域范围内，各旅游地的发展往往不同步，总是有先有后。最先发展的旅游地利用资源丰富、区位条件优越、社会经济支撑力强的优势，成为早期的区域旅游中心。一般情况下，一个区域只形成一个区域性的旅游中心。但有时也会形成两个或更多的旅游中心，在这种情况下或者有一个旅游中心处于主导地位，或两个或以上的中心并驾齐驱，共同支撑区域旅游的发展。出现这种情况的原因有两个：一是区域经济不发达，尚未形成区域旅游中心，或区域旅游中心的辐射功能不强；二是区域内有两个或两个以上的旅游地旅游资源等级较高、区位条件较好，它们的发展势头旗鼓相当，共同主导了区域旅游业的发展。如九寨和黄龙景区，同是"世界自然遗产"，资源条件相差不远，它们从 20 世纪 80 年代开始经历了共同的发展机遇和发展历程，成了大九寨国际旅游区的旅游中心，这就是典型的在一个区域内存在双旅游中心的例子。

总之，区域旅游业的生成阶段是资源条件好的旅游地优先发展的阶段，它们是后来区域旅游发展的增长极。

（二）成长阶段

早期形成的区域旅游中心周围只有个别的旅游地。随后，周围各地认识到旅游业对经济发展的促进作用，陆续加入了开发旅游行列，形成了新兴的旅游地，单中心区域旅游地体系因此形成。双中心和多中心区域旅游地体系的发展类似单中心旅游地体系，即以中心地旅游的发展带动周围旅游地的开发和发展。

此阶段区域旅游地体系已形成网络，但这个网络的等级层次不高，即中低级网络，具有不稳定性。实践中既要在一定时期内维持网络的稳定，确保已形成的旅游地充分发挥作用，又要利用网络的不稳定性及时推动网络向更高的层次发展，完善网络功能和提高运行效率。

（三）成熟阶段

随着社会经济的进一步发展，区域旅游业的持续开发，区域旅游地体系从发展阶段转向成熟阶段。区域旅游地体系成熟的标志是，形成结构合理、功能完善、稳定性好的旅游网络。该旅游网络是一个开放系统，旅游地间的交通效率高，便于开发区域旅游活动。单中心旅游地体系在向成熟阶段转化过程中，一般按如下方式演进：①随着周围更多的地方发展旅游业，不同方向的旅游地随之增加，增长极周围的放射状路径增加。②某一方向的旅游地增加，使原来的末端旅游节点变成了过渡节点，放射状路径延长。③随着新产品的开发、市场营销的推动，利用已有或新开辟的交通路线，原先没有路径相通的末端旅游节点和过渡点互相连通，从而区域旅游地网络由放射状逐渐变为蛛网状。④以增长极为中心形成的蛛网状旅游地体系构成旅游板块，带动其他弱势旅游板块的发展，以使区域旅游业协调发展。

四、旅游目的地产业布局的基本模式

（一）产业布局的原则

在综合研究区域内地形地貌、资源分布、历史沿革、经济现状、文化特点、中心城市依托、交通布局和行政隶属关系的基础上，对目的地旅游开发进行总体布局。在一般情况下，应考虑以下几条原则。

（1）区域合理分工的原则。区域旅游业布局要从宏观的角度，结合各旅游地资源条件和优势的不同，进行合理分工，在形象定位、产品开发上做到差异化，从而实现区域协调发展。

（2）区域优势发挥的原则。合理分工在宏观上协调了旅游产业布局，发挥各自优势属微观层次。发挥各自优势，指的是旅游地开发和经营要与其资源、社会和经济条件相适应，能有效地促进区域旅游地的发展。

（3）区域协调发展的原则。各旅游地在区域协调发展的同时要有一定独立性和完整性，具有自我调节和发展的能力。区域旅游产业在地域分工的基础上综合发展，是一个完整的体系，旅游地之间存在或依赖或主导的关系。区域旅游产业布局不仅要有整体意识，而且要有"个性"意识，即在协调发展中求得自我发展的途径。在区域旅游的发展中，特别要处理好终极目的地和过境旅游地、核心区和边缘区的关系，过境旅游地和边缘区在依赖其他旅游区发展的同时，应根据自身的特点和优势，建立起自我发展机制。

（4）区域旅游产业布局前瞻性和可行性原则。所谓的前瞻性，指的是旅游业生产力布局要把握区域旅游业的发展方向和战略，和旅游市场发展态势、区域旅游发展政策、周围的旅游发展环境相适应，做到它们之间的最佳组合。要遵循可行性原则：新增规划项目要求技术可行，资金投入合理，适应市场需求，经济效应显著。

总的来说，区域旅游产业布局应适应区域分工的要求，发挥旅游资源的比较优势，提高各地区旅游经济效益，实现各地区旅游经济的协调发展。

（二）旅游目的地产业布局的几种类型

所谓模式是旅游业空间布局的方式，它是旅游产业空间布局规律的综合体现。区域旅游空间布局因地而异，变化多样，但综合起来主要有点—轴布局模式、双核联动布局模式、圈层布局模式和网络综合布局模式，其他布局模式大多建立在这几种模式的基础上或是其变形。

（1）点—轴布局。点—轴布局模式是点—轴渐进扩散理论在区域规划和实践中的运用，是经济空间开发的一种重要模式。一般说来，点—轴开发中的"点"是指区域中的各级中心城市，它们都有各自的吸引范围，是一定区域内人口和产业集中的地方，有较强的经济吸引力和凝聚力。"轴"是联结点的线状基础设施束，包括交通干线、高压输电线、通信设施线、供水线路等工程性线路等。线状基础设施束经过的地带成为"轴带",简称"轴"。轴带的实质是依托沿轴各级城镇形成产业开发带。

在旅游业中,点—轴布局中的点不仅指各级中心城市,还指各级中心旅游区,或者是它们的组合,"轴线"一般是交通干线,包括水上交通和陆上交通。如长江三峡,它以长江沿岸著名的城市和景点为依托,带动了整个"轴线"旅游的发展。"轴线"上的城市和旅游区是有等级的,"发展轴"也是有等级的。不同等级的轴线对周围区域具有不同强度的吸引力和凝聚力。在区域旅游规划中运用点—轴布局模式,分析和确定"点"及"轴"的位置与等级是一件非常重要的事情。

通常情况下要经过这样的步骤:首先,根据旅游资源和城市的分布,在区域范围内确定若干具有发展潜力的交通路线经过的地带作为"发展轴",予以重点开发。其次,在各条发展轴上,确定若干个"点",作为重点发展的城镇或旅游区,并且要明确各个重点发展城镇或景区在轴线上的地位、性质、发展方向和主要功能,以及它们的服务、吸引范围。最后,确定"点"和"轴线"的等级体系,形成不同等级的点轴系统。在一定的地域范围内,应优先开发重点发展轴线和沿线地带高等级的"点"及其周边地区。以后随着发展轴及重点发展城镇或旅游区实力的增强,开发重心将逐步转移到级别较低的发展轴和点,并使发展轴逐步向不发达地区延伸,促进次级轴线和线上的点发展,最终形成由不同等级的发展轴及其发展中心组成的具有一定层次结构的点—轴系统,从而带动整个区域的发展。

(2)双核联动布局。双核联动布局模式是增长极理论在区域开发中的运用。双核联动模式是指在大区域空间范围内存在两个具有互补性的重要区域中心点,二者对周边地区都具有一定的辐射力。二者通过双核空间组合,既兼顾了各自的区域中心作用,又实现区位上和功能上的互补,形成双极联动、多方互动的空间组织形式。我国著名经济地理学者陆玉麒先生自1998年在皖赣地区进行一系列的实证研究基础上提出了双核空间结构模式,结果表明,双核结构不仅广泛存在于我国沿江地区,如合肥—芜湖、南昌—九江、成都—重庆等,沿海地区,如沈阳—大连、北京—天津、广州—深圳等,也广泛存在于其他国家和地区。双核结构是指由区域中心城市和港口城市及其连线所组成的一种空间结构现象。双核结构的形成,源于港口城市与区域中心城市的空间组合,兼顾了区域中心城市的居中性和港口城市的边缘性,从而实现区位上和功能上的互补。如尹贻梅提出的沈阳—大连双核发展模式,沈阳作为政治、经济、文化三位一体的区域中心城市,对其所在区域的其他城市和地区具有带动、辐射作用;大连则行使着区域中心城市的门户港城的功能。沈阳与大连形成双核关系,则把大连与辽宁中部城市联系起来,构成一个整体,形成合力,其旅游资源、旅游业发展水平和经济联系等方面的高相关性和互补性可大大提高辽宁省旅游业的整体竞争力和发展水平。

(3)圈层布局。圈层布局模式以中心城市为核心,各旅游地由内向外分布在扩散的圈层中,形成了市场与资源为一体的旅游地体系。进行圈层布局的区域应具备以下条

件：①具有规模大、辐射力强的增长极或中心旅游地。中心旅游地一般为旅游城市或大型旅游城镇。②中心旅游地位于区域中心或附近位置，其他旅游地在区域内大致均匀分布。③具有腹地或域面，即中心城市要有吸引地带。④城市体系基本形成，交通发达形成网络，不仅要形成旅游接待网络，还要形成由资金、人才、信息、物质等构成的流通网。

（4）网络布局。在布局框架已经形成，点轴系统比较完善的区域，进一步开发就可以采用网络开发模式，进而构造现代产业布局结构。一个现代化的经济区域，其布局结构必须同时具备三大要素：①"节点"，即各级城镇；②"域面"即节点的吸引范围；③"网络"，商品、资金、技术、信息、劳动力等生产要素的流动网、交通网及通信网。网络开发是强化网络已有点轴系统的延伸，提高区域各节点、各域面之间，特别是节点与域面之间生产要素交流的深度和广度，促进地区一体化发展，特别是域面一体化发展。这是区域发展中一种较完善的模式，是区域经济发展走向成熟阶段的标志。这种模式主要适合于经济较发达的区域，如京津唐地区、长江三角洲地区、珠江三角洲地区都适宜这种开发模式。

区域旅游系统的空间结构演变遵循由"点"到"轴"、由"轴"到"网"的进化过程。区域旅游系统空间结构在极化效应的作用下，首先开始了"点"的聚集，随着聚集程度的不断加强，一些节点逐步成为区域旅游中心。旅游中心进一步聚集到一定规模后，扩散效应逐步强大起来，旅游中心开发通过扩散效应影响和带动周围地区的发展。这一过程形成沿交通线的重点旅游区，并进而连成环线，构成一个网络。因此，在区域旅游系统发展的不同阶段，发展模式大体也要经历增长极、点轴式、网络式三种开发阶段。

第四节　旅游目的地产业融合

学术界对产业融合的讨论最早源于数字技术的出现而导致的产业之间的交叉。20世纪70年代以来，由于高新技术的快速发展和扩散，原本具有分工的一些产业边界逐渐模糊，产业之间相互渗透并融合形成新的产业业态，而这些新业态的出现成为拉动经济的新的增长点。经济学家提出了产业融合理论来解释这种现象。旅游业在这一浪潮的带动下，也显露出融合发展的迹象。作为一种综合性产业，旅游业与其他产业相互融合有其发展的内在必然性和外在必要性。旅游产业融合作为旅游业发展的一种创新形式，为我国旅游业的发展注入了生机和活力。"旅游+"为代表的产业融合发展模式成为现今旅游产业开发新形式和行业内外关注的热点。

一、旅游目的地产业融合概述

（一）产业融合的概念

对于产业融合的定义，不同的学者有不同的认知，尚未形成一个统一的定论。关于"产业融合"的概念，国内比较通用的是"指不同产业或同一产业内的不同行业相互渗透、相互交叉，最终融为一体，逐步形成新产业的动态发展过程"。日本产业经济学家植草益认为，它是指技术进步和管制放松导致的两个企业之间的竞合关系发生改变。欧洲委员会在 1997 年的绿皮书 *Media and Information Technology Sectors, and the Implications for Regulation* 中指出，产业融合是指产业之间的联盟、合并、技术网络平台与市场等方面的融合。美国学者 Greenstein 和 Khanna 认为产业融合是一种经济现象，是企业为了适应产业增长而发生的产业边界的收缩或消失。

综上，产业融合是由于技术进步和放松管制，发生在产业边界或不同产业交叉处的技术融合，它重新塑造了新的特性，引发了新的市场需求。这一结果又改变了企业之间的竞合关系，从而使原来的产业界限变得模糊，甚至有可能重新划分产业界限。

（二）产业融合的条件

产业融合的思想最早源于 Rosenberg，他在对美国机械设备业演化的研究中发现，19 世纪早期，一些机械设备被制造出来，专门用于生产市场需求的各类终端产品；到 19 世纪中期的时候，出现了一个独立的、专门化的机械设备制造业。在当时，这个机械设备制造业自身的产品与功能几乎与其他产业的产品和功能没有关系。因此，Rosenberg 把这种因采用通用技术而导致的产业独立化过程称为技术融合。

进入 20 世纪 80 年代后，Ottinger 和 Nora 将信息转化为数字，把照片、音乐、视频等不同信息通过同一个终端机和网络进行传送，使不同媒体之间（主要是电信、出版和广播电视）的互换性和互联性加强。这种基于数字技术标准导致的不同产业之间产品的联通，学术界将之称为"数字融合"。数字融合使不同产业原本无关的企业产生相互依赖性，使这些隶属不同产业的企业因为产业间供需双方的连接而成为直接的竞争对手。数字融合本质上仍然是技术融合，是技术融合在产品上的具体表现形式。

技术融合是产业融合的前提。技术融合所催生的创新活动及其在产业中的应用会给原来的市场带来活力，推动产业新业态的出现；就如数字电子学对计算机和通信业所产生的影响那样。在工业经济发展的过程中，最早表现的融合就是技术融合。正是基于这样的理由，美国学者 Yoffie 将产业融合定义为"采用数字技术后原本各自独立的产品整合"。技术融合的一个重要结果是拓宽了大型企业的技术基础，使它们能够在技术知识上更容易与其他产业进行对接，从而赢得竞争优势。

但是，技术融合并不必然带来市场融合。Gam-bardella 和 Torrisi 以电子行业

1984—1992 年的数据资料证实了技术融合与市场融合的关系，指出技术融合并不必然带来市场融合。在技术融合到市场融合的过程中，还需要经历技术创新、产品创新、流程创新以及管理创新等阶段。技术融合发生后，它还需要以产品为依托体现出来，完成产品融合。产品融合意味着对原有的技术生产路线、业务流程、组织管理等方面进行改造。新产品必须能够迎合潜在的市场需求，并且与原来的市场消费群体进行替代或互补。不论是技术融合，还是产品融合，都应该以市场融合为导向。很多企业技术融合失败，并不是技术能力不足，而是在新的价值链上没有找准自己的定位，不能有效地连接消费者和供应商。市场融合的最终目的是通过技术降低成本，形成产品差异，取得竞争优势。可见，产业融合不是一个简单的过程，它需要完整地经历技术融合、产品融合、市场融合等各个环节，最后才能实现产业融合。

（三）旅游产业融合的概念

所谓融合是指朝着一个点运动或者是两个或更多要素的汇合，或者是几种不同事物合成一体。即融合就是不同要素（系统）向同一方向共同演进而形成一个新要素（或系统）的过程。旅游产业作为开放的产业系统，在产业自组织演化进程和外部力量的影响与干预下，其产业边界在原本不太清晰的基础上，呈现出更加动态的变化特征。所以，旅游产业融合是开放的旅游产业系统本身动态演进的必然结果，并不受原有产业边界模糊性的影响。促使旅游产业发生融合变化的内在动力在于旅游产业系统的强关联性以及追求效益最大化的冲动性，其外在驱动力则由市场需求的推力、竞争合作的压力、技术创新拉力和规制放松助力构成。正是在这种内外力和互动作用中，推动了旅游产业融合的出现与发展。

因此，从系统论角度来看，旅游产业融合是指在开放的旅游产业系统中，构成产业系统的各要素的变革在扩散中引起不同产业要素之间相互竞争、协作与共同演进而形成一个新兴产业的过程，其融合路径包括了技术融合、企业融合、产品融合、市场融合、制度融合等内容。

二、旅游目的地产业融合的障碍分析

产业融合的产生作为一个自组织过程，必须符合自组织的前提条件，即系统开放性、远离平衡态和非线性相互作用三个关键因素。产业系统的开放性主要表现在不同产业企业能够自由进入与退出市场，进行知识的传播与扩散等。由此促进了技术、标准和产品等知识的扩散，打破了传统的企业间的线性关系，促进不同产业间的非线性关系的形成，推动产业系统远离平衡态。而非线性相互作用是指开放系统中各要素之间以网络关系相互联系与作用，而这种相互作用会通过更多负熵的流入而促进系统远离平衡态，推动产业系统向有序化发展。应该说，旅游产业从其属性来讲，基本具备了融合产生的条件，但是实践中的旅游产业融合并未达到理想状态，说明仅符合前提条件还是不够的，一定存在一些阻碍旅游产业融合的因素，对这些因素的分析认识有助于旅游产业发展克服障碍。结合产业融合产生的前提条件分析，可以将产业融合的障碍分成制度障碍、能力障碍和需求障碍（见图8-1）。

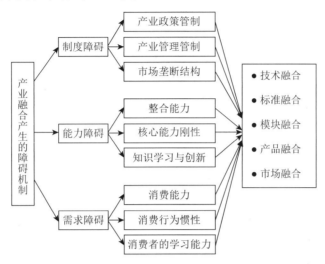

图 8-1 产业融合产生的障碍机制

旅游产业融合的实现归纳起来受两方面因素制约：一方面是供给因素的制约，而供给因素又包括宏观的管理制度与微观的企业能力；另一方面是需求因素的制约，融合的最终实现离不开消费市场的接受和认同。因此，只有供需双方对产业融合引发的变化实现了观念与行动上的契合时，才能促进旅游产业融合的真正实现。

（一）制度障碍

制度障碍主要包括产业政策管制、产业管理管制和市场垄断结构。我国旅游产业的管理体制一直以来都是条块分割与行业壁垒并存的体制，各产业和行业出于各自管理目标的需要形成了各自的政策和制度规定，如风景名胜区属于住建部，文物景点属于文保部门，各商业接待单位隶属各行各业。它们在纵向体制上必须遵循上级管理部门的管制，但在横向关系上又共同构成对客服务中的不同模块。由于各自所处市场竞争与垄断的程度不同，其他产业企业要素进入时面临不同的制度障碍，不利于融合的推进。如以携程为代表的网络业在融合旅行社业务中就遇到了部分旅行社业的抵制和进入的审批障碍，这里既涉及原有管制规定的存废问题，也涉及对融合以后的政策管制调整问题。再比如体育产业与旅游产业的融合中就遇到了体育产业严格管制的制度障碍。如果不克服或变革这些政策与管制，就难以推进旅游产业融合的进程，从而错失旅游产业竞争力提升的大好机会。

（二）能力障碍

能力障碍主要包括企业整合能力、核心能力刚性和知识学习与创新能力。如果说制

度与政策形成的环境可以通过变革加以完善的话，那么企业能力方面的障碍就不那么容易提高了。且不说不同产业的企业间存在着能力上的极大差异，就是某一产业内具有核心竞争力的企业认识到了与其他产业的企业融合的必要性，但在实施融合的过程中，也会遇到与核心竞争力形成相随而生的核心刚性的困扰（Barton，1992）。核心刚性是一种阻碍核心竞争力作为企业持续竞争优势源泉的惯性系统，它时刻面临着被打破的需要，因为随着技术的不断更新变化，顾客追求的核心价值的逐步转移以及不同资源在竞争中相对位置的变更等，原有的核心竞争力必须随之发生变化，否则竞争优势就会被其他企业取代。正如学习学派所认为的那样，尽管组织已经在知识积累方面工作多年，并发展起了独有的技能，仍然要不断再建和改变技能以适应改变了的环境。我国旅游产业经过40 年的发展，虽已形成了相当的产业规模，但是微观层面上的旅游企业核心竞争力仍然较弱。旅行社业散、小、弱差的局面并未改变；饭店业虽学习到发达国家饭店业管理的经验和知识，但在转化为自身能力方面尤其是在融合我国实际情况的创新方面仍然较弱，甚至出现不少固守所谓行业惯例的不适合环境变化需要的情况；而其他产业在向旅游产业融合中虽有强大的资本实力和先进的商业运作模式优势，但融合是双方甚至多方的事情，在竞争力观念和实力都较弱的情况下，也很难出现良好的融合效果。

（三）需求障碍

需求障碍主要包括消费能力、消费行为习惯和消费者的学习能力。既然旅游产业融合的本质特征在于创新，那么融合型创新形成的新型旅游产品在推向市场时，都面临着市场是否愿意接受、是否有能力接受的问题。如果融合型产品不能被市场接受，那么缺乏市场融合的产业融合也是很难形成并具有竞争力的。是否愿意接受融合型旅游产品与市场消费观念和消费行为惯性有关，消费行为具有路径依赖性，企业在过去竞争中常会通过增加产品的转换成本来提高游客忠诚度，这些因素都导致了消费行为的惯性。能否接受融合性产品与游客消费支付能力和新产品价格及游客学习能力有关。在当今国内市场的高端，已经形成了一批支付能力和学习能力很强并且愿意尝试新鲜产品的游客群体，但相对于整个大众市场来说这毕竟是少数。其实需求方面的障碍固然与消费者的成熟度有关，但在中国旅游市场发育时间不长，游客消费惯性或观念还未固化，关键还在于供给方如何引导和创新营销，在新兴消费力量不断崛起的今天，制度与企业方面的创新努力会更加重要一些。

总之，这三方面的障碍因素共同影响着我国旅游产业融合进程，虽然它们在影响产业融合不同构成要素方面的作用程度不同，但是任何一方面的影响都是不容忽视的。从克服障碍因素的实施途径来说，既要重视系统创新中自然演化的作用，同时也不能忽略干预演化的作用，并结合我国具体情况，将两者有机地融合起来共同发挥作用，促进旅游产业的创新与竞争力的提升。

三、旅游目的地产业融合的动力机制

促进旅游产业融合的动力或因素是多方面的，这些动力或因素的构成及其相互联系、相互作用的方式和原理就形成旅游产业融合的动力机制。

（一）旅游需求的拉动力

旅游是社会经济发展到一定阶段的产物。从旅游特征来看，它是以需求为导向的产业，其产业链是围绕旅游需求构成的，这是旅游业与传统产业的不同之处。因此旅游需求的变化，会导致整个旅游产业链的变化。随着经济的不断发展，人们收入水平的不断提高，消费能力和层次不断提升，人们对旅游需求呈现出个性化、多样化、精神化、分散化的趋势，单纯的观光型、度假型的旅游产品难以满足市场需求，需要文化型、娱乐型、复合型旅游产品满足市场的多样化需求。

随着旅游需求的变化调整，旅游产业链就会随之变化调整，这种对旅游需求的拉力促进旅游产业与其他产业融合发展，不断扩大旅游产业的外延，才能开发出新的旅游产品满足旅游者的多样化需求。因此，旅游需求的多样化是促成旅游产业融合的主要因素。这与其他产业融合的所形成的模糊产业划分边界，导致产业界限收缩甚至消失并不完全一致，这是由旅游产业本身的特性决定的。

（二）旅游企业的内驱力

随着旅游市场的不断成熟，竞争也越来越激烈，旅游企业要想在竞争中立于不败之地，实现利润最大化和保持长期竞争优势，就必须不断创新旅游产品和服务来更好地满足消费者的需求。而旅游产品要想满足旅游者不断变化的需求，就要不断增加差异性、知识性、参与性和补偿性等元素，要达到这样的目的，旅游业必须具有较强的开放性，通过不断吸收其他行业的精髓，并按照主题化要求为消费者提供各种价值的复合体。而多样化价值的提供则不能依赖于单一产业，而要依靠跨产业的重组与融合。因此，这种内在的驱动力促使旅游产业与其他产业的融合。

（三）技术创新的推动力

产业融合理论认为由于技术创新在不同产业之间的扩散导致了技术融合，而技术融合使不同产业间的技术边界趋于模糊，最终促使产业融合现象产生。同时，技术创新也改变了市场的需求特征，给原有产业的产品带来了新的市场需求，从而为产业融合提供了市场的空间。但是在旅游产业，这一点并不明显。技术创新通过在旅游资源整合、项目开发、市场开拓、企业管理、营销模式、咨询服务等领域的应用，引发了旅游发展战略、经营理念和产业格局的变革，带来产业体制创新、经营管理创新和产品市场创新，最终改变旅游产业的发展方式。因此，技术创新使得旅游业的科技含量不断提高，为旅

游业发展注入新的活力，增添新的内容，加速旅游业产业融合和结构优化的步伐，是旅游产业融合的直接推动力。

（四）外部环境的保障力

中国经济经过几十年的高速发展，基本完成了工业化的过程，开始面临着转型和升级。政府大力支持发展服务业，先后出台了加快发展现代服务业和旅游业的意见，并将旅游业确定为国民经济的战略性支柱产业。2022年1月，国务院印发《"十四五"旅游业发展规划》提出，推进旅游与科技、教育、交通、体育、工业、农业、林草、卫生健康、中医药等领域相加相融、协同发展，延伸产业链、创造新价值、催生新业态，形成多产业融合发展新局面。2023年11月，文化和旅游部印发《国内旅游提升计划（2023—2025年）》提出，推进"旅游+"和"+旅游"，促进旅游与文化、体育、农业、交通、商业、工业、航天等领域深度融合。这些政策为旅游业和服务业的发展创造了较为宽松的环境，促进了旅游产业的融合发展。

总之，旅游业在外部环境影响下，在来自需求的拉力、企业内部驱动力和技术创新推力的共同作用下，形成了旅游产业融合的持续性动力机制（见图8-2），促进旅游产业业与其他相关产业的融合，增加了传统产业的附加值，延长了产业链，实现了部分传统产业的功能置换与创新，提高了区域产业转型升级的能力，拓展了发展的空间，取得了旅游产业融合的效益。

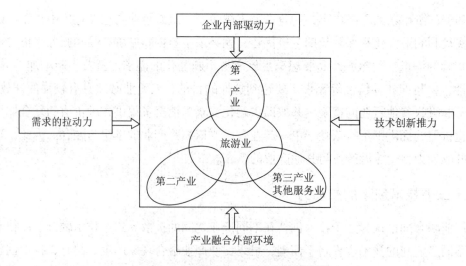

图8-2　旅游产业融合动力机制模型

四、旅游目的地产业融合的路径

旅游产业融合的路径是指在产业融合动力机制作用下，旅游业与其他产业融合发展过程中呈现出各种不同形式的状态。由于各种产业因自身的功能作用、技术优势、特征等的不同，以及它们与旅游业关联方式的差异，与旅游产业融合的途径或者方式也各不相同，经归纳整理，主要有四条路径。

（一）"模块嵌入式"融合路径

"模块嵌入式"融合路径是指旅游业以价值模块的方式嵌入其他产业链之中，成为产业链上的增值点，使其他产业具有旅游功能。混合型业态及旅游服务外包业务的开展，都是对这种效应的诠释。以差旅管理为例，差旅公司针对各类企业的出差旅行、会议展览、奖励旅游和商务考察的需要，提供专业化咨询、系统化管理与全程化服务，将以往的旅行社业务嵌入其他公司的整体运作当中。模块化的发展模式意味着经济资源的升级，组织、网络、信誉和社会资本等高级资源成了主导因素，超越了以往旅游业发展的推动要素，加快了旅游业与网络社会的紧密联系，实现了旅游业的转型升级。

（二）"横向拓展式"融合路径

"横向拓展式"融合路径主要是指旅游产业向其他产业如第一产业、第二产业以及除了旅游业的第三产业不断拓展融合的方式，"横向拓展式"融合强调旅游产业的拓展方向是旅游产业外。旅游是需求导向的产业，需求的多变性要求产品的多变性，因此旅游产业要在更广泛的范围中挖掘、打造更丰富的具有旅游价值的要素，并不断把这些要素融入自己的产业之中，使旅游方式、旅游产品不断创新，以多变的盈利模式扩展价值空间。如工业、农业旅游等丰富多彩的旅游形式，就是旅游业通过横向的拓展，把其他产业的资源融入旅游产业中，使得旅游资源的外延不断拓展，旅游资源不断丰富，这与麻学锋、张世兵和龙茂兴等人提出的资源融合路径相似。这种融合方式的主要特点是把其他产业资源不断融合进来，旅游资源这个环节不断扩张，而旅游产业链上的其他环节变化不大或者没有改变。

（三）"纵向延伸式"融合路径

"纵向延伸式"融合路径是指在旅游产业内价值链的纵向延伸，和横向拓展的不同之处在于融合的方向。传统的旅游经营模式是旅行社向饭店、景区、车船公司等分别订购单项旅游产品进行打包组合然后卖给旅游者，而现在旅游者可以从网上直接订购，旅游者可以根据自己的旅游爱好自由选择搭配酒店和航班，携程网、艺龙网、去哪儿网等就是其中的典范。现在这些旅游网络平台不断向产业链的前后端延伸拓展自己的业务，使得旅游业出现纵向延伸式的融合。旅游产业的最大特点之一是游客的异地活动，旅游产业的融合还表现在旅游产业链的空间延伸，如客源地的旅行社与目的地、中转地的旅游资源对接，形成一条无缝衔接的优质旅游线路，在增加对游客吸引力的同时，也可增加旅游经济价值。

（四）"交叉渗透式"融合路径

"交叉渗透式"融合路径可以说既包含旅游产业与其他产业的横向拓展又包含纵向延伸，对应不同产业与旅游产业交叉渗透出现兼具多个行业特征的新型服务业业态的过程。这并非只是简单的拼接，而是资源、内容、技术、业态的整体融合。这种融合表现为相互渗透和交叉，从而使得融合后的产业兼具旅游业的特征，与原有的旅游业形成了既替代又互补的关系。更形象的表达就是将旅游业转化为"液态"，灌注到不同产业之中，与相关产业融为一体。或者把不同的行业披上旅游的外衣，并逐渐渗透融为一体。这是旅游产业融合的主要路径，大部分旅游产业融合可以归为这一类。如修学旅游、医疗旅游、会展旅游、邮轮旅游、旅游地产、主题公园旅游、都市休闲旅游等新兴业态，这些都是不同的行业与旅游产业通过不断的交叉渗透，最终融为一体出现新的业态。可以用图形来进一步说明交叉渗透融合这一方式，如图 8-3 所示。

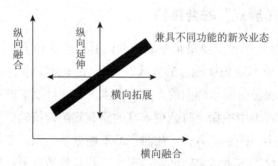

图 8-3　旅游产业"交叉渗透"融合路径

五、旅游目的地产业融合的对策建议

（一）放松产业管制，完善跨界治理机制

旅游产业是一个民生性产业和竞争性产业，政府应放松产业管制，这样才能吸引更多的人才、资金、技术等资源进入旅游产业，促进旅游产业的更新换代。当然，在产业融合的过程中，会出现因规则、资源及利益分配的不同而产生的冲突，所以完善跨界治理机制以协调各局部利益主体在产业融合中的行为不配合的矛盾是十分必要的。跨界治理机制强调各利益主体之间持续的互动，以认可的目标为前提，实施对公共事务的管理，以达到基于目标实现的资源有效配置的目的。为此，可考虑以下几个方面：首先，建立一个超乎产业成员主体之上的组织如旅游产业发展委员会来约束成员主体的行为，制定政策目标，运用政策工具，实现产业竞争力提升的目标。其次，建立有效的激励机制，力求实现各成员主体的利益最大限度的平衡，可根据需要设立不同内容的专项基金，如"产业融合市场开发基金""融合型产品营销基金""创新性旅游人才引进基金""旅游环境改善投资基金"等。最后，政府作为产业秩序的主要监管主体，要切实

发挥与利用自身在行政管理方面的优势作用，坚持依法管理，真正为旅游目的地产业融合，创设有序且积极的市场环境。

（二）加强产业协作，强化政策引导效应

由于旅游需求的多样性和动态多变性，所以旅游产业的融合可能发生在任何产业之间，因此，要在加强对科技进步和需求变化关注的情况下，加强各产业间的信息沟通和协作，从中寻找创新产品的可能。而在引导产业融合的探索中，不同产业间探索联合出台有助于融合的促进政策是十分必要的。如在农业和旅游业融合发展高科技农业观光旅游和基于农家乐的乡村旅游中，有关部门联合出台鼓励农民发展新型农业旅游的产业政策就是一个很好的探索。在消费需求多样化的新形势下，各产业部门要打破部门分割的思维，以开放的观念寻求产业发展更广阔的空间，要跳出本产业看待产业发展形势，以产业部门的联动政策的出台，促进产业结构的升级换代。为促进旅游产业融合初期发展的需要，可考虑根据产业发展需要编制产业融合规划，出台产业融合标准，引导产业融合行动，如根据三次产业融合的需要，我国及时出台和评选了全国工农业旅游示范基地，如果能将这样的做法进一步推广到诸如会展旅游、体育旅游等方面，将会更好地促进产业融合的进程。

（三）培育企业集团，提高企业创新能力

企业作为产业融合的主体，其实力的大小和创新能力的高低对能否实现融合起着关键的制约作用。现有旅游集团虽然有个别的已进入世界500强行列，但是整体来看靠行政力量捏合形成的各地旅游集团尚缺乏真正的集合力和竞争力。培育企业集团一方面靠政府扶持，另一方面也是更重要的方面，是在市场竞争中经受磨炼而自然成长，这样的集团才真正具有创新能力和竞争能力。目前，旅游企业集团创新能力不足有实力不够的问题，也有市场秩序不完善和知识产权保护不力的问题，因此培育企业集团更重要的是培育集团成长的市场竞争环境和制度，而其中重要的是完善法制法规建设，保护企业创新行为和创新利益。同时，要用鼓励政策如建立产业创新奖励制度，鼓励倡导企业不断学习创新的行为。产业融合具有阶段性，在不同阶段政府和市场应发挥不同的作用，待融合产业度过幼稚期后，政府应该及时从微观推动者向宏观管理者转变，任由新的融合产业在市场经济规律作用下竞争、成长、提升和壮大。

（四）强化市场营销，引导市场消费方向

对产业融合形成的新型产品，市场需要一个认识和接受过程，而靠市场自然接受和扩散可能耗时较长，因此通过市场策划和营销手段的运用，引导市场消费方向变化，会有助于克服产业融合中的需求方面的障碍，加快市场融合的进程，促进新型产业的成长和市场份额的提高。产业融合本身就是创新，所以在市场营销中也要以创新的思路、以

创意的手段将创新型产品推介到市场上，其中至为关键的是以适当的方式将创新型产品的顾客核心价值表达出来，激发消费市场的消费意愿。首先，要通过广泛运用各种媒介宣传旅游产品信息，将旅游是一种生活方式的观念传递给市场，使之成为提高国民生活质量的一种必然选择，从而为创新型旅游产品被市场接受奠定强大的基础。其次，要在把握当今旅游消费变化趋势的基础上，大胆地将新型技术融入旅游体验产品的设计中，运用互联网及电子商务媒介宣传融合后的新产品体验价值，用价值增值利益打动消费者，促进消费市场的融合和扩散。最后，要整合各种营销资源，利用整合营销传播理论和实践指导融合型旅游产品的推广工作，从市场需求角度创造促进旅游产业融合的有利条件。旅游产业融合是产业融合大趋势下的新型产业创新方式，它从需求的角度适应了游客需求更加精细、更加个性、更加多样的消费特点，它也从供给的角度创造了产业成长需要的更大的空间、更深化的链条、更持久的能力，从旅游供需契合的角度为旅游产业竞争力的提升创造了良好的土壤。而认识和克服产业融合中的障碍因素，将会为产业融合视角下的旅游产业竞争力提升奠定良好的基础。

案例分析

中牟文旅："中国风""世界范"完美融合的范本

作为全省唯一的生活型现代服务业开发区，近年来，中牟县现代服务业开发区奋力推进"三化三制"改革，大力推进招商引资，在河南打造文旅强省、建设文旅产业高地中走前列、挑大梁，培育了一批重大文旅地标项目，塑造了城市文旅经济新亮点，形成了满足人民群众美好生活新期待、构建中国式现代化文旅融合新图景的中牟实践。

融合再造，打造全省最强文旅融合开发区。文旅融合创新高地，时尚旅游核心地标。依托文旅产业的集聚优势，文旅+创意、文旅+科技、文旅+商业、文旅+演艺等产业融合全面深化拓展，数字经济、美学经济、夜间经济发展壮大。中牟县委书记丁文霞说："中牟县坚持以文旅融合为路径，以文促旅、以旅彰文，充分发挥现代服务业开发区的主阵地、主战场、主引擎的作用，打造了方特旅游度假区、只有河南、电影小镇等一批特色文旅IP，实现了文旅文创产业从无到有、从有到优，中牟正在逐渐成为河南文化'新辉煌'展示区。"

高站位高质量，建设国际领先的文旅文创产业基地。立足全国文旅经济发展新趋势和中牟成功的实践，按照省委、省政府擘画的蓝图，中牟县现代服务业开发区瞄准"努力建设国内乃至国际有影响力的文旅文创产业基地"的定位，向更高目标奋力突围。相关负责人介绍，届时，开发区将整合形成"11个主题公园+15个文创聚落+9个创新园区"三大特色产业项目群，将主题乐园游向特色购物、休闲度假、田园研学游、乡村民宿体验、生态自驾和露营等业态延伸，促进文旅商深度融合。

抓产业引项目，产业高地动能十足。秉承"栽梧桐、引凤凰"的招商理念，坚持国际标准、世界眼光、中国特色招商选商，推动项目集群发展，加快产业转型升级。深化"管委会＋公司"改革，坚持走产业项目、开发区、投资商三方共同打"组合拳"、唱"大合唱"的路子，平台公司深度参与开发区项目建设运营，实现大项目大发展、集群项目迸发发展的新格局。拟投资10亿元，在建业电影小镇三期谋划布局占地135亩的水街、中国大食堂，引入美食餐饮、小镇题材、杂技乐园、活力街区、时尚工作室、时尚秀场、民宿酒店等业态，吸引全国300家知名美食品牌入驻，与目前小镇项目形成良性互动和功能互补，协力电影小镇优化链条、升级业态、扩大规模。

在全省开发区高质量发展的背景下，中牟县现代服务业开发区必将创造更好、更辉煌的业绩，成为河南文旅发展的最强引擎，成为河南文化"新辉煌"展示区。

（资料来源：https://hct.henan.gov.cn/2023/05-31/2752606.html）

【本章小结】

本章从旅游目的地产业管理入手，分析了旅游目的地产业体系的构成、旅游目的地的产业布局和旅游目的地的产业融合，深入剖析了旅游目的地的产业特性，探明了旅游目的地各个产业之间发展的内在机理，为地方旅游目的地的发展提供理论和实践指导。

具体来讲，一个旅游项目从最初策划到规划、设计、建设，再到对外营业，游客来游玩，需要以上各个环节系统紧密配合。旅游产业具有跨行业的综合复杂性以及多环节配合的服务消费特性，旅游产品之间的相互依赖非常强，需要各个环节提供保障。因此，旅游产业更多表现为一种"以旅游业本身所包含的行业为基础，关联第一产业、第二产业及第三产业中的卫生体育、文化艺术、金融、公共服务等相关行业的泛旅游产业结构"。

【关键术语】

旅游产业；旅游相关产业；产业管理；旅游产业管理；旅游产业体系；旅游产业布局；旅游产业布局影响因素；旅游产业布局形成机制；旅游产业融合

【Key words】

Tourism Industry；Tourism Related Industry；Industrial Management；Tourism Industry Management；Tourism Industry System；Tourism Industry Layout；Tourism Industry Layout Influencing Factors；Tourism Industry Layout Formation Mechanism；Tourism Industry Integration

【复习思考题】

一、填空题

1. 旅游目的地产业是凭借目的地旅游资源和旅游设施，为旅游者的旅游活动提供所需商品和服务的_____产业。

2. 一般说来，点—轴开发中的"点"是指区域中的_____，它们都有各自的吸引范围，是一定区域内人口和产业集中的地方，有较强的经济吸引力和凝聚力。

3. 旅游产业融合是指在开放的旅游产业系统中，构成产业系统的各要素的变革在扩散中引起不同产业要素之间相互竞争、协作与共同演进而形成一个新兴产业的过程，其融合路径包括了_____融合、企业融合、产品融合、市场融合、制度融合等内容。

4. 需求障碍主要包括消费能力、消费行为习惯和消费者的_____能力。

二、思考题

地方政府如何运作旅游目的地的产业？

【参考文献】

［1］汤晨，赵鹏宇.禹州市瓷旅产业融合发展研究［J］.现代商贸工业，2019（2）：18.

［2］许艳."旅游+"背景下常州市旅游产业融合发展路径研究［J］.中国商论，2018（32）：161-162.

［3］李柏文.新时代旅游产业体系的特征与建设［J］.旅游学刊，2018，33（10）：7-9.

［4］闫昱静.互联网模式下冰雪体育旅游产业的管理与营销［J］.商业经济，2018（6）：57-58.

［5］高飞，孟明亮，侯婵莉.山西体育旅游产业优化布局研究［J］.体育研究与教育，2018，33（3）：42-45.

［6］王文静.旅游产业发展的动力演变及布局模式研究［D］.沈阳：辽宁师范大学，2018.

第 九 章

旅游目的地品牌管理

 教学要点

知识要点	掌握程度	相关知识	思政主题
旅游目的地品牌管理概述	理解	旅游目的地品牌、品牌管理的定义	中华优秀传统文化 社会主义核心价值观 职业理想和职业道德
	掌握	旅游目的地品牌管理的定义、特点、原则	
旅游目的地品牌定位管理	理解	旅游目的地品牌定位的方法	
	掌握	旅游目的地品牌定位的原则、步骤	
旅游目的地品牌组织管理	理解	旅游目的地品牌组织管理主体、利益相关者分析	
	掌握	旅游目的地品牌组织管理的核心流程、内容	
旅游目的地品牌传播管理	理解	旅游目的地品牌传播途径	
	掌握	旅游目的地品牌传播推广策略	
旅游目的地品牌管理发展趋势	掌握	旅游目的地品牌管理更加重视情感成分、凸显个性化表达、关注整体形象	

导入案例

"淄博烧烤"火爆的质量密码——山东淄博烧烤服务质量采访记

2023年爆火的"淄博烧烤",成为网上热议的话题。蘸酱、卷肉、放葱、用手一撸,凭着"小饼烤炉加蘸料"灵魂烧烤三件套,"淄博烧烤"迅速出圈。一趟趟开往淄博的"烧烤专列"、一辆辆"进淄赶烤"的汽车,满载着信约与热情,奔赴"晏子使楚"启程之地。烧烤无处不在,为何流量却涌向淄博?从网络"种草"到一夜走红,淄博烧

烤的背后有哪些不为人知的原因与故事、传统与新潮？

1. 一座难求的美食符号

"空气里都是香喷喷的孜然味。"这是许多游客到淄博的第一感受。车站大厅里，立有"严禁拉客违者处罚"的民警醒目提示。"车站党群服务V站"前，游客络绎不绝，井然有序。一位年轻的姑娘举着"鲁C烧烤城"的接站牌，在等客人。

淄博的车牌代码是"鲁C"。伴随着"淄博烧烤"的走红，"鲁C"也成为大众关注的焦点。有网友戏称，"鲁C"的正确读音其实是"撸串"。

"撸串"成为淄博的特色场景。傍晚时分，位于淄博张店区中心路附近的"大院烧烤"，座无虚席。淄博市张店区的"八大局烧烤"门前，停满了来自京、津、冀、沪等全国各地的车辆。铁栅栏外，站满了排队的食客。

"排队1~3小时是常态。"当地的志愿者说，每天傍晚，包括"牧羊村烧烤"在内的网红打卡点，基本上是水泄不通，早早满号。淄博火车站周末客流甚至超过春运。

一桌一炉一卷饼，小串小葱小蘸料。食材新鲜，风味独特，分量十足，荤素应有尽有。在食客心中，最在意的还是淄博烧烤的美味与实惠——肉串分1元、1.5元、2元、2.5元、3元不等，小饼每包3~4元，小葱、小酱加蘸料3~5元，人均消费四五十元就能吃饱吃好。

火爆的还有各种特色小吃。"八大局烧烤"附近的"愉悦大排档"，烟火升腾，花生、毛豆、田螺、小海鲜等，琳琅满目。马路边、大树下、院子里，简易的小方桌，人们在城市的角落寻找犒劳自己胃口的地方，或饮或食，或说或笑。

"最是一城好风景，半缘烟火半缘君。"大众点评数据显示，2023年3月以来，淄博当地"烧烤"关键词搜索量同比增长超370%；"淄博烧烤"关键词全平台搜索量则同比增长超770%。淄博，打开了它的流量新世界。

2. 一场全民参与的品牌营销

线上圈粉，线下服务游客，一场全民参与的品牌营销在淄博每天刷新。从淄博北站出站，一直到公交车、出租车、停车场，都有志愿者在引导游客。"只要您有需要，我们就在您身边。"在淄博宏仁堂医药中心路店，记者看到该药店承诺旗下所有门店给"进淄赶烤"的烤友，免费提供手机充电、行李保管、临时休息区、应急包扎、便民药箱等服务。在淄博的"临淄烧烤大院"，听说记者一行从北京远道而来，邻桌的淄博市民主动招呼店主，赠送4瓶饮料。一个个小小的烧烤炉，开启了人与食物、人与城市、人与人之间的良性互动。

淄博人爱吃烧烤，而淄博烧烤的历史甚至可以追溯到新石器时代。淄博市临淄区赵家徐姚遗址，被列入2022年全国十大考古新发现名单，这里发现了距今约1.3万年的烧烤食物遗存。

"淄博烧烤"火了，这种火不仅存在于地道的烧烤串中，还有共同成就"淄博烧烤特色"的方方面面——成立烧烤协会、发布"烧烤地图"、推出"烧烤专列"、开通"烧烤公交"，让所有游客"吃得放心、玩得开心、走得舒心"。

目前，淄博市注册登记烧烤经营主体 3325 户，烧烤餐饮单位 1702 家，肉类供应商 345 家，小饼生产单位 23 家。

如何保证烧烤价稳量足？如何高效处置投诉举报？除了对牧羊村、正味烧烤等网红店实行驻点监管外，面对"五一"假期游客增多，有可能出现经营服务乱涨价等问题，市场监管部门对该市 8 个批发市场烧烤原材料价格、10 家酒店宾馆价格、11 家企业小饼出厂价进行监测；出动执法人员 2736 人次，检查单位 1343 家次，责令整改 56 件；立案查处酒店宾馆涉嫌哄抬价格案 6 起。

2023 年"五一"期间，淄博市市场监管系统共接受含有"烧烤"关键词的投诉举报 653 件，主要涉及食品安全、价格等工作领域；3 月 5 日以来共接受含有"烧烤"关键词的投诉举报 1926 件，全部在规定期限内办结。

公开数据显示，3 月 5 日，淄博站单日到发客流达 4.8 万余人次。2023 年"五一"假期，仅有 470 万人口的淄博接待了上百万游客。3 月 1 日至 5 月 4 日，通过高速公路、铁路、客运站入淄人数约 438 万人，与 2022 年同期相比增长 362%。

食品安全责任重于泰山。面对数百万食客的海量需求，如何统筹安排市场供应，守护消费安全？及时发布"烧烤经济"政策措施；建立"从原料到餐桌"全流程闭环管理机制；开放全市 207 家党政机关大院，免费为游客提供停车场和厕所；38 处青年驿站全部向青年学生开放；"五一"期间，对每天 23 时后仍未找到住处的游客进行妥善安置；外地车辆轻微交通违法，只纠正、不处罚……淄博的"答卷"质量高、诚意足。食品安全、物价便宜、买卖公平、分量实诚，让利于客、让路于客、让景于客。这样的氛围，营造出久违的场景，吸引着南来北往的游客，源源不断地涌向淄博。

3. 一次要"流量"更要"留量"的服务质量大考

在淄博这座老工业城市，烧烤就是一场"流量盛宴"。小马扎一车接一车地运往淄博，从烤炉到小饼，再到各种食材和服务的供应，"淄博烧烤"的火爆形成了链式的传导效应。

"进淄赶烤"也是一次治理大考。一位市场管理工作者认为，其火爆的背后，需要一个行业的冷思考和再一次的厉兵秣马。"食品安全、消防安全、服务质量、市容秩序、油烟污染、社会治安等，都一一展现在千千万万的聚光灯下，'淄博烧烤'火爆后，各个部门'压力山大'。"采访中，记者感受到，虽然各个部门表现都格外低调，但又无一例外地认为，为"淄博烧烤"保驾护航，是他们义不容辞的责任。

一座城，拧成了一股绳。在淄博市委、市政府的领导下，市场监管、商务、网信、公安、文旅、交通运输、城管等部门各司其职，全方位优化营商环境，努力提升游客体验感、满意度。

为了推动"淄博烧烤"迈向一个新高度，他们曾北上锦州、唐山、正定，西进成都、兰州，南下海口等地学习"取经"。在推进治理行动中，各部门统筹谋划，超前布

局，疏堵结合，综合施策，拉网式排查、现场式推进、说法式交流，既有临淄建设烧烤大院的观摩，又有博山推进烧烤摊点进店经营的切磋；既有整治达标后张店马尚啤酒城现场颁发规范经营点的培训，还有与高新区示范经营业户的沉浸式体验……

正如淄博发布告游客书所说："虽然我们已经全力以赴，但服务供给可能还无法完全满足游客的体验需求……请给我们一点时间，我们会把服务的品质品味做得更好。"对于淄博而言，烧烤热或许有一天会渐渐消退，但由此积累起来的治理经验、城市口碑，将成为其未来建设发展的宝贵财富。

统筹做好"引流"与"分流"、"服务"与"监管"、"流量"与"留量"、"客人"与"家人"的文章。淄博烧烤是一张名片、一个符号，"强富美优"的城市愿景，需要更多的质量密码与品牌符号。奋楫笃行，蓄能未来，以一域精彩为全局添彩，这样的淄博最值得期待。

（资料来源：http://www.bzfw.org.cn/html/202305/584_957.html）

第一节　旅游目的地品牌管理概述

随着旅游业的蓬勃发展，旅游目的地争夺客源的竞争日趋激烈，而旅游目的地的竞争也由单项旅游产品的竞争进入旅游目的地的综合竞争。在此情况下，作为实现旅游目的地差异化的有效手段，旅游目的地品牌管理就显得异常重要。旅游目的地的品牌管理是营销管理中不可或缺的一个重要环节。随着旅游产业的蓬勃发展，各地政府、企业及个人加大旅游投资，旅游目的地如雨后春笋般出现。与此同时，旅游目的地产品同质化日趋严重，加剧了旅游目的地之间的竞争。品牌形象是一张信誉牌、一张感情牌，是引导游客辨认旅游目的地的重要途径，对旅游目的地的可持续发展至关重要。因此，打造并维持一个凸显旅游目的地特色的品牌形象受到旅游业界的认可和青睐。

一、旅游目的地品牌管理概述

（一）旅游目的地品牌的定义

目前，国内外对于旅游目的地品牌的界定主要是在品牌的基础上延伸，一种是从品牌表现形式角度：例如，Ritchie（2002）认为旅游目的地品牌就是用名称、符号、标志或其他图形系统来识别和区分不同的目的地，并且认为旅游目的地形象应该包含在旅游目的地品牌化的定义中。另一种是从旅游者与旅游目的地的关系角度：将旅游目的地品牌定义为旅游者对旅游目的地所提供价值和旅游者与旅游目的地之间关系的感知。它很自然地跨越了"从企业角度看品牌"和"从消费者角度看品牌"之间的鸿沟。再一种是从游客感知角度，张文娟（2010）认为旅游目的地品牌应从品牌的提供者与品牌的接收者两个角度进行界定，从品牌营销主体来说，旅游目的地品牌是提供品牌的名称和标识，并通过品牌的这些具象表现实现对旅游目的地整体形象的表达。从旅游目的地品牌对象来说，旅游目的地品牌是游客通过品牌名称和标识对旅游目的地整体形象的联想和感知。旅游目的地整体形象的表达是旅游目的地品牌的核心，旅游目的地品牌的名称、标识以及标识语是旅游目的地品牌的载体。旅游目的地品牌是旅游目的地与旅游者之间的一种约定和默契，是旅游目的地对所提供的旅游产品的品质、品位和体验等方面的一种承诺。综上所述，旅游目的地品牌就是旅游目的地为了让游客区别旅游目的地与其他竞争产品和服务，以核心旅游资源为基础、以旅游需求为导向，通过整合营销手段所塑造的关于各个旅游要素在游客心理上的一种可识别的良好感知综合体。

（二）品牌管理的定义

品牌建立具有长期性，投入巨大，并且面临风险和挑战，这就提出了"如何保证品牌的长期健康发展"的问题，从而催生了品牌管理研究领域。品牌管理阶段研究的基本科学问题包括：①品牌管理的长期要素构成。②品牌管理业绩。这一阶段的新概念包括：品牌管理建制与组织、品牌延伸、品牌强化、品牌激活、品牌联盟和品牌管理业绩。George 和 Ronald（1994）曾采用历史研究法（Historical Approach），通过追溯研究1870—1990 年不同营销环境中的品牌管理发展史，将这 120 年间的品牌管理划分为四个主要阶段：①全国性制造商品牌发展阶段（1870—1914 年）；②品牌管理面临新挑战阶段（1915—1929 年）；③品牌经理制诞生阶段（1930—1945 年）；④品牌经理时代（1950—1990 年）。研究表明，自从具有领导性地位的品牌出现之后，品牌经理制便得到了良好的发展。适应品牌资产追求长期健康发展的需要，大量品牌论著都以"品牌管理"为关键词，包括 Keller 的《战略品牌管理》（1998，2003 和 2008）、D. Aaker 的《管理品牌资产》（1991）、Kapferer 的《战略品理》（1992，1995 和 1997）以及《品牌组合战略》（D. Aaker，2004）和《凯洛格品牌论》（Tybout 和 Calkings，2005）等。这些经典品牌著作引用了大量的品牌实战案例，基于全方位视角从正、反两方面剖析品牌管理存在的问题，提炼经验、总结教训。以 Keller 最新的《战略品牌管理（第 3 版）》为例，全书共有专栏式品牌案例 93 个，包括通用汽车、耐克、联邦快递、3M 等知名品牌。相关分析表明，公司必须设立专门的组织并制定规范的品牌章程来进行基础而又专业的品牌管理工作。大多数公司的 CEO 通常高效地兼任首席品牌官（CBO），在品牌管理过程中尤其关注战略性问题。

品牌管理的研究经过几十年的积累，其内涵的表现也越来越丰富。品牌作为用以标明产品、质量、所有权等信息的图样、符号和标记，促使消费者对产品、企业产生情感、联想，激发购买欲和使用欲；品牌也可以表现产品品质和象征意义；品牌对整体市场进行细分，将不同的使用者区分开来；品牌给产品创造了无形价值，也为使用者带来了更多的经济剩余。品牌的这些基本作用的发挥取决于品牌管理的内涵。当品牌管理的

内涵处在"信息沟通与交流的平台"的阶段时，品牌实际上是信息的载体。而品牌管理内涵上升到"企业与顾客关系互动的关键性节点"时，品牌实际上成为心理共识的载体。这本身比信息的载体其内涵更加深入。因为在体验经济、注意力经济的背景下，心理共识的达成显得更加重要，同时也更加困难。由于企业与顾客的关系本质是商业关系，任何长久、稳定、带来高额利润的商业关系都意味着要达成心理共识，否则就难以长期维系。品牌处在"信息载体"的地位时，心理共识事实上也是存在的，但由于相对而言，此时的共识达成比较稳定，变化不快，对企业而言还没有重要到影响经营方式的程度，故而是一个隐含条件而易被忽视。

（三）旅游目的地品牌管理的定义

通过旅游目的地品牌管理能够有效地监管控制品牌与旅游者之间的关系，最终形成旅游目的地的竞争优势，使广大游客更认同旅游目的地品牌的核心价值与精神，从而使品牌保持持续竞争力。旅游目的地品牌管理有广义与狭义之分，广义的旅游目的地品牌管理指的是旅游目的地旅游产品的品牌管理、旅游企业的品牌管理、旅游目的地形象品牌管理等。狭义的旅游目的地品牌管理是指某一项旅游产品的品牌管理。

旅游目的地品牌管理综合了旅游目的地、旅游目的地品牌以及品牌管理的定义，综上所述：旅游目的地品牌管理的定义就是旅游目的地建立、维护、巩固品牌以及维护旅游目的地形象的全过程。

二、旅游目的地品牌管理的特点

旅游目的地品牌作为一种空间品牌，与一般实物和服务品牌的区别直接关系到旅游目的地品牌的塑造和管理，而旅游目的地品牌管理是一项长期性复杂性的工作，在管理的过程中也会牵涉不同的管理主体，具有独特性、动态性、复杂性和文化性的特点。

（一）独特性

随着市场竞争的日趋激烈，旅游目的地必须打造和维持具有独特性的品牌形象已成为一种共识。通过品牌管理，一个目的地可同其目标市场建立一种难以取代的情感联系，从而形成竞争优势。通常的产品及服务品牌具有较强的排他性，而旅游目的地品牌管理的排他性表现得就更为明显，随着旅游市场上产品同质化现象越来越严重，打造旅游目的地品牌成了产品突破重围的新的竞争力，一种旅游目的地品牌的发展模式必须紧密结合当地的文化、历史发展背景，同时又能吸引年轻人的加入，具有时代特征。在品牌个性的设置方面，旅游目的地品牌管理的排他性就表现得特别明显。在旅游者心目中树立一种独特的、无法替代的品牌地位绝非一朝一夕之功，需要有持续的品牌管理过程来实现这个目标，而这一过程是排他的、独一无二的。以河南的旅游目的地品牌"老家河南"为例，有着管理的独特性，需要从黄河之旅、古都之旅、山水之旅、文化之旅，四条精品线路完美串联旅游目的地、精品景区、旅行社、星级饭店和旅游商品，处处彰显"老家河南"的旅游魅力，而这一品牌形象与其他旅游目的地有着截然不同的管理方式与方法。

（二）动态性

有一些旅游目的地品牌会从默默无闻一下子变得熠熠生辉，虽然如此之快地成为品牌明星，但是这也从侧面反映了旅游目的地品牌管理是一个动态性的过程，在品牌建立的初期需要在仔细细分市场、研究市场、规划市场、不断调整市场定位的基础上，长期进行营销活动和长期不断地进行投入，设置近景目标与远景目标。同时要充分考虑顾客需求的多样化，游客对旅游目的地品牌的期望不局限于由旅游景点组合而成的线性单一结构，信息技术的强大，使得游客的需求时常变化，在进行旅游目的地品牌管理的一些具体方法的实施上一定要把握品牌发展的动态性，结合品牌定位来设置不同的管理模式。随着时代的发展、社会的进步以及产业技术的更新迭变，旅游者对旅游目的地的定位以及消费需求也会发生变化。如果原有的旅游目的地品牌不再适应市场需求，就应该考虑对旅游目的地的品牌形象进行重新定位与洗牌，而旅游目的地品牌管理的方法也会随之发生改变。旅游目的地品牌重新定位旨在摆脱困境、使旅游目的地品牌获得新的增长与活力。

（三）复杂性

通常的品牌是单一的产品品牌或企业品牌，而旅游目的地品牌更多的是一个品牌系统。旅游产品尤其旅游线路产品是综合产品，对于旅游线路来说，其品牌实际上是由该线路涉及的不同旅游企业的单一旅游品牌所构成的整体旅游品牌，而旅游目的地品牌更是该旅游目的地内代表性的旅游线路品牌及景区、酒店等旅游企业品牌的一个总体，它的基础是涵盖不同旅游要素的旅游品牌群。旅游目的地实现品牌化需要利益相关者的共同推进，这些相关者包括政府部门、目的地营销组织和旅游行业、当地居民等。要实现对旅游目的地品牌的管理，要将不同利益相关者的代表召集起来，共同制定旅游目的地品牌与形象的规划，在一定程度上使各个相关者在利益获取上达成共识，形成长久的合作关系。所以，在品牌管理的过程中需要紧密注意各个利益主体的利益分配以及与旅游目的地形象之间的关系，同时要应用好品牌营销，使旅游目的地在品牌化的过程中打造出与旅游者心目中感知的旅游目的地形象更贴近的品牌形象。

（四）文化性

对于通常的品牌，其经济功能占重要地位，社会与文化功能相对较弱，而旅游目的地品牌管理的社会、文化功能与经济功能同等重要。在品牌价值较高的情况下，一般品牌可以延伸至同行业的其他产品甚至其他行业、其他地域的产品上。对于旅游目的地品牌来说，由于旅游资源的不可移动性等原因，旅游目的地品牌通常只能延伸至与该地旅

游资源有关的旅游产品上，并且只在目的地所在地域进行延伸，因此旅游目的地品牌的延伸性比较有限，所以旅游目的地品牌的文化性就显得尤其重要，现代旅游者已不再满足于单纯的旅游观光，往往注重自身的参与，这种自身的参与，其实质就是追求文化享受。旅游品牌提供的不只是产品服务，而且是一种经历体验，一种能激发消费者共鸣的价值概念。旅游目的地品牌管理必须注重品牌文化建设，要挖掘旅游产品或服务的物质上的文化性，品牌的视觉表现同样给消费者以视觉美感，同时在营销环节注重品牌营销活动中的文化性。

三、旅游目的地品牌管理的原则

随着市场竞争的日趋激烈，旅游目的地必须打造和维持具有独特性的品牌形象已成为一种共识。通过品牌管理，一个目的地可同其目标市场建立一种难以取代的情感联系，从而形成竞争优势。在旅游目的地品牌管理的过程中要遵循一定的原则，根据现实需求以及旅游目的地的实际情况对旅游目的地管理的具体操作步骤给予相应的改变。

（一）长远规划原则

良好的具有动态变化性的旅游目的地品牌管理目标的设定，可以一方面为后边的品牌核心价值规划、品牌系统规划以及品牌延伸战略等方面规划工作提供指导方向，另一方面也为日常的品牌管理、营销活动提供依据，具有长远的规划价值目标。同时需要指出的是，对于旅游目的地品牌的长期目标设定与管理可以以定性的方式出现，但是必须把品牌长期目标分解，甚至设定品牌长期目标分阶段完成的标准，提升旅游目的地品牌管理的科学性。

（二）短期量化原则

对于品牌短期目标的设定与管理，尽量用量化的指标进行管理，结合品牌知晓、品牌形象、品牌质量、品牌价值、品牌忠诚这五个构念测量维度，提炼出旅游目的地短期内需要量化提升的项目。一般而言，旅游目的地品牌目标设定和管理主要包括：旅游目的地品牌知名度目标、旅游目的地品牌渗透率目标、旅游目的地品牌品质认可度、旅游目的地品牌联想与规划内容偏差、旅游目的地品牌顾客转移率、旅游目的地品牌吸引新顾客目标、旅游目的地品牌市场份额目标、旅游目的地品牌溢价能力目标、旅游目的地品牌投资回报目标、旅游目的地品牌销售额目标、旅游目的地品牌贡献率目标。

（三）科学管理原则

旅游目的地品牌管理的流程以及内容的设定必须根据现实情况的变化，随时做出调整。要从旅游目的地的整体出发，在对旅游目的地品牌进行管理的时候，不能忽视品牌管理的各个主体，考虑多方利益，从旅游目的地的整体发展角度出发，合理配置资源，合理定位旅游目的地品牌。同时还要遵循科学的原则，旅游目的地品牌管理必须科学合理，运用最先进的管理经验与管理技术，从整体发展紧贴实际的角度寻得旅游目的地品牌管理的良方。

（四）持续建设原则

旅游目的地品牌管理目标的制定要以目的地旅游产业外部环境为依据，空洞的品牌目标对旅游目的地品牌传播、营销策略等实际操作没有什么指导价值。在科学、系统品牌诊断和内外部研究的基础上，进行品牌愿景规划和品牌目标的设定，要坚持持续建设的原则、可持续发展的原则，从整体上把控旅游目的地品牌管理，同时对于品牌管理的各个流程把控要具有远见性，目标的设定要从市场未来发展的角度出发，使品牌的建设具有一定的连贯性。

第二节　旅游目的地品牌定位管理

一、旅游目的地品牌定位的概念

品牌定位是品牌运营的基本前提和直接结果，是确立品牌个性的策略设计。品牌化是目的地营销的一个战略目标，而品牌定位则是完成这一战略目标的前期步骤，旅游目的地品牌定位非常重要，是目的地营销的精髓。受众不同，品牌所处生命周期阶段不同，基于不同的定位策略，旅游者对同一目的地旅游产品的理解也会有差异。旅游目的地的品牌定位直接影响着该区旅游业的发展，因此，其品牌定位要从整体上把握并综合分析历史、风俗、文化、宗教等要素，深入挖掘旅游者对本地旅游资源内在、最深层的本质需求，树立起最具吸引力的独特价值形象。所有成功的旅游目的地品牌都有一个界定明确的核心个性特征和目标，品牌定位中无论选择旅游目的地的何种特质作为其定位的竞争优势，它的定位都应该具有动态变化的属性。发现旅游目的地的某种游客吸引力特质并使它在目前的旅游消费市场中具备一定的核心竞争力，并且长久维持下去，在长时间内都能与消费者建立某种独特情感联系，并且以此为基础来建立和定位品牌，才能使旅游目的地品牌具有长久的竞争性与活力。

因此，不管是从哪一角度出发，对旅游目的地进行品牌定位就是要使旅游目的地的认知形象在旅游者心中占有一席之地。基于此，旅游目的地品牌定位是要紧密围绕旅游目的地现有的资源状况，着眼于该地未来发展目标和趋势、深入挖掘游客心中最本质的需求的既来源于现实又高于现实的综合定位，并通过高度概括和艺术的语言或文字所表达。明晰、精准的目的地品牌定位（brand position）为目的地品牌化战略的有效实施提供动力支持，建立在对自身历史渊源、文化背景、风土人情等要素综合考量为基础的目

的地品牌定位既能凸显本土特色，又能为目的地品牌市场影响力的提高提供保障。

二、旅游目的地品牌定位的原则

中外许多著名的旅游目的地的品牌都是在其发展中自发形成的，并未对其特意进行品牌定位。近年来由于旅游市场竞争加剧，旅游者的旅游消费需求也日趋个性化、差异化，由此也就产生了对旅游目的地进行品牌定位的需求，且这种需求在 20 世纪 90 年代之后日趋凸显。因此，应遵循以下几个方面的原则来对旅游目的地进行品牌定位。

（一）区域性原则

旅游目的地的发展离不开它生存与依赖的特定空间，因此，在进行品牌定位时，一是要做到立足本区域，从区域的角度出发。二是要树立整体的原则，以最佳的方式将品牌定位融入与之相关的更大的区域中，这样就能让本区域旅游目的地能借助更大范围的旅游区域来对外树立本区域的品牌优势，扩大其影响力，同时还能共享更大区域中的旅游基础设施。因此，在进行旅游目的地品牌定位时，要充分考虑旅游目的地的地理资源环境、历史传统、经济发展状况、文化特征等诸多因素。只有这样，才能使品牌具有不可替代的地域特性。

（二）资源型原则

资源禀赋是旅游目的地品牌形成和定位的基础，特别是那些特色明显的唯一性资源更是进行品牌定位的根本。旅游资源可以分为有形资源和无形资源两种，有形资源如自然资源等所表现出来的特征共同造就了旅游目的地形象定位的"地脉"；无形资源如传统历史、文化等共同构成了旅游目的地形象定位的"文脉"。因此，应立足旅游资源，充分把握具有市场开发潜力且特色明显的唯一性资源。

（三）系统性原则

系统性原则要求旅游目的地在进行品牌定位时，必须树立系统整体的观念，又要体现旅游资源的多样性特征和旅游客源市场的多层次性特征，力求从多层次、多侧面来反映旅游目的地的整体特征。同时也要求旅游目的地在进行品牌定位时能针对不同的发展阶段，不同的市场需求。因此，旅游目的地的品牌定位就不能太具体，应着眼整体，并从多层次上表现出多个支撑形象来对其进行完善与深化。

（四）竞争性原则

竞争性原则是旅游目的地参与市场竞争的直接体现，旅游目的地要想在竞争中居于有利地位，对其品牌进行定位就必须进行竞争性分析。在现实中，旅游目的地的品牌形象不仅要受上一级区域旅游的影响，还要与同类品牌定位的旅游目的地参与竞争，因此，旅游目的地首先要对区域内的资源要素有全面的认识与了解，然后在区域对比的基础上，找出其特色鲜明且具有唯一特性的资源或者产品来进行品牌定位，最大限度地发挥其竞争优势，使其在竞争中取胜。

三、旅游目的地品牌定位的方法

旅游目的地品牌定位需要考虑三方面的因素，即本地文脉分析、竞争对手分析和目标市场分析。本地文脉分析是指对当地的自然环境、人文环境、历史文化、社会心理四要素进行分析，对当地而言最具决定性影响力的因素则是定位的主脉因素。竞争对手分析主要针对同质竞争者分析和异质竞争者分析。对于资源相似且地理位置相近的旅游目的地，建议进行整体定位，几个目的地捆绑合作，共同开拓市场，组成区域性整体旅游形象。例如，浙江的乌镇，江苏的周庄、同里形成一个水乡特色旅游圈共同吸引爱好江南水乡的游客。对于异质竞争者要实施错位定位，即寻求本地与其他旅游目的地相异的部分，在差异中形成特色，凸显自己的个性，才能在竞争中处于有利地位。目标市场分析也就是客源市场分析，比较高、中、低端客源市场，国际国内市场，观光游、度假游市场等。目前，旅游目的地品牌的定位方法比较多，较为流行的有以下几种方式。

（一）领先定位

领先定位是容易的一种定位方法，适用于独一无二或无法替代的旅游资源。由于人们总是对"第一"的东西印象深刻，所以这种定位方式最有气魄，最能引起人们的注意。如埃及的金字塔、中国的长城、印度的泰姬陵等，它们都具有在世界范围内不可替代的地位。

（二）比附定位

比附定位就是攀附名牌，比拟名牌来给自己的产品定位，希望借助知名品牌的光辉提升本品牌的形象定位。比附定位通常采用以下三种方式来实施：首先是第二主义。第二主义主要是指明确承认市场的第一品牌，自己只是第二。这种策略会使人们对旅游目的地品牌产生一种谦虚诚恳的印象，相信旅游目的地所说是真实可靠的，这样较容易使消费者记住这个通常难以进入人们心智的序位。其次是攀龙附凤。承认市场中已卓有成就的品牌，本品牌虽自愧不如，但在某地区或在某一方面还可与这些最受消费者欢迎和信赖的品牌并驾齐驱、平分秋色。比如，苏州的定位为"东方威尼斯"，海南三亚定位为"东方夏威夷"，大连定位为"北方小香港"等。最后是俱乐部策略。公司如果不能取得本市场第一地位又无法攀附第二名，便退而采用此策略，希望借助群体的声望和模糊数学的打法，打出限制严格的俱乐部式的高级团体牌子，强调自己是这一高级群体的一员，从而借助俱乐部其他市场领先品牌的光辉形象来抬高自己的品牌形象。例如，河

南登封定位为"中国少林武术之乡"，咸阳定位为"中国金字塔之都"等。

（三）逆向定位

逆向定位作为差异化营销策略的一种，它的成功关键是既找到与众不同的切入点，又能迎合消费者的观念，即所谓"意料之外，情理之中"。只有把握了这个平衡点，才能取得革命性的成功。在定位时将旅游目的地定位于人们心目中第一位的旅游目的地形象的对立面或相反面，标新立异，在人们心中形成一个可以接受的形象。例如，乌镇的旅游定位为"来过，未曾离开"，成都的旅游定位为"一座来了就不想离开的城市"，用"来"和"离开"这种对立面的表达，使得旅游者重新思考旅游目的地的新颖之处，又如在炎热的夏天，宣传贵州的"爽爽贵阳行"，吉林的"21℃的夏天"等，让旅游者置身于常居地与旅游地的反差当中，从而激发旅游者的旅游动机。

（四）重新定位

旅游目的地形象经历产生、成长、成熟和衰落四个阶段，旅游目的地的形象不再适应旅游发展需求，在无法再产生影响力的情况下，通过重新定位，在旅游者心目中建立新形象，重新提升对旅游者的吸引力。例如，北京一直以悠久的历史文化古城的形象吸引游客，当大多数游客已经对游故宫、长城产生腻烦心理后，北京推出了"新北京新奥运"的旅游目的地形象，以新的建筑和游览方式再次吸引旅游者重游北京，也吸引了从未到过北京的旅游者前往北京。

（五）利益定位

利益定位就是根据产品或者所能为消费者提供的利益、解决问题的程度来定位。由于消费者能记住的信息是有限的，往往只对某一利益进行强烈诉求，容易产生较深的印象，例如，养生小镇主打养生文化，养老小镇主打养老文化，满足了人们追求长寿的这一利益目的，以及现在各种流行的展销会、婚庆博览会、科技城等都是从人们所追求的各种利益目的来定位旅游目的地的品牌。

（六）空隙定位

比附定位和逆向定位都要与游客心中原有的旅游地形象阶梯相关联，而空隙定位全然开辟一个新的形象阶梯。空隙定位的核心是分析旅游者心中已有的形象阶梯的类型，发现和创造新的形象阶梯，树立一个与众不同、从未有过的主题形象。与有形商品定位相比，旅游目的地品牌定位更适用于采用空隙定位，如中国第一个小人国"锦绣中华"。

四、旅游目的地品牌定位的步骤

（一）划定潜在定位竞争优势

旅客出游的目的除了享受自然风光之外，还有对精神层面的要求，所以需求肯定是多方面的，要对潜在的目标市场群体的需求进行罗列，划定潜在的定位竞争优势，同时也是一个罗列资源、整合需求的过程，通过潜在定位竞争优势的划定，将游客的需求与旅游目的地的资源进行比较好的融合，这也是形成独特品牌诉求的关键。

（二）选择正确的竞争优势

旅游目的地品牌定位的选择肯定是保证有市场竞争力的同时又满足游客需求的长远规划，所以要从众多的潜在定位竞争优势中，选择最贴合旅游目的地形象的，最具有市场竞争力的优势资源，形成差别化旅游产品体系。当然，这也是以游客需求为前提的，在充分了解需求的基础上，通过前一阶段的旅游资源的整合来选择核心旅游吸引物，形成旅游目的地品牌正确的符合目的地定位的竞争优势。

（三）塑造品牌核心价值和形象

在旅游目的地结合了旅游资源整合以及核心旅游吸引物的选择之后，就要向市场推出其品牌的形象和品牌的核心价值。因此，旅游目的地的核心价值要能清楚地表达出旅游目的地发展的长远目标，能够使目标游客感兴趣，并且满足他们所寻求的某种利益 / 利益组合（功能利益、情感利益、自我表现利益），能为目的地品牌及其产品同消费者个人价值之间建立一种内在的、稳定的联系，从而为消费者访问该目的地提供一个强有力的理由。同时，品牌核心价值应该是持久的、可更新和拓展的、能够兑现的、为所有内部利益相关者和社会公众所认同的。从根本上讲，它必须是对消费者而言的，是市场导向的。核心价值应清晰地表达目的地的愿景，核心价值还应在品牌营销中体现一致性的原则，标识体系和设计风格也应该反映和进一步加强品牌核心价值。

（四）传播所选定的品牌定位信息

对品牌价值与形象进行传递上的设计，这就要求将那些区别于其他竞争对手的优势与旅游目的地的产品和服务开发相结合，并较好地运用营销手段传递给目标市场。要在适当的时间、以适当的方式将目的地定位思想传递给潜在的目标游客，使其知晓品牌的独特个性以及此独特个性所能提供的利益承诺，使目的地品牌在浩如烟海的营销信息中被识别和关注。

第三节　旅游目的地品牌组织管理

　　要建立起旅游目的地品牌并对其进行管理，首先要解决谁来管理的问题。在品牌的运作机制上，要强化旅游目的地组织的主体地位，调动旅游企业参与目的地品牌营销的积极性，为目的地品牌营销创造良好的市场氛围。

　　旅游目的地品牌管理组织的初步构想是：以政府为主导，成立旅游目的地品牌管理组织，由旅游目的地政府高层领导对其负责，协调各方利益。该机构是一个整合品牌传播部门，负责品牌的战略管理，并根据具体的任务种类下设分部，安排专业人员分别从事品牌规划与发展、品牌投资与收益、品牌传播、市场调研、关系营销、价值评估等工作。通过与旅游企业建立战略伙伴关系，旅游目的地品牌管理组织可以向旅游者和当地居民"更加清晰地展示旅游目的地的文化、历史和自然资源"。

一、旅游目的地品牌组织管理主体

（一）政府 / 公共部门

　　20 世纪 80 年代以前，一个普遍观念是旅游必须由政府进行管制和协调，政府干预或旅游政策是决定旅游发展的关键因素。Jenkins 和 Heny 把政府参与旅游分为积极参与和消极参与两种类型。其区别的关键在于政府是否特意为旅游部门实施相关行动，而不同的社会经济体制、经济发展水平和旅游对国家经济的重要性等是影响政府参与的主要因素；同时强调大部分发展中国家的政府参与旅游既是为了优化旅游发展的经济、社会、环境等，也是为了弥补私人旅游部门发展的不足。

　　世界旅游组织（UNWTO）认为政府在旅游发展中具有重要作用："旅游产业是非常碎片化的……政府的协调是必要的。"一方面，政府有能力通过大量的政策工具影响旅游发展，包括空间规划、基础设施建设、资源政策、财政政策、交通政策、就业政策等；另一方面，政府有责任利用一些专项政策工具确保旅游发展的可持续性，包括自然资源与环境保护、文化遗产保护、能源利用效率、废物有效处理等。

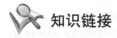 知识链接

现代旅游开发中的政府角色定位

　　实施政府主导型旅游发展战略是我国旅游发展的必然选择。但面对迅速发展的世界旅游市场和我国加入 WTO 之后的机遇和挑战，政府的主导行为日益显出其弊端。在现代旅游开发中，政府角色定位要体现以下几点：第一，要突出地方特色，对旅游产业与

市场定位要合理，具有地方特色是地区旅游蓬勃发展的源泉。第二，转变政府职能，加大监管力度，促进资源的优化配置，有效利用现有资本，使用现代企业管理手段打造旅游品牌，找到地方发展与企业创利、百姓致富的最佳结合点，使景区的经济效益、社会效益和生态效益达到完美的统一。第三，提高旅游业发展决策水平，形成"政出一门，行业联动"的施政格局。第四，完善旅游规划的评审环节，严把旅游开发质量关，进行规划主导。第五，发展旅游教育，培养高素质的人才。

[资料来源：梁留科，曹新向，徐永红. 现代旅游产业发展中的政府角色定位研究[J]. 西北农林科技大学学报（社会科学版），2005（4）：117-121]

（二）企业/利益集团

旅游企业通过直接或间接地为旅游者提供产品或服务而达到盈利目的，包括旅行社、吸引物管理者、交通企业、酒店、餐饮店、纪念品商店、演艺公司、节事举办机构等各种异质性企业。这些异质性企业合作生产旅游者所需要的目的地产品或完整经历，组合成为目的地的"生产系统"或"旅游产业"。目的地的成功发展依赖于所有个体旅游企业的资源、产品和服务的有效利用和整合，同时这也带给旅游企业所期望的利益和回报。许多研究指出，旅游产业发展事实上构成了目的地发展的核心内容，旅游产业团体在目的地发展中居于主导地位。有趣的是，也许是因为旅游企业对目的地发展的作用太显而易见，专门聚集于这一主题的文献并不多见，而是都把注意力放在了旅游企业与政府之间的关系上。

Greenwood研究了旅游领域中企业团体作为利益集团是如何影响公共政策的制定和形成的。他认为企业集团与政府之间的关系源于"权力依赖"，即各方拥有能够控制对方的关键资源，政府拥有立法和规制能力，企业团体拥有政府制定政策所需要的专业信息、经济力量和作为政策实施中的行动者权力，利益集团可以利用这些关键资源影响旅游公共政策的制定和执行，并提出证据表明企业利益集团本身就可以看作一种通过"跨越边界"，进行问题协商、讨价还价、争端解决和政策实施的所有管理机制的一部分。Tyer和Dinan研究了英国旅游政策中利益集团的角色，特别关注了旅游利益集团与政府部门之间的关系以及通过这些关系影响旅游政策的机制，并指出英国旅游政策网络包括聚焦于旅游商业政策和旅游资源政策的两个子网络，而政府在其中具有中心性。

（三）社区/当地居民

目的地社区与旅游发展之间具有密切互动的关系，一方面社区能够为旅游发展提供吸引物和劳动力等要素，另一方面旅游发展可为社区带来多方面的利益。一般而言，目的地社区通过旅游发展可能获得的利益包括经济利益、环境利益、社会文化利益、知识与技能利益四大方面。自1985年墨菲出版《旅游：社区方法》一书以来，围绕着该书

提出的旅游与社区之间多种关系的议题吸引了诸多学者的关注与讨论。Ritchie 较早讨论了特定参与技术的优势和社区居民与产业领导共同制定形成目的地发展愿景的过程，指出旅游规划决策过程中社区居民的参与强度是差异化的。大量学者强调，如何通过促进旅游发展中的社区参与，将社区利益与旅游规划和管理进行整合，形成社区的所有权和责任感，对规划者、管理者和运营者都十分重要，因而在事实上成为旅游可持续发展的核心。

另一些学者则提出了不同意见，认为积极的社区参与并不是社区获得相关利益的前提条件，虽然在旅游项目的构想、开发、启动、运行和日常管理等阶段，社区参与有助于社区利益的识别、理解、确认和聚焦，但是社区参与也可能导致社区面临外部压力、管理结构不完善、利益相关者冲突、内部猜忌与权力斗争、出现等级分化和精英主导等一系列潜在问题，都会阻碍或弱化社区对相关潜在利益的获取。Simpson 强调，旅游发展中社区参与规划和运作以及利益相关者之间的沟通是重要的，但是这些目标不应该遮蔽利益传送的根本目的。一个旅游发展方案即使缺乏社区参与，或者说社区不拥有所有权或控制权，也可以有效地将相关利益传送给社区。

伴随着 2004 年墨菲出版《社区旅游战略管理：弥合差距》一书所引起的新一轮观点争论，旅游与社区关系的相关研究更加深入和细化，包括社区参与类型、社区发展和规划范式、社区生计资产的变化、利益相关者的作用、旅游开发方案的所有权结构等主题都得到了考察。这说明旅游发展中的社区参与对于社区获取相关利益到底有多重要，其有效性取决于什么样的具体条件和因素以及其他利益相关者在这一利益传送过程中的作用等问题都还需要进一步深入分析。

二、旅游目的地品牌组织管理利益相关者分析

（一）旅游目的地品牌利益相关者管理

旅游目的地品牌化是众多利益相关者共同决策推进的过程，利益相关者管理是研究关注的焦点，也是难点，在多篇文献中都有论及，但由于目的地情况的复杂性，对如何实现利益相关者的有效管理尚未达成共识。旅游目的地品牌化利益相关者的构成具有复杂性，学者们就主要利益相关者包括政府部门、目的地营销组织和旅游行业已达成共识。此外，当地居民在旅游目的地品牌化中扮演着重要角色，要重视其对品牌化过程的参与。旅游目的地品牌管理要克服利益相关者因利益不同带来的争斗，可将不同利益相关组织的高层管理者集合起来，共同制定旅游目的地品牌规划，并在正式框架下寻求与一些较小、范围广泛的利益相关者合作，建立长期合作关系。利益相关者因物质资源、结构资源、信息控制及个体特征的不同，在品牌化过程中的作用是不同的。扎诺等人（Marzano 等）通过对澳大利亚黄金海岸品牌化过程的研究发现，虽然目的地利益相关者众多，但只有极少数掌控着权力，拥有主导权的个人或组织通过运用权力将其他利益

相关者排除在决策过程之外，从而强化自身权力。

旅游目的地实现品牌化需要利益相关者的共同推进，这些相关者包括政府部门、目的地营销组织和旅游行业、当地居民等。要实现对旅游目的地品牌与形象的管理，要将不同利益相关者的代表召集起来，共同制定对旅游目的地品牌与形象的规划，在一定程度上使相关者在利益获取上达成共识，建立长期合作关系。

（二）旅游目的地品牌利益相关者分析

旅游目的地品牌营销是对目的地整体形象及旅游产品的营销。目的地形象是人们对旅游目的地的社会、政治、经济、生活、文化、旅游设施、旅游业发展等各方面的认识、观念的综合。目的地形象的塑造需要多方的参与，除了与目的地旅游业发展有直接联系的主体（如政府旅游管理部门、旅游企业等）外，还必须有其他对旅游业发展有影响的主体（如目的地居民、相邻目的地等）的参与。旅游产品在某种意义上是指旅游者在目的地获得的经历和体验，而旅游者在目的地的经历通常并不是由单个组织提供的，而是由目的地的各种资源及旅游设施和服务共同构成的，涉及众多利益相关者。因此，旅游目的地品牌营销利益相关者可以主要归纳为：目的地旅游管理部门、旅游企业、旅游投资商、旅游行业组织或协会、目的地社区、目标市场、目的地政府（工商、税务、司法等部门）、其他相关旅游目的地。根据利益相关者理论，"利益相关者权利"意味着利益相关者有运用其资源使一种事情发生或获得所期望的一种结果的能力。结合旅游目的地品牌营销实际情况，旅游目的地品牌营销不同利益相关者利益与权利性质如表9-1所示。

表 9-1　旅游目的地品牌营销利益相关者：利益与权利的性质

利益相关者	利益的性质（利益相关者所持有的期望）	权利的性质（利益相关者施加影响的方式）
目的地旅游管理部门	塑造目的地旅游形象；提升目的地知名度；扩大市场占有率；推动目的地旅游与旅游业可持续发展	牵头组织旅游目的地营销；协调目的地各利益相关者利益；主动寻求公私之间的合作；坚持旅游与旅游业可持续发展
旅游企业	向目标市场宣传企业形象；促销企业产品通过目的地营销的"雨伞效应"而受益	与行政管理部门进行合作；积极宣传本企业形象及产品；维护企业利益
旅游行业协会或组织	使旅游企业从目的地营销中受益；促进目的地旅游与旅游业可持续发展；充分发挥行业组织的协调作用	参与旅游目的地营销；协调公私关系；促进公私合作
目的地社区	获得良好的社会文化和环境效益，增加居民社会福利	塑造目的地良好的旅游环境，维护社区居民切身利益
目标市场	方便、准确地获得目的地旅游信息；旅游者剩余最大化；旅游者权利得到保护	通过各种渠道查询目的地；旅游信息反馈；目的地营销信息；必要时通过行政法律手段维护利益

续表

利益相关者	利益的性质 （利益相关者所持有的期望）	权利的性质 （利益相关者施加影响的方式）
目的地政府	充分发挥旅游业的产业关联作用，以旅游业带动目的地社会经济的发展扩大旅游市场占有率，促进本目的地整体发展	投资、完善旅游信息基础设施，建议实施一系列倾斜政策通过各种渠道进行营销竞争，必要时与其他目的地合作进行营销
其他旅游目的地	发挥旅游资源和产品的互补性优势，共享客源，通过目的地合作取得双赢	加强区域旅游合作，实现资源和产品互补性景区的合作营销，共同开拓客源市场

三、旅游目的地品牌组织管理的核心流程

（一）旅游目的地品牌的塑造

旅游目的地品牌是旅游者对价值和关系的认知。有计划、有步骤地在旅游目的地与旅游者的互动中传递特殊价值，建立关系是旅游目的地品牌塑造的关键。任何旅游目的地品牌塑造与更新过程的第一阶段都是要建立起目的地及其品牌的核心价值，它应该持久、相关、易于传播、对潜在游客有突出价值，这就需要考虑品牌与游客之间的相关性、品牌的新颖性、与竞争者品牌相比的差异性。

（1）旅游目的地品牌价值定位。明确了旅游目的地品牌的个性特征，就清楚了旅游目的地需要向旅游者传递的核心价值是什么，即希望在旅游者心目中树立怎样的目的地形象，从而获得潜在旅游者的认同，激发其旅游动机。通过各种营销活动在旅游者心目中塑造品牌识别，只是塑造旅游目的地品牌的一个环节，更重要的是如何使旅游者体验与营销活动中现有目的地品牌的承诺保持一致，使旅游者旅游体验的期望得到满足或超越。通过旅游产品的消费来强化旅游者心目中的旅游目的地品牌。

（2）确立品牌识别。在经过前一阶段的市场调查、分析以及战略选择之后，下一步就是确立品牌形象，这一阶段最重要的两个概念就是品牌利益金字塔和品牌体系结构。品牌核心价值确定以后，品牌识别的每一个构成要素都要支撑核心价值，核心价值又通过构成要素来体现，让品牌价值能非常贴切地展现出来，品牌核心价值要清楚体现愿景，所有利益相关者和潜在顾客都必须认同、买账，并通过产品和各种市场宣传手段来体现。

（3）旅游目的地价值传递。旅游目的地品牌塑造的另一个重要环节是如何让旅游者与旅游目的地接触时，获得对旅游目的地形象的良好感知。从价值传递的过程看，可以分为旅游前、旅游中和旅游后三个阶段。从价值传递的途径看，可以是口头信息（包括亲友、旅行社职员、导游和当地居民等）、电视媒体、纸质媒介、公共关系、网络、实地游览等方式。旅游目的地需要在这些接触的途径上很好地控制或者影响旅游者的感知，向旅游者传递旅游目的地的信息，让旅游者产生共鸣，并保持旅游者旅游体验与品牌价值承诺的一致性。旅游目的地品牌建设就是如何将目的地塑造成一个独一无二的地方，能够为游客提供超越一般旅游目的地的体验。

（二）旅游目的地品牌设计

旅游目的地品牌战略的表现之一就是旅游目的地品牌识别系统，它是进行品牌建设的基础，主要是由旅游目的地品牌名称、旅游目的地品牌标识设计，以及旅游目的地品牌标识语构成的。该系统是客源市场对该旅游目的地最直观的印象，在一定程度上向客源市场的消费者传递着该区域的内涵，刺激消费者前往。因此，旅游目的地品牌识别系统是旅游经营管理者将旅游目的地的资源、文化等与消费需求相结合，提出的一种既能充分体现旅游目的地的资源特色又能有效满足游客需求的一种最终通过艺术的表现方式体现的品牌概念体系。

（1）旅游目的地品牌名称设计。

①旅游目的地品牌名称概念。品牌名称就是其品牌体系中用语言来表达出来的称谓。相对于其他旅游目的地品牌识别要素，品牌名称在其品牌识别系统居于核心地位。品牌命名是定位旅游目的地品牌的第一步，并直接影响着旅游目的地的品牌建设。好的品牌名称并不只是个符号，而是透过这个名称，可以明确旅游目的地品牌定位，增强其竞争优势。

②旅游目的地品牌命名策略。在进行品牌命名时，要将旅游目的地的资源状况与其目标市场的需求或是情感期待相融合，以创造出独具特色的市场定位来满足目标市场的情感诉求，让其目标市场的消费者产生去亲身体验的愿望。结合消费者感受来命名、结合资源用陈述性语言进行命名等方式都可以归纳到品牌命名的策略中。在全球化趋势下，旅游目的地的品牌命名不仅要着眼于本土的目标市场，同时还要有国际化的视角，且在对品牌进行命名时，这些策略既可以单独也可以综合起来加以使用。

（2）旅游目的地品牌标识设计。品牌标识是旅游目的地品牌要素中的符号、图案、色彩或字体等，是旅游目的地符号系统的组成部分，常被视为旅游目的地的签名。作为一种强有力的营销工具，品牌标识是旅游目的地内部诸因素的整合性外部展示。旅游目的地品牌标识设计的最关键问题是如何将目的地复杂、多元的要素浓缩到一个形式相对简单的载体之中。因为旅游目的地是一个比企业要复杂得多的系统，涉及经济、社会、环境等不同因素，涉及多元化的利益主体，并提供多种类型的产品和服务。

①旅游目的地品牌标识的价值。从某种程度上讲，品牌标识就代表着旅游目的地，使该地区的内涵通过品牌标识得到深度凝聚，形象得到高度浓缩。由于品牌标识是以视觉符号的形式表现出来的，因而品牌标识比品牌名称更能让人辨认并记忆，有助于消费者加以区别，形成有辨识度并能代表旅游目的地形象的有力凭证。

②旅游目的地品牌标识的设计基础。品牌标识的设计就是希望通过图案和文字将旅游目的地的内涵简单明了地传递给消费者。因此，品牌标识的设计要具备一些基本的特

征，即简单明了、适度的抽象或者具体、美观、独特。大多数人有这样的经历：刚开始学习汉字的时候，对于笔画少的字总是很容易就记住了，但是对于那些笔画多的字总是花费较多的时间来记住它。品牌标识亦是如此，简单明了的品牌标识不仅能给人耳目一新的效果，还能使品牌标识所代表的旅游目的地给游客留下深刻的印象。在当代快节奏的生活频率下，简单明了的标识具有很强烈的视觉冲击力，刺激消费者的出行欲望，旅游目的地品牌既可以是抽象的、想象中的图形，也可以是具体形象的图形。

（3）旅游目的地品牌标识语设计。品牌标识语是旅游目的地进行品牌传播的主要元素之一，相比于旅游目的地品牌标识的视觉设计，旅游目的地品牌标识语是一种语言表达，更能直击旅游消费者的内心，并留下可以通过话语传播的载体。旅游目的地品牌标识语通常由一句精练的文字组成，品牌标识语就相当于产品的广告语，起到广告词的作用。就旅游目的地的发展状况而言，目前旅游目的地品牌标识语可以大致分为两类：一类是旅游目的地总体品牌的标识语。这一类型的标识语具有持久的稳定性，一旦确定就不能随意更改。另一类是旅游目的地开展阶段性的推广活动时的主题标识语。这类标识语是为了活动的开展，结合活动本身的特点与性质而推出的，因此也就随着主题活动的变化而变化，如2018洛阳河洛文化旅游节，品牌主题标识语为"情满河洛·诗和远方"。

（三）旅游目的地品牌的传播

品牌传播是将旅游景区的品牌形象推广到旅游销售渠道和旅游者中，使旅游者接触、感知、认同景区品牌价值并最终激发旅游行为的过程，直接关系本景区的品牌理念能否被旅游者识别和接受，通用的品牌传播方式有广告、公共关系、促销、直销、互联网等。旅游景区的品牌往往与目的地相联系，目的地的地理名称不仅表明了景区的空间位置，其知名度也会对景区的品牌传播产生影响。但是作为一种公共品牌，旅游目的地的品牌对于区域内的旅游企业和景区都可以使用，而对区域外的企业则具有排他性。因此，景区品牌的传播要考虑大区域的旅游品牌，争取政府部门的支持，有时还应联合区域内其他景区共同举办推广活动，新开发景区品牌传播的目标在于提高市场知名度，尤其需要联合。

（四）旅游目的地品牌的评价

对旅游目的地品牌的评价可以通过对旅游目的地品牌竞争力的评价表现出来。旅游目的地品牌的树立和推广均体现了旅游目的地旅游较高的内在质量与外在形象，有利于使旅游者对旅游产品和服务产生认知上的差异，并形成旅游产品和服务差别化竞争优势。

区域旅游产业品牌竞争力区别于一般企业品牌竞争力，要求与特定旅游产业和某一行政或地理区域联系在一起，旅游产业因素和区域环境因素成为影响区域旅游产业的重要因素，为此有必要设置旅游产业优势和区域环境优势为一级指标。而品牌优势是一般品牌竞争力的评价指标体系所必不可少的重要指标，也是评价区域旅游产业品牌竞争力的关键要素。同时依据评价指标体系的构建原则，可以将以上三方面细分为二级和三级指标，通过对这些指标评价结果的统计，可以实现对旅游目的地品牌竞争力整体现状的评价。

（五）旅游目的地品牌的维护

由于环境的不确定性，影响旅游者购买的因素时刻发生着变化，旅游者内心对品牌的要求也随之变化，旅游目的地的品牌维护和巩固一定要体现动态性，具体维护的过程中，会出现旅游目的地品牌的重新再定位以及旅游目的地品牌的延伸这两种情况。

（1）旅游目的地品牌的再定位。随着时间的推移、社会的进步，人们的生活方式、价值观念、审美情趣发生了变化，旅游者的消费观念也发生着变化。如果原有的旅游目的地品牌定位不适应新的形势，就应考虑对品牌进行重新定位。旅游目的地品牌重新定位就是对品牌进行再次定位，旨在摆脱困境、使旅游目的地品牌获得新的增长与活力。旅游目的地品牌重新定位与原有定位截然不同，它不是原有定位的简单重复，而是旅游目的地经过市场的磨炼之后，对自己、对市场的再认识，是对自己原有品牌战略的一次扬弃。重新定位的原因，既有旅游目的地本身的原因，也有外部环境的原因。一般表现在四个方面：原有旅游目的地品牌定位是错误的；开拓新旅游市场的需要；原有定位削弱品牌的竞争力；旅游者偏好和需求发生变化。

（2）旅游目的地品牌的延伸。正如丽江和香格里拉是云南旅游品牌的一部分一样，地方性品牌是整个区域品牌下的亚品牌。基于这样一个前提：随着消费者对品牌越熟悉，追寻的品牌信息越详细，随着品牌在目标市场上反复出现并产生较大影响，营销人员就需要在保持品牌核心个性的基础上进行品牌扩张，这样品牌就需要变得越来越复杂、越来越层次多样，才能保持对顾客的吸引力。旅游目的地品牌扩张是通过建立大量的子品牌实现的。由若干个地方品牌建立起的地区性旅游品牌保证了旅游目的地品牌个性的延续和营销情报的可靠，所有的子品牌又与母品牌保持一致。每个子品牌都有自己的定位、形象、目标市场、竞争优势、市场营销组合、产品开发和旅游战略。随着旅游目的地品牌的发展，地区性品牌和更小的地方性品牌所包含的社区伙伴越来越多，品牌价值也越来越大。

四、旅游目的地品牌组织管理内容

旅游目的地品牌是旅游者对价值和关系的认知。有计划、有步骤地在旅游目的地与旅游者的互动中传递特殊价值、建立关系是旅游目的地品牌塑造的关键。

（一）旅游目的地品牌渠道管理

旅游销售渠道包括：旅行社、境内外饭店、网络、旅游咨询公司等。管理销售渠道

就是在品牌推出以后，培训各地销售人员，规范销售商的品牌传播行为。现在品牌旅游地最常使用专家俱乐部计划来管理销售渠道。专家俱乐部的培训方式主要有两种，分别用两个地区的具体做法来解释。

（1）当地培训。这一模式中专家俱乐部的成员，主要是以当地人为主。例如，2023年河南省高素质农民培育计划农业创业创新者示范培训班在洛阳师范学院开课，培训班的主讲老师主要是来自河南省内文旅行业的相关专家和学者，他们相对了解当地的乡村旅游发展概况，在培训的过程中能够进行一对一的实践指导。100多名来自河南省的乡村旅游农民代表参加了此次培训，培训当中的理论和实践的指导，马上能够在实施乡村振兴战略、发展当地乡村旅游中发挥重要的作用。这种培训因为是近距离，成本较低，而且由于当地浓郁的品牌氛围，成员对旅游品牌和产品有了一定的认识基础，非常适合于品牌启动初期的旅游地。

（2）网上课程培训。网上培训课程是将培训内容和方式在网上发布，这样既节省了品牌旅游地的人力，还可以实现无纸化办公，省去印刷培训资料。

例如，中华人民共和国文化和旅游部在自己的官方主页上开展了"文旅云课堂"的独立模块，模块包括文旅产业云课堂和红色旅游云课堂。其中，红色旅游云课堂邀请中共中央党史和文献研究院、中国社会科学院、中国人民解放军军事科学院、中国旅游研究院、北京大学、北京第二外国语学院、辽沈纪念馆等党史研究部门、科研院所、高等院校和红色旅游工作一线的12名专家教授，围绕"新时代红色旅游发展""充分发挥红色旅游教育功能""红色旅游景区产品创新""提升讲解员讲解技能水平""推进红色旅游融合发展"等主题，推出12堂红色旅游精品网课。

（二）旅游目的地品牌危机管理

品牌危机管理在更广泛的意义上应被理解为对品牌价值的维护与管理。旅游目的地品牌自营建之初就已经开始了价值的积累，随着市场变化与危机的出现，管理机构需要应对市场环境变更、不可抗力因素、消费者需要变化等多方面问题，维护并不断修正品牌的正向积累，使旅游目的地品牌不至于出现严重的品牌价值扭曲、价值积累中断、行业竞争力下降甚至产品价格严重缩水的不利后果。旅游市场更加激烈的竞争环境以及旅游行业的脆弱性，决定了旅游目的地品牌必须有相应的危机管理能力，品牌危机管理在多变的市场环境中凸显出重要性。如果品牌投放的监测结果达不到预期的效果，在总结教训的同时，应推动备选方案的实施。在各种天灾人祸发生后，最先受到冲击也是影响最大的是旅游行业，如果设有专门的品牌管理部门提前做好预防措施，及时调整应对策略，其低迷状态存在的时间就会较短，其旅游的恢复会明显快于竞争对手。

不同的旅游消费者对旅游目的地的印象是不同的，而且在不同时期对旅游目的地的感知也是变化的。旅游目的地要抓住旅游者心理需求的变化，应对突发情况采取及时有效的品牌策略应对，并通过品牌视觉系统和各种旅游政策的变换及时传达给旅游者。这样的旅游目的地品牌才能更加深入人心，更能得到旅游消费者的认同。旅游目的地品牌危机管理是指代表一系列旅游目的地品牌管理组织旨在应对旅游危机和灾难及减轻与危机相关的实际损害的行动因素，换言之，它主要在于防止和降低一个旅游危机事件的负面影响，从而保护旅游目的地品牌免受损害。基于诚实和透明之上的良好沟通是成功的品牌危机管理的关键。

首先，在危机前期要充分估计危机可能对旅游目的地品牌造成的危害，事先做好充分准备，使危机影响最小化。具体任务为启动旅游目的地品牌危机沟通战略，制订并实施宣传推广计划，检查安全保障系统，做好危机调研准备。其次，危机发生的开始阶段，任何不谨慎的决定都可能会给旅游目的地造成更大的灾难。而有效的品牌危机管理可以改善与业界的关系，帮助旅游业尽快从品牌危机中恢复。该阶段任务为：加强沟通、积极宣传推广、确保安全、市场研究。最后，旅游目的地危机过后，媒体的注意力会很快转移，但危机带来的负面影响仍会在潜在旅游者心中保持一段较长的时间。整个恢复过程需要各部门的加倍努力，尤其是在信息沟通和宣传领域。主要工作包括：加强沟通、重塑形象、调整宣传促销策略、评估安全保障系统、深入进行市场研究。

（三）旅游目的地品牌信息管理

旅游目的地品牌信息管理不仅包括收集信息，还包括有效地利用信息健全品牌与形象的评估体系。对于旅游目的地品牌与形象的管理，信息管理主要包括两部分内容：一是向旅游者传递与目的地相关的信息，包括景区介绍、酒店预订、餐饮推荐、交通示意图等必要的旅游信息，这些信息必须"宽""精""快"，即信息涉及的面要宽、各种信息精心选择、动态信息更新快。二是收集旅游者对目的地的评价信息，充分利用填写满意度表、面对面交流访谈、邮件回访等方式，获得旅游者对目的地的第一手的体验认知。

第四节　旅游目的地品牌传播管理

从旅游目的地品牌营销的竞争力内涵来看，旅游目的地品牌营销的竞争力应包含民族文化和地方文化双重内涵，只有具有民族特色、地方特色和文化特色的旅游目的地，才能使旅游目的地的品牌营销竞争力具有持久性和独特性。旅游目的地品牌塑造以及管理，如果没有有效的传播，就无法让旅游者形成深刻的印象，进而激发其出游的兴趣，而旅游目的地是一个多主体、多领域的组合，涉及的品牌会非常多，所以特定的品牌以及推广策略对于旅游目的地的管理意义重大。

一、旅游目的地品牌传播途径

要使品牌信息传递给旅游者，就必须借助传播手段。旅游目的地品牌传播的手段是

多种多样的，包括广告宣传、人员推广、公关活动等，要综合利用不同的传播手段，借用不同的宣传载体，实现整合营销传播带来的优势。

（一）广告传播

广告是最常见的品牌推广载体。广告可扬名造势，利于提高知名度；广告攻于心智，利于塑造品牌形象；广告具有较强的诱惑性，有利于促进销售。广告对传播品牌、扩大品牌影响、提高品牌的市场占有能力有非常重要的甚至是无可替代的作用，所以才有许多旅游地投入巨资进行广告宣传。以旅游形象的传播为目的的广告在近年中得到了快速发展，如国内经济比较发达的城市及优秀旅游城市相继在中央电视台对其形象进行了广泛传播，主要内容就是中国的城市风貌及秀美风光，中央电视台为杭州、深圳、桂林、义乌、焦作、洛阳、成都、泰山、千岛湖等近百家城市及旅游景区制订了媒体传播计划，并推出"登泰山保平安""中华之源中原之旅""小商品海洋购物者天堂"等诸多家喻户晓的城市定位语。

现代大众传播媒体，主要由报纸、杂志、广播、电视、图书以及近年来发展起来的网络媒体，如微博、抖音、微信公众号、直播等组成。各级旅游管理部门也相继推出了官方的抖音、微博以及直播账号，进行官方广告营销。媒体对旅游地的最大贡献在于其对旅游地精神文化的作用。媒体是旅游地品牌传播的重要载体，各地的文化盛事、品牌动态都会在媒体上得到充分体现。通过媒体接触，可以在潜移默化中影响旅游地居民和游客对于所处环境的文化认同，在轻松、随意间完成意识层面的交流沟通。

（二）公关传播

公关传播的主要方法有宣传性公关、赞助性公关和服务性公关。宣传性公关是运用报纸、杂志、广播、电视、网络等各种传播媒介。采用撰写新闻稿、演讲稿、调查报告等形式，向社会各界传播品牌、企业的有关信息，以形成有利的社会舆论，创造良好气氛的活动。赞助性公关是指通过赞助文化、教育、体育、卫生等事业，支持社区福利事业，参与国家、社区重大社会活动等形式来塑造品牌和企业良好形象，提高品牌及企业社会知名度和美誉度的活动，如向希望工程捐款等。服务性公关就是通过各种实惠性服务，以行动去获取公众的了解、信任和好评，进而实现既有利于促销又有利于树立和维护品牌形象与声誉的活动。比如，旅游景点、旅游景区可以在特定的时间在官网、官方微博微信等网络媒体推出免费或优惠旅游的活动等。

（三）活动策划

各旅游地可根据当地情况和品牌开展丰富多彩的活动。针对目标市场人群，在有线电视、商业杂志以及网络上发布周期性的、能直接得到回复的游客活动策划。2020首届"穿越壮美太行"国际徒步大会由中国旅游协会、河南省文化和旅游厅等单位主办，本次活动的主题是"跟着愚公走太行"。徒步活动，既是风靡全球的体育赛事活动，更是体验行走中的快乐的文化旅游活动。踏上太行山国家森林步道济源段，徒步爱好者们可以亲身感受绝壁悬崖、飞瀑流泉、突兀塔峰等各种自然美景……这次活动选择在愚公故里——太行八陉之首轵关陉所在的南太行森林步道济源段举办，途经王屋山、五龙口、小沟背 3 个国家 4A 级旅游景区，涵盖水洪池、卢仝茶园、蟒河口水库、盘谷寺、沁龙峡等多处人文景区。正值金秋王屋红叶烂漫的时节，徒步爱好者们可以穿越保留自然荒野风貌的广袤林区、饱览雄奇秀美的森林景观。同时，活动期间正逢重阳佳节，可以插茱萸、采怀菊、登高望远，通过王屋山"森林集市"、特色非遗创意街区、露营嘉年华、森林音乐会等丰富多彩的文化活动领略中原太行山区独特的文化魅力。济源太行山国家森林步道打通了太行山的地脉、林脉、文脉，既是实施山地穿越项目的健身道，也是广大游客尽览济源风光提供的景观道。本次活动，还创造了"互联网＋徒步"的新玩法，除了网上报名、数字签到等在线服务外，途友们还可以参加线上"知识竞答拿大奖"及抖音打卡"短视频创作大赛"等体验活动。线上线下互动整合，再现途友眼中的"全景太行"。

（四）联合营销

品牌营销部门通过和各种政府机关、企业进行战略合作，来提高品牌营销的效果。旅游目的地品牌的整合营销，不仅包括旅游相关机构、旅游企业、潜在旅游者或社会公众，而且应当将旅游目的地的食、住、游、购、娱作为整体营销。联合营销最常用的形式是与航空公司的联合，像澳大利亚旅游广告总是和澳洲航空公司（Qantas Airways）联合营销，甚至它们的标志里都带有袋鼠这一澳大利亚的象征性动物。

（五）整体营销

于旅游地来说，新的品牌战略，必须通过集中时间增加媒体曝光度，提高消费者的感知度。首先要发挥传统媒介优势。传统媒介受众广泛，成熟度高，是基础传播方式。其次要利用新兴媒介的特点。随着 IT 技术进入各行各业，伴生大量的新兴媒体。网络、移动通信及各类数字平台的在线服务，为旅游目的地品牌第一时间有效到达受众提供了可能。相比传统媒体最大的特点在于互动、趣味性强，而且像点击率、网上投票、填写问卷以及留言等都便于监测评估。新兴媒介的多用性，还有利于旅游目的地品牌的渠道、培训、运营、管理、变革等能力的提高。

（六）创新营销

如今新媒体发展迅速，已经成为各领域拓展知名度、品牌声誉的重要渠道，也成为部分领域声誉危机的诱发渠道。结合当下信息传播的发展趋势，新媒体成为旅游品牌声誉维护不可或缺的传播渠道，不仅能够做到快捷传播，同时具有精准对应某一类客源市

场的明显优势。而新媒体也成为创新形式的宣传、新技术营销的重要载体，能为旅游产业打造吸引力搭建平台。除此之外，旅游目的地品牌的传播还要借助于各种旅游节庆、旅游活动的新闻发布会、旅游产品的展会、旅游交易会、旅游招商会以及受年轻人喜欢的明星代言等来增加品牌传播的影响力，提高旅游目的地品牌管理的综合效率。

二、旅游目的地品牌传播推广策略

（一）旅游目的地品牌营销策略

品牌是现代营销理念的核心和灵魂，品牌作为吸引消费者购买的重要因素之一，应该全面简洁地向消费者传递本身所代表的独特形象和旅游产品吸引力。塑造旅游目的地形象不仅有助于提高知名度，而且为旅游目的地发展确定了方向。旅游形象口号是旅游目的地形象塑造的重要内容，以通俗易懂而又内涵丰富的寥寥数语勾勒出旅游地的理念核心。成功的旅游目的地品牌营销应具备三方面特点：一是旅游目的地品牌营销的科技力，它是旅游目的地营销成功的基础；二是旅游目的地品牌营销的形象力，它能对来自不同背景的旅游者和潜在旅游者形成较稳定的信心归属，有助于旅游目的地品牌营销的推进；三是旅游目的地品牌营销的拓展力，它是在前两者基础上通过旅游目的地品牌推广所形成的开拓旅游客源市场、征服旅游者的能力，是旅游目的地品牌营销过程中诸因素综合作用的结果。世界"时尚之都"巴黎、"时装之都"米兰、"音乐之都"维也纳、"动感之都"香港、"浪漫之都"大连等，都是旅游目的地品牌营销的范例。

（1）整合营销与体验营销相结合的策略。旅游目的地的品牌营销应注意整合营销与体验营销相结合。旅游目的地品牌的整合营销，不仅包括旅游相关机构、旅游企业、潜在旅游者或社会公众，而且应当将旅游目的地的食、住、游、购、娱作为整体营销。旅游目的地体验营销，是体验经济中根据旅游者的感官、情感、思考、行动和关联等方面，重新定义的崭新营销理念和思考方式。旅游目的地体验营销的运作模式包括情感模式、节日模式、美感模式、个性模式、服务模式、环境模式、多功能娱乐模式等。旅游目的地体验营销应注重体验性旅游产品开发，努力实现体验模式，满足体验需求。

（2）市场同轴与市场辐射相结合的策略。旅游目的地的品牌营销应注意市场同轴与市场辐射相结合。市场同轴的特点是，旅游目的地能充分发挥旅游资源和旅游产品潜力，能在较短时间里提高旅游客源市场占有率和旅游收入，较易提升旅游目的地品牌知名度和旅游客源市场认知度和忠实度，并可防止旅游目的地的竞争者乘虚而入。市场辐射的特点是根据旅游目的地品牌定位和旅游资源与产品营销影响力的大小选择一个或几个相应的具有一定辐射性的旅游客源市场，既可以选择所受影响较大、具有一定辐射性的旅游客源市场推进，也可以选择低一层次的周边旅游客源市场推进。

（3）广告推介与品牌形象相结合的策略。旅游目的地的品牌营销应注意广告推介与品牌形象相结合。为了将旅游目的地品牌形象成功推向旅游客源市场，用黄金铺设的广告必不可少，同时应注意运用两项最流行的且屡试不爽的法则，即黄金法则和白银法则。所谓黄金法则即"3B"法则，即指美女（Beauty + 爱情）、动物（Beast + 情趣）、母爱（Baby + 亲情）；而白银法则是指名人效应。

（4）一品多牌与遏制衰退相结合的策略。旅游目的地的品牌营销应注意一品多牌与遏制衰退相结合。一是各旅游目的地之间实施严格的市场区隔，并协同对外，相互之间避免同类竞争；二是在旅游营销和广告策略上应充分体现各旅游目的地之间的差异；三是旅游目的地的独特性应具有足够吸引力；四是要依据旅游目的地的旅游资源和旅游产品地方特色和文化特色而行；五是旅游目的地的品牌旅游资源与旅游产品所面对的旅游客源细分市场要具有一定的规模性；六是顺应旅游客源市场的需要，及时调整旅游目的地的品牌定位。

（二）旅游目的地品牌传播策略

（1）整合化传播策略。整合化传播策略包含传播内容、传播媒介、传播渠道与传播方式的整合，加强与游客之间的信息传播与沟通，提高游客的品牌认知，促进游客的品牌联想，扩大游客的品牌传播范围。

①传播内容整合。传播内容的整合包括旅游目的地品牌文字、色彩、图片等静态内容与视频、影像等动态内容的结合。

②传播媒介整合。传播媒介整合是指加强报刊、广播、电视为代表的传统传播媒介与社交网站、博客、微信、微博、抖音等新媒体的整合，形成全媒体传播媒介。

③传播渠道整合。传播渠道整合既要发挥内在传播、人际传播、大众传播与节事组织传播，更要加强旅游目的地品牌的国际传播。旅游目的地品牌的人际传播需要加强旅游目的地产品系统（主要包括旅游景区、住宿、餐饮、购物、娱乐场所、公共交通等）的建设以及行为主体（主要包括旅游目的地管理主体——政府工作人员、旅游管理人员等；服务主体——导游、酒店、餐饮服务人员以及旅游目的地居民等）管理、服务意识与技能的强化与培养，以期超越游客的心理预期，提高游客的满意度从而促进游客主动作为传播主体的人际旅游传播行为。在新媒体多元互动的时代背景下，接受者与传播者的身份更加模糊与融合，新式的传播方式给旅游目的地品牌传播带来了新的发展空间。游客总是希望通过新媒体平台表达自己的感受以及进行信息的转发与分享，激发更多人的参与和共鸣。因此要充分发挥新媒体旅游目的地品牌传播过程中的作用，如传播主体的分众性；传播速度的即时性；信息形态的超文本性与多媒体性（集视觉、听觉于一体，通过文字、图片、影像等多种形式传递信息）；传播过程的互动性（打破了传统媒体单向性与线性的传播接收过程，而表现在跨越时间、空间上的互动）与传播范围的全球性等优势。节事组织传播因其品牌形象的传播性、经济效益的集聚性以及相关产业的联动性逐渐成为旅游目的地塑造旅游品牌的重要手段。另外，节事传播应当加强与旅游目的地历史、文化、经济等相关的主题节事活动的结合，同时根据目的地地区的物质与

非物质文化创新节事活动内容，延续地方文脉，展现地方文化以塑造独特的旅游品牌形象。同时，节事活动应当在时间安排上体现节事活动的连续性与动态性。此外，随着中国入境人数的增加，旅游目的地政府、旅游管理部门、旅游企业应当适时通过各种传播媒介向国外游客进行旅游目的地品牌的国际传播。

④传播方式整合。旅游目的地品牌传播方式整合多运用传统媒介以介绍景点的文字、图片、视频等硬性的自上而下的单向性的宣传方式为主，而随着游客消费意识与消费理念的成熟与转化，个性化、差异化、平等化的现代传播方式逐渐形成。现代传播方式更加关注游客与品牌之间的情感沟通，通过品牌情感的柔性沟通方式可以提升游客对品牌的认知价值，增强游客对品牌的忠诚度，从而最大限度地增加品牌资产。同时，现代传播方式更加强调在互联网传播背景下，游客更加习惯于通过网站、新媒体等网络平台进行信息的搜索与分享，进而形成了吸引—兴趣—搜索—行动—分享的模式。此外，旅游目的地品牌管理主体应当依托主流旅游网站与新媒体等平台建立旅游虚拟社区，为国内外游客提供讨论、交流与资源分享的公共平台，增加游客的社区归属感。

（2）差异化传播策略。旅游目的地品牌传播的差异化策略包括传播对象的差异化以及传播策略的差异化两个方面。其中，传播对象的差异化主要是针对报刊、广播、电视等传统媒介以社会上广泛存在的大众为传播对象的由点到面的强制性传播方式的挑战。Web 2.0 时代以分众为中心，根据分众的性别、年龄、职业、兴趣爱好、价值取向、地域范围、生活方式与行为特征等因素选择恰当的传播方式进行个性化、差异化传播；同时尊重分众对于信息的主动选择权、传播权，强调分众与媒体之间的平等性、参与性与互动性。因此，旅游目的地品牌传播主体应当利用大数据对分众进行准确分析与定位，做到品牌信息与传播方式与分众个体的兴趣、心理诉求、价值等信息的匹配，尊重分众个性特征，满足分众差异化需求，提升品牌价值。

（3）互动传播策略。2016 年 12 月出台的《"十三五"全国旅游业发展规划》中提出以国家级直通线网为基础，加强沿线生态资源环境保护以及风情小镇、特色村寨、绿道系统等的规划建设，实施国家旅游风景道示范工程。如发展贵州兴义—广西百色、柳州、荔浦、梧州—广东封开、德庆、肇庆的西江风景道，形成品牌化旅游廊道。因此应当发挥贵州兴义、广西百色、柳州、荔浦、梧州与广东封开、德庆、肇庆等城市独有的旅游品牌、旅游资源、旅游服务、品牌营销与传播等优势，通过西江风景道将上述城市串联起来，进行城市间旅游资源、旅游服务、品牌营销与传播的联动、互补与互动，扩大城市旅游品牌的认知范围，降低旅游品牌传播成本，最终达到共赢的目的。

第五节　旅游目的地品牌管理发展趋势

尽管旅游目的地品牌受到越来越多的关注，但无论是在理论还是在实践中，旅游目的地品牌管理研究依然匮乏，旅游目的地品牌管理的发展内核会更加注重整体性以及文化性发展，旅游目的地品牌的表达会有更情感化以及个性化的方式。

一、旅游目的地品牌管理更加重视情感成分

新时代的品牌管理与以往品牌管理的最大不同是消费者身份发生了变化，由单一的价值使用者或消费者身份变成了既是消费者又是生产者的双重身份，甚至美国学者阿尔文·托夫勒把 Producer 和 Consumer 整合为一个单词 Prosumer 来表达作为生产者的消费者即"消费生产者"。消费者身份的转变对品牌管理十分重要，因为根据社会心理学的"自我"理论，消费者作为生产者的身份能够加强消费者与品牌的关系乃至提升其品牌忠诚度。旅游目的地品牌管理当中文化情感表达的元素越来越重要，如河南的"心灵故乡，老家河南"，山东的"好客山东"，江苏的"美好江苏"等，情感的元素在旅游目的地品牌管理的过程中显得越来越重要。更加重视情感元素就意味着更加注重旅游者对旅游目的地的评价，更加重视旅游者心目中旅游目的地的美好形象，有情感元素的旅游目的地品牌会有持久的市场说服力，才会在旅游目的地的可持续发展中保持永久的活力，而相反那些没有注入情感元素的旅游目的地品牌，就会逐渐被市场淘汰，新的旅游发展项目就会与原有的旅游目的地品牌相脱节，旅游目的地品牌就会产生品牌危机，面临着重新定位的风险，所以更加重视情感成分，更加重视文化元素是未来旅游目的地品牌管理的灵魂。

二、旅游目的地品牌管理更加凸显个性化表达

尽管旅游目的地品牌管理已经进入 3.0 时代，很多企业尤其是旅游目的地相关企业对品牌管理的认识和理解仍然停留在 1.0 时代。只要讨论如何做品牌，他们谈的都是如何利用媒体和展示等传播手段，宣传品牌，如做广告、公共关系、办展会和拍视频等，只不过近两年更多地利用了新媒体手段如微博、微信、抖音短视频等。然而，无论是传统传播手段还是新媒体传播手段都不过是品牌的外化管理。在当代，品牌外化管理肯定还是有用的，尤其是对某些行业。但是，外化管理在本质上是工业社会中企业面对大众市场时所采用的品牌管理模式。在目前的后工业社会中，个性化消费越来越成为一种重要的发展趋势，旅游目的地品牌外化管理已经越来越力不从心，旅游目的地品牌内化管理和共创价值管理才是最适合消费个性化发展趋势的管理模式，如全新的媒体传播方式，抖音网红景区的直播、打卡网红景区等，都会在旅游目的地品牌管理中占据新的一席之地，而"小家碧玉的苏州""激情张家口""成都一座来了就不想走的城市"等个性化的旅游地品牌表达在旅游目的地品牌管理的过程中也占据了非常重要的位置。

三、旅游目的地品牌管理更加关注整体形象

战略管理理论的资源学派认为，旅游目的地相关企业拥有的资源决定了其竞争优势。该学派早期的观点认为，旅游目的地相关企业之间存在着有形资源、无形资源和知

识积累的差异，这种资源差异导致了旅游目的地相关企业竞争优势的差别。旅游目的地相关企业的竞争力就是由企业拥有的价值性、稀缺性和不可复制性的特殊资源以及以低于价值的价格获取资源的优势所形成的。在当代，这个学派更加关注知识、人力和智力资本，认为它们是公司的关键战略资源，这与全球经济向知识型经济过渡是相符的。对大部分公司而言，能否获得有形资源或金融资源不再对发展机遇构成障碍，没有恰当的人或知识已经成为制约因素。但是这里所说的人力和智力资本还只是局限于旅游目的地相关企业内部或旅游目的地相关企业的供应商、经销商等生产网络系统内，不涉及旅游者。

然而，我们已经看到，在品牌管理 3.0 时代，旅游目的地品牌管理应该具有更加广阔的战略视野，把旅游者也纳入战略资源范围，吸引旅游者参与生产过程，在旅游目的地品牌管理的过程中更加关注整体形象，不再只是关注本身的旅游资源优势，应该从整体上对旅游目的地形象进行把控，如旅游界曾发生的"青岛大虾事件"以及"雪乡欺客事件"等，因为一些负面的信息导致对旅游目的地的整体形象产生了非常不好的影响，旅游目的地品牌管理必须从管理的主体、管理的流程、管理的组织、管理的策略上进行整体的把控，因为一个因素就会影响整个旅游目的地的品牌形象，对于整体的管理就会加大难度与成本。更加关注整体形象，更加注重旅游者的影响，都会使旅游目的地品牌管理的效率更高，降低旅游目的地品牌危机的出现频次。

【本章小结】

本章主要介绍了旅游目的地品牌管理概述、旅游目的地品牌定位管理、旅游目的地品牌组织管理、旅游目的地品牌传播推广管理以及旅游目的地品牌管理未来发展趋势。旅游目的地品牌管理是一个动态变化的过程，中间涉及的旅游管理主体比较复杂，从政府到企业再到游客都会对旅游目的地品牌管理的各个环节产生影响，品牌的定位与传播要与时俱进，既要符合旅游目的地形象，迎合当地文化内涵，又要注重新时代的个性化表达，重视消费主体游客的自我意识。

旅游目的地品牌独特的公众性与复杂性，决定其不仅需要通过物化展现其存在，而且需要强化其与旅游者的联系，实现品牌承诺，旅游目的地品牌代表着旅游地对旅游者的一种承诺，通过监测旅游者对其反应，能更好地为下一步营销与管理工作的进行奠定基础，是旅游目的地品牌长效的保障。所以，未来旅游目的地品牌管理需要更加重视旅游者的个性化表达，更加重视情感的成分，同时旅游目的地的相关企业也应该树立新的品牌战略资源管理，对旅游目的地的品牌实行动态化监测，促进旅游目的地品牌管理的良性化发展进程。

【关键术语】

旅游目的地品牌；旅游目的地品牌管理；旅游目的地品牌定位管理；旅游目的地品

340

牌组织管理；旅游目的地品牌传播推广管理；旅游目的地品牌保护；旅游目的地品牌管理趋势

【Key words】

Tourism Destination Brand；The Management of Tourism Destination Brand；The Management of Tourism Destination Brand Position；The Management of Tourism Destination Brand Organization；Tourism Destination Brand Communication and Promotion Management；The Protection of Tourism Destination Brand ；The Trend of Tourism Destination Brand

【复习思考题】

一、名词解释
旅游目的地品牌管理、旅游目的地品牌传播推广管理、比附定位

二、填空题
1.整合化传播策略包含传播内容、传播媒介、传播渠道与_____的整合，加强与游客之间的信息传播与沟通，提高游客的品牌认知，促进游客的品牌联想，扩大游客的品牌传播范围。

2.旅游目的地品牌传播的差异化策略包括传播对象的差异以及_____的差异化两个方面。

3.旅游目的地品牌维护和巩固一定要体现动态性，具体维护的过程中，会出现旅游目的地品牌的重新再定位以及_____这两种情况。

4.旅游目的地品牌组织管理内容包括旅游目的地品牌渠道管理、旅游目的地品牌危机管理以及_____。

5.旅游目的地品牌管理发展趋势包括旅游目的地品牌管理更加重视情感成分、旅游目的地品牌管理更加凸显个性化表达以及旅游目的地品牌管理更加_____。

三、简单题
1.旅游目的地品牌传播策略包括哪些？
2.旅游目的地品牌的传播途径有哪些？
3.旅游目的地品牌组织管理的内容包括什么？
4.如何进行旅游目的地品牌维护？
5.旅游目的地品牌的塑造会经历一个什么样的流程？

【参考文献】

[1] 张文娟.基于区域整体利益的旅游目的地品牌营销研究［D］.武汉：武汉大学博士学位论文，2010.

［2］魏农建.品牌管理：基于互动关系的管理节点［J］.上海经济研究，2007（10）：100-106.

［3］曲颖，李天元.基于旅游目的地品牌管理过程的定位主体口号评价——以我国优秀旅游城市为例［J］.旅游学刊，2008（23）：30-35.

［4］凌常荣，刘庆.旅游目的地开发与管理［M］.北京：经济管理出版社，2013.

［5］冯斌.基于旅游目的地视角的品牌管理探析［J］.遵义师范学院学报，2010（12）：11-20.

［6］黄安民.旅游目的地管理［M］.武汉：华中科技大学出版社，2018.

［7］马建峰，杨芳.国外旅游目的地品牌研究述评［J］.重庆工商大学学报，2015（32）：30-41.

第 十 章

旅游目的地信息管理

教学要点

知识要点	掌握程度	相关知识	思政主题
旅游目的地信息管理概述	理解	信息管理、旅游目的地信息化的定义	改革创新精神 迎难而上坚韧精神 科学精神 国家战略
	掌握	旅游目的地信息管理的定义、特征、作用	
旅游目的地信息管理基础	理解	旅游目的地信息管理的理论基础	
	掌握	旅游目的地信息管理的主要技术	
旅游目的地信息管理的框架结构	理解	旅游目的地信息管理总体框架结构设计、基础层、物联网感知层、数据层、应用与服务支撑层、应用层、外围保障层	
旅游目的地信息管理的创新发展	理解	旅游目的地信息管理业态发展现状、业态创新	
	掌握	旅游目的地信息管理创新发展前景	

导入案例

工业和信息化部、文化和旅游部关于加强 5G+ 智慧旅游协同创新发展的通知（节选）

加强重点旅游区域 5G 网络覆盖。鼓励各地加强国家高等级旅游景区、国家级旅游度假区、国家级旅游休闲街区、红色旅游融合发展示范区等重点区域的 5G 网络覆盖水平，优化重点区域及客流密集区域的 5G 网络服务质量，满足旅游景区新型业务和游客多样化使用需求。探索 5G 行业虚拟专网在重点旅游区域、旅游企业落地部署，逐步满足旅游业数字化转型需求。

创新 5G+ 智慧旅游服务新体验。鼓励旅游行业结合生态环境、自然景观、历史文化等资源及文旅公共服务设施，以增强游客体验、提升游客服务为核心，充分利用 5G 等技术适配更多应用场景，打造复合型公共服务平台，提供个性化、品质化、交互化、沉浸化旅游服务。推广云旅游、云直播等线上服务模式，增强游客体验，提升游客感知。推动 5G 与物联网、虚拟现实、增强现实、数字孪生、机器人等技术和产品的有效融合，引导 5G+4K/8K 超高清视频、5G 智慧导览、5G+VR/AR 沉浸式旅游等应用场景规模发展，满足游客在旅游全过程智慧体验。

探索 5G+ 智慧旅游营销新模式。鼓励旅游景区、度假区、旅游目的地等通过 5G 融合算力等基础设施，进一步提升客流统计、流量预警、消费分析与预测等大数据分析能力，提供决策支撑。推动 5G 新通话、5G 消息、5G 全景直播等新型业务与智慧旅游目的地营销融合发展，培育 5G 互动直播、5G+AR 直播等新媒体营销手段，拓展产品营销渠道，加大传播范围。

提升 5G+ 智慧旅游管理能力。鼓励各级文化和旅游管理部门及景区管理单位，充分利用 5G、物联网、大数据、云计算、人工智能、区块链、超高清视频、数字孪生等技术，结合旅游热点地区空间分布，建设 5G+ 智慧旅游实时监测及应急指挥平台，提升旅游行业监测、风险防范、调控疏导和应急处置能力。探索 5G 高清视频监控、5G 无人设备自动驾驶巡逻、5G 北斗定位等业务在旅游景区、度假区、休闲街区的落地应用，推进建设立体安防体系，以信息化手段推动行业治理现代化，提升行业治理效能。

增强 5G+ 智慧旅游主体创新活力。鼓励市场主体探索 5G 融合创新应用，提高旅游服务、改善旅游体验、创新旅游管理、优化旅游资源，开展业务创新、模式创新。培育一批 5G+ 智慧旅游解决方案供应商和一批 5G 智慧旅游创新企业，赋能 5G+ 智慧旅游创新应用规模发展。

（资料来源：https://www.gov.cn/zhengce/zhengceku/2023–04/12/content_5751000.htm）

第一节　旅游目的地信息管理概述

一、旅游目的地信息管理的概念

（一）信息管理

"信息管理"这个术语在 20 世纪 70 年代在国外被提出来，随着大数据时代的到来和信息管理的发展以及信息管理在各个学科的渗透，信息管理使用的频率越来越高，衍生出许多全新的信息管理系统以及信息管理方法。关于信息管理的概念，国内外专家有着不同的解读。对信息管理概念的规范，首先取决于对"信息"和"管理"两个元概念的理解，从信息的实际作用的角度来定义，王万宗教授在他所著《信息管理概论》一书中提出，"信息管理就是为各行各业各部门搜集、整理、存储并提供信息服务的工作。强调的是信息的收集、整理、存储和服务等信息工作环节"。从管理学的角度来定义，符福峘在他的著作《信息管理学》一书中对信息管理的定义如下：信息管理是指信息社会实践活动过程的管理，是运用计划、组织、指挥、协调、控制等基本职能，对信息收集、检索、研究、报道、交流和提供服务过程，有效地运用人力、物力、财力等基本要素，以期达到实现总体目标的社会活动，并进一步强调了计划、组织、指挥、协调、控制等基本管理职能的运用与发挥，对信息管理效果具有决定性的意义和作用。国外学者也从不同角度对信息管理的概念进行了界定，相对于国内来说对其研究对象、含义、内容和范围等方面的理解要广泛得多、丰富得多。例如，美国的 E. M. Trauth 博士，通过对 15 年的文献的分析，认为信息管理分为三个不同的技术领域，即数据库管理、记录管理、数据处理管理，这三个领域通常都被称为信息管理。所以，应用比较广泛的信息管理概念可以总结如下：信息管理是实现组织目标、满足组织的要求、解决组织的环境问题而对信息资源进行开发、规划、控制、集成、利用的一种战略管理。

（二）旅游目的地信息化

国内外的专家对旅游目的地信息化的内涵尚未进行统一的界定，对旅游目的地信息化进行概念界定和理解，则要综合旅游信息化、旅游目的地信息系统的内涵以及旅游管理信息化的定义。目前，国内只有鲍富元、董卫江在其论文《国内旅游目的地信息化研究综述》中对旅游目的地信息化的概念做了详细的阐释。旅游目的地信息化是一个有机的系统，它不仅包含旅游门户网站、旅游电子政务网站、内部办公网站、综合旅游管理数据库等软硬件设施，还包括各个系统之间的集成与共享；不仅包括旅游信息服务配套设施的发展与完善，而且包括旅游信息服务意识、营销手段的创新性发展。根据旅游目的地信息系统的建立涉及的四个主要因素，陈硕在其论文中指出，旅游目的地信息系统是指以旅游目的地的管理与营销为目的的，采用网络信息技术，将旅游目的地的各类旅游信息，按照一定的规则储存于数据库中，并通过与相关部门的计算机联网，实现旅游信息与旅游业发展动态的同步变化，从而为旅游管理部门提供决策管理、为旅游者的旅游决策提供服务等。所以旅游目的地信息化的内涵非常丰富，它是旅游目的地和旅游信息化的综合体。对旅游目的地信息化的界定，我们综合了旅游目的地和旅游信息化的概念后，认为旅游目的地信息化是指旅游目的地相关利益群体充分利用现代信息技术、网络技术和数据库技术，对旅游资源进行再分配和流程优化，促进产业升级换代，提高当地旅游产业发展和管理的效率。其中的相关利益群体，涉及旅游行业管理部门、旅游企业、旅游辅助产业等多方面，而不局限于旅游企业的信息化。衡量旅游目的地的信息化水平，也是从这个群体的全面去考察、测量。促使该群体发挥整体效应，实现该旅游目的地的旅游信息化，发展现代旅游产业。

（三）旅游目的地信息管理

旅游目的地信息管理，目前还没有专门的定义，它是旅游目的地、旅游目的地信息化、信息管理以及旅游目的地信息系统的综合体，它既要涉及管理的职能分配，又要考虑旅游目的地相关利益群体，同时要谨慎对待信息系统建设过程中的各种问题。

综上所述，旅游目的地信息管理是指旅游目的地在信息化的过程中，以信息技术为支撑，从而实现旅游目的地信息化发展的目标，满足相关旅游目的地利益群体的要求，解决旅游目的地发展的环境问题而对旅游目的地信息资源进行开发、规划、控制、集成、利用的一种战略管理。

二、旅游目的地信息管理的特征

（一）管理主体的多元性

旅游目的地信息管理的管理主体包括很多方面，不仅包含旅游行政单位，还涉及游客、旅游企业、旅游管理机构等。因此，旅游数据的统计分析、景区环境的动态监测，都应成为旅游目的地营销系统功能的一部分。传统的旅游目的地仅仅局限于对旅游者数据库的资料收集，很少涉及目的地相关的利益团体，基于信息通信技术的旅游目的地营销系统则不仅具有完善的旅游者数据库系统，还包括目的地旅游供应商及产品管理系统、旅游产品质量控制系统、旅游产品预订系统以及市场和客户管理分析系统等组成部分。

（1）游客信息管理。游客信息化管理主要是对游客的实时信息进行智能化管理分析。一方面分析和了解游客的需求偏好，并将其作为市场细分的依据；另一方面分析景点游客的流动情况，保证景区能够正常运转。

（2）景区信息管理。景区信息化管理是指借助互联网、物联网、大数据等技术手段，对景区资源进行整合，实现景区业务数据化处理。通过景区内视频监控系统是否完善、电子票务系统是否能够保证最大合理承载量来衡量。

（3）酒店信息管理。酒店信息化管理主要考察酒店管理的信息化程度，主要考察是否能够对酒店前台的运营和后台的管理进行合理协调和控制，进而提供个性化的服务。这一指标通过酒店网络基础设施是否健全、酒店预订功能是否完善来反映。

（4）旅行社信息管理。旅行社信息化管理主要考察旅行社日常经营业务方面的信息化运用情况，能否通过信息技术手段组织旅游资源、能否利用网络招揽和安排游客、能否为游客提供优质的服务等。

（5）旅游交通信息管理。旅游交通信息化管理通过旅游交通的智能化程度来反映。考察旅游目的地能否为游客提供交通信息的实时查询、能否为游客提供最佳的旅游线路、能否对旅游交通进行有效的协调和控制等。

（二）管理客体的复杂性

基于信息通信技术的旅游目的地信息系统不仅服务于旅游者，满足他们对旅游信息、旅游产品的需求，也服务于旅游目的地，满足目的地树立形象，提升竞争力的要求。信息通信技术能提高旅游目的地信息的质量和数量，使旅游者能有效了解目的地各方面的信息，降低搜索成本。对于目的地来说，更重要的是促销、分销和营运工具，使他们可以发展灵活的、个性化的、专项的和关联性的旅游产品，帮助旅游者实现对目的地的个人体验。另外，旅游目的地营销系统也能为目的地管理机构提供信息基础设施，整合机构内的各项功能，使之更有效地与海外办事机构互动。

（三）管理过程的时效性

旅游目的地信息管理注重时效性以及区域之间的连接性，及时发现并且处理问题能够规范信息管理过程中的漏洞，避免引起更大的损失。旅游信息更新缓慢，甚至严重滞后，会导致信息利用率低，不能给旅游者提供真正的帮助；旅游信息服务体系提供的信息种类齐全，但内容不完整，会导致旅游者对旅游信息服务的需求仍得不到满足。旅游信息的时效性一方面由信息的生命周期所决定，另一方面由旅游活动的暂时性决定。信息的生命周期是有规律可循的，我们要分析研究信息的生命周期，并提前做好信息突发预案，更加注重时效性；旅游活动的暂时性往往是受各方面条件所影响的，如旅游目的地的季节性、旅游目的地的文化性、旅游目的地的资源条件等，这就对旅游目的地信息的管理提出了更高的时效要求，我们要及时地反馈旅游目的地信息，争取使旅游活动由暂时变成常态，延长旅游目的地的生命周期。

（四）管理内容的完整性

旅游目的地信息应能尽量满足接收者的需要，当然，要求旅游目的地的各行各业提供十分完整的信息，几乎是不可能的，但是信息系统设计者应该广泛征求用户意见，尽量满足他们的要求，使旅游管理部门得到比较完整的信息，这也是旅游目的地信息管理的特征之一。旅游目的地信息的收集、分析处理、反馈以及存储都涉及一个完整的链条，信息的完整性，意味着旅游目的地信息管理内容的完整性。

（五）管理功效的综合性

旅游目的地信息管理的经济性是指得到信息所花费的代价。经济性要求以尽可能小的代价取得信息。但是怎样的代价才算是经济的，这就需要确定信息的价值。然而，信息价值很难予以准确估算。所以，目前经济性的基本要求就是尽量减少收集、处理和提供信息工作的成本，以保证旅游信息有较好的经济性。由于现代技术的发展和使用以及生活节奏、旅游节奏的加快，越来越多的游客涌入旅游目的地，这就要求信息的处理要及时，同

时要考虑各项成本，管理功效方面兼具各个利益相关者，争取取得良好的管理功效。

三、旅游目的地信息管理的作用

（一）"互联网＋旅游"发展模式的客观要求

随着世界已全面进入信息化时代，"互联网＋旅游"的发展模式已经成为必然趋势，旅游业是涉及面广、关联性极强的产业，旅游业内部各组成要素之间以及旅游业与其他行业之间必须保持协调一致才能使旅游经济运行顺畅，世界各国的旅游业越来越相互依赖、紧密联系，信息在旅游业中的重要性日益凸显，信息交流和传递方式对旅游业经营管理的影响也在增大，信息技术作为一种活跃性因素日益渗透并改变着现代旅游业，任何游离于旅游业信息化发展之外的国家都将陷于"信息沙漠"之中。以先进的信息技术、通畅的信息渠道、优质的信息服务为支撑的旅游管理信息化将推动旅游业的不断发展，中国旅游管理立足信息技术进行深度革新正是时机。传统旅游模式过程烦琐复杂，但在"互联网＋"背景下，通过O2O（Online to Offline，线上至线下），即线上消费、线下体验的方式，旅游相关企业可以为客户提供更加自主、互动、实时的服务；旅游者也可以通过携程、途牛、艺龙等在线旅游企业，自主方便快捷地搜索旅游景区，预订景区门票以及满足餐饮、住宿等需求，既节省时间和成本，又提高信息交流的效率。在"互联网＋"的背景模式下，国家出台了一系列"互联网＋旅游业"的发展政策，有利于传统旅游业的升级，降低旅游目的地信息交流的成本，提高信息交流效率，也是未来发展对旅游目的地信息管理提出的客观要求。

（二）积极践行全域旅游发展的重要举措

2018年3月，国务院办公厅印发《关于促进全域旅游发展的指导意见》，就加快推动旅游业转型升级、提质增效、全面优化旅游发展环境，走全域旅游发展的新路子做出部署。推进全域旅游是我国新阶段旅游发展战略的再定位，是一场具有深远意义的变革。全域旅游发展的一层结构主要由旅游交通、旅游公共服务、智慧旅游三个网络体系构成，而要把这三个体系连接起来就需要加强旅游目的地信息管理，实现整个旅游目的地信息管理体系的畅通。旅游业作为信息时代高成长性行业，以跨洲、跨国、跨地区流动为产业基础，要求它跨越区域的局限，与国际互联网相融。以信息通信技术为基础的旅游目的地营销系统可以通过互联网和国际旅游信息化标准及国际买家的系统有机连接，从而提高旅游目的地的全球竞争力。旅游目的地信息管理相对于其他信息系统的建设有点封闭保守，旅游目的地相互之间没有形成相互联系、相互监督的有效循环圈，而全域旅游是旅游产业的全景化、全覆盖，是资源优化、空间有序、产品丰富、产业发达的科学的系统旅游。积极践行全域旅游思想需要尽快完善旅游目的地信息管理，实现旅游交通、旅游景区、旅游公共服务与旅游目的地之间的有效联系，真正让游客感受信息化带来的便利，并且在同一时间比较不同旅游目的地的信息环境，更快地掌握旅游信息，使全域旅游的发展在信息技术上得到全方位的支撑。

（三）大数据时代政府提高管理效率的必经之路

通过旅游管理信息系统，管理部门有望及时了解管理范围内乃至全球的旅游市场供需状况，提供和分析旅游需求与供给模式，掌握市场竞争状况，并使用灵活定价和容量控制等有效的行政手段来调整旅游供需平衡。同时，在旅游管理信息系统的基础上可以进一步开展多层次的电子政务信息服务，实现旅游管理部门对企事业单位的行业管理自动化，有效地履行政府主管部门对旅游企业的指导、管理和服务功能，及时发布信息、掌握动态、公布法规、宣传政策、受理投诉，提高旅游管理工作水平和工作效率。

 **知识链接**

建设全国一体化政务大数据体系　推进国家治理体系和治理能力现代化

2022年10月28日，国务院办公厅印发《全国一体化政务大数据体系建设指南》（以下简称《指南》）。《指南》聚焦深入贯彻落实党中央、国务院关于加强数字政府建设的决策部署，明确了全国一体化政务大数据体系建设的目标任务、总体框架、主要内容和保障措施，指出了要坚持系统观念、统筹推进，坚持继承发展、迭代升级，坚持需求导向、应用牵引，坚持创新驱动、提质增效，坚持整体协同、安全可控的建设原则。重点从统筹管理一体化、数据目录一体化、数据资源一体化、共享交换一体化、数据服务一体化、算力设施一体化、标准规范一体化、安全保障一体化八个方面，组织构建全国一体化政务大数据体系，推进政务数据依法有序流动、高效共享，有效利用、高质赋能，为营造良好数字生态，提高政府管理服务效能，推进国家治理体系和治理能力现代化提供有力支撑。

一、政务数据目录一体化、数据资源一体化是政务数据统筹管理的引擎和基石

国家政务数据具有权威性、公共性、专业性、广覆盖、高价值的特点。政务数据是我国加快建设网络强国、数字中国的基础要素资源。政务数据目录一体化建设是加强政务数据标准化规范化管理，实现政务数据全量编目、归集汇聚、共享交换、开发利用，推进跨部门、跨地域、跨层级数据流通和业务协同的关键引擎。当前，政务数据资源仍存在底数不清，数据目录不完整、不规范，数据来源不一等问题，亟须全面推进政务数据目录一体化建设和政务数据资源一体化管理。

一是构建统一标准政务数据目录系统。全面厘清政务数据资源底数，按照应编尽编的原则，建立覆盖国家、部门和地区层级统一标准的全国一体化政务数据目录体系，实现全国政务数据"一本账"管理，有效支撑跨层级、跨地域、跨系统、跨部门、跨业务的数据有序对接、高效流通、动态更新和共享应用。各地区各部门要根据国家政务数据

目录代码规则、数据资源编码规则、元数据规范等检查完善、切实规范政务数据目录系统编制。

二是健全政务数据目录管理机制。实现政务数据目录清单化管理，为政务数据的检索共享、协同管理、决策支持、应用服务提供合规的数据资源支撑。建立数据目录分类分级管理机制，按照有关法律、行政法规确定重要政务数据具体目录，加强政务数据分类管理和分级保护。《指南》明确了国务院办公厅负责政务数据目录的统筹管理，各地区各部门政务数据主管部门负责本地区本部门政务数据目录的审核、汇总和编制工作。

三是全面推进政务数据资源一体化建设。以政务数据目录为基础，推动数据资源系统归集、应归尽归、统筹管理，通过逻辑接入和物理汇聚两种方式归集全国政务数据资源。完善一体化政务大数据体系建设和系统管理，建立健全数据质量反馈整改责任管理机制，加强数据质量的事前、事中、事后监督检查，实现问题数据可反馈、共享过程可追溯，对各类基础数据库、业务数据库实行规范管理，并建立健全政务数据归集共享通报制度。

二、政务数据标准规范一体化、安全保障一体化是政务大数据体系高质量建设和数据安全的关键保障

数据标准规范制定是强化政务数据全生命周期管理、流动、应用、归档，实现融合汇聚、价值挖掘、高效协同、安全有序的重要保障。目前，我国已经发布关于数据治理规范、信息技术服务、信息安全技术、大数据服务安全等方面数据标准规范。但是由于各地区各部门产生政务数据所依据的技术标准、管理规范不尽相同，缺乏统一有效的标准化支撑；部分地方和部门对标准规范实施推广、应用绩效评估重视不足等，一些标准规范形同虚设，因此亟须完善全国统一的政务数据标准、提升数据质量。

一是加快完善政务数据国家标准。当前，要重点围绕政务数据管理、技术平台建设、数据治理和应用服务等方面深入推进国家标准编制。通过编制政务数据目录、基础数据元、数据分级分类、云资源管控、数据治理、数据建模、安全管理等标准规范；编制政务数据平台建设指南、技术对接规范、基础库和主题库建设指引、运行维护指南、安全防护等平台技术标准；按照数据共享、开放、回流等业务模式，编制数据服务管理、技术和运营等制度规范和政务云建设管理与监测指南规范，推动构建全国一体化政务大数据标准规范体系。要高度重视数据质量标准规范体系建设，数据质量标准是确保数据价值有效释放的根本，因为造假、错误、劣质的数据将成为信息化系统工程和开发应用的不定时炸弹，绝不可等闲视之。要针对数据的完整性、一致性、精确性和时效性等方面评估数据质量，制定数据质量管理和评价标准规范，为数据共享交换、交易流通、开发利用中的数据质量维护提供保障。

二是构建政务数据交换标准规范体系。数据交换标准体系是数据在业务系统采集、传输、处理等过程需要遵循的规范和原则。政务数据交换标准体系主要包括平台系统连接、数据交互机制、数据信息传输管理、信息传递逻辑约束和过程监控、数据交换维护和异常处理等过程，都需要遵循一系列规范。数据交换标准规范体系需解决各地区各部门在政务数据交换过程中交换模式、交换技术、交换安全、交换格式、交换管理等规范性问题，有助于实现安全、高效、可靠的政务数据资源规范的交换服务，有助于规范各单位与政府云计算中心或大数据中心的数据交换行为，有助于充分发挥政务数据交换平台的功能，将为数据交换提供统一和共同遵守的标准规范依据。

三是构建数据安全保障一体化标准规范体系。数据安全标准体系是对数据全生命周期的安全管控标准，是数据充分发挥效能的基本要求。要贯彻落实国家数据安全法、个人信息保护法等法律法规和数据分级分类、安全审查制度要求。以数据为安全保障的核心要素，明确政务数据安全主体责任，围绕数据全生命周期管理，制定政务数据安全管理规范，完善数据安全防护和监测手段，开展内部数据安全检测和外部评估认证。依法制定政务数据安全行为规范标准，在数据的基础共性、关键技术、安全管理、重点领域等方面构建数据安全体系，在数据生产、存储、交换、访问中全流程严把安全关，关注个人信息保护和隐私保护，避免对个人权益的侵犯，提高数据安全保护水平，维护国家数据安全。

三、政务数据共享交换一体化、数据服务一体化是增强政府治理能力和服务效能的创新举措

政务数据共享交换是实现电子政务系统智能互联、资源共享、业务协同，促进数据全面赋能数字政府管理服务业务转型升级的直接动能。数字政府对政务平台集约化一体化建设做出了明确规定，并制定相关战略性文件推进各地区各部门间的数据协同共享和消除数据壁垒孤岛。但是由于尚存在数据需求不明确、共享制度不完备、供给不积极、供需不匹配、共享不充分、数据异议处理机制不完善、综合应用效能不高等问题，亟须加大数据协同共享力度，进一步加快国家数字化全面深入和高质量发展，推进数字中国建设，实现国家治理体系和治理能力现代化。

一是构建完善的数据共享交换体系。依托全国一体化政务服务平台和国家数据共享交换平台，提升国家政务大数据平台数据共享支撑能力，统一受理各类共享申请和提供服务，形成覆盖国家、省、市等层级的全国一体化政务数据共享交换体系。根据政府数字化转型创新发展需求，加强部门间数据交换、业务协同，深入推进跨部门、跨地域、跨层级的数据高效流通，实现政务数据充分利用和有效增值。

二是深入推进政务数据一体化共建共享。建设完善统一标准的国家基础数据库，按需建设各类主题数据库和专题数据库，实现各类数据的快速检索和高效共享。以数据资源目录为基础，打通数据壁垒，健全政务数据访问授权、查询检索、交换共享、数据治理、开发利用等常态化管理制度机制，实现政务数据有效治理、高效配置。建立完善数据共享的安全可信保障机制，保障数据安全合规、有序共享开放。推进数据共享利用，培育数据要素市场，营造有效供给、高效应用的数字生态，激发数据资源要素在各行各业应用场景中的创新引擎和资源价值作用。

三是推进政务数据一体化服务，赋能经济社会创新发展。依托国家政务大数据平台

的政务服务总门户，整合集成各类服务功能，提升政务数据的"一站式"展示、申请、调度功能，为各地区各部门提供政务数据目录编制、资源归集、申请受理、审核授权、资源共享、统计分析、可视化展示和运营管理服务，推进数据资源高效率配置、高质量供给。推动政务大数据综合分析应用，为政府精准施策和科学决策提供数据支撑。加快开展公共数据应用场景开发利用示范，推进政务数据与社会数据有机融合、创新应用，培育数据要素市场，释放公共数据资源价值，激发社会数据资源活力，全面提升数字政府、数字经济、数字社会、数字生态创新发展的水平和效益。

（资料来源：https://www.gov.cn/zhengce/2022-11/01/content_5723178.htm）

（四）旅游产业转型升级的现实要求

首先，与其他产品相比，旅游产品具有无形性、不可转移性、生产与消费同时性和不可储存性的特点。在旅游市场流通领域，流动的是旅游者，而旅游者对目的地的选择所依赖的只有信息，旅游者需要便利的信息获取渠道和优质的信息服务。充足的信息不仅能够减少游客在旅游消费中的风险，更能够增强旅游者对旅游产品的信心，加大购买的可能性。在现代市场营销观念指导下，旅游经营管理者对产品的设计和经营组合依据的是市场需求信息；旅游经营管理者之间的联系也是通过快捷、通畅的信息交流以完成各种交易与沟通的，交流和加工的是旅游产品的价格、质量、便利性、可进入性等方面的信息，同时伴随着数据流和资金流。所以，信息是旅游业内部诸环节得以联结的重要纽带。

其次，旅游业有很强的脆弱性，极易受到宏观和微观环境中的各种自然因素、政治因素和经济因素的影响而发生波动，有效地获取信息以辅助科学决策就显得特别重要。旅游业对信息的依赖性说明离开信息和信息技术，旅游业将难以为继，管理信息化由旅游业的本质属性所决定。

另外，旅游业开展电子商务的适宜性使旅游电子商务的发展方兴未艾，开展旅游电子商务能够有效降低信息获取和传递的成本，提高产品的竞争力，而信息技术也是其中不可缺少的支撑。

第二节　旅游目的地信息管理基础

一、旅游目的地信息管理的理论基础

（一）旅游系统理论

随着系统论的思想和方法不断应用到旅游研究中，旅游系统的概念被提出并不断得

到发展。其中，雷珀（Leiper）1979年提出并在1990年修正的旅游系统模型影响力很大。Leiper的模型主要是侧重旅游活动和旅游业的空间特征，由人的需求、吸引物和信息构成旅游吸引系统，整个旅游系统包括旅游者、旅游业、客源地、旅游通道和目的地五个因素，重点突出了客源地、目的地和旅游通道三个空间要素，把旅游系统描述为由旅游通道连接的客源地和目的地的组合（见图10-1）。旅游活动开展和旅游业发展必须系统地考虑旅游者需求、旅游业发展环境、客源地、旅游通道及其与目的地之间的空间关系。

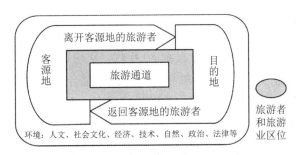

图10-1 旅游系统模型

冈恩（Gunn）在2002年对其以前的模型也进行了修改，构造了一个旅游功能系统模型，该系统模型强调了供给和需求两个最基本的子系统，二者相互作用构成了旅游系统的基本结构。在供给子系统里，吸引物、促销、交通、信息和服务之间存在着相互依赖的关系，它们共同作用，提供符合市场需要的旅游产品（见图10-2）。该模型能够刻画旅游发展中供给和需求两个系统之间的关系，尤其是能够明确地刻画出供给子系统内部5个要素之间的相互制约和相互依赖的关系。

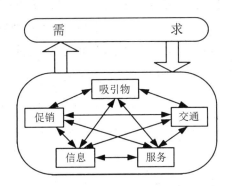

图10-2 旅游功能系统模型

（1）旅游系统理论可以为构建旅游目的地信息管理建设框架、制定旅游目的地信息管理实施方案提供理论指导。旅游系统理论明确了旅游产品、旅游服务、旅游信息、交通、营销、自然与社会环境在旅游系统中的地位和作用，而旅游目的地信息管理涉及了旅游系统各个环节的智慧化，因此，旅游目的地信息管理建设框架的构建、旅游目的地信息管理建设方案的实施都必须考虑旅游系统中各个环节的地位和作用以及它们之间的关系。

（2）旅游目的地信息管理可以优化旅游系统整体的功能，驱动旅游业转型升级发展。旅游目的地信息管理可以通过旅游信息传播与共享，加强旅游系统各个环节之间的联系，实现政府、旅游企业、旅游者、旅游目的地居民、交通部门等社会主体之间的高效协同与联动，为旅游者提供更高质量旅游服务的局面，使旅游系统的运行更加高效、有序、低成本，提高旅游业对国民经济的关联带动作用，从管理、服务、营销等各个方面驱动旅游业转型升级发展。

（二）供应链管理理论

供应链管理的研究和实践始于 20 世纪 80 年代，供应链管理的思想和模式最初起源于制造业，应用于物流行业，其核心思想是通过优化组合产品供应链条，达到低成本、高质量、及时地迎合顾客需求的目标。旅游供应链是一种以满足旅游者需求为共同目标，以旅游吸引物为核心所形成的包括旅游产品设计、生产、组合、销售以及对旅游业发展起支持作用的企业或组织所构成的网链结构。旅游供应链与一般供应链不同，具有自身所独有的特性：第一，一般供应链研究的是"物流"，而旅游供应链研究的是"人流"。旅游供应链研究由于人的流动而引起的一系列经济关系和现象，目的是满足旅游者的需求。第二，旅游供应链比一般制造业供应链更加复杂。其复杂性表现在多个方面：旅游供应链所提供的旅游产品来源广泛、品类繁多；旅游供应链上供应商分属多个行业，各行业又具有各自独立的管理特点，旅游产品质量难以控制；旅游供应链上企业之间的关系复杂，核心企业与供应商间的关系复杂，合作不够紧密；旅游供应链上存在着复杂的委托—代理关系，经过层层代理旅游者才能完成旅游活动。第三，旅游供应链管理的核心思想是资源整合、整体运作和强强联合。与传统的"纵向一体化"不同，旅游供应链管理是"横向一体化"的经营理念。旅游企业不仅要在自己的领域提供专业化的服务，培养核心竞争力，还要通过与外围优秀企业的强强联合，整合内外部资源，提高供应链上企业的整体效益（见图 10-3）。

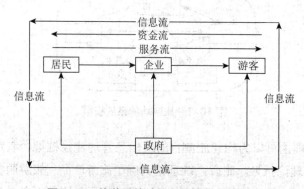

图 10-3　旅游目的地信息管理供应链模型

在旅游目的地信息系统供应链中有四个节点，分别是居民、企业、游客、政府。居民是旅游服务的供应商，他们是旅游基础设施的供应源。企业是旅游服务的制造商，他们需要集成上游居民的服务信息，并提供给游客。与以往的旅游供应链不同的是，政府必须被加入供应链中分别对其他三个节点产生作用，政府需要合理安置具有资源的居民，调控企业的运营大方向，引导游客选择正确的旅游方式。在整个相互影响的系统中，资金流从游客到居民，而信息流贯穿在整个系统中成了系统运行的基础。服务流则是从居民到游客，是整体旅游供应链的基础。

（三）体验经济理论

随着经济的快速发展，人们已不再单纯满足于物质享受，而越来越注重追求丰富多彩的精神享受。体验经济是为了顺应人们这一需求变化趋势而产生的一种新经济形态。旅游从本质上说是一种体验活动，旅游者获得的是一种不同寻常的经历，而智慧旅游的发展为旅游产品、旅游营销模式、旅游经营管理的创新发展提供了良好的机遇，这必将推动旅游者出游体验的提升。

（1）体验、体验经济、体验经济时代与旅游体验。体验的英文常常用 Experience 来表达，其含义包括人们经常提到的经历、经验、体验、阅历等内容。从中文角度上来看，体验有时候也称作体会，是在实践活动中去认识事物，获得的亲身经历。体验使我们对事物的认识变得真实，留下深刻难忘的印象，当未来的某一时刻遇到相同或相似的情景时便会自然而然回想起这一经历，并同时产生对此情景的心理预期。从心理学角度来说，体验就是一个人的情绪、体力、智力甚至是精神达到某一特定水平时，在意识中所产生的美好感觉。体验经济，是指旅游企业以服务为舞台、以商品为道具、以消费者为中心，创造能够使消费者参与、值得消费者回忆的活动。在体验经济中，生产和消费的运行方式是旅游企业提供的不仅有商品或服务，还能够针对客户的个性需求设计出独特的体验过程，并充满了感情的力量，能够给顾客留下难以忘却的愉悦记忆。消费者消费的除了实实在在的商品外，还有一种精神上的丰富体验，由于体验美好，消费者愿意为体验付费。在体验经济中，似乎是人们第一次用金钱来衡量物质以外诸如心情、记忆、感觉等摸不着的东西。然而，体验实际上也是一种经济物品，像货物、服务一样是实实在在的产品，不再是虚无缥缈的感觉。体验过程中的商品是有形的，服务是无形的，而创造出的体验是令人难忘的，为商家带来的利益也是十分丰厚的。体验经济时代，游客消费观念和消费方式的转变引起市场需求的变化，因此，旅游活动的任务不应只是为游客提供简单的旅游产品与服务，而应该为游客创造个性化、特色化的旅游体验，从而满足游客休憩娱乐、实现自我的高层次需求。体验经济背景下，游客的需求转变，必然要求旅游企业管理理念的适当转变和管理模式的相应改革。作为旅游业重要的组成部分，餐饮业的改革创新势在必行，管理者必须树立以游客为中心的旅游餐饮管理理念，更多地关注游客的餐饮体验，推动产品和服务创新，以人为本，创造出企业与游客共同参与的良好局面。

旅游体验是指旅游者为了追求旅游带来的愉悦感，通过和外界联系，改变旅游者自身的心理水平并对自身的心理结构进行调整，在内心中产生对旅游对象的综合性体验的感受。从旅游企业角度出发，旅游企业为了提升自身综合竞争力，获取更多的经济效益，必须以创造独特而难忘的旅游体验来吸引旅游者，为游客提供高层次的服务项目，从而为游客提供更高质量的体验。旅游体验具有以下几个特征：

①综合性。旅游体验是在理性思考和感性思考相结合的情况下产生的，旅游体验涵盖了旅游过程中的各个方面，使得游客在食、住、行、游、购、娱等各个环节中得到丰富多彩的旅游体验，同时，任何一个环节的问题都会影响旅游体验的整体质量。

②无形性。普通的产品是有形的，而旅游体验是旅游者在旅游过程中在身体、知识、情绪等方面得到的心理认知感受和心理反应过程，是无形的。旅游服务是外在的，而旅游体验只有旅游者本身才能感受到。

③强个体性。在旅游过程中，美丽的景观让游客产生了美好的感觉。不同的游客，即使他们体验了相同的旅游项目，所获得的旅游体验却可能是完全不同的。

④高参与性。旅游体验的效果和游客的参与程度有着密切联系，游客在旅游中发挥着主观能动性功能，旅游者的行为与景区居民、其他游客、旅游产品之间具有较强的互动性，旅游需要旅游者在这个过程中完成自己的旅游体验，具有较高的参与性。

（2）体验经济理论与旅游目的地信息管理。体验经济理论与旅游目的地信息管理存在着密切的关系。一方面，信息管理可以从食、住、行、游、购、娱等方面改变传统的旅游活动方式，使旅游活动更加丰富多彩，为旅游者创造智慧化的旅游体验，增强旅游者的欢乐感和愉悦感；另一方面，体验经济理论可以为营造信息化的旅游体验提供理论指导，应当重视体验经济理论在信息管理发展中的运用。

案例分析

智慧旅游刷新游客体验　让旅游变得更有趣更便捷

近年来，随着互联网、大数据、人工智能等新技术在旅游领域的应用，以数字化、网络化、智能化为特征的智慧旅游成为旅游业高质量发展新动能。

2015年，位于新乡市辉县薄壁镇的河南宝泉旅游度假区开门迎客。短短几年，宝泉景区已在省内旅游景区中崭露头角，成为河南旅游业的一匹"黑马"，有着"五钻级智慧景区"的称号。那么，作为"智慧景区"的典型代表，宝泉有哪些"黑科技"？智慧宝泉如何刷新游客体验？

1. 体验——刷脸入园、智慧厕所、智能导览，带你玩转景区

在宝泉景区，你不必担心购票排队时间长、旅游旺季入园慢、还没进景区就已人山人海，这里早已实现线上预约购票、无接触式快速扫码、刷身份证、人脸识别、指纹等快速入园功能，让你游玩更安心。

356

没做旅游攻略怕游玩流程不顺畅？智能导览就能带你玩转景区。清晰明了的景区交通路线图和智能导览，可以让你来一场说走就走的出发，不慌不忙地游玩。

在景区里着急上厕所怎么办？一部手机就能轻松帮你找到"方便处"。进入宝泉景区微信公众号的"智能厕所"就能看到分布在景区的厕所位置和距离，以及在你附近的公厕。不仅如此，还能看到游客中心、美食街的位置和距离等，每一处细节都充满着"智慧"身影。

据介绍，宝泉景区目前建成了以"智慧管理、智慧服务、智慧营销"为基础的智能、高效、统一的多元化新型旅游管理模式。目前，已经实现了智慧购票、智慧停车、智能导览、5G 覆盖、无线 Wi-Fi、画像分析、投诉建议、信息安全、舆情分析、大数据平台、综合管理服务平台等覆盖游前、游中、游后旅游全场景的智慧景区产品体系。

围绕食、住、行、游、购、娱，宝泉将服务从线下延伸到线上，从景区内延伸到景区外，使智慧化建设充分服务于游客不断提升游客便捷度、满意度和美誉度。

2. 智慧——依托大数据元宇宙等创新技术，享受沉浸式旅游体验

近年来，宝泉景区牢固树立"科技赋能，创新引领"发展理念，大力发展智慧化建设。据介绍，宝泉景区搭建完备的信息综合管理平台，建成了指挥调度中心和大型数据管理中心，大数据分析实现了对旅游市场的精准把控。45 个重要区域实现了广播提示和音乐播放，在遭遇灾害或紧急情况下可以立刻转换为紧急广播，对游客进行安全提醒和合理疏散。此外，还采用红外检测技术实现了客流监测和最大承载量预警功能。

宝泉景区信息中心主管张鹏介绍："坚持'科技赋能，创新引领'建设理念，积极寻求与互联网企业合作，全面推进 5G 应用、AI 智能、智慧灯杆、智慧厕所、物联网、元宇宙等方面项目建设，力争将宝泉建成国内一流示范性智慧景区。"

据悉，宝泉景区今后还将不断依托大数据、云计算、物联网、5G 技术、元宇宙等创新技术，坚持高起点规划、高标准建设，进一步提升文化旅游服务、管理、营销、体验的智能化，促进文化旅游业态向综合性和融合型转型提升。

（资料来源：https://hct.henan.gov.cn/2022/08-05/2555721.html）

（四）定制理论

（1）定制与定制旅游。"定制"是以顾客个性化需求为基础的全新的理念和营销方式，对定制最简单的理解就是生产者分别为不同的顾客制造他们所要求的产品或服务，一切以顾客为中心，尽量满足顾客对商品的个性化需求，以提高顾客对产品或服务的满意度和忠诚度。随着人们物质与精神生活水平的提高，线路重复、形式单一的传统旅游方式，越来越不能适应旅游需求多元化的发展趋势，而定制旅游以其能够满足游客个性化、多样化需求为特征，逐渐成为旅游业的发展趋势之一。定制旅游是指旅游企业通过与旅游者进行一对一的信息交流，让旅游者更多地参与到旅游产品设计、开发和生产，

按需定制，并在一定程度上进行模块化设计和生产，以满足旅游者个性化体验需求的一种旅游方式。定制旅游的核心内涵在于以下三个方面。

①满足个性心理。对于消费者而言，自由选择是定制旅游的核心。在开展定制旅游活动的整个过程中，都是消费者说了算。因此，满足旅游者的个性化心理要求是定制旅游的第一个核心内涵。不论是选择现有的旅行模块，还是自行设计旅游安排，都需要和旅游者进行沟通。虽然，旅游的本质属性是满足游客的体验性和休闲性等心理需求。但是，旅游者收入水平和文化程度逐渐在提高，旅游经验和旅游行为不断在成熟，同时旅游需求也越来越复杂，因此在购买旅游产品时旅游者越来越喜欢个性化的产品，希望在这一过程中满足自我的个性需求。所以，定制旅游可以用其灵活自由的旅游产品让旅游者的多样个性化旅游诉求在旅游过程中得到全面满足。

②讲究量身定做。对于生产者而言，量身定做是定制旅游的核心。从事定制旅游生产活动，意味着要善于体察旅游者的需求，注重细节，依照旅游者实际情况而专门定制。因此，讲究量身定做是定制旅游在其生产过程中的一个核心内涵。在传统旅游模式中，旅游大众盲目追求过低的价格，旅游过程通常是"走马观花"或者"到此一游"，但这样一来，旅游品质就会大打折扣，人们通常感觉花了钱还要受罪。定制旅游在设计开发旅游产品时已经不再是传统的同质化生产模式，而首先注重量身定做，通过与旅游者沟通想法，设计生产出新奇、与众不同且不落俗套的旅游产品，显现出定制旅游产品的优良品质和内在精髓。因此，定制旅游在生产过程中首先要讲究量身定做。

③应对差异化竞争。对于充满竞争的市场来说，如何在差异化竞争中取胜是定制旅游的核心。在市场中推行定制旅游，有助于寻找出新的经济增长点。现在大众旅游产品正处于靠低价格开展竞争的恶性循环之中，旅游企业想要更好地生存并且立于不败之地，必须在激烈的竞争中依靠差异化竞争来取胜。和有着固定化行程的团队游以及需要烦琐准备的自助游相比，定制旅游一方面让旅游者省去了安排线路和寻找景点的麻烦，另一方面可以增加旅游者的期待和满意度，让旅游者拥有绝对的自主权。个性、灵活、自由的旅游产品即使是故地重游也会让旅游者有新鲜的感觉。因此，定制旅游产品独特的设计和优质的服务将会成为旅游企业又一新的增长点。

（2）定制旅游与旅游目的地信息管理。旅游目的地信息管理系统是解决并满足民众海量个性化旅游需求的必然选择，实现游客的个性化定制是旅游目的地信息管理建设的重要目的之一。旅游目的地信息管理依托其海量数据获取能力及云计算能力，可以帮助旅游企业准确把握不同细分群体旅游需求的变化趋势，从而为旅游企业开发定制旅游产品、进行定制旅游营销提供信息基础，为定制旅游创新发展提供良好的依托条件。旅游目的地信息管理为定制旅游发展创造了更好的基础条件，主要表现在以下几方面。

①构建定制旅游技术平台。定制旅游依赖于不断发展的信息通信技术以及旅游目的地信息管理构建的数据平台。从供给方来看，为了发展定制旅游，必须建立定制旅游操作系统，并依托旅游目的地信息管理数据平台来完成。从需求方来看，为了进行定制旅

游，必须拥有完善的电子移动智能终端设备，并依托移动网络快速接受定制旅游信息。从行业整体的管理与运作来看，为了发展定制旅游，必须建立旅游目的地信息管理安全保障平台和行业监管平台以确保定制旅游的健康有序发展。

②发展旅游目的地信息管理有助于定制旅游发展模式创新。基于旅游目的地信息管理的应用，主要有两种定制旅游发展模式，即大众型量身定制旅游发展模式和生产型成规模定制旅游发展模式。大众型量身定制旅游发展模式，通过一对一的沟通和设计，让旅游者在丰富多样的旅游产品和旅游服务中进行自主选择，游客可以自主决定是以团队形式还是以散客形式出游、乘坐什么交通工具、逗留多长时间、入住哪个等级的酒店和游览哪些景点及项目等。在此过程中，依托旅游目的地信息管理建立的各种技术平台和应用软件系统可以为定制旅游发展模式提供极大便利。生产型成规模定制旅游发展模式就是旅游供应商对于线路、住宿、交通和时间等给出几种备选或者推荐方案，供旅游者自由搭配选择或者进行组合，当一部分旅游消费者自由选择后，就会呈现出成规模的设计和生产。这样既能满足游客的个性化、多样化需求，又能实现标准化服务的低成本和高效率运作。

（五）产业融合理论

产业融合是指不同产业或同一产业不同行业相互渗透、相互交叉，最终融合为一体，逐步形成新产业的动态发展过程。产业融合作为一种新的经济现象，最初发生在电信、广播电视和出版业部门；之后伴随着新科技的快速发展和企业跨行业、跨地区的兼并重组，各类产业的边界逐渐趋于模糊，到今天产业融合已经成为一种普遍现象；旅游产业与文化产业、信息产业、高新技术产业、旅游地产、农业、工业等的融合发展也已成为旅游业发展的新趋势，这为旅游业发展创造了更为有利的社会环境、更为强大的发展动力和更为优越的发展条件。与其他产业相比，旅游产业具有较强的综合性和包容性，旅游产业与相关产业间的关系具有更多的交叉性和互补性。因此，旅游产业与相关产业的融合发展将会极大提升旅游产业的竞争优势，在旅游产业融合发展的实践背景下，学术界也对旅游产业融合发展保持了高度的关注，从旅游产业融合的概念、融合路径、融合机制、融合模式、融合水平评测等方面进行了大量的探索。

（1）旅游目的地信息管理是旅游信息化建设的高级阶段，也是旅游产业与信息产业融合发展的结果。旅游信息化建设发展依赖于旅游业发展水平和信息化建设水平的提高，在一定程度上来说，旅游信息化建设是旅游产业与信息产业融合发展的结果。信息产业发展可以从信息化基础设施、信息化技术、信息化社会应用等方面为旅游信息化建设和旅游目的地信息管理发展提供物质基础，因此，产业融合理论在旅游目的地信息管理的研究中具有很大的应用空间。

（2）各类产业的信息化发展必将加速旅游产业与相关产业的融合发展。随着智慧城市、智慧农业、智慧交通、智慧旅游、智慧教育等一系列产业和基础服务设施的智慧化

发展，旅游产业与相关产业之间的信息传播和共享更加及时、高效，关系更加紧密，促使旅游产业与相关产业融合发展的基础条件趋于成熟，从而推动了旅游产业与相关产业融合发展的广度和深度。

（六）消费者行为理论

19世纪末至20世纪30年代，开始出现消费者行为和心理研究的相关理论，并在此期间得到初步发展。这段时间，一些资本主义国家特别是美国、英国，它们在工业革命后劳动生产率得到了大幅提升，生产能力远远超出市场需求，导致企业之间的竞争日益激烈。因此，企业开始注重刺激消费者需求，增强商品的推销力度，"推销术"和"广告术"就此进入人们的视野。同时，有些学者开始根据企业销售的需要，对商品的需求和销售之间的关系进行理论研究，并试图分析消费者行为与心理和企业销售之间的联系。

消费者行为学也逐渐成为一门独立而系统的应用学科，消费者行为学是一门研究消费者在获得、使用和消费产品、服务过程时所表现出的心理活动特征和行为规律的学科。利用营销学的观点来看，该学科研究的目的就在于理解消费者行为，进而试图影响消费者行为。不同的立论观点使得对于消费者行为的定义也有很多不同观点："决策过程论"认为消费者行为就是消费者购买、消费和处置的决策过程。"体验论"把消费者行为定义为一个体验的过程，消费者在体验中购买、消费和处置，是一个很感性的过程。"刺激反应论"认为消费者行为只是消费者对于刺激做出的一种反应，应该以消费者和刺激的关系为出发点分析消费者行为。

（1）旅游目的地信息化必将改变旅游消费者的行为特征。旅游目的地信息管理的发展和移动智能终端的普及必将从收集旅游信息、选择出游方式、旅游交易方式、旅游活动范围、旅游需求结构等方面改变旅游消费者行为，研究旅游目的地信息管理背景下的旅游消费者行为特征与规律，成为学术界开展旅游研究的紧迫任务之一，同时，也对旅游消费者行为理论创新提出了更高的要求。

（2）旅游信息化发展有助于全面、及时、准确地分析和把握旅游消费者行为规律。旅游目的地信息管理发展将会促使旅游业发展进入大数据时代，使旅游消费者行为数据资料的收集更加便捷、运算与处理更加快速及时，使全面、及时、准确地分析与把握旅游消费者行为特征与规律成为可能，进而起到帮助旅游经营者和管理者制定旅游开发策略和旅游营销策略。

（3）消费者行为理论可以为旅游营销的信息化提供理论指导。消费者行为理论可以准确把握旅游信息化背景下旅游者的行为特征，从旅游产品的信息化、旅游服务的信息化、旅游营销渠道的信息化、旅游交易的信息化等方面，提高旅游产品和服务的质量，提升游客的旅游体验质量，为旅游市场营销策略的制定提供理论指导，使旅游信息化的营销策略的制定与实施更加合理有效。

（七）信息服务理论

第三次科技革命带来计算机的发明与应用，信息技术开始发展，并不断创新并迅速在全世界范围内传播，为消费者带来信息服务。信息服务泛指以产品或劳务形式向用户提供和传播信息的各种信息劳动，即信息服务产业范围内的所有活动，包括信息产品的生产开发、报道分配、传播流通以及信息技术服务和信息提供服务等行业。狭义的信息服务是指专职信息服务机构针对用户的信息需要，及时地将开发、加工好的信息产品以方便用户的形式准确传递给特定用户的活动。

信息服务具有服务的一般特征：不可转移性、即时性、异质性和无形性。信息服务的过程也是增值的过程，即在交流过程中，信息不仅要发挥基础的传递功能，更重要的是代理功能、过滤功能和分流功能，需要服务人员对信息进行选择和整合。信息服务作为无形产品，其需求具有主观性、动态性、广泛性和多样性，同时，信息服务也具有有限性，信息的效用体现受到两个因素的制约：一是信息主体的认识和处理能力；二是信息存在和流动的物质条件。

（1）旅游目的地信息化可以向旅游者提供泛在化的公共旅游信息服务。公共旅游信息服务属于信息服务的范畴，具有信息服务的一般特征，是专门针对旅游者需求提供的公共信息服务。公共旅游信息服务的过程也是旅游信息效用发挥的过程，虽然面向全体旅游者，但是散客需求的个性化要求公共旅游信息在传播过程中也是经过不断的选择、加工、过滤、增加、重组和整合，保持动态的供给，使得公共旅游信息的价值在服务深化和效用发挥中不断增值。

（2）公共旅游信息服务遵循信息服务理论的普遍规律。公共旅游信息服务受到主观上旅游者认知和处理能力以及客观上旅游信息存在与流动物质条件的限制。旅游者对于公共旅游信息的接受和接收能力和水平直接影响着公共旅游信息效用的发挥，如果旅游者主观上认为某条公共旅游信息对于自己是没有用的，那么就排除掉这条信息。客观上旅游信息传播的途径、媒介、加工的手段等物质条件也直接影响着各个旅游信息对于旅游者的可获取性。

（八）行为决策理论

行为决策理论是基于阿莱斯悖论和爱德华兹悖论而提出，后人不断进行完善发展，着力于解决理性决策理论难以解决的问题。其特点为：以决策行为为出发点、集中研究决策者的认知和主观心理过程以及其对行为的影响、从决策者做出决策判断时所受内外部环境中提炼出理性决策没有考虑到的因素进而修正决策。该理论认为，人是有限理性的，因为环境的复杂性和不确定性决定人的知识、想象力和计算能力是有限的。而且，人在决策时容易受到知觉偏差的影响，从而把部分问题信息当作整个认知对象处理。由于人能够掌握的资源和信息是有限的，所以做决策的时候也是只能做到尽量准备足够的

备选方案，但是不可能做到全面。面对风险型决策时，决策者对待风险的态度比考虑经济利益更加发挥作用。决策者往往厌恶风险，倾向于接受风险较小的方案，尽管风险较大的方案可能带来较为可观的收益。并且，决策者不愿意费力寻求最佳方案，只求满意的结果。

（1）帮助旅游者、经营者、管理者做出更合理的决策行为。旅游目的地信息管理发展可以为决策主体提供更加及时、准确、全面、个性化的旅游信息服务，减小旅游者、经营者、管理者对旅游信息的知觉偏差，帮助他们做出更加科学合理的行为决策。同时，旅游目的地信息管理发展也会增强服务平台的云存储、云计算能力，开发出更加有效的决策支持与决策辅助操作系统，提供多种决策方案，并进行优选，从而提高决策行为的科学性。

（2）改变旅游者、经营者、管理者的决策行为模式。旅游目的地信息管理可以依托云计算、物联网、移动互联网等信息通信技术，在旅游者、经营者、管理者的决策行为中起到重要作用，旅游目的地信息管理发展将促使决策行为模式从传统的依靠决策主体自主搜集信息、提出方案、方案优选、形成决策行为的模式，转变为依靠旅游目的地信息管理服务平台收集信息服务、分析处理数据、提出方案、方案优选，最终形成旅游目的地信息管理决策行为的模式。

（九）政府角色理论

"政府角色"是将政府人格化，用其来定位政府的功能与作用，与"政府作用"和"政府职能"很接近。政府角色是在与其他社会主体的功能、作用区别中界定的。西方国家的政府角色理论有过几个阶段。最早可追溯到自由主义政府论，其鼻祖为亚当·斯密，认为政府应尽量少干预市场和社会的运行，给市场足够的自由发展空间。1929—1933年的经济大萧条宣告了自由主义政府论的破产，凯恩斯主义政府论随之兴起。凯恩斯理论认为政府对市场的干预是必要的，提倡"全能政府"。后因政府职能过于庞大，造成资源浪费，市场运作不灵活，导致政府失灵。新出现的新自由主义政府论针对自由主义政府论和凯恩斯主义政府论二者存在的不足进行修正，是"古典自由主义"与"凯恩斯主义政府论"的结合，政府与社会、政府与市场的关系重新调整，政府职能减少，在公共服务的提供方面充分利用了市场与社会的力量，这弥补了政府财政和服务能力的不足。强调"政府管得少，但管得好"。首先，政府角色理论中最基本的角色就是提供公共物品。由于公共物品的非排他性，私人经济部门投入多、收益低而不愿或无力生产、提供；同时，若公共物品的生产、提供形成垄断，将损害消费者利益。因此，政府必须通过国家预算开支，担负公共物品的生产和供给的主要责任。其次，政府要扮演外部效应的消除者角色。由于外部性分为正外部性与负外部性两种，外部性的存在无法通过市场机制加以解决，政府应理所当然地承担起这一责任。政府通过补贴或直接的公共部门的生产来推进正外部性的产生；通过直接的管制限制负外部性的产生。最后，政府要担当市场秩序的维护者。自由放任的市场竞争将导致垄断，市场机制易遭到破坏。政府通过立法来维护市场秩序，政府充当裁判员，为市场公平竞争创造和维护必要的制度环境。

旅游目的地信息管理建设与发展是一项长期而艰巨的工程，目前旅游目的地信息管理理论研究与实践发展均处于起步阶段。政府在旅游目的地信息管理发展中应该扮演什么角色，应该如何推动和引导旅游目的地信息管理发展，这些问题的解决都需要政府角色理论的指导。具体表现在：

（1）规范旅游目的地信息管理平台。旅游目的地信息管理涉及方面非常广泛，涵盖各个领域，可以说旅游目的地信息管理发展代表着未来旅游的发展趋势，不同区域、不同经济水平、不同文化背景、不同技术水平的旅游目的地、旅游景区都要推动旅游目的地信息管理发展，应该如何规范旅游目的地信息管理建设秩序、规范平台质量，并保障旅游信息安全有效，这些必须依靠政府来制定整套的规范与标准。

（2）主导旅游目的地信息管理基础设施建设。旅游目的地信息管理基础设施建设具有很强的正外部性，如旅游目的地信息管理信息服务平台、云计算平台等的建设都需要耗费大量的人力、物力、财力，具有涉及面广、投资量大、投资回报收益分散，同时具有公共产业属性，必须依靠政府的主导和推动才能实施旅游目的地信息管理基础设施建设。

（3）协调旅游目的地信息管理利益群体关系。旅游目的地信息管理发展涉及多个区域、多个产业、多个部门之间的协同与合作，政府如何协调各方利益集团之间的关系，如何整合各种社会资源来发展旅游目的地信息管理，关系着旅游目的地信息管理建设能否有序进行，必须依靠政府角色理论的指导，并实时参与到相关工作的组织和协调当中。

二、旅游目的地信息管理的主要技术

（一）AI（Artificial Intelligence）技术

AI 技术即人工智能技术，是研究、开发用于模拟、延伸和扩展人的智能的理论，并把这些理论、方法、技术应用到各个学科领域的科学技术。人工智能是计算机科学的一个分支，它企图了解智能的实质，并生产出一种新的能与人类智能相似的方式做出反应的智能机器，该领域的研究包括机器人、语言识别、图像识别、自然语言处理和专家系统等。

（二）AR（Augmented Reality）技术

增强现实（AR）技术是在虚拟现实（VR）技术的基础上发展起来的一种现代信息技术，是通过计算机技术把虚拟的信息应用到真实世界、真实的环境中，并将虚拟的物体实时地叠加到同一个画面或空间内，构成交互式的 3D 图像画面，给用户带来更加真实的体验及感受。AR 技术包含了多媒体、3D 建模、多传感器融合、实时视频显示及

控制、实时跟踪及注册、场景融合等新技术和新手段。AR 提供了在一般情况下不同于人类能够感知的信息。AR 技术在旅游目的地信息管理方面的应用主要有如下几方面。

（1）设计旅游特色明信片。运用 AR 技术可以设计介绍旅游景区、历史文化的一系列旅游特色明信片，游客们能够免费下载相对应的手机 App，再通过手机 App 扫描明信片，便能够在手机上再现旅游景区的 3D 模型和介绍其历史文化背景的动画短片。

（2）实景导航解说。游客手持移动终端设备（如手机、平板电脑等）在景区游览时，能够随时通过手中设备的摄像头欣赏景物，手持设备的显示屏上将会出现摄像头所拍摄到的景物相关的文字和数据信息，同时还有虚拟导游及语音多媒体讲解。

（3）情景再现留影。利用移动终端设备的摄像头看到的是一幅特殊的画面，不仅场景逼真，还有一些虚拟的人物、角色和游客互动，游客可以选择一帧有纪念意义的画面保存下来并打印带走。

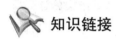 知识链接

AR 增强现实在旅游行业的五大应用场景

AR 技术对旅游业来说，具有颠覆性的巨大意义，它在旅游行业的应用可以有无穷无尽的探讨。游客佩戴上 AR 眼镜或者手机上安装 AR 旅游应用，就能获取当地城市的景区和商场等地方的详细介绍、自动翻译，了解附近购物和餐饮信息。

AR 旅游，就是运用 AR 增强现实技术，让游客与景区实现实时互动，让景区信息更方便获取、游程安排更个性化。利用 AR 增强现实技术和高速的移动互联网，游客可以随时随地进行导航定位、信息浏览、旅游规划、在线预订等，大大提高了旅游的自主性、舒适度。AR 旅游一般常见广告营销、导览、导航、导游、导购这五个应用场景。

（资料来源：https://www.sohu.com/a/149838500_99899590）

（三）VR（Virtual Reality）技术

虚拟现实（VR）是指借助计算机及最新传感器技术创造的一种崭新的人机交互手段。VR 技术主要有三大关键技术：动态环境建模技术、实时三维图形生成技术、立体显示和传感器技术。VR 技术让人们的眼界超脱于现实，所见的虚拟景象更加生动，改变人们看世界的方式，将会极大地改变人们的社交、生活方式。虚拟现实技术是指在计算机软硬件及各种传感器的支持下，生成一个逼真的、三维的、具有一定视听触嗅等感知能力的环境，使用户在这些软硬件设备的支持下，能以简捷、自然的方法与这一由计算机所生成的"虚拟"世界中的对象进行交互作用。它将模拟环境、视景系统和仿真系统合三为一，并利用头盔显示器、图形眼镜、数据服、立体声耳机、数据手套及脚踏板等传感装置，把操作者与计算机生成的三维虚拟环境连接在一起。虚拟现实技术能够让

使用者完全进入虚拟环境中，观看并操纵计算机产生的虚拟世界，听到逼真的声音，在虚拟环境中交互操作，有真实感觉，可以讲话，并且能够嗅到气味。它有三个最基本的特征，它们是沉浸（Immersion）、交互（Interaction）和构想（Imagination）。

按照虚拟现实技术所制作的虚拟旅游目的地，可在浏览器上进行多视点、多场景地浏览，让人们真正感受该旅游目的地的风光和三维物体逼真的体验。VRML、Java和HTML等技术为新的媒体创作提供了新奇而灵活的解决方案。因此，虚拟现实技术的发展潜力是极大的。虚拟现实在旅游目的地的应用价值主要体现在以下两方面。

（1）虚拟旅游体验。虚拟现实技术提供了虚拟的体验机会，从而满足那些没到过或没有能力到达该旅游目的地的游客的游览需求，游客身在家中即可攀登雪山、乘飞机或热气球飞行。

（2）旅游体验预演。在用户欣赏旅游区美丽景观时，TDMS同步提供旅游目的地的各种信息，如各条精品旅游线路，详尽的分级景点介绍，周围酒店预订、餐厅菜谱，旅途机票火车票的信息等。在虚拟现实技术的帮助下，潜在游客能够方便地制订旅游计划，可以按照时间表安排自己的旅游日程，从而节省旅游时间和旅游成本投入。

案例分析

沉浸式"围观"三星堆是什么体验

沉浸式线上试衣、沉浸式"云"看房、沉浸式逛博物馆……沉浸式体验逐渐受到消费者热捧，数字消费新场景也"活"起来。专家认为，依托虚拟现实、增强现实、全息投影、智能交互等技术，沉浸式数字消费新场景开始流行，给消费者带来更强的交互感、场景感、代入感。

流连于三星堆不同的祭祀坑，邂逅造型可爱的跪姿铜人、震撼的金面罩铜头像、顶尊蛇身铜人像；步入古蜀王国，驻足欣赏流水潺潺、芦苇依依，观看人们在祭祀台前虔诚祈祷……这样仿佛亲临现场的沉浸式体验，来自数字交互空间《三星堆奇幻之旅》。观众通过手机扫描二维码答题进入交互空间，就能进入三星堆考古发掘大棚、三星堆数字博物馆以及古蜀王国等场景，沉浸式探索三星堆考古现场，近距离观察文物细节。

像沉浸式考古三星堆这样的创意产品有不少，给人们带来了崭新数字生活体验。例如，敦煌研究院利用1:1数字化高保真技术，在"云端"复现敦煌莫高窟第17窟藏经洞；河南春晚创作团队运用5G+AR（增强现实）技术，推出虚拟场景与现实舞台融合的舞蹈演出《唐宫夜宴》；舞台剧《又见平遥》综合运用声、光、电等数字技术，探索沉浸式演出新形式。有网友称，多媒体、虚拟现实、全息投影、三维实境等数字技术在舞台上的应用，让人耳目一新。

专家认为，随着虚拟现实、增强现实、全息投影、智能交互等技术的成熟推广，沉浸式购物、演艺、展览、观影、用餐、旅行、娱乐等为代表的沉浸产业正成为一种新数

字消费业态，释放出鲜活生命力。沉浸产业一改传统商业场景被动体验的方式，通过各类个性化模拟，以带入式情景、多感官包围、互动型叙事等方式，为消费者提供更加个性化、场景化、数字化的消费体验。

（资料来源：https://www.ctnews.com.cn/guandian/content/2022–07/05/content_126570.html）

（四）区块链（Block Chain）技术

区块链技术从狭义上来讲，是一种按照时间顺序将数据区块以顺序相连的方式组合成的一种链式数据结构，并以密码学方式保证的不可篡改和不可伪造的分布式账本。广义来讲，区块链技术是利用块链式数据结构来验证与存储数据、利用分布式节点共识算法来生成和更新数据、利用密码学的方式保证数据传输和访问的安全、利用由自动化脚本代码组成的智能合约来编程和操作数据的一种全新的分布式基础架构与计算方式。

中国旅游行业的一些从业者正在引入区块链技术，通过区块链的激励手段对景区进行价值重塑。区块链是去中心化的，他们首先实现了对消费者的"点对点"服务。比如，以往消费者通过中介平台购买门票需要一二百元，可能实际能到景区手中的仅几十元，景区也只能提供几十元级别的服务，消费者就会觉得"货不对板"甚至上当受骗。通过直接连接旅游商家（景区、航空公司等）与消费者，可节省掉中介平台费用，既提升交易效率又降低游客成本。通过区块链技术，搭建全新的旅游服务平台，增加透明度，通过无法篡改的分布式数据库，可使旅游行业中虚构事实的行为无处藏匿。将区块链运用到交通、保险、通信等相关产业中，将有助于推动"大旅游"产业和智能旅游。

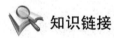 知识链接

区块链赋能旅游业，打破OTA平台中心化垄断

一、OTA平台亮起红灯

当前，旅游业是许多国家的支柱产业之一，且日益成为除了健康产业外最具前景的产业。现在，大多数游客都喜欢使用第三方OTA平台来预订酒店和机票，然而，在支付高额的手续费后，订好的房间却在到达时被告知无房或遭遇临时涨价等问题；因航班超售"旅客被赶下飞机"的新闻更是让人心寒；当遇到问题，OTA平台响应不够迅速，还会出现和店家扯皮、互相推卸责任的情况。

二、旅行者的区块链旅游新模式

而区块链基于其不可篡改的特性，无疑为这些窘境提供了很好的解决途径，以区块链作为代表的数字经济为旅游业带来了创新思路。对于旅游业来说，区块链所形成了不可篡改且透明的网络，每个用户都可以实时上传和获取旅游信息。只要发生交易，区块

链就会记录下预订和支付系统中的数据信息，不仅可以防止超售现象发生，商家还可以根据实时跟踪数据灵活调整价格。

此外，针对OTA平台需要抽取高佣金的弊端，区块链的点对点交易也免去了针对平台方和消费者收取的佣金，节省了中间交易手续费和流程，减少了消费者不必要的支出，也能够让旅游企业实现营收最大化。

三、面对区块链技术，OTA平台该如何应对

"穷则变，变则通，通则久"，区块链技术的发展给旅游业带来了变革。OTA平台面对旅游业的新趋势，需要找到区块链技术与平台的融合点，通过区块链开发进行改革，促进自身优化发展。

（资料来源：https：//baijiahao.baidu.com/s?id=1703409100663263503&wfr=spider&for=pc）

（五）移动互联网技术

移动互联网技术是指利用一定的技术将其他设备与互联网进行接通，在无线的情况下获取需要的信息技术，此技术的发展可以让无线终端的网络全面地为人们所使用。比如利用移动互联网技术将互联网与手机进行连接，可以让使用手机的用户及时通过网络获取大量的信息，同时，移动互联网技术不仅可以将互联网与手机连接，还可以将无线通信与互联网的资源紧密地结合在一起。

随着互联网技术的发展与普及，互联网已经渗透到旅游业的各个环节，"旅游+互联网"的新业态即将到来。"移动互联网+"时代，旅游产业融合依赖于旅游产业自身的高度关联性，这是旅游行业融合的前提与基础。旅游产业具有很强的综合性和高度关联性，使得旅游行业难以脱离其他行业而孤立发展。在"移动互联网+"时代下，旅游行业凭借互联网与大数据的优势，促进了旅游行业融合，使融合成为一种普遍现象。在不同阶段、不同时期，旅游行业与其他行业的融合程度不同，这种普遍融合现象受旅游产业高度关联性所驱动。

（六）大数据、云计算技术

大数据技术是从各类海量数据中快速获得信息的系列应用技术的统称，具有数量大、多样性、具备挖掘价值、高速度时效性等特征，包括数据的采集、处理、存储、分析、展现、应用等。云计算技术支撑大数据用于产业实践，处理数据所需的系列技术多需挂靠在云计算平台上，如虚拟化技术存储管理技术、实时流数据处理、自然语言处理等智能分析技术。

2021年，重庆市文化和旅游发展委与重庆旅游集团联合展出共建的重庆市智慧文旅广电云平台，以"公共服务+产业消费+监督管理"为职能定位，在该项目中，大

数据中心是系统中枢，统一接入标准，实时汇集文旅信息，实现资源共建共享；管理服务平台是决策大脑，为有关管理部门提供便捷全面的管理平台，支持决策和经营；产业服务平台是行业基础设施，为机构企业提供服务，提供在线展示、招商、交易的文旅项目，整合惠民商家资源，建立联合营销机制，全面赋能文旅市场；公共服务平台面向公众，为游客提供及时、可靠、丰富的文旅资讯，汇集重庆文化场馆、历史遗址、文物雕塑、古籍文献、景区等资源。

第三节　旅游目的地信息管理的框架结构

一个成熟、完善的旅游信息管理系统应该包含多层次、多方面的综合信息，能满足不同用户的需求：旅游者通过该系统查询各类信息、安排出游活动；旅行社通过系统提供的客源市场信息进行旅游产品开发；旅游管理部门和政府部门采用该系统调查、评价旅游资源，动态监控旅游资源利用情况；学校、科研机构的旅游科研人员通过该系统获得可靠的旅游活动各项数据，进行规划、开发、评价、预测等研究工作。

一、总体框架结构设计

旅游目的地信息管理的建设理念是：从旅游活动的食、住、行、游、购、娱等基本要素出发，采用信息技术与旅游地人文相结合，实现智慧的旅游服务、旅游管理与旅游营销，从而提高旅游业务的综合管理与运营能力，创建优质的旅游生态环境，提升旅游的服务品质，进而推动地区旅游相关产业的快速、健康发展。

旅游目的地信息管理建设体现了纵向能贯穿、横向能融合、外围能扩展、整体可对接的特性。纵向能贯穿指的是能充分挖掘旅游信息资源，全面覆盖游客，旅游经营者、旅游管理者三类主体的需求，提供完整的旅游应用服务。横向能融合指的是对三类主体提供的服务，功能上相互配合和补充，数据层面最大限度共享，执行上协同联动。外围能扩展指的是扩展和融合来自相关行业（交通、商贸、卫生等）的信息，并与其他指挥系统进行数据交换和共享。整体可对接指的是旅游目的地信息管理能无缝对接到层次更高的智慧化体系，如智慧城市。

旅游目的地信息管理的整体架构包括核心层与外围保障层，核心层包括基础层、物联感知层、数据层、服务支撑层、应用层五个部分，是旅游目的地信息管理功能得以实现的核心。基础层是指现有旅游系统的基础条件和设施，包括软设施与硬设施；物联感知层主要指信息的采集与上传，数据层涉及旅游信息的汇集与初步处理，服务支撑层包括数据的处理与服务的开发，应用层主要指用户层，即旅游目的地信息管理功能实现层。而外围保障层主要指信息安全保障体系、技术标准体系、运营管理保障体系。

二、核心层

（一）基础层

基础层是旅游目的地信息化管理的基础，主要有资源层、公共服务层和网络通信层。资源层是旅游发展的基础，同时也是旅游目的地信息管理建设的基础。公共设施层主要指现有公共基础设施、现有公共服务和现有信息建设情况，通过这些信息的收集和整理，来确定旅游目的地信息管理的硬件设施的升级及建设方案。网络通信层是物联感知层和旅游目的地信息管理应用的通道基础。没有网络建设这一基础，旅游信息难以传达，旅游目的地信息管理无从谈起。目前，有的架构理论认为网络通信层作为旅游目的地信息管理架构的一个重要的部分，凸显了网络信息传达的重要性。但就旅游目的地信息管理的核心结构而言，网络通信是核心技术和应用得以实现的基石，网络通信时刻存在于旅游目的地信息管理的始终，因此是旅游目的地信息管理系统能"智慧"起来的基础，主要包括以下几个方面。

一是资源基础子系统，包含目的地景区、酒店、交通、旅行社等现有旅游要素系统。

二是公共服务基础，包括公共基础设施、网络通信基础、旅游服务信息发布与收集系统，还包括旅游目的地网站、旅游营销与运营中心、应急中心等。

三是网络通信基础。网络通信基础包括网络、硬件设施和软件设施。以硬件设施为例，旅游目的地信息管理需要智慧地感知采集各种信息资源为信息资源层的建设提供信息采集手段，则需要各种感知设备的建设。因此，需要在酒店、景区、旅游企业、监管部门等区域设置无线传感器、RFID 标识摄像头、电子标签等末端感知设备，建立全面的感知体系。感知体系采集的各种信息需要通过网络通信传输至相关的信息资源库进行存储和处理，网络通信的传输主要是通过互联网、通信网、物联网等方式，硬件基础设施层主要是进行数据的采集和传输，为上层应用提供资源。

（二）物联感知层

物联感知层又称信息采集层，主要为物联网技术等在旅游系统内的运用，包括基础设施支撑、技术运用、信息采集方式。

（1）基础设施支撑。基础设施支撑：从世界各国的信息化发展历程看，一个共同的规律是在整个信息化的过程中，不断完善综合信息基础设施，构筑适应未来信息传输的通信网络，在此基础上广泛开展信息技术应用和信息资源的开发利用。物联网是继互联网之后发展起来的新型网络，它和互联网的一个重要区别是所连接的东西多了，理论上讲，所有的物体都可以连进去。物联网的一个重要特征是把实时嵌入系统和传感网紧密结合起来，传感网是物联网的基础，是物联网的组成部分。因此，物联网是由自我标识、感知和智能的物理实体基于通信技术相互连接形成的网络，这些物理设备可以在无须人工干预的条件下实现协同和互动，为人们提供集约和智慧服务。物联网的未来将是由可唯一标识的物理实体通过标准协议形成的全球性网络。在物理世界的实体中只要部署具有一定感知能力、计算能力的各种信息传感设备，然后通过网络信息即可实现信息获取、传输和处理，从而实现大范围或广域的人与人、人与物、物与物之间信息交换和共享需求的互联。可见，传感网的功能主要是实现传感器的互联和信息的收集，而物联网则是一个或多个基础网络的融合，其功能可实现对所有物品的智能化识别和管理。所以，对于旅游目的地信息管理的物联感知方面，物联基础设施的铺建将是本层架构的基础。

从物联网的架构来看，物联网是集传感、通信、存储、计算、控制为一体的数物复合系统，相对于传统的信息系统，物联网更强调信息物理系统的融合以及从信息感知到反馈控制的一体化，以实现信息为中心的精细化管理。

物联网通过感知、通信和智能信息处理，可实现对物理世界的智能化认知、管理与控制。物联网的基础架构可以概括为三层：感知层、网络层和应用层。感知层的功能就是让"物"成为"智能物件"，以便对其进行识别或数据采集。网络层的功能就是通过传感器网络以及现有的五花八门的有线和无线通信网络将信息进行可靠的传输。应用层的功能就是对采集到的数据进行智能处理和展示。

综合以上，物联网在旅游目的地信息管理方面的运用就是使与旅游直接或者间接相关的"物"的信息得以感知，并进行网络上传存储，从而构建在旅游目的地信息管理这一复杂系统的信息资源库。因此，本层在基础层的支撑下，凭借物联感知的方法和技术，借助网络基础设施，使得感知到的信息得以传输到旅游目的地信息管理单体信息数据库，进一步构建旅游目的地信息管理信息资源池，为其最终应用奠定基础。

（2）技术应用。感知技术：物联网是物联化、智能化的网络，它的技术发展目标是实现全面感知、可靠传递和智能处理。虽然物联网的智能化体现在各处和全体上，但其技术发展方向的侧重点是智能服务方向。

从物联网的三层基础构架来看，它的关键技术包括：传感器技术、RFID 技术、EPC 技术、低功耗蓝牙技术、无线传感器网络、移动通信技术、M2M、云计算、人工智能、数据挖掘、中间件等。

（3）旅游应用。从应用角度看，物联网在旅游目的地信息管理方面的运用主要有以下方面。

第一，实时信息采集。感知层利用传感技术、视频监控技术、RFID 技术、全球定位技术进行旅游类各种数据和时间的实时测量、采集、事件搜集、数据抓取和识别。

第二，物联网信息上传。物联网是互联网的进一步升级，因此，物联本身就包含了网络上传的功能。网络是信息得以汇聚的通道，是物联网感知信息库得以建立的必要条件之一，因此，物联网在旅游目的地信息管理方面的运用还应该包含信息上传这一模块。

（4）信息采集方式。物联网感知的信息类型有数字信息、原始类信息以及相关信息等，所以旅游目的地信息采集方式可以分为四类。

一是身份感知。通过条形码、RFID、智能卡、信息终端等对物体的地址、身份及静态特征等进行标识。

二是位置感知。利用 GPS 定位系统和无线传感网络技术对物体的绝对位置和相对位置进行感知。

三是多媒体感知。通过摄像头等视频以及音频设备对物体的表征及运动状态进行感知。

四是状态感知。利用各种传感器及传感网对物体的状态，如温度、湿度等进行状态感知。

（三）数据层

信息和数据被认为是城市物资、智力之外的第三类重要的战略性资源。而旅游目的地信息管理的智慧体现之一就是凭借旅游信息的庞大数据搜集和处理能力，实现实时动态的智能化信息处理和反馈功能。大量旅游数据信息的汇集、融合及共享，是实现旅游智慧化的重要前提，能为旅游智慧应用的建设提供信息和数据支撑，因此本层在旅游目的地信息管理的建设中占有关键地位，重要性不言而喻。

数据层，又称数据库层，主要进行旅游信息采集之后的上传、数据的初步汇集、数据的最终汇集以及数据的协同处理与最终交叉分类处理，包括单体数据库、信息资源池、协同数据中心三个子层，依赖的技术为大数据和云计算，依赖的平台是信息数据库和信息资源池。

（四）服务支撑层

服务支撑层主要为信息资源池在旅游要素方面运用的体现与支撑，涵盖景区系统、酒店系统、旅行社系统、交通系统、运营系统、营销系统、信息发布与反馈系统。主要表现为云服务平台的建设，主要方法和路径是云计算和 SOA。云计算在支撑层的运用主要包括服务开发、服务提供、服务消费。云计算重视标准体系建设，云架构提供了一个开放的平台，所以开发者、软件供应厂商、服务供应厂商可以在统一的架构体系中进行服务开发、服务发布、服务维护。各种服务按照建设标准规范和安全管理要求，有序接入到服务管理体系中。云服务基于标准规范体系和安全保障体系建设。云服务包括 IaaS、DaaS（将资源作为服务）、PaaS、SaaS 等不同种类。不同的服务由专业厂商提供，同时由具备该领域专业管理能力的机构来运营维护。服务定价、使用计算、运行管理、体验申请等环节通过服务运营体系来提供。云服务的消费者可以是个人或用户单位，他们直接使用 SaaS 层提供的智能办公、智能监控、智能服务、智能决策等各种业务功能；可以是一个信息系统，它调用 PaaS 平台提供的各种 Web Service 接口服务，实现系统间的互联互通；可以是业务开发厂商，通过 PaaS 平台的基础开发框架或基础中间应用中

间件，快速构建业务系统；也可以是系统集成厂商，通过 IaaS、DaaS、PaaS、SaaS 的各种服务，集成、组装出用户需求的业务应用。

（五）应用层

旅游目的地信息管理的应用层是旅游目的地信息化功能的最终体现，它以满足用户的需求为主要特征。一般而言，旅游目的地信息管理的用户层主要包含三类群体，有游客群体、企业群体、管理层群体。旅游目的地信息系统是一个开放的复杂巨系统，其活动牵连之广、业务跨度之宽、关系复杂之度俱是前所未有的。因此，旅游目的地信息管理在凭借多种技术的基础上完善旅游便捷功能和实现旅游智能的成果必定也会与别的行业有所交叉，所以旅游目的地信息管理的外围扩展和二次开发潜力巨大，其对促进公共服务的发展和完善作用明显，基于以上考虑，用户群体除了以上三类主体之外，应该还包含其他行业企业和公众，其应用价值具体如下。

（1）游客群体。旅游者是旅游活动的主体，是旅游市场需求的主要表达者和旅游质量评价者。旅游目的地信息管理的建设首先应该满足的是旅游者的旅游活动便捷化、智能化需求。旅游目的地信息管理通过大数据、物联网、云计算等技术，实现针对性的旅游信息综合查询服务，为游客出行提供决策依据，并通过实时信息的传达，使得游客能依据现实情况对原本的计划进行调整，帮助游客解决旅途中的各类旅游需求和生活需求问题，从而提高旅游体验质量，实现旅游"智慧"。

面对游客群体的应用主要有移动终端应用、虚拟旅游应用等，主要以智能终端为载体如手机、PAD、车载智能设备等通过网上下载与主动推送等服务提供多样化的旅游目的地信息管理体验与服务。从旅游者的旅游过程来看，旅游目的地信息管理应用主要有以下几种。

①旅游咨询服务。旅游咨询服务，在传统基础上实现的住宿、餐饮、购物、娱乐、交通等方面的咨询在智慧城市和旅游目的地信息化作用下将会进一步智能化。对游客而言，旅游目的地信息化就是利用智能终端设备，主动感知旅游相关信息，并及时安排和调整旅游计划。一般而言，就是实现游客与旅游信息的实时互动。在咨询服务里，信息查询不再局限于图片、文字，基于 Web 2.0 技术下的信息推介、基于地理信息系统的虚拟实景等将会极大丰富和完善旅游信息类型，从而为旅游决策提供辅助。

②旅游预订预购买。由于旅游业自身的特征，旅游的咨询和预订或者购买经常是同步完成于旅游消费之前，因此，旅游目的地信息的咨询和预订（甚至购买）都保证连贯在同一平台上。

③旅游信息化接待。旅游目的地信息管理的接待服务对旅游者而言，即实现所谓的"四导"，即导航、导游、导览和导购四个基本功能。旅游目的地信息管理接待是以信息化城市公共基础设施为依托，以各级旅游集散中心为枢纽，以旅游云平台为信息中枢，以旅游目的地信息管理技术产品应用为媒介，为旅游者提供"四导"在内的全程式

旅游服务的旅游目的地信息管理科技环境享受过程。在这一过程中，游客还可以通过3D 实景虚拟旅游平台实现足不出户提前感知旅游目的地风貌，同时，游客还可以通过信息化景区的环境监测系统接收当时当地的信息化景区内一系列的环境指标系数，实现安全、放心、舒畅游体验。

④旅游信息化售后。凭借强大的旅游信息平台，通过社区交互网站和网络实时通信技术，游客能分享自己的旅游体验，实现信息实时交互。例如，借助 Web 2.0 技术的旅游网站互动平台可以实现旅游者之间以及旅游者与旅游供应商、旅游接待方甚至旅游组织的意见和建议沟通，还有旅游投诉的及时合理处理等。

（2）企业群体。旅游企业群体是旅游目的地信息管理建设的重要力量，也是旅游目的地信息管理建设的受益者。旅游企业构建旅游目的地信息管理平台，一方面满足了旅游者旅游目的地信息管理的需求，另一方面也有利于自己的管理。

旅游目的地信息管理在旅游企业群体中的应用主要有客户关系管理、人才服务、旅游支付、信息化办公以及公共服务优化等方面。

首先，旅游目的地信息管理体系为旅游企业营造"宽渠道式"旅游营销，即针对旅游市场的特色和旅游企业的自身情况，"旅游目的地信息管理"利用"信息化城市"平台使旅游企业的营销活动实现广覆盖、多样化、多维化、针对性、联通式、节约式。将营销活动贯穿于旅游企业与旅游者、旅游企业之间、旅游企业与旅游组织、旅游企业与其他相关企业或部门之间的沟通渠道中。

其次，旅游目的地信息管理云（即云计算技术在旅游中的应用）实现旅游信息和旅游资源的共享，使旅游信息和旅游资源实现统一集中收集，旅游企业将自己的各类信息及时放在旅游目的地信息管理云数据中心，无须再自己购买服务器和维护信息；使用端根据自己的要求，从数据中心提取信息，需要服务时可以与服务端进行交换，使用端可以直接向服务端付费。这样极大地节省了旅游企业购置服务器等设备和维护系统的成本。

（3）行业群体。应用是"旅游目的地信息管理"建设的重中之重，必须紧密结合旅游业发展的现实需要，以"旅游信息化服务系统""旅游信息化商务系统""旅游信息化管理系统""旅游信息化政务系统"的开发和应用为重点，积极开发和优化各类业务系统，形成全方位、多角度的应用体系。其中的旅游信息化商务系统，突出地表现在旅游目的地信息管理产业群体应用上。旅游行业信息化应用主要有信息化景区、信息化营销、信息化衍生行业及相关行业等，还包括不同行业间的信息共享等。

①信息化景区。目前而言，信息化景区建设主要包括信息化博物馆、信息化文物保护类景区、信息化风景名胜区建设三种。这三类信息化景区建设的共识是运用现代科技手段建设能对环境、社会、经济三大方面进行最透彻的感知、更广泛的互联互通和更科学高效的可视化管理的创新型景区管理系统。信息化景区建设有三个重要特征：其一是实现数据管理统一化和集成化；其二是业务管理信息化，业务系统不断完善；其三是资

源环境保护智能化。

②信息化营销。信息化营销在旅游目的地营销方面作用明显。对旅游目的地而言，信息化旅游背景下，游客及需求的变化会使其营销途径出现变革。信息化营销是一种通过整合信息化旅游体系中核心能力后，区别于单纯的网络电子营销，集合不同营销理念以达到旅游目的地与游客关系营销为目标的营销模式。理念上，旅游目的地信息化营销应该包括注意力营销、精准营销、关系营销等思维方式，旅游目的地在思考营销策略的层面时，一方面应该以注意力营销为基础，设计对游客有吸引力的旅游产品"事件活动"旅游形象等，利用信息化旅游体系中的营销类应用平台，将它们传递到目标客源市场。另一方面借助信息化旅游的核心技术能力，旅游目的地可以实现精准营销，从而将那些在注意力营销下的感知者们变成潜在的游客和现实的游客。

③信息化旅游衍生及相关行业。信息化旅游与其他相关行业的交叉使得有关信息化旅游相关行业增多，其中的代表就是信息化旅游背景下的移动智能终端软件的开发与扩展，如沈红在其硕士学位论文中研究了信息化旅游背景下手机 App 的旅游应用情况。

（4）管理层群体。信息化旅游管理部门具备经济调节、市场监督与控制、公共服务及旅游系统运行管理等功能，因此，应推进旅游电子政务建设，实现旅游管理部门办公智能化；通过先进技术完善对市场的监测与管控力度，完善公共服务，提高应对游客投诉与旅游违法行为的快速处理能力，同时实现对资源的保护与管理，维护和促进旅游经济健康发展。旅游信息化在管理层群体方面的应用主要体现在信息化旅游公共服务平台、信息化旅游应急指挥平台和信息化旅游违法违规处理平台上。信息化旅游公共服务平台，就是通过一系列旅游资源与旅游信息的整合，凭借云计算、云服务、大数据、物联网等技术实现综合性信息服务平台；应急指挥平台，就是依靠 RFID 技术、传感器技术术来提前预知突发的危机并预测其后果，依据即时信息的掌握情况来调度指挥以应对突发状况。旅游违规违法处理平台，就是在应对旅游者的投诉和旅游违法行为等情况下的智能化处理方式，以使旅游者的投诉得以及时处理，使得旅游违法行为得以及时制止，提高旅游公共服务水平。

三、外围保障层

按照整体可对接的设计原则，信息化旅游的架构外围保障层需从信息安全保障体系、技术标准体系及运营管理保障体系三个方面，实现信息化旅游的顺利运行，同时使得信息化旅游系统能顺利实现多个信息化系统间的对接与合作。

（一）信息安全保障体系

信息安全体系贯穿整个信息化旅游系统建设过程，需从管理安全、技术安全、信息安全、服务安全等多方面保障信息化旅游系统的安全。信息化旅游是旅游信息发展的必然趋势，信息安全不可避免将成为考验信息化旅游建设成果的衡量标准之一。安全保障体系需从国家等级保护的要求角度出发，采取"主动防御为主、积极防范并重"的安全保护策略，建立起从物联感知层、数据层、支撑层到应用层等贯穿架构始终，从核心层到外围层的多维防护体系。针对物联层节点伪造与失效、网络拥堵和攻击、信息泄露、恶意代码、内存溢出等安全隐患，针对数据层数据的隔离性、完整性和一致性难题，针对云计算服务上虚拟机的隔离性、完整性和逃逸问题等，针对在终端基础软件层容易出现的键盘输入信息被窃取、非法访问文件系统、终端被非法刷机、系统后门漏洞等问题，积极开展安全保障体系的建设工作。分别建立信息化旅游物联层安全测评体系，完善云计算服务的指标体系和系统测评体系，加强互联网信息安全建设，建立移动终端软件的权限管理系统等。

（二）技术标准体系

信息化旅游标准体系是指在信息化旅游范围内，将现有标准、正在制定的标准及规划制定的标准，按照标准体系框架结构的形式，有层次、分系统地进行有机整合，形成有序结构。信息化旅游标准体系既涉及旅游类标准又涉及信息化类标准。标准规范主要指各类电子政务领域及各类相关领域开发建设的标准技术规范等。首当其冲的是信息化技术领域，信息化旅游作为社会信息化的一部分，必然离不开各种技术的应用，从物联网感知到互联网通信、从信息资源建设到信息共享、从系统开发到信息安全等，这些都需要技术的支撑。

（三）运营管理保障体系

运营管理保障体系主要为了保障信息化旅游系统在落实建设和服务升级方面顺利进行。在建设模式方面，建立政府、企业和市场三方参与的运作平台，构建政府引导、企业主导、其他社会资金共同参与的多渠道信息化投资模式。同时，针对标段变化和升级的服务需求，遵循"多方融合、共同建设"理念，以市场化的运作方式，鼓励各类技术开发商和中介服务机构参与到信息化旅游的建设过程和服务升级过程中来，建设专业化、市场化、网络化、信息化的旅游服务体系，实现在信息化需求诊断、系统升级、方案设计、咨询论证与实施、人员培训等方面的协同作用，降低信息化旅游建设的风险，保障信息化旅游的落地实施和系统升级。

第四节　旅游目的地信息管理的创新发展

一、业态发展现状

（一）旅游目的地信息管理在餐饮行业中的应用

在当今信息技术高速发展的社会背景下，信息化的影响力日益突出。随着酒店规模的不断扩大，酒店信息管理数据也越发庞大，这就要求酒店需要配备相应完善的信息数据管理系统来提高酒店的运营效率，特别是酒店的餐饮部门。因此，酒店餐饮的信息管理系统应运而生。该系统涉及对酒店餐饮工作中各个模板的设置和管理。积极结合现代化的先进技术，可以降低成本，提高经营效率，解决酒店餐饮部门管理困难的问题。随着信息化技术在企业界的发展和运用，企业运用信息化已经成为发展的重要工具。餐饮企业面临来自国际国内的新机遇和新挑战，必须从自身的整体实力出发，努力提升整体核心竞争力，借助信息化建设变革现有的管理模式、提升管理水平。

（二）旅游目的地信息管理在住宿行业中的应用

酒店管理因为涉及众多需要实时更新的数据，所以存在较高的管理人员成本和维护成本，在管理上也有一定的复杂性。如果一家酒店在管理上的成本高于其他企业，那么在成本核算上将很难让酒店有强于他人的价格竞争力。为了增强酒店的管理能力，解决酒店在管理过程中的诸多问题，酒店管理人员应当顺应时代形势，采用信息化管理的办法提高酒店的管理效率，为酒店在未来更为激烈的竞争中争取到更广阔的发展空间。智慧酒店的出现也是应用信息管理的产物，智慧酒店是指酒店拥有一套完善的智能化体系，通过数字化与网络化，实现酒店管理和服务的信息化。智慧酒店能够满足住客的个性化需求，提高酒店管理和服务的品质、效能和满意度，并将信息通信技术与酒店管理进行高度融合，能够实现酒店资源与社会资源共享与有效利用的管理变革，因此是信息技术经过整理后在酒店管理中的应用创新和集成创新。

（三）旅游目的地信息管理在交通行业中的应用

建立健全的交通信息服务系统，通过对车流量信息、景区游客容量信息等进行收集，方便旅游者进行查询，为旅游者出游提供借鉴和指导；建立智能安全监测和应急处理系统，切实保障旅游者的人身安全，为旅游者提供安全保障，进一步提升旅游目的地信息化服务水平。

旅游目的地信息主要包括两部分：一是目的地外部交通，主要是指从周边主要客源市场到旅游目的地的交通路线图、时刻表、交通工具（铁路、水运、公路、停车场）及其价格、修理店、各种交通方式预售或预订的信息等；二是旅游目的地内部交通，指旅游目的地的交通状况，重点是景区之间，酒店与景区之间的交通状况，包括交通方式、游览路线、费用、停车场等信息。

（四）旅游目的地信息管理在景区中的应用

景区信息管理系统是通过对现代成熟技术的再探索搭建起来的旅游信息综合平台，景区信息管理系统是在庞大的信息量前提下搭建起来的，需要先进的算法与较好的硬件作为该系统强有力的保障，而且系统对软件的要求也相对较高。该系统可以将景区各部分的客流、消费情况等回传给景区管理中心，便于景区相关服务部门提供各种服务，同时便于对景区进行有效的管理。此外，该系统也可向游客提供食、行、游、购、娱等各类服务信息及医疗、如厕等服务，便于游客方便自由地进行游玩。

（五）旅游目的地信息管理在购物、娱乐中的应用

购物信息包括旅游目的地的土特产品介绍、购物街区介绍。娱乐信息包括场所和活动项目信息，前者指娱乐城、歌舞厅、剧院、健身房的名称、地址、电话等；后者包括各种特色表演、高尔夫比赛、夜生活信息以及旅游区举办的主要节庆、比赛活动，如体育文化节、研讨会、婚礼庆典、茶文化节、龙舟赛等的信息。

二、业态创新

（一）旅游目的地信息管理在新兴业态中的应用

新兴行业（业种）不断涌现。随着旅游市场日趋成熟和旅游需求的日益复杂化和多元化，在"买方市场"条件下，旅游供给也将呈现出与之相应的多元化格局，表现在从事旅游供给的旅游行业上，则是新的业种不断涌现，以满足旅游者日益增强的对新兴和新型旅游产品的需要。近年来，在市场作用下，随着观光旅游产品独占鳌头的格局被完全打破，一些新兴的旅游产品，如休闲度假旅游产品、会议展览旅游产品和文化娱乐旅游产品开始出现和发展，导致与之相对应的休闲度假产业、会展旅游业、旅游文化产业和旅游房地产业等新兴行业不断涌现，这不但壮大了旅游产业的规模，而且丰富了旅游产业的内容。相信今后随着旅游需求、旅游观念和旅游市场的进一步变化，更多更高级的新兴旅游行业还会大量涌现，这必将成为旅游业态良性发展的一个重要标志。

新型旅游产品的出现。主题公园中的现代化娱乐设施、景区中别样的观景设施、网络一站式旅游采购以及旅游科技展示手段等，使旅游资源的范围和旅游产品的形式得以拓展。如数字技术创造了新型的虚拟旅游，2006 年 IBM 与故宫博物院联合开发的《超越时空的紫禁城》使全世界的人们都可以通过互联网走进故宫。

旅游企业的新型组织管理形式。以信息技术为代表的现代科技强烈地冲击着传统旅游企业经营。如饭店的中央预订系统、旅行社业务信息管理系统、旅游电子商务等把旅游企业引入了世界层面的竞争和发展领域，也催生出更高效率的管理、营销方式和旅游消费方式。

（二）旅游目的地信息管理在传统业态内部的新型行业中的应用

传统旅游业（业种）内部的新型行业不断发展。在新兴旅游行业不断涌现的同时，在传统的食、住、行、游、购、娱等行业内部，一些新型行业在旅游需求多变和市场竞争加剧的激励和压力下开始出现和发展：在旅游交通运输方面，除了传统的旅游车船公司外，一些包机旅游服务公司、自驾车旅游租赁公司和特殊交通工具旅游服务企业开始出现；在景区游览方面，除了传统的自然与人文景区，主题公园和文化博览基地得到发展；在住宿方面，除了传统的以客房出租为主的宾馆饭店，新型的商务型酒店、会展型酒店、产权酒店和分时度假酒店大量涌现；在餐饮方面，除了传统的分散的地方特色餐饮，大型旅游餐饮中心、地方旅游饮食一条街和国际知名餐饮品牌企业渐成旅游餐饮业的龙头；在旅游娱乐业方面，除了传统的既可服务于当地居民又可服务于游客的娱乐行业，影视文化基地业、地方文化艺术产业化服务企业（如民俗歌舞表演行业）、体育健身休闲业等开始主宰旅游者文化娱乐消费；在旅游购物方面，传统作坊式和零售店铺式旅游商品开发与经营企业逐渐没落，新型的前店后厂企业、大型旅游购物中心和游客参与式旅游商品生产企业等成为旅游者购物消费的主导。这些传统旅游业内部新型行业的不断发展，优化了旅游业的内部结构，改变了旅游业的竞争方式和内容，增强了旅游业的竞争能力和满足旅游者多元化需求的能力。这些传统旅游业态内部的新型业态的出现对信息管理的职能提出了更高的要求。

三、创新发展前景

（一）人工智能提升旅游目的地信息管理运行效率

人工智能将极大改变旅游、酒店及相关产业。在旅游社区的路线设计、酒店的云端系统技术、OTA 的在线搜索、酒店收益管理等方面，人工智能都已有很大进展，未来还将极大改变以人力投入和客户服务为核心的全球旅游产业运行模式，人工智能可以提高旅游企业和酒店的顾客识别和预订效率。人工智能时代的酒店高度依赖云端系统进行精准营销吸引顾客，简化预订流程，提升顾客体验，提高预订决策效率。尤其是使用人工智能软件可有效识别处于选择期的游客，通过在线预订引擎推送产品，提高购买率和流量的转化率。人工智能可以深化数据分析，提升管理水平，提高旅游企业和酒店的市场营销、客户服务、收益管理、产品设计等各个环节。人工智能的数据深度分析能提供口碑管理，提升产品服务，进行市场预测和竞争分析，影响战略布局决策，介入收益管理环节，帮助酒店和旅游企业完成价格与渠道策略制定、分发库存等收益管理活动。人工智能能提升客服效率和服务质量，旅游业的呼叫中心、客服中心将广泛采取智能客服技术。

（二）区块链技术改变旅游目的地信息管理体系

区块链将改变旅游业的支付体系、信用体系和服务体系，打通旅游产业链支付的各个环节，能够有效提升旅游业支付效率和结算模式。区块链可以用于解决旅游产业链各个环节的支付问题，有效避免结算滞后、支付欺诈、三角债、质量保证金沉淀等问题，从而大大提高交易流程的资金使用结算的质量和效率。区块链带来全新的身份识别模式，构建旅游产业链新型信任体系。利用区块链进行数字化身份管理，结合生物识别技术与区块链可以提供比传统方法（如护照）更安全的数字身份证明。以区块链为基础的分布式记账使得整个产业链公开透明，结合身份识别的各个环节的结算和支付，可构建旅游产业链新型信任体系。区块链为旅游预订和营销提供了精确数据。而同样的，酒店和航空公司的忠诚度计划可能会过渡到区块链，以简化跟踪忠诚度积分以及激发转换和兑换积分的过程。此外，利用区块链技术还能监控全行业的客户数据，进行宏观市场分析和微观消费者行为分析，有利于整个业态营销策略的制定。

（三）物联网技术改变旅游目的地信息管理的流程和话语结构

物联网技术能够协助旅游目的地或者旅游相关企业提供智能服务，提升服务品质。例如，荷兰航空推出了改良版的智能座位，收集乘客的心率、疲劳值和体温数据等，使得航空公司能够关注乘客的需要，提升服务质量。此外，物联网还可以被应用于机场的追踪寄存行李服务当中，同时在机场候机楼给予旅客必要的指引，提醒他们登机门变更或航班延误。物联网将改变全球旅游业的服务流程和效率。物联网通过电子门票、监控设备提高了运营效率，降低了人工成本，提高了景区的安全管理水平，并且给游客出行也带来了极大的便利。物联网技术重构全球旅游业模式，改变了全球旅游目的地信息管理的话语结构和权力关系。可让游客的分享更加智能，充分满足旅游服务个性化需求。这些变化也会对旅游目的地信息管理的模式结构产生深远影响。

【本章小结】

本章从旅游目的地信息管理入手，介绍了旅游目的地信息管理概述、旅游目的地信息管理的理论基础与技术支撑、旅游目的地信息管理的框架结构以及旅游目的地信息管理的创新发展。

在旅游目的地信息管理概述中，主要介绍了旅游目的地信息管理的概念、旅游目的地信息管理的特征以及旅游目的地信息管理的必要性。在旅游目的地信息管理的理论基础与技术支撑当中，介绍了旅游目的地信息管理的理论基础：旅游系统理论、供应链管

理理论、体验经济理论、定制理论、产业融合理论、消费者行为理论、信息服务理论、行为决策理论、政府角色理论。旅游目的地信息管理的技术支撑分别是 AI 技术、AR 技术、VR 技术、区块链技术以及移动互联网技术。旅游目的地信息管理的框架结构包括核心层与外围保障层，核心层包括基础层、物联感知层、数据层、服务支撑层、应用层五个部分，是旅游目的地信息管理功能得以实现的核心。外围保障层包括信息安全保障体系、技术标准体系及运营管理保障体系。旅游目的地信息管理的创新发展主要包括业态发展现状、业态创新以及创新发展前景。

【关键术语】

旅游目的地信息管理；体验经济理论；定制理论；虚拟现实技术；区块链技术；移动互联网技术；业态创新

【Key words】

Tourism Destination Information Management；Experience Economic Theory；Customization Theory；Virtual Reality Technology；Block Chain Technology；Mobile Internet Technology；Business Innovation

【复习思考题】

一、名词解释
旅游目的地信息管理、体验经济理论、虚拟现实技术、区块链技术

二、填空题

1. 旅游目的地信息管理的管理主体包括多个方面，不仅包括旅游行政单位，还涉及游客、旅游企业、旅游管理机构等，这描述的是旅游目的地信息管理的特征当中的_____。

2. 旅游目的地信息管理的作用包括_____、积极践行全域旅游发展的重要举措和大数据时代政府提高管理效率的必经之路三个方面。

3. 定制旅游的核心内涵在于三个方面：满足个性心理、_____和应对差异化竞争。

4. 信息化旅游的架构外围保障层需要从信息安全保障体系、_____和运营管理保障体系三个方面着手。

5. 旅游目的地信息管理的创新发展前景包括人工智能提升旅游目的地信息管理运行效率、_____以及物联网技术改变旅游目的地信息管理的流程和话语结构。

三、简单题

1. 旅游目的地信息管理的特征包括哪些？

2. 旅游目的地信息管理的理论基础有哪些？

3.旅游目的地信息管理的技术支撑包括哪些?

4.旅游目的地信息管理的框架结构包括哪些方面?

5.旅游目的地信息管理的创新发展当中业态创新包括哪些方面?

【参考文献】

[1]邱均平.关于信息管理几个问题的探讨[J].图书情报知识,1998(1):70-74.

[2]孙飒.旅游管理信息系统的设计与实现[J].现代电子技术,2014(37):116-118.

[3]陆晓清.基于需求导向的旅游目的地信息系统研究——以重庆市为例[D].重庆:重庆师范大学,2009.

[4]王万宗.信息管理概论[M].北京:书目文献出版社,1996.

[5]曹洋洋.大数据视角下旅游目的地信息化评价研究——以山东省为例[D].沈阳:沈阳师范大学,2015.

[6]鲍富元,董卫江.国内旅游目的地信息化研究综述[J].内江师范学院学报,2012(5):114-117.

[7]陈硕.政府主导战略下的旅游目的地信息化研究[D].上海:华东师范大学,2006.

[8]符福峘.信息管理学[M].北京:国防工业出版社,1995.

[9]丁蔚.从信息管理到知识管理[J].情报学报,2000(2):124-129.

[10]陈晓迪.智慧旅游系统框架优化研究[D].济南:山东大学,2014.

[11]张凌云,黎巎,刘敏.智慧旅游的基本概念与理论体系[J].旅游学刊,2012(5):66-73.

[12]秦良娟.旅游云时代的旅游公共信息服务[J].旅游学刊,2012(2):9-11.

[13]向勇.中国数字文化和旅游产业发展报告2021:数智技术赋能新文旅的应用场景[M].北京:中国旅游出版社,2022.

第   章

旅游目的地安全管理

知识要点	掌握程度	相关知识	思政主题
旅游目的地安全管理概述	理解	旅游目的地安全管理的概念、旅游目的地安全问题的表现形态	社会主义核心价值观 中华优秀传统文化 民主法制和纪律教育 职业理想和职业道德
	掌握	旅游目的地安全管理的特点、旅游目的地安全管理的影响因素、旅游目的地安全管理的主要对象	
旅游者安全管理	理解	旅游者安全管理内容	
	掌握	旅游者安全管理措施	
旅游景区安全管理	理解	旅游景区安全管理内容	
	掌握	旅游景区安全管理措施	
旅游企业安全管理	理解	旅游企业安全管理内容	
	掌握	旅游企业安全管理措施	
旅游目的地安全事故管理	理解	旅游目的地安全事故管理内容、旅游目的地安全事故的等级划分、旅游目的地安全管理的法律依据	
	掌握	旅游目的地安全事故预防管理、旅游目的地安全事故善后管理	

导入案例

超长春节假期点燃旅游热　2024年旅游消费或维持上升势头

热门景区现"人从众"景象、博物馆门票"一票难求"、部分旅游目的地机票价格水涨船高……随着超长假期的开启，2024年春节旅游消费格外火热。业内人士指出，不少旅客选择"返乡＋旅游""1+1"模式过春节，是2024年春节旅游火爆的重要原因。

1. 超长假期点燃游客出行热

"杭州灵隐寺一眼望去，看不到检票口""大年初三、西湖断桥、人山人海""景区'小桥'成'人桥'""博物馆春节假期门票全都约满了"……在微博等社交平台上，关于春节旅游火爆的讨论不绝于耳。

美团数据显示，2024年春节"旅游过年"的群体越来越多，旅游消费迎来强劲复苏。截至1月21日，年三十至大年初八的旅游消费（含酒店民宿、景点门票、交通等）提前预订量较2023年增长约7倍。

"在探亲返乡潮以及寒假亲子游、新春跨年游等需求交织下，2024年春节预订高峰和热门跟团游产品售罄时间较往年更为提前。"途牛旅游网有关负责人说。去哪儿网有关负责人表示，不少旅客选择"返乡＋旅游""1+1"模式度过春节，大年初二出发的旅客数量相较节中其他几天更多。

2. "南北互跨"成春节旅游关键词

在"南方小土豆""北上"感受东北雪乡的同时，不少"东北大冻梨"也"南下"体验南方的暖冬，"南北互跨"成为2024年春节旅游趋势。

途牛旅游网在《2024春节旅游消费预测报告》中指出，春节假期呈现出明显的"南北互跨游"趋势。具体来看，来自上海、江苏、广东、浙江、湖南等地的游客更倾向于选择京津冀和东北地区作为旅游目的地，而北京、天津、山东、陕西以及东三省的游客则对海南、广东、广西、云南、江苏等目的地展现出更强烈的旅游意愿。

"2024年春节'南北互跨'的旅游趋势十分明显。其中，元旦爆火的哈尔滨热度不减，春节的提前预订量远高于全国大盘；而三亚、西双版纳、北海仍是春节热门度假去处，为北方游客过冬提供了更多选择。"美团有关负责人说。

商务部研究院电子商务研究所副研究员洪勇表示，南北方截然不同的自然环境和文化氛围满足了消费者探索新鲜事物的心理诉求。而各地政府和旅游企业加强了对不同地域市场的宣传和营销活动，有效激发了南北游客相互探访的兴趣，是"南北互跨"游热度不减的重要原因。

3. 2024年旅游消费有望保持向上势头

中国旅游研究院近期在报告中指出，2023年旅游市场和旅游产业链得到明显修复。预计2024年国内旅游人数将超过60亿人次，入出境旅游人数合计有望超过2.6亿人次。

"随着国内经济的回暖，国际航班的恢复和签证政策的放宽，预计2024年国内旅游消费规模持续增长，出境游规模或全面提升。"途牛旅游网副总裁齐春光说。

齐春光认为，2024年国内旅游消费有以下几方面趋势：一是文化游继续受到追捧，文化遗产、博物馆、科技馆、红色旅游等主题将持续受到广泛关注；二是乡村旅游加速发展，消费者对田园风光、乡村文化的追求将进一步推动乡村旅游的发展；三是越来越多的消费者倾向于"反向旅游"，一些小而美的旅游目的地有望成为"黑马"。

"随着生活水平的提高，消费者对于旅游品质和体验的关注度持续攀升，将进一步促进高端旅游产品和服务的增长。预计2024年旅游消费将呈现复苏并加速发展的态势，特色旅游、品质旅游成为主流。"洪勇说。

（资料来源：http://ent.people.com.cn/n1/2024/0216/c1012-40177942.html）

第一节　旅游目的地安全管理概述

一、旅游目的地安全管理的概念

随着社会的发展和人民生活的进步，旅游已经越来越普遍。但旅游业因其综合性强、关联度高、辐射面广等特性，旅游安全问题也越发受到广泛关注。安全问题随时都可能给旅游目的地带来致命的影响，因此了解旅游目的地安全管理是确保旅游目的地持续稳定发展的重要一环。

安全，即平安、不受威胁。1943年，美国著名心理学家马斯洛提出了著名的"需要层次理论"，即生理需要、安全需要、社交需要、尊重需要以及自我实现的需要。其中，安全需要是人类除了生理需要之外最基本的需要。

旅游活动中，旅游者离开居住地，到达一个陌生的环境，会造成心理紧张。旅游者本身的人身安全、财产安全等问题需要得到保障。

旅游安全有广义与狭义之分。广义的旅游安全是指旅游活动中各相关主体的一切安全现象的总称。它既包括旅游活动各环节的相关现象，又包括旅游活动中涉及的人、设备、环境等相关主体的安全现象；既包括旅游活动中的安全观念、意识教育、思想建设与安全理论，又包括旅游活动中安全防控、保障管理等。狭义的旅游安全是指旅游者的安全，包括旅游者在旅游途中的人身、心理和财产安全。

旅游目的地的安全管理是指组织为应对旅游者离开常住地，到达一个吸引其游览、观光等进行旅游活动的地方所可能出现的人身、心理与财产安全问题，进行一系列的规划决策、动态调整、化解处理等活动过程，其研究的主要对象除了对旅游者本身的管理，还包括景区、游客食宿场所等旅游相关地。

旅游安全是旅游业的根本要求，也是旅游业的基础和保障。多年来旅游业的发展证明，旅游安全事故的出现不仅影响旅游活动的顺利开展，更有可能会给旅游地带来严重的经济损失。旅游安全事故不仅会危及旅游者的生命和财产，更会影响社会的稳定，甚至影响区域经济和名誉。因而旅游目的地的安全管理具有极其重要的意义。

二、旅游目的地安全管理的特点

（一）集中性

集中性主要体现在两个方面：旅游活动环节和旅游安全表现形态。从旅游活动环节看，旅游目的地安全问题集中体现在旅游者的旅途与住宿环节中；从旅游表现形态看，旅游安全事故大多为交通事故、食物中毒、突发疾病等。

（二）广泛性

旅游目的地安全管理的广泛性主要体现在三个方面：首先，旅游目的地安全管理问题与每个人都息息相关，所有类型的旅游者都有可能会遇到旅游目的地安全问题；其次，旅游目的地安全问题广泛地存在于旅游者旅游活动的各个环节，几乎所有环节都会有安全隐患，都曾经出现过安全问题；最后，旅游目的地安全问题不仅仅与旅游者息息相关，更与旅游目的地的从业者、居民、旅游相关管理部门等旅游目的地的各种社会机构相联系，可能会造成牵一发而动全身的局面。

（三）严重性

严重性主要体现在两个方面：旅游目的地安全管理问题会对旅游者造成较大的影响，不仅影响到旅游者旅游活动的进行与对其的评价，更会影响到旅游者对于旅游目的地安全问题的认知以及旅游决策，甚至会影响到旅游者本人的身心健康；旅游目的地安全管理问题所产生的影响还会造成巨大的破坏，严重影响当地的经济与声誉，对旅游目的地造成巨大打击，影响旅游产业的发展，甚至涉及集体及国家的利益，产生严重后果。

（四）复杂性

旅游活动是一种开放式活动，旅游相关企业、组织也是为了开放式活动提供相关服务的企业、组织，因而作为公共场所，每天都会有大量的人流，其安全管理涉及面广泛且复杂。在进行旅游目的地安全管理工作的时候，不仅要做好防火防水、防食物中毒、防交通事故等工作，更要防盗、防暴力、防欺诈等各种自然及人为灾害等。

（五）突发性

发生在旅游目的地的旅游活动中的安全问题，往往会伴随有极强的突发性。很多旅游活动中出现的安全问题是在极短的时间内毫无防备的情况下发生的，很多自然灾害也是有着突发性的。因此，这也就要求各旅游管理相关部门、企业、从业人员要在平时做好处理各种突发事件的准备，这样才能在事件发生时更好应对。还要求旅游者尽可能地

培养自己的旅游安全意识，加强安全问题的防范能力，提升自保能力。

（六）特殊性

在旅游活动中，旅游者为了追求精神与心灵的放松、愉悦，往往会对安全防范有所松懈，因此旅游过程中出现的各类案件、事故也就不同于一般的民事、刑事案件，也不同于其他行业的一些安全问题，有着其自身的规律性和特殊性。

（七）隐蔽性

旅游目的地安全管理问题还存在隐蔽性。这是因为尽管旅游活动中存在许多安全问题，但由于旅游目的地安全管理问题其本身的敏感性、严重性，加上信息时代下消息扩散的速度与负面影响，很多问题会被旅游从业者掩盖，从而降低旅游安全管理问题的负面影响。因此，旅游活动中实际发生的安全管理问题较之曝光的资料统计还要更多。

三、旅游目的地安全管理的影响因素

（一）旅游环境

旅游活动的开展需要一定的自然环境和社会环境基础，而这个基础却存在许多不稳定因素，表现出旅游环境的不安全状态，主要包括以下四个方面。

（1）自然环境因素。自然灾害可分为骤发自然灾害和长期自然灾害两大类。常见的骤发自然灾害包括地震、火山爆发、塌陷、地裂、崩塌、滑坡、泥石流、暴风雨、洪水和海啸、沙尘暴、有毒气体污染等；长期自然灾害包括干旱、沙漠化、水土流失、大气污染、瘟疫等。这些自然灾害组合构成了旅游自然环境的不安全状态，一旦旅游活动面临自然灾害尤其是骤发性自然灾害时，安全事故将不可避免地发生，如2017年8月8日21时19分，四川阿坝州九寨沟县（北纬33.20度，东经103.82度）发生7.0级地震，震源深度20公里。截至8月13日20时，地震造成25人死亡，525人受伤，6人失联，176492人（含游客）受灾，73671间房屋不同程度受损（其中倒塌76间）。

（2）社会环境因素。社会环境的不安全状态主要来源社会与管理灾害，包括战争、恐怖主义、社会动乱、犯罪活动、火灾、旅游设施管理差错等引起的灾难或损害。战争对旅游业的打击是致命的，海湾战争、波黑内战、科索沃战争等局部战争使当地及邻近地区的旅游业一落千丈，众多游客望而却步。社会动乱和恐怖活动给旅游业带来的冲击也不可轻视。如叙利亚难民大批涌入希腊、土耳其发生政变暴乱，特朗普支持者发动国会山暴乱等这些事件给计划前往该地旅游的人们造成严重的心理恐惧，影响旅游者的出行地选择。

案例分析

战火纷飞前景不明，克里米亚旅游业受累

夏季来临，本该是克里米亚旅游的黄金档期，但在乌克兰的夏季反攻攻势下，游客稀少，餐饮勉强维持，酒店业萧条，服务业就业低迷，在战争的阴霾下，成群的俄罗斯游客已经连续第二年远离这个黑海之滨的度假胜地，这里似乎面临着又一个夏天的流逝。

克里米亚半岛濒临黑海和亚速海，是俄罗斯通往欧洲和世界的海上通道，也是俄罗斯黑海舰队的基地，战略地位十分重要。

克里米亚也是著名的疗养旅游胜地，旅游服务设施齐备，所建宾馆饭店可同时接待数百万名游客。旅游业曾是克里米亚财政收入的主要来源之一，其每月财政收入的35%由旅游业提供。

但现在俄乌交战，给克里米亚的旅游业形成致命打击，而这恰恰是该地区经济的核心组成部分。当地一家旅馆的负责人称，如果在战前，旅馆的房间在几个月前就已经售罄了。但现在，房间只预订出30%，而在7月和8月的关键月份，出租率也仅达到60%左右。

这位旅馆老板表示："我们今年基本上是收支平衡，收入只够支付工资。我们已经降低了价格，但成本却增加了30%～50%。我们不能买新的床单或盘子，只能靠储备生活。"

俄罗斯在2014年取得克里米亚后，俄媒体就称其为俄罗斯"皇冠上的宝石"，俄官方也曾许以繁荣、安全以及大笔投资的承诺。但2022年2月俄乌冲突以来，克里米亚的大部分时间都在严厉制裁和经济危机中度过。同时，由于时常受到袭击和战火威胁，对于克里米亚至关重要的旅游业和服务业经济已陷入财政困境。

不仅财政困难，基本的安全也未得到充分的保障。自开战以来，驻扎在塞瓦斯托波尔的俄罗斯黑海舰队总部频繁遭遇无人机的袭击，一枚汽车炸弹使克里米亚大桥的通行中断了数月之久，乌克兰南部卡霍夫卡水电站大坝被毁造成淡水供应紧张，这些都让游客改变了度假的目的地。

（资料来源：https://baijiahao.baidu.com/s?id=1769041671037787889&wfr=spider&for=pc）

（二）旅游者行为

部分游客刻意追求高风险旅游行为，增大了事故发生的可能性，同时也为旅游目的地安全管理带来极高的管理难度。在实际旅游活动中，个别游客常常不顾生命安全刻意寻求一种危险刺激，这种逆反心理与马斯洛的理论观点恰恰相悖。包括极限运动、峡谷漂流、探险旅游、野外生存等在内的一批惊、险、奇、特的旅游项目成为流行时尚。然而，追求过分强烈刺激的代价往往是旅游者人身安全保障的牺牲。这类高风险活动对旅游者和旅游经营者均有极高的要求，游客自身的失误或任何一丝管理方面的疏忽即可导

致人身伤亡事故的发生，造成严重的影响。如近年来，西方国家开始兴起"战争旅行"，根据定义，它泛指在交战区域或前战场进行旅行观光或考古研究的活动。在 21 世纪的今天，世界各地仍有很多宝贵的旅游资源受战乱影响而无法得到正常开发。然而，无情的战火却从未阻断人们对隐藏在战区中的自然美景和文化古迹的好奇与向往，一个由旅行探险公司、当地向导甚至新闻媒体共同支撑的"战争旅行"行业正在悄然兴起，并在社交媒体的推动下发展壮大。可是在实行此种旅游活动行为的同时，相对应的旅游目的地安全管理却难以配套。因为战乱的影响，交通设施、住宿设施、餐饮地点等与旅游者关联度极高的公共场所却极难进行管理与监督，因而会造成更多不良的连锁反应。此外，旅游者无意识进行的一些不安全行为也会引发安全事故，如烟头的随意扔弃、干旱季节里的野炊、野外烧烤等行为引发山林大火，误入泥泞沼泽地、有瘴气的山谷或大型食肉类动物、毒蛇及部分猛禽经常出没的地方而意外丧生。

（三）管理失误

旅游目的地管理失误对环境和行为造成的影响加重了旅游环境的不安全。大规模的旅游开发在一定程度上会破坏旅游地的山体、水体、大气、动植物群落以及其他生态环境，引发一些自然灾害。如建筑工程开挖引发山体滑坡、岩石崩塌，旅游设施建设中大量砍伐树木导致水土流失加剧，遇上暴雨最终形成泥石流等。这些自然灾害已成为旅游活动中的安全隐患。另外，旅游目的地管理疏忽和失误也会使社会环境恶化，引发针对旅游者的各种犯罪活动增加，尤其在旅游旺季时表现更加明显，包括抢劫杀人、敲诈勒索、行窃、诈骗、色情赌博等在内的各种犯罪活动极大地威胁到游客的生命和财产安全。加剧旅游行为的不安全是在部分特殊景点或地段处，如悬崖、桥梁、湍急河流边等一切可能威胁到人身安全的地方，任何防护设施的不完善或疏于管理均会诱发部分游客越过安全限定范围或进行本该加以严格限制的行为（如群体行为），使自己处于危险境地。例如，2023 年 10 月 27 日 18:27 左右，深圳欢乐谷过山车"雪域雄鹰"项目发生车辆碰撞，造成 28 人入院就诊，其中 3 人重伤、7 人轻伤、11 人轻微伤、7 人未达轻微伤。该事故是一起因企业安全主体责任落实不到位、事故设备维护不善等原因造成的一般特种设备责任事故，对 12 名责任人员和相关责任单位进行了处理，其中 3 人被移送司法机关。2023 年 12 月 9 日，一名 7 岁男童在广东观音山国家森林公园感恩广场体验飞天威亚项目，在准备起飞时因工作人员操作失误导致该游客脚尖在地面滑行了约 2 米，庆幸身体未受伤、无大碍。

（1）行业意识淡薄。如今我国旅游业高速发展，旅游人数直线上升，国家更是提出建设"世界旅游强国"的目标。这种良好的发展势头一方面增强了我们大力发展旅游业的信心，另一方面又因行业高速发展，配套产业发展跟不上，因而间接造成旅游行业整体的危机意识淡薄。并且旅游业是一个敏感且关联性强的产业，伴随国内市场需求的扩大以及经济全球化的增强，突发事件的冲击也越发严重，因此旅游目的地安全管理问题也就越发凸显。

（2）管理缺失。由于旅游安全的敏感性和负面性，旅游安全问题容易被掩盖、扭曲而失真，因此安全问题尚未引起有关部门的充分关注。根据国家有关政策和法规，除旅游部门外，旅游业正常运作还需要其他主管机构，如旅游景区的主管机构有当地旅游部门、林业部门、消防部门等，这些部门形成了旅游安全管理的外围机构群体，能较有效地抑制安全问题的发生。但因为主管机构多且分散而形成多头管理和管理的"真空地带"，容易造成旅游安全管理的低效。虽然部分旅游管理部门、旅游企业设立了专门的旅游安全管理机构或设有专人负责安全管理工作，但至今仍有为数不少的旅游企事业单位无专门的安全管理人员，因而在旅游安全管理方面形成了真空地带，存在严重的管理缺失。

（3）设施设备落后。落后的设施设备可以说是危害旅游安全的一个重大隐患，也是旅游目的地安全管理中十分凸显的一个问题。相当一部分景区由于设计不合理、投资不到位以及维修不及时等原因，远远不能满足旅游旺季的需要，同时也正因为如此，在后期设施设备的维护管理中无法跟进，严重影响旅游安全的管理工作，造成管理缺失。

（四）配套设施与服务

旅游业主要包括食、住、行、游、购、娱六个要素。我国中西部地区某些旅游景点的交通不够便捷，民航不能直接到达或由于航班限制，客运能力差，铁路也经常处于超载运营状态；加上信息通信也欠完善。而在市场运作方面，因有的项目开放，有的不开放，以致外界投资不到位，服务设施不配套。从总体上看，外界投资主要局限于饭店、宾馆，其他旅游配套设施项目如交通、商业购物尽管也都涉及，但比重很小，投资十分有限。景点内设施落后，管理也无明显效果，最突出的问题是卫生条件差，这些不但制约了旅游业经济的快速发展，同时也成为旅游目的地安全的潜在隐患。

四、旅游目的地安全管理的主要内容

（一）旅游目的地安全问题的表现形态

旅游业的快速发展促进了经济社会的繁荣。然而，作为一个脆弱性产业，旅游业很容易受到诸多不确定性因素的影响，旅游目的地的安全事故频繁发生。

通过对相关文献、旅游安全的相关报道以及调查结果分析，本书将旅游安全归纳为7种表现形态，即犯罪、疾病（中毒）、交通事故、景区娱乐项目和器械事故、火灾与爆炸、自然灾害和其他意外事故。

（1）犯罪。犯罪成为旅游安全中最为引人注目的表现形态之一，在很大程度上威胁到旅游者的生命、财产安全。在旅游活动中存在的犯罪现象主要分为盗窃、欺诈、暴力型犯罪三大类。盗窃与欺诈犯罪均属财产类犯罪，犯罪数量较多，作案范围广，其核心目的就是非法获取旅游者的钱财。此外，暴力型犯罪是危害人身安全的犯罪，与财产性犯罪的实施密切相关，在侵犯财产的同时侵犯了旅游者的人身安全，如抢劫、侵犯人身自由、性犯罪等。对于旅游者而言，应在旅游活动进行中，时刻保持警惕，增强自身的防范意识，增强法律观念，选择人多地段的出行线路，避开偏僻地带，随身不携带大额现金及贵重物品，并远离黄、赌、毒品等不健康行为和场所。在面对犯罪分子时，应尽量保持冷静，不要激怒犯罪分子从而遭受更大的人身伤害。如不幸遭遇犯罪行为，应当确保人身安全，不与犯罪分子纠缠。同时旅游者也应当约束自己的行为，不要做出危害社会公共治安、违法乱纪、破坏旅游目的地的行为。对于旅游目的地安全管理的管理者而言，应加强对旅游者的安全教育，在人多的公共场所增设安保摄像头、设置巡逻点等，加强旅游目的地治安保卫工作，防止偷盗、抢劫等犯罪行为的发生，避免造成旅游者的人身伤害或财物损失，及时查禁"黄、赌、毒"等社会不良现象，依法打击强买强卖、敲诈勒索、殴打辱骂游客等各类违法犯罪活动等，同时也要做好对旅游者的管理监督，防止旅游者破坏当地治安等不良影响的出现。

（2）疾病（中毒）。由于旅游者旅途劳累、旅游异地性和客观存在的食品卫生问题等，会诱发旅游者的疾病或导致食物中毒。尤其是食物中毒造成的影响面较大，对旅游者的危害相对疾病而言较为严重，影响旅游者人身安全。对于旅游者而言，旅行期间要注意饮食卫生，不吃未烧熟煮透的食物、未经消毒的奶、未削皮的水果、生的蔬菜，不喝生水。不采摘、食用野生蘑菇和野生植物。选择新鲜、安全的食品原料，加工时要注意生、熟分开。外出就餐时，要注意选择正规、卫生条件好的饭店或餐厅。同时注意避免过度疲劳，保持正常抵抗力，居住时保持室内空气流通。尽量远离有咳嗽、打喷嚏症状的人员，经常彻底洗手，避免脏手接触口、眼、鼻；若出现发热、咳嗽、咽痛等表现，应戴上口罩、及时就医，减少接触他人，尽量休息。对于旅游目的地安全管理的管理者而言，应加强对旅游目的地餐饮业、食品业以及卫生安全的管理，加强对旅游者相应安全知识的教育，在景区等公共场所设置卫生点、医务室等，加强对问题暴发初期的管控。

（3）交通事故。在旅游业运行各环节中，旅游交通是安全问题影响最大的环节之一，旅游交通事故往往具有毁灭性。按照交通形式，旅游交通事故可分为：道路交通事故、高速公路交通事故、航空事故、水难事故、缆车等景区交通事故等。对于旅游者而言，安全出行是首要条件，旅游者在旅游活动中，注意增强安全意识，不乘坐非正规运营的"黑车"，遵守文明出行的规范，不阻碍司机正常驾驶。对于旅游目的地安全管理的管理者而言，坚持对车辆、船只等的性能安全情况进行定期检修、及时保养，同时加大对交通安全的宣传教育力度，避免发生交通事故，造成重大损失。

（4）景区娱乐项目和器械事故。景区娱乐项目和器械的使用与管理决定了游客安全问题贯穿于旅游活动的始终。越来越多的游客为了追求新鲜与刺激，选择具有刺激性的游乐设施。旅游景区服务与管理人员应根据各种旅游者心理，有针对性地制定相关措施，主动控制局面，防止事态失控，同时加强旅游目的地娱乐项目和器械的检修和维护，增强对娱乐项目和器械使用旅游者的管理。而对于旅游者来说，要量力而行，坐游乐设施前，应学习遵守游客须知，不清楚的地方一定要和工作人员再三询问确认，清楚自己的身体状况，不符合乘坐条件的不要强行尝试，更不要以任何理由强迫任何人乘坐任何他们不愿乘坐的设备。2016 年 2 月 8 日 14 时 20 分左右，杨某与其家属乘坐由操作人员高某操作的佛山乐园"果虫滑车"游乐设施，杨某乘坐位置为该设施第二舱第一排左侧，在运行前系上了安全带，14 时 22 分许，该设施运行至最低位弯道时，杨某从"果虫滑车"上坠落。当天 17 时，杨某经佛山市第二人民医院经抢救无效死亡。经事故调查组严密调查排查、现场试验结合技术分析，系在受害者身上的安全带意外打开，且受害者未能握紧扶手或者没握扶手等情况综合导致坠落事故。受害者及其家属、操作人员没有遵守乘客须知，均未能阻止老人乘坐设备。

（5）火灾与爆炸。近年来，火灾与爆炸事故发生频繁，引起了全社会的广泛关注，也对旅游目的地的安全造成极大影响。自然因素引发火灾或人为因素引发爆炸等，都会造成破坏旅游基础设施等财产损失，甚至导致整个旅游系统运营紊乱等严重后果。当地时间 2019 年 4 月 15 日下午 6 点 50 分左右，法国巴黎圣母院发生火灾，整座建筑损毁严重。着火位置位于圣母院顶部塔楼，大火迅速将圣母院塔楼的尖顶吞噬，尖顶如被拦腰折断一般倒下，巴黎圣母院有着 852 年历史的中轴塔在火中坍塌。2020 年 10 月 1 日，山西省太原市迎泽区的台骀山景区内冰灯雪雕馆发生火灾。截至 2020 年 10 月 1 日晚，搜救工作全部结束，共搜救出 28 人，其中 13 人遇难，其余 15 人送医救治，生命体征平稳，暂无生命危险。2020 年 10 月 2 日，据山西省政府新闻办公室通报，山西省太原市迎泽区政府已依法对台骀山景区实施全面关停，将景区负责人及相关人员移送公安机关调查处理。2023 年 7 月 10 日 9 时 50 分左右，贵州西江千户苗寨景区突发火灾，事故造成 6 人受伤，当地 2 名村民在火灾中不幸遇难。这些事故的发生，不仅对旅游者的安全造成极大危害，更对宝贵的旅游资源造成毁灭性的破坏。因此对于旅游者而言，文明出行，提升消防安全意识，遇到火灾不惊慌，掌握基本的逃生知识对于旅游安全有着重要作用。对于旅游目的地安全问题的管理者而言，应该在旅游目的地的公共区域设置警示标语，配备消防器材，加强对于景区等地的安全管理，责任细化，提升相关管理人员的主人翁意识。

（6）自然灾害。由洪水、泥石流、地震、海啸、沙尘暴等不可控的自然原因引起的安全问题，也是旅游安全的常见表现形态之一。更由于自然灾害对旅游活动的破坏性及其对旅游者、旅游企业、从业人员生命、财产乃至资源的危害性，而引起大众较为广泛的关注。对于旅游者来说，旅行前要做好准备工作，了解旅游目的地当地情况，同时遇到自然灾害，尽量保持冷静，积极寻找自救方法，争取时间同救援人员联系，增强自然灾害安全知识。比如，在山水类景区，尤其要注意避开山脚、陡崖，以防止山崩、地裂、滚石、滑坡、泥石流等风险。遇到地震的话，在楼房内千万不要慌乱，可躲避在坚实的家具下或墙角处，也可转移到承重墙较多、开间小的厨房、洗手间等地去暂避一下。对于旅游目的地安全管理组织来说，遭遇自然灾害，景区应该及时快速应

对。旅游目的地应制定防范自然灾害应急预案。针对可能出现的重大灾害风险等紧急情况，进行重点控制和防范。预案主要包括应急组织、成员职责、报告程序、启动机制、善后工作及事后总结与汇报等内容。景区管理者应根据预案，适时地进行应急救援演练，针对演练发现的问题进一步修改完善，确保在任何情况下都能迅速按照预案实施救援。

（7）其他意外事故。除了上述表现形态外，旅游目的地安全问题表现形态还包括其他一些特殊的、意外的突发性事件，如战争、社会动荡、恐怖活动、意外伤害、旅途迷路等。这些其他意外事故不仅要求旅游者需要增强安全意识，注意旅游活动安全，尽量规避风险地区；更对于旅游目的地的管理者提出更高的管理要求，需要建立健全规范有效的旅游目的地安全管理制度与安全管理应急预案，切实将责任细化，努力打造安全的旅游目的地。

（二）旅游目的地安全管理的主要对象

在旅游目的地的安全管理中，对旅游者本身的管理，和对景区、游客食宿场所、企业等旅游相关地的管理一样，都有着重要的作用。通过对旅游目的地安全管理主要对象的研究，可以帮助旅游目的地相关组织、企业更好地做出管理决策，应对旅游者在旅游途中可能出现的安全问题，提升旅游目的地的安全管理能力。本书将旅游目的地安全管理的主要构成分为：旅游者、旅游景区、旅游企业、事故管理这四部分。

（1）旅游者。旅游者是构成旅游的主体，是旅游三大要素的基本要素，没有旅游者，自然旅游就无法实现。旅游者的安全管理因而也在旅游目的地安全管理中居于重要的地位。旅游者安全管理就是旅游目的地管理组织为了降低旅游者对目的地安全环境的负面影响，提高旅游者的体验质量和人身财产心理安全而对旅游者施加影响进而调控其行为的过程。

（2）旅游景区。旅游景区是旅游业的核心要素，是旅游产品的主体成分，是旅游产业链中的中心环节，是旅游消费的吸引中心，是旅游产业面的辐射中心。旅游景区安全管理是指景区为了确保旅游者、员工和景区的安全，消除安全问题发生的各种潜在因素，确保景区秩序井然，保持良好运营状态而实施的一系列计划、组织、指挥、协调、控制等安全管理活动的过程。

（3）旅游企业。旅游企业是从事旅游经济活动的独立单位。在我国是在国家统一领导下具有相对独立性的，从事旅游经济活动的经营单位。旅游企业是为旅游者提供食、住、行、游、购、娱等消费并取得相应收入的服务行业。旅游企业按照其对旅游者提供服务项目的不同，可分为从事招揽、联系、接待、安排旅游者进行旅游活动的旅行社；主要为旅游者提供住宿、饮食和其他服务的宾馆（饭店）；为旅游者提供交通运输的旅游车船公司（队）以及在游览点、旅游宾馆或其他地方向旅游者提供旅游商品的旅游商店等。旅游企业安全管理是指旅游企业为了保障旅游者、员工的安全，保持企业的良好运营状况以及提升企业利润、形象而实施的一系列安全管理活动的过程。

（4）事故管理。旅游目的地安全事故管理也是旅游目的地安全管理中的重要一环，因为安全事故的突发性、不确定性、破坏性等特点，导致很多安全事故的发生不可避免，那么如何做好安全事故发生后的管理，不仅对旅游者的人身财产心理健康等方面至关重要，对因安全事故造成负面影响的旅游目的地及当地旅游业也是至关重要的。

第二节 旅游者安全管理

一、旅游者安全管理内容

旅游目的地安全管理问题对于旅游者、当地旅游业的发展以及我国的旅游形象都有着十分深刻的影响，引起了相关旅游管理部门的高度重视。《国务院办公厅关于促进全域旅游发展的指导意见》明确提出，要强化旅游安全保障，同时对旅游目的地安全管理提出了建议。因而要发展旅游业，提升地方区域经济，必须把好安全关。安全是旅游目的地管理中的第一道生命防线，没有安全保障，一切无从谈起。自然旅游胜地是大自然的馈赠，历史文化旅游胜地是祖先传承给我们的珍贵遗产，若在灾难中损毁也一样令人痛惜。因此如何打造安全旅游目的地，是时刻警醒今人的一个时代命题。

旅游目的地的发展离不开旅游者，因为如果没有旅游者的到来及带来的源源不断的经济注入，旅游目的地就失去了自我维系和发展的能力，旅游目的地的安全管理对于旅游者而言十分重要。但是另一方面，旅游目的地与旅游者之间也存在一定的对立面。旅游者的行为也会对旅游目的地的安全带来消极影响。例如，大客流量虽然带动了敦煌当地经济的发展，但是相应地也加剧了壁画所受到的氧化等危害，并使得壁画以一种不可逆的形式在消失着。因此，旅游者的安全管理对于旅游目的地的发展而言十分重要。

（一）旅游者游览行为安全管理

旅游者游览行为安全管理主要是对旅游者在出游决策、游览过程中的行为进行约束和指引的过程。表面上看旅游者的旅游决策、游览行为是一种简单的市场选择行为，是旅游者自身偏好的自由表现，但实际上，游客的非理性游览决策行为不仅会对旅游者自身利益造成损害，还会影响到旅游市场，乃至整个旅游产业。为整体旅游产业的发展带来不良导向，因而需要加强有效的干预与引导。避免出现类似杭州滨江左岸万国花园中粉黛园被毁事件，因为抖音、快手、微博等新媒体的带动，大批游客涌入拍照践踏导致花园被毁。

（二）旅游者食宿交通安全管理

旅游者食宿交通安全管理主要是针对旅游者在出游活动中的饮食安全、交通安全、住宿安全的行为进行约束和指引的过程。其中，包括对旅游者的管理和引导旅游者自我管理两个方面。例如，旅游者酒店住宿要按要求到吸烟区吸烟，不要卧床吸烟；乘车途中，不要干涉驾车司机的正常驾驶，更不能殴打辱骂司机，文明乘车，不要损害其他旅游者的权益；在旅游目的地餐饮场所，不消费禁止食用的野生动物，积极主动监督举报等。

（三）旅游者购物行为安全管理

旅游者购物行为安全管理主要是针对旅游者在出游活动中的消费行为进行约束和指引的过程。其中，包括旅游者购物安全教育以及引导旅游者形成正确的购物观念。例如，在跟团出行时，要仔细辨别广告，了解实情，避免参与"0元团费"却强制购物上万等骗局；在旅游目的地进行正确合法的消费，不购买国家保护的野生动植物，不参与"黄、赌、毒"等违法活动。

二、旅游者安全管理措施

（一）游览行为安全管理

在进行旅游者游览行为安全管理时，旅游目的地管理组织或人员可对旅游者游览决策进行有效干预，通过丰富和规范信息渠道，加大旅游目的地信息供给，严格监管筛选企业广告，建立便捷的信息咨询服务系统。同时加强对旅游者的教育引导，通过宣传标语、设立警示牌、发放《旅游安全须知》《旅游活动指南》等材料，增强旅游者解读信息、识别产品和理性化决策的能力。同时，增强旅游者的法律意识，对旅游者的不良游览行为进行干预和良性引导，避免旅游者出现大声喧哗，不尊重当地风俗文化和人文生活，不注意公共卫生和扰乱公共秩序，损害旅游资源、设施等不良游览行为。努力打造一个旅游目的地同旅游者互利的和谐旅游环境，使得旅游者的安全管理得以有效实现。

（二）食宿交通安全管理

旅游目的地管理组织或人员可以通过建立便捷全面的旅游者投诉反馈平台，对旅游目的地相关的餐饮业、交通业以及住宿业进行有效的监控和管理。通过对旅游者加强相关知识的教育，增加他们相应的安全知识，提升对食宿交通安全方面的重视程度。对相关企业进行监管，完善规范行业制度，教育旅游者合理、理性地选择出行方式与食宿地点。同时对相应企业提出要求，做好旅游者的信息登记和管理，注意旅游者可能会带来的不良影响，防止流动犯罪等现象的发生。

案例分析

让高铁"霸座者"付出相应"代价"

时值暑期，随着铁路运输迎来客流高峰，高铁"霸座"的事件屡有发生。"谁规定一定要按照座位号入座""我就坐这里怎么了""你站一会儿等我充完电"……一些人在霸座后不仅不承认错误，反而振振有词。类似场景，引发关注。

我国《民法典》规定："旅客应当按照有效客票记载的时间、班次和座位号乘坐。"小小的车票，不仅是登上列车的"通行证"，同样也是铁路部门与旅客建立的一份"客运合同"。霸占他人座位，可以说是违反了这份客运合同，有违法治精神。有的霸座者，无视劝说、撒泼要赖甚至对他人拳脚相加，造成恶劣影响，可能违反《治安管理处罚法》，面临拘留、罚款等惩戒。可以说，霸座既是侵占别人权益的道德问题，也是扰乱公共秩序的治安问题。

规则是社会文明的基石。法治社会除了依靠个人自律，也有赖于制度约束。不遵守规则就要付出代价，是督促人们遵守规则的重要动力。因此解决高铁霸座问题，除了道德约束，也离不开列车乘务人员的积极干预、协调，还需要有关部门敢于亮剑，加强执法。

一段时间以来，广州、太原、徐州等地铁路公安部门都开展了对霸座等不文明行为的专项整治行动。立案调查、行政拘留、纳入征信黑名单……各地依靠多种手段，加大对顽固霸座者的惩戒力度，为守法者撑腰，让违法者付出代价。事实证明，让制度长牙齿、让执法有力量，才能更好标定人们的行为边界，进一步唤醒文明意识。

不管是规则还是文明，都需要所有社会成员共同守护。每一次对高铁霸座事件的曝光、讨论，也是关于规则意识的公开课。同样，无论是高铁、飞机座椅靠背如何后靠，还是旅途中有孩子哭闹时应该如何处理，相关讨论其实都是凝聚规则共识、文明共识的契机。而在不文明行为可能被随时随地"现场直播"的今天，每个人都需要培养一点尊重规则、敬畏规则的"镜头感"。

文明不仅是倡导、教育出来的，也是管出来的。在唤醒每个人内心的文明意识、激发文明动能的同时，也要通过外部的制度、约束和压力形成涵养文明强大势能，推动社会文明的水位越来越高。

（资料来源：https://baijiahao.baidu.com/s?id=1774426860175404642&wfr=spider&for=pc）

（三）购物消费安全管理

旅游目的地管理或组织人员可以通过规范行业制度、设置投诉热线、商业区设置

物价服务监管点、进行安保巡逻等管理手段，防止旅行社、旅游商店等相关企业"坑客""宰客"，教育旅游者防欺诈，避免买假货、赃物等。同时，也应加强公共区域安保设施，增设监控设备、报警系统等，提升旅游目的地公共场所安全系数。

第三节　旅游景区安全管理

一、旅游景区安全管理内容

旅游景区安全管理是指景区为了确保旅游者、员工和景区的安全，消除安全问题发生的各种潜在因素，确保景区秩序井然，保持良好运营状态而实施的一系列计划、组织、指挥、协调、控制等安全管理活动的过程。旅游景区作为旅游业的重要组成部分是旅游者在进行旅游活动的最终目的地和重要集散地，面临的环境相对复杂，因而要确保旅游景区的安全，做好旅游景区的安全管理，无论是对于景区本身，还是国家旅游业而言，都是十分重要的。

旅游景区安全管理的主要对象指的是各种具有潜在危险的因素的相关环节，如景区内部的员工工作、景区特种旅游项目、景区设施设备等，因而在做旅游目的地旅游景区安全管理的时候，必须从潜在危险因素的源头进行管控，及时针对景区反馈进行调整，做好各项预防措施，从而确保旅游景区安全管理的有效性与实用性。本书将旅游目的地旅游景区的安全管理内容分为以下几个部分：旅游景区工作人员安全管理、旅游景区设施设备安全管理、旅游景区特种项目安全管理、旅游景区游客行为安全管理。

（一）旅游景区工作人员安全管理

旅游景区工作人员安全管理主要是针对景区工作人员自身的安全管理以及工作人员作业安全管理的一系列管控与指引的过程。一方面，景区工作人员在景区进行工作时，应注意保障自身的安全，提升自我安全意识，不做可能危害自身安全的行为。例如，同旅游者发生冲突、景区游览车司机绝不可酒后驾车等。另一方面，旅游景区工作人员在进行日常工作时，还应严格遵守景区安全管理的规章制度，严格按照规范操作，防止违章作业导致事故。例如，因操作不当导致漂流船翻沉、客运索道停止运行、游艺机械造成人员受伤等事故的发生。

（二）旅游景区设施设备安全管理

旅游景区设施设备安全管理主要针对景区设施设备的日常维护更新和景区设施设备的质量检修。景区内所有大小建设工程项目必须经专家论证，有关部门审批，上级领导同意后由专业技术人员进行施工建设，景区内任何单位及个人无权或随意乱拆乱建。同时景区应严格按照设备维护周期对设施设备进行质检维护，及时更新需淘汰零件等，确保旅游景区设施设备安全管理的真切落实。

（三）旅游景区特种项目安全管理

旅游景区特种项目安全管理主要是针对景区特种项目运营的条件、运营过程中员工的操作、运营设施、旅游者等采取管理措施和技术方法，防范、控制和消除人的不安全行为、物体的不安全状态以及环境中的不安全条件，从而保障旅游景区特种项目安全管理的实施。例如，开封清明上河园景区的东京梦华实景水上演出，因为冬季天气原因，水面会结冰影响演出安全及演出效果，因此每年11月至来年3月都会暂停项目。

（四）旅游景区游客行为安全管理

旅游景区游客行为安全管理主要是针对旅游景区内，对于旅游者游览行为的约束与引导。一方面景区应该加强对旅游者的说服教育，提升旅游者的行为安全知识，引导旅游者不要不顾各种安全警示，跨越安全栏、随意攀爬、接近危险水源，在游览过程中，要遵守相关的安全规定，按照规定的操作执行，在指定的吸烟区域吸烟等。另一方面景区应加强对不文明不合法旅游行为的惩处力度，严禁旅游者做出危害公共安全的行为。

二、旅游景区安全管理措施

（一）景区工作人员安全管理

景区应制定相应工作的工作标准和流程操作指南等制度，要求相关工作人员严格按照既定规范操作，防止违章作业导致事故的发生，对景区安全产生不良的影响。同时，加强对景区餐饮、导购等服务人员的安全教育，使他们提升对安全管理的认识，避免在为旅游者服务的过程中，造成客人烫伤、食物中毒、不合理消费等损害旅游者人身和财务损失的现象。还应做好员工工作或生活场所的安全管理与教育，如不得私拉电线、私用电炉，注意交通安全等。加强对景区工作人员安全管理工作意识的培育，树立"安全第一"的工作理念，灵活应对工作突发因素，进行相应的急救知识培训，强调安全事故追责等方式，提升景区工作人员在安全管理方面的能力与责任心。

（二）景区设施设备安全管理

要划分明确的安全责任区，切实落实到每一位管理人员的身上。着重强调景区安全管理的必要性，不仅要做好设备设施的定期检查和维护更新，还要注意对于景区内现有正在建设或维修施工的地点，应做好安全防护工作，防止施工过程中的不安全行为对景区工作者以及旅游者造成伤害。同时，应该做好对景区内各种游乐场所、游览道路、游

客休息处等场所周边环境的安全管理工作，避免可能对相关人员造成的伤害。设立醒目的警示语与危险标志，严格景区有关条例或规定，对设施设备的操作人员及相应供货方资质进行筛选。

（三）景区特种项目安全管理

应严格按照景区的标准和要求进行建设、运营。对参与特种旅游项目的游客进行筛选。例如，骑马、漂流、蹦极等景区特种旅游项目不适合有严重的心脏病、精神病、高血压、高度近视等疾病患者以及孕妇、1.4米以下的小孩或60岁以上的长者参加。同时在进行旅游景区特种旅游项目安全管理的时候，还应注意加强对景区承载量和客流量的控制，绝不可为了经济利益，罔顾安全问题。

案例分析

网红浮桥坠车事故，"廊桥遗梦"不该是安全噩梦

据《新京报》报道，2023年5月16日，湖北恩施宣恩县狮子关旅游区的网红景点"水上浮桥"发生坠车事故。当地政府通报，坠河商务车上共有8人，其中5人搜救上岸后经抢救无效死亡，3人脱险上岸。目前，景区已经关闭，民宿也遭遇了"退房潮"。

狮子关旅游区官网介绍，水上浮桥景点也被称为"廊桥遗梦"。此前，面对网友"如果桥歪了怎么办"的质疑，景区负责人曾表示浮桥质量可靠，采用德国技术，可过坦克。该负责人还不乏自信地表示："来我们景点的游客，可能90%都是冲着浮桥来的。"

如今，网红浮桥发生令人痛心的坠车事故。人们不禁要追问，浮桥的安全性是否真有那么好？谁应该为事故承担责任？

相比有固定桥墩的桥梁，浮桥本身的通过性就差。随着我国基建的发展，浮桥通常被用于应急救灾，或作为临时性交通设施使用。在浮桥较多的河南，曾专门出台《河南省浮桥管理办法》，要求浮桥两侧应当设置安全可靠的护栏，配备足够的救生、消防、照明设备。

出事的网红浮桥建设在景区内，并非公共道路，景区无疑要为游客安全承担首要责任，确保浮桥的安全和质量。有关部门在审批浮桥建设时，也要严格把关，遵循安全第一的原则。比如，涉事车辆冲过护栏才落入水中，本该起到阻挡作用的护栏怎能如此不牢固？

即便浮桥质量可靠，但相比普通道路，其通行风险仍然不可轻视。发生车辆、人员落水等事件时，景区是否有相应的应急机制？是否能第一时间开展有效救援？这些细节，不应该在事故发生以后才被人想起。

要知道，车辆落水以后的救援难度，本就高于普通的人员落水事故。落水发生后，救援就是与死神抢时间的过程。只有强化底线意识，时刻准备专业救援人员和设备，才能有备无患，有效处置意外风险。

浮桥的稳定性低，对驾驶人技术和安全意识也提出更高要求。据媒体报道，有专业人士认为驾驶人和景区双方都有责任，驾驶者碰到涉水路面应该小心驾驶，景区在应急救援方面并未处理好，附近未见专人值守及泳圈等救援物品。

也有曾经前往该景区的游客表示，尽管桥上会有安全员，但有些车会在通过第二个安全员后加速寻找刺激。事故视频的画面里没有安全员，不管是游客离开安全员视线以后忽视驾驶安全，还是安全员本身就缺位，都让人怀疑景区的安全管理存在缺失。

值得注意的是，资料显示，不少地方将浮桥区别于一般公路运输，而是纳入水路运输业务进行管理。这种管理措施本身，也是为了强化安全标准，对浮桥建设和运维方提出更高要求。狮子关旅游区的网红浮桥，究竟被纳入怎样的管理，也应当成为事故的调查方向之一。

无论如何，网红景区在吸引游客参观游览的同时，安全底线不能丢。别致的景观，新奇的体验，都是以安全为底线的。任何景区在开发运营时，都应把风险想得复杂一些，时刻提醒游客保持安全意识、遵守安全规范。以生命为代价，唤醒人们对生命安全的珍惜，太过沉重！

（资料来源：https://mp.weixin.qq.com/s/9mhiHDEgGvTDbN5LH19gVg）

第四节　旅游企业安全管理

一、旅游企业安全管理内容

旅游企业作为旅游产业内部的重要组成部分，对旅游目的地的旅游业而言承担着重要的价值创造职能，同时也与旅游目的地和旅游者息息相关。其中，旅游企业安全管理是旅游目的地组织实施企业安全管理规划、指导、检查和决策等一系列行为的过程，同时，又是保证生产处于最佳安全状态的过程。本书中旅游企业安全管理的主要对象涉及旅行社、餐饮住宿部门、交通企业和旅游商店等。加强旅游目的地旅游企业安全管理不仅有利于严守"安全第一"的旅游生命线，更能为旅游业的长远发展提供安全保障。

（一）旅行社安全管理

旅行社的安全管理主要包括两方面：一方面是对于旅行社的产品内容进行管理，避免出现"坑人宰客"现象，对旅行社相关工作人员进行管理，避免出现威胁、殴打旅游者，同旅游者爆发冲突，从而导致发生安全事故。另一方面是对于旅行社相关工作人员作业安全的管理，包括用车安全、就餐安全等，保证旅游者和相关工作人员双方的人身安全、财物安全等。

（二）餐饮住宿部门安全管理

餐饮住宿部门安全管理主要针对旅游目的地中的餐饮机构、酒店宾馆等相关企业进行安全管理。针对可能出现的后厨操作不当、食材劣质、消防隐患、卫生堪忧等问题进行管控。降低旅游者因餐饮住宿问题受到健康影响，从而出现安全问题。加强对相关工作人员的培训，提升服务，减少旅游者与经营者之间的冲突，提升旅游者的游客体验。

（三）交通企业安全管理

交通企业的安全管理不仅包括对交通工具的管理与维护，还要对相关工作人员进行管理和培训，加强出行安全意识，牢牢把握"安全第一"的出行原则。同时加强对于员工自身的安全管理，防止因个别旅游者的失控行为危害到公共安全，从而产生难以挽回的后果。

（四）旅游商店安全管理

对于旅游商店的店面设施、电路电线、消防安全、店面治安等进行管理，对店面内的旅游商品，尤其是一些具有保质期的食品、化妆品等进行及时更新。一方面加强对旅游商店的监管与审核，保证旅游者的人身安全与财产安全；另一方面加强旅游商店、商场等公共场所的治安保护，坚决打击违法乱纪危害公共治安等行为，确保旅游商店方的人身安全与财产安全。

二、旅游企业安全管理措施

（一）旅行社安全管理措施

旅行社应制定本单位的安全管理规章和制度；对所属员工进行安全教育和培训，增强员工的责任意识；可适当采取奖励或惩罚措施，不断提升员工安全管理的相关技能与知识，使得员工可以尽量避免安全事故的发生，或面对事故可以及时处理，尽量将事故伤害的影响最小化；同时可以设置有效的旅游者信息反馈机制，当旅游者在结束旅行时，对本次旅游活动进行反馈，从而根据反馈对旅游服务进行升级，做到安全管理的落实。加强旅游保险的落实，更好地对旅游者及从业人员的人身安全及财产安全进行保护。

（二）餐饮住宿部门安全管理措施

加强对餐饮企业的监管，针对食品卫生、消防安全以及盗窃敲诈等建立起有效的投诉渠道，通过客人的反馈来进行及时调整。要对员工进行严格的把关挑选，防止一些不良分子进入工作团队，更应加强对员工职业技能的培训；加强酒店安保系统、消防系统等配套设施的完善与升级；定期组织员工和客人进行消防演习和反恐演习，增强自保能力；同时采用科技的手段，如电子门锁系统、楼道监控系统等增强企业的安保能力；建立完善的安全报警系统，在酒店的消防通道、财务部门、后厨等重要位置安装，以防止爆炸、火灾、盗窃、抢劫等事故的发生，从而更好地进行相关企业的安全管理工作。

（三）交通企业安全管理措施

企业需要加强员工对交通安全方面的法律法规的宣传教育工作，不断增强全体员工的遵纪守法意识和交通安全的自觉性，落实公司既有的交通安全责任制度，企业还应定期组织员工参与身体检查，以防意外的发生；同时企业应定期对车辆、船只、飞机等交通工具进行审验，确保使用的交通工具可以正常行驶，符合运营标准；加强员工应对事故的处理能力，减少事故危机的影响。旅游目的地应加强对交通企业资质的管理，联合政府相应执法部门，对"黑车""黑出租"等违规营业的交通工具进行查处。

（四）旅游商店安全管理措施

要定期进行店铺商场等地的安全检查，确保安保系统和消防系统的正常运行；严格遵守相关法律法规，禁止出售易燃易爆、野生动植物等违禁产品；加强对员工的筛选和监控，避免"强买强卖"等现象的产生，同时加强对员工偷窃、旅游者偷窃行为的预防；加强对员工自身安全管理的教育，确保员工作业安全，提升员工应急能力，遇到安全事故突发可以积极应对。

第五节　旅游目的地安全事故管理

一、旅游目的地安全事故管理内容

旅游目的地安全事故管理是指为了消除或降低事故带来的威胁和损失，进行的规划决策、动态调整、化解处理等活动过程。通常可将旅游目的地安全事故管理分为安全事故预防管理和安全事故善后管理。

安全事故预防管理是指旅游目的地对安全事故隐患及其发展趋势进行检测、诊断与预防的一种活动过程。其目的在于防止和消除安全隐患，保证旅游目的地处于安全的运行状态。安全事故预防管理通常位于旅游目的地安全事故管理的开端，进行预警机制的构建，规避或减少安全事故的发生。

安全事故善后管理是指组织为了应对安全事故的发生，降低安全事故所造成的破坏性影响，所采取的一系列应急、公关、重建、赔偿等活动的过程。其目的在于降低受害者的损失，消除事故所造成的负面影响，对旅游目的地的设施或形象的重建。

二、旅游目的地安全事故预防管理

（一）加强各部门间的合作

安全管理应当注重整体作用，充分发挥各相关部门的作用。由旅游管理部门牵头，相关政府部门出面，组织开展旅游风险评估，加强旅游安全制度建设，按照职责分工强化各有关部门安全监管责任，建立旅游安全整体联动系统。旅游行业部门针对旅游危机易发生地区应编制相关危机预防与控制的专项规划，对旅游危机潜在源头进行系统规划和长期监控。

（二）加强旅游景区及旅游企业管理

加强对旅游目的地的旅行社、旅游饭店、旅行相关企业、旅游车船公司、旅游娱乐场所等地的安全管理。坚决贯彻落实"安全第一、预防为主、综合治理"的方针。提高旅游景区以及相关旅游企业对于旅游安全的防范意识，加强对旅游设施的安全检查和巡查，排除安全隐患。建立严格的责任追究制度，对于安全事故责任单位、责任人给予处罚。

（三）警告、惩处旅游危险行为

任何一项旅游活动，管理部门必须合理限定旅游者的活动范围、空间与时间范围。工作人员应明确告知旅游者不准超越规定的景点、游览线路及范围，在景点及道路危险处设置标示牌、警告牌等明显标志，提醒游客加以重视。在旅游高峰期内对各主要景区加大巡逻密度和力度，将安全事故消灭在萌芽状态。同时可根据相应的法律法规，对于一些进行旅游危险行为、做出危害社会治安的旅游者做出警告或处罚，并将情节严重者依法送到公安机关。

（四）提高从业人员素质

积极转变旅游目的地经营管理思维，加强旅游目的地管理，大力发展旅游业的同时，加大旅游从业人员培养力度，提升旅游从业人员素质，加强对旅游业人力资源的投入。培训出具有过硬专业素养、熟悉相关旅游业务、外语水平高、应对危机能力强等的旅游从业人员及相关领导干部，使旅游业可以获得长远利益以及可持续发展。

（五）大力普及旅游安全教育

针对风景区内旅游者流动性大的特点，当地旅游管理部门可配合治安管理机构在车站、码头、旅馆等旅游者集散地设置安全宣传栏和发放安全宣传手册，或在事故频繁的景区地段设置安全宣传橱窗，提醒旅游者在旅游过程中应注意的事项和突发情况下的应急措施。也可在导游图等旅游宣传册上介绍风景区的安全保障情况和旅行注意事项，以增强旅游者的安全防范意识和自我保护能力，保证旅游者在风景区能享受安全愉快的旅行。

（六）建立安全事故预警系统

在旅游目的地内部建立预警系统可以使得旅游目的地管理人员及相关从业人员及早地发现安全事故的早期征兆，使得旅游目的地管理组织可以尽早地将安全事故消除于萌芽状态。建立安全事故预警系统需要做好两方面的工作：一方面需要旅游目的地相关组织对旅游目的地内部运营管理行为做好监测，分析、研究旅游目的地的经营、管理活动等相关环节，定期或不定期地进行部门工作检查，及时向管理组织反馈发现的问题，便于管理组织针对现状进行决策或调整；另一方面需要旅游目的地相关组织对旅游目的地外部的环境信息进行监测，及时跟进外部信息的变化，结合旅游目的地进行分析、研究，从而寻找容易引起安全事故的征兆，及时向管理部门汇报，积极寻找应对措施及方法。

（七）完善安全风险化解机制

旅游保险作为转移和化解旅游风险的重要手段，是旅游业持续健康发展的有力保障，同时也是旅游目的地安全事故管理中的重要一环。因而在旅游目的地的相关组织的管理活动中，需要加强部门间联合，进一步推动旅行社统保项目的实施，提高旅游保险的覆盖率。如同《国务院关于加快发展旅游业的意见》中提到的，化解旅游目的地安全风险的重要措施之一在于"搞好旅游保险服务，增加保险品种，扩大投保范围，提高理赔效率"。完善旅游目的地安全风险化解机制，更好地预防、应对可能会因旅游目的地安全事故造成的重大损失。

三、旅游目的地安全事故善后管理

（一）旅游目的地安全事故善后管理原则

为了做好旅游目的地安全事故善后管理，相关管理部门应恪守保护旅游者的基本权利和利益为第一位的原则，在具体的工作中，要遵循以下基本原则。

（1）迅速处理原则。旅游目的地安全事故发生后，报告单位应立即派人赶赴现场，组织抢救工作，保护事故现场，并及时报告当地公安部门。

（2）属地处理原则。旅游目的地安全事故发生后，原则上由事故发生地区政府协调有关部门及事故责任方及其主管部门负责，必要时可成立事故处理领导小组。

（3）妥善处理善后原则。旅游目的地安全事故发生后，要积极处理善后事宜，安抚相关人员的情绪，尽量避免事故造成的损失进一步扩大。

（4）及时主动原则。旅游目的地安全事故发生后，相关组织单位应在第一时间做出反应，防止安全事故影响演变，尤其是随着网络通信技术的发展，信息的扩散速度与影响力会使得安全事故的影响升级。

（5）公开性原则。旅游目的地安全事故一旦发生，会立即引起政府部门、社会公众、相关媒体及民众的报道和关注。无论事故的责任方应由谁来承担，作为事件范围内的相关机构、人员，旅游目的地的管理组织应向公众公布事件的原因、情况、处理进展等信息，抑制不实谣言、传闻的扩散，稳定社会舆论。

（二）旅游目的地安全事故善后管理程序

因为旅游目的地安全事故的突发性、不确定性、破坏性等特点，旅游目的地需要制定一个完善的应急处理流程，有利于当局在面对突发旅游安全事故时可以做到临危不惧，有条理有章法地处理问题，同时也利于将事件的真实信息传递到外界，以免引起大众的误解或恐慌。当旅游目的地安全事故发生时，比较恰当的处理流程如下：

旅游安全事故发生后，首先是信息的传递，保证在第一时间让相关部门知情；其次是进行先期处理，尽快争取时间应对，防止事态进一步扩大化；再次是现场处理，了解清楚状况，进行救援工作；最后是做好善后工作及修复重建工作等。具体的流程如图11-1所示。

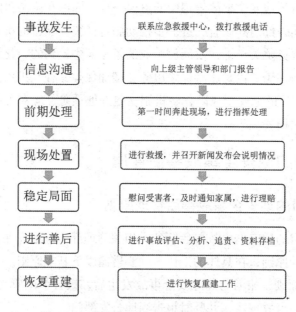

图 11-1　旅游目的地安全事故善后管理流程

（1）收集信息，立即报告。旅游目的地安全事故发生后，相关管理人员应立即向相关管理组织报告。当地旅游行政管理部门接到一般、重大、特大事故报告后，要及时上报国家旅游行政管理部门。同时相关管理部门应采取措施力求迅速了解事故发生背景、原因、现状等信息，为安全事故善后管理的进一步处理提供依据。

（2）保护、隔离现场。一旦发生旅游目的地安全事故，现场有关人员一定要配合公安机关或其他有关方面，严格保护事故发生地现场。同时应对事故人员和事故地点进行隔离。在进行人员隔离的时候，应在保证足够的人员负责事故处理的前提下，将旅游者、其余工作人员等同事故发生点进行隔离，避免因为人多造成混乱，进一步加深事故的不良影响。在进行事故地点隔离时，应及时设置警示标语或警示牌等，防止人员误入现场，同时维护现场周边的交通等秩序正常运行。

（3）负责人员赶赴现场。旅游目的地安全事故发生后，有关旅游经营单位和当地旅游行政管理部门的负责人应及时赶赴现场、组织指挥，并采取适当的处理措施，安抚相关事故受害者及其家属的情绪。

（4）有关部门抢救侦查。当旅游目的地安全事故发生后，地方旅游行政管理部门、有关经营单位和人员要积极配合公安、交通救护等方面，查清事故原因，组织对旅游者进行紧急救援并采取有效措施，妥善处理善后事宜。明确各个部门应负责的方面，救助、抚慰、赔偿受害群体，同新闻媒体进行交涉，向上级领导部门进行报告，制定相关对策。

（5）积极行动，转化影响。当旅游目的地安全事故发生之后，旅游目的地相关管理组织机构应迅速协调各个部门，采取积极有效的经济、法律、公关等行动，及时控制事态发展，最大限度地消除旅游目的地安全事故所带来的消极影响。

（6）管理提升，恢复重建。当旅游目的地安全事故应对处理之后，旅游目的地安全事故善后管理的工作仍需进行，针对事故产生的影响，相关组织部门应总结分析，吸取教训，对存在的问题进行整改，同时提升旅游目的地的产品、服务质量等，努力恢复旅游目的地形象，促进当地旅游业发展。

案例分析

韩国踩踏事故的警示

2022年10月29日晚，韩国首尔市中心龙山区梨泰院洞一带，参加节日派对的人群中发生严重踩踏事故。截至11月1日，梨泰院踩踏事故造成156人丧生，包括101名女性和55名男性。

据目击者描述，当晚约有10万人参加万圣节活动，现场人山人海，前方有人跌倒后，后方人流跟进，导致严重踩踏。这是韩国继2014年"世越号"客轮沉没以来遇难者人数最多的一次事故。

狭窄不平的小巷、超预期的密集人流、震耳的音乐、难以抵达现场的救援人员、应急预案的缺失……种种因素叠加，使一场欢庆活动变成噩梦。

当地时间11月1日，韩国总理韩德洙就梨泰院踩踏事故举行外国记者见面会。他表示，踩踏事故是治安人员不足以及制度缺失所致。

城市举办大型聚集活动在增加城市活力、推动经济发展的同时，也会带来安全隐患。如何统筹城市发展与安全，优化城市风险治理，此次韩国梨泰院踩踏事故，让全世界认识到城市公共安全的脆弱。

梨泰院自1997年就是首尔的观光特区，有大量外国人居住，被称为韩国的"万国城"，是韩国年轻人过万圣节的热门地点。此次活动是韩国解除疫情限制和保持社交距离措施后的首次万圣节活动。

在踩踏事故发生的前一天晚上，梨泰院洞一带也曾聚集大量人群。有人于10月28日晚在社交媒体平台上发帖说，曾目睹有人被推倒，所幸人群停止移动，未造成人员伤亡。

据韩国警方透露，此次发生踩踏事故的小巷是一个宽约3.2米、长约45米的斜坡。事故发生时，整条小巷都挤满了人。发生踩踏事故的部分是其中约长5.7米的一段，当时这个大约18平方米的空间里有300多人，本次事故死伤基本发生在这一段的人群中。

印度尼西亚也曾发生了一起类似事故。2022年10月1日晚，印度尼西亚东爪哇省玛琅市的一场甲级足球联赛发生赛后踩踏事故，130多人死亡，其中大部分是在球场出口处因踩踏窒息而死。究其原因，与售出门票数量超过体育场最多可容纳人数、警方发射催泪瓦斯加剧混乱等有关。

2010年7月24日，德国西部鲁尔区杜伊斯堡市在举行"爱的大游行"电子音乐狂欢节时发生踩踏事故。事故造成19人死亡、342人受伤。造成事故的原因主要有场地超载、出入口设置不合理和突发事件处置不果断等因素。

"韩国和德国这两起事故都发生在狭窄通道，两头的人都想进通道，从而造成拥堵。事实上，这种狭小通道对于大型人员聚集属于可以事先排查到的隐患区域。"清华大学公共安全研究院副院长张辉说。

人群密度太高，即使人流不移动也可能发生事故。尤其是叠加慌乱移动的人流时，更会放大事故伤害的概率。当人群密度大于每平方米4~5人的时候，人群之间的压力就会导致多米诺骨牌效应。而当密度接近每平方米9人的时候，压力本身就会导致压迫性窒息。

张辉表示，狭窄通道导致消防员到场因环境受限难以进入救援，而周遭夜店大声播放的音乐也使后方持续推进的民众听不见前方呼救。现场缺乏有力疏导、引流措施，更是加剧了全面混乱。

"在事前准备上，当地政府未就万圣节活动预先制定对策，反将人流管制交由下属社区安排。这些都是事故发生不可忽视的原因。"张辉认为。

（资料来源：https://baijiahao.baidu.com/s?id=1748806442671126597&wfr=spider&for=pc）

若使得旅游目的地得到长远的良好发展，那么就必须重视旅游目的地的安全管理工作，杭州市旅委旅游交通事故应急预案就是一个很好的典型和样板，它充分体现了政府层面怎样积极调节各部门关系，应对旅游目的地交通安全的管理。对于其他旅游目的地旅游业相关管理部门或组织有着很好的借鉴意义。

首先，旅游目的地（包括旅游行政部门、旅游企业等）必须制定旅游安全的应急预案。严格落实安全责任，制定周密的组织方案和应急预案，特别对涉水、登高、大型游艺项目和人流密集区，尤其要配合公安部门做好各项安全工作。可请求相关部门增派安保力量加强对活动的现场管理。在当前旅游业大发展时期，出现大客流的形势下，更要认真做好应对安全问题的工作方案。

其次，通过开展培训，切实提高行业人员应急管理技巧，扎实提升旅游企业员工应急自救能力，保障客人与员工的生命与财产安全，营造安全和谐的旅游环境。不断增强相关工作人员的防范意识，提高他们处理危机的技巧。

最后，加强旅游设备、设施的检查与管理。保证设备、设施的正常工作与运转，防止事故的发生。例如，对旅游车辆的安全检查等。

总之，应急预案应该注重"预防与应对结合"，采取有效措施，切实落实安全生产责任，进一步加强应急管理，明确各部门职责，检查各类预案的针对性、可操作性和实效性，保证旅游业的平安发展。

四、旅游目的地安全事故的等级划分

旅游安全事故，是指在旅游活动过程中，由自然或人为原因所引起，造成旅游者人身或财产损失，并由此导致有关当事人相应法律责任的事件。旅游安全事件分为不同的等级，根据原国家旅游局《旅游安全管理办法》中的规定，旅游事故分为：

轻微事故是指一次事故造成旅游者轻伤，或经济损失在1万元以下者；

一般事故是指一次事故造成旅游者重伤，或经济损失在1万元至10万元（含1万元）者；

重大事故是指一次事故造成旅游者死亡或旅游者重伤致残，或经济损失在10万元至100万元（含10万元）者；

特大事故，是指一次事故造成旅游者死亡多名，或经济损失在100万元以上，或性质特别严重，产生重大影响者。

五、旅游目的地安全管理的法律依据

随着我国旅游业的发展，我国也在不断完善相应的旅游法律制度。到目前为止，已公布的旅游法规、条例、规章有40余项，和旅游安全相关的有20余项。这些法规、规章、条例在调整旅游业、规范旅游市场、解决旅游纠纷、保护旅游法律关系主体各方权利等方面，发挥着重要作用。

（一）专项法律、规章

国家旅游局于1990年、1994年先后颁布了《旅游安全管理暂行办法》《旅游安全管理暂行办法实施细则》，对旅游安全管理应遵循的原理、管理机构的职责及事故处理程序、旅游安全事故的等级等做出相应的规定。1998年国家旅游局颁布了《漂流旅游

安全管理暂行办法》，从对漂流水域的控制、漂流工具的选择、漂流工作人员的管理、漂流旅游经营公司的控制与管理 4 个方面，对漂流旅游进行了规范。2002 年 7 月 1 日起施行《中国公民出国旅游管理办法》。2013 年颁布了旅游行业大法《旅游法》，整个《旅游法》都体现了对旅游者安全保护的"以人为本"的立法理念。《旅游法》专门设置第六章"旅游安全"，提出了建立旅游目的地安全风险提示制度。在此章中还要求当地政府将旅游应急管理作为突发事件监测和评估的重要内容，建立旅游突发事件应对机制，为应急工作走向常规化、规范化提供了法律保障，同时明确了旅游经营者的安全保障、安全警示义务。2016 年，国家旅游局颁发了《旅游安全管理办法》，将调控管理的范畴定为：旅游经营者的安全生产、旅游主管部门的安全监督管理以及旅游突发事件的应对。此办法自 2016 年 12 月 1 日起施行，国家旅游局 1990 年 2 月 20 日发布的《旅游安全管理暂行办法》同时废止。

（二）相关条例和规定

国务院颁布的《风景名胜区管理暂行规定》比较侧重于保护旅游资源，对旅游者安全只是做了简单的规定。1999 年颁布施行的《导游人员管理条例》，其内容主要是规范旅游服务提供商和旅游服务提供人员的行为。同时，针对旅游投诉和旅游纠纷等问题，2010 年，国家旅游局依据《消费者权益保护法》《旅行社条例》《导游人员管理条例》《中国公民出国旅游管理办法》等法律法规，制定《旅游投诉处理办法》。2018 年 3 月，国务院办公厅发布《关于促进全域旅游发展的指导意见》，其中提出在促进全域旅游发展的同时，也要注意强化旅游安全保障。2023 年，《关于进一步规范旅游市场秩序的通知》指出，各地要按照 2023 年全国文化和旅游市场管理工作会议部署，扎实开展旅游市场秩序整治，集中打击高频违法经营行为，坚决遏制"不合理低价游"苗头和市场乱象扩散势头，着力提升旅游服务质量，为游客营造好放心、安心、舒心的出行环境。

（三）援引的其他法律法规

旅游业是一项综合性的经济行业，横跨饮食、住宿、交通、游览、购物、娱乐 6 大部门，除了 2013 年我国颁布的旅游行业大法《旅游法》外，处理纠纷时还需援引其他法律法规。在旅游交通方面主要是参照我国《铁路法》《民用航空法》《公路法》等；在消费者权益保护方面参照我国《消费者权益保护法》，还有我国《民法典》和《保险法》等。

《旅游法》《旅游安全管理办法》等法律法规的颁布与实施体现了我国对旅游安全的高度重视，但随着大众化旅游时代的到来，在中国现行的法律系统下，管理部门、旅游企业、游客等都应知法守法，履行各自的义务，从而更好地维护旅游目的地安全，减少旅游安全事故。

【本章小结】

旅游业的发展基础是旅游安全，旅游安全既是旅游活动的保障，又是旅游业发展的前提。旅游安全问题除直接冲击旅游企业和脆弱地区旅游业外，还将影响国家形象和国际关系。旅游业依赖于旅游者对目的地安全性和稳定性的信心，因此安全成为旅游者选择目的地的最主要因素。在旅游业蓬勃发展的今天，旅游目的地安全问题广泛引起社会和公众的关注。因此，本章对于旅游目的地安全管理的相关概念和理论进行了研究。通过对旅游目的地安全管理的概念、特点、影响因素、主要内容以及旅游目的地安全管理的主要对象进行阐述，针对旅游目的地安全管理的四个主要对象：旅游者、旅游景区、旅游企业以及安全事故的分析，指明了旅游目的地如何进行安全管理。

【关键术语】

旅游安全；旅游安全事故；旅游目的地安全管理；旅游者安全管理；景区安全管理；安全事故管理；安全事故预防管理；安全事故善后管理

【Key words】

Tourism Safety；Tourism Safety Accident；Tourism Destination Safety Management；Tourist Safety Management；Tourist Attractions Safety Management；Safety Accident Management；Safety Accident Prevention Management；Safety Accident Rehabilitation Management

【复习思考题】

一、多选题

1. 旅游目的地安全管理的影响因素包含（　　　　）。

　　A. 旅游环境　　　　　　　　　B. 旅游者行为

　　C. 管理失误　　　　　　　　　D. 时间日期

2. 旅游目的地的安全管理是指组织为应对旅游者离开常住地，到达一个吸引其游览观光等进行旅游活动的地方所可能出现的（　　　　）问题，进行一系列的规划决策、动态调整、化解处理等活动过程。

　　A. 精神安全　　　　　　　　　B. 人身安全

　　C. 心理安全　　　　　　　　　D. 财产安全

3. 旅游者安全管理包含（　　　　）。

　　A. 游览行为　　　　　　　　　B. 食宿交通

　　C. 疾病灾害　　　　　　　　　D. 购物消费

4.旅游目的地安全事故善后管理原则应包含（　　　）。

A.迅速处理原则　　　　　　　　B.及时主动原则

C.避重就轻原则　　　　　　　　D.公开性原则

二、判断题

1.旅游安全只有狭义的人身安全。　　　　　　　　　　　　　　　　（　　　）

2.社会环境因素不会影响旅游目的地安全管理。　　　　　　　　　　（　　　）

3.旅游者行为与旅游目的地安全管理没关系。　　　　　　　　　　　（　　　）

4.旅游目的地安全事故善后管理原则中应该包含属地处理原则。　　　（　　　）

5.在旅游目的地内部建立预警系统可以使得旅游目的地管理人员及相关从业人员及早发现安全事故的早期征兆。　　　　　　　　　　　　　　　　　　　（　　　）

三、思考题

如果你是一名旅游目的地管理者，当发生网络舆情事件后，你准备如何应对？

【参考文献】

［1］王国安.中国新闻网：赴泰中国游客锐减系列安全事件重创旅游信心［EB/OL］. http://www.chinanews.com/gj/2018/10-05/8642964.shtml.

［2］吴艺娟，王新建.旅游安全事故特征分析与对策研究［J］.广西经济管理干部学院学报，2016（2）.

［3］赵士德，郭小莉.浅析我国旅游安全管理现状及对策［J］.资源开发与市场，2008，24（8）.

［4］郑向敏.旅游安全学［M］.北京：中国旅游出版社，2003.

［5］杭州市旅委旅游交通事故应急预案［EB/OL］. http://www.hangzhou.gov.cn/art/2018/6/25/art_1256319_18812545.html.

［6］张合.浅谈我国旅游景区安全管理［J］.企业家天地，2006（12）.

［7］邹永广.目的地旅游安全评价研究［D］.厦门：华侨大学，2015.

［8］周丽君.山地景区旅游安全风险评价与管理研究［D］.沈阳：东北师范大学，2012.

第十二章

新时代的旅游目的地管理

知识要点	掌握程度	相关知识	思政主题
旅游目的地管理的 新时代特征	理解	旅游目的地管理进入新时代，新时代旅游消费 凸显新热点	社会主义核心价值观 中华优秀传统文化 改革创新精神 科学发展观 国家战略
	掌握	旅游目的地管理需要新理念	
大众旅游下旅游目 的地管理	理解	大众旅游概述	
	掌握	旅游目的地管理策略	
全域旅游下旅游目 的地管理	理解	全域旅游概述	
	掌握	旅游目的地管理策略	
优质旅游下旅游目 的地管理	理解	优质旅游概述	
	掌握	旅游目的地管理策略	
文旅融合下旅游目 的地管理	理解	文旅融合概述	
	掌握	旅游目的地管理策略	

导入案例

全面大众旅游时代：旅游业迈向高质量发展新阶段

人民对美好生活的向往，必有休闲旅游的成分，休闲旅游将成为最重要的情绪产业、快乐产业、幸福产业。在美好生活的追求、在人的全面发展上，旅游必将发挥更加积极的作用，背上行囊，约上亲友，奔赴另一座城市，徜徉于青山绿水，感受充满诗意的休闲假日时光。大众旅游时代，越来越多人走出家门，踏上旅途。旅游已经走进千家

万户，成为小康社会人民美好生活的刚性需求，成为人们的重要生活方式。

这十年，随着经济发展水平的跨越提升，旅游业快速发展扩大，旅游产品提质升级，旅游业成为带动消费增长的重要支柱产业。"尽管受到疫情的严重冲击，旅游出现了很大波动，但其在国民经济结构中的支柱性地位没有发生改变。"文化和旅游部副部长卢映川说道。

这十年，旅游创新业态不断涌现，产业跨界融合、协同发展趋势更加凸显，处在重要战略机遇期的旅游业向着高质量发展的方向大步迈进。

1. 旅游成为拉动经济增长重要动力

中秋佳节，各地景区开启的夜游活动丰富多彩。张家界九歌山鬼景区、襄阳唐城景区、西湖西溪景区……独具特色的民俗活动吸引了大量游人，星空露营、赏月品茶，一起猜灯谜、穿汉服、尝美食，人们在文化浓郁的氛围中共度佳节良宵。旅游承载着人们对美好生活的向往。随着近些年人们收入和消费水平不断提高，对品质生活的需求也日益升级，旅游市场开启了快速增长的时代。"十三五"期间，我国人均出游超过 4 次。人民群众通过旅游饱览祖国秀美山河、感受灿烂文化魅力，有力提升了获得感、幸福感、安全感。

十年来，旅游经济快速发展，产业规模不断扩大。2012 年以来，我国旅游收入年均增长 10.6% 左右。2019 年，旅游总收入达到 6.63 万亿元，旅游及相关产业增加值 4.5 万亿元，占 GDP 的比重为 4.56% 左右。

十年来，旅游产品供给不断提升优化，业态更加丰富。从 2012 年到 2021 年，全国 A 级旅游景区数量由 6042 家增加到 14332 家；5A 级旅游景区数量由 144 家增加到 306 家，中高等级景区比例大幅提升。

文旅产业高歌猛进，综合效益显著提升，旅游成为拉动消费增长、助力经济高质量发展的重要动力，彰显着改革的活力。

今天，我国全面进入大众旅游时代，旅游已经成为人们重要的休闲生活方式。传统观光旅游模式加速消退，休闲度假旅游、主题品质旅游、专项定制旅游等市场快速发展。人民群众对旅游消费的需求经历了从"有没有"向"好不好"转变，从低层次向高品质、多样化转变，从注重观光向兼顾观光与休闲度假转变。

《"十四五"旅游业发展规划》指出，我国将全面进入大众旅游时代，旅游业发展处于重要战略机遇期。面对新阶段高质量发展的要求，坚持创新驱动、完善旅游产品供给体系、拓展大众旅游消费体系等成为旅游业未来的重点任务和发展方向。

2. 融合趋势催生文旅新业态

在山水之间看一场实景演出，全息沉浸式游览网红博物馆，走在非遗街区体验精巧的手工技艺……近年来，文化和旅游深度融合、相互促进，红色旅游、旅游演艺、文化遗产旅游不断发展，旅游成为传播中华文化的重要载体。

回顾旅游业十年发展，融合是重要趋势。文化和旅游的融合丰富了旅游内涵，催生了丰富业态，旅游的文化品质持续提升，历史文化类景区由2012年的2064个增加到2021年的4111个，增加了将近一倍。

"不仅是传统的观光游，一些旅游的新业态也在不断涌现，比如工业旅游、中医药健康旅游、体育旅游、休闲度假旅游、冰雪旅游、露营旅游等，人们选择的多样性更加丰富。"卢映川表示。近年来，各地实施"旅游+"战略，旅游业跨界融合步伐加快，丰富了旅游有效供给、优质供给，旅游与教育、工业、农业、体育等产业深度融合，旅游产业链不断延伸，形成新的经济增长动力源。

十年来，全国红色旅游经典景区从100处扩展至300处，广袤中华大地上星罗棋布的红色资源，转化成为一个个寓教于游的红色景区，以及青少年学习红色历史、传承红色基因、接受红色精神洗礼的生动课堂。近年来，红色旅游接待游客年均增长率超过11%，2019年达到14.1亿人次。

文旅部门还推出了国家级、省级旅游度假区671家，全国乡村旅游重点村镇1299个，省级以上旅游休闲街区300多家，形成各种类型的休闲产品，不断满足人民群众多元化、个性化的休闲度假需求。奔赴大自然的绿水青山，感受清新空气，放松疲惫身心——近些年生态旅游的兴起代表着人们对绿色健康生活的追求，国家公园、森林步道、冰雪旅游、湿地草场成为热点。2021年我国生态旅游游客量达20.93亿人次，同比增长超过12%。

3.百姓共享旅游发展成果

在贵州花茂村，曾经的"荒茅田"已经大变样，成为山清水秀、枝繁叶茂的旅游胜地；在湖南十八洞村，山水民居、民族风情让游客流连忘返；河北德胜村、江西神山村等由曾经的贫困村变成了全国乡村旅游重点村；安徽西递村和浙江余村入选首届联合国世界旅游组织"最佳旅游乡村"……多年来，许多乡村不仅通过发展旅游脱贫致富走上小康路，还成为展示美丽中国形象的闪亮名片。

在追求全面小康的道路上，旅游是一道亮丽的风景线。各地依托红色文化资源和绿色生态资源大力发展乡村旅游，一批生态美、生产美、生活美的乡村旅游目的地悄然兴起。曾经闭塞落后的乡村实现了脱贫致富、就业增收，曾经无人问津的古老村落成为游客心中寄托乡愁的"世外桃源"。

"这十年来，乡村旅游产品供给不断优化、基础设施不断完善、服务质量不断提升、农民为主体的利益联结机制不断健全，乡村旅游在经济社会发展中的综合效益不断凸显。"文化和旅游部副部长饶权表示。

数据显示，2012年以来，乡村旅游的游客年均增长在20%左右。文化和旅游部推出了1299个全国乡村旅游重点村镇，打造了一批内涵丰富、主题鲜明的全国乡村旅游精品线路，培育乡村旅游集聚区。2019年，我国乡村旅游接待人数超过30亿人次，占国内旅游人数的一半。

旅游是践行"绿水青山就是金山银山"理念的重要领域，也是打赢脱贫攻坚战和助

力乡村振兴的重要生力军。随着乡村旅游不断发展，广大乡村地区的文化旅游资源被发掘盘活，越来越多城市游客走进乡村，在绿水青山之间诗意栖居，感受悠久浓厚的历史文化底蕴。采摘体验、研学旅游、非遗手工、民俗节庆……乡村旅游业态不断丰富，越来越多的游客"留下来"，带动了当地消费增长。

"放下斧头当导游，小康生活不用愁。"在内蒙古阿尔山市的一个林区，通过发展乡村旅游吃上"旅游饭"的村民们写下了这副对联，成为旅游带动村民在家门口就业增收的生动写照。

乡村旅游的不断发展，不仅让村民们成为旅游从业者，也让腰包逐渐鼓起来的他们走出家门，成为旅游体验者。旅游业发展成果由百姓共享，成为名副其实的幸福产业，也成为人民群众追求幸福生活道路上的一抹亮丽色彩。

（资料来源：https://news.gmw.cn/2022–09/19/content_36032478.htm）

中国特色社会主义进入新时代，意味着各行各业都迎来了新的发展时期。在国内发展一片大好的态势下，人民群众的生活也越来越好，在物质层面上得到满足之后，人们在精神层面的追求也越来越注重品质的提升。旅游作为人们精神享受的方式之一，在新时期的发展也随着人们的需求变化而朝着新方向而努力。同样地，新时期旅游目的地管理也会有创造性的发展。

第一节　旅游目的地管理的新时代特征

一、旅游目的地管理进入新时代

（一）供给侧改革

2015年11月10日，中央财经领导小组第十一次会议上习近平总书记首次提出着力加强供给侧结构性改革，适应经济发展新常态。供给侧结构性改革，就是从提高供给质量出发，用改革的办法推进结构调整，矫正要素配置扭曲，扩大有效供给，提高供给结构对需求变化的适应性和灵活性，提高全要素生产率，更好满足广大人民群众的需要，促进经济社会持续健康发展。当前我国经济运行中暴露出来的一些突出矛盾和现象，大都与供给结构和需求结构不相适应有关："供需错位"已然成为中国经济持续增长的最大路障——传统的中低端消费品供给严重过剩，高品质消费品供给不足。与其他行业相同，旅游行业也正在经历结构性失衡的"阵痛"：中国庞大的旅游消费需求与缺乏多样性的有限供给之间，已经出现了巨大的裂缝，阻碍旅游业的发展与创新。新时期，供给侧结构性改革给旅游业的发展带来了新的机遇和挑战，旅游在推动经济增长、促进社会就业中的作用将越来越明显，从旅游供给侧对旅游产业的各个环节进行改革显得尤为必要。

（二）自游时代

随着经济发展阶段的演进和国民收入水平的提高，我国已经进入汽车生产和消费的规模化时代。据国家统计局公布数据显示，2023 年年末全国民用汽车保有量 33618 万辆（包括三轮汽车和低速货车 706 万辆），比上年增加 1714 万辆，其中私人汽车保有量 29427 万辆，增加 1553 万辆。民用轿车保有量 18668 万辆，增加 928 万辆，其中私人轿车保有量 17541 万辆，增加 856 万辆。国际经验表明，汽车时代、高速公路时代和散客旅游时代是相伴而生的。日益增多的有车族开车出游的范围已经从居住地周边地区延伸到中远程地区，异地租车也在不少旅游地出现。自驾游不仅在我国东部经济发达地区发展较快，在西部经济相对落后地区也开始普及。根据马蜂窝的数据统计，2023 年自驾游热度比 2022 年增长了 39%，"亲子游"和"夜游"的热度同比涨幅 114% 和 112%。自驾游的热潮期集中在春节、暑期、国庆等时段。在自驾游的区域表现上，华北自驾游热度飙升，其中山西热度同比增长了 133%。在自驾游的热门省份中，云南、广东、四川、北京、浙江等地居于榜单高位。北京、成都、西安在人气最高的自驾游城市中排名前三。从自驾游的线路数据看，青甘、川西环线热度仍未减少，草原主题自驾游则备受青睐。历史、文化、艺术等人文景观作为自驾游的首选目的地，在 2023 年自驾游消费者中占比达 46%；在这些自驾游群体中，有 38% 的用户更偏好自然景观。在自驾游消费者客源城市中，一线、新一线都市人群仍是自驾游的主力客群，占比份额同比增长了 70%~84%。北京、上海、成都、重庆、广州、深圳、西安、南京、天津、杭州位居自驾游客源城市的前十名。2023 年"自驾游"出现了不少新玩法，"自驾＋夜游"成为新趋势，海上夜钓、探访夜市、星空观测、民俗体验、风帆冲浪、森林瑜伽、村落探秘、夜间徒步、海滩派对等玩法，越来越受个性化游客的青睐。

自游时代的到来，对旅游目的地开发与管理来说是挑战也是机遇。一方面来看，自游时代的到来，意味着旅游者的旅游需求被进一步激发，游客行为展现出更明显的自主性，这为旅游小微企业、在线旅游企业发展提供了发展机遇；从另一方面来看，自游时代的个体化行为由于其分散性而更加难以监管，对旅游公共服务供给适应个性化发展方面提出更大挑战，对生态旅游产品的追逐可能对脆弱的环境带来负面影响。旅游目的地应该从规划、管理、服务等方面作出努力，加强房车营地、旅游公共产品体系建设，加快智慧目的地打造，加强全域旅游目的地建设等方面做出努力，科学、合理地进行游客管理、服务，构建多维、全域旅游供给体系。

（三）高速时代

截至 2023 年年底，我国铁路营业里程达到 15.9 万公里，其中高铁达到 4.5 万公里。我国已成为交通大国，正加快向交通强国迈进，全国高铁里程、高速公路里程、轨道交通运营线路及里程等多项交通运输指标位居世界第一。同时，我国高速公路网也正在铺开，按照《国家高速公路网规划》，高速公路将采用放射线与纵横网格相结合的布局方案，形成由中心城市向外放射以及横贯东西、纵贯南北的大通道，由 7 条首都放射线、9 条南北纵向线和 18 条东西横向线组成，简称为"7918 网"，总规模约 8.5 万公里，这将连接全国所有的省会级城市、目前城镇人口超过 50 万的大城市以及城镇人口超过 20 万的中等城市，覆盖全国十多亿人口，实现东部地区平均 30 分钟上高速，中部地区平均 1 小时上高速，西部地区平均 2 小时上高速，连接国内主要的旅游城市。交通方式决定旅游方式，这是旅游发展过程中的重要规律。中国的"高速时代"正在到来，交通格局已经发生了巨大的改变，深刻影响着中国经济、政治、文化、社会等各个领域，也影响着中国旅游业的格局，改变着中国旅游业的面貌。高铁让旅游"朝发夕至""夕出朝归""双城生活"成了可能，高铁旅游产品为闲暇时间较短的人群提供了多样化的选择，丰富了国内游客"小长假"的旅游行程，使短假期的省市周边游和跨省跨地域旅游成为可能。

（四）"互联网+"时代

2015 年，李克强在政府工作报告中提出，制订"互联网+"行动计划，推动移动互联网与其他产业的结合。21 世纪是一个数字化、网络化和知识经济的社会，信息产业将成为国力竞争的焦点，也是国家的战略性支柱产业，直接影响着国家在新世纪的生存和发展。以数字化和网络化为基础的电子商务将改变传统的贸易形态，为经济发展提供原动力，成为各国国民经济发展一个重要的增长点。

对于传统旅游业来讲，走"互联网+"的发展道路其实是充分发挥旅游业的综合优势和带动作用，积极运用互联网推动旅游业发展模式的变革、服务效能的提高，促进旅游业的转型升级。"互联网+"时代对旅游业的信息化和智慧化程度要求更高，同时也为培育新业态、塑造新商业模式、拓展发展空间带来契机。"互联网+"时代要求旅游行业全面智慧化升级，提升旅游产业品质及智慧化程度，特别是智慧旅游的发展、智慧城市的建设都是在"互联网+"时代背景下发展起来的。

（五）大健康时代

21 世纪，我国已经进入了健康中国 2030 的时代，没有全民健康，就没有全面小康。十九大报告提出大健康观，勾勒健康中国蓝图，提出深化体制改革，确保健康中国发展。大健康观是一种全局的理念，是围绕着每一个人的衣食住行和生老病死进行全面呵护的理念，也是习近平同志在全国卫生与健康大会上提出的新理念。这种观念的提出源于人民群众对健康的更加关注，源于全民健身与全民健康深度融合，反映在现实生活中，如"逃霾"成为目前人们讨论的热点话题。

随着"健康中国 2030"战略的启动，健康产业成为新常态下服务产业发展的重要引擎，与此同时，大众旅游时代也相继来临。追求健康和精神需要已经成为人们必不可少的旅游目标之一，所以追求多元化、个性化的旅游体验与服务，逐渐成为人们休闲旅游的主要需求。康养度假旅游，正在逐渐成为大众旅游的常态模式之一。在大健康时代，人们对于养生和大健康的需求已不单单是治疗，而是表现在预防、治疗、修复、康养"四结合"。康养是生活新方式，所以大健康时代催生康养旅游，倡导健康文明的生活方式和生产方式，绿色旅游、低碳旅游、负责任旅游更受欢迎，"深呼吸"成为关注点，应加快推进深呼吸小镇建设，推动养老度假、康疗养生度假、体育运动度假、家庭亲子度假、科考探险游学度假、会议商务度假等旅游模式的快速发展。

（六）"旅游 +"时代

"旅游 +"是新的生产力，不仅能够更好发挥旅游业的拉动力、整合力和提升力，为相关行业和领域发展提供旅游平台、插上旅游翅膀，催生新业态，提升相关行业和领域的发展水平与综合价值；而且可以拓宽旅游业发展的视野和空间，提高旅游业发展的品质和效益。长期以来，关于旅游的认识还停留在简单的消费层面，把旅游看成孤立的行业。实际上，旅游对国民经济的贡献不仅仅是消费，而是覆盖消费、投资、出口三大领域；旅游是增强国民幸福感、提升国民健康水平、促进社会和谐的重要产业，也是具有优化区域布局、统筹城乡发展、促进新型城镇化功能的新经济增长点。"旅游 +"是开启旅游强国大门的钥匙，具有搭建平台、提升价值、促进共享、提高效率的功能。"旅游 +"时代下，旅游业的边界扩大，传统旅游产业与其他产业的融合逐渐深化、扩展，使产业价值得以重构。"旅游 +"时代要求旅游业与工业、农业、文化等产业实现深度融合，再造旅游产业价值链、优化旅游产业发展空间，延长旅游生命线，满足不同人群对旅游的需求。

（七）共享经济时代

早在 1978 年，"共享经济"的概念就由美国社会学教授马科斯·费尔逊和琼·斯潘思提出，只是最近几年这一经济现象才开始流行，主要包括一个由第三方创建的、以信息技术为基础的市场平台。这个第三方可以是商业机构、组织或者政府，个体借助这些共享经济平台，交换闲置物品，分享自己的知识、经验或者其他的东西。共享经济就是大家如果有闲置的资源，可以通过互联网的形式让有需求的人使用，把闲置的资源与需求结合，实现了经济价值和社会价值。

共享经济时代通过互联网实现交通工具、住宿、餐饮等的共享，从线上到线下，实现闲置资源的再利用；国际上，Airbnb、Uber 等公司，国内的滴滴、PP 租车等从食、住、行等旅游要素的营销供给需要实现了新模式的进一步发展。共享旅行依托互联网、大数据、云计算等现代技术，实现旅游资源和信息的共享，激活并释放闲置资源，给旅游者的消费观念和旅行方式等带来根本变革。租赁短期民宿、共享出游攻略、拼团友拼

租车等一系列新形式，都在响应着共享时代的号召。随着人们度假消费升级和度假需求变化，旅游产业也随着市场的变化，从传统的、单一型模式转变成为多层次、复合型模式，在共享经济的影响下，旅游产业也正从一对多的单向经营迈向共享化的升级之路。

二、新时代旅游消费凸显新热点

（一）乡村旅游炙手可热

经历疫情短暂扰动后，中国乡村旅游市场在2023年重新回归高速增长。根据携程平台数据显示，2023年，国内前三季度乡村旅游订单量已恢复至2019年同期的264%，复苏势头强劲。乡村旅游即旅游者置身于浓厚的历史文化氛围和诗情画意的自然风光中，体验新奇、震撼、怀旧、悠闲、舒适的生活。乡村旅游代表个性、轻奢、自由、回归、养生、闲适、社交、商旅等诸多元素，正在成为继城市游、国外游、景区游、展馆游之后的强劲增长点，越来越多注重品质的游客喜欢上代表个性、自由、回归的乡村旅游，越来越多的家庭开着私家车带孩子来到乡村体验田园生活、感受大自然的富饶多姿，越来越多的老年人开始到乡村寻找童年的记忆、休闲养生。中央一号文件连续15年关注"三农"问题，从新农村建设到美丽乡村、科技农业和现代化农业，引导农业综合开发来造就产业新动能，涌现出田园综合体、共享农庄等农旅融合新业态。2017年党的十九大报告提出乡村振兴战略，从农业产业融合发展、土地制度改革、农业农村现代化等方面为乡村旅游业态升级提供了政策保障，休闲农业、乡村旅游持续作为旅游发展的热点。

（二）产业融合前景无限

随着我国旅游产品供给体系日趋完善，居民出游选择也更加丰富。全国各旅游目的地推出的体育健身游、教育游、科技游、康养游、美食游等特色产品引爆旅游市场，满足不同游客差异化、个性化需求。产业融合给游客带来惊喜，也为地方经济社会发展注入正能量，让当地群众共享发展成果。跨界融合是这个时代的本质特征，"旅游+"是实现旅游新发展的重要方法和路径。通过产业融合产生适应新时代旅游特征的旅游形态，形成新型的研学、养老、休闲和健身等模式，发挥巨大的市场力量，发挥拉动能力、渗透能力、融合能力和整合能力，发挥催化、优化、集成、放大作用。

（三）国际旅游大放异彩

依据国家移民管理局公布数据，2023年全国出入境人员4.24亿人次，同比上升266.5%。同时，据中国旅游研究院《中国出境旅游发展年度报告（2023—2024）》显示，2023年，出境旅游人数超过8700万人次。全年我国出境游呈现：以港澳近程出境目的地为主导，高学历及年轻化游客成为出境游主流，中等收入群体及一、二线城市的游客出游态度更加积极等特点。

未来，中国旅游市场的主基调将从"重塑恢复"向"创新繁荣"转变，旅游发展逐步进入由"供给迎合需求"到"供给创造需求"的新阶段。因而，对各地政府、文旅部门和文旅企业主体的"供给质量与创新性"要求越来越高，竞争也趋向激烈。

（四）科技旅游闪亮登场

由于人工智能和数字技术的进步，游客能够更好地掌握旅游信息。越来越多的游客将先通过科学技术了解目的地和周边环境，然后才会出门。未来，会超过 80% 的游客在外出前，希望通过 VR（虚拟现实技术）体验后再做出决定。虚拟现实已经得到了广泛的关注，许多旅游公司都在努力挖掘这项技术的潜力，并将其应用到现实世界中。此前，宋城、上海迪士尼和华侨城都宣布与 VR/AR（增强现实技术）联姻。这种"身临其境"的互动体验新技术在旅游业中有着广泛的应用前景。以华强方特为例，建造世界最大的 VR 主题乐园——东方神画，大气的园区和东方韵味十足的景观、极具中国文化内涵和科技元素的游乐项目、逼真而奇幻的项目体验让旅游者对方特主题乐园留下了深刻的印象。园内饱受好评的《梁山伯与祝英台》和《女娲补天》两大项目的技术运用更是炉火纯青，《梁山伯与祝英台》是一个当今世界最大的供多人参与的裸眼 AR 表演项目。该项目以中国古代经典爱情故事为主题通过全新魔方式幻影舞台，借助光学影像等增强现实技术与真人表演完美结合，使用全新创意研发的四面体"钻石型"全息投影技术、综合舞台特技技术、影视表演技术等来讲述中国传统故事。AR/VR 进入景区才刚刚开始，有着美好的应用前景，未来需要不断贴近市场，满足游客需求。"知道客户在哪儿、客户将去哪儿、客户有何种行为"的旅游企业将能够分到很大的一块蛋糕。

另外，信息科技的创新和发展不断刷新人们对于旅游的印象。过去，景点买票要排队、出门游玩不识路、不了解当地的气候、不知道当地特色小吃在哪里等情况时有发生，现在一个 App 就可以玩转一座城，只要下载一个 App，就相当于拥有了一个覆盖旅游生活全要素的万能"百宝箱"。智慧旅游发展迅速，给游客带来实实在在的便利。在某些旅游目的地建设"旅游产业运行监测与应急指挥中心"后，在线预订、智能导游、分享评价等智能化旅游服务得到普遍应用。

（五）共享旅游势不可当

共享经济作为一种新兴的商业模式，在旅游行业中越来越受到关注和推崇。而共享旅游作为共享经济的重要组成部分，在未来几年内也将会得到进一步的发展和壮大。一是社交媒体营销将更加重要。共享旅游的智能化服务已经是目前的趋势，旅游平台通过线上平台实现个性化推荐、精准定位等功能，提高用户体验和满意度。社交媒体也已经成为新一代消费者获取信息、传递信息的主要渠道。未来，共享旅游平台会加大社交媒体营销力度，通过各种社交媒体平台提高曝光率和用户黏性，让更多用户了解并使用共享旅游服务。二是更加注重体验式旅游。共享旅游不仅是依靠资源共享，更是注重打造

独特的旅游体验，通过线上平台直接定制自己的行程安排，不再需要烦琐的旅游攻略，真正地实现说走就做的旅行。未来的共享旅游会进一步注重体验式旅游，通过更多的当地文化、人文景观的融入，让旅游更加贴近本地生活。三是合作模式将更加完善。合作已经成为共享经济中重要的一环，未来几年共享旅游的合作模式将会更加完善。旅游平台和旅游当地景区之间的合作、与当地星级酒店的合作也将会更为紧密，让更多的人可以轻松参与到共享旅游中，从而实现游客、商家、平台的共享、共建、共赢。四是旅游服务品质更加健全。作为共享旅游服务行业能够持续发展的重要的一点就是所提供的服务品质，这也是线下传统旅游逐步被消费者抛弃的一个重要的原因。共享旅游平台将会更加关注服务品质，提升服务质量。未来，共享旅游平台也将会对服务方面的人员进行完善的业务培训，确保消费者能够获得高品质的旅游服务。

（六）全民出游大势所趋

2023 年，城镇居民国内出游 37.6 亿人次，增长 94.9%；农村居民国内出游 11.3 亿人次增长 88.5%。从城乡和农村居民旅游消费看，2023 年城镇居民旅游消费 4.18 万亿元同比增长 147.5%，占国内旅游总收入的 85%；农村居民出游消费 0.74 万亿元，同比增长 106.4%，占旅游总收入的 15%。全年人均每次旅游消费 1003.88 元，比上年同期增加 197.56 元，同比增长 24.5%。其中城镇居民人均每次旅游消费 1112.29 元，同比增长 26.89%；农村居民人均每次旅游消费 653.92 元，同比增长 9.17%。伴随着交通格局、目的地基建、内容服务演化的发展，全民旅游、人人自主游时代到来了。儿童群体的出游主要体现在研学旅游和家庭出游，这是伴随着教育改革进行的；同时也是伴随着计划生育开放二胎的政策进行的，亲子家庭出游的市场比例更大，而他们往往也可以脱离组团的方式形成自主游的产品体系。旅游成为一种新的享受晚年生活方式，银发产业会成为一种新风向，老年人会成为新的旅游产业群体。不同年龄层次、不同职业群体都成为潜在的旅游者，全民旅游已成为发展趋势。

（七）快旅慢游注重享受

社会高速发展，只争朝夕的超负荷快节奏生活方式，几乎成为一个城市现代化的标志和荣耀。据调查显示，城市中 84% 的人认为自己生活在一个"加急时代"，生活节奏越来越快，心理压力越来越大，大城市白领阶层因为忙碌普遍处于亚健康状态，另一方面，高铁高速的快速发展给人们的出行带来了极大的便利，人们外出旅游没有必要花费大量的时间在路上。在这样的社会环境中，慢生活、慢旅游应运而生。慢作为一种生活态度和行为方式风靡世界，成为一种时尚。放慢节奏，旅游更有滋味。越来越多的年轻人开始倾向于自由行。不赶场，不讲究效率，不追求一共去了几个景点，而是随心所欲地行走，在一个地方住下来，放慢脚步，悠闲地四处逛逛，感受当地人的生活，让自己焦虑的心慢慢沉静下来。慢旅游，正在成为一种新的时尚。

（八）定制旅游彰显个性

"80后""90后"已成为旅游消费主力军，年轻群体的消费习惯和需求有所不同，他们更喜爱自由行、热衷美食、追求个性化、重视旅游体验、喜欢在社交网络分享旅游感受。在消费升级的当下，定制旅游以其独特的路线定制与管家式的省心服务脱颖而出。私密化、个性化玩法、一对一服务、稀缺资源，是旅游者寻求定制旅游服务的四大理由。旅游目的地管理要把游客需求放在首位，开发更多新产品，满足消费者个性化、多样化旅游需求。如对于一些中高收入群体，推出不拼团、不进购物点、不等待、专属服务的"私家团"产品。游客需求点就是打开市场新增长点的金钥匙，找准需求点发力，设计出更受欢迎的产品，全方位提升游客体验。

三、旅游目的地管理需要新理念

当前，我国旅游发展正面临着大众旅游、全域旅游、优质旅游、文旅融合的时代背景，这给旅游目的地的开发与管理带来了新的机会和挑战。旅游目的地只有通过优化旅游产业结构，激活多元资源整合，创造新的消费点，加强旅游创新意识，增加旅游投资，转变政府职能，树立新的旅游观，完善旅游信息服务，才能更好满足当下旅游者的需求，不断凸显旅游经济的社会价值。新时代的到来，也对旅游目的地管理提出了新要求，具体如下。

（一）旅游体制的创新管理

创新旅游管理体制机制是适应新时代发展的必要条件，是转变经济发展方式的重要抓手，旅游目的地管理体制的变革首先应提高旅游管理机构的权威，协调旅游规划、制度的落实以及部门间的合作，实现综合执法、各部共管，更加规范地进行市场监管，改善旅游行业的整体管理水平。其次，与时代背景结合，创新管理机制体制，运用互联网、云计算、大数据等技术对各级组织进行管理，既可以避免传统管理的缺点，又能紧跟时代潮流。

（二）旅游服务的提档升级

党的十九大报告指出，我国社会主要矛盾已经转化为人民日益增长的美好生活需要和不平衡不充分的发展之间的矛盾。这种矛盾反映在旅游业中，优质旅游应运而生。标准化、规范化的旅游服务是目前旅游者最需要也是最必要的，在此基础上，为了满足人民群众日益增长的旅游需求，品质化、优质化的旅游服务也是顺应时代要求而产生的。因此，旅游目的地应以旅游管理服务相关标准为引领，强化旅游安全法律法规的落实，倾力开展旅游市场秩序专项整治，不断完善旅游综合监管体制机制，加大旅游综合监察力度，突出抓好旅游管理服务、旅游节庆活动安全管理和旅行社规范经营等重点，不断

提升旅游管理服务的标准化、规范化水平，提升旅游管理服务的整体水平。旅游服务的提档升级应创新思维，推动标准化、特色化、人性化发展，并制定旅游行业自律公约和服务规范，重点规范旅游单位和从业人员的经营服务行为，将旅游服务标准化落到实处。

（三）旅游资源的整合重组

新时代对旅游资源的整合也提出了新要求，如当前文化旅游产业风头正劲，从市场增长率到国家系列政策支持，再到产业投资力度，文旅产业已成为引领我国消费升级、拉动实体经济发展的重要引擎。同时，随着文化和旅游部成立，各路资本对文旅产业竞相追捧，市场蕴藏的巨大投资空间和潜力进一步被激发。这样的时代背景与市场环境下，势必推动旅游资源的重组。传统的旅游资源组合已不能满足当前人民的需求，应在对现有成熟旅游产品进一步提炼的基础上，挖掘其具有共性的内涵，以此为魂，将分散在各个地域范围内的旅游资源通过有效整合、形成合力，给游客提供一个全新的旅游理念，延伸旅游业链条，进而推动旅游业做大做强。

（四）旅游产业的优化组织

针对旅游产业的优化组织，旅游目的地可以设立旅游产业促进中心，加强旅游产业综合协调和推进职责，统筹协调旅游业的发展，综合协调各类旅游资源的整合、优化配置，协调推进旅游产业项目和旅游公共服务体系建设、安全监管等；加强旅游规划管理职责，有效避免旅游发展中的盲目性，促进旅游规划、计划的贯彻实施，使旅游资源得到更有效、合理的利用。同时，减少其他产业发展对旅游产业发展的束缚，积极构建具有特色和符合国家旅游发展计划的现代旅游发展管理体制，加强产业经营的内在联系，扩大旅游产业的发展规模，获得发展的规模效益。

（五）旅游市场的净化升级

旅游目的地市场的净化升级，首先要建立以游客满意为标准的综合监管体系，其次应加强旅游城市营销和市场开发职责。景区等级评定、旅行社管理、星级酒店评定、导游资格考试培训、旅游行政执法等权利都可以下放给地方、协会等执行，推进旅游执法重心下移，加强各级机构的旅游市场监管职能和力量。旅游主管部门应建立健全旅游服务监管体系，将监管重点转移到运营监管上。旅游目的地应建立健全旅游企业的诚信评价、信誉监督、失信惩戒和违规退出等制度，完善旅游企业和主要从业人员信誉公示系统，同时可以利用旅游投诉热线、微信平台、电子邮箱等多种形式与游客互动，听取游客的意见，建立以游客满意为出发点和落脚点的旅游市场综合监管体系。旅游目的地应把旅游企业推向市场，建立现代企业制度，参与市场竞争，最大限度地发挥旅游目的地的资源效益，尝试所有权与经营权的分离，改变政府包办、行政手段运作的经营模式。同时应加大非国有旅游企业的培育，对国有旅游企业改革形成倒逼机制，增强国有旅游企业改革的动力。

（六）旅游发展的技术运用

在旅游目的地管理发展的过程中，要充分发挥大数据、云计算等技术手段在旅游管理中的应用优势，合理规划旅游创业、创新布局，科学匹配旅游创业、创新资源供给与需求，加快促进旅游企业、旅游创客与资本的对接，通过多层次的资本市场，为旅游创新、旅游创业扩宽融资渠道，把握旅游目的地发展面临的巨大发展机遇，实现旅游目的地开发与管理的提升与进步。另外，旅游目的地管理应该在规划、服务等方面与智慧化相结合，加强旅游公共产品体系建设，加快智慧目的地打造，科学、合理地进行游客管理、服务，构建多维、智慧化供给体系。

第二节　大众旅游下旅游目的地管理

一、大众旅游概述

（一）大众旅游的产生

19世纪40年代之前，旅游活动的范围和规模都很小，而产业革命的胜利和旅游业的诞生，从主客观两方面促进了旅游活动的发展，使旅游活动的规模和范围逐渐扩大。进入现代社会以后，伴随着大众旅游的出现，普通的劳动大众的旅游需求得到满足，旅游消遣不再为少数人所独享，旅游活动发展成为遍及全球的大规模的社会现象。世界旅游组织在1980年发表的《马尼拉宣言》中明确指出，旅游也是人类社会的基本需求之一，旅游度假是人人享有的权利。

大众旅游的产生有两个基本前提：首先是经济的增长，人们收入的普遍增加。据国际资料统计表明，当一个国家人均GDP达到300美元时，居民将产生国内旅游动机；达到500~800美元时，国内旅游急剧扩张；达到1000美元时，将产生洲内旅游动机；若超过3000美元，将产生洲际旅游动机。其次是闲暇时间的增多。随着社会生产力的发展，在大大降低人们的劳动强度、缩短劳动时间的同时，人们的闲暇时间大大增多。

大众旅游包含两层含义：第一层就是旅游者的群体在逐渐地扩大，由以往少数人的旅游扩展到普通大众也可以享受的娱乐；第二层就是现代旅游活动开始形成以组团旅游为代表的旅游模式，成为旅游的主导形式。因此，在大众旅游时代，如何针对绝大多数人的旅游需求开展旅游活动、管理旅游目的地，是我们目前要思考并解决的问题。

（二）大众旅游的特征

（1）出行散客化。随着游客自主意识增强，散客化已成为全球化趋势。据统计，我国旅游市场的散客化自由行趋势日趋明显，散客的绝对数和在客源总数中所占比重逐年增加，跟随旅游团的比例预计不足 5%，个人自由行市场存在着巨大的发展空间。散客旅游的发展是旅游业进入更高层次、更新阶段的产物，也是旅游业发展的必然趋势。目前旅游者的出游方式趋向自主、自组、自助式，旅游产品的主导权正逐步转向消费者。

（2）旅游全民化。"全民旅游"也是近些年旅游发展的热词，上到"银发旅游"，下到亲子、研学旅游，旅游者的年龄层次也在不断地丰富、扩大。与此同时，目前的旅游目的地或者旅游产品正在逐步满足各年龄层次、各社会群体的旅游需求。

（3）活动全域化。大众旅游背景下，旅游者的活动区域不再局限于旅游景区，公园、休闲场所都成为人们旅游地点的选择。特别是无景点旅游的提出与盛行，更是让旅游者的活动范围不断扩大，不再倾向于传统的"串景点"式旅游。

（4）动机多元化。旅游动机是一个人外出旅游的主观条件，包括旅游者身体、文化、社会交往、地位和声望等方面的动机。当前，旅游者的出游动机多样，亲子、养生、养老等多种多样的原因都成为推动旅游者外出旅游的动机。大众旅游下的旅游目的地管理就是要满足不同旅游者的旅游动机，从而实现旅游的长足发展。

（5）方式灵活化。新时代旅游目的地管理应适应大众旅游背景下旅游方式灵活多变的特征，自助、自游、自驾、私人定制、慢旅游等多种方式为旅游者提供了多种选择，同时也对旅游目的地管理提出了新的要求，旅游目的地应适应新发展，满足不同旅游者的需求。

大众旅游时代下，旅游发展的显著特征就是人多量大，即出游人数增多、出游频次增加，人们通过旅行团出游是一种常态，但是目前自助游群体也在不断增长。因此，旅游目的地管理的新发展要迎合此种旅游态势，一方面通过完善旅游公共服务体系、升级旅游目的地、打造成熟的旅游市场来满足旅游者的需求，另一方面在满足量的同时不能忽视质，通过提供品质化旅游体验来实现旅游目的地管理的新发展。

二、旅游目的地管理策略

（一）促进旅游目的地提档升级

当前的旅游发展模式中绝大多数的旅游目的地都处于一个"驿站式"的地位，旅游者到达目的地观赏性明确，停留时间过短。因此，大众旅游背景下，旅游目的地的发展需要向"港湾式"转变，引得来客，留得住人，扬得了名，这是今后旅游目的地发展的主攻方向，这需要"整、改、扩"三要素齐头并进，明确一条主线，扩大规模，融入更多要素，多元走向市场。

（1）整合目的地资源。大众旅游时代，旅游目的地多元化的要素需融合，即资源的整合互联。旅游不仅是看风景，更是一种体验，通过夜晚演出将一日游转变成两日游，通过夜游一条街留住游客，通过极具特色的住宿环境延长游客的停留时间等，这都是通过要素整合达到产业链延伸的典范，也是以多种文化形式推动旅游发展的有益尝试。旅游资源是散落的珍珠，而旅游是把珍珠串成项链的那根线。整合资源、跨界合作、共赢共享、顺势而为，既符合旅游行业发展的内在要求、符合社会发展的规律，又是旅游人智慧的选择。

（2）优化目的地形象。对于一个旅游目的地来说，主题游的脉络要清晰，即旅游目的地的形象要改善。旅游形象的改善就是要进一步理顺思路、明晰脉络，精确定位主题产品，明确旅游品牌，要突出主旨、理清层次，在旅游推介与宣传上要有一条主线脉络，有一个灵魂之作。否则，会造成都是重点等于没有重点的尴尬局面，在对外宣传时，旅游目的地没有主题无法撼动人心，就无法在旅游市场中串联并占据重要份额。如河南省旅游主题品牌——老家河南，青海省旅游主题品牌——大美青海，云南省旅游主题品牌——七彩云南等一系列品牌形象，在打造整体品牌形象的过程中，也不能忽略目的地资源体系、产品体系及品牌体系的建设与细化。

（3）拉长目的地链条。经过多年发展，旅游由少数人的奢侈品成为大多数人日常生活的重要内容。从国民年人均出游率看，旅游已成为我国百姓常态化的生活选项。从国际上看，衡量一个国家旅游消费普及率的重要指标是国民出游率，中等发达国家居民每年出游超过 3 次，发达国家居民每年出游 8 次以上。2023 年我国旅游发展活力强劲，全年国内出游 48.9 亿人次，比上年增长 93.3%，约合人均旅游 3.5 次，国内游客出游总花费 4.91 万亿元，比上年增加 2.87 万亿元，同比增长 140.3%，一系列的数据表明旅游消费已成为人们日常生活消费中的一部分。面对大众旅游时代，旅游者的数量只增不减，因此，对于旅游目的地来讲，大容量的景区应具备，即项目的扩容升级。目前来说，我们的旅游接待功课显然还做得不够，停车场地紧缺，景区交通不便，配套的餐饮住宿不多，整个产业还不够精致与深耕，这不仅需要有大手笔的旅游新项目的投入，更需要致力于传统景区的扩容升级以及景区联合体的打造，做好串珠的文章，加强后期的开发，打造具有较强接待能力与竞争软实力的大容量景区。

（二）培育成熟的旅游市场

旅游者外出游玩时，即使做足了准备工作，也不能避免突发性事件。一场突发事件就可以让我们看出目前旅游市场存在的问题及不成熟的表现。例如，泰国普吉游船倾覆事故看似一起偶发、突发的自由行事故，在国内不容易找到责任主体，但也反映了大众旅游时代、自由行趋势下，成熟旅游市场培育的极端重要性。

（1）明确定位，有效监管。追根溯源，我国的旅游起源于外事，服务于国家的公共外交。随着大众旅游时代的到来，传统旅游的内涵和外延、旅游的市场主体已发生深

刻变化。当前，旅游业要明确旅游的本质，更多地强调其公共服务的属性，强调其文化传播、公共外交本质。过去，我们把参与外事接待、代表民间形象的导游推向了竞争市场，让他们既肩负着传播文化的公共责任，又承担着市场化带来的生存压力。在扭曲的旅游生态下，导游便成为低价游、"填坑团"的牺牲品，旅行社也承受着旅游市场压力的不堪之重。现在，我们可以做到对市场中的违法违规、不文明行为，及时发布黑名单，同时加强社会面上的文明旅游、安全旅游宣传，让公开透明的旅游市场环境成为净化旅游市场的力量。

（2）注入文化，呈现特色。旅游很大程度上是创意产业，文化的差异性是旅游的原动力，创造触及心灵的体验，是旅游服务的重要目标。对于旅游者来说，旅游是什么，是特定场景下的体验和感觉，是主题和文化。旅游人要有创意，善于营造场景，研究客人的需求，丰富客人的体验。旅游不能失去文化的灵魂，否则，这样的旅游产品就缺乏内涵、没有生命力。随着互联网技术的进步，旅游市场已基本完全放开，让企业成为市场竞争的主体，让市场最大限度地优化配置资源，已成为社会共识。在旅游目的地开发与管理的过程中，让更多的文化体验融入旅游项目中去，让更多的文娱要素互联成特色与新品，把文化创意融入游程，以文化激发游兴。

（3）礼遇人才、温情待客。我国旅游业的发展已进入大众旅游的新阶段。旅游业综合性强、牵引力大，在经济社会发展和公共外交中发挥着越来越重要的作用和影响。目前最紧迫的是旅游人才培养，包括政府管理、旅游高级管理人员、创造性人才等，让旅游成为一个有温度、有感情、有承担的行业。并且及时调整监管思路，在公共舆论上引导有价值的"服务"，提高从业人员的待遇，包括关心优秀的导游，因为他们是城市和国家的名片，给他们一些合理的利益保障和人文关怀，不能把他们完全推向市场。

（三）完善旅游公共服务体系

（1）完善交通集散体系。优先加强旅游和交通融合发展的基本理念，做好旅游交通发展顶层设计，借助交通部门的力量完善旅游交通，推进重要交通干线连接景区的道路建设，加强城市与景区之间交通设施建设，实现从机场、车站、客运码头等主要交通口岸到主要景区的交通无缝衔接，推进乡村旅游公路建设，形成便捷、舒适、高效的旅游集散服务体系，完善旅游咨询服务体系，建设旅游观光巴士体系、旅游交通标识体系等。

（2）提升旅游市场服务质量。建立完善以游客为中心的服务质量评价体系，开展评价体系建设试点工作。完善区域、业态、企业等旅游服务质量监测机制。发挥全国旅游市场服务质量监测点作用，开展常态化质量监测和评估，推进监测结果应用。支持地方建立赔偿先付、无理由退货等制度。遴选发布优秀旅游服务质量典型案例，推行"首席质量官""标杆服务员"制度。建立健全旅游行业协会参与旅游服务质量工作机制，推动建立全国性旅游服务质量提升分会、专委会等行业组织。支持各地探索设立旅游服务质量奖，引导游客理性消费，树立优质优价的消费理念。

（3）完善公共信息平台。利用高科技、智慧旅游等相关技术，人性化、技术化地增强旅游公共服务体系的供给能力，如针对当前自驾旅游的迅速发展，推动旅游交通、旅游气象和自然灾害等大数据的应用，建立旅游大数据和相关大数据的共享平台和机制，鼓励服务商利用北斗卫星导航系统智能服务平台提供自驾游线路导航、交通联系、安全救援和汽车维修保养等配套服务；针对游客咨询、投诉等迅速增加的情况，强化已经运行多年并行之有效的"12301"智慧旅游公共服务平台，进一步完善旅游公共信息发布及资讯平台、景区门票预约与客流预警平台、旅游大数据集成平台，为合理疏导游客和规范旅游市场秩序提供强有力的技术支持。

（4）补齐公共服务短板，推动乡村公共设施建设。在我国公共服务建设中，存在城乡差距较大的问题。特别是乡村地区应积极开展乡村旅游环境整治行动，全面提升通村公路、网络通信基站、供水供电、垃圾污水处理设施水平，推进乡村旅游停车场、旅游厕所、垃圾站、医疗急救站、农副土特产品商店和旅游标识标牌等各类公共服务设施的规划建设，改善乡村旅游公共服务供给能力和水平，促进我国乡村旅游发展迈上新的台阶。

（四）推动旅游体验的品质化

（1）挖掘旅游体验的深度。大众旅游时代，旅游者不再局限于那种走马观花形式的旅游，而是在目的地更长时间的停留，对目的地的体悟更加充分，更能从感官刺激的层次上升到身心交融的境界，获得更深的体验。在过去，人们非常注重旅游的数量，总是想看到更多的地方。然而现在，旅游机会的增加使人们越来越不满足于旅游次数的增加，更加注重旅游体验的深度。因此，为了给游客提供更深刻的体验，旅游不仅应该满足基本功能如食、住、行、游、购、娱，也要增加文化内涵，激发游客的兴趣，提高他们的参与度，通过定义主题，塑造和加强旅游者的印象。

（2）扩展旅游体验的广度。在传统观光旅游模式下，旅游者对于旅游的关注主要集中于旅游吸引物，而现在旅游者除了关注吸引物这一核心产品外，也开始关注基础设施、公共服务、生态环境等辅助产品和外围产品。这些过去所说的辅助产品和外围产品甚至更加重要，日渐成为旅游的核心，不能再用辅助和外围来进行描述。旅游者对于体验广度的追求要求我们打造全方位、全过程、全覆盖的旅游体验，这正是这两年大众旅游发展的重要内容之一。

（3）增加旅游体验的强度。品质化的旅游由于其形式内容的高端化以及和旅游者个体高度的契合性，对旅游者的精神刺激往往更加强烈，从而有利于提高旅游者体验的强度。大众旅游时代，打造个性化、特色化、品质化旅游要注重细节，一些不经意的细节可能更加能够拨动人们内心深处的琴弦；要强化真实性，投机取巧确实可能一时哗众取宠，但时间长了经不起推敲，大浪淘沙，真实的力量将逐步显现出来。

第三节　全域旅游下旅游目的地管理

一、全域旅游概述

（一）全域旅游的提出

全域旅游最早的雏形是 2008 年浙江省绍兴市委市政府提出的"全城旅游"发展战略。之后，2009 年江苏省《昆山市旅游发展总体规划编修》提出"全域旅游，全景昆山"。自 2016 年提出我国旅游要从"景点旅游"向"全域旅游"转变后，全国各地纷纷响应号召，多部门联动制定多项政策来推动全域旅游的发展和实现。全域旅游的热度在国内只增不减，各地区、各部门都将全域旅游作为旅游业发展的方向和目标。2016年 2 月和 11 月，国家旅游局先后公布了两批国家全域旅游示范区创建名单。全域旅游从学术、政策层面走向实践，我国旅游业的发展进入全域时代。绝大多数地区在全域旅游发展理念的引导下，旅游产业在地域范围、产业结构、发展模式等方面有了很大程度的改善。例如，旅游资源丰富地区的资源开发不再局限于景区的观光游览，而是将整个区域作为规划的对象，创造统一的旅游品牌，塑造整体的旅游形象，将旅游相关产业的发展纳入整体的规划范畴，形成整齐划一、井然有序、文明和谐的旅游氛围。根据国务院办公厅《关于促进全域旅游发展的指导意见》，全域旅游就是将一定区域作为完整旅游目的地，以旅游业为优势产业，统一规划布局、优化公共服务、推进产业融合、加强综合管理、实施系统营销，有利于不断提升旅游业现代化、集约化、品质化、国际化水平，更好满足旅游消费需求。

（二）全域旅游的特征

（1）全域旅游的全局性。全域旅游具有全局性的特征，"全"即"全局性"。首先，全局性体现在旅游发展视角的全局性。在新的历史时期，旅游业不再只是简单意义上的单个产业的发展，因其具有的关联性大、综合性强的天然特性，旅游业已经事关区域经济社会的整体发展，已经成为"调结构、惠民生、稳增长"的优势产业。因此，全域旅游发展是站在区域经济社会发展全局的高度，通过发挥产业优势，对区域内经济社会资源尤其是旅游资源、相关产业、生态环境、公共服务、体制机制、政策法规、文明素质等进行全方位、系统化的优化提升。其次，全局性也体现在旅游发展要素视角的全局性，落实到旅游经济社会发展层面，全域旅游提出，要打破以单一景区建设为核心，以观光旅游要素为主的景点旅游发展传统封闭观念，向"食、住、行、游、购、娱"传统六要素和"商、养、学、闲、情、奇"新六要素并行发展的综合目的地统筹发展的全局性观念转变；由"旅游业一个部门单打独斗式的散兵发展"向"全社会多个部门有机合作式的全局发展"转变。最后，全局性还体现在旅游发展管理视角的全局性，全域旅游是对旅游发展的资源配置、产业发展、市场结构、组织运作、制度安排、体制机制、基础设施、公共服务、保障措施等多个方面的全盘统筹考虑，是建立适合旅游业发展特点的复杂管理系统，以满足旅游业发展的复杂性特征。

（2）全域旅游的空间性。全域旅游具有空间性特征。"域"即空间性，是指在一定区域范围内系统发展旅游业，这与旅游活动的异地性和移动性本质特征紧密关联。一方面，我们应该深刻地认识到传统的"点式"旅游发展空间模式使得旅游活动在空间上呈现出"飞地"困境，导致旅游的空间流畅性和贯穿性受阻，狭窄的"点式"空间范围束缚了旅游活动、旅游产业、旅游管理的发展，亟须在区域范围将旅游做"面式"扩展，让旅游要素建设渗透到区域的全部空间范围，让旅游产业扩展到区域的全部空间范围，让旅游基础设施辐射区域的全部空间范围，让旅游管理覆盖区域的全部空间范围，保障旅游空间移动性。另一方面，我们应该明白全域旅游并非在我国全部地理空间范围内发展旅游，不是旅游发展的空间全覆盖。缪尔达尔"地理二元经济结构"理论告诉我们，空间均衡发展不符合区域经济发展的实际情况，均衡和非均衡是区域经济发展的内在动力。全域旅游的空间性，界定了发展的区域空间边界，这就保证了旅游业发展不会突破区域经济发展的地理范围，避免了盲目追求空间绝对均衡化而导致区域经济增长无效的后果。

（3）全域旅游的带动性。全域旅游具有带动性特征。"带动性"即旅游产业对经济社会协调发展的促进作用。这是旅游产业发展到我国经济新常态阶段的产物，也是旅游业的产业优势和综合实力的集中体现。旅游业是最具创造活力的产业形态，是最容易实施创新发展理念的产业领域，是贯彻落实我国社会经济"创新、协调、绿色、开发、共享"新发展理念的重要体现。以旅游业作为区域发展的优势产业和核心动力，并引领和带动整个区域经济社会的改革创新、转型升级发展，促进区域经济社会的协调发展，这种带动性不仅体现在产业经济的带动性，还体现在社会文化的带动性；不仅体现在单个产业发展的带动性，还体现在多个产业融合发展、多个事业多元发展的带动性；不仅体现在绿色增长方式的带动性，还体现在社会治理方式的带动性；不仅体现在优化调整的带动性，而且还体现在改革创新的带动性。

（4）全域旅游的整合性。全域旅游具有整合性特征。"整合性"即旅游发展对社会经济各类资源的整合运用。全域旅游发展，一是需要整合区域的生产要素资源，发挥市场在资源配置中的决定性作用，整合资本、劳力、土地、技术、信息等现代生产要素资源，提高生产效率；二是需要整合区域的产业资源，发挥产业自身在发展过程中的融合性作用，整合旅游业与第一、第二、第三产业的资源，促进产业融合发展；三是需要整合区域的社会管理要素资源，发挥政府在社会管理中的引导作用，整合部门职能、体制机制、政策法规、公共服务、社会参与等社会管理要素资源，提高公共管理效率。

（5）全域旅游的共享性。全域旅游具有共享性特征。"共享性"即旅游发展成果要惠及广大人民群众，这是全域旅游发展的重要特征。旅游发展起源于人的旅游需求，最终要回归以人为本的价值原点。近年来，我国在世界上的旅游地位得到了实质性的提升和巩固。然而，我国旅游业发展还处在以资本投资回报为主，企业利润最大化的阶段，旅游发展的红利只被涉旅企业以及部分群体享用，尚未惠及更多社会主体，这是旅游发展共享性不够的重要反映。全域旅游发展，就是要致力于实现全社会共建共享，通过全域旅游推动和助力我国扶贫战略目标，让广大群众在旅游发展中真正受益，这是对我国旅游业现阶段发展不足的深刻反思，是实现旅游发展社会效益最大化的必然要求，也是共享性的深刻体现。

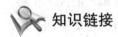 **知识链接**

全域旅游助力旅游业进入新时代

全域旅游首先是要打破旧的旅游空间格局，形成一种新的发展格局，这应该是全域旅游的核心问题。全域旅游应该从域的角度形成空间域、产业域、要素域和管理域。从空间域来说，全域旅游是要改变以景区为主要架构的旅游空间经济系统，构建起以景区、度假区、休闲区、旅游购物区、旅游露营地、旅游功能小镇、旅游风景道等不同旅游功能区为架构的旅游目的地空间系统，推动我国旅游空间域从景区为重心向旅游目的地为核心转型。从产业域来说，全域旅游要改变以单一旅游形态为主导的产业结构，构建起以旅游为平台的复合型产业结构，推动我国旅游产业域由"小旅游"向"大旅游"转型。从要素域来说，全域旅游是要改变以旅游资源单一要素为核心的旅游开发模式，构建起旅游与资本、旅游与技术、旅游与居民生活、旅游与城镇化发展、旅游与城市功能完善的旅游开发模式，推动我国旅游要素域由旅游资源开发向旅游环境建设转型。从管理域来说，全域旅游是要改变以部门为核心的行业管理体系，构建起以旅游领域为核心的社会管理体系，推动我国旅游的行业管理向社会管理转变。

（资料来源：张辉.全域旅游助力旅游进入新时代［N］.中国旅游报，2017-11-15）

二、旅游目的地管理策略

在当今的旅游发展中，一个区域的旅游质量、口碑，不单单取决于旅行社、酒店、景区等服务质量，而且取决于整个区域的综合环境。推进全域旅游不能局限于加强景点景区、饭店、宾馆的建设，优化旅游基础服务，而是要不断优化配套旅游的基础设施、公共服务体系和旅游服务要素，优化游客在旅游目的地旅游的"全过程"。只有这样才能有效满足人民群众的旅游需求，才能提升广大旅游者的获得感和满意度。现代人的生活方式、旅游方式都发生了很大变化，对旅游目的地的视角、评价标准与以往大不相同。全域旅游目的地的开发管理，打造"无景点旅游"时代全域化的旅游目的地产品，顺应了全域旅游的时代要求。

（一）推动旅游目的地高质量发展

（1）打造旅游消费新业态。全域旅游是整体区域的规划，应更加注重旅游大环境的全面优化。通过对区域内经济社会资源、相关产业、生态环境、公共服务、体制和政策等要素整合、优化和提升，实现区域内旅游与社会经济的融合发展，创建社会共建共享的旅游环境，带动和促进经济社会协调发展。各地应将发展旅游新业态作为旅游产业转型升级的重要抓手，做好旅游产业战略布局，积极推进旅游新业态打造。当前，旅游业的新发展已经打破了旅游业的边界，旅游市场正在拓展为一个无边界的产业，新业态的打造是现代旅游发展的趋势，以旅游业为代表的第三产业正在带动第一产业、第二产业的结构升级，如历史街区、文化演艺、乡村民宿、特色小镇、工业旅游等多种新业态。

（2）促进区域合作发展。全域旅游的实践就是要打破以往旧的旅游空间格局，重构旅游空间形态，形成旅游空间形态的多样化，这是全域旅游的核心问题，构建起以景区、度假区、休闲区、旅游购物区等不同旅游功能区为架构的旅游目的地空间系统，推动我国旅游空间域从景区为重心向旅游目的地为核心转型。高铁、高速公路、航空等立体综合快速交通运输体系为全域旅游构建了现代交通网络的支撑。各地应加快铁路、航空、高速公路网络建设，加大通往景区旅游道路建设力度，持续推进重点旅游景区通景道路改造升级。应以大景区支撑大旅游为思路，全面立体展示目的地旅游整体形象，实现全域旅游发展大格局。

（3）建设友好型旅游目的地。在全域旅游下，旅游服务各种要素如何围绕着旅游需求类型进行有机组合，成为一个重要的问题。我国的旅游目的地不仅要规划项目，还要规划旅游公共服务系统，要研究旅游者如何前往旅游目的地的旅行方式、度假方式等。所有这些不仅涉及旅游硬件建设，还有服务与政策等软件建设问题。从管理者的角度，要树立新的"全域旅游发展观"，在政策引导、法律法规完善、标准化建设、市场监管、公共服务等领域，用行政杠杆和管理动力去引导和推动旅游发展模式的实际转型。从经营者的角度，要在经营管理能力、旅游服务水平、旅游项目建设质量、旅游产品品质、旅游品牌打造等领域，整体拓宽旅游的空间。

（二）推广旅游目的地整体品牌形象

（1）形象清晰，特色突出。在对旅游目的地进行形象定位时，首先要抓住它的资源优势。在旅游市场竞争上，大多旅游城市都凭借着优美的自然风景、深厚的历史底蕴来塑造自身的旅游形象，但其中一些个性不鲜明、价值不高的城市就会被其他竞争力强的旅游城市形成形象遮蔽。因此，在进行形象定位时，要找准特色，创设一个市场上没有或者少有的新形象，以吸引旅游者的眼球，从而在市场竞争中站稳脚跟。

（2）营销体系，立体多元。全域旅游时代的旅游者线路不再局限于到达某个固定的点，目的地的任何地方都可能成为旅游者的造访地，旅游者的流动相比传统旅游，不可预估性更强，在此情形下，旅游信息大数据则将会对旅游部门的管理与服务具有非常重要的意义。将大数据信息的研究应用于目的地品牌营销，作为旅游业营销策略的创新型举措，为旅游者提供个性化以及人性化的服务，促进目的地旅游业的发展，推动区域旅游深度合作，将大大提高旅游相关部门的营销规范化、高效化与便捷化程度。网络营销、智慧营销在对消费者的区分、定位上具有很强的优势，应该有效加以利用，建立、健全自己的网络营销和智慧营销系统，让更多的旅游景区、旅游项目进入旅游消费者的视线当中。

（3）口号响亮，打造品牌。全域旅游背景下，各地都在采取各种措施促进旅游发展，对于旅游目的地来说，提出响亮的旅游口号，是打造知名度较高旅游品牌的途径之一，那么，提出"人无我有，人有我特"的口号，需要考虑以下几点：一是旅游业的发展方向，提出的口号应与当地今后旅游发展规划的方向相同，符合地方产业发展目标，符合当地政府的发展规划，这样形象定位有了政策保障和经济支撑，才不会沦为一句空话。二是市场反应，提出的形象口号要充分考虑市场反应，即根据资源的知名度、认同度来进行市场推广，以符合人们的内心期待，从而获得良好的市场反响。三是同质旅游地的竞争状况，在定位旅游形象时，要结合周边具有同类旅游资源的竞争城市所具备的优势，避开锋芒，找准特色，才能使定位的形象口号不会受到竞争对手的形象遮蔽。

（三）提升旅游目的地服务水平

（1）提高游客满意度。全域旅游时代，旅游目的地应着力于提高游客满意度，按照个性化需求，实施旅游服务质量标杆引领计划和服务承诺制度，建立优质旅游服务商名录；推出优质旅游服务品牌，开展以游客评价为主的旅游目的地评价，不断提高游客满意度。全面改善旅游地旅游基础设施，规范旅游管理，大力促进旅游服务质量提升。

（2）提升服务品质。全域旅游时代，各地景区数量不在少数，如何在众多景区中脱颖而出，就要从多方面、多角度提升服务品质，完善服务标准，加强涉旅行业从业人员培训，规范服务礼仪与服务流程，增强服务意识与服务能力，塑造规范专业、热情主动的旅游服务形象。实施旅游人才战略，引进各类旅游管理人才，提高各类旅游服务人员总体素质，可以与专业高校进行合作，引进专业研究者进行方向指导，引进专业学习者进行实践，打造符合时代潮流的旅游目的地。

（3）完善公共服务。一个受旅游者认可的旅游目的地是公共服务体系与设备完善的地区，提供旅游目的地公共服务质量的途径之一就是服务智能化水平的提升，推进"智慧旅游"服务平台建设，实现免费 Wi-Fi、通信信号、视频监控全覆盖，主要旅游消费场所实现在线预订、网上支付，主要旅游区实现智能导游、电子讲解、实时信息推送，开发建设咨询、导览、导游、导购、导航和分享评价等智能化旅游服务系统，为旅游者提供全方位服务。旅游公共服务体系是否完善，可以直接反映旅游品质的高低。因此，发展全域旅游就要持续对现有的交通设施、接待设施、服务设施、游乐设施进行资金投入，重点建设旅游道路、停车场、游客服务中心、旅游安全以及资源环境保护等基础设施，以增强旅游目的地的舒适性、便捷性和参与性。

第四节　优质旅游下旅游目的地管理

一、优质旅游概述

（一）优质旅游的提出

2018 年，全国旅游工作会议提出一个非常重要的主题——优质旅游。那么，什么是优质旅游呢？优质旅游的深刻内涵应包括：优质旅游是能够很好满足人民群众日益增长的旅游美好生活需要的旅游，是充分体现新发展理念的旅游，是推动旅游业发展方式转变、产品结构优化、增长动力转换的旅游。优质旅游的发展涉及面广、涵盖的要素多，需要多方向多层次协同作用。优质旅游时代，我国旅游业发展中的一些品质短板逐渐暴露，游客对于高品质旅游产品的需求日益迫切。优质旅游以高品质、多功能、智能化、精准化为基本要求，意味着评价中国旅游的标准将不再是速度和规模，而是品质和内涵。各地都面临优质旅游怎么做、怎样衡量的问题。优质旅游不是高消费，优质旅游不仅给游客带来体验，还能给当地社区带来价值。如何保护当地文化遗产，将其留给后世子孙？如果没有好的规划和衡量方式，就只有不停地去开发，这样就无法保证优质旅游。文化历史一旦遭到破坏，旅游价值也就消失了，优质旅游也无从谈起。

（二）优质旅游的特征

（1）产品更优。游的本质是差异化的体验，产品是消费者体验的直接载体，要创造极致体验就首先要做精产品。高质量旅游产品是优质旅游的基础。随着市场竞争日益激烈和经济全球化进程的加快，旅游者的各种经历和体验被不断商品化，旅行社、航空铁路交通以及旅游目的地和管理部门之间的关系更加密切。各类产品数量大、类型广，旅游者在选择旅游产品时会出现难以抉择或选择失误的状况，但是优质旅游时代要求高质量的旅游产品可以避免旅游者陷入困境中。优质旅游要求对旅游者实现精准的营销、精准的服务、精准的管理，精准到满足每一位旅游者的个性需求，增强旅游者的个性体验并提高旅游者的满意度。针对旅游者需求，推出系统性、整体性、特色化、立体化的旅游产品。

（2）服务更优。旅游服务能够渗透到消费者旅行的各个环节，令人印象深刻的服务

会直接影响到旅游口碑，关系到重游率和新市场拓展，因而提供感动游客的品质服务是旅游发展持续盈利的关键。优质旅游要求旅游目的地正确理解顾客需求，并制定相应的详细服务标准。服务标准化是实现服务优质的途径之一，标准化是为使服务达到最佳效果而制定的可重复使用的统一规程和标准，从而使服务这一软指标实现规范化和程序化。服务智能化是现代文明进步的一种大趋势。人工智能和智能化的结合，是提供高质量的旅游产品和满足人们美好生活的一种很好的结合方式。智能化可以改变游客的游览方式、提高体验度，可以通过对旅游目的地的资源整合、服务聚合，搭建旅游产品和数据交换平台，实现旅游产业从云到端的全栈服务。

（3）管理更优。优质旅游要求旅游目的地以实现高质量发展、创造高品质生活为导向，面向全球、面向未来，提升旅游核心竞争力，加快文化旅游、购物旅游、体育旅游、健康旅游、工业旅游、乡村旅游等融合创新，促进旅游供给侧结构性改革，充分放大旅游产业的综合效应、带动效应、辐射效应，提高游客的满意度、获得感、幸福感。优质的旅游管理可以实现人才、资源、设施利用的效益最大化，实现各部门之间的高质量合作，有效避免旅游问题的产生。优质旅游管理就是改变以往松散的管理方式，实现集中统一的管理。

（4）环境更优。旅游环境影响游客的旅游体验，能够影响旅游者的心理活动。优质旅游要求旅游目的地为旅游者营造安全、舒适、有序、便利的旅游环境，使旅游者的旅游体验达到最佳化。优质旅游要求旅游目的地利用现有的丰富自然资源，将旅游目的地变成具有教育、游憩、文化等多种功能的生活空间，为不同的游客提供类型不同的个性化服务，将旅游与现代化农业、文化和优美的自然环境、多姿多彩的民风民俗、新型生态环境及其他社会现象融合在一起，成为综合性的旅游目的地。

二、旅游目的地管理策略

（一）多方联动，提档升级

（1）提升品质，降低交易成本。目前，我国旅游市场上价格恶意竞争事件频出，反映了当前旅游市场的不稳定及低品质，要想实现优质旅游，提升旅游市场品质，就要保证价格竞争和品质竞争并存，二者不可偏废，只关注品质不考虑价格是不可取的。因此，首先要考虑如何降低成本，智慧旅游是降低交易成本的重要方式。其次要严防垄断，有效竞争，要解决好自然垄断、制度垄断、渠道垄断问题。最后要优化政府行为，应积极增加公共服务，加强旅游者权益保护，引导支持创新。

（2）政企联动，共推优质旅游。首先，作为旅游目的地地方政府或旅游部门可以建立三个机制：一是政府部门联动的旅游工作机制；二是政府和企业合作的旅游发展机制；三是全民共建共享的社会化旅游机制。其次，作为旅游目的地企业，在推进优质旅游方面，要不断将技术、流程和产品的提升相结合；积极推动大数据平台建设，和相关部门一起通过大数据分析旅游人群的动向。尤其是在乡村游、自驾游领域，帮助主管部门和专业机构了解较准确的游客动向、游客构成，给管理决策提供量化依据。

（二）建立标准，完善功能

（1）推动旅游标准化建设。目前，我国存在的旅行社不合理低价团、导游宰客、景区存在安全隐患等问题，都与缺乏可参考、操作性强的行业标准有一定关系。完善的旅游标准才能保证管理有依据、经营有参照、投诉有凭证，旅游的参与者都有规可循，推动更细化、更直观、更简洁、更准确的"定量"标准制定，学习国外优秀经验，结合本土文化与实情，制定符合国情的定量标准。提高我国旅游业在服务质量监管、监督、评价等方面的标准，已经到了迫在眉睫的关键时期，标准化建设是提升旅游品质的重要途径，是逐渐走向规范化、品质化、高性价比的良性发展道路。旅游标准化建设绝不是一劳永逸的，需要根据旅游业发展的实际情况，不断做出相应的修正。

（2）完善旅游功能。现代旅游者已经不再满足一般化的观光旅游，对旅游产品的价格不再那么敏感，注意力更多地转向旅游产品及旅游活动的安全性、舒适性及体验度上，更多追求具有品质、"游有所值"的旅游生活。近几年的出境旅游市场火爆，旅游者通过对境外高质量的旅游目的地进行体验，使得他们对高品质旅游的需求更加迫切，更加具象化。这也成为推动我国优质旅游发展的内驱力之一。优质旅游背景下，旅游目的地应积极完善旅游功能，整合各类项目资金完善配套功能，实现从"食、住、行、游、购、娱"到"商、养、学、闲、情、奇"的扩充，高质量地满足旅游者多样化的需求，推动旅游业服务更加人性化、品质化，全力提高服务质量，不断提高游客满意度。

（三）优化设计，增强体验

（1）设计优质旅游产品。旅游企业是旅游市场的主体，目前我国旅游市场存在"有效供给不足"、供求关系不平衡不匹配的问题。旅游企业作为旅游资源的开发者、整合者和旅游产品的推广者，应从新需求出发，设计出符合消费者期望的优质旅游产品，也可以对现有产品进行改造和升级"优化存量"提升旅游产品供给的"品位、品质、品牌"，加快产业融合发展，优化产品结构，适应人们多样化、个性化、多层次、体验式的旅游消费需求。

（2）改善旅游市场环境。优质旅游要做到产品好、服务好、环境好，其中涉及很多细致的工作，需要具体展开。比如，环境好不仅包括生态环境，还包括人文环境、执法环境、营商环境、安全环境等。产品好不仅包括旅游纪念品、旅游商品等一些可触摸的产品，还要包含旅游行程设计等。服务好不仅包含导游、服务员，还要包括保洁员、售票员等与旅游相关的各行各业。总之，优质旅游要使旅游者有获得感和幸福感。

（3）深化游客旅游体验。现在很多旅游企业或景区强调规模化集中化，这种方式能够有效降低成本，规模化力度越大，议价能力越强，成本下降空间越大。但是在追求个

性化体验的今天，在追求优质旅游的今天，规模化会出现两大问题：一是造成行程集中拥堵，给旅游者带来"人山人海"的体验，关键是每到一个地方遇到的都是同一批人；二是资源相对集中，可选择空间特别少，同一个方向的行程，景点基本上一样，缺少个性化选择。集中规模化的旅游成本下降了，但是体验的多样化没有了。

第五节　文旅融合下旅游目的地管理

一、文旅融合概述

（一）文旅融合的提出

文旅融合的产生，凸显了人们对文化的追求，对于旅游、文化二者来说，都是一种新要求、高标准，两者在发展过程中，需展现"你中有我，我中有你"的态势。通过挖掘文化内涵，提升旅游产业的文化元素，把隐形的文化资源变成显性的文化产品，把无形的文化符号变成有形的旅游产业，促进旅游新业态的出现，推进文化与旅游相辅相成，共生共赢，融合发展，既是转变旅游产业发展方式的需要，也是加快"文化大繁荣"的重要抓手。

文旅融合反映的是我们国家相关部门对旅游的文化内涵与文化品质的重视，对文化的旅游价值和旅游功能的重视。从产业角度看，文化旅游的融合并不是单纯的旅游与文化的整合，大致包括两个层面的路径选择：一是文化的旅游化。当然，这种"文化"可以是一种精神内容元素，也可以是一种物质产品、活动和实物展示。例如，许多地方以民间文化活动的发展来吸引游客。二是旅游的文化化，这不只是为旅游增添些"文化"味道，而是贯穿在旅游"食、住、行、游、购、娱"的全过程之中，甚至也运用于旅游产品开发与营销的整个阶段，如借助于张择端的《清明上河图》而使清明上河园闻名全国，这就是文学作品以其传播性强的特点而发挥着营销的功能，许多旅游者是因为这幅旷世之作才去清明上河园观光游览，文学符号远远超越文本意义。从旅游者角度来看，文化和旅游的融合展现了当前人们在进行旅游消费时，更加重视旅游背后的文化内涵与价值，这也是文旅融合的现实基础。

实际上，文化和旅游都是由人创造并由人来体验的，旅游对象和过程本身是一种文化，而文化的存在和传播往往是一种旅游，不仅是物理空间"神游"，更是深层次的创作体验。

（二）文旅融合的特征

（1）旅游文化物态化。旅游文化物态化，乃观光旅游所需，即景观化和形象化。将旅游文化通过物质载体展现出来，让人们不再觉得文化是看不见、摸不着的东西，通过旅游产品、旅游线路或其他的物质形式展现文化内涵。

（2）旅游文化活态化。旅游文化活态化，乃旅游体验所需，即游客对文化的交互化、情境化和沉浸化感受。文化"IP"赋能旅游发展已经成为现实生产力，甚至是核心竞争力。现在，不管是传统山岳类景区和历史文化景区，还是人造主题公园等，都纷纷借助文化"IP"来增加自己的辨识度和品牌影响力。此外，浮光掠影式的体验已经让位于沉浸式休闲体验，提供较长时间停留体验内容成为主要竞争力。

（3）旅游文化业态化。旅游文化业态化，即文化的产品化、产业化和品牌化。文化和旅游融合发展已经成为区域经济社会发展提质升级的突破口。目前，不但涌现出了许多主题公园、主题酒店、旅游演艺、文化创意、文化节事、实景娱乐等业态，而且，非遗、文博、动漫、演出、杂技、出版，以及广播、电视、电影包括纪录片在内的多种文化资源都已经成为文旅融合的有效载体和重要依托。

二、旅游目的地管理策略

（一）创造文旅大 IP

（1）积极引进文旅项目。旅游是一种文化表现形式，文化的内涵和质量决定着旅游的知名度和美誉度。中国有众多的文化遗产，古建筑古镇遍地都是，不仅儒家、道家、佛教文化相互交融，许多地域文化也有自己的特色，吸引着各种资本投资。在分享经济和"互联网+"的"网红"投资的影响下，文化旅游产业依然生命力旺盛。文化旅游小镇、古镇、古村落等文化旅游产业如雨后春笋般涌现，成为资本竞争的对象。文化旅游项目投资不仅是对传统建筑空间和商业形式的改造，更是对内部生活方式、消费模式的改造，甚至是对传统文化基因的细微质变。如何让文化接近大众，将成为未来文旅融合的瓶颈。超级文化IP的诞生和发展，都具有国家的文化特色。无论是在文化产业领域还是在旅游产业领域，超级IP都与地域文化息息相关。

（2）打造文旅特色活动。文化与旅游有着天然的亲和力、强大的融合力。我国旅游业发展过程中应进一步提升旅游业文化内涵，将更多的文化元素全方位注入旅游生产和消费的各个环节，积极推动旅游项目的文化创新，提升旅游商品的文化创意，让旅游者在旅游过程中充分体验到优秀的中华文化、浓郁的地域文化和现代的时尚文化。如2018年，云南省推出"寻踪徐霞客 大美彩云南"旅游文化活动就是文旅融合的一个典型代表。

（二）探索文旅融合新途径

（1）促进资源融合。文旅融合是精神文化和物质文化元素与旅游产业的有机融合，这个过程是文化资源选择性的优化配置过程，也是一个复杂的动态过程。一些文物古迹

遗址、民间艺术和文化习俗等，这些资源可以直接或间接地融入旅游开发之中，成为文化资源融合的重要内容。一些工业文化、农业文化等，可以以文字介绍、图片展示、视频播放的方式在博物馆展示，更应该以文创玩具、背包、书签、挂件等旅游小商品的方式融入旅游产业中。

（2）推动技术融合。现代科技、大数据、微信等新技术、新传播平台的出现，加速了文化与旅游融合发展的力度和强度。近年来，各种创意与文化旅游融为一体，在科技的帮助下，开发出新的旅游产品进入旅游市场，不断丰富游客求奇求异的体验需求。技术融合是文旅产业融合发展的重要推进剂，但科技融合并不一定追求"高大上"，而是强调用最合适的技术促进文化与旅游的有机结合。如拍摄旅游宣传视频和短片，然后通过互联网、微信传播出去，这比传统的宣传营销模式效果要好得多。

（3）力推市场融合。市场是配置资源的最佳方式，也是实现文化旅游产业融合发展的重要动力。通过市场化过程进行文旅项目的投资与运营，以吸引客商、扩大就业和满足当地居民与游客的需要，充分发挥市场这只"无形的手"的作用，实现文化旅游产业健康发展。在文旅融合背景下，旅游市场需要思考的是怎么让现有的文化资源"复活"，激发产品活力，坚持文化价值运营，以"文化资源＋旅游创新"打造主题市场；以"文化主题＋旅游资源"嫁接提升市场价值；以"文化创意＋旅游体验"整合创造度假市场。

（4）深化组织融合。组织融合有助于改变产业原有的市场结构，提高共同作用下的新型产能绩效，有助于改变某一地区的产业结构和经济增长方式，促进该地区的产业结构转型与升级。在文化旅游融合发展中，组织融合已有了许多体现，形成了新兴的旅游业态，如农业采摘与观光旅游、工业参观与体验旅游、动漫与影视旅游、体育旅游、表演与演出旅游、会展旅游和商业旅游等。这些组织融合正不断促进文化旅游与地区经济的共同发展。

（三）凸显文化旅游价值

（1）深度挖掘旅游的文化价值，开发深度旅游体验项目。旅游商品在旅游目的地开发与管理中占有非常重要的位置，旅游商品是游览的延伸，要求具有地方特色，旅游商品开发潜力大，开发富有地方特色的旅游商品是发展文化旅游的重要组成部分。此外，美食也是旅游商品的另外一个亮点，让游客不仅欣赏到深厚的文化资源，同时又能品尝到特色美食，也是一种旅游体验。因此，要不断立足于顾客价值创造、挖掘消费新需求、倡导开拓新的消费空间，激发消费者的潜在需求，推动文旅融合双赢合作发展。

（2）编制相关规划，构建文旅融合发展体系。根据各地区旅游文化资源的背景、市场占有情况、空间发展等，编制相应的文化旅游专项规划，科学布局，创新旅游文化品牌，构建旅游文化体系。文化旅游的融合涉及内容宽泛、行业较多，因此在规划时应统一布局、总体规划、整合资源，规划成一个集食住行游购娱、商养学闲情奇为一体的大旅游区。将所有景区、各类旅游资源结合起来，统一规划，对资源分配、信息沟通等各方面加以协调、平衡，串点成线，串珠成链，借助各景点、景区的知名度和吸引力，形成资源共享、优势互补、共同发展的旅游新格局。

【本章小结】

本章主要介绍了新时代下旅游目的地管理的新发展，主要包含大众旅游、全域旅游、优质旅游、文旅融合及旅游目的地管理未来发展的新趋势。每种类型的旅游新发展分别从内涵、特征、新要求、旅游目的地管理的新途径方面展开，最后根据时代背景，从供给和需求两方面叙述了新时代背景下旅游目的地管理的新趋势。

【关键术语】

旅游目的地管理；大众旅游；全域旅游；优质旅游；文旅融合

【Key words】

Tourism Destination Management；Mass Tourism；All-for-One Tourism；Quality Tourism；Integration of Cultural and Tourism Industries

【复习思考题】

一、多选题

1. 随着"健康中国 2030"战略的启动，健康产业成为新常态下服务产业发展的重要引擎，与此同时，大众旅游时代也相继来临。追求健康和精神需要已经成为人们必不可少的旅游目标之一，所以追求（　　　）、（　　　）的旅游体验与服务，逐渐成为人们休闲旅游的主要需求。

A. 多元化　　　B. 个性化　　　C. 品质化　　　D. 现代化

2. 优质旅游以（　　）、（　　）、（　　）、（　　）为基本要求，意味着评价中国旅游的标准将不再是速度和规模，而是品质和内涵。

A. 高品质　　　B. 多功能　　　C. 智能化　　　D. 精准化

二、填空题

1. 大众旅游具有出行散客户化、_____、_____、动机多样化、方式灵活化的特征。

2. 文旅融合反映的是我们国家相关部门对旅游的_____与_____的重视，对文化的旅游价值和旅游功能的重视。

三、思考题

1. 大众旅游产生的两个基本前提是什么？

2. 优质旅游的特征有哪些？

【参考文献】

［1］刘啸.浅谈全域旅游与优质旅游［N］.中国旅游报，2018－03－29（A04）.

［2］蔡华锋.如何从产品供给的角度理解优质旅游发展理念［N］.南方日报，2018-01-11（B04）.

［3］邓爱民，任斐.我国优质旅游发展的协同机制研究［C］.2018中国旅游科学年会论文集，2018.

［4］赵永红.基于文旅融合的潮州市旅游产业发展研究［J］.区域经济，2015（51）：247-248.

［5］熊正贤.文旅融合的特征分析与实践路径研究——以重庆涪陵为例［J］.长江师范学院学报，2017，33（6）：38-45.

［6］周琰.全域旅游背景下安顺市旅游目的地形象定位研究［J］.开封教育学院学报，2018，38（5）：165-166.

［7］侯志强，樊玲玲.全域旅游视角下的旅游目的地发展路径——以福建省为例［J］.开发研究，2018（1）：76-80.

［8］张辉，岳燕祥.全域旅游的理性思考［J］.旅游学刊，2016，9（31）：15-17.

［9］焦彦，徐虹.全域旅游：旅游行业创新的基准思维［J］.旅游学刊，2016，12（31）：11-13.

［10］吴晶，何叶.全域旅游视野下旅游目的地营销策略［J］.市场营销，2018（6）：67.

［11］聂云霞.基于全域旅游视角下的济南市旅游发展对策研究［J］.品牌研究，2018（3）：45-46.

［12］宋子千.大众旅游时代的需求品质化［N］.中国旅游报，2017-02-13（03）.

［13］王劲璐.生态旅游和大众旅游的比较研究［J］.现代商业，2016（1）：41-42.

［14］唐超楠，胡文怡，等.大众旅游时代镇江旅游业发展存在的问题和对策研究［J］.商业经济，2017（6）：84-85.

［15］崔庠，王宠，崔楠楠.新形势下吉林省旅行社业发展探讨［J］.吉林工商学院学报，2011，27（2）：8-10.

［16］余光远，高维全.大众旅游时代旅行社服务发展现状与对策分析［J］.产业经济，2017（1）：43-45.

［17］钱科峰.大众旅游时代"绍兴之旅"如何提档升级［N］.绍兴日报，2016-09-25（03）.

［18］宋瑞.新时代赋予旅游业新使命［N］.中国旅游报，2017-10-27.

［19］新时代旅游业新作为，未来发展方向看这里［EB/OL］.http：//www.sohu.com/a/215786583_206230.

［20］王静，刘廷.潼南加快建设重庆新兴知名旅游目的地［N］.重庆日报，2018-06-13.

［21］康晓乔.以"景城一体化"推进新型城镇化走新型旅游城市发展之路［N］.湖南日报，2016-05-30.

［22］姜林燕.文旅融合进入新阶段［J］.中国品牌，2018（5）：66-67.

［23］华文逸.文旅融合怎么融？［N］.赣南日报，2018-08-05.

［24］大健康时代：康养旅游大爆发，开发商如何把握风口、强力布局？［EB/OL］.http：//www.lwcj.com/w/153241251025201.html.

［25］旅游业最新走向中国正走进"旅游+"时代［EB/OL］.http：//travel.people.com.cn/n/2015/0924/c41570-27627723.html.

［26］张辉，岳燕祥.全域旅游的理性思考［J］.旅游学刊，2016（9）：15-17.

［27］张辉.全域旅游助力旅游进入新时代［N］.中国旅游报，2017-11-15.

项目策划：张文广
责任编辑：张芸艳
责任印制：钱　宬
封面设计：武爱昕

图书在版编目（CIP）数据

旅游目的地管理 / 程金龙主编；王淑曼副主编. --
3版. -- 北京：中国旅游出版社，2024.7
国家级线上线下混合式一流课程教材　河南省"十四五"
普通高等教育规划教材　河南省高等学校精品在线开放课
程教材
ISBN 978-7-5032-7296-7

Ⅰ. ①旅… Ⅱ. ①程… ②王… Ⅲ. ①旅游地－旅游
资源－资源管理－高等学校－教材 Ⅳ. ① F590.3

中国国家版本馆CIP数据核字(2024)第049592号

书　　名：旅游目的地管理（第三版）

主　　编：程金龙
副 主 编：王淑曼
出版发行：中国旅游出版社
　　　　　（北京静安东里 6 号　邮编：100028）
　　　　　http://www.cttp.net.cn　E-mail:cttp@mct.gov.cn
　　　　　营销中心电话：010-57377103，010-57377106
　　　　　读者服务部电话：010-57377107
排　　版：北京旅教文化传播有限公司
经　　销：全国各地新华书店
印　　刷：北京工商事务印刷有限公司
版　　次：2024 年 7 月第 3 版　2024 年 7 月第 1 次印刷
开　　本：787 毫米 × 1092 毫米　1/16
印　　张：28.5
字　　数：600 千
定　　价：59.80 元
ＩＳＢＮ　978-7-5032-7296-7